社会学·政治学·文化学·教育学·民族学·历史学

陈序经全集

第九卷 文化论丛（四）：南北文化观 中国西化观

叶显恩 主编
王春煜 刘集林 副主编

中山大学出版社
·广州·

版权所有　翻印必究

图书在版编目（CIP）数据

陈序经全集 / 陈序经著；叶显恩主编；王春煜，刘集林副主编. —广州：中山大学出版社，2025.3. --ISBN 978-7-306-08274-9

Ⅰ.Z427

中国国家版本馆 CIP 数据核字第 2024GE9169 号

CHEN XUJING QUANJI: DI-JIU JUAN

| 出 版 人：王天琪
| 总 策 划：王天琪
| 项目统筹：嵇春霞　王延红
| 责任编辑：陈　莹　姜星宇
| 封面设计：雅昌文化（集团）有限公司　曾　斌　周美玲
| 责任校对：杨文泉　罗雪梅
| 责任技编：靳晓虹
| 出版发行：中山大学出版社
| 电　　话：编辑部 020-84111901，84110283，84111997，84110779
| 发行部 020-84111998，84111981，84111160
| 地　　址：广州市新港西路135号
| 邮　　编：510275　　传　真：020-84036565
| 网　　址：http://www.zsup.com.cn　E-mail：zdcbs@mail.sysu.edu.cn
| 印　　厂：恒美印务（广州）有限公司
| 规　　格：787mm×1092mm　1/16
| 总 印 张：433
| 总 字 数：8718千字
| 版次印次：2025年3月第1版　2025年3月第1次印刷
| 定　　价：1980.00元（全十四卷）

如发现本书因印装质量影响阅读，请与出版社发行部联系调换

凡　例

一、编排方式。《全集》总体上兼顾著述发表时间先后与研究领域的区别。第一卷以时间为序收录了陈序经的论文、时论、书评等，其中论文已收入其他卷者，原则上只存目；同题异文者，则均予以收录。第二卷至第十三卷收录了陈序经在不同研究领域的论文或专著。第十四卷收录了陈序经的遗稿《珠崖篇》，整理了其年谱、往来书信、照片等相关资料。底稿为直排繁体者，一律改横排简体，内容列举、引用位置指向用词，如"如左"径改为"如下"等。

二、底本来源。《全集》所收文献中有大量未曾整理的手稿、抄稿，其版本源流、底本选择等情况，皆写入"本卷说明"中。

三、引文说明。《全集》所引古籍或他人著述，有漏字、错字等现象者，一般参照现今中华书局、上海古籍出版社等相应版本径改，不另说明；引用古籍或他人著述时只取其大意，与原文不尽一致，凡此，照录，不予修改；手稿或抄稿中引用本人已发表文章，但内容与已发表的原文不尽一致，凡此，亦依手稿或抄稿。

四、校订符号。原稿中有漏字者，在〈　〉内补之。原稿中的错讹字，在其后〔　〕内补正。原稿中的衍字，用［　］标示。原稿中漫漶不清、难以识别或残缺的字，用□表示；字数难以确定者，用▨表示。原稿中的小字夹注，置于（　）内，字体、字号同正文。外文书名、刊名用斜体。

五、历史用语。《全集》保留作者文字风格及语言习惯，不按现行用法改动原文。历史时期若干字词表达与今有异，但不影响理解，为存当时之真，不改。如智识（知识）分子、澎涨（膨胀）、计画（计划）、瞭解（了解）、那（哪）、澈底（彻底）、那末（那么）、原故（缘故）等。凡行文中对少数民族的蔑称，根据国家相关民族政策一律改为规范称呼，如"猺"改为"瑶"、"獠"改为"僚"、"猓猡"改为"倮倮"等。

六、**外文名词**。译名不统一或与现今不一致，如拿破伦/拿破仑、哥仑布/哥伦布、菲洲/非洲等，均不改。外文人名、地名书写有误者，一般径改。外文专有名词在原稿中大小写掺杂，按现今规范格式统一。

七、**内文标点**。原稿正文无标点或仅有简单断句者，一律按照中华人民共和国国家标准《标点符号用法》（GB/T 15834—2011）予以修改。专名号从略。

八、**文字规范**。《全集》中的简体字以 2013 年 6 月国务院公布之《通用规范汉字表》为准。通假字，不改。繁体字、异体字，改为规范字；但专有名词中的繁体字、异体字等，依从其使用惯例，不改。作者笔误、排印舛误等明显错误，径改。

其余未规定事项，一般遵从作者原稿。

本卷说明

第六至九卷收录了陈序经先生"文化论丛"系列著作（一）至（四）的全部内容（共20册）。书稿从1940年秋至1945年间陆续完成。本卷收录了文化论丛（四）：《南北文化观》《中国西化观》。由刘集林点校整理。均先用南开大学图书馆馆藏抄本录入，后得陈云仙教授提供的陈序经家藏自抄稿、代抄稿校对。

其中，《南北文化观》24章中，有13章见已发表于《岭南学报》第3卷第3期（1934年5月出版）的《南北文化观》，陈序经未抄录，每章只于目录中标示已刊《南北文化观》一文的起止页码；其余11章陈序经标示为"自抄稿"，且有标点。从自抄稿与馆藏抄本的比对中可看出，陈自抄后，又阅读一过，稍有改动，并加标点，即请人抄录。后在准备出版时，陈序经又在自抄稿上有所增删，标点亦有更改处，而抄稿却没有随之而改。故本次点校，发表于《岭南学报》的内容依原刊斟酌处理，其余以自抄稿为准重校，个别标点酌改。

《中国西化观》18章中，陈序经家藏抄稿的第一部前三章为代抄稿，且由不同人员抄写，后六章为陈序经本人的自抄稿。此部家藏抄稿前有陈序经自抄的目录，其中有"序言""结论"，各编开始均有"引言"，但无论馆藏抄本、家藏抄稿，正文中均无相应内容。第二部无论馆藏抄本还是家藏抄稿，均为代抄稿。此部家藏抄稿目录中，还包括"绪言""结论"，但无论馆藏抄本还是家藏抄稿，正文中均无"结论"内容。无论自抄稿、代抄稿，均无断句、标点，本次整理出版均予以标点。

本卷目录

南北文化观 …………………………………………………… 1

中国西化观 …………………………………………………… 253

南北文化观

目　录

第一册

绪　言 ·· 7
第一编 ·· 9
　第一章　历史上的南北文化观（一）① ······················ 9
　第二章　历史上的南北文化观（二） ························ 17
　第三章　梁启超的南北文化观 ································ 26
　第四章　最近来的南北文化观 ································ 38
第二编 ·· 48
　第五章　所谓南北文化的意义 ································ 48
　第六章　南方与所谓固有文化（一） ························ 59
　第七章　南方与所谓固有文化（二） ························ 68
　第八章　西化始于南方的原因 ································ 77

第二册

第一编 ·· 91
　第一章　南方与西化的宗教（一） ··························· 91
　第二章　南方与西化的宗教（二） ··························· 100
　第三章　南方与西化的政治（一） ··························· 109
　第四章　南方与西化的政治（二） ··························· 119
第二编 ·· 128
　第五章　南方与西化的都市（一） ··························· 128
　第六章　南方与西化的都市（二） ··························· 137

---

① 编注：底稿中相同章题未做区分。为便利读者检索，编辑加（一）（二）……以示区分。类同者，不再注。

第七章　南方与西化的经济 …………………………………… 147
  第八章　南方与其他的西化 …………………………………… 157

第三册

第一编 ……………………………………………………………… 169
  第一章　容纯甫的中国西化观 ………………………………… 169
  第二章　梁启超的中国西化观（一） ………………………… 179
  第三章　梁启超的中国西化观（二） ………………………… 189
  第四章　梁启超的中国西化观（三） ………………………… 199
第二编 ……………………………………………………………… 211
  第五章　严几道的中国西化观（一） ………………………… 211
  第六章　严几道的中国西化观（二） ………………………… 223
  第七章　孙中山的中国西化观（一） ………………………… 233
  第八章　孙中山的中国西化观（二） ………………………… 243

第一册

绪 言

这部书是从民国二十二年所写的《南北文化观》一书所增改而来的,那本书全部在民国二十三年五月《岭南学报》第三卷第三期发表,在其小引里,我说:

> 这篇《南北文化观》是我去夏所草成的未定稿,初意不过是想把来做研究这个题目的基础。一年以来,因为他种工作相缠,没有时间去搜集材料和改订内容,本不应把来发表,可是《岭南学报》催稿甚急,因以塞责。据我所知的关于这个题目的有系统的研究尚付阙如,材料的搜集颇不容易,这里所找得的材料是否有当,尚属疑问。同时,关于这个问题的材料之比较有价值,而为我所注意不到的,也许很多,此篇之作,不过抛砖引玉而已。

自我写好这篇小引之后,十余年来,关于这个问题的讨论,片断的文章虽有多少,然系统的著作还是没有。至于我个人方面对于这个问题的研究,除了指出中国的南方是新的文化,或西化运动的策源地之外,又觉得现代的南方,也是我国的固有文化,或旧的文化的保留所,虽则这种旧的文化正是日趋于衰微,而新的文化却正趋于兴盛。而所谓旧的文化与新的文化的交替,又不外是中国或东方的文化与西洋的文化的交替。我在这里对于南方是旧的文化的保留所这一点,只在第一册的第二编的第五、第六两章略加解释,而对于南方为新的文化的策源地这一点,却加以特别的注意。

本书分为三册。第一册是把过去与近来一般人的南北文化观略加说明与批评,同时把我个人对于所谓南北文化观的意义加以解释。此外,对于南方之所以成为固有文化的保留所的原因与事实,以至南方之所以成为新的文化的策源地的原因加以说明。

第二册是说明南方之所以成为新的文化的策源地的事实,我们从各方面,如宗教、政治、经济、语言,以及文化的其他方面,去指出南方在新的文化或西化运动上的贡献。

第三册是把南方几位人物之在近代中国之主张西化最力,而同时其影响最大,加以介绍。这数位人物,无论是那一位,从现代化或西洋化的中国来看,都有其特殊重要的地位,和其特别伟大的地方,而成为他们的时代的先锋,或是他们的时代的领袖。

第一编

第一章　历史上的南北文化观（一）①

"中国"两个字的起源，虽难断定，然这两个字之见于历史者，却好像是很早，《禹贡》里所说"中邦锡土姓"的邦字，据孙星衍的意见，是《史记》里所说"中国锡土姓"的"国"字之误。要是孙氏的意见是对，那么在夏禹的时代，中国人已自叫其国家做中国。所谓中国的意义也许很多，然从地理和文化方面来看，大概是别于东西南北其他的种族。所以《王制》里说："中国戎夷五方之民，皆有性也，不可推移。"而《左传》更说："德以威中国，刑以威四夷。"换而言之，"中国"这两个字，不但是表示在地理的地位上，中国是居乎天下之中，而胜于四方一切的国家，就是在文化的地位上，中国也是得乎大道之中，而优过其他一切的民族，所以胡安国说：

> 戎狄举号外之也，天无所不覆，地无所不载，天子与天地参者也。《春秋》天子之事，何独外戎狄乎？曰，中国之有戎狄，犹君子之有小人。内君子外小人为泰，内小人外君子为否，《春秋》圣人倾否之书，内中国而外四夷，使之各安其所也。无不覆载者，王德之体；内中国而外四夷者，王道之用。是故以诸夏而亲戎狄，致金缯之奉，首顾居下，共策不可施也（贾谊"疏"）。以戎狄而朝诸夏，位侯王之上，乱常失序，其礼不可行也（荀悦"论"）。以羌胡而居塞内，无出入之防，非我族类，其心必异，萌猾夏之阶，其祸不可长也（江统"论"）。为此说者，其知内外之旨，而明于驭戎之道。

从地理和文化上看去，中国既处于优越的地位，那么东西和南北的其他国家与族类的文化，都是比不上中国的。这样看起来，所谓南方文化，或是北方文化，均是低劣的文化，而和中国的文化，绝对不能相溶化，同时这里所说的南北文化，乃是中国以外的文化，而非中国本身上的南北文化。

这是从"中国"两个字的意义上，所产生出的南北文化观。除此以外，又

---

① 校按：此章内容乃照录于陈序经已发表的《南北文化观》一文，见《岭南学报》第3卷第3期（1934年5月出版），第2~14页。标点有明显错误者，径改，不另说明。

像应扪谦的《天主论》里所说的南北文化观，虽脱不去中国人的从来固有的内中国外四夷的观念，然他却说出南北文化的主要的差异。他说：

> 窃尝念佛氏生于中国之坤方，则西北乾方必有偏阳之教，与其道相反者。闻欧逻巴人在中国西北，尊天而贱地，殆即此乎？及询之西人，果得所谓天主者，盖生于汉哀帝时如德亚国，起匹夫，有母无父，其国徒众翕然从之，化被远近，殁后千数百年，而西北诸国，尽宗其教。余乃叹《易》之为书范围天地，一至于此。凡天地之阴，至西南而老极，天地之阳，至西北而老极，亢龙有悔其在西北乎？疑阳必战其在西南乎？中国之圣人有二：孔子乾道也，而德合乎坤，得乾龙无首之义焉；老子坤道也，而德承乎乾，得地道无成之义焉。相生而不相克，中和故也。入孝出弟，日用饮食，不亦易知乎？不亦简能乎？吾观《几何》一书，用点画曲直，尽万形之变，天下之易，知诚无如此者，然而为其道不简，从事于此，必至于杀精。吾观《金刚》一书，以无住生心，化被区域，天下之简，能诚无如此者，然而其为道不易，从事于此，必至于灭神。天主厎患于西北，则阳亢故也。释迦剥肤于西南，则阴亢故也。西北之人，以无不知为贵，故乐于用心，从事于此，则自生神。西南之人，以无知为贵，故乐于息心；从事于此，则自生精极。其教则阳过者杀，阴过者灭矣。西北者，其天道之失中者乎？西南者，其地道之失中者乎？西北寒胜之地，贵阳而不贵阴焉，中也。西南暑胜之地，贵阴而不贵阳焉，中也。今二教者，将行于中国寒暑交和之地，而相战焉，则失足而败道也。子曰："乾坤成列而易立乎其中矣。乾坤毁则无以见易，易不可见则乾坤或几乎息矣！"又曰："天地设位，圣人成能，则参天地成人之位，易凶为吉，中而已矣。"

又如近人李大钊先生把世界的文化来分为北道和南道。南道文化，是东方文化。北道文化是西方文化。东西文化的差异，又可以"静"和"动"两个字来代表。李氏在其《东西文明根本之异点》一文里说：

> 东西文明有根本不同之点，即东洋文明主静，西洋文明主动是也。溯诸人类生活史而求其原因，殆可谓基于自然之影响。盖人类生活之演奏，实以欧罗细亚为舞台。欧罗细亚者，欧亚两大陆之总称也。欧罗细亚大陆之中央有一凸地曰榱地（Table Land），此与东西文明之分派至有关系，因其地之山脉不延于南北，而亘乎西东，足以障阻南北之交通。人类祖先之分布移动，乃以成二大系：一为北道文明，一为南道文明。中国本部、日本、印度支那、马来半岛诸国、俾路麻、印度、阿富汗、尼斯坦、俾尔齐斯坦、波斯、土耳基、埃及等，为南道文明之要路。蒙古、满洲、西比利亚、俄罗斯、德意志、荷兰、比利时、丹麦、士坎的拿威亚、英吉利、法兰西、瑞西、西班

牙、葡萄牙、意大利、奥士大利亚、巴尔干半岛等，为北道文明之要路。南道文明者，东洋文明也。北道文明者，西洋文明也。南道得太阳之恩惠多，受自然之赐予厚，故其文明为与自然和解，与同类和解之文明。北道得太阳之恩惠少，受自然之赐予啬，故其文明为与自然奋斗，与同类奋斗之文明。

此外又如日本鹤见祐辅氏在其所著《古典文明和近代文明》一文（见原著《欧米大陆游记》一六至二五页，中译见《广州民国日报》"现代青年"八四一一期），以为南方文化是古典文化，北方文化是近代文化。他说：

> 古典文明多发生于温暖的地方，沿尼罗河的埃及，临多岛海的希腊，和纱发拉河畔的巴比伦，恒河畔的印度，扬子江畔的中国等，比比皆是。要之那是发生于衣食住生活之烦累少的地方，田野不待费力耕耨而五谷繁实；山林美果，累累喧染枝头，仅要收获采摘之，便可以生活；此外便是吟风弄月地过日子了。所以古典文明的特色是为生活之故的劳动少，因而说物质的观念稀薄。所以那特色势必文艺的，宗教的，哲学的，即对于美的鉴赏，对于善的追求，对于真的理解等热烈。故古典文明是生庄严的宗教，和芬芳的诗，音乐，绘画，雕刻等，那根本的性操，便要生出美善真那样的气分，那便是艺术的文明了罢。近代文明大抵是北方人的产品，更可说北方寒冷国家民族击破南方温度地域民族而成的社会，是近代社会，产生于其间的，是近代文明。
>
> 北方民族因为少沐天地自然的恩惠，与风雪斗争，耕种硗确的土地而营营戮力于衣食住之获得，所以他们生活意识，非常浓厚。找寻食物以防饥，造作衣食住以御寒，这对于他们是人生不可缺的一大事件。所以北方文明是衣食住为中心的文明。南方人可以说是艺术的人。反之，北方人则为经济的人。
>
> 所以近代文明是反乎古代文明之"艺术文明"，而以衣食住为中心的"经济文明"。古典文明是质的文明；反之，是迅速地便宜地造成多量物品的量的文明，或是能率文明。古典文明，又是赖于人类筋肉劳动的筋肉文明；反之，是全用机械以生产的机械文明。
>
> 所以近代文明，是实际底，具体底，归纳底，现实底，实验底。

上面所举出那几种南北文化观，可以说是广义上的几种南北文化观。我们叫他们做广义的南北文化观，因为这些的南北文化观，是超乎国界而以整个世界或整个历史来做研究的对象，而别于以某一个社会，或某一个国家为研究对象的狭义的南北文化观。

本书的标题固是《南北文化观》，而可以包括广狭两义的南北文化观，但它的目的，却是专为说明中国本部的南北文化观。所以事实上，它只能叫做狭义的南北文化观，而别于像我们上面所说明的那几种的广义的南北文化观。明白了这一点，我们现在可以言归正题。

国人对于南北文化的研究的兴趣比较的增加和浓厚，虽是最近的事，然而这种研究的发生和发展，似有了悠久的历史。传说帝舜弹五弦之琴，以歌《南风》。《南风》歌之传说有三：一为《礼疏》所说的《南风》歌，一为《琴操》所说的《南风》歌，但是最流行的，要算尸子所说的《南风》歌。其歌曰：

南风之薰兮，可以解吾民之愠兮；南风之时兮，可以阜吾民之财兮。

南风本来是针对北风的，南风是从南方来，北风是从北方来。要是南风可以使人民的财力增加和兴盛而得到生活上的充裕，同时又能陶养人民的良好情性，那么从南方而来的南风当然比起北风为好。但是事实上南风之来，不但是南方人能够享受，就是北方人也能够享受。而且在帝舜的时候，所谓中国的南方，简直就是没有开辟的蛮夷的地方，要说这个南方因为得了南风的沾被，遂使其文化较北方为好，那是无论是谁都难相信的。所以严格来说，帝舜的《南风》歌在南北文化的观点上看去，当然没有什么意义的。

又如《易》里说：圣人南面而听天下，向明而治。《庄子·天道》篇所谓"明虚静恬淡寂漠无为以南乡，尧之为君也。明此以北面，舜之为臣也"。《至乐》篇所谓南面王乐，和《韩非子》《论语》各处所说的南面，均含有向南以治，向北以事，而表明多少北优于南的意思。然而事实上所谓南面北面的真谛，不外是人君和人臣所应当处的位置，正像《荀子·大略》篇所说"父南乡而立，子北面而跪"的意义一样，在南北文化的观点上看去，也没有什么意义。

此外又像《易·系辞》说："黄帝尧舜，垂衣裳而天下治。"后来有些人以为所谓衣裳之治，是表明南北文化的不同。他们以为"衣"字的下半当就是"北"字，古代北方的人开化较早，故有冠服；南方的人，因为没有开化，所以多数裸体文身，故"衣"字象北方人之戴冠一样。原来衣服冠带的制作，及其差异，可以表示某种民族的文化的程度；因为衣服冠带不但是表示人类文化在物质方面有了相当的进步，而且可以表示在社会习惯、精神思想各方面的发展。同时在中国的古书中之说南方民族之裸体文身者，虽非没有，但是若说衣裳之治，就是所以说明北方文化之别于南方文化，未免太过勉强。要是黄帝尧舜之治，是衣裳之治，那么在他们统治之下的中国的北方，固有衣裳之治，难道南方就没有衣裳之治吗？若说这个没有衣裳之治的南方，不算作他们所统治的中国的一部分，那么这个南方就不能叫做中国本部的南方；这个南北文化的差异可以说是中国文化和其他的文化的差异，而非中国本部的南北文化的差异。若说中国的南方没有衣裳之治，而成为南北文化的差异，那么中国的北方以及东方西方也可以说是没有衣裳之治。《王制》岂不是说过吗：

东方曰夷，被发文身；南方曰蛮，雕题交趾；西方曰戎，被发衣皮；北方曰狄，衣羽毛穴居。

　　到了周秦的时代，思想发达，学者蜂起，南北文化的差异虽有不少学者说明出来；但是他们的见解，多数是片断的。比方《论语》所说"南人有言曰：人而无恒，不可以作巫医"，并非说出南方北方的不同。《中庸》里说：

　　宽柔以教，不报无道，南方之强也；衽金革，死而不厌，北方之强也。

　　这不过是从南方人和北方人的性格的不同来说，于文化全部上没有多大意义。又如《孟子》说：

　　陈良楚产也；悦周公之道，北学于中国，北方之学者，未能或之先也。

　　以及

　　今也南蛮𫛪舌之人，非先王之道。

　　这虽然说明南方和北方的语言及学问的不同，而表示南方的文化，逊于北方，但是学问和语言，只能算做文化的好多方面之一二方面。而且孟子的偏见太深，说话未可尽信。我们知道在孟子时代的楚，从文化的全部来看，也许比不上北方，然而在语言上，却不像孟子所说那样鄙陋。其实屈原、宋玉那些文章和音调比之北人，恐怕是有过之而没有不及的。

　　孟子以为南人不晓得先王之道，而在庄子的书中，我们随处又可以找出南方人之鄙视北方人。比方在《庄子》的书里，我们找出下面二段故事。

　　温伯雪子（按：温乃楚人）适齐，舍于鲁。鲁人有请见之者，温伯雪子曰："不可，吾闻中国之君子，明乎礼义而陋于知人心，吾不欲见也。"……仲尼见之而不言，子路曰："吾子欲见温伯雪子久矣，见之而不言何耶？"仲尼曰："若夫人者，目击而道存矣，亦不可以容声矣。"（《田方子》篇）

　　孔子行年五十有一而不闻道，乃南之沛，见老聃，老聃曰："子来乎？吾闻子北方之贤者也，子亦得道乎？"孔子曰："未得也。"（《天运》篇）

　　此外又如《天下》篇里所举出的南方之墨，均不外是就南北人的性格或学术方面来说，并没有对于文化的其他方面说出其不同。至如他说"南方有倚人焉，南方有无穷而有穷，以及我知天下之中央，燕之北，越之南"，这也均对于南北文化无大关系。

　　《左传》之说及南北方的部分方面的差异处，也很多；比方晋人闻有楚师而恐慌起来，师旷对他们说：

　　不害，吾骤歌北风，又歌南风；南风不竞，多死声，楚必无功。

这样的推算太过神秘了。又如成公九年，载晋侯问钟南冠而絷者谁也。……使与之琴，操南音。又哀公十二年，卫君习吴国的言语，而书为效夷语。吴人伐郯而书为蛮夷入伐（成公七年）。均是片断的表示南方的文化，不及北方的文化。这与《国语·晋语》里所谓"楚为荆蛮，楚为蛮夷"，一样口气。

《战国策》载南北文化的部分的差异的也有很多地方。比方在《楚三》里，我们找出下面一段谈话：

> 张子曰，彼郑周之女，粉白墨黑，立于衢间，非知而见之者以为神。楚王曰：楚僻陋之国也，未尝见中国之女如此其美也。

又如楚不称中国，楚荆宣王称畏照奚恤为"北方之畏照奚恤"（《楚一》），也是明白的告诉我们，南北的人民有了差异之点。然于文化方面没有什么意义。他如苏秦、张仪一般游说之士，无论是到那一国，都必指出其地理的优势，物产的丰富，以及人才文物的繁盛来，做他们游说人主的理由。从这些的言论里，我们可以看出当时的南方和北方，在地理、物产以及人才种种的不同，可惜他们的目的是注重于博得人主的清听，结果是常常中了言过于实的病弊。

除上面所说的以外，周秦时代的书籍，如《吕氏春秋》，如《荀子》所谓"君子居楚而楚，居夏而夏"等之说及南北文化的部分的不同者，并非没有；但是这些片断的记载，每每令我们不能满意，我们只可从略罢。

汉代之说南北文化的不同，比较详细的，要算司马迁的《史记·货殖传》。可惜这里所说，也是紊乱没有系统，关于北方的文化，我们找出下面数段话：

> 夫山西饶材，竹，谷，𬬻，旄，玉石，山东多鱼，盐，漆，丝，声色，……龙门、碣石北多马，牛，羊，旃裘，筋角，铜铁，则千里往往山出棋置。……关中自汧、雍以东至河，华，膏壤沃野千里。自虞、夏之贡以为上田。而公刘适邠，大王、王季在岐，文王作丰，武王治镐，故其民犹有先王之遗风！好稼穑，殖五谷，地重，重为邪。及秦、文、孝、缪居雍隙，陇蜀之货物而多贾。献公徙栎邑，栎邑北却戎翟，东通三晋，亦多大贾。武昭治咸阳。因以汉都、长安诸陵，四方辐辏并至而会，地小人众，故其民益玩巧而事末也。……夫三河在天下之中，若鼎足，王者所更居也。建国各数百千岁，土地小狭，民人众，都国诸侯所聚会，故其俗纤俭习事。……种代，石北也，地边胡，数被寇，人民矜懻忮，好气，任侠为奸，不事农商。……其民羯羠不均。至全晋之时，固已患其慓悍，而赵武灵王益厉之，其谣俗犹有赵之风也。……中山地薄人众，犹有沙丘纣淫地余民，民俗懁急，仰机利而食，丈夫相聚游戏，悲歌慷慨，起则相随椎剽，休则掘冢作巧。奸冶，多美物，为倡优。女子则鼓鸣瑟，跕屣，游媚贵富，入后宫，徧诸侯。然邯郸亦漳河之间一都会也，北通燕、涿，南有郑、卫。郑、卫俗与赵相类，然近

梁、鲁，微重而矜节。濮上之邑徙野王，野王好气任侠，卫之风也。夫燕亦勃、碣之间一都会也。南通齐、赵，东北边胡。上谷至辽东，地踔辽，人民希，数被寇，大与赵代俗相类，而民雕捍少虑，有鱼盐枣栗之饶。北邻乌桓、夫余，东绾秽貉、朝鲜、真番之利。洛阳东贾齐、鲁，南贾梁、楚，故泰山之阳则鲁，其阴则齐。齐带山海，膏壤千里，宜桑麻；人民多文彩布帛鱼盐。临菑亦海岱之间一都会也，其俗宽缓阔达，而足智，好议论；地重，难动摇，怯于众斗，勇于持刺，故多劫人者，大国之风也。其中具五民。而邹、鲁滨洙、泗，犹有周公遗风，俗好儒，备于礼，故其民龊龊，颇有桑麻之业，无林泽之饶；地小人众，俭啬，畏罪，远邪；及其衰，好贾趋利，甚于周人。……陶、睢阳亦一都会也；……其俗有先王遗风，重厚，多君子，好稼穑，虽无山川之饶，能恶衣食，致其畜藏。……

关于南方的物产风俗，他说：

江南出楠，梓，姜，桂，金，锡，连，丹沙，犀，玳瑁，珠玑，齿，革。……楚越则有三俗。夫自淮北、沛、陈、汝南、南郡，此西楚也，其俗剽轻，易发怒，地薄，寡于积聚。……陈在楚夏之交，通鱼盐之货。其民多贾，徐僮取虑，则清刻，矜已诺。彭城以东，东海，吴，广陵，此东楚也；其俗类徐僮。朐缯以北，俗则齐。浙江南则越。夫吴自阖庐、春申、王濞三人招致天下之喜游子弟，东有海盐之饶，章山之铜，三江五湖之利，亦江东一都会也。衡山，九江，江南，豫章，长沙，是南楚也。其俗大类西楚。郢之后从寿春，亦一都会也。而合肥受南北潮，皮革鲍木输会也。与闽中于越杂俗。故南楚好辞巧说，少信。江南卑湿，大夫早夭，多竹木。豫章出黄金。长沙出连锡。然堇堇物之所有，取之不足以更费，九疑、苍梧以南至儋耳者，与江南大同俗，而扬越多焉。番禺亦一都会也，珠玑犀瑁玳果布之凑。颍川南阳，夏人之居也。夏人政尚忠朴，犹有先王之遗风。颍川敦愿，秦末世，迁不轨之民于南阳。南阳西通武关，郧关，东南受汉、江、淮，宛，亦一都会也。俗杂，好事，业多贾，其任侠交通颍川，故至今谓之夏人。

太史公更将上面所说的南北物质风俗的不同而给我们以一个总论：

总之，楚越之地，地广人希，饭稻羹鱼，或火耕而水耨，果隋蠃蛤不待贾而足，地势饶食，无饥馑之患；以故砦窳偷生，无积聚而多贫。是故江淮以南，无冻饿之人，亦无千金之家；沂、泗以北，宜五谷桑麻六畜，地小人众，数被水旱之患，民好畜藏。故秦、夏、梁、鲁好农而重民；三河、宛、陈亦然，加以商贾。齐、赵设智巧，仰机利，燕、代田畜而事蚕。

太史公很明白的感觉到地理、历史、人口、物产各种要素之影响于风俗，从上面数段话里，特别是最末一段，我们且可以说明他对于南北两方的地理、物产、人口、历史、风俗种种的不同，能够说明出来。可惜这里所说的话，根本是以经济方面为立脚点，而对于文化的其他方面，如学术思想，社会组织，政治制度种种，没有注重。而且严格的说，他所说的南北的差异，除了注重经济一点外，好像是从《中庸》的南方之强，和北方之强，以及《孟子》所谓南人不得先王之道，推衍出来。而且《货殖传》一篇并非专为着说明南北的差异，其实是为着各都会各侯国的物产、风俗的不同而作，所以在叙述方面，也是没有系统的。

太史公对于北方的侯国，虽屡说得乎先王之遗风，然他对于南方的文化，却没明白的蔑视。这个原故，大约由他注重于物产，和人民的性格方面。名义上在汉朝的极南，虽已入了中国版图，但是事实上南方的文化，老是比不上北方的文化。对于这种事实上的认识，我们可从越王赵佗的《报文帝书》见之。他在这篇书里，还自称为南蛮臣佗。他说：

  且南方卑湿蛮夷中，西有西瓯，其众半羸，南面称王。东有闽、粤，其众数千，亦称王。西北有长沙，其半蛮夷亦称王。老夫故敢妄窃帝号，聊以自娱。老夫身定百邑之地，东西南北数千万里，带甲百万有余；然北面而臣事汉者，何也？不敢背先人之故。……今陛下幸哀怜，复故号，通使汉如故，老夫死骨不腐，改号不敢为帝矣。

第二章 历史上的南北文化观（二）[①]

永嘉之乱，晋室南迁，遂有南朝北朝的区别；南朝为汉族所统治，而北朝为外族所统治。事实上南北朝因为种族的不同，文化也有了不少的差异。然这个时代中之能对于南北文化的不同，而做深刻的研究和记载者，也不多得。我们览阅这时代里的著作，比较上对于这一点的表示为详细者，要算颜之推的《颜氏家训》。可惜颜氏这本书的目的，乃在于训谕子孙，表扬家风；故其所说，大概偏于礼俗小节，而非对于这时代的文化的全部，或是比较重要方面来说明。今日略抄数段于后：

> 江右不讳庶孽，丧失之后，多以妾媵终家事，疥癣蚊虻，或未能免。限以大分，故稀斗阋之耻。河北鄙于侧室，不预人流，是以必须重娶，至于三四；母年有少于子者，后母之弟，与前妇之兄，衣服饮食，爱及婚宦，至于士庶，贵贱之隔，俗以为常。身没之后，辞讼盈公门，谤辱彰道路。子诬母为妾，弟黜兄为佣。播扬先人之辞迹，暴露祖考之长短，以求直己者，往往而有。（《后娶》篇）

> 北土风俗，率能躬俭节用，以赡衣食；江南奢侈，多不逮焉。……江东妇女，略无交游，其婚姻之家，或十数年间，未相识者，唯以信命赠遗，致殷勤焉。邺下风俗，专以妇持门户，争讼曲直，造请逢迎，车乘填街衢，绮罗盈府寺；代子求官，为夫诉屈，此乃恒代之遗风乎。南间贫素，皆事外饰，车乘衣服，必贵齐整，家人妻子，不免饥寒。河北人事，多由内政，绮罗金翠，不可废阙。羸马悴奴，仅充而已，唱和之礼，或尔汝之。河北妇人，织纴组紃之事，黼黻锦绣罗绮之工，大优于江东也。（《治家》篇）

> 南人冬至岁首，不诣丧家。若不修书，则过节束带以申慰。北人至岁之日，重行吊礼，礼无明文，则吾不取。南人宾至不迎，相见捧手而不揖，送客下席而已。北人迎送并至门，相见则揖，古之道也；吾善其迎揖。昔者王侯自称孤寡不谷，自兹以降，虽孔子圣师，与门人言，皆称名也。后虽有臣仆之称，行者亦盖亦寡焉。江南轻重各有谓号，具诸书仪；北人多称名者，乃古之遗风；吾善其称名焉。言及先人，理当感慕，古者之所易，今之人所难。江南事不得已，乃陈文墨，憛憛无言者，须言阀阅，必以文翰，罕有面

[①] 校按：本章录自《岭南学报》第3卷第3期，第14～25、44～45页。

论者。北人无何,便尔话说。……江南饯送,下泣言离,北间风俗,不屑此事,歧路言离,欢笑分首。……河北士人,皆呼外祖父母为家公家母,江南田里间亦言之。以家代外,非吾所识。凡宗亲世数有从父,有从祖,有族祖。江南风俗,自兹以往,高秩者通呼为尊,同昭穆者,虽百世犹称兄弟,若对他人皆称族人;河北士人,虽三二十世犹呼为从伯从叔。梁武帝尝问一中土人曰:卿北人,何故不知有族?答云,骨肉易疏不忍言族耳。……古者名以正礼,字以表德,名终则讳之。……江南至今不讳字也。河北士人全不辨之,名亦呼为字,字固因呼为字。……江南丧哭,时有哀诉之音耳。山东重丧,则唯呼苍天,期功以下,则唯呼痛深便是号而不哭。……江南风俗,儿生一期,为制新衣,盥浴装饰,男则用弓矢纸笔,女则用刀尺针缕,并加饮食之物及珍宝服玩,置之儿前,观其发意所取,以验贪廉愚智,名之为试儿。……北人行路相逢,便定昆季,望年观貌,不择是非,至有结父为兄,托子为弟者。(《风操》篇)

　　南方水土和柔,其音清举而切诣;失在浮浅,其辞多鄙俗。北方山川深厚,其音浊而鈋钝,得其质直,其辞多古语。然冠冕君子,南方为优,闾里小人,北方为愈。易服而与之谈南方士庶,数言可辨,隔垣而听其话,北方朝野终日难分。而南染吴越,北杂夷虏,皆有深弊,不可具论。其谬失轻微者,则南人以钱为涎,以石为射,以贱为羡,以是为舐。北人以庶为戍,以如为儒,以紫为姊,以洽为狎,如此之例,两失甚多。(《音辞》篇)

　　晋宋以来,多能书者,故其时俗,遞相染尚,所有部帙,楷正可观。……北朝丧乱之余,书迹鄙陋。……江南为世之常射,以为兵射冠冕,儒生多不习者。……河北文士,率晓兵射。(《杂艺》篇)

我们已说过,太史公虽对于南方和北方的各侯国的天然物产上特别注意,然南方和北方的区别,在《货殖传》里殊欠明白。在《颜氏家训》里对于南北的分别,虽很明白,但是这些的差异,多关小节;而这些小节,若是详细研究起来,不但是南北两方有了差异,就是南方的本部,或是北方的本部的各处,也有不少的不同。而且晋室南迁,中州(北方)固有的文化的嫡系,也在南方。颜氏书中,每每为北方的风俗辩护,以为得乎古者遗风,而含有蔑视南方之意,好像存著偏见。

在南北朝时代的学者,对于于当时的南北文化的差异上,能够注意而著之成书者,虽不多见,但是后来学者之指明这种差异者,却是很多。比如唐时李延寿作《北史·儒林传》里,曾指出南北学派的分派。

　　大抵南北所为章句,好尚互有不同,江左《周易》则王辅嗣,《尚书》则孔安国,《左传》则杜元凯,《河洛》《左传》则服子慎,《尚书》《周易》则郑康成,《诗》则并举于毛公,《礼》则同遵于郑氏。南人约简,得其英华,北学深芜,穷其枝叶。考其始终,要其会归,其立身成名,殊方同致矣。

在《文苑传》里,我们找出下面一段记载:

> 自汉魏以来,迄乎晋宋,其体屡变,前哲论之详矣。暨永明、天监之际,太和、天保之间,洛阳、江左文雅尤盛,彼此好尚,雅有异同。江左宫商发越,贵于清绮,河朔词义贞刚,重乎气质。气质则理胜其词,清绮则文过其意。理深者便于时用,文华者宜于咏歌。此其南北词人,得失之大较也。

延寿所说,是偏于经学文学方面,从文化的观点看去,范围当然很狭;然对于南北的区别,却能明白指出。又如杜佑《通典》卷百八十二,叙述关于永嘉以后的文运的向南发展:

> 永嘉之后,帝室东迁,衣冠避难,多所萃止,艺文儒术,斯(扬州)之为盛;今则闾阎贱品处,力役之际,吟咏不辍。

然而在唐时代的南方,特别是极南的湖南、岭南还是被视为没有开化的地方。韩愈的"云横秦岭家何在,雪拥蓝关马不前"的名句,和他到潮州后的谢表,显明的看不起岭南。又如柳宗元《送李渭赴京师序》里说:

> 过洞庭上湘江,非有罪左迁者罕至;又况逾临源岭,下漓水,出荔浦(属广西桂林道),名不在刑部,而来吏者,其加少也固宜。

在他《与萧翰林俛书》里,柳氏说:

> 居蛮夷中(按当时在永州),……意绪殆非中国人;楚越闻声音特异,缺舌啅噪,今听之怡然不怪,已与为类矣。家生小童,皆自然哓哓,昼夜满耳,闻北人言,则啼呼走匿。

至像李德裕之被谪到琼崖的诗,更是愁泄言表,他的诗是:

> 独上高楼望帝京,鸟飞犹用半年程;江山只恐人归去,百匝千回绕郡城。

> 一去一万里,千之千不还;崖州在何处,生度鬼门关。

南方简直是鬼门关了。

(唐刘恂有《岭表录异》之作,然里面所载,于南方文化没有什么关系。)

晋室南渡之八百年后,又有了宋室南迁,而成为南宋。因为北方既被外族所占据,南北的文化的差异,当然会像南北朝的时代。可惜在这个时代里的学者,能够像颜之推一样的说明两方文化的不同的人,也找不出。司马光的《资治通鉴》里所说的南北对比,不外是历史上的陈迹。他在《梁记》十九说:"自晋室渡江，三吴最为富庶，贡赋商旅，皆出其地。"又如薛居正《旧五代史》卷百三十五记陛，（刘䶮）……每对北人自言"家本咸秦，耻为蛮夷之主"，欧阳修著《新五代史记》说："是时天下已乱，中朝人士，以岭外最远，可以避地，多游焉。唐世名臣，谪死南方者，往往有子孙，或当时仕宦遭乱不得还者，皆客岭表。"（卷六十五《南汉世家》）这些通通是说明历史上的南北的差异。

此外又如曾巩《送李材叔知柳州序》里所说："谈者谓南越偏且远，其风气与中州异。"程伊川所谓"西北东南，人材不同"均是笼统之言，没有指出两方的异处。至于苏东坡被谪南迁时代的诗词，及其谢表里所说，"并鬼门而东鹜，浮瘴海以南迁；生无还期，死有余责"，不外是述李德裕的口气。他如周去非的《岭外代答》，对于南方的物产风俗，虽有叙述，然对于南北的对比上，也没注意。

元代蒙古人主中州，对于汉人的待遇上，很不平等，色目、南人，这些名称，都是用以区别北方民族的事实。这时的南方的文化，或是汉族的文化，是驾乎北族之上的。就是滨海的岭南，也逐渐习染中州的文化。所以吴澄在《广州学云章阁记》里说道："今之交广，古之邹鲁。"然元代学者，对于南北的对比的言论，殊不易找。最可惜者，像托托克的《宋史》，对于宋南迁后的南北文化的不同，也没有明白的解释。

明代学者之对于这个问题的言论颇多，岭南的邱濬尤值得我们注意。邱氏生于中国的极南的琼州，琼州素为海邦鳞介，所以在邱氏的著作里，处处可以找出为南方文运表扬的言论，而注意于中国文化的向南发展，以及南方文化的特殊。他少年的《五指山咏》有"疑是巨灵伸一臂，遥从海外数中原"之句。长年游京师又有《南溟甸赋》之作，均是为了南方文运辩护而作。他尝以为"三代以至于唐，人材之生，盛在江北"（看张文献《曲江集·序》）。然自曲江以后，文运日趋于南。其论中国南方文化的发展，及其发展的原因，有了下面数段话：

> 中国之地，南北比东西为远，故《禹贡》言圣人声教之所及于东曰渐，于西曰被，皆指其地言；而于南北则止曰暨，而不言其地。可见圣人向明之治，自北而南，日拓而远，不可为之限量也。（《大学衍义补》卷二十六《内夏外夷之限·上》）

> 是以三代以前，兹地（指岭南）在荒服之外，至秦始入中国。是时也，南蛮之习未改也，椎结卉服之风未革也，持章而适兹，无所用也。魏晋以后，中原多故，衣冠之族，多徙于南，与夫或宦或商，恋其土而不忍去，过化渐染，风俗丕变，岁异而月不同。今则弦诵之声相闻矣，衣冠礼乐，班班然盛矣。北学于中国，与四方髦士而想颉颃矣，策名天府，列官中外，其表表者则又冠冕玉佩，立于殿陛之间，行道以济时矣。（《广州府志书序》）

他又以为南北两方因地理的不同，而影响于文化。他说：

天下之山，皆发源于西北，零散而聚，突起而为岭。天下之川，皆委于东南，流行而止，渟涵以为海。广南居海之间，受天地山川之尽气，气尽于此，而重泄之；故人物之得之也，独异于他邦。其植物则郁然以馨，其动物则粲然以文，是皆他处所未曾有者也。得其气之专而纯，则又朴而茂，秀而习，习气淳直而俗尚随之，浑然天地间小堪舆也。……广郡地志，唐以前仅附于史，宋以后始有成书，然而略而未详也。入皇朝以来百年于此，天地纯然之气随机而南流钟于物者犹若钟于人者，则日新月盛，其声明文化之美，殆与中州无异焉。(《广州府志书序》)

　　邱氏很明白的指出中国的文化是由北方而趋向于南方，他又指出南方和北方因为地理上的不同，而影响到人物的各异。而所谓气尽而重泄之，又是推料南方的文化之将兴。重泄的文化，照他的语气来看，当然是由南方而趋到北方，这正与他的"遥从海外数中原"的意相合。不过邱氏既不明白的说地理上的不同，而影响的南北文化的异点如何，而所谓重泄的文化是什么文化，也没有明言。其实他的全副精神，是想使世人知道南方的文化，是逐渐的要和北方并驾齐驱，而且他所说的文化，又不外是指着文运人才和相业而言。而人才相业和文运从文化的观点看去，又不外是很多部分的一部分罢。

　　此外又如章潢在其《图书编》里也有很多地方说及南北文化的对比，以及中国文化的由北趋向于南。他说：

　　秦汉以前，西北壮而东南稚也；魏晋而下，壮者之齿益衰，稚者之年方长；至于宋朝，而壮者已老，稚者已壮矣。(卷三十四"统论南北形势"条)

　　汉魏以还，天下有变，常首难于西北，衣冠转而南渡；故西北益耗，而东南益盛。施于隋唐宋朝，风教滋美，端与中原无异，而民物丰伙，又复过之。(仝上论"东南古今盛衰"条)

　　晋之渡而东也，收数十代之衣冠礼乐，生聚长养其中，彼号为中原者，方且沦于戎马荆榛之域，故相悬也。其后，宋又渡而南也，举数百年之皇图帝籍，以保有亿万之命，彼号二京者，方且盛穹庐旃幕之场，故益远也。(卷卅六"三吴风俗"条)

　　这和邱濬的见解，大致相同，到了明末清初的顾炎武、黄宗羲、王船山对于南北文化这个问题，均有意见发表。顾氏著《东南形势论》，以为以地势言，自古以来，皆以北取南易，以南取北难。他曾在华北置了不少的田亩，有些人说这就是他预备将来用以做揭竿举义的根据。但在他的《天下郡国利病书》里他说：

　　自昔以雍、冀、洛、河为中国，楚、吴、越为夷，今声名文物，反以东南为盛，大河南北，不无少让。何客有云：此天运循环，地脉移动，彼此乘除之理。(卷一"地脉"条)

在他的《日知录》里，他又论及南北风化之失。他说：

> 江南之士，轻薄奢淫，梁、陈诸帝之遗风也；河北之人，斗很劫杀，安、史诸凶之余化也。

> 饱食终日，无所用心，难矣哉；今日北方之学者是也。群居终日，言不及义，好行小慧，难矣哉；今日南方之学者是也。

黄梨洲的《宋元学案》及《明儒学案》对于这三个时代的各方学派，及其思想，分门别类，为中国学派上最有系统的著作。从这两部伟大的著作里，我们当然可以找出南方和北方的学术思想的不同。可是梨洲著书的目的，并非说明南北的学术思想的不同，好像只在他的《明夷待访录》我们找出下面一段话：

> 或曰：有王者起，将复何都？曰，金陵。或曰：古之言形胜者，以关中为上，金陵不与焉，何也？曰，时不同也。秦汉之时，关中风气会聚，田野开辟，人物殷盛，吴、楚方脱蛮夷之号，风气朴略，故金陵不能与之争胜。今关中人物不及吴会久矣，又经流寇之乱，烟火聚落，十无二三，生聚教训，故非一日之所能移也。而东南粟帛，灌输天下，天下之有吴会，犹富室之有仓库匮箧也。今夫千金之子，其仓库匮箧，必身亲守之，而门庭则以委之仆妾。舍金陵而勿都，是委仆妾以仓库匮箧，昔日之都燕则身守夫门庭矣，曾谓治天下而智不千金之子若与？（建都）

王夫之在他的《思问录》也有了差不多和梨洲同样的意见，他在《思问录》的最末一段说：

> 天地之气衰旺，彼此迭相易也。太昊以前，中国之人若麋聚鸟集，非必日照月临之下而皆然也。必有一方焉，如唐、虞三代之中国也。既人力所不通，而彼方之盛，此之衰，而不能征之。迨此之盛，则彼之衰，而弗能述以授人，故亦蔑从知之也。以其近且小者推之，吴、楚、八闽，汉以前夷也，而今为文教之薮；齐、晋、燕、赵，隋唐以前之中夏也，而今之椎钝駤戾者，十九而抱禽心矣。宋之去今五百年耳，邵子谓南人作相，乱自此始，则南人犹劣于北也。洪永以来，学术节义，事功文章，皆出荆、扬之产，而贪忍无良，弑君卖国。结宫禁，附宦寺，事仇雠者，北人犹为酷焉。则邵子之言验于宋，而移于今矣。今且两粤、滇、黔渐向文明，而徐、豫以北，风俗人心益不忍问，地气南徙，在近小间有如此者。推之荒远，此混沌而彼文明，又何怪乎。《易》曰：乾毁则无以见易，非谓天地之灭裂也，乾坤之大文不行于此土，则其德毁矣。故曰：黄帝、尧、舜垂衣裳而天下治，盖取诸乾坤，则虽谓天开地辟于轩辕之代焉，可矣。

顾、黄、王三氏都感觉到中国的文化，是由北趋南，然除了黄梨洲外，顾王两氏，都相信天运之说。所谓天运循环，地脉移动，彼此乘除之理；所谓天地之气衰旺，彼此迭相易也，均是中国人的归诸天命的愚见。而且他们三人，对于南北文化的横的方面的异处，均没有明白的解说。

他如赵翼所著《二十二史札记》和他的《陔余丛考》特别对于宋代北方的将才，和世家之官于朝者之因宋南渡而从行者，详为考证。他的结论，是宋的南渡，诸将立功，虽在江南，而其人皆北人也。这种研究虽非直接说明南北文化的异同，然于中国文化之由北而向南的趋势上，却有不少的帮助。此外又如道光年间吴铤所著《前因时论》，对于南北的对比上，多所论列，今且录数段于下：

> 且夫天下风俗，不出于奢与俭二者，而利皆足以动之。东南多尚奢，西北多尚俭；奢则不自爱其财，至于财尽，则必思所以求之。俭则自爱其财，至于财不赡，而求利之心炽，乃因以愈急。其弊皆中于好利。(《因时论》九)

> 国家用财，饶于东南，东南民溢地寡，而田不足给，西北芜地多不治，民皆游手坐视，无以为生。此生之者未得其道也。(《因时论》十)

> 北方沙土，岁不挑浚，水道淤塞，夏秋阴雨，水无所潴，民罹其害。……北方亩数大南方倍蓰，……南方耕田，按其时以致民力，北方之田每至播谷辄下稻，听其成熟，民皆游手无所事。(《因时论》十二)

他又指出南北互选的弊害，因为南北两方相隔太远，地理不同，诸多不便，而主张仿宋朝的南北分选。不过这种的解释，太过片断琐碎，故只好从略。又如王韬著《变法自强·下》有了下面一段话：

> 居今日而论中州大势，固四千年来未有之创局也。我中朝素严海禁，闭关自守，不勤远略，海外诸国，至中华而奉献者，来斯受之而已，未尝远至其地也。以故天下有事，其危常系西北，而不重东南。……不知时之所尚，势之所趋，终贵因事制宜，以权达变，天时人事，皆由西北以至东南。(《弢园文录外编》卷二)

他虽看见海通以来，东南日趋于重要的地位，然而南北两方的不同，却又没有明说出来。

此外又如署名为太平洋客者著有《新广东》一书，这本书好像是写于九龙租与英国的时候。著者主张广东有自能独立的性质，其理由是无论在地理户口财力，而特是新时代的人才，广东都占优越的地位。所谓新广东，不但是要新时代化，且是要广东人之广东。所谓广东人之广东的意见，这里可不必提，但是所谓新时代化的新广东，似有介绍的价值。

> 广东通商最早，风气最开，其能通外事知内情者，所在而有。故自有洋务以来，其变国政之形式者，若开平矿务局，招商局，制造局等事；变国民之精神者，若开报馆，开学堂，开学会，开国会等事；无不发起于广东人之

手，而他省无闻焉。其在中国之内部如此，若夫在海外者，除福建人外，则皆广东人也。间有能谈时事开报馆遣子弟入外国学堂者，惟广东人为多，而近年又有一大会以团海外数百万人为一体，讲爱国爱种之策，俨成一外中国新中国焉。于是中国全部之事几于有广东人则兴，无广东人则废。外国人之论中国者，辄谓命脉在于广东，非虚语也。

这样说法，未免过于夸大，然而广东文化之异于国内其他的文化，未尝没有多少意思。可惜作者的省界的观念过深，故对南北两方的文化的不同的研究，没有注意。至于像著者在该书第四节所说"今夫中国之人，北方则贪于权势，以官而至富，南方则习于奢淫，以富而得官"的南北各异，从文化全部看去，只能算作沧海之一粟罢。①

此外，研究中国南北学术的不同者，又有刘光汉氏。刘氏的《南北学派不同论》，发表于乙巳（一九〇五）年的《国粹学报》第一年。他这篇文章长约二万言。严格来说，对于这个问题的专题研究，刘氏恐怕还是最先的人。我们在第一章里所叙述的各代学者南北文化各方面的对比，甚至梁任公的著作里，也找不出一篇专门为研究这个问题的文章。不过事实上，刘氏这篇文章所讨论的内容，并不跳出梁氏所划的圈子。其实他所研究的，不过是梁氏所已研究的一部分，而且梁氏的关于这个问题重要著作，都在一九〇二年的《新民丛报》发表过。《新民丛报》之在当时，每出一册，国内翻印者至十余次。刘氏于三年之后，刊其著作，则刘氏之曾受梁氏的影响，也是一件很可能的事。

刘氏以为学术之所以分为南北，是由于地理的作用。从历史上看去，"三代之时，学术兴于北方，而大江以南无学，魏晋以后，南方之地，学术日昌，至北方学者反瞠乎其后"。这种见解，本来是历代留意于南北文化的问题的共同意见，惟刘氏以为历史上中国文化之所以有这种南北不同者，其故有二。他说：

> 盖并青雍豫古称中原，文化声名，洋溢蛮貊，而江淮以南，则为苗蛮之窟宅。及五胡扰乱，元（？）魏凭陵，虏马南来，胡氛暗天，河北关中，沦为左衽，积时既久，民习于夷，而中原甲姓，避乱南迁，冠带之民，萃居江表，流风所被，文化日滋，其故一也。又古代之时，北方之地，水利普兴，殷富之区，多沿河水，故交通日启，文学易输。后世以降，北方水道淤为民田，而荆吴楚蜀之间，得长江之灌输，人民蔚起，迄于南海不衰，其故二也。（《南北学派不同总论》）

---

① 校按：本章自开始至此，见《岭南学报》第3卷第3期，第14～25页；此后内容见《岭南学报》第3卷第3期，第44～45页。

他的结论是：

> 就近代之学术观之，北逊于南，而就古代之学术观之，则南逊于北。盖北方之地，乃学术发源之区也。

他又分门别类，和详细的说明出南北的诸子，南北的经学，南北的理学，南北的考证学，以及南北的文学的不同。然而这些的各异，大体上和梁启超所已解释者，没有分别，故没有再述的必要。

第三章　梁启超的南北文化观①

近代研究所谓南北文化的发展和差异，较为详细而影响于思想界较大者，恐怕要算梁任公了。

梁氏关于此种研究的论文，比较重要的有下列四篇。

（一）《论中国学术变迁之大势》
（二）《中国地理大势论》
（三）《世界史上广东之位置》
（四）《清代学风之地理的分布》

第一篇陆续发表于光绪二十八年（1902）的《新民丛报》（参看第五号起），后来又改为《中国古代思潮》（参看商务印书馆所印行的《国学蠡酌》）。第二篇也陆续发表于《新民丛报》（从第六号起），第三篇约发表于光绪三十年？（1904？），第四篇登载于民国十三年的《清华学报》第一卷第二期。

第一篇是一篇很长的文章，其实是预写的一本书。但是这篇文章所研究的对象，是偏于思想方面，而对于南北思想的研究，是见于第二章的第二节。第二篇所研究的范围较广，包括政治，兵事，哲学，经学，佛学，词章，美术，音乐，及风俗等。而且这篇所研究的时代，是从上古至晚清。第三篇说明广东在近代中国及在世界上的位置，而特别注重于地理上的东西文化的沟通。第四篇是研究清代学者的地理的分布，在范围上既狭，在时代上也是很短的。

这四篇文章里最重要的，要算第二和第三篇。第一和第四篇，可以说是第二篇里所研究的对象的部分。所以从发表的时间上看去，《清代学风之地理的分布》一篇虽写于其他三篇之后二十年，然从性质上看去，《世界史上广东之位置》却和其他三者有了特殊的不同。

梁氏以为南北文化的不同，根本上是由于地理的各异；而所谓地理，又是重要的指着河流。他在《中国地理大势论》里说：

> 文明之发生，莫要于河流；中国者，富于河流之名国也。就本部而三分之，复可为中，南，北三部。北部者，黄河流域也，中部者，扬子江流域也，南部者，西江流域也。三者之发达，先后不同，而其间民族之性质，亦自差异，此亦有原理焉。凡河流之南北向者，则能连寒温热三带之地而一贯之，使种种之气候，种种之物产，种种之人情，互相调和，而利害不至于冲

---

① 校按：本章录自《岭南学报》第 3 卷第 3 期，第 26～43 页。

突。河流之向东西者反是，所经之区，同一气候，同一物产，同一人情。故此河流与彼河流之间，往往各为风气。在美国则东西异同（美国之河流皆自北而南），而常能均调，在中国则南北殊趋（中国之河皆自西而东），而间其冲突于统一之中，而精神有不能悉一统者存，皆此之由。

梁先生虽说文明之发生和差异，是因河流的不同，然在上面一段话里，还提及气候物产的重要，所以河流在文化的差异和调和上，固有很大的意义；气候物产于文化的关系，也很密切。因此他以为中国南北文化的现象的不同，是由于地理上的气候河流等等的作用。他在《中国古代思潮》一文里说：

凡人群第一期之进化，必依河流而起，此万国之所同也。我中国有黄河、扬子江两大流，其位置性质各殊，故各自有其本来之文明，为独立发达之观，虽屡相调和混合，而其差别相自有不可掩者。凡百皆然，而学术思想其一端也。北地苦寒硗瘠，谋生不易，其民族销磨精神日力，以奔走衣食，维持社会，犹恐不给，无余裕以驰骛于玄妙之哲理，故其学术思想，常务实际，切人事，贵力行，重经验；而修身齐家，治国利群之道术最发达焉。惟然，故重家族，以族长制度为政治之本。敬老年，尊先祖，随而崇古之念重，保守之情深，排外之力强，则古昔称先王内齐国，外夷狄，重礼文，系亲法，守法律，畏天命，此北学之精神也。南地则反是，其气候和，其土地饶，其谋生易，其民族不必惟一身一家之饱暖是忧；故常观于世界以外，初而轻世，既而玩世，既而厌世，不屑屑于实际；故不重礼法，不拘拘于经验，故不崇先王。又其发达较迟，中原之人，常鄙夷之谓为野蛮，故其对于北方学派有吐弃之意，有破坏之心，探玄理，出世界，齐物我，平阶级，轻私爱，厌繁文，明自然，顺本性，此南学之精神也。

他因此又列表以明其大体的差别：

北派宗实际　　南派宗虚想
北派主力行　　南派主无为
北派贵人事　　南派贵出世
北派明政法　　南派明哲理
北派重阶级　　南派重平等
北派重经验　　南派重创造
北派喜保守　　南派喜破坏
北派主勉强　　南派明自然
北派畏天　　　南派任天
北派言排外　　南派言无我
北派贵自强　　南派贵谦弱

上面是说南北思想上的不同。梁氏再从而举出南北两派的代表人物，他说：

> 要之，此全盛时代（春秋战国时代）之第一期，实以南北两派中分天下。北派之魁厥为孔子，南派之魁厥为老子。孔学之见排于南，犹老学之见排于北也。试观孔子在鲁、卫、齐之间，所至皆见尊崇，乃至宋而畏矣，至陈蔡而厄矣。宋、陈、蔡皆邻于南也。及至楚则接舆歌之，丈人揶揄之，长沮桀溺目笑之，无所往而不阻焉；皆由学派之性质不同故也。北方多忧世勤劳之士，"孔席不暖，墨突不黔"，栖栖然终其身焉。南方则多弃世高蹈之徒，接舆、丈人、沮溺，皆汲老、庄之流也。盖民族之异性使然也。

> 孔、老分雄南北，而起于其间者，有墨子焉。墨亦北派也，顾北而稍近于南。墨子生于宋，宋南北要冲也，故其学于南北各有所采，而自成一家言。其务实际，贵力行也，实原本于北派之真精神，而其刻苦也过之。但其多言天鬼，颇及他界，肇创论法，渐阐哲理，力主兼爱，首倡平等，盖亦被南学之影响焉。故全盛时代之第二期，以孔、老、墨三分天下，孔、老、墨之盛，非徒在第二期而已，直至此时代之终，其余波及于汉初，犹有鼎足争雄之姿。

除了哲理之外，梁氏以为在经学方面，在两汉以后，也有南北的分别。他举出六朝的时代，北人最喜治三礼，像徐遵明、刘炫、刘焯、李铉、刘献之、沈重、熊安生们，通通以礼学著名。南人却喜治《易》，常以《易》、老并称，如王弼、郭象、向秀们，就是对于《易》、老做过深刻的研究。这个差别，照梁的意见，也是由于地理不同所生的影响。

同样佛学也因地理的不同，而有南北的差别。他说：

> 隋唐之际，宗风极盛，天台，法相，华严三宗，皆起于北；陈义闳深，说法博辩，而修证之法，一务实践，疏释之书，动辄汗牛，其学说与北朝经生颇相近似。惟禅宗独起于南，号称教外别传，达摩入中国首为梁武所皈依。黄梅大鉴，开山吴越，专凭悟证，不依文字，盖与老、庄、陆、王，颇符契焉。

关于词章，他说：

> 燕赵多慷慨悲歌之士，吴楚多放诞纤丽之文，自古然也。自唐以前，于诗于文于赋，皆南北各为家数。长城饮马，河梁携手，北人之气概也。河南草长，洞庭始波，南人之情怀也。散文之长江大河，一泻千里者，北人为优。骈文之镂云刻月，善移我情者，南人为优。盖文章根于性灵，其受四围社会之影响特甚焉。

又如美术音乐，照他的意见，也因南北地理而不同。他说：

书派之分南北尤显，北以碑著，南以帖名。南帖为圆笔之宗，北碑为方笔之祖。道健雄浑，峻峭方整，北派之所长也。《龙门二十品》《爨龙颜碑》《吊比干文》等，为其代表。秀逸摇曳，含蓄潇洒，南派之所长也。《兰亭》《洛神》《淳化阁帖》等，为其代表。盖虽雕虫小技，而与其社会之人物风气，皆一一相肖，有如此者，不亦奇哉。画学亦然，北派擅工笔，南派擅写意，李将军之金碧山水，笔格遒劲，北宗之代表也。王摩诘（按：王维乃山西太原人）之破墨水石，意象逼真，南派之代表也。音乐皆然，《通典》云："祖孝孙以梁陈旧乐，杂用吴楚之音，周隋旧乐，多涉胡戎之技，于是斟酌南北，考以古音，而作大唐雅乐，直至今日。而西梆子腔，与南昆曲，一则悲壮，一则靡曼，犹截然南北两流。由是观之，大而经济，心性，伦理之精，小而金石，刻画，游戏之末，几无一不与地理有密切之关系。天然力量之影响于人事者，不亦伟耶！不亦伟耶！"

梁氏在《中国地理大势论》里把上面所说的哲理、经学、佛学、词章、字法、雕刻、图画、音乐等，包括于文学之内。而所谓"文学地理"上的差别——照他的意见——是常随"政治地理"上的差别为转移。因此政治上的南北的不同，又为他所特别注重。他说：

其在政治，北方视南方（自注：以下所言南方皆指扬子江流域也，非指极南之西江）常占优势。盖我黄族之始祖，本自帕米尔高原迤逦东下，而扬子江上流，崇峦峻岭，壁立障之，故避难就易，沿河以趋。全国文明，自黄河起点，而传布于西方。帝王实力，亦起于是；积之者厚，故其势至今犹昌也。

所谓政治上的北方常占优势于南方，据梁的意见，可把历代帝王的都城来证明。他因此列了黄河流域国都，和扬子江流域国都两个表；前者始于三皇而至清代，后者始于三国的吴而至明代。他的结论是：

北方宅都时代，而南方无他都者垂两千余年；其南方宅都时代，而北方无他都者，惟明太祖建文共二十五年耳。

又说：

数千年王霸之国都，其在黄河流域者十六，得姓三十六；其在扬子江流域者二，得姓十；其准黄河流域者一（北京），得姓四；其准扬子江流域者三（成都、临安、湖南），得姓六；其不在两流域内者五，得姓七。数千年政治都会，略具于是矣。

因此之故，政治的中心地方简直可以说是黄河流域，换句话来说，就是北方。

国都固以北方为中心地点，兵事也是这样。因此他又列出一个历代革命军及割据所凭藉的地理表，表里所根据以研究的，自秦末陈胜、吴广之揭竿举事，而至义和团，共一百一十一五次，除了好几次是异族起兵异域入主中国不算外，则统计所表示各省主动多少的数目如下：

直隶十五	山西八	福建四	云南一
甘肃十三	湖北七	陕西三	江西一
江苏十一	四川七	湖南三	贵州一
山东十	河南五	广东三	
安徽九	浙江四	广西一	

他以为这些地方之所以用兵的原因虽很多，然地理上的作用，却是重要主因之一。从上面的表来看，除了直隶、甘肃、山西三个地方多由西北异种乘藉窃据，其主动不专由汉族外，地理上最合于用兵的地点，要算山东、江苏、安徽、河南、湖北诸省。这个原故，是因为这些地方都是位于黄河、长江两流域，由此可知江河之于政治的兵事的关系的密切。

此外他再从南北地理的不同，而举出风俗上的不同。他说：

其在风俗则北俊南孅，北萧南舒，北强南秀，北傀南华，其大较也。龚定庵诗云："黄河女直徙南东，我说神功胜禹功；安用迂儒谈故道，犁然天地划民风。"自注云：渡河而南，天色异，地气异，民情异，盖南北之差殊，稍有识者皆能见及矣。

他又从古书上而特别是《史记·货殖传》中所载南北风俗的差异，摘录出来，以证明南北风俗的不同，是由于地理的不同。

在梁氏《近代学风之地理的分布》一文，梁氏把清代四百六十一位学者来做研究的对象，而寻出他们在地理上的分布。这个研究虽只限于一代和学者，但是学者也是文化上一种重要元素，而从其地理上的分布也能看出他们在南北文化中的位置。依梁氏研究所得，在这一个时代里，学者最多的地方，首推江苏，次为浙江，再次是河北，安徽，广东，湖南，河南，陕西，江西，福建，山西，四川……把各省的人物（学者）来比较，其人数百分比及等级则得到下面一个表：

梁氏近代学风之地理的分布表

（参看朱君毅《中国历代人物之地理的分布》页十四）

省分	人数	百分比（%）	等级
江苏	121	26.24	1
浙江	90	19.52	2

续表

省分	人数	百分比（%）	等级
河北	42	9.33	3
安徽	41	8.89	4
广东	24	5.21	5.5
湖南	24	5.21	5.5
山东	22	4.77	7
河南	19	4.12	8
陕西	16	3.47	9.5
江西	16	3.47	9.5
福建	12	2.60	11
山西	7	1.52	12
四川	6	1.30	13
湖北	5	1.08	14.5
贵州	5	1.08	14.5
广西	4	0.86	16
蒙满	3	0.65	17
云南	1	0.22	18
辽宁	1	0.22	19
甘肃	1	0.22	19
总数	461	99.98	19

上面是解释梁氏对于南北文化各方面的差别的意见，现在且来谈谈他对于中国文化发展的趋向的观念。

梁氏在《中国地理大势论》里说：

> 自周以前，以黄河流域为全国之代表，自汉以后，以黄河、扬子江两流域为全国之代表，近百年来以黄河、扬子江、西江三流域为全国之代表。穷古之事，不可纪，今后之局，犹未来。然则过去历史之大部分，实不外黄河、扬子江两民族竞争之舞台也。前者西江未发达，故通称中部为南部。数

千年南北相竞之大势即中国历史之荣光，亦中国地理之骨相也。

他又说：

> 大抵中国地理开化之次第，自北而南；三代以前，河北极盛，秦汉之间，移于河南，浸移于江北，六朝以后，江南亦骎骎代兴焉。而自汉迄今，全史之大部分，皆演于江河间之原野。彼龙拏虎掷，甲兴乙仆，殆未有出山东、安徽、江苏、河南、湖北数省外者也。惟汉民族之在中国，其犹近世条顿民族之在世界也。而点缀其间者，则有幽、燕、赵、代、陇、蜀诸族，其犹欧洲之有拉丁与斯拉夫也。此外位其南者，未尝有能为一国之轻重者也，其有之则自近百数十年始也。

南北文化的差异，既是由南北地理的不同而来，而中国文化之由北而趋于南，也是由于地理上的作用。因为地理上的不同，所以在历史上差不多只见北人治南，没有多见南人治北。他说：

> 历览前史，大抵北人南伐者则得志，南人北伐者则不得志。其在北者，如五胡起而晋以东，金辽起而宋以南，蒙古起而宋金夷，满洲起而明社屋。此皆外种凭籍异域，姑勿具论。刘项同为淮人，而汉踞关中巴蜀，楚踞江淮，成功卒归刘氏。三国鼎立，而吴入于晋；六朝并峙，而陈入于隋。自古南渡偏安之局，曾无一焉能北进以恢复者（幸陕幸蜀者有恢复，渡江者无恢复，其故可思也）。不可谓非地理上一疑问焉。北伐之师，惟项羽以江东八千破秦，孙坚以吴会一旅入洛，最称名誉，然卒归于败衄。尔后刘裕之灭南燕，灭后秦，号称南朝，第一盛举，亦不能竟其功。此外南北交战，南人之有功者，千余年来不过三役，一曰周瑜之于赤壁，二曰谢玄之于淝水，三曰虞允文之于采石。然皆防御而已，于进取则概乎未之有闻也。岂徒南人文弱之为哉，毋亦地势地运使然矣。直至明祖用江淮之众，放逐胡元于漠北，光复旧物，混一海内，南之挫北，盖自兹役始。明祖虽暴，其为汉族之名誉，又乌可诬也。而考地理与历史之进化相关系者，亦可于此思其故矣。

过去的南方，固是无足轻重，但是未来的南方，却是逐渐的趋于重要的位置。且看他说：

> 自唐以前，湖南、浙江、福建、两广、云南诸省，曾未尝一为轻重于大局（项羽虽起于会稽，其根据地不在此）。自宋以后，而大事日出于此间矣。宋之南渡在浙，其亡也在广东；明之亡也，始而江，继而浙而闽而粤而滇而桂，此亦地运由黄河、扬子江而趋于西江之明征也。湘，中古之南楚，号称大国，而二千年间用之者惟一萧铣一马殷。乃咸同以来，曾、胡骤起，湘军之声誉，东至东海，南逾岭南，西辟西部，西南震苗疆，至今尚炙手可

热。三湘民族之有大影响于全国,实自五十年以来也。两广亦然,畴昔惟有尉佗、刘隐等诸羁縻,及洪、杨发难,乃裹五岭之民,凌厉蹴蹈,奋半天下者垂十余年。两广民族之大有影响于全国,亦自五十年以来也。浙人闽人于明末鲁唐监国时代,崎岖海上,奔走国难者,号称极盛。浙闽民族之大有影响于全国,亦自二百年以来也。自今以往,而西江流域之发达,日以益进,他日龙拏虎掷之大业,将不在黄河与扬子江间之原野,而在扬子江与西江之原野。此又以进化自然之运推测之,而可以知其概者也。

他又说:

粤,西江流域也。黄河、扬子江开化既久,华实灿烂,而吾粤乃今始萌芽,故数千年来未有大关系于中原。虽然,粤人者,中国民族中最有特性者也;其言语异,其习尚异,其握大江之下流,而吸其菁华也,与北部之燕京中部之金陵同一形胜,而支流之纷错过之。其两面环海,海岸线与幅员比较,其长率为各省之冠。其与海外各国交通,为欧罗巴、阿美利加、澳大利亚三洲之孔道。五岭亘其北,以界于中原,故广东包广西而以自捍,亦政治一独立区域也。他日中国如有联邦分治之事乎,吾知为天下倡者,必此两隅也。

他在《世界史上广东之位置》一文里,劈头就说,从中国史上看去,广东可以说是没有丝毫的价值。百年以前,没有出过一位人物,足为全国的轻重,也没有人把她来做主动,而使全国生出很大的影响。所以从中国史上看去,广东简是像鸡肋一样。但是广东的位置,却并不因此而失其重要:因为广东正如上面所说,是有特殊的民族,吸了中国的菁华,而又是中外交通上的孔道,因为她是中外交通的孔道,所以她在世界史上,却占了很重要的位置。他说:

论泰西古代史者,必以腓尼西亚(Phoenicia)占一重要之位置,谓其为小亚细亚、埃及、希腊三种文明之媒介也。求诸东方,则广东庶几近之?

所谓中外交通的孔道,就是中外文化接触和传播的媒介。西方文化之输入中国,固以广东为起点,中国文化之输出也,亦以广东为起点。他说:

罗盘针也,火药及火器也,制纸法及印刷术也,此三者为西人致富强之原,然皆由十字军东征时,经阿剌伯人手,间接传自东国者。阿剌伯人至中国者,以广东为第二故乡,则此三物之第一贩卖场,实广东也。又蚕卵一物,我梁简文帝大宝元年(五五〇年),一波斯人由广东携归康士但丁,西方之有丝产始此。又陶器由广东人精制后,更大输出于泰西。至西纪一七零七年,德国名匠勃查(Pottoger)苦心研究,终青于蓝。而中国派之绘画美术,亦缘此以浸被于欧洲。凡此皆广东人对于世界文化之贡献也。

关于西方文化之从广东而输入的，他分为二类：一是宗教，一是学术。属于前者，像回教，佛教，及耶稣教的景教，旧教，及新教；属于后者，他以为历算是由利玛窦的输传，而利氏的修养，全在广东。此外米仑氏（Milne）的《英华书字》之在言语方面的贡献，以及医学上的博济医院，以至科学方面像道光间所刊行的《博物新编》等，均是在广东。至于十九世纪的晚年，所谓西洋技术思想的介绍，均以广东为起点。

此外又如广东人的海外事业的发展，也足以证明广东位置的重要。从历史上看去，六朝李唐时的商船的远出，达于红海，明季以来，广东人之冒万险犯万难而卒为南洋诸国之酋长者，也不乏人。而且在南洋的经济权，多半操于粤人之手，同时粤人之移殖于美洲者，也与日增长。这些事实，均足证明广东在世界上的位置的重要。

从上面的研究，遂得到下面的结论：

> 今之广东，依然为世界交通第一等孔道，如唐、宋时，航路四接，轮樯充阗，欧洲线，澳洲线，南北美洲线，皆集中于此。香港船吨入口之盛，虽利物浦、纽约、马赛不能过也。若其对于本国，则自我沿海海运发达以后，其位置既一变，再越数年，芦、粤、汉铁路线接续，其位置将又一变。广东非徒重于世界，抑亦重于国中矣。

我们不厌繁琐来摘录原文，介绍梁氏的南北文化观，不外是因为梁氏对于这个题目的研究，不但是在他之前，就是在他以后，以至现在，恐怕要算最为详细，而且较为透澈。一般的人们，对于这个问题，只做了片断的观察，他却把她来做整个解释。一般的人们的研究大概是限于一个时代，或是限于文化的一方面，他却努力的把整个历史和全部的文化，来做研究的对象。所以在南北文化的研究的历史上看去，梁氏所占的位置，是不能忽略。

但是这种同情，却不是说梁氏的见解是没有错误的。其实他的南北文化观的缺点是很多的。我们因为篇幅上的关系，这里只将其重要的缺点，指摘出来。

梁先生所说的南北，大致是指着黄河和扬子江。我们纵览中国疆土历史，春秋战国以前的扬子江，既尚未入于中国文化的范围，而秦汉以后的中国版土，却已包括西江流域。所以扬子江流域，已逐渐的变为中国的中部，而非中国的南部。梁先生在《中国地理大势论》里，也曾声明他所说的南方，是指扬子江流域而非西江流域。这一种的南北文化观，只能说是中国的局部的南北文化观，不能说是中国的全部南北文化观。我们所研究的对象，是整个中国，对于这种局部的南北，当然是嫌其太过狭小。因为设使我们而以黄河流域为北方，扬子江流域为南方，那么我们也可以把扬子江流域为北方，而以西江流域为南方。南北这两个字是相对的，一省一县，以至一乡一户，都有南北之分，只要看看我们所研究的范围而定。要使我们所研究的范围，是中北两部，那么以长江为南，黄河为北，未尝不可。要是我们所研究的范围，是整个中国，那么照梁先生之以黄河为北，长江为南，未免有了名不符实的毛病。

梁先生也许说道，春秋战国时代的中国的版图，的确是不出黄河、长江两流域，所以从这个时代来看，黄河流域是中国的北，而长江是中国的南。这么一来，那么梁先生的研究的对象，又不外是只限于一个时代——一个很短的时代了。春秋以前的扬子江既尚被视为野蛮没有开化的地方，秦汉以后的扬子江，又变成中国的中部，而且春秋战国时代的文化，是由过去数千年的文化累进而来，这数百年间，因政治上的紊乱，和思想上的开放，固有可以影响到文化的全部可能性。然事实上这种影响，是否使中国在这时期的文化，起了重大的变化，同时是否使南北的文化，因之差异，均是疑问。

梁先生研究春秋战国时代的南北文化的不同的重要点，是思想方面。事实上春秋战国时代的文化，除了思想方面，稍背故轨而略放异彩外，恐怕没有别的可纪。但是连了思想方面的南北的不同，像梁先生所说，未免过于铺张。梁先生表中所列出十一种的异处，好像是很为勉强，所谓北派崇实际，南派崇虚思等等，既不外是一种意象的分别，而一方面说南派贵出世，一方面又说南派重创造，简直是像自己打着自己的嘴一样。要是南派是贵出世，当然是不会重创造；要是重了创造，又怎能贵出世？又岂不是具有了北派的贵自强，贵人事，主力行那些特性吗？

同样他把孔子来做北派的代表，老子来做南派的代表，而以为两者的差异，是由于地理不同的影响，尤为我们所不敢赞同。近来有些日本学者以为老子乃北方人，而非楚苦县人，要是这种学说是对，那么梁先生的南北思想的不同，是由于南方的老子和北方的孔子所处的环境的不同，可以不攻自破。事实上梁先生在《墨子学案》里也以为老子为北人。何况孔子是老子的弟子，所谓北派代表的孔子的思想，也就是从所谓南派代表的老子的思想而来；这么一来，北派的思想就是南派的思想，而南派的思想，也就是北派的思想。梁先生也许否认孔子为老子之弟子的说法（梁先生以为老子生在孔子之后），然而在梁先生未证明《礼记》的《曾子问》《史记·老子传》《仲尼弟子列传》，《庄子·天下》篇，《吕氏春秋·当染》篇，《孔子家语·观周》篇、《五帝》篇和《执辔》篇等是假造之前，梁先生怎能说孔子没有师事过老子呢。不但这样，从孔子和老子的根本思想来看，两者并非有了很大的不同。孔子所谓"吾道一以贯之"，正像老子所谓"昔之得一者，天得一以清，……万物得一以生，侯王得一以为天下贞"根本相同。老子说明道若昧，孔子也说君子之道暗而日章。孔子所说天无言而四时行，百物产，正是老子所说行不言之教。孔子之赞美舜的无为之治，正是老子无为而无不为的真谛。孔子反对繁杂的物质生活，正是老子的根本主张。老子以为历史的演化是日趋日下，而主张复古，孔子也是这样。总而言之，从部分和方法方面来

南北文化观

35

说，他们虽有不少的差异，然根本思想上，特别是文化的道德方面却是没有种类的分别；根本他们既是类同，那么孔、老为北派、南派思想的代表的见解，当然是错误了。

梁先生解释南北文化的差异，最精彩的地方，要算春秋战国的思想方面；这方面既是错误，他方面更不待说。比方他以为六朝时的经学，也有南北之分，然而同时他又承认两汉以后儒学统一，打破了先秦学术的南北的界域。此外关于佛学词章各方面的南北的不同，均是枝节，而没有多大的意义。至于他所说的政治和兵事上的北胜于南，不过是据历史的事实而求结论，并非说明南北政治和兵事本身上的不同。

其实梁先生自己也很明白的承认中国的文化是统一的，而没有南北的分别，他在《中国地理大势论》里说：

> 中国者，天然一统之大国也。人种一统，言语一统，文学一统，教义一统，风俗一统，而其根原莫不由于地势。中国所以逊于泰西者在此，中国所以优于泰西者亦在此。

所谓言语，文学，教义，风俗，都是文化的主要特性；这些东西既是一统，自然没有南北之分。那么梁先生所谓南北文化的不同，又岂不是自相矛盾吗？梁先生在同文里又说：

> 大抵自唐以前，南北之界最甚，唐后则渐微。盖文学地理（包括哲学，思想，佛教，词章，美术，音乐）常随政治地理为转移。自纵流之运河既通，两流域之形势日相接近，天下益日趋于统一。而唐代君臣上下，复努力以联贯之；贞观之初，孔颖达、颜师古等奉诏撰《五经正义》，既已有折衷南北之意，祖孝孙之定乐，亦其一端也。文家之韩、柳，诗家之李、杜，皆生江河两域之间，思起八代之衰，成一家之言。书家如欧、虞、褚、李、颜、柳之徒，亦皆包北碑南帖之长，独开生面。盖调和南北之功，以唐为最矣。由此言之，天行之力虽伟，而人治恒足以相胜。今日轮船铁路之力，且将使东西五洲合一炉而公冶之矣，而竟何区区南北之足云也。

梁先生在《中国古代思潮》一文里，分为全盛时代（周秦），儒学统一时代（两汉），老学时代（三国六朝），佛学时代（南北朝）。除了全盛时代以孔、老为北派南派的分歧外，所谓儒学老学佛学的统一，明明白白承认在这些时代里，没有南北之分。现在他又指出自唐以后，南北的界域日趋调和一统，可知大致和根本上"中国"的文化是没有南北之分的。就使我们相信上面所录梁氏那段话，所说自唐以前，南北之界最甚，那么这种南北界域，仍不外是历史上一种已往的陈迹；从现在的眼光看去，只有了历史上的研究的价值，对于现在或将来的中国的文化的前途上，没有重大的意义。

根本上我们既不赞成梁先生把长江流域，和黄河流域来代表中国的南北文化，事实上这两个流域的文化的本身上，又没有根本不同的地方；就是有了，也不外是枝节的分别，和历史的价值。

梁先生此外以为中国文化的发展，是由北向南，从中国本部来说，我们大体上可以表同情于梁氏。然从历史上看去，中国固有的文化，不但是由北而南，而且是由南而北，和由西而东。中国文化最初发见于中国西部的甘肃，此后沿着黄河而向东发展，所以由西而东，也是很明显的。同样中国的文化，是最初盛于黄河，后来且向蒙古、满洲而发展，这又可以说是由南而北了。

照梁先生的意见，中国文化虽是由北而南，而中国极南的文化之占中国重要的位置，却是最近百年左右的事，然他在《中国地理大势论》里，已觉到广东在近来中国文化的位置的重要。他在《世界史上广东之位置》一文，更说出广东是中西文化接触的媒介。由广东而输出的中国文化，到西方去，是属于东西文化的接触问题，我们这里可以不必提及。由广东而输入的西洋文化，却对于南北文化上——从我们的见解来说——本来是很重要的，可惜梁氏对于这点，又没有明白的解释和表示。总而言之，梁氏对于广东在世界上东西文化的媒介上，虽觉得很重要，然于中国的南北文化的位置，好像没有充分的认识。这个原故，大约是由他对于南北文化的界域的研究，是偏于黄河和长江两个流域，而同时又觉得广东一地，在百年以前的中国史上，完全没有丝毫的价值，结果是连了他所举出历史上——二百年前的历史的东西文化的媒介的广东的位置，从国史上观察，也像鸡肋一样。他虽然推料将来的广东在中国必占重要的位置，然而他好像忘记了过去的广东之在世界上的位置的重要，也就是在中国的位置的重要。质言之，他一方面把世界和中国分做两种，好像没有相关的东西，一方面又以为中国的南北就是黄河、长江两流域的南北。所以真正的中国南方，却置诸他的南北范围之外，而他的南北文化的范围（黄河、长江两流域），和差异（孔、老的不同），又筑在理论而没有充足事实无可取证的基础上。结果是使他的南北文化观，免不了错误，免不了缺点。

梁氏虽然说过天行之力虽伟，而人治恒足以相胜。但是从上面所举出数篇文章里，他处处都很相信南北文化的差异，是由于南北地理——河流与气候——的差异而来。我们以为在文化很低下的社会，所谓地理上的势力影响虽显明，但是在文化较高的社会，则这种势力的影响，已逐渐微弱。梁氏对于这点好像没有充分的了解，所以他的解释未免过偏，而他的意见也未免陷于错误。

此外关于梁氏的南北文化观之可批评者尚不止此，我们只可从略罢。

第四章　最近来的南北文化观①

继梁任公而研究中国南北学术的不同者，有刘光汉氏。刘氏的《南北学派不同论》，发表于乙巳（一九〇五）年的《国粹学报》第一年。他这篇文章长约二万言。严格来说，对于这个问题的专题研究，刘氏恐怕还是最先的人。我们在第一章里所叙述的各代学者，南北文化各方面的对比，甚至梁任公的著作里，也找不出一篇专门为研究这个问题的文章。不过事实上刘氏这篇文章，所讨论的内容，并不跳出梁氏所划的圈子。其实他所研究的，不过是梁氏所已研究的一部分，而且梁氏的关于这个问题重要著作，都在一九〇二年的《新民丛报》发表过。《新民丛报》之在当时，每出一册，国内翻印者至十余次。刘氏于三年之后，刊其著作，则刘氏之曾受梁氏的影响，也是一件很可能的事。

刘氏以为学术之所以分为南北，是由于地理的作用。从历史上看去，"三代之时，学术兴于北方，而大江以南无学，魏晋以后，南方之地，学术日昌，至北方学者反瞠乎其后"。这种见解，本来是历代留意于南北文化的问题的共同意见，惟刘氏以为历史上中国文化之所以有这种的南北不同者，其故有二。他说：

> 盖并青雍豫古称中原，文化声名，洋溢蛮貊，而江淮以南，则为苗蛮之窟宅，及五胡扰乱，元（？）魏凭陵，虏马南来，胡氛暗天，河北关中，沦为左衽，积时既久，民习于夷，而中原甲姓，避乱南迁，冠带之民，萃居江表，流风所被，文化日滋，其故一也。又古代之时，北方之地，水利普兴，殷富之区，多沿河水，故交通日启，文学易输。后世以降，北方水道淤为民田，而荆吴楚蜀之间，得长江之灌输，人民蔚起，迄于南海不衰，其故二也。（《南北学派不同总论》）

他的结论是：

> 就近代之学术观之，北逊于南，而就古代之学术观之，则南逊于北。盖北方之地，乃学术发源之区也。

他又分门别类，和详细的说明出南北的诸子，南北的经学，南北的理学，南北的考证学，以及南北的文学的不同。然而这些的各异，大体上和梁启超所已解释者，没有分别，故没有再述的必要。②

---

① 校按：本章录自《岭南学报》第3卷第3期，第44～58页。
② 校按：以上内容与本编第二章结尾部分重复。

十余年以来，而特别是近两年来，国人之对于南北文化的研究的兴趣颇为浓厚。关于这种的文章之发表，言论之公布者，不下二十起。但是这些的研究，每每是把文化的某一方面来做立脚点，像学术人物的地理的分布，历史经济政治军事智识等。关于学术方面的研究，上面所说的刘氏的《南北学派总论》，可以代表。为了便利读者的认识，我们且将各方面的研究所得，略为介绍，并稍为批评。

从人物之地理的分布上研究南北文化者，有梁任公、丁文江、张耀翔和朱君毅等。关于梁先生的研究，我们在前章已经说过。丁氏的《汉唐宋明各代人物之地理的分布》，是民国十二年发表于《科举杂志》第八卷第一期。他从《二十四史》"列传"里选出籍贯可考者，五七八三人，按代按省，分配而为表，加以说明。而其结论是：人物最多的省，在前汉首推山东，后汉首推河南，唐代首推陕西，北宋又首推河南，南宋为浙江，明代又为浙江。因此可知南宋以前，中国人物集中黄河流域，南宋以后，逐渐趋于长江流域。又在唐代的广西、云南，北宋南宋的贵州、云南，均无人物。但到明时，粤、桂、黔、滇，人物逐渐的增加。

这种人才的繁盛，由北方而趋到南方，本来是过去一般学者所公认的，这一点在前面两章里，已说过好多次。丁氏所研究的结果，不过是将这些见解，加以统计的地理的证明罢。张氏在《心理杂志》四卷一号发表其《清代进士之地理的分布》，其材料是从北京国子监进士题名碑抄出。进士题名分为二类，一为进士出身，一为进士及第。后者专指状元，榜眼，探花。他以为进士出身各省因有固定名额，不能表现自由竞比的精神，故专就进士及第之三四二人来做研究的对象。据他研究所得，清代这种人物最多者，要推江苏，次为浙江，再次为江西，又次为安徽；江浙两省的进士及第，占全数百分之五八.九，而云南、甘肃、辽宁三省连一个也没有。我们若照历史上的传统的南北分界，而以江苏、浙江为南方，那么张氏的研究的结果，是指明南方的进士及第的人物，盛过北方。除了这一点以外，他的研究之于南北文化没有什么密切的关系。

朱氏所研究的时代，是清朝和民国以来的人物（参看朱著《中国历代人物之地理的分布》）。在时代上，他的研究的范围，虽比丁氏为狭，然在内容的分析上，却比丁氏较为详细。关于清代的人物之地理的分布的研究的重要材料，他所根据者，一为湖南李桓所编的《国朝耆献类征初编》，一为中华书局所出版之《清史传》。他将前书分为十九类（参看该书表四），这就是宰辅，卿贰，词臣，谏臣，郎署，疆臣，监司，守令，僚佐，将帅，材武，忠义，孝友，儒行，经学，文艺，卓行，隐逸，方技；后书分为七类（表五），这就是大臣，忠义，儒林，文苑，循吏，贰臣，逆臣。这两本书的人物都按类列表，以找出每类中以某省为最多，同时又将各书中的人物，在各省分所占的总数之多少为标准。这个结论，若根据李氏书则江苏第一，湖南第二，浙江第三；根据中华本则江苏第一，浙江第二，安徽第三。

这两本书的统计的结果，均以江苏、浙江的人物最盛，而与张氏所得的结论大致相同。湖南从表中看起来占过一次第二地位。这个原故，据他的意见，是由于编者李桓乃湖南人，对于湖南的人物，熟识较多，故尔多征。

关于民国十五年内人物之地理的分布，他所根据的材料，是鲍威尔（J. B. Powell）一九二五年所编的《中国名人录》，和吴德海所编一九二五年的《中国年鉴》。这两本书的人物，有七百五十人，若以省分计算，从民国元年至十五年，产生人物最多者，一为江苏，次为浙江，三为河北，四为广东，五为福建。（看该书表六）

他又将这些人物分为政治，实业，教育，军事四类，列为四表，其结果是政治人物，以江苏为最多，实业广东最多，教育江苏最多，军事河北最多。

最后他又将民国当代人物之地理的分布来做统计，他以为若根据吴德海氏一九二六年至一九二七年的《中国年鉴》的人物来看，则浙江最多，广东次之，江苏又次之。若根据鲍威尔一九二五年至一九二九年的《中国名人录》的人物来看，则广东最多，浙江次之，江苏又次之。若根据樊荫南民国二十年所编《当代中国名人录》的人物来看，江苏最多，浙江次之，广东又次之。

朱氏的研究，虽限于清朝及民国以来的人物，然他在结论中以为自汉以迄今日，中国人物之变迁，似由西北而趋东南，成半月形。他以为这不但是中国人物变迁的大势，而且是中国文化发展的途径。

我们以为从人物之地理的分布，也许可以指出中国文化的发展，是由北而南，同时也许可以指出南北文化的优劣。但是他们对于南方文化是什么，北方文化是什么，却没有明白的指示出来。从朱氏的表七、表八、表九、表十中，他告诉我们道：

> 阅表七，知政治人物，仍以江苏为最多，浙江次之，广东又次之，河北又次之；其次序与表六大略相同，足见政治人物与人物总数有极大关系。阅表八，知实业人物，以广东为最多，次为江苏，次为浙江，又次为河北；粤人侨居海外，长于经商，善于制造，实业人才之多，自非偶然。阅表九，知教育人物，亦以江苏为最多，浙江次之，河北又次之；江浙教育，素称完善，故其教育人物较多。阅表十，知军事人物，以河北为最多，次为安徽，又次为山东。此盖由民国十五年以前，中国军事人物多为北洋与皖之人。

阅这段话的人，也许以为中国北部的文化的重心是军事，中部的文化的重心，是教育政治，而南部是实业。可是这个结论，是很不可靠的。比方从表七的民国政治人物之地理分布来看，江苏的人数是七十二，浙江六十三，广东五十四，而河北四十四，以江浙二省的人数，远超过广东和河北的总数。若说人物是文化的代表，那么江浙要算政治文化的中心了。然而事实上，无论是从固有的政治或是革命的政治上看，江浙都非政治的中心。因为从民国元年至民国十五年，政治文化的中心，是在河北和广东。又如根据表八的民国实业人物之地理的分布来看，广东占有二十七名，而居首位，江苏二十五次之，浙江二十一再次之，河北十一又次之，福建六名居第五位。我们若以广东福建为南部代表，江浙为中部，河北为北部，那么实业人才，还是中部最多。这么一来，所谓南方的文化的重心是实业文化，又不攻而自破了。再就表九的民国教育人物之地理的分布来看，江苏占十九名居首位，浙江十三次之，河北九又次之，河南五又次之，而广东比之四川还不及；若以河北、河南为北部代表，江浙为中部，广东为南部，则江浙又是教育文化的重心了。然而事实上，河北教育，而特别是北京的教育之在民国的位置，并不亚于江浙。若谓广东的教育因人物之无多，而像表中所示，其位置比之四川、云南、福建、江西、山东、河南等省不及，是又不合于事实。于此我们可以知道从人物之地理的分布而推算某一地方的文化，总免不得陷于错误。要用这种研究来解释南北文化的不同，更是不易得到公正的结论。

其实文化不只是包括政治，教育，实业，军事；而政治，教育，实业，军事，以及文化其他的方面，都有很密切的关系，这是研究文化的人所不可不知道的。何况上面所举出各家的研究所根据的材料，本身上已有了主观的选择，像湖南人李桓所编的《国朝耆献类征初编》，对于湖南的人物特别注意，结果是湖南的人物，占了第二的地位；这种缺点是朱君所承认的。李桓固不免陷于这种缺点，其他的名人录，也免不得多少有了这种缺点。比方鲍威尔的《中国名人录》的采集，也免不了主观。一来因为鲍氏长住沪滨，故无意或有意中，对于江浙人物特别注意。二来因为所谓名人，既没有一定的标准，而且个人认识能力有限，遗漏在所不免。此外自动的将自己的照片履历送列名人录者，又为一般人所不欲为，为之者未必就是名人。这些原因，以及他种原因，已使名人录的本身上有了缺点。然则根据名人录一类书籍，来做所谓科学的统计研究，未必合于事实，是很明显的。

不但这样，名人也许是文化的重要分子，然文化未必就是名人。因为某种文化的创造，不只是依赖于少数的名人。某种文化的形成，都靠在这种文化之下的大众人们的努力。比方在某两种文化之下，甲种的名人，可以时时和乙种的名人相等，或且较多；然甲种的文化，也许不若乙种进步之速。我们若把民国二十年来的所谓中国名人来看，恐怕多过许多国家的名人，然而二十年来的中国文化，比之外国文化并不一定见得较为进步。文化固是人类的创造品，没有人类自然没有文化，然而所谓名人，从一方面看去却可以说是文化的出产物，没有文化，也许没有名人。

此外如黄炎培先生于民国二十年八月在《人文杂志》所发表的《清代各省人文统计之一斑》（二卷六期），以及其他关于这种研究的论文，当然不少，我们只能从略罢。

从历史上研究中国南北文化的，有如武汉大学《文哲季刊》一卷二号杨筠如所译日人桑原骘藏的《由历史上观察的中国南北文化》，《新亚细亚杂志》一卷三期张振之的《中国文化之向南发展》，及广西《南宁民国日报》二十二年五月十日及十一日所登载张君劢氏五月七日在省行政会议演讲会所演讲的《历史上中华民族中坚分子之推移与西南之责任》。

桑原氏的论文，约有万言左右，但是注解备考多过本文五六倍，故材料方面，颇为丰富，对于研究这个题目的人给了不少的帮助。他以为旧有的南北区别，大致所谓北者，以黄河流域为主，所谓南者以扬子江为主。而他所取以为区别南北的界限，以淮水汉水为主。从此以北为北区，从此以南为南区。中国自古至秦汉的人才，都是在北区，就是由两汉三国西晋时代文化的中枢，与先秦时代，略相仿佛，都在中国北区。永嘉之乱，北方被了异族的占据，而且支配了古来汉族的根据地，和为文化中枢的中国北区。因此汉族的士民，尤其是中国的贵显大官，名族甲姓——学问知识都是当时最卓越的汉族——的多数，不肯受塞外种族的支配，徙向中国南区永住，将汉族特有的文化向南方传播，南北文化因种族之不同而各异。隋唐统一，南北文化融合，然南派却比北派优越。到了南宋以后，南方文化愈加发达，南盛于北，愈为明显。在文运方面，固是如此，在户口物力方面，也是如此，他的结论是：

> 从上古到中古，中古到近代，随着时代的进展，中国南区的一切文化，都凌驾北区起来。爱护种族的观念很旺盛，智识文化也进步，经济状况也良好，户口数目也众多的中国南区，要占很重要的位置，自不用说。

事实上桑氏这篇文章不过将历来大家所共同感觉到的中国文化的由北向南的历史事实，重加申说，没有什么特见，而且这些解释，只指明中国文化的历史和地理上的趋向途径，并非说明南北文化的性质的不同。

张振之的论文在材料内容见解上，都和桑原氏的著作差不多完全暗合。所以看过桑氏的文章的人，可以不必看张先生的著作。

张君劢先生的言论，大致和桑氏所举出的由北方的黄河趋向到南方的珠江流域，没有差异；不过他对于抵抗外族的力量方面，特别注意。他的结论有了下面一段话：

> 诸君假定问我为什么今后救国之责任，西南为特重？又有人问我这向广东、云南等人去说，亦何不可呢？我到广西没有几天，观察接触的各方面不多，但觉得广西地位及其性质上，约有五特点。一，广西省在中原文化为后起；二，广西人富于自信力；三，广西人有勇气；四，广西人诚朴，故易一心一德；五，广西人能刻苦耐劳，故合于革新时代所需要之清教徒的精神。

此五大特点之中，其第一点换一名词来说，可名曰少不更事，惟其少不更事，故能有朝气，故愿意有所作为。试一思之，五六十岁的人，阅历已多，饱经世变，则其前进的兴奋，决不能与二三十岁的青年相比；个人如此，地方的人民亦然。吾来此后，常闻此间广西人以文化落后为耻，文化有好的方面与坏的方面，科学发达，理智发达，是好的，因此而有文敝的病，则是坏的。广西人因文化落后，而保留许多好性质，是件不可忽略的事情。试想七国争雄的时候，当时诸侯皆以夷狄遇秦，摈斥之不与同中国之会盟。然卒灭六国者，非楚非齐，乃秦国耳。罗马所以灭希腊，日耳曼民族又灭罗马，皆可以同类而并观。惟其为粗悍，乃有朝气，乃有自信力，乃有勇气，而所向无敌。文化落后的缺点固当矫正，然其优点不可不图保存。

九一八事件发生以后，国人有不少的感觉到中国民族的复兴的责任，南方比较北方为重。但是张先生以为落后的文化，却有了不少的优点，而为民族曙光，且可以凌驾他族，像秦之于六国，罗马之于希腊，我们却未敢赞同。这一点马君武先生在张先生讲演之次日，在南宁军校讲《民族文化与民族的复兴》（五月十二日《南宁民国日报》）已经指摘出来。马先生的理由，是现代与古代的欧洲（蒙古时代），都完全不同。现代世界经过二大变化，一是十八世纪的工业革命，二是一九一四年的世界大战。经了这二次变化以后，欧洲的物质文明日进无已，至于不可思议，所以救国的责任，不只是靠著单简的不怕死所可能，还要有充分的科学的智识和机器的了解。马先生这种见解，是我们所赞同的。我们固然相信南方在中国的文化的位置的重要，然而极力提倡精神文化，怀疑物质文化的张先生，若只是提倡所谓固有的精神，而怀疑物质的文化，则不但中国的北方没有希望，连南方也恐会变成开倒车的危险呵！

此外又如章太炎先生在其《国学演讲录》里（页九五—九六）所提出的南北朝时代的南北文化观，以及其他的段片的历史的或是历代上的南北文化的言论，虽也是从历史的观点来研究南北文化，然为篇幅起见，我们只好从略。

以文化的政治方面来做研究南北文化问题的，像民国十九年冬为宁粤和平奔走而在岭南大学讲演的张溥泉先生，及在《独立评论》第三十七期所发表《今日中国的两线希望》的尹及先生。

张溥泉先生也以为由历史上看去，中国文化发展的方向，是由北而南，而其发展的速度，从秦始皇筑成万里长城以后，较为厉害。始皇想杜绝匈奴的南下牧马，而使其帝业垂诸万世而不朽，因筑万里长城；长城之完成，在政治上固可以阻止外族之南趋，以扰乱中国，文化上却阻止中国文化之北向发展。且当时中国文化之中枢，乃在北方，再向北发展既为长城所阻止，唯一的发展方向，便是南方。

历史上的中国文化的发展的方向，固是由北方到南方，但是现代中国文化发展的趋势，却是由南而北。张先生在这里所指明的，特别是现代政治上的由南而北的运动。张氏本来是在政治舞场上活动的人，这次讲演也是以政治方面为立脚点。在他讲演的时候，沈阳方被日本占据不久，他看看日本数十年来在满洲的经营，正是东北的危机。同时他又看到北方的蒙古和西北的新疆，百里没有人烟，而国人，特别是远在南方的南方人，对于这些地方的情形，太过隔膜，所以免不得要唤醒一般青年不要等闲去看待这些疆土。

不但这样，张先生又眼看着南洋一带的行情，日趋险恶，华侨之寄托于这些地方者，好几百万，这么多的人们，要是在南洋没有可以栖身之所，必定跑回中国国内，不但是因为他们回来而断绝了从南洋每年输入的钱财，还且增了无数的无业游民。补救之方，是要向北走，所以向北走的口号，不但是现代历史所已证明的事实，而且是我们所应行的途径，所应采的方针。

张先生固然告诉我们中国的文化的由北而趋于南，以及由南而趋于北的两种趋势。然他却没有告诉我们这两方文化的异同之点如何。所以这种的南北文化观，还是很不清楚，没有澈底。

尹及先生的意见，可于下面数段见之：

> 今日的中国与明末的中国有希望的分别，已如上述；有希望的共同点是什么呢？我以为是这样。华南是反攻的大本营，是救中国复中国的策源地。
>
> 清朝征服华北，比较速点，征服华南，真费了九牛二虎之力，费了五十年功夫，才告成功。反抗清朝的势力，都不是在华北华中的一望无际的平原，而是在高山峻岭的华南——江西，福建，广东，广西，云南，贵州。郑成功还占据台湾，到康熙晚年（一六八二），经过康熙雄谋大略的用兵，才告克定。假如中国今日是给外敌征服，华北必在先，华中次之，华南必最后。将来反攻的势力，如洪秀全，孙中山辈，也许来自两广。
>
> 我们试想华北离东三省最近，受外敌的刺激应该最深，抵制仇货的运动，也应该最烈；而实际上不然，抵货运动，反在离东三省最远的广东为最热。近年以来，公共建设事业，还算两广首屈一指。论起民气，无论谁都不能否认南方比北方强烈些。头一个敢与日本开仗的，还是十九路军的南方人。这并不是说北方不成，北方民气之所以不振，也许有原谅的理由，但南方民气的雄比北方强烈些，事实具在，无容讳言。
>
> 原来南方与北方有一个很重要的分别，就是北方灾荒多，而南方灾荒少，灾荒对于中国人人格的影响，美国有一位学者 Ellesworth Hungtington 已详乎言之。灾荒于中国人自私之性格的养成，实在值得注意。中国为一根深蒂固的灾荒国家，所以处处都露着互相倾轧排挤的现象，仿佛人人都不能一饱。至于所谓同情心，怜悯心，更谈不到了。灾荒多重的地方，此种性格愈为显著，灾荒少的地方，则比较好些。

华南受条约的束缚，比华北地方较少些，华北受《辛丑条约》《二十一条》等等的束缚，不知吃亏多少。即如这次山海关的陷落，据何国柱说，因为《辛丑条约》都把险要给了敌人，所以华军无险可守，节节败退。华南亦未尝无条约的束缚，如香港、澳门虽横梗于珠江出口，但都不是致命伤，历史上亦未尝有过以香港、澳门为对华用兵根据地的事实，以视东三省现已变作日本人对华北用兵的根据地，及平津各处都有外国驻兵那块地方，比较的容易作反攻根据地，就可不言而喻了。

华南比华北富庶，少受经济上压迫，运筹策画都比较容易下手，这也是事实。国民党的革命几乎完全倚靠广东的财源，以一省之力的广东，给养革命党的迭次用兵者凡三十余年。除江浙而外，中国没有一省有如此能力的。这其中广东的华侨，在财力上的接济，当然不算少。

尹及先生以为中国的政治的将来还是希望和靠南方，而南方的优点，是地理上有天然的险要，民气上比北方强烈些，条约上的束缚比华北地方较少些，经济上比华北较为充裕，以及灾荒上较北方为少。这些优点，以及其相反的缺点，是南北的重要差异。这些差异从地理，政治，或经济的观点看去，虽是我们所不能否认，然从整个文化的观点看去，却没有法子得到一种明白的概念。因为所谓地理上，所谓高山峻岭，是天然的优势，而超出文化的范围以外的。所谓条约的束缚较多或较少，也不外是一种条件或限制，我们不能叫北方的文化做束缚较多的文化，或是南方的文化做束缚较小的文化。这些名词不但不能成立，而且不通。又如经济充裕，灾荒比较稀少，也不能把来说明南北的差异，因为这些经济上的量的比较，对于文化的认识上，没有什么意义。比方我们说贫穷的文化，或是富裕的文化，简直就是没有什么意义。

所以在政治经济或地理上，我们可以表同情于尹及先生的南北异同，然在文化的观点上看去，这些差异，就不能给我们以一个明白的解释。

尹及先生对于中国南北两方的经济的不同，已经见到；但是对于这点加以特别注意的，要算梁园东先生在《新生命》杂志三卷十二期里所发表的《现在中国的北方与南方》。

梁先生也承认：在历史地理上看去，中国文化的发展，是由北方而趋至南方，但是其所以由北方而趋于南方的原因，主要是由于经济重心是在南方。经济重心之所以形成的原因很多，但是地理气候却有了不少的作用。北方因为地理气候种种原因，故其经济生活，不但没有南方这么容易，而且还要依赖南方以维持其经济生活。因为北方要赖南方的经济生活，北方不得不设法和努力去统治南方。梁先生说：

> 北方所以统治南方，是因为北方经济供给不及南方，为维持统治阶级的地位，北方必要取南方，南方却不必统治北方，已可维持。

这是已往的中国的南方和北方的关系，现在却有了很大的变化了，而这个变化，并非内部的自身变化，而是外方势力的影响所致。梁先生说：

> 自欧洲势力侵入中国以来，中国的南部数省起了极大的变化，无论在政治上，社会上，经济上，文化上，无不有极大的改变。现代中国的南方和历史的南方，所有的差异，较之现在北方和从前北方所有的差异，大不止倍徙。现在的北方，寻不出多少社会原素，和历史的北方不同；但是南方却不然，因是南北的关系也就变了。

质言之，现在的北方固和过去的北方相同，现在的南方已和过去的南方大异。其所以大异的原因，是因为欧洲势力侵入中国的影响。这种的改变，又影响到过去的南北的关系。换言之，就是历史上的北方统治南方，已经停止，但是现在的南方固不受北方的统治，北方——据梁先生的意见——若联合数省起来保着固有的精神和能力，却仍可以和南方相对抗，而不受南方的控制。

可是这种对抗是梁先生所不赞成的，而且中国南方和北方这种畛域，是不应当有的。因为中国的民族有了像儒家的思想来做他们的共同意识，而这种共同意识，又是他们同舟共济，不分南北的一种原动力，他说：

> 由北而南，或重北轻南的封建遗论，不应有；即连由南方或由北方统一的思想，也不应有，根本上南北的畛域观念，即不应有。

梁先生好像感觉到南北文化的异点，比较一般的人的见解和研究，颇为深刻。可是他也没有明白的说出，南方文化是什么，北方文化是什么。因为对于这一点没有充分的认识和显明的解释，他遂以为在南方文化起了变化以后，北方虽已失了控制南方的能力，然北方若能团结起来，还能对抗南方。同时他又相信：像儒家一类的传统信条，还可以利用以做中国人的共同意识，而调济南北对峙的缺点。这当然是一个很大的错误，而其错误的原因，我们当在下面说及。

此外又如民国二十一年夏，庄泽宣先生在《朝晖》半月刊第一期发表一篇《西南的贡献与西南的使命》。庄先生指出百年以来对于帝国主义的抵抗最有力而且最成功的，要推西南各省。他以为在鸦片战争时代的林则徐，在中法战争中的刘永福和冯子材，以及最近来的十九路军之在沪抗日，均是西南勇于对外的表示。此外又如南方的华侨之在南洋及各国的经济势力，以及中国近数十年来的大企业家大银行的组织者，都是南人。这是西南人士的对外的力量的表征。至于对内方面，他指出清末的同盟会，民国十三年改组后的国民党，首先倒袁的云南护法的西南政府，北伐中的两广武装同志，以至洪秀全的太平天国和梁启超的学术工作等，都是西南方面的贡献。因为西南在中国近代史上的贡献大，所以她的责任也比较大。所以，庄先生又指出西南人士所应当下大决心来做的几件事。如设法帮助华侨，奖励华侨回国投资整理乡村，防止都市的畸形发达等。

庄先生看出南北两方有了很多的异点，如他说西南奋发有为，东北颓丧无能；南方富庶，北方穷困等。但是他也没有明白的给我们以一个概念，南方文化是什么，北方文化是什么。而且经济上的南北不同，老早已有人说过，反抗帝国主义的力量，是历史上的已然的事实，和最近东北事件发生以后的一种反响。

末了如朱谦之先生和其他数位在中山大学史学研究会所出版的《现代史学》一卷二期所发表和转载几篇文章，《南宁民国日报》副刊（廿二年五月十八日）以及《广州民国日报》的"现代青年栏"所发表过几篇文章，以及像 Ellesworth Hungtington 的外国学者的《中国的南北对比观》（参看氏著 The Character of Races, Chap. 2）以至广州党部前二年的南方文化运动的提案，均是对于南北文化观这个问题上发挥意见，我们因为篇幅的关系，只能从略。

第二编

第五章　所谓南北文化的意义①

在上面数章里，我们已将过去和近来一般的人们的南北文化的意见，略为介绍，并稍加批评。在这一章里，我们要将我们对于这个问题的意见，略为解释。

我们以为从所谓中国固有的文化看去，中国只有一种文化，没有所谓南方文化，和所谓北方文化。这种文化不但是从其发展的方面看去，没有南北之分，就是从其性质的方面看去，也说不到南北之分。

我们现在且先从其发展的方面来说：

中国的文化，具有悠久的历史，这是一般人所承认的。可是详细考察起来，她的原始很不容易断定。比方《尚书》以《尧典》为首篇，《史记》又托始于黄帝，到了晋皇甫谧又补了《三皇本纪》②。结果是中国的文化史又提前了好多年。到了宋罗泌著《路史》，于是开天辟地的人物也托出来。事实上五帝以前的文化，固是可疑，黄帝、尧、舜、夏、禹的文化，现在也有人不相信。这种怀疑，在中国文化史的研究上，当然有了相当的位置。但是怀疑未经证实以前，或是像顾颉刚先生所说，"反的方面的工作，尚未多作"，我们不妨略采这些书籍的记载，来做解释，并以示中国文化发展的大概。

传说古代帝王有所谓燧人，有巢，庖牺，神农诸氏；燧人氏教民钻木取火，所以从此以后，人民始有熟食。据一般研究文化的人，都以为火的发明，是文化史上一个最大的发明；因为火的发明，不但是影响于人类的饮食方面，而且影响于文化的其他的方面。

据古史的记载，古代的人民都是穴居野处，到了有巢氏的时代，始教人民架木为巢；因此居住方面，从此以后，也逐渐的进步起来。

庖牺氏始作八卦，以通神明之德，作结绳而为罔罟，以佃以渔；又教人民以二俪皮制嫁娶之礼。我们于此知道在伏牺的时代，不但在物质方面的田猎已见端倪，在社会方面的婚姻和精神方面的哲理，也见萌芽了。

到了神农的时代，耕种的工具，像耜耒也开始创造，而使农业能够逐渐进

---

① 校按：本章录自《岭南学报》第3卷第3期，第59~74页。
② 编注：应为《帝王世纪》。

步。他又自己尝试百草，使医药能够逐渐发达，以除人民的疾病；教民日中为市，致天下之民，聚天下之货，交易而退，各得其所。

黄帝继承上面所说诸氏之后，对于文化的发展上尤为努力。他和他的臣僚教民制作衣裳舟车等物质的文化，同时在社会制度，而特别在创作文字上的功劳很大。

尧、舜承黄帝诸氏之余绪，对于文化上的努力，而特别是政治制度上的设施，尤为后代所赏赞。故中国文化根据古代史料的记载，在尧舜时代已有相当的发达，然而中国的文化，一到尧舜的时代也可以说是已趋于成熟而逐渐固守的途径。我们读史，知道在这个时期，曾有洪水之祸，禹治平之后，而有夏的世袭政体，遂为中国家天下的政治制度之始，然根本的政治制度并没有重大的变化。同时在夏朝的四百余年的文化，既没有什么异彩，而对于这一代的纪载，也很缺乏。所以，孔子免不得要说"杞不足征"。夏朝固是如此，商朝也差不多是这样的。就是到了周初，在大体上也不外是把已往所遗传下的文化，略为增益。所以乡土观最重的孔子之对于周虽尊崇备至，然究不若其对于尧、舜之甚。所以我们说，若据一般史书的纪载，中国文化的规模，干体，在黄帝、尧、舜的时代，已经确定。此后一朝一代人物几经沧桑，然除了枝叶的变异外，根本上并没有多大的改革。

从皇古以至周初，中国的文化，既逐渐的发展，而趋于成熟，而这个文化的本身上，并没有南北之分。事实上在这个时代里，南北的对峙，可以说是完全没有的。所谓中国之南，中国之北，都是苗夷所住的地方。若是中国之南的文化，或是中国之北的文化而能成立，那么这些文化是中国以外的南北文化，而非中国以内，或是中国本身的南北文化。因为中国本身上只有一种文化。文化没有南北两种，《诗·大雅》有"自南自北"之句。但是这里所指的，乃是武王从文王的南方的丰邑而移到北方的镐京，于文化没有多大的意义。

很多的学者，以为春秋战国的时代是中国文化的全盛时代。可是这种意见，也非尽对，而且错误是由于他们太看重了这个时代的思想，而把思想来代表整个文化。我们承认在思想方面，这个时代确是超越过去的任何一代的思想，可是在思想以外的其他方面的文化，要说也像思想一样的超过已往的时代，而特别放出异彩，却是我们所怀疑的。思想，虽是特别发达，然而思想上的没有南北之分，我们上面已经说过，这里不必再述。此外又如孔子、孟子及诸子书中所说的南方或北方，有些虽和文化有多少的关系，但是这些片断的记载，和枝叶的说明，也不足以代表文化的全部，或是重要部分。这一点，我们在第一章里也已说过，只好从略。

秦汉以后，中国的文化，不但其他的方面跳不出周秦以前的圈子；春秋战国时代的诸家的思想，且因好多原故，而被摈斥。结果是不但不能寻着已往的轨道而增益，还且好像步步落后。其后佛教的传入，于中国一部分人的人生观，及生活上，虽有多少影响，然中国文化的干体，却不因此而动摇，而于中国的南北文化上，更没有什么关系。

南北朝的时代，从政治的组织的形式来看，虽有南北之分，但是以整个文化来看，则其差别也是很微。而且无论南朝或是北朝，所奉以为政治上的标准原则，却没有什么不同。又外族南侵之初，因种族的不同，而文化也有差异，然而这个差异，与其说是南北的差异，不如说是中国与五胡的差异。何况在北方的中国人既并不放弃其固有的中国数千年的传统文化，而外族之入侵中国者，且不久而被染华风，奖励华化；结果不但没有南北文化之分，所谓华夷文化之分，亦因之而消灭。

隋唐统一以后，所谓枝叶上的南北各异也且没有；此后而宋而元而明而清，中国固有之文化，没有一代不循着过去的旧路，而成一系统，成一直线，成一音调。

因为时间上的发展，是代代如此，所以中国文化只有一种文化，没有两种文化，也没有所谓南北文化之分。我们若再从空间上的发展看去，则所得的结论，也是一样的。

在前面数章里，我们已经指出好多学者从事研究中国文化之由北方而趋于南方，这个南方和北方，照我们的意见，至多只能说明像刘光汉所说学术方面，也许其他的方面，有时南胜于北，有时北胜于南，然并非说明南北两方文化的不同。然而这种时间上的北胜于南，或是南胜于北，不外是说明中国文化的发展的中心，并非说明其差异。因为中国的文化的发展，只有一种文化，所以无论是北胜南胜，还是这一种文化，而非别种文化。因此之故，我们以为从中国的文化的空间发展看去，所谓北方文化，就是南方文化，而南方文化，也就是北方文化。这一点，我们可以从中国文化的由北趋南的历略中见之。

原来中国文化之在周代以前所占的区域，是在黄河流域的很小的地方。《禹贡》的九州，是否可靠，尚有问题；就算做可靠，荆、扬一带，还是南蛮的地方。周室东迁，诸国称霸，南北固逐渐开化。然所谓开化，又不外是中国化；中国化又不外是表明中国固有的文化的范围的扩大，并非南方本身别有一种文化崛起，而和中国的文化两相抗衡。《左传》吴伐郯而书为"蛮夷入伐"（成公七年），卫君习吴语而书为"效夷语"（哀公十二年），只是表示中国与蛮夷的文化的不同，而非中国本身上的南北文化的异点。我们可以说在春秋战国的时代，中国的文化的范围，还是在黄河一带。

晋室东迁，永嘉之乱，中国文化的中心逐渐由黄河流域而趋于扬子江流域，这是一般学者所承认的。然而这个变更，不过是一种文化的地理的中心，从一个地方，趋到别一个地方。同时经过此次的迁移，此后一直到了现在，这个中国文化的中心，始终是在长江流域，没有再推进而至于珠江流域。所以事实上所说的文化中心，由北趋南，不外是由黄河流域而趋到长江流域。长江流域在古代固是中国的南方，然在近代却是中国的中部。有些人以为在南宋的时代，中国文化的中心，趋到福建；然而这个见解是片面的。南宋的朱子和其他的福建学者，在学术上虽有相当的位置，然从文化的全部看去，其中心仍在长江一带。所以严格来说，中国文化的中心，从整个中国看去，不外是从北部趋到中部，而非由北部而趋于南部。

假使我们不以中国的文化的中心来做研究的对象，则中国文化之由北部而趋于中部，再由中部而趋于南部，当然是很显明的。然而这里的南北差异，也非文化本身的差异，因为南方的文化，就是北方和中部的文化。质言之，南中北三部只有一种文化——这就是"固有"的文化。

不但是南方的文化，乃北方的文化，而且保存和迁移传播这个文化到南方的人们，也差不多是北方的人们。唐杜佑《通典》里说：

> 永嘉之后，帝室东迁，衣冠避难，多所萃止；艺文儒术，斯之为盛。今虽闾阎贱品处力役之际，吟咏不辍。盖因颜谢徐庾之风扇焉。（卷八十二"扬州风俗"条）

又如唐林谞的《闽中记》说：

> 永嘉之乱，中原仕族，林、黄、陈、郑四姓，先入闽。

连丘濬所谓岭南第一的相业人才的张曲江，以至他自己及好多的人们，都是由北方迁移来南方。他们本身既是北方人，他们的文化，也是北方的文化。

北人南迁的记载，清赵翼说的很多，在他的《陔余丛考》里说：

> 宋南渡时，凡世家之官于朝者，多从行；如韩肖、胄侂皆琦之曾孙也，王伦，旦之裔孙也，吕本中、祖谦、祖俭、祖泰皆公著之后也，常同，安民之子也，晏敦复，殊之后也，曹友闻，彬之后也。（卷十八"宋南渡世家多从行"条）

在他的《二十二史札记》里，他说：

> 宋南渡诸将，立功虽在江南，而其人皆北人也。张俊，凤翔府成纪人；韩世忠、张宗颜皆延安人；岳飞，汤阴人；刘世光，保安军人；刘锜，德顺军人；吴玠、吴璘、郭浩皆德顺军陇干人；杨存中，代州崞县人；王德，通远军熟羊砦人；王彦，上党人；杨政，原州临泾人；牛皋，汝州鲁山人；曲端，镇戎人；成闵，邢州人；解元，保定军德清砦人；王渊，熙河人；赵密，太原清河人；李宝，河北人；魏胜，宿迁人；王友直，博州高平人；李显忠，绥德军青涧人。统计诸名将，无一非出自山陕者。是南宋之偏安，犹

是北宋之余力也。其他不甚著名，而城守抗节者，亦多系北人。

原来南方文化之中国化，大概是由于北人之向南迁移，而特别是东晋南宋的时代。北人之或宦或商，以及因乱而南迁者为多。此外一般臣僚之被谪而到南方者，如韩退之在潮州，柳宗元之在永州、柳州，苏东坡之在琼州，对于这些的地方风俗学术，均有相当的影响。（参看屈大均《广东新语》"珠玑巷"条）

严格来说，中国的文化，不但是由北方而趋于南方，且可以说是由南方而趋于北方。我们已经说过，中国的文化之在古代，是沿黄河的附近，现在华北各省的北方的地方，是狄人的根据地，在黄帝时代的獯鬻，西周时代的猃狁，也许就是狄人或是狄人的同种。在春秋战国之世，得了齐桓公和晋文公的征伐，到了赵灭中山以后，北狄完全同化于中国。此后又如五胡之乱华，而被华化，元清之统治中国，而为中国所化，均可以说是国中的文化之由南方而发展到北方。

同样中国的文化也是向东和向西两方而发展。《王制》说"东方曰夷，被发文身"，就可见得东方的文化之和中国的文化不同。周公营东都于洛邑，据说也是为着镇压东方的民族而施行中国的"德化"。又如《诗经·鲁颂》所载鲁公伯禽之平淮夷的功绩，也是不外表示中国文化之向东发展。至于向西发展，也是很显明的。西周的晚年，西方的犬戎猖獗起来，且把幽王杀死，他的儿子平王没有办法，只有东迁京都的妙计。但是秦国日强，逐渐把西戎二十余国灭起来，结果是在战国末年，通通为秦所征服。到了秦统一天下，这些地方的人民和文化已和中国的人民和文化没有多大的差别了。到了后汉代之通西域，三国时的蜀国之向西开拓，以至后代之青海、新疆、西藏等处之入中国版图，均和中国文化之向西发展上，有莫大的关系。

这样看起来，中国文化的空间的发展，不但是由北向南，而且由南向北，以至向东向西而发展，然则所谓中国的南北文化，简直变为没有多大的意义了。

我们的结论是：从中国的"固有"的文化的发展的时间上看去，中国近代的文化，就是古代的文化，而古代的文化，也就是近代的文化。从其发展的空间方面看去，北方的文化，就是南方的文化，而南方的文化，也就是北方的文化。质言之，中国固有的文化，只有一种文化罢了。

我们现在且来谈谈中国文化的性质。

我们以为中国文化的性质，是很单调的；这种单调的文化的代表，可以说是孔家，所谓中国文化，在大体上，可以叫做孔家文化。

本来孔子由今日来看，固生于二千余年前，然由中国全部历史的托始来看，却生于两千余年后。同时他在春秋时代又不过是诸子百家之一，把他来做中国全部文化的代表，岂非太过吗？我们以为中国文化之代表人物，于孔子之外，本可加入老子，但是在大体上，老子的思想之实现于文化各方面者，可于孔子的思想之实现于文化各方面者找出来。同时二千年来的文化的重心，是偏于孔家的思想。在孔子以前的文化的纪载，在诸子著作，像《庄子》里虽可以找出，然比较有系统的纪载，还要算孔子所删订之书籍。所以严格来说，中国全部的文化，有了这么悠久的历史，固不能以某一个人，或某一部分来代表。可是从文化的重心及大体上看去，孔家之在中国文化的位置的重要，无论是谁，都要承认的。

中国的全部文化，或是文化的重心，既可以孔家来做代表，而孔子的根本原则，又不外是"一以贯之"的道。本来孔子这种"一以贯之"的道的本身，是有矛盾的。可是这个矛盾，后来没有人看出来，而且应用起来。其实现于复杂的文化的各方面，人们更不容易看出，结果是形成中国这种特殊的文化。孔子的道的矛盾，我在别处已经说及，这里不必再述，因为有了矛盾，所以也不容易领会。孔门弟子像子夏这么超越，也说"夫子之言性与天道，不可得而闻也"。连孔子自己也没有明白说出来。我们根据《论语》所载，曾子的说法：

　　夫子之道，忠恕而已矣。

我们翻孔子的全部的言论著作，大体上可以相信曾子的解释。我们以为孔子之所谓道，大概不外道德的生活。本来道德生活，不外是文化很多方面的一方面，而且这种生活，是和文化的其他方面有密切的关系，及受文化其他方面的影响。无奈孔子看不出这点，他拼命去提倡他所谓道德文化，结果是看轻了文化的其他方面。

不但这样，文化是演化的，道德既是文化的一部分，道德应该是时时随着环境和文化的其他方面而演化。孔子又看不到这点，遂以为道德是固定不变的东西。同时他既以道德来做文化的标准，道德不变，则文化也无从变换。质言之，这种文化不但在时间上是"一以贯之"的，就在空间上也是"一以贯之"。空间既是施诸四海而皆准，那么不但是在中国没有所谓南北之分，就是放大中国的范围，到全个世界，也不应有南北之分。

因为太过重视道德，我们已经说过，结果是太过轻视文化的其他方面，像人生的物质的需要。这一点不但是孔子如此，老子、佛家也是如此。孔子之轻视物质生活，在他的言论和著作中，处处可以找出，比方君子是得乎道的人，所以他说："君子不器。"又说："君子食无求饱，居无求安，敏于事而慎于言，就有道而正焉。"又如"志于道而耻恶衣恶食者未足与议也"。他的弟子中最为他所赞许者，首称颜回，然其原因，不外是像他所说："一箪食，一瓢饮，在陋巷，人不堪其忧，回也不改其乐。"他又称禹曰："禹，吾无间然矣，菲饮食而致孝乎鬼神，恶衣服而致美乎黻冕，卑宫室而尽力乎沟洫，禹，吾无间然矣。"

上面不过是从个人方面来说，在其家庭方面他说：

　　今之孝者，是谓能养；至于犬马，皆能有养，不敬，何以别乎？

其在政治国家方面，我们且看下面一段谈话：

> 子贡问政。
> 子曰：足食，足兵，民信之矣。
> 子贡曰：必不得已而去，于斯三者何先？
> 曰：去兵。
> 子贡曰：必不得已而去，于斯二者何先？
> 曰：去食；自古皆有死，民无信不立。

他如樊迟请学稼，子曰："吾不如老农。"请学为圃，曰："吾不如老圃。"樊迟出，子曰："小人哉，樊须也！上好礼，则民莫敢不敬，上好义，则民莫敢不服，上好信，则民莫敢不用情；夫如是，则四方之民襁负其子而至矣，焉用稼？"其最显明的是：

> 邦有道，谷；邦无道，谷；耻也。

消极方面，他既反对复杂的物质文化，积极方面他所主张的道德生活，大概是曾子所说的忠恕之道。

原来忠原于孝，而恕发于仁；孝是指下对上所当尽的义务，仁是指上对下的情性。照孔子的意想，人类一切的关系，都可归纳于这两种观念里，而人类一切的关系，也可以从这两种观念推衍而来。

原则上这种忠恕或是仁孝之道，略如上说；在应用上这两种观念的施行的基础制度，就是家庭。家庭制度本来是世界各种民族所共有的现象，可是她在中国却占了一个很特殊而且很重要的地位。一般社会学者相信家庭是传播文化的一个媒介，可是在中国的文化的重心是在家庭里，而且只就是家庭。我们差不多可以说，中国的文化，是家庭（家族）的文化。

家庭既是社会文化的基础，一切社会制度和文化的特质，都和家庭有密切连带的关系。比方国家本来是政治的组织，然从孔家的原则看去，却不外是家庭的放大。因为国家所依赖以治理的原则，和家庭所依赖以治理的原则，是一样的。故《孝经·士章》里说："资于事父以事君而敬同，以孝事君则忠。"又如《大学》里说："为人君止于仁。"由此类推，而至于治天下的原则，也不外是这样。所以《大学》里说：

> 所谓平天下在治其国者，上老老而民兴孝，上长长而民兴弟，上恤孤而民不倍；是以君子有絜矩之道也。

又如国家之有君主，天下之有帝王，也犹家庭之有家长。君王之于人民的关系，也犹家长之于子女的关系。家长之于子女，有绝对的威权，所以君王之于人民，也有绝对的威权。数千年来的中国不知换了多少朝代，然专制政体之不变，未始不由于此。

政治如此，宗教也如此，拜祖先是由于孝敬父母而来。孝敬父母，不但在其生的时候，就是死后也要这样。因此之故，拜祖先上一切的需要，像仪式，像神位，像节期，以至庙祠宗族的制度，遂而产生。

孝敬父母不但可以产生宗教上各种动作和制度，而且生出婚姻丧祭上各种动作和制度。父母死后应当葬得其地，风水的习俗，因之而生。"不孝有三，无后为大"，于是多子多孙的大家庭，因而发生；而多妻多妾的制度，也得了道德信条上的允许。

因为要孝敬父母，所以父母在，不远游，父母死，丧三年。结果是自供自足的农业宗族乡土的制度和观念，因之而发达，而在文化的经济各方面，也现出特殊的性质，而形成中国的特殊文化。

总而言之，这种以孔家化的道德为标准的文化，不但是流行于中国的北方，而且流行于中国的南方。平情来说，这种孔家的道德文化要是没有历代的政治势力的保障和宣传，也许会像春秋战国时的诸子一样。但是孔家既给专制君主以理论的帮助，专制君主又给孔家以实力的保护和传播，从文化的观点来看，政治虽不过是文化的一个方面，然而从历史上看去，政治却常为文化的中心。所以过去的历史记载，大都是政治的历史，孔家既能和政治的势力相依赖相利用，孔家化之为文化的中心，也是自然而然的。结果是不但能使孔教及其形成的文化垂诸二千余年而不倒，而且能随着中国版图的扩充而传播愈广。中国的版图若照本部的发展来看，是由西北而趋于东南，所以中国的文化也是由西北而趋于东南，但是空间上的传播的广远之于文化的性质上，却没有什么关系。质言之，空间上的范围，尽管放大，文化的性质，却是处处一样的。

这样看起来，南北文化的观念，简直就不能成立吗？

我们的回答是：从我们的五帝三王所遗下，以及孔家所形成的中国固有的文化看去，南北之分是没有的。但是从中国现在所有的和所采用的文化看去，则南北文化之分，也未尝没有可能的。我记得民国十三年五月间，河南省长李倬章发表过一篇很有趣的言论，其最足以使我们注意的是下面一段：

> 自古以来，只有北方人统治南方人，没有南方人统治北方人。北大校长蔡元培与南方孙中山最为接近，知南方力量不足以抵抗北方，乃不惜用苦肉计提倡新文化，改用白话文，藉以破坏北方历来之优美天性与兼并思想。其实白话文简直是胡闹，他们说《红楼梦》《水浒》是好文章，试问不会做文言的人，能不能做这样一类的文字？至于新文化全是离经叛道之言，我们北方人千万不要上他的当。

阅了上面那段话的，也许免不得要捧腹而惊讶，这位堂皇的一省之长，竟会顽固和错误到这个田地。但是假使我们把他所说的新文化，未必一定是专指着民国七八年间所谓新文化运动,那么他感觉到新文化是离经叛道的文化,同时这种新文化和南方有了特别的关系,而和北方的文化处于对峙的地位,却非无稽之言。换言之,要是南方文化而和北方文化有了差异,那么这个差异据史实而得到一个结论就是:

南方文化是新的文化,北方文化是旧的文化。①

所谓旧的文化,就是我们的五帝三王所遗下,以及孔家所形成的文化,所谓新的文化,就是中西文化接触以后,而从西方输入的西洋文化。所以新的文化,和旧的文化的意义,又不外是:

中国文化,和西洋文化。②

我们承认这种的南北文化的差异,不过是一种文化过程上暂时的现象,从将来的眼光看去,也许是历史上一种的遗迹,因为南北文化的差异,既是新旧的差异,则所谓旧的文化逐渐消灭,新的文化逐渐发展。到了这时又只有了一种南北相同的文化,而没南北各异的文化。所以这种的南北文化观,是有时间性的限制的。

其次我们因为见得在历史上这些新的文化的策源,以及输入的首冲,是在南方,所以叫做南方文化,正像中国固有的旧文化,是策源于北方(指中国本部),所以叫做北方文化。又因新的文化的本质是西洋文化的本质,所以也可以叫做西洋化,而旧的文化却是中国固有文化,所以也可以叫做中国化。这种的南北文化观是注重在文化的策源上,并非注重在文化的发展上。因为从文化的发展上看去,旧的文化的繁盛,固是趋于长江流域,就是新的文化的繁盛,也有进到长江流域之势。

我们以为除了我们从这两种文化的策源上着想,则中国南北文化的观念,殊难成立。也许有些人说,中国的南方和北方,因为地理、气候、物产以至言语上的不同,而生出南北文化的不同。这种见解也非完全没有道理,可是就大体来看,整个中国的文化,是有了一个很相同的模型和内容;而且在文化较进步的社会,地理、气候和物产上的作用,其力甚微。至于南北说话的差异,固是显明,然根本上的文字是处处一样。若细微来说,则广东一省之内,甚至像中山一县之内,也有好多不同的土音。所以要是南北的文化而有各异——比较显明的各异,而值得我们用南北这两个字来区别,则这个南北的文化,必定是新旧的文化,或是西洋和中国的文化。

我们这种结论,也许会引起一般人的疑问,这就是:所谓北方的文化,是中国本来固有的文化,而所谓南方的文化,却是一种舶来的西洋文化。把一种固有的文化,因其策源于北方而叫做北方文化,还可说得通,把一种从西洋运过来的

---

①② 校按:在原刊,这一行字被放大,这里加粗。

西洋文化，因为从南方输入来，而叫做中国的南方文化，其实却是西洋文化，顾名思义，安能与策源于北方的固有的文化，相提并论，而成为中国的南北文化的差异呢？

我们的回答是：严格的"中国"文化，其实是本来的中国土人的文化。我们所谓中国汉族的文化，也许本来是汉族从西方带来的文化，这个西方的所在，究竟在那里，学者尚没有正确的证明。不过所谓汉族本来不是住在"中国"的本部，是从别处移来的，这是无论何人，都要承认的。汉族既是由别处移来，汉族的最初的文化是，汉族自己创造出来，还是由他族或他处仿效来的呢？要是由他族仿效而来，那么这个文化，并非汉族"固有"的文化。要是自己创造出来，然后输入中国，那么从西方那边移到中国，有没有受过他文化的影响呢？若说是受过，那么这个文化还不能叫做固有的文化。若说是没有受过，那么严格说来，这个西方的文化，还是一种移植的文化，而非"中国"的文化，同时这个西方文化，又安知不是和现在这个西洋的最初的文化，有过关系呢？

其实绝对的本来固有的文化，是很少有的。这是一般人类学者所共认。所以所谓固有的文化这句话，严格来说，就不大妥当。而所谓中国文化这句话，也许是指着中国人所创造的文化。但是中国人若能效法他人的文化，自己又能同样的创造出来，这个文化，也不能不叫做中国文化，就使这个文化不是由中国人自己运输，或仿效过来，而是由外边人把她输过来，而影响到中国文化，然后再由中国人模仿和创造，她也可以叫做中国文化。

这样讲起来，所谓西洋文化，若是的确为中国人所需要，的确是从南方介绍进来，那么叫她做南方文化好像没有什么不妥的地方。我们承认在所谓固有的文化尚深存在一般人的头脑里，同时在西洋文化的接受，尚为一般人所踌躇的时期，人们也许会感觉到这种文化是外来的文化，而非中国人自己的文化。但是假使过了千数百年后，中国人而完全是西化了，而且能将这种西洋文化再来发展下去，比起现在还要进步得多，则一二千年后，试问有谁还要来告诉我们，这种文化不是我们的文化呢？而且我们不应该采纳这种文化呢？假使到了这个时候，我们听了有些所谓卫经辅道的先生们，还是排斥这种文化，而要我们复返所谓固有的文化，则将来我们转身一看，我们二千年来是没有固有的文化的，而我们的六七千年的历史，也因此而中断了二千余年了。

事实上不但是等到那个时候我们不会排斥一切的西洋文化，而复返固有的文化，现在我们已做不到了。比方我们现在拟写一本中国从古至今的小说史，鲁迅是我们免不了要采入的，然而这位《狂人日记》的鲁迅是怎样说过呢！他说：

> 我翻开历史一查，这历史上每页上都写着仁义道德几个字，我仔细看了半夜，才从字缝里看出字来，满本都写着两个字是"吃人"。

这样的鲁迅，在卫道先生们看起来，怎能配得叫做中国小说家呢？然而西洋人又告诉我们道,《阿Q正传》的原本著者的鲁迅是中国的小说家呵。要是鲁迅是个例外,我们且看林琴南先生。他老实是位卫道君子,他又是位大名的小说家,可是《茶花女》这类百余种小说,严格来说,是不是中国的小说呢?小说固是如此,文化的其他方面,也是这样。质言之,现有的西洋文化,逐渐的成为我们文化一部分,而为我们所不能排斥。

平心来说,假使我们始终不变我们数千年来的顽固夸大,以及排外的态度,我们终没有法子去走出这种惟有束手待毙的圈子。三百余年来,也许是一百年来的经验,已给我们不少的教训,而最近的东北风云不外是甲午庚子所种下的种子的花果。要是我们今后还不把这些西洋文化当做我们的自己东西,而提倡之,发展之,则我们终没有法子来达到西化的路。至多只会享受西货,而致财竭力尽,长此以往,中国前途,尚何堪问!

从西洋输入来的文化,一到我们肚子里而起消化的作用便是我们自己的文化;因为她是我们自己的东西,而且是我们目前所急需的东西,为什么我们不努力去提倡和发展呢?她既是我们自己的东西,而其策源——也许是在最初输入的中心,又是南方,那么叫她做南方文化,像所谓中国固有的文化,是策源于北方,或是最初是由北方输入而叫做北方文化,好像没有什么不妥的地方。

然而这种新文化,或是西洋文化,究竟是不是策源于南方,或以南方为输入之中心呢?

要答这个疑问,我们应当看看我们中国西化的历史,并且要将西洋文化的全部分析起来看看她所包含的各方面,或是最重要的数方面的输入和摄取,是否策源于南方。

第六章　南方与所谓固有文化（一）[①]

我们对于上面一章的末了所提出的问题，可以说是肯定的。这就是说，中国的西化或新的文化所包含的各方面或是最重要的数方面，是策源于南方。但是在我们对于这一点尚未解释之前，我们愿意指出，中国的南方不只是西化的新的文化的策源地，而且是我们固有的文化或旧的文化的保留所。

为什么我们说南方是我们固有的文化，或旧的文化的保留所呢？要想解答这个问题，我们又不得不指出，这不只是由于中国固有的文化，在大体上是从北方而趋于南方，而且是由于固有的文化之在北方的，因为时代的变化，而尤其是受了外族的文化的影响之后，所谓好多本来的真面目，已经改换或消灭，但是直到现在都还有不少的这些东西，流传或保留在中国的南方。这是研究中国的固有的文化的人们所应加以注意的。

我们在上面已经指出，中国的固有的文化在空间上的发展是由北而南。最初是在黄河的流域，后来发展到长江的流域，最后又发展到珠江的流域。而且假使自十六世纪以后，没有西洋文化的东渐，中国的固有的文化很可能的发达于南洋各处。

大致的说，在春秋战国以前，这个固有的文化的中心是在黄河一带。吴越与楚在春秋战国的时候，虽也称霸一隅，可是从北方人看起来还脱不了南方蛮野的气味。孟子所谓："今也南蛮鴃舌之人，非先王之道也。"无非就是这个意思。所以尽管文学上有了屈原，思想上有了老子（据说是楚苦县人），可是在传统的思想之下，长江一带，而尤其是在长江以南，在那个时候总是被人目为南蛮之域。所以有名的学者，像楚的陈良，也得"北学于中国"。其实所谓"北学于中国"，这个中国，就是指着黄河的流域。所谓"德以威中国，刑以威四夷"，所谓"内中国而外四夷"，既以为中国是有德的区域，是特殊的地方，而别于其他的野蛮的地方。所谓"北学于中国"的中国，既又不外是在黄河的流域，那么在黄河流域以南的地方，无疑的是当为野蛮的地方，没有德化的地方了。

就是在汉的时代，南方的版图已扩大到海岸，而包括海南岛。可是不只广东的赵佗，还自称为"南蛮之臣"。到了三国的时候，刘备称雄西蜀，希望承继汉祚。然而诸葛武侯鞠躬尽瘁，死而后已，不只不能使西蜀成为中国文化的中心，

[①] 校按：本章依陈序经自抄稿。本章与下一章曾以《南方与所谓固有文化》为标题，发表于广州《南方杂志》第1卷第2期（1946年9月1日）。也许因为已发表，自抄稿有标点，但正式发表稿与自抄稿略有区别，如正式发表稿的第一段就是新写的。这里依自抄稿，个别标点酌改或增加。

就是在政治上，这个地方也不能算为当时的中心。同样，孙权割据东南，因地理的关系曾派朱应、康泰到南洋各处宣传中国的德威。但是在文化上究竟有过多少影响，乃一疑问。其实，在这个时代，中国的固有的文化的中心还是在黄河一带。

是自晋室东迁以后，中国的固有文化的中心，始逐渐向南发展，而趋于长江流域。所谓"衣冠避难，多所萃止，艺文儒术，斯之为盛"。对于这个文化的中心的迁移上，是有密切的关系的。隋时炀帝开凿运河，南北交通，更为便利。中国文化的向南发展，更为迅速。隋炀帝又遣使到南洋，而特别是赤土，这就是现在的暹罗。其使者常骏等在赤土时，其大方丈曾告诉常骏说："今是大国中人，非复赤土国矣。"后来，赤土王还派其子那邪偕常骏到中国朝贡。这时的南洋，既已很为国人所注意，中国的南部是用不着说的。而况中国北方之赴南洋的，多从内地陆道而到广东沿海一带，再从这里乘船而到南洋各处，南方各省成为发展到海外各处的交通要道。交通方便的地方，往往是文化易于传播的地方。

至于唐代，版图日益扩张，南方的区域之开辟的更多，加以海外交通愈趋频繁，江西成为南北交通的要冲，而广东的曲江以至广州各处，也愈趋繁盛。在物质文化的方面，中外奇珍货物辐凑于此，而尤其是在广州。不只北方人之迁移到这个地方的很多，就是外国人，而特别是亚拉伯人之到这里的也很多。据说黄巢陷广州时，杀死了十数万外国人，同时因为他得了广州的财富，而使其益富。反过来说，朝廷失了广州的财富，却使财政上有了困难。右仆射琮于所谓"南海市舶利不赀，贼得之益富，而国用屈"，可见得这时的广东财富，在国家的财政上，已占了很重要的地位。

我们承认南方在国家财政上的重要的地位，是由于海外贸易而来。这就是说，南方的财富以至各种货品，并非完全为中国固有的东西。但是同时我们也得指出，所谓中外贸易，乃中外两方面的货品的交换，而非只限一方面的物品的输入。换句话来说，外货固有不少货品的输入，中国也有不少的物品的输出。而所谓中国的物品，并非完全是广东或南方的土产，而也有了很多是来自北方的。

因为中外交通频繁，贸易繁盛，不只是好多北方人到了南方，而且北方的好多物品也运到南方。人物与货物的迁移，在整个文化的发展上，是有了密切的关系，而况货物的本身乃是文化的一方面。

此外因为"利之所在，人多趋之"，这不只是限于商人，而且对于其他的人们，而尤其对于一般的官吏，也是一种很大的引诱。在《南齐书·王琨传》里已经告诉我们："世云广州刺史，但经城门一过，便得三千万也。"屈大均在其《广东新语》里亦说：

  吾广谬以富饶特闻，仕官者以为货府，无论官之大小，一捧粤符，靡不欢欣过望。长安戚友，举手相庆，以为十郡膏境，可以属餍脂膏，于是争以母钱贷之。以五当十，而厚责其赢利。

有一位署名为"太平洋客"者，在其所著的《新广东》一书里也有了下面一段话：

> 广东以财雄闻于天下，中外所公认也。咸同以来，政府若有兵事，赈荒，国债，赔款需大款大饷等项，莫不向广东而搜括。其数常数倍于各省，岁出达数千万万以上，此广东之财耗于政府者也。而贪官污吏，尤以广东为窟穴。其各省无赖之子，人类所不齿者，辄相借贷捐官，以取倍称之息。分省得广东，则亲戚朋友置酒而相贺。到任才数月，莫不满载而归。嗟我广东人，其饱虎狼之吞噬者，岁不知几何矣！此广东之财之耗于官吏者也。至于洋货之进口，以广东为大宗，此广东之财耗于外洋者也。然而统稽一县之财，往往比他荒瘠之一省而有余。即比之欧洲小国，亦未见其不足。固由出外洋，善经商之故，而其饮食起居，器用奢丽之程度，各省常为粤省所未见。盖粤人一月之费是彼一岁之费者，则财力之厚可知，此财力之超于各省者也。

这段话里有了不少的地方主义与愤慨情绪，然而广东因为财富而引起一般官吏之得广东位置者以为荣，却不只是这位"太平洋客"的私见。清初的屈大均，以至南北朝的人们，都有了这种看法。

不少的官吏，既以到广东作官为荣，不少的官吏，也因此而久居广东。这是有了悠久的历史，而非最近的事情。但是无论是暂居这里的也好，久居这里的也好，这些人都可以说是中国固有文化的媒介者。广东人族谱中至今还有炫其为中原望族的，而从前的南雄的珠玑巷的名称，也是来自北方。大致上，都是由于一些从北方来的仕官的人物，为了思念故乡而这样造作的罢。

不但这样，北方在朝廷或政府之任职而被贬谪到南方的人们，也是很多。唐时的韩愈之到潮州，李德裕之到琼州，宋时苏东坡之到惠州、儋州等处，在他们个人方面来看虽是不幸之至，然对于其所贬谪的地方的文化上，也有不少的影响。比方苏东坡在惠州，在儋州，至今还有人道其在这些地方的时候的故事。他的妾媵，据说就葬在惠州的西湖之边，这是惠州的古迹。有些人说，儋州城内有了不少的人们，还说北方的方言也是受了他的影响。这未必是事实，然而这些人物到了那些地方之后，对于当地的文化，而尤其是在文艺方面有了多少的影响，是无可疑的。

此外，因为征服南方，而派到这个地方的军队，历代以来更是很多。秦时已征服郁林、象郡，汉时的伏波将军。三国时的诸葛武侯七擒孟获，是否属实，我们不必在这里考究。然而，他曾屡次征伐南蛮，是无可疑的。直到现在，据说在云南与缅甸、安南的边地，以至暹罗的北部好多民族里，还有纪念或关于孔明的事迹。又据《三国志·吴志》卷二，赤乌五年（二四二）七月，"遣将军聂友，校尉陆凯，以兵三万，讨珠崖儋耳"。珠崖儋耳就是现在的海南岛。一个岛屿的反叛要用三万兵去讨伐，这不只是证明政府对于这个地方的重视，而且说明北人之到南边的也必不少。

又如在唐代之征伐南诏，元之征伐大理，这虽是军事的行动，然而对于文化也有很大的影响。南诏也可以说是国人所谓为南蛮之一，大理据说为南诏之后，这个民族，在南方盘据各处者，有了好几百年的历史，中国不知征伐了多少次。据《续云南通志》卷一五九云：

　　王全斌既平蜀，欲因兵威取滇，以图进于上，太祖（宋）鉴唐之祸，基于南诏，以玉符画大渡河，曰"此外非吾有也"，由是云南三百年不通中国。

其实所谓云南三百年不通中国，并非事实。我在别的地方已经指出，不必赘述。我们在这里所要注意的是，云南既与中国处于对峙的地位，中国必有不少的军队在大渡河内或其边境，以防备其内侵，而西南的大部分的地方，也已在中国的版图之内，而受中国文化的影响了。

这些军队之南征的，不只是输入了中国的固有的文化，而且也必有了不少留居于南方。他们虽是住在南方，可是他们的风俗习惯以及文化的其他方面，都是中国的。军队中的人物虽未必代表中国文化中的特出人物，而传播中国文化的精华于南方。然而军队征服了别人之后，往往是用自己的文化去加诸他人。换句话说是，用武力去传播文化。从某方面来看，这种传播文化的方法是很有效力的，因为假使被了征服的民族而不愿去采纳其文化，有时却被其杀害。

此外在中国的历史上，中国的固有的文化的向南发展的一个最重要的原因，可以说是由于北方外族的侵入，而使政府与好多人士的南迁，上面所说的晋室的东迁就是一个例子。自晋室东迁到隋的统一，有了二百多年的历史，到了南宋以至元朝，也经过了一个长期。在每次北方外族南侵的时候，不只朝廷向南迁移，就是好多臣民也跟着而走。晋室东迁固是"衣冠避难"，宋代末年君臣之到广州、新会一带的就有了二十多万。到了明末，君臣之逃难西南的又不知多少。这与中国固有文化的传播上，都有了密切的关系。

因为北方的外族的侵入而迁移到南方的人们，无论是为抵抗敌人而到南方，或是逃避敌人而到南方。这些人的民族意识很为坚强。他们是不愿作顺民或屈服于敌人，而才离乡背井而南迁的。他们既不顾长途的跋涉与环境的不同而到了南方，他们的意志也必定很为坚强。有了这种的坚强的个人意志与民族意识或民族主义，他们不只是在政治上不愿受了他族的统治，就是在文化上的其他方面也不愿受了他族的影响。所以与其说是他们是忠于其君主或忠于其朝代，不如说是他们是忠于其固有的道德观念，忠于其固有的传统思想，忠于其固有的风俗习惯。

总而言之，是忠于其固有的文化。

这些人到了南方之后，没有问题的是过着其固有的文化，同时使其文化传播于南方，使南方成为固有文化的保留所。

反过来看，在北方既受了外族的侵入，北方的中国的固有文化，却受了北方的外族的文化的不少的影响，而改变其固有的本来面目。街道叫作胡同，中服改为胡服，除了胡饼胡琴之外，连了头发的装束也受了外族的影响而改变。这不过只是随便的举出了一些的例子，然而中国的固有文化之因受外族的文化的影响，而改变其本来的面目，是很为显明的。这种文化的改变的历史既很久，而且自晋室东迁与宋朝南渡之后，其改变的剧烈，尤可想像而知。因为在这个时期里，整个北方是受了外族的统治，文化之受其影响是无疑的。在南北朝的时候，南北风俗已有很多的不同，《颜氏家训》对于这点已经说及。后来宋室南渡，中国北方又受了第二次的外族的统治，其文化所受外来的文化影响之深，是更为显而易见的事情。

我们并不忘记在我国的历史上，外族不只占领过中国的北方，而且统治过整个中国。元朝统治整个中国八十余年，清朝统治中国二百余年。所以在一方面看起来，整个中国文化都免不了要受外族的文化的影响。因为北方既因外族的侵入与割据而受了外族的文化的影响；那么南方既受了外族的统治，也免不了要受外族的文化的影响。但是从别一方面看起来，我们可以说，南方虽也受了外族的统治，可是在文化的各方面之受外族的文化的影响的，是微乎其微。这种原因很多，其主要的，第一，南方之受外族的统治的时间比较的短。南北朝的时代有了二百多年，南方没有受了外族的统治用不着说。南宋的时代，南方也没有受了外族的统治。元朝统治中国只有八十余年，而且在这个朝代里，所谓南人或汉人不只不能在政府里取得高位，在社会上也被目为很低的阶级。南人不只比不上蒙古人，而且比不上色目人，这就是西北的其他的外族。蒙汉或蒙古人与南人，以至其他的外族之于汉族的区别，既很分明。同时，蒙古人统治中国的时间又短，汉族文化之受蒙古或其他的外族的影响必然很微。这么一来，不只蒙古或其他的外族不愿同化于中国，或是去蒙化汉族，汉族也必因其被蒙人低视而生了反感。结果不只不愿去蒙化，反而发生反蒙化或其他外族化的心理，因而保存其固有的文化的心理也必定很为坚强。

至于满清之统治中国，虽是有了二百余年的历史，但是满清一代除了西洋文化已经输入中国之外，到了乾隆的时代，满人汉化的程度已经很高，而其结果是满人几乎完全汉化起来。我们试看，在满清初年的时候，顺治、康熙之对于西洋文化的输入，尤为欢迎。不只在西洋的科学与技术方面愿意接纳，就是对于其宗教，也并不十分仇视。可是到了后来，满人汉化之后，遂以汉族文化的立场去反抗西洋文化的输入。所谓闭关自守的政策，所谓"内中国而外夷狄"，已使他们忘记其本身也为外来的民族，而尊崇了尧舜禹汤文武周孔之道。在这种情形之下，就使中国受了满人的统治，而其文化之影响于中国，大体上也只多限于北方，而很少伸张其势力于南方。因为在这种势力尚没有伸张到南方之前，满人已很汉化了。

说到这里，我们可以解释南方之少受外族的文化的影响的第二个原因，就是地理上的原因。我们知道北方多平原而南方多山谷，因此之故，南方的交通比较北方较为困难。北人之南迁的，或中国的固有文化之发展到南方的，往往因为地理上的阻隔而保存其原来面目。直到现在，就以语言一项来说，南方复杂得多，而北方较为单简，这不能说是与地理上没有关系的。

而况在北方外族统治中国的时候，都城往往是在北方，南方真是天高地远。加以从前的交通工具的简陋，要从北方到南方，并非容易的事情。尽管外族皇帝统治中国，可是除了像乾隆之游江南外，外族皇帝之到中国的最南部的可以说是没有。"日入而息，日出而作，耕田而食，凿井而饮，帝力于我何有哉！"这种情况在远离京都的地方，特别是像广东有俗语云"勿为北京人忧寒"，北京人作的什么，于南人实在没有很大的关系。

上面已经说过，因为北方外族而迁移到南方的人们，民族思想既较为浓厚，个人意志也较为坚强。这些人物本来在北方是不愿接受外族的统治，或是为了反抗外族而才南迁的。那么到了南方之后，虽然南方在元朝，在清朝也为北方外族所征服，然而这些人物本来既就不甘同化于外族而南迁，再加以离开了外族的政治势力的中心的辽远，则他们不易去接受外族的文化的影响，也是自然而然的了。

又况这些外族的文化，都是低于中国的文化，"内中国而外夷狄"，这是中国的传统思想。在十九以至二十世纪的时代，比之中国文化为优的西洋文化，到了中国之后还受国人的排斥，比之中国的文化为低的北方外族的文化，除了用政治的力量去强迫其同化，或是经过很长的时间而无意中为其所化之外，要想这些不甘受了外族〈的统治〉而不畏千苦万辛的南迁的人们去接受外族的文化，是不容易的。

我们也并不忘记，在南方也非没有外族及其文化。西洋文化的输入，我们不欲在这里讨论，就是所谓南蛮的文化，直到现在还分散于南方各处。南方本来有了所谓南蛮的文化，在北人尚未南迁之前，南方完全是这种文化。北人南迁，或北方文化或是中国的固有文化向南发展的时候，也免不了要与这些所谓南蛮的文化接触起来。有了接触，总免不了要互相影响。这就是说，除了中国的固有的文化影响于南方外族的文化之外，南方的外族的文化也免不了会影响于中国的固有文化，而使中国的固有文化也改变其本质。

我们并不否认中国的固有文化到了南方之后，要受南方的外族文化的多少影响，然而我们也得指出，这种影响是较少得多。因为除了中国的固有文化较之这些文化优越得多之外，南方的外族在历史上只被中国的征服，却没有统治过中国。他们在春秋战国的时代，还繁殖于长江流域各处，后来范围愈来愈小，到了现在，只能散居于南方的一些山谷深林，人烟稀少的地方。他们不只所占的地方逐渐减少，而且人口也愈来愈少。其与北方的外族的占领了中国的土地，统治了中国的人民，用政治的力量去推动其文化，是大不相同的。

反过来看，所谓南蛮的民族，自与中国的固有文化接触之后，则常受了中国文化的影响。关于这一点，我们可以把历史上的哀牢、南诏与大理来解释。据说大理乃南诏之后，而南诏又乃哀牢之后。哀牢《后汉书》卷一百一十六《南蛮列传》所述其种族的来源，不易使人置信，但是这个种族与中国的交通，据说是在后汉建武二十七年（西历五七年）。《滇南杂志》曾告诉我们：

> 哀牢旧皆夷姓，武侯平南后，始赐以赵、张、杨、李等姓，又军卒遣于此，聚居于诸葛营之旁，谓之曰旧汉人，姓氏乃渐蕃衍。

又据《洞溪纤志》云：

> 金齿古哀牢国……其人有数种。有以金裹两齿者，曰金齿。有漆其两齿者，曰漆齿。有刺面者，曰绣面蛮。有刺足者，曰花脚蛮。以绿绳摄髻者，曰花角蛮。惟居诸葛营者，衣冠礼仪悉如中土。

到了唐代的南诏，据《新唐书》所说，是哀牢之后。南诏的文化，也受中国的文化的影响很深。伯希和在其《交广印度两道考》里说过，南诏感受中国文化之深，其事甚著。在唐贞元五年（西历七八九年），南诏王异牟寻遣使三人到成都，在其《遗皋帛书》里也有"南诏本唐风化"的话。又《新唐书》卷二百二十二中也有下面一段话：

> 太和三年（西历八二九年）……嵯巅（南诏将）乃悉众掩邛戎嶲三州，陷之，入成都，止西郭十日，慰赉居人，市不扰肆，将还，乃掠子女、工技数万，引而南人惧，自杀者不胜计。救兵逐嵯巅，身自殿至大渡河，谓华人曰："此吾南境，尔去国当哭。"众号恸，赴水死者十三。南诏自是工文织与中国埒。

又按《唐书·南蛮列传》上云，南诏亦用"员外""大将军"诸名词，同处又云：

> 幕爽主兵，琮爽主户籍，慈爽主礼，罚爽主刑，劝爽主官人，厥爽主财用，引爽主客，禾爽主商贾，皆清平官，酋望大将军兼之。爽，犹言省也，督爽，总三省也。

按"爽""省"两音本相近，现在在琼州的东北角的铺前市及其左近的人们，读"省""独"，读如广音的"爽"。罗香林先生在《国立中山大学文史学研究所月刊》第二卷第三四期合刊里所发表《唐代蜑族考》一文里说：

> 省爽一声之转，南诏欣慕华花，设官分职，多仿唐制，省之称爽，是又并袭中土之音矣。

《宋史·外国传》里说："大理国，即唐南诏也。"大理也受了中国的文化的影响。《宋史·外国传》载，徽宗政和六年，南诏大理国"遣进奉使天驷爽彦贲李紫琮，副使坦绰李伯祥来"。他们从大理至湖南，据说：

> 方紫琮等过鼎，闻学校文物之盛，请于押伴，求诣学，瞻拜宣圣像，邠守张察许之，遂往遍谒诸生，又乞观御书阁，举笏扣首。

这可见得南诏大理景慕中国文化之深。同时我们以为，这些使者返大理后，对于中国文化必努力提倡。又据史书，唐昭宗时，南诏蒙氏为郑买臣所篡，改国号大长和，后来赵氏又篡郑氏，而改国号为大天兴，赵氏复为杨氏所篡，而改国号大义宁，后晋时复为段思平所篡，改号大理国。这些姓氏国号，均已华化。大概的说，哀牢、南诏经过汉、唐两代华化之后，宋代的华化的程度必定很高，所以这些使者才有"诣学瞻拜宣圣像"的行为。

这不过只是略就史书上所载关于南方的外族的华化的一个例子，加以说明，哀牢南诏或大理的或其他的外族的文化的好多方面之受了中国的文化的影响，而没有见于史书的，必定很多。直到现在，在南方的好多外族的文化中，我们还可以找出很多的中国的固有或古代的文化的留痕。反而这些文化却不能在北方或南方的汉族的文化中找出来。这正像孔子所谓"礼失而求诸野"了。

我们知道在文化的传播或发展的过程上，有了不少的文化本来是起源或发展于某一个地方，后来传播或发展到别的地方。再过了一些日子之后，这些文化在本来起源或发展的地方，有时已经改变或消灭，而却可以在别的地方找出原来的面目。同样的，中国的文化本来是起源与发展在北方，后来传播或发展于南方。因为时代的变迁，而特别是加以北方的外族的侵入，及其文化的影响，结果所谓中国的固有或古代文化，有了不少在北方早已改变或消灭，而却仍存在于南方。我们所以说，南方为中国的固有文化的保留所，也不外就是这个意思。

不但这样，以常情而论，凡人之离开其故土愈远的，对于其故土的风俗习惯，往往愈要设法去保留。风俗习惯固是这样，整个文化也是这样。俗人说：离乡愈远，思乡愈切。因为思得太切，因而常常设法去保存其故乡的风味。所以从某方面来看，在我国的历史上，凡是从北方而迁到愈南的人们，对于保留其故乡的固有的文化的情绪，愈为恳切。这一点，可以海外华侨来说明。我们知道，一般华侨之到海外谋生者，在国内本来是少有受过教育的。他们在国内的时候，在所谓中国的固有的文化上，既并非代表人物，也非推动人物。然而华侨到了海外之后，虽然有了不少是受了海外的文化的影响，但是也有很多成为极端的中国的固有文化的拥护者。在文化的物质方面，比方穿的食的或居的，往往还是循了国内已经过时的习俗。国内一般中等以上的女子，差不多完全穿起旗袍，而海外的女子就是最上等的，还有不少是穿了长裤与短衣。在文化的社会方面，比方在华侨的社会中的宗族制度，比之国内的发达得多。至于文化的精神方面，有的华侨思想之守旧，也是国内所不易找出来的。在国内正是提倡破除迷信，反对宗族主义的时候，华侨却正在建筑庙寺，与建筑祠堂。在国内，正在提倡打倒孔家店的时候，华侨却正在尊崇孔教，实行读经。自民国初年以至国民政府命令祭孔，与何健、陈济棠提倡读经的时候，香港可以说是尊孔读经的大本营。这些例子便可说明离其文化的策源地或中心的人们，对于其原来的文化的拥护的热情愈为浓厚，是一种事实，是毫无可疑的。

总而言之，从中国的历史来看，不只是中国的固有文化是从北方而发展到南方，就是中国的汉族人民也是从北方而迁移到南方。文化的传播固不限于某一种族，可是一个种族的迁移，往往是带着其固有文化而迁移，而成为文化的媒介。这些种族迁移之后，若与其他的种族的文化接触，其互相影响的程度如何，是要视其文化本身的程度如何，以及其他的条件如何。在中国，在北人南迁的历程中，所谓中国的固有文化，不只是在来自北方的汉族中可以找出来，就是在所谓原来的民族的文化中，这就是汉族以外的南方民族的文化中，也可以找出来。因为除了汉族输其文化于南方之外，南方的汉族以外的民族，也受了中国的固有文化的影响。同时因为在北方的中国固有文化，因为时代的变迁与北方外族的占据，在北方的固有文化中，有了不少的成分已经改变或消灭的，而却仍是保留在南方。这是我们所以说南方是固有文化的保留所的原因。

第七章　南方与所谓固有文化（二）①

上面是解释南方为中国的固有文化的保留所的原因，这里，我们要从这种固有文化的各方面，来说明我们这种看法，同时指出我们对于研究这种活的固有文化的需要。

我们先从文化的物质方面来说。

从服饰方面来看，在南方，有的男子所用的头巾是古代的遗物。《古今事物考》说："古以皂罗裹头称头巾。"南北朝时梁简文帝拟落窗中坐，诗云："开函脱宝钏，向镜理纨巾。"至于贵州及南方各处的妇女所用的头巾，据说也是古代所传下来的习俗。

又如倪蜕蜕翁所辑的《滇小记》中的"序上帽"条云：

帽以毡为之，形如钱。云南惟大理戴之。男惟俚斯戴。妇人则无不以此为妆。岁时喜庆，垂丝网之，饰以珠翠，盖即唐时席帽。惟帽之制，而为妇人出门障面之具，亦西南夷向慕唐风，仿佛其制度，以留存至今者乎？而世俗辄称之曰：此大理婆哈哒毡，可谓失考者矣！次发编也云，次上帽谓冒，于发髻之上也。

木屐在古代是很流行的，其来源据《异苑》说，介子推抱木烧死，晋文伐以制屐。司马迁以为常服。屐与舄是不同的，方言里说丝，作者谓之履，而《古今注》云：

舄，以木置履下，干蜡不畏泥湿，履乃屦之不带者，盖祭服曰舄，朝服曰履，燕服曰屐。

至于屐是完全用木作的，燕居、外游均可以用，可是并非祭服或朝服。现在所流传的木屐，有的有齿，有的没有齿，前者高而后者低。在古代所用的木屐似都是有齿的，而现在南方的无齿木屐，似为舄与屐的一种混合品。《汉书·爰盎传》里说：屐步行七十里，释名屐搘也。为两足搘，以践泥也。《急就篇》颜注云：屐者，以木为之，而施两齿，所以践泥。

这种木屐，无论男的女的都可以穿，不过男人所穿的与女子所穿的，式样不同。所以《搜神记》里云：屐，妇人圆头，男子方头。现在这种分别似已不存在了。

---

① 校按：本章依陈序经自抄稿，个别标点酌改或增加。

而且妇女所穿的屐上又有颜色、漆画。《后汉书·五行志》里云：

> 延熹中，京师长者，皆著木屐，妇女始嫁，作漆画屐，五色采作系。

直至现在的南方，而特别是广州的妇女所穿的木屐，还有用了各种颜色漆画的。至于屐带，虽多用皮，然有时也用各种不同的颜色。

木屐在晋唐的时代很为流行，尚秉和在其《历代社会风俗事物考》里对于这一点，曾有下面数段话：

> 《世说》王子敬兄弟见郗公，蹑履问讯，甚修外生礼。乃嘉宾死，皆着高屐，仪容轻慢……又阮遥集好屐……是晋时，亦以屐为不庄，而高屐则尤轻慢。然当时卿大夫，尽著之者，则以晋时风俗轻佻，人物高旷，故独喜之也。

> 《撼言》京师妇女始嫁，作画漆屐，五色采为系。又张泌《小金传》：蓬发曳漆屐。夫可漆可画，则木屐也。《云溪友议》崔涯，吴楚狂士，与张祜齐名。每题诗唱肆，举之则车马盈门，毁之则杯盘失措。常嘲一妓云：布袍皮袄火烧毡，纸补筌篥麻接弦，更著一双皮屐子，纥梯纥榻到门前。

其实，这里纥梯纥榻的屐声，在广州各处直到现在还可以随处听见的。

又如南方在琼州各处的人们，所用的有齿木屐，就是古代传下来的东西。《晋书·谢安传》中云"不觉屐齿之折"，这种木屐的齿必定很长，而像琼州的屐，而非像广州或日本各处所用的没有齿的屐了。这种屐是用于平时的，而也不像日本人可以用为宴会或特殊的服饰。关于这一点，卢文弨《龙城札记》中告诉我们道：

> 屐可以游山，亦可燕居着之。谢安之屐，齿折是也。纨绔少年喜着高齿屐见《颜氏家训》中，大抵通脱之服，不作正服也。宋阮长之为中书郎，直省夜往邻省，误着屐出阁，依事自列门下。事见《南史》盖宫省，清严之地，宜着履，乌在直所容，可不拘。而出阁则必不可以亵，此其所以自劾也。

在琼州文昌有句俗话云"穿鞋吃穿屐，穿屐吃跣足"，意思虽说是跣足的人往往被穿屐的人欺负，而穿屐的人往往又被穿鞋的人欺负。然而同时却也有了跣足不如穿屐那么高尚，而穿屐又不如穿鞋那么高尚的意义。穿屐在平时是没有问题的，可是在特别的场会里，则变为不大合礼的了。

据人们说，现在在苗夷社会里的妇女所穿的衣服，而尤其是有了很多的摺的裙子，是古代的装饰。同时现在在南方有些地方，如安南的人们所穿的衣服，也是中国较古的服装。至于今日的长衣旗袍，却是满人所穿的衣裳。我们知道，在三四十年前，在南方的广东与海外华侨的社会中，女子之穿旗袍的，差不多可以说是没有，直到现在，侨胞女子之着旗袍的，还是寥寥无几。

又如《论语》里所说的"襁褓"，这就是用布料制成以为负小孩的东西。现在在贵州、广西、广东各处，随处可见，而在北方却是不易看出来。

在吃的方面，古人说"民以食为天"，现在的人却说"吃在广州"。广州人不只是讲究吃，而且吃的东西的种类不胜枚举，而在其吃的东西中，有了不少在北方早已没有或是少有，而在南方却还可以见的。

比方狗肉，在古代不只是把来吃，而且把来祭神。《月令》"天子乃以犬尝稻，以犬尝麻，先荐寝庙"，而《周礼》又有"供其犬牲"的说法。

《国语》里也有下面一段话：

> 子木举祭典曰：国君有牛享，大夫有羊馈，士有豚狗之奠，庶人有鱼炙之荐，笾豆、脯醢则上下共之。不羞珍异，不陈庶侈。

这是指出狗是士人所用以为祭神的食品，而非天子与大夫所用以祭神的东西。这虽说明狗在神的祭品中地位并不很高，然而在春秋战国的时代，从这方面来看，狗的地位还是比鱼为高，其与现在的人们之以鱼为贵重食品，很不相同。为什么后来狗肉不把来祭神？我们在别的地方已经说及，不必在这里再述。但是狗肉之用为人们的食品，在北方当时很为普遍，所以在古书中关于吃狗的记载，是不胜枚举的。《礼·内则》云："狗去肾"，"狗赤股无毛而躁臊"。《史记·聂政传》说他"家贫，客游以为狗屠，可以旦夕得甘膬"。又《荆轲传》里说他"爱燕之狗屠及善击筑者高渐离"。而老子《道德经》中所谓"天地不仁，以万物为刍狗"，王弼注道：

> 地不为兽生刍，而兽食刍；刍不为人生狗，而人食狗。

可见得古代不只是所谓燕、赵慷慨悲歌之士喜欣吃狗肉，就是一般人以至神灵，也喜欣吃狗肉。而况在那个时候，既有专业狗屠的人，那么吃狗的风气之盛，又可以概见。

吃狗之风何时衰微，难于确定。尚秉和在其《历代社会风俗事物考》中"唐人已不吃狗"条云：

> 《汉书·樊哙传》以屠狗为事，师古曰："时人食狗亦与羊豚同，故哙专屠以卖。"按自六朝以来，不见有以屠狗为业者，然不敢确定其有否。独师古此注，惧读者不明，故曰：时食狗与羊豕同云云。可见唐时已不屠狗而食矣。

然而他又接着说道：

> 至乡曲偷狗盗鸡，私鬻狗肉者，虽至今不免也。

可见得吃狗的风气并不断绝，其实这种风气至今犹很流行于南方的好多地方。就以广州而论，十余年前在对岸的河南的东部，卖狗肉的店摊有了好几十家，所以狗屠是很多的。又食狗的方法，也是像吃其他的肉类差不多，炒的，煮的，炖的，各样各色，可以说是应有尽有。而且我们知道，吃狗肉的人们不只是乡曲粗人，就是好多长衣公子，西装青年之到这个地方吃狗肉的，并不乏人。

又古代的人们也有吃鼠之风，而且有了所谓"腊鼠"。《战国策·秦三》里有了下面一段话：

> 应侯曰：郑人谓玉未理者曰璞，周人谓鼠未腊者曰朴。周人怀朴过郑贾曰：欲买朴乎？郑贾曰：欲之。出其朴，视之乃鼠也，因谢不取。

朴是未腊的鼠，那么把未腊的鼠去卖，无疑的是有人吃鼠。至少周人是吃鼠的。又，这里既说明鼠之未腊者曰朴，那么鼠之腊者大概是叫做腊鼠。现在南方有些地方不只是还吃老鼠，而且有了腊鼠。

吃老鼠大致上也像吃其他的肉类一样，杀后去毛，并去其内部的东西，而吃其肉。有些地方还有吃刚生出来的小鼠。在昆明有人告诉我，岑春煊在滇时往往喜欣使人到堆积的干禾中，找出刚生的血色红红的小鼠，用醋吃之。岑春煊是广西人，他的这种习惯，也许是自来其故乡。据说，在广东西江有些地方也吃这种小鼠。

至于腊鼠，也像腊鸭腊肉一样作法。我在广州岭南对面的沙头小岛中，曾看见有些蛋户杀鼠以为腊鼠。据说，这种腊鼠味道很好。有时在炎热的阳光之下，在竹杠上挂了不少这种腊鼠。这种吃法也可以说是古法，而尚流传于南方的一些地方，虽则在北方已经找不出来。

北方人喜吃麦，南方人喜吃米，这是现在一般人的看法。然而事实上在从前，食饭在北方也是很普遍的，而吃麦却是一种较贱的食品。所以，富有或贵族的人们，都以米为主要食品，而节俭或穷苦的人们始食麦。《晋书·惠帝纪》云：

> 宫人有取升余秔米饭及燥蒜盐以进帝……次获嘉，市粗米饭，盛以瓦盆，帝啖两盂，有老父献蒸鸡，帝受之。

这段话里除了说明皇帝是吃饭之外，饭盛于盂的方法以及蒸鸡的方法，也是广东所常见的食法。古书关于节俭或穷苦的人们多吃麦的记载很多，如南北朝的《齐书·虞愿传》云：

> 民有饷其新米一斛者，怀慰出所食麦饭，示之曰：且食有余，幸不烦此。

《梁书·任昉传》也说：

> （昉）出为义兴太守，在任清洁，儿妾食麦而已。

又如《陈书·徐陵传》云：

> 陈亡，随例入关，家道壁立，所生母患，欲粳米为粥，不能常办。母亡之后，孝克遂常啖麦。

现在吃米的人既不定是富贵的人，而吃麦的人也不一定是俭苦的人。但是北人却多吃麦，而南人多吃米，那么这种吃米之风，固是由于南方多产米，然也不能不说是南方却还保留其以米为主要食品的遗风。

从住的方面来看，我们知道工事始于木匠。《说文》："匠，木工也，从匚从斤，斤所以作器也。"大致上，古代的住宅多用木料。瞿宣颖所纂的《中国社会史料丛钞·甲集》上册"民居之易焚"条里曾说：

> 中国古代建筑，取材木植过多，每易着火。左氏所纪二百余年之间，大灾已数见矣。秦汉以后，因兵戈而致焚掠，致伟大之建筑成于累年而毁于一旦，尤史不绝书。古迹之所以不易保存，良可慨矣。大抵民居比户，遭焚不因兵劫，则自宋以后为甚，尤以南方为甚。

北方木材因为历代的斩伐，以致逐渐减少，故近代北方房舍多用泥土建筑。然而在南方，像贵州、湖南各处，房舍还多用木料建造的。这虽是由于南方木材的丰富，然而也可以说是我们古代的遗风，尚为南方人所固守。

至于房舍的式样，据一些工程学家的观察，在广东各处的祠堂，是最足以代表我们古代屋宇的样式。我们知道，广东的好多住宅与祠堂的式样，是差不多一样的。假使这些祠堂的式样，是最能代表我们古代屋宇的样式，那么这些住宅的样式，也可以说是很近于古风了。

此外，古代所说的"里"，到今还有其留痕在南方，而却不易在北方找出来。照古书所载，古代是五家为邻，五邻为里，五里为鄁，五鄁为县。《史记索隐》说："古者二十五家为里。"汉时长安有了好多里。《三辅黄图》："长安闾里一百六十。"可见里的数目之多。闾与里，据说是名异而实同。现在在广州还有不少街道是叫作里的。住在这种里的店户，虽未必是二十五家，然而这个名称是古代传下来的。

从文化的社会方面来看，中国的社会是以家族为基础。然而家族制度之最为完密的，恐怕也是在南方。在广东祠堂之多，是为各省冠。祠堂成为一种联邦制度。比方以陈氏祠堂来说，除了每一村或一乡，有了一个或数个祠堂之外，在县城里有了一县的陈氏祠堂。除了县的陈氏祠堂之外，又有一府的陈氏祠堂，有了一府的陈氏祠堂之外，又有一省的陈氏祠堂。村的陈氏祠堂在村里，乡的陈氏祠堂在乡里，县的陈氏祠堂在县城里，府的陈氏祠堂在府城里，省的陈氏祠堂在省城里。陈姓如此，别姓也差不多是这样。

甚至到海外的华侨，而尤其是在南洋各处的华侨，姓陈的到处有陈家社，或张家社，或李家社，或黄家社。同乡而又同姓，固是亲热，不同乡而同姓也很容易亲近。在美洲一个广东的姓陈的，假使到了一家的广东姓陈的华侨所开的饭馆里吃饭，问了姓氏之后，就叫为宗兄或同宗。虽然大家向来没有认识，然而吃饭之后大概是不收饭钱的。

不但是这样，在一个村或一个乡里，有了一个祠堂，还不算数。除了整个乡村的共同的祠堂之外，还有时有了各支派的祠堂，所以一个乡村里，也可以有了好几个祠堂。

至于家中必有祖宗的牌位，那是用不着说。祖宗的牌位是在住宅的正中的地位。阴历的初一、十五或是各种节期，都必烧香拜祖，这就是所谓香火不断、子孙延绵。

家有家谱、族有族谱。家谱是一家的历史，而族谱是一族的历史。直到现在，还有不少的宗族，在那里建筑祠堂，修订族谱。

这种家族的制度，无论在经济上、在政治上，以至在教育上，都有了重要的意义。近来有人调查广东全省的田产，有了一半以上是属于祠堂的。这种结论是否准确，我们不必去考究。然而广东的祖田之多，是无可讳言的。祖田本来是祖宗传下来的，凡是属于一个宗祠的田产，往往只能出租，不能出卖。而且有些富有的人们，有时也捐赠田产于宗祠，结果是私人的田产可以随便更换主人，宗祠的田产是比较的少有变动，因为宗祠的田产，大体上是往往增加，而少有减少。

在政治方面来看，以前的宗族差不多可以说是自成为一个政治的单位，家丑不外扬。所以关于好多犯罪刑罚的事件，往往也由宗族去处理，现在乡公所或区公所，虽然管理了好多以前宗族所管的事情，然而因为传统的宗族观念尚未完全打破，所以宗族在政治，而尤其是地方政治上，还占了很重要的地位。

而况好多乡村还是以姓族为单位，陈家村，张家村，李家村，黄家村，意义就是这个村里，只有某姓人居住，或多为某姓人居住。族人聚居，互相帮助，固并非没有好处，然而所谓大姓欺负小姓，而尤其是一族与别族斗争，结果也是社会上以至政治上的一个问题。

在新式学校未兴的时代，祠堂往往就是学塾。好多祠堂里，除了祖宗牌位之外，往往有了孔子牌位。新式学校成立之后，好多祠堂还是学校的校址，而且学校的经费，也有不少是由祠堂去供给的。

直到现在，有好多学生之求学者，是靠着宗祠的经济上的帮忙的。因为宗族的观念浓厚，每族都希望能多有子弟读书，所以宗族之有财产者，多愿意去帮忙他们求学，有的还设法去鼓励他们去追求较为高深的学问。

总而言之，上面所说的，不外是要指出南方的宗教制度的完密，而说明这是中国文化的特点。这种特点，在北方虽并非没有，但是不若南方那么浓厚，因为在外族的长期的占据的北方，所谓固有的家族制度，受了不少的影响，使其固有的色彩，比较的淡薄了。

婚姻是组成或继续家庭的方式，关于古代结婚的仪式，据说现在在南方尚有不少的留痕。清初陈鼎在云南住了很久，而且娶了土司的女儿，他曾写过一本关于土司的婚礼的著作，后来曾有人译成英文，登在美国的《人类学杂志》。照他的意见，土司所采用的好多婚礼，就是古代的婚礼。我在南洋各处见了不少潮州、福建华侨的旧式结婚的仪式，有人说也多是沿了古风。可惜我对于这个问题始终没有作过研究。但是好多侨胞，数百年前已到南洋，当时既已采用中国的古代风俗，而子子孙孙又世世相传，以至于今，也是自然而然的。至于古代婚礼之散见于国内的南方的汉族，或其他的种族的社会里，也是当然必有的事了。

置妾之风本来很古，而此风在近代之流行最广的，恐怕又莫如广东。在这里，不只是置妾的人很多，而且一人置十数妾者，也不少。据我所知的，就有好多人，而子女之过三四十者，也并不乏人。不但这样，好多海外华侨，除了在国内有了妻室之外，在南洋也往往有妻室，而且往往有了好多个妻妾，这已变成一种风气，并不一定是因为没有儿子，而这样的。

又如《国语·楚语》里说："司马子期欲立妾为妻，左子倚劝之，以为不可。"这就是说，妾不能立为妻。此风到今尤存于广东，所以有好多人有妾而妻死者，还要再去娶妻。这种"正房""偏房"的名称的区别，也可以说是古代文化的留痕了。

在文化的精神方面，比方守旧思想或复古主义，可以说是中国的传统思想。孔子固是主张复古，老子也是主张复古；墨子固是主张复古，法家也是主张复古；周秦时代的人们固是主张复古，汉晋以后的人们也主张复古。好多人说：大致上，现在的北方人是偏于守旧，而南方人是趋于维新。这并非完全没有根据的。然而我们也得指出，极端的维新人物，固是多出自南方；极端的守旧人物，也是多来自南方。就以近代而论，王闿运、康有为、辜鸿铭、陈焕章，都是有名的守旧的代表人物。至于陈济棠之提倡祭孔，何键之提倡读经，香港之成为尊孔读经的大本营，都是民国以来的极端的复古的运动。至于上面所说的华侨之思想之守旧，也是一个很好的例子。

又如古人最为迷信，一般有形以至好多无形的东西，都目为神鬼，而人鬼更多。在广东各处崇拜祖宗之普遍，是用不着说的。至于崇拜其他的神鬼，尤为众多。此外，风水、算命，形形色色，指不胜屈。广州的城隍庙里的筮卜星相的摊位，就有了一百二十多。此外，这种摊位之在其他的地方的，还不知多少。城隍庙里的摊位，据说每年租钱的入息，在二十多年前就有一万多元，计算每个摊位，每年约纳租钱一百元，这些设摊的人们所给的租钱，恐怕不过是他们的入息的十分之一。从此就可以看出，到这些地方之求神问吉的人们之多。其实，凡是到过广州的城隍庙的人，都能看出迷信的人之多，真可以说是集了我国的迷信的大成了。

除了上面所举出的一些例子之外，南方的语言，而尤其是两广的方言，可以说是我国的现存的最古的方言了。好多古音，在北方已经没有或改变的，而却可以在南方找出来。广音比之国音要多了一倍。所以从一方面看起来，国语固是简单化，然而在别方面看起来，音韵则减少得多。从这一方面来看，国语也可以说是一种退化的方言，因为国语的音韵在现代世界中太不够用，同时假使中国的文字，要采用拼音的办法，国语的音韵必需多多的增加起来才成。因此之故，在中国的近代的文字的改革的运动史上，还有些人提议采用广音以为普通的底音。这种办法是否妥当，我们不必在这里讨论。我们所要指出的是，从中国的古代的语言来看，广东语言不只含有较多的音韵，而且是较古的方言。比方在广东的方言中，"K"音是很多的，在国语这个音已不容易找出来，而已变为"Ch"音。所以"家"在广东的方言里，在广州是"KÄ"，在琼州为"KiÄ"，而在北方却变为"ChiÄ"。"KÄ"或"KiÄ"都是古音，而"ChiÄ"却为后来的变音。这种的例子是很多的，我们不必去多举。

我们在上面不过随便的从文化的物质、社会、精神与语言各方面举了一些例子去说明，在我国的南方的文化里，有了很多的古代或固有文化的留痕，而使南方成为这种文化的保留所。我们承认，我们在上面所举的例子，并不包括文化的全部的各方面，而且有些例子也许尚有讨论的余地，或者是并非今日的南方所独存的事实。同时，在北方，也许尚有多少古代或固有文化的留痕，而却不能在南方找出来的。然而大体上，现代的南方所流传的中国古代或固有的文化，比之北方所流传的，比较显明得多。上面所说的南方的语言，就是一个最为显明的例子。

不但这样，我在上面所举出一些例子，多取自广东，这也并不一定是说只有南方的广东才是这样。主要的原因还是因为作者在广东的时间较久，而所见所闻较多。这是一种尝试的工作，我很希望留心中国固有的文化的人们，对于这一点能加以特别的注意。因为这是中国的活的固有文化，而非死的固有文化。活的固有文化是我们的现代的生活中的一部分，我们要想研究，我们还可以去作实地的调查，还可以作直接的观察。从这一方面来看，这种的研究工作，是比之用间接的书本，或是用久已不用的古物，以为推想古代或固有的文化，容易得多。

我们知道，近代考古的学问日日进步。就以我国而论，近年以来，国人之注意于古物、古迹的寻掘，不遗余力。中国固有的文化是策源于北方，所以这种工作，没有问题的是要在北方下手。然而若从研究固有文化的缓急方面来看，那么研究活的固有文化，应当较急于研究死的固有文化。我们所以这样说的原因，是很为简单。因为所谓死的固有文化之埋于地下或藏于他处的，已有了数千或千数百年，过数十年后，或一百年后，再去寻掘未必觉得太晚。因为能在地下或他处那么久，再过了数十年或一百年，未必就会消灭，而再没有机会去研究。反之，这些所谓活的固有文化，因为时代环境的变迁，而尤其西洋文化的输入，已使这些固有的东西逐渐趋于消灭。假使我们若不从速设法去研究，则时过境迁。等到那个时候，就欲研究，必定已经太晚，结果虽想研究，而却无从研究了。

我们已经说过，南方是新的文化或西化的策源地。自明末清初，南方就受了而且继续不断的受了西洋文化的影响，西化的程度愈深，则固有的文化必愈趋于衰微，这是历史的趋向，这有事实的证明。在这个新旧文化交替的时代，我们对于新的东西的来源与发展，固要赶快的留心，我们对于旧的东西的衰微消灭，从研究的立场来看，更要赶快的注意。

而况自这次抗战之后，南方而尤其是西南各处，以前所认为交通不便古风尚存的地方，现在多成为交通枢纽，或国际路线。除了已经西化的沿海的好多人们之迁入内地者外，西洋人士之到这些地方的，也络绎不绝。以云南来说，抗战以前是我们的后院，现在却成为我们的前门。自美国空军到了云南之后，云南变为国内的外国人住得最多的地方，空中飞机整天不断的飞，路上汽车整天不断的跑。美国的物质文化，固是源源进来，美国的风俗习惯，以至思想宗教，也时时表现于我们的眼前。美国的药品与牛油固为好多国人所享受，美国的社交与观念也不能说是于我们完全没有关系。已经有了多少西化的基础的昆明人，对于这些东西，固未必是表示惊异，但是经过这次抗战之后，就是从前少与外间接触的沾益或平彝的人们，对于这些东西也未必就是完全排斥。

又况在现代的世界里，中国不欲生存也算罢了，若欲生存，不能不赶快的西化。然而我们已经说过，西化的程度愈深，则固有文化必愈趋于衰微。在事实上，我们已经与现在正是在西化的历程之中，南方既为西化的策源地，而有了较久的西化的历史，那么南方的固有文化的留痕之趋于衰微，以至于消灭，又不外是一个时间上的问题。我们对于这些东西，若不赶快去研究，以后更不容易去研究。

总而言之，中国的固有文化的发展是由北而南，因为北方的时过境迁，而尤其是北方的外族占据中原而影响，使南方成为中国的固有文化的保留所。但是自西洋文化趋入于中国之后，南方首当其冲，遂成为西化或新的文化的策源地。这种新的文化，在中国的发展的程度是日趋日高，遂使遗留在南方的固有文化日趋于衰微。数百年来，这就是西洋文化输入之后，而尤其是数十年来，我国的固有文化虽然尚未消灭，同时虽有了层出不穷的复古运动，希望能够保留了中国的固有文化，但是西化的发展并不因此而停止或缓进。自抗战以后，我们既愈觉到西化的必要，而且愈觉到西化的必要快快的推动，而尤其是在所谓民族复兴的根据地的西南各处。那么所谓固有文化的留痕愈不容易去保存，因而我愈有感觉到赶快研究这些东西的必要。

第八章　西化始于南方的原因[①]

南方之所以为新文化的策源地，或是西洋文化的媒介，至少具有二大原因：一是由于西洋人之来中国者，主要是在南方；一是由于中国人之到外洋而和西洋文化作直接或间接的接触者，主要都是南方人。

我们且先谈谈西洋人之来中国的概略。

西洋人之来中国的原始，我们至今尚没有确实的智识。有些人因"中国民族西来"之说，以为炎黄之前，中西民族或已有密切的往来。有些人又以为西洋人之来中国，却在三代之世。梁任公稍近前说，张星烺似近于后说。我们根据可靠的史书，《后汉书·西域列传》载：桓帝延熹九年，大秦王安敦遣使自日南徼外献象牙，犀角，玳瑁。这里所说的大秦，世人传说为罗马，而所谓"自日南徼外"，明明是指明由中国的南部而来。这样看起来，则西洋人之来中国，老早已从南方。又据《梁书·诸夷列传》：吴黄武五年，有大秦贾人宗秦论来至交趾；交趾太守吴邈遣送诣孙权。这也是先至中国的南方。

唐时的景教，乃西洋基督教的一支流，由波斯传入中国，盛行一时。其东来的途程，究竟是由海道，或由陆道，尚没有正确的证明，但是唐代因为波斯广东间的交通很盛，政府且设市舶使官职（？），以资治理。则这些传播景教的人，也许是由海道而从南方输入。此外又如元代因兵威疆土远至欧西，西洋人之来中国者，虽多自陆道而达中国的北方，然教士像 Odoric 最先至广东而为罗马旧教传入中国之始。且据马可·波罗的游记，他曾由海道由中国东南海而达波斯返欧洲。他又说明印度使者由海道来中国，费用省而历时迅。那么西人之由海道而达中国东南岸者，也非没有可能的。

然而上面所说的西洋人之来中国虽是先至南方，不过所谓海道并非纯粹的海道。他们必定经过不少途程的陆道，然后始能取海道而东来。这些陆道跋涉很是艰难，时日既久，危险又多，结果是使他们不能继续的到中国。所以元代以前的西洋文化之于中国，简直是没有什么大关系。

到了明之末叶，欧洲的探险家有些绕南美洲，有些绕南菲而东来，于是中西的航道始能直接沟通。从此以后，西洋人之来中国者，络绎不绝，而西洋文化之影响于中国，也逐渐发展。

西洋人由航道直接最先来中国者，为伯勒斯特罗（Raffael Perestrello）。伯氏

[①] 校按：本章录自《岭南学报》第3卷第3期，第75~91页。个别标点酌改。

本为葡萄牙人，《明史·外国传》称为"佛郎机"人；他于明正德十一年（一五一六）到中国的南部。其次年，葡人 Ferdinand Andrade 至上川岛。同年，葡人 Mascarenhas 也到福建。此后越来越多，浙江的宁波，福建的厦门，而特别是广东的港口，时时有了洋人的踪迹。

到了明嘉靖年（一五三五），葡人且据澳门以为根据地，关于这件事，《明史·外国传》有了一段纪载：

> 濠镜在香山县南虎跳门外，先是暹罗、占城、爪哇、琉球、渤泥诸国互市，俱在广州设市舶司领之。正德时，移于高州之电白县，嘉靖十四年，指挥使黄庆纳贿请于上官，移之濠镜，岁输课二万金。佛郎机（按：乃葡萄牙之误）遂得混入。高栋飞甍，栉比相望，闽粤商人，趋之若鹜。久之，其来益众，诸国人畏而避之，遂专为所据。（参看《瀛环志略》的记载）

这是葡人占据澳门之始，从此以至香港之割让，澳门都为西洋人在中国的唯一居留租借地，或是东方的欧洲的缩影。

继葡人而来中国者，为荷兰人。关于荷兰人，《明史·外国传》也有一段颇详细的记载：

> 荷兰又名红毛番，其人深目长鼻，发眉须皆赤，足长尺二寸，颀伟倍常。万历中，福建商人岁给引往，贩大泥、吕宋及咬噌吧者，和荷兰人就诸国转贩，未敢窥中国也。自佛郎机（按：系葡萄牙）市香山，荷兰人闻而慕之。二十九年驾大舰薄香山，澳中人数诘问，言欲通贡市，当事难之，税使李道即召其酋入城，游处一月，乃遣还。澳中人虑其登陆，谨防御，始引去。海澄人李锦及奸商潘秀、郭震，久居大泥，与荷兰人习，语及中国事，锦曰：若欲通贡市，无若漳州者。漳南有澎湖屿，去海远，诚夺而守之，贡市不难成也。酋即命驾二大舰，直抵澎湖。时三十二年（一五五三）之七日，迅兵已撤，如入无人之墟，遂伐木筑舍，为久居计。当事屡遣使谕之，严禁奸民下海，犯者必诛。由是接济路穷，无所得食，十月末，扬帆去。后又侵夺台湾地，筑室耕田，久留不去。

荷兰人之来中国的南部，虽是很早，然荷兰人在传播西洋文化于中国的位置，不大重要。继荷兰而到中国，而且在中西关系上占得最重要的位置者，要算英国。而英国所注目的中国也是南方的中国。

英国人之始来中国，是在明崇祯八年（一六三五）。他们最初率领舰队到澳门，因被澳门的葡萄牙人拒绝，乃率舰队直进虎门。虎门炮台见而炮击，英舰也发炮还击，结果是炮台被陷，广东总督大惊起来。于是遂许其在广东的河口通商。此后又得郑经的允准，而在台湾的安平，福建的厦门两处通商。清之初叶，国势强盛，英人屡请在沿海各地通商，然除南方的广东外，均未得清廷之许可。

到了十九世纪的初叶，鸦片战起（一八三四），至一八四二年鸦片战终，《南京条约》因而产生。条约中规定广州，福州，厦门，宁波，上海五口为通商港口，并以香港一岛割据与英，于是香港遂为东方的英国第二，而英国此后之蚕食和侵略中国，也以香港和通商口为根据地。

此外又如美国商船，于一七八四年也始来广州，十四年后且遣派领事以办理邦交。总而言之，西洋人之初来中国者，均以南方为目的地。他们之来中国，主要既在南方，他们的文化之影响于中国，主要也在南方。

事实上，自中西海道直接沟通以后，而特别是英人来华以后，所谓中西交通史，是一部中国人的伤心史，屈辱史，南方首当其冲，说起来徒增遗恨。然其所以至此之原因，固未尝不由于欧人之侵略野心，但是中国人之冥顽不灵，贪污苟且，夸大无知，而昧于世界的大势，乃是造成大错的最大原因。我们的愚见，以为假使中国在中西海道直接沟通以后，而能不为利诱，不为物蔽，虚心诚意来考究西洋的情况，效法西洋的优点，则不但三百年来的中国，不会有了这部伤心史，且或凌驾西洋，而开世界的新局面。中国人不愿这样做去，结果是自己吃亏，被人强迫去采纳人家的东西，模仿人家的文化。所谓首当其冲的南方，在一方面看去，固是受四千年来未有之奇辱，在他方面看去，却为三百年来的新文化或是西洋化的策源地。

我们现在再来谈谈南方人之到外洋，而和西洋文化作直接或间接的接触，而影响到中国，尤其是南方的中国的文化。

西洋人之来中国，是由海陆两道，中国人之去外洋也分海陆两途。然而正像西洋人之由陆道而来中国者，没有什么可述，中国人之由陆道而到外国者，也是没有什么可述。至取海道而由闽粤至南洋、澳洲，东达南北美，西到欧菲者，历史既久，人数又多，所以势力也很大。据《汉书·地理志》说：

> 自日南，障塞，徐闻，合浦，船可行五月，有都元国，又船行可四月，有邑卢没国，又行，可二十余日，有谌离国，步行可十余日，有都夫甘卢国，自都夫甘卢船可行二月余，有黄支国。……黄支之南，有已程不国。汉之译使自此返矣。

这里所说的黄支，已程不等国，是否欧洲所属，还是疑问。有些人以为必须步行十余日，是尚未开辟的苏彝士运河一带，而再须二月水路，就是经过地中海，黄支音近法兰西（Frank），可是这种解释，也是臆料。但是这里已给我们一个暗示。中国人之由海道而到外国的历史很久，同时其出发点乃是中国的南方，而且此后国人之由海道到外国者并不乏人，而其最显明者，厥为三保太监之下西南洋。这次的海道长征，虽出发于中部的苏州河，然郑和既是云南人，而从行者也多是南方人。

可是在东西航道尚未直接沟通以前，中国人之由南方而到外国者，从中西文化的接触上看去，没有多大关系。就是有，也是很间接的。自葡人由航道到马剌加后，在南洋各处的中国人起始和西洋接触而继续不断。到了西洋各国征服南洋各国而成为殖民地，中国人之在印度，马来半岛，爪哇以至菲律滨各处者，遂直接的在西洋人统治之下。西洋人之占据这些地方，目的是在于经济的侵略，所以一切设施，都以此为依归。而对于其文化的各方面的实现和传播上，有与其在本国的文化相形见绌，多有差异。比方政治上，在本国可以施行真正的民治，而在殖民地却是独裁专制，然大体上总可以说是西洋文化的化身，而处处表现出其文化的精华所在。中国人既统治于这种文化之下，则有意或无意中已受过这种文化的薰染，而其结果是间接影响于自己本国。英国海峡殖民地总督 Drank Swettenham 在 *British Malaya* 曾说过：

> 白人未至马来半岛以前，华人已在该地开矿，捕鱼，经营各种贸易；英人管理半岛时，着手建筑道路，及其他公共工程，皆成于华侨之手。至于开矿事业，纯由华工首先投身蛮荒，冒万死，清森林，辟道路，每有牺牲其生命者，此外为煤工，伐木工，木匠，泥水匠者尚多。英政府之修铁路筑桥，皆由华工包办。当欧人不敢冒险投资时，华侨则冒险而为之，又经营商业，开半岛之航路，招致华工，辟半岛未启之富源。英政府收入十分之九，皆出华侨之手。马来半岛之有今日，皆华侨劳力之结果。（李长传译文）

不但如此，所谓欧人所办的公司商店，也多由中国人为之主持。欧人的学校教师，也找了不少的中国人。欧人治理之下的政府人员，也有不少而并非没有重要的中国人。所以不但马来半岛之有今日，皆华侨劳力之结果，其实马来半岛就是华侨的马来半岛。要是马来半岛的文化，是欧洲文化的化身，那么这种华侨的文化就是西化的一部分。

［略］

南洋固为华侨的中心，然华侨的足迹所至，几遍整个的世界。我们一游南北美洲，甚至很小的市镇，也有中国人的足迹。我们到欧洲，澳洲以至菲洲，也处处可以找出华侨的萍踪。这一些在欧美的华侨比之欧美的人们，其处境之艰难，智识之固塞，固不待言。然他们若回到本国，或比之本国的人们，却是站在优胜的地位；同时他们在传播西洋文化的功劳上，似又不可忽视。

这些足迹遍五洲的华侨的确实数目，虽是人人言殊，然据最近和比较为多数人所公认的统计，约有千万左右。一个欧洲的国家的人口，有时也不过是这么多。今受治理于欧人的政府之下的华侨，也有了这样多的人口。以一百年前只有一千万的人口的英伦和威尔士，竟能使英国的国旗飘摇于五大洲，而占世界最多的领土，而握世界经济政治——文化的牛耳，假使这一千万左右的华侨而能成为有教育的华侨，则将来对于世界的贡献也必很大，何况对于祖国？

然而这一千万左右的华侨，差不多完全是闽粤人，闽粤两省的人口，约有五千万，而出外的华侨占了五分之一的人数，和中国的人口总数四万万来比较，则得四十分之一。五个人中有一个是华侨，华侨的地位之重要，固不待说；四十个人有了一个华侨，则华侨对于贡献于祖国的能力，也很显明。我想欧人之在海峡殖民地者，不过四五千人，不只百万的华侨，受其统治，其他百数十万的亚洲人，也受其统治。换言之，每四百个亚洲人中，只有了一个欧人，比之每四十个中国人中有一华侨要多十倍。今以二百万的亚洲人而受了四五千的欧洲人的影响和指挥，却能于百数十年间，披荆棘，辟草野，造成欧洲文化的化身。假如这千万左右的华侨，能受过现代的教育，发奋有为，则其对于中国的西洋化的努力上，十倍易于西洋人之西化海峡殖民地。

华侨之在外国者既日增，外国人之抵制华侨者，亦蜂起云涌。比方美国于数十年前因需要工人建筑铁道，曾与中国政府订约奖励华人之移美。后来铁道既成，美人遂极力限制华人入口。此外又如澳大利亚，菲律滨，安南以至暹罗，马来半岛，也多方设法为难，以阻华人之移殖。近数年来，世界经济呈恐慌之现象，华侨之被人排斥，日甚一日。因此有些人以为此乃华侨末路的预兆，同时也是中国民族的未来的厄运。我们以为从一方面看去，华侨这种的不幸，虽于中国而特别是南中国的经济，以及文化的其他方面上与以大打击，然从他方面看去，这种现象大概是暂时的，而且也许正因了这种的厄运，而生出中国未来的幸运，也未可知。

原来这些华侨从中国的因袭的固有的文化的眼光看去，简直就是废民，然从新文化或是西洋化的眼光看去，也许可以说是：

很有希望的人民。

为什么从中国的因袭的固有的文化的眼光看去，他们简直就是废民呢？

我们的回答是：在因袭的固有的文化中，移居外国这件事，简直就是叛徒。《春秋》大义，是"内中国而外夷狄"，因此历史上所载的张骞，班超，每每当作穷兵黩武的人主的遗毒，这种思想和态度的结晶，可于《大清律例》二百二十五章内的条文里见之：

> 一切官员及军民人等，如有私自出洋经商，或移往外洋海岛者，应照交通反叛律处斩立决。府县官员通同舞弊，或知情不举者，皆斩立决。仅属失察者，免死革职，永不叙用。道员或同品官员失察者，降三级调用，督抚大员失察者，降二级留用。如能事后拿获正犯，明正典刑者，皆得免议。

因为习惯上中国人是反对向外移殖发展，所以外出的侨民，不但不加意保护，特别奖励，反而格外摧残。我们试看华侨之在外国，被人虐待惨杀，外人有时为了不忍之心所驱使，而先函谢罪者；过去的中国政府，不但是麻木不仁，恻隐心丧，且有函告外国人以所杀华人，皆系私自出洋，罪在不赦者。中国文化所养成的思想态度，既然若此，西洋人之目中国为半开化的民族者，并非无因。

政府和社会之对于出外的侨民既若是之残酷，人民之还要离乡背井而到外国者，大约不出下面数种原因。

一是因为经济的压迫而到外国者，清蓝鼎元《论南洋事宜书》里有一段话说：

> 闽广人稠地狭，田园不足于耕，望海谋生，十居五六。

又如张相时先生在其《华侨中心之南洋》一书里也说：

> 夫我国人之富于财者，固莫闽粤人若也；然闽粤人之富，不成于闽粤，闽粤人正以其地瘠物贫，生计艰难，因而辗转谋生于海外，以成其富也。
>
> 查闽省面积不过四十万六千平方英里，为我国一小省份，而其人口则达二千万人之众，人口密度每平方英里约为四百三十人。且其地多山，河流亦小，土壤贫瘠，物产不丰；近赣省之处，山岳重叠，尤不适于耕种，故其食粮已久不能自给。试就闽南言，贫瘠莫若泉，而侨居南洋者，亦以泉州为最多。此其因果关系，殊足耐人寻味。……粤省情形，亦与闽省略同。

除了经济的压迫以外，政治上的反抗，也是他们出国的一个最大原因。比方南宋的末季，汉人因为不满意于蒙古，或是受了蒙古的压迫，逃走海外者，为数不少，《心史》的"大义略叙"里说：

> 诸文武臣流离海外，或仕占城，或𡷫交趾，或别流远国。

又如屈大均的《广东新语》里说：

> 东莞李竹隐先生当宋末，使其𡷫熊飞起兵勤王，而身浮海至日本，以诗书教授日本，人多被其化。

此后在明末的朱舜水而特别是郑成功的徒众之亡命于海外者，特别的多，至太平天国败后，其徒之逃居于美洲，南洋者愈众，这些政治的逃犯，后来对于革命运动的贡献，是我们所共知的。

此外因对于中国的礼教上不能遵守，而被迫或自动到海外者也很不少。总之，从中国固有的文化看去，他们总是叛徒，他们亡命海外，对于祖国也许依依不舍，然想及中国之对待他们之残酷无情，不得不自勉奋斗，以求生存。这种独立奋斗的精神，用来与一般文化低下于中国的土人相抗衡，则可以克胜土人，而反客为主；用来与文化优越的欧人相接触，则所以造成今日的西化的殖民地。像南洋各处，或是帮助西洋文化的发展，像筑铁路，开金矿，兴农业的美国侨民。

我们放开眼睛一看：百余年来，欧洲文化之伸张，遍五大洲，而华侨所居留的地方，若不是欧洲文化的发祥，大都乃是欧洲文化的移植地。他们既有了独立奋斗的精神，而不愿效愚臣节妇来做中国固有文化的牺牲品，他们又久薰染于西洋文化之中，那么他们为西洋文化的媒介者，也是当然的。

这般不怕斩首，不畏艰难，不甘作无谓的牺牲，不愿受腐化的压迫，而亡命海外的人们，在世界尚能有今日的成就，那么现在又被外人的排斥压迫，而重归故国，则对于这个荆棘遍野，疮痍满目的祖国，当然可以效力的。

何况事实上，百数十年来，所谓西洋化的运动，华侨所占的位置特别重要，华侨所给与祖国的贡献，特别繁多。关于这一点，我们不妨略为说明，备留心华侨问题的人们的参考。

从物质的西洋化方面来看，凡是到过闽粤省的人，都能明白福建的泉州，广东的潮汕，广州，四邑，以至海南岛，无论是城市乡村，在物质方面的设施，比起华北各省有天壤之别。但是这些西洋化的物质的设施，十九是出自华侨之手。此外又如所谓新经济的组织，而特别是政治革命的运动之得力于这般华侨更是明显。这一点我们当在下面再作比较详细的讨论。在教育上，厦门大学，集美学校，及广东像岭南，培正，以至许多的公私立学校，大多数都直接或间接与这般华侨有很大的关系。而闽粤一般学子之在学校求学者，也很多的直接或间接仰赖于这般华侨的接济。他如日常生活之西化上也很受华侨的影响。在广东的四邑，平常说话，且有夹入一二英话者，至于言语之直译音者，像士担（邮票），燕梳（保险）等名词差不多成为妇孺所常用，又如工商业种种的发展上，得力于他们者也多。

当华侨在南洋，澳，美的景象很好的时候，他们每年汇返国内的款项，成为吾国一种重要的入超。譬如以我调查所得的海南一岛而言，由稍具规模的各信局的统计，也有两三千万元。此外没有统计者，尚不知其多少。这些款项，不但是在文化各方面的设施上为用甚大，就是一般人的家常日用，也多仰赖于此。现在经济恐慌，其影响于内地良非浅鲜，然回国的华侨，若以往日之在外国的独立奋斗的精神，以从事国内农工商业的发展，则失之东隅，收之桑榆，于国家的前途上帮助必非微小。比方海南一岛，曩者差不多完全仰赖于华侨的款项，于是件件仰给于外来，结果是物价昂贵，甚于外国。自一般华侨在外无工可做而返琼后，耕种工作，渐有其人，一年之间，日常食品的价目，几减一倍。可知目前的不景象是祸是福，尚未可知。

总而言之，我们的意见是：文化是由人类而创造的，文化也是为人类而创造的。每种文化的程度如何，常视创造这些文化的人努力如何以为衡。这般华侨过去既能努力，又得了西洋文化之熏染，其在外国既能适应于环境，而与外人抗衡，以图生存，而不至像美洲，马来半岛的土人的不愿适应于现代文化之下，而致几乎灭亡；则今后以同样的努力，同样的经验，同样的训练，而建设新的祖国，那么对于中国将来必定可以有比较从前更大的贡献。

平心来说，数十年来国人之对于华侨的态度，已逐渐改变。上面所说的《大清律例》，因得驻叻领事黄遵宪及驻英公使薛福成之力，于一八九四年将其废止。

而大臣像李鸿章之流，也极力主张保护华侨。到了一九〇一年，清廷且有厚待华侨的谕令。其意以为中国人民之出洋者，不止数十万，其生命财产，外国政府且负保护之责，我国对此安能漠视。他如端方之设立暨南学校，专为收容华侨子弟，以及年来政府之勉励华侨返国，振兴农工商业，均足证明华侨位置之重要。无奈国内年来内乱不已，万事难于设施，华侨手足胝胼，始能致富，返国既无保障，而贪污官吏又从而敲诈之。就如北伐时期，华侨所捐的款项，至今还不知其全数的下落。又如这次十九路军抗日，南洋华侨之捐款，据邹敏初先生的调查，达二千万元，而十九路军实收之数，不过二百万元云。这样的做去，只有使华侨们失望而已！

然而这般不怕凶残的土人，不怕文化优越的欧人的华侨，现在因为环境的压迫，而逐渐返国，楚材楚用，也许是对于中国的前途是有益的。

华侨所处的地位既若是之重要，则华侨今后所应当努力与警惕者也正多。黄炎培先生很痛快的说：

> 一部南洋华侨史，纯是极惨苦的人民自力奋斗耳。二千年间惟元以国力征取缅甸，安南，爪哇，设婆罗洲行省，此外无不恃人民自身之力，与天行战，与他民族战，九死一生而得之，宗国匪直无援，当时愚且酷之政府，转加迫害焉。林道乾之被逐，郭惟泰之被戮于明，巴城侨民之被弃于清，其明证也。挥之不弃，杀之不尽，孳乳繁昌，以有今日，此其生活，不可谓不强也。虽然，与土人战，我有文化而彼无之，故我胜；与白人战，彼有国力而我无之，我其何以自存耶？

其实欧人之所以战胜我人，正像我人之所以战胜土人；土人之所以败于我，既是因为土人的文化不及我，我人之所以败于欧人，也是因为我人之文化不及欧人。华侨既饱尝这种优胜劣败的滋味，那么华侨应该格外觉悟努力，去提倡西化了。

跑去外国找工作，营工商业的华侨，固差不多是南方人，跑去外国去留学的华侨之最先者，最多者，也许是南方人。

中国之有留学生，始于何时，没有确实的记载。梁任公于一九二〇年著了一篇《千五百年前之中国留学生》，乃是说明一般赴印度求经的法僧，并非赴西洋的留学生。据张星烺的《中西交通史料汇篇》（二册页四四一）曾有下面一段记载：

> 郑玛诺字推信，广东香山墺人。自幼往西国罗马京都习格物，穷理超性之学，并西国语言文字，深于音学辨析微茫。康熙十年辛亥来京，十三年甲寅卒，墓在阜城外滕公栅栏。

张氏且有一段注语说：

> 韩霖、张赓之《圣教信证》所载，明末清初西来之教士，共凡九十一

人，上方所举，除有著作之诸人外，又有郑玛诺一名，乃中国人，自幼即往西国。此人似为葡人重启中欧交通后中国第一人曾到欧洲者，其事不可不记也。

按康熙十年辛亥是公历一六七一年，三年后，郑氏卒。那么这时候的郑氏也许到了晚年，上面所说郑氏乃幼年赴罗马留学，则他赴欧洲的时候，也许是十七世纪的上半叶。要是郑氏而是到西洋留学的第一人，那么中西海道交通后，赴西洋留学的运动，又是始于南方了。

我们并且知道在十七世纪的下半叶，福建有了一位叫做沈福宗者，曾到过英法留学，英国的东方考古学者 Thomas Hyde 曾提起他，听说他曾参加过一六八五年的英王詹姆士第二（James Ⅱ）的加冕。此外，在十八世纪的中叶，广东肇庆的杨高也到过欧洲留学。

事实上，南方因为和西洋的接触较早，则南方人之因为宗教或商业上的关系，而到西洋求学是一件很自然而然的事情。上面所举几个人，也许不过是很多的人中之一二罢。

严格来说，是一八四七年中国始有正式的赴美国留学生而为近代留学的嚆矢。这些留学生，是容闳，黄宽，黄胜三位。他们通通是广东人。关于容氏的事略，我们别有专论说明，现在且从容氏的《西学东渐记》所载，关于他们赴美的原委，以及黄宽，黄胜的事略。

一八四六年冬，勃朗先生回国去之前四月，先生以此意布告生徒，略谓己与家属均身体羸弱，拟暂时离华，庶几迁地为良。并谓对于本校感情甚深，此次归国极愿携三五旧徒同赴新大陆，俾受完全之教育。诸生中如有愿意同行者，即可起立。全堂学生，聆其言，爽然如有所失，默不发声，其后数日间，课余之暇，聚谈及此，每为之愀然不乐，其欣欣然有喜色者，惟愿与赴美之数人耳。即黄胜，黄宽与予是也。当勃先生布告游美方针时，予首先起立，次黄胜，次黄宽。

予等均贫苦，若自备资斧，则无米安能为炊。幸勃先生未宣言前，已与校董妥筹办法，故余等留美期内，不特经费有着，即父母亦得二年之养赡，既惠我身，又及家族，仁人君子之用心，可谓至矣。

在孟松（中学）之第一年，予未敢冀入大学，盖予等出发时仅以二年为限，一八四九年即须回国也。三人之中，以黄胜齿为最长，一八四八年秋，黄胜以病归国，仅予与黄宽二人居。恒晤谈辄语及二年后之方针，予之本志，固深愿继续求学，惟一八四九年后，将恃何人资助予等学费，此问题之困难，殆不啻古所谓"戈登结"，几于无人能解者，则亦惟商之于海门校长，及勃朗君耳。幸得二君厚意，允为函询香港资助予等之人。迨得覆书，则谓二年后，如予二人愿至英国苏格兰省爱丁堡大学习专科者，则彼等仍可继续资助云。予等蒙其慷慨解囊，历久不倦，诚为可感，嗣余等互商进止，黄宽决计二年后至苏格兰补此学额，予则甚欲入耶路大学，故仍留美。议既定，于是黄宽学费已可无恐。

翌年之夏（一八五〇年），同时毕业，黄宽转即妥备行装径赴苏格兰入爱丁堡大学，予则仍留美国，后亦卒得入耶路大学。予与黄宽二人，自一八四〇年同读书于澳门玛礼圣学校，嗣后朝夕切磋，共笔砚者，垂十年，至此始分袂焉。

黄宽后在爱丁堡大学习医，历七年之苦学，卒以第三人毕业，为中国留学生界增一荣誉，于一八五七年归国，悬壶，营业颇发达。以黄宽之才之学，遂成为好望角以东最负盛名之良外科。继复寓粤，事业日盛，声誉益隆。旅粤西人之欢迎黄宽，较之欢迎欧美医士有加，积资亦富；于一八七九年逝世，中西人士临吊无不悼惜，盖其品行纯笃，富有热忱，故遗爱在人，不仅医术工也。

我不厌烦来抄这几段话，以表示这些留学先锋的勇敢直前，努力用功，使二十五年后，中国人能有继续渡重洋而留学美国，后来这一批留学生是完全由容闳的苦心孤诣，计画奔走而来。因为是得了政府的赞助，所以规模特别宏大，而开吾国政府派送留学生的先河。关于这次留学的详情，我们当于下面再作叙述。我们这里所注意者，是这一般的留美学生，十九是来自南方。容先生自己说：

当一八七一年之夏，予因所招学生未满第一批定额，乃亲赴香港，于英政府所设学校中遴选少年聪颖，而于中西文略有根柢者数人，以足其数。其时，中国尚无报纸以传播新闻，北方人民，多未知中政府有此教育计画，故预备学校招考时，北方应者极少，来者皆粤人，粤人中又多半为香山籍，百二十名官费生中，南人十居八九，职是故也。

此后留学生之在美，在欧，在日者，南人屡居多数，其原因是：在日，在美的华侨，多为粤人，故子弟之在彼邦求学较易；而留欧之学生，早年大率在英，南洋，香港早年已有英人学校，一般学生在这里毕业，赴英较易；而且自费学生留学外国，费用较繁，闽粤乃经济较胜之区，学生之留外，当然比较容易。《寰球中国学生会·民国十五年特刊》曾调查民国十年至十五年的欧美留学生籍贯，其结果是江苏最多，次为浙江，再次为广东。然这个结果，仅以该会经理出国事务者为限，大约从南方而特别是广东南洋一带之赴欧美者，差不多完全不知寰球中国学生会之存在，而华侨子弟之在外国生长而就学彼邦者，又为该会所调查不及，故其所得结论，似不能以为讨论之根据。

我们已说过文化是由人创造的和为人而创造的，同时她也是因人而改变和因人而传播的。外人之来中国而影响于中国文化，是自动的；中国人因外人之来而受西洋文化的影响，大概是被动的。中国的侨民受经济政治种种的压迫而跑去外国，而受西洋文化的影响，大概是无意的。中国留学生之赴外国求学，而受西洋文化的影响，是有意的。不论自动也好，被动也好，有意也好，无意也好，然在文化的传播的结果上看去，总是一样。这班传播的人物，既以南方为目的地，则这些结果的策源地，自然也是南方。

我们既已明白南方之所以为新文化或西洋文化的策源地的原因，我们现在可以做进一步的研究，看看新文化的各方面是否策源于南方。

第二册[①]

---

① 校按：在自抄稿中，陈序经拟第二册标题为"南方与西化"，但第一册、第三册均未拟标题，在陈序经自抄稿的目录中，每册亦无标题，故这里第二册的标题从略。

第一编

第一章 南方与西化的宗教（一）[①]

我们已经说过，南方是新文化的策源地或是西洋化的策源地，我们也已指出南方之所以为新文化的策源地。我们现在愿意把这个新文化之策源于南方的几个主要方面，加以叙述。我们且先从宗教方面说起，同时先从天主教之传入中国加以解释。

我们知道西洋宗教之传入中国，是始于唐时的景教。景教之在中国流行时间虽也很长，但是这个宗派之输入，是由陆道而来，结果是因道途的跋涉困难，以及其他的原因而终趋衰微，以至于消灭。

到了元代，天主教也由陆道传入中国，在当时也有相当的影响。然而后来也因元朝覆灭，道路阻隔，而至衰微。

是在中西海道直接的沟通以后，天主教之输入遂能逐渐发展，以至于今。而这次的天主教的传入的开端，要算沙勿略（Francis Xavier）的尝试的工作。我说沙勿略的尝试的工作，因为他虽然尽了他的最大的力量希望进入中国传教，可是他临终还没有达到这个目的。然而他的尝试的工作，却为后人所实现。

沙勿略于一五四二年到了印度的卧亚（Goa）传教，到了一五四六与一五四七年间，因为认识了一位后来变为天主教徒的日本人，名叫做雅吉洛（大约是西文译音），知道了关于日本与中国的情形。到了一五四九年，他乃从麻剌呷乘了中国船，经广东与福建的海岸附近的岛屿，而到日本的鹿儿岛上传教。他在这里住了约两年，这时他已是四十五岁，但是他既明白日本的文化是来自中国，他的传教于中国的热情却天天的增加起来。到了一五五一年，他决意到中国。

他到中国的目的地是广东。因为他要到广东，所以他要设法去找广东人去帮忙。他关于他到广东的种种经过与困难，他自己曾有下面数段描写：

> 为试看是否有广东省的商人肯把我带到那里去，我费了不少的力气。但是他们都拒绝了我的请求。他们都说"这件事对于他们的生命财产是一种极大的冒险，若是官厅里知道了他们把我带到那里去，那自然要惩治他

[①] 校按：本章依陈序经自抄稿，原稿无断句、标点，整理时予以标点，后同。

们……"天主，我们的真主却在这时候默示了一个住在广东城里的人（马奴埃而德沙峨从狱里逃出来的时候，在他家里藏过了好几天），他情愿破费二百块洋钱给我雇好一只小船，在那上面只有他的儿子同他的仆役……此外，他还情愿把我藏在他家里，叫我在那里住了三四天的工夫。趁着天还没有亮的时候，他要把我的书同我的行李一起送到城门间去。从此我便一直去找地方官，同他说明，我们到这里来是打算去见中国皇上。同时拿出总主教给皇上写的信，为证明我们到中国来是为宣传天国的福音。

这时有好多人同我们说，我们这是冒犯双层的危险。第一是船上的人接到我们的二百块洋钱后，为避免官厅的耳目，要把我们扔到一个荒岛上。第二是就使能把我们送到广东省城，我们能见着地方的官长，但是他们不过要送我们到狱里，要虐待我们。因为朝廷有命，凡是没有得到皇上允许的人一概不准入境，凡是愿意入境的，必须先得到朝廷的许可。除此以外，还有更大的危险是国人所不知道的……

但是为鼓励我们的勇气，有吾祖耶稣的这句话："在今世爱惜生命的，在来世将要失落。"它同耶稣所说的这句话正相吻合："凡是把手扶在犁上又向后探望的人，是不适于进入天国的。"

我们注意考查这些灵魂的危险，觉得它们比肉身的危险大得多。我们觉得为胜过肉身的危险比胜过那些奇重的灵魂的危险更有把握。但是无论如何，我们是决意要进入中国的。至于我们这次旅行的结果，我盼望能因看它加增我们的信德，魔鬼及它的助手无论怎样难为我们，因为"天主若是帮助我们，谁能从我们手里得到胜利"。（参看裴化行 H. Bernard《天主教十六世纪在华传教志》*Aux Portes de La Chine Les Missionaires du XVI Siecles*，萧濬华译本）

沙勿略虽然有了这种决心，虽然尽量设法进入中国，然而他始终没有机会进入中国。他只能到广东的上川岛，而且在一五五二年十二月二日的晚上，死在上川岛的一块大石头上。而且据说他在未死之前，曾在这块石头上向着中国而叹道："石头呵，石头呵，你何时始能打开呢？"

沙勿略死的时候，据说只有一位中国人名子〔字〕① 叫做安多尼守着他的尸骸。到了一五五三年十月十九日，才有一位修士名字叫做阿洛夏高瓦（F. Pierre d'Alcacova），到了上川岛住了七八天，把了沙勿略的棺材于一五五四年三月十五日送到印度的卧亚。

沙勿略虽然没有进入中国去传教，可是无疑的，在这个时候，已有信天主教的中国人，守着沙勿略的尸骸的安多尼就是一个例子。而且据说这位中国人曾到

---

① 校按：此章"名字"均写作"名子"，下径改。

过卧亚的公学里读过书，同时是一位很有德行的人物。安多尼的中国名字以及贯籍虽没有说明，可是很可能的，他是一位广东人。此外，答应帮忙沙勿略到中国那位广东城人名字叫做马奴埃而德沙峨，大概也是一位天主教徒，因为这个名字大约是信了教之后，而为教士所给与的。

沙勿略虽然没有到过广州，但是据说他死了三年之后，却有两位天主教的教士到了这个地方，一为巴来图（Melchior Nunes Barreto），是耶稣会的会士，一为克卢斯（Gaspard da Crus），是多明我会的会士。他们之所以得到中国，是很偶然的。可是他们在广州的时间既不久，他们对于天主教在中国的传播上，也没有什么影响。虽则他们所寄回去欧洲的好多书信里，却给与不少鼓励于欧洲人之东来传教。

在沙勿略死后十一年，据说在澳门的西洋教士中，就有了八位是耶稣会的会士，单只葡萄牙人就有了九百在这里传教。所以我们可以相信，在这里必有不少的国人入天主教。

裴化行神父（P. Bernard）在其《天主教十六世纪在华传教志》的下编的"引言"里说：

> 经过六十多年的时光，葡萄牙人只能得到"接近"澳门的一点权利，西班牙人虽然垂涎汕头，终未到手，以后有小部份义国教士来至广东省城肇庆府。
>
> 本着大无畏的精神，率领同志前来为传教事业开辟一条大路的是范礼安（P. Valignani）。按照范礼安的指示继续工作的有罗明坚（P. Ruggieri），彼等几经挫折，幸得利用时机，求到在中国本部传教权，但是不久又发生横逆，教士与西洋间的联络，几至全部隔断。风波平静后，协助罗明坚工作者有利玛窦（P. Ricci）。利氏利用讲学以接交上等人士，与彼等感情日洽，士大夫间有领洗入教者。罗明坚因进行太急，躬赴罗马，请求教宗遣派驻华公使，以致利玛窦势力孤单，几至遭受驱逐。至一五八九年为止，前后共历七十余年之久，中国的门户关得越发严密，那有开放的希望？所以在这时候，无人敢定断，散布在中国的天主教的种子，能否有长大的一天。

这三位教士对于中国文化影响到最大的要算利玛窦。而利玛窦之能够收到这样的效果，虽然是得了朝廷与士大夫的帮忙，但是他的工作的基础，可以说是成立于逗留广东的十多年。而他之所以能在广东奠定了这个基础，又可以说是得了范礼安与罗明坚以及在广东的好多人士所帮忙。其实，直到十六世纪的末年，天主教徒之由海道而到中国的，其工作的中心差不多完全是在广东。我们可以说，广东是近代天主教传入中国的策源地。

范礼安于一五三九年生于意大利的中部基挨提（Chieti），一五六六年入耶稣会，一五七三年被派到印度，到了一八七八年，他又到澳门。他到澳门的时候，还遇着在上川岛守沙勿略的尸骸的安多尼。他在澳门住的时候，就决意去设法在中国传教，然而他在这方面的成就，与其说是由他个人在中国传教的影响，不如说是在他的计画与指导之下，罗明坚与利玛窦始能有机会去发展这种事业。

罗明坚于一五四三年生于意大利的那不勒斯（Naples）的一个乡镇中，他于一五七八年到印度，过了一年他到澳门。罗明坚是主张用中国的语言与文字去宣传宗教的。

罗明坚虽然极力去主张以中国语言与文字去宣传宗教，可是中国语言文字的学习，在他看起来是一件很不容易的事。罗明坚曾写过这样的信：

> 视察教务的司铎写信通知我，令我学习中国的语言文字，在念、写、说三方面平行进展。我接到命令以后立即尽力奉行，但是中国的语言文字不单和我们国的不一样，和世界任何国的语言文字都不一样。没有字母，没有一定的字数，并且一字有一字的意义，就是对于中国人，为能念他们的书籍，也必须费尽十五年的苦工夫。我在一起头念的时候，实在觉得失望，但是由于听命的意旨，我要尽力遵行这件命令，并且用我所能有的毅力去作后盾。（同上，页一八三）

中国文字虽然很困难，罗明坚在二十六个月内曾学会了一万两千个中国字。他因为一方面懂得中国字，一方面尽力去采用中国的风俗礼节，而且加以他善于应付，所以一五八〇年的年底，曾到过广州一次。过了三个月，这就是一五八一年的春天，又到广州一次，并且得到中国政府的允许而住暹罗馆。在这一年的九月，他又再到广州。过了一年，他又与别一位西洋人名叫做巴乃拉（Panela）到了肇庆，这就是广东省城。同年（一五八二）的八月七日，他所期望的利玛窦也从欧洲来到澳门，而与他相见面。

罗明坚与巴乃拉之所以到肇庆，是因为当时的两广总督声言要收回澳门。他们两位既懂得中国语言，因而代表澳门的西洋人去说情。在肇庆谒见总督的时候，他们把了好多礼物——新奇的礼物如水晶镜之类送给总督。在谒见的时候，罗明坚见得总督相当的客气，因而请求其允准他们在肇庆居住，以便学习中国语言，这位总督果然答应了他们。后来且预备了两座寺院以为他们的寓所。

在罗明坚的请求居住在肇庆的呈文里，他不只说及他很仰慕中国的文化，而且声明，他愿意脱离其与本国的关系，而作中国的臣民，同时又愿意去改著僧侣的服装。

这个时候罗明坚虽能在肇庆居住，他为避免中国政府的怀疑，还不敢找利玛窦到这个地方。直到次年（一五八三）的二月间，利玛窦始到肇庆。除了罗明坚与利玛窦之外，还有一位教士叫做巴范济的，也在一块居住。裴化行神父关于这三位在肇庆的教士，曾有下面一段解释：

> 幼稚的中国教务自从脱离了外人（指澳门的外人）的牵连，迁移到肇

庆以后，便算是开始了一种新的生活。三位传教士个个都充满着热心和朝气，用真切的整个的精神，从事于分内超然而又神圣的工作。澳门的领袖司铎方济各卡布拉尔以先在日本得到许多经验，每次有什么决断有巴范济的赞助，他又能谨慎的遵照范礼安的既定计画，所以对于处理种种事情很能有所依据。罗明坚在人情事理上有极丰富极缜密的认识，常常抱定一贯的乐观主义。利玛窦在这三人当中是最年幼的，他是人文研究者，是历史学家，是地理学家，是工程学家，是数学家，多才多艺，是教士中一员健将。他很能荣耀地完成了别人已经实行而不克单独成功的事业。上面所说的第一人所具有的特点是他的健强的性格，统治的能力及令人确信的天分。第二人的感人之处是他待人的亲热，进取的精神。第三人则以聪慧锐敏温良著。他们三人很密切的把各人的特长联合成一气，造成世间希有的智力、勇气及意志，但是为支持这件艰困的工作，那有感觉到人才足用的时候呢？范礼安这时正在印度，随时很关心地照料他们。（仝上，页二三九）

关于利玛窦的传教事业，他自己在万历二十八年（一六〇一）的上表皇帝里说：

> 臣本国窎远，从来贡献不通，狄闻天朝之声教人物，窃愿沾被余溉，终身为氓，始为所虚所生。因此辞离本国，航海远来，时历三年，路经三万余里，始达广东。语言未通，有同喑哑，因僦居而习语文，淹留于肇庆、韶州二府，垂十五年。颇知中国古先圣人之学，于经籍略能记诵而通其恉，乃复越岭由江西至南京，又淹留五年。伏念堂堂天朝，且招徕四夷，遂奋志努力径趋阙廷。

我们再看艾儒略的《大西利先生行迹》里说：

> 其居端州（肇庆）十载，初时言语文字未达，苦心学习，按图画人倩人指点，渐晓语言，旁通文字，至于六经史等编，无不尽畅其意。姑苏瞿太素闻利子名，因访焉。谈论间深相契合，劝利子服儒服。利子尝将中国四书译以西文，寄回本国之人读之，知中国古书能识真原，不迷于主奴者，皆利子之力也。

《明史·外国传》也有下面一段话：

> 大都欧罗巴诸国悉奉天主耶稣教。耶稣生于如德亚，其国在亚细亚之中，西行教于欧罗巴，其始，生在汉哀帝元寿二年庚申。阅一千五百八十一年至万历九年，利玛窦始泛海九万里，抵广州之香山澳，其教遂沾染中土。至二十九年入京师，中官马堂以其方物进献，自称大西洋人。帝嘉其远来，假馆授餐，给赐优厚，公卿以下重其人，咸与晋接，利玛窦安之，遂留居不去。以三十八年四月卒于京，赐葬西郊外。

又说：

> 自利玛窦入中国后，其徒来益众……其国人东来者，大都聪明特达之士，意专行教不求利禄，其所著书多华人所未道，故一时好异者咸尚之。而士大夫如徐光启、李之藻辈首好其说，且为润色其文词，故其骤兴。时著声中土者，更有龙华民、毕方济、艾儒略、邓玉函诸人。

从这数段话里，我们可以略知利玛窦在中西文化的沟通上，有了很大的劳绩，然而他之所以能得这种效果，主要的不能不说是由于在南方的二十年中的预备工作。

我们知道他是一五八二年抵中国，一六一〇死于京师，在中国约有二十九年之久。十五年的时期是在广东，后来又费了五年的时间，在江西及南京各处，总共化了他在中国的三分之二以上的时间在南方。在京师的九年中，虽因为得了君主的看重，公卿的过往，而使其事业影响较大，然而自他到中国以至到京师的二十年中，是他后来的收获的基础。中国语言文字上的学习固不待说，中国风土人情的认识，也是在这个时期里。介绍中国的文化于西洋，主要的固是在这二十年中，介绍西洋文化于中国，根本上也是在这个时期。

又利玛窦及其徒众之来中国，其初来时固往往以南方而尤其是广东，为进入的首冲之地，而且住了中国各处之后，若因事故而被迫离开，往往也以广东为退身之所。我们知道，自天主教传入中国之后，有了好几次因为人民或政府方面的排斥禁止，因而在内地各处不能传教，然而广东始终有了教士与西洋人的踪迹。其实我们可以说，广东是他们进退的大本营或根据地，所以在嘉庆十年（一八〇五）五月的谕旨中还说：

> 西洋教蔓延数省，皆由地方官未能稽察防范所致。

不但这样，从罗明坚、利玛窦到了广州、肇庆之后，澳门始终是远东天主教的一个大本营。因为澳门是葡萄牙所占据的地方，而葡萄牙又是一个天主教的国家，西洋教士之欲在中国传教的，固以澳门为根据地，就是西洋教士之欲在远东其他各处传教，也往往以澳门为必经之区。而况，在澳门的西洋人中，既多为天主教徒，天主教在这个地方不只有了教士、教堂，而且有了研究宗教的机关。在某一方面看起来，澳门也可以叫作欧洲的缩影。在澳门，不只可以看出欧洲的宗教的概略，而且可以看出欧洲的文化的好多方面。所以，除了西洋的宗教或精神文化之外，西洋的社会与物质文化，在这里也可以看其大概。澳门在那个时候，是西洋与远东，而特别是中国的通商的要冲。澳门的西洋的商人，既又多为天主教徒，那么除了中国收复澳门，不准西洋人在澳门居住，那么西洋宗教不只在澳门不易禁止，就是在广东也不易禁止。因为澳门之于广东，在地理上是连接的，其实澳门是广东区域的一部分，西洋人在澳门，广东其他各处就是想防范西洋人的进入，也是防不胜防。嘉庆责备广东的地方官防范不力，固也是事实。然在这种情形之下，就使防范严密也不容易去使内地，而尤其是与澳门相近的地，完全没有洋人或西洋教士的踪迹。

又况，天主教传入之后，不只西洋教士在内地居住，使天主教蔓延各省，就是没有了西洋教士，国人之入教者，还可以继续的以至秘密的去推动。西洋的这种宗教教士既可以退回澳门，去静候时机。一般信天主教的中国人，而尤其是在澳门左近的国人，时时可以与澳门的教士通消息或受其指使，而推进传教事业。

何况事实上，利玛窦及其徒众，自到肇庆之后就住了十五年，又在韶州住了五年，再在江西、南京各处住了五年。二十年中的传教事业，不只使天主教的种子已分布于南方各处，而且已有了根深蒂固的基础在南方。所以他到京师之后，不够十年的工夫，使天主教在整个中国的基础也奠定起来。所以这个宗教不只是策源于南方，而且在数百年内，还以南方为其根据地。

总而言之，他们从澳门而到肇庆，从肇庆到韶州，从韶州到江西，再从江西到南京，到了十七世纪的开始，从南京到北京，这种途程以及其宗教发展的方向，已是由南逐渐而到北方。那么，这个宗教之策源于南方也是一件很显明的事了。

因为这些西洋传教的教士之在中国的，最先是在南方，而尤其是在广东，所以，广东在十六世纪的下半叶以至这个世纪的末年，一切的天主教的活动都以广东为中心。在广东，除了澳门之外，肇庆又可以说是近代天主教在中国的真正策源地。

肇庆，是那个时候的广东省垣，而且是两广总督的所在地，在政治上的重要性是很为显明。西洋的天主教的教士，之所以要从这个地方去作宗教宣传的事业，无疑的是借政治上的一些力量去作这种工作。他们后来极力的要到京师去传教，也可以说是要借这种力量去作这种工作。澳门既为洋人租借地方，肇庆乃完全在中国政府管理之下，要在肇庆作这种工作，就非得到中国官方的允准是不可能的。他们之所以极力去与总督、与政府人员周旋、敷衍，而且往往呈送礼物，无非是想在政府庇护之下，能够进行工作。

我们说肇庆，是近代天主教在中国的真正策源地，因为是在这里，他们建造了第一座的天主教堂，以及一些教士的寓所，同时又有了一些地方为存放图书之用。

而且是在这里，他们翻译与著作了不少的关于宗教方面的书籍，同时又领洗了不少的天主教的教徒，使中国的天主教教徒从此以后能够不断的增加。

我们知道，罗明坚在一五八一年已打算用问答体的文字，去写一本简短的《世界生成史》，同时可作为宣扬教理之用。这本书初用拉丁文去写，后来译为中文。此外，他还写过一本《教义览要》。据罗明坚自己说，这本书在当时，在广州的官吏之与他交往的，都肯读他这本书，而且在这个时候，他也把了"天主十诫"译为中文。这十诫是这样：

（一）应该诚心崇敬一个天上的真主，对于其他的神不应该加以敬礼。

（二）不应该在发虚誓的时候干犯天上真主的圣名。

（三）在敬礼的日子，应该停止工作到堂里去诵经，及崇敬天上的真主。

（四）应该在父母眼前表明为子的爱情及尊敬长老。

（五）要避免违法的杀害。

（六）不要作淫亵的行为。

（七）要禁绝任何偷窃及抢夺。

（八）不要说颠倒是非的话。

（九）不要爱慕他人的匹偶。

（十）不要起不义的贪心财。

然而在其各种著作中，最重要的还是罗明坚与利玛窦在一五八三年所合著的《天主实录》。这本书的拉丁名是 *Vera Et Lrevis Divi Narum Rerum Expositio*。关于这本书的内容，裴化行神父曾概要的说：

开始便（在序文中）解释天地间有一真主，随后就证明天主的存在（第一章），天主的本性及其奥妙（第二三两章）。在书里说：（一）天主是宇宙的造生者（第四章），是天神及人类的造生者（第五章），是不死不灭的灵魂的造生者（第六章）。（二）天主是司法官，用他在每人的良心中所颁布的规律和在西乃山所颁布的规律作根据（第七章），特别是用天主教作规律（第八章）。这种教规令我们信各条应信的道理（第九章）及遵守十诫（第十章），同时用圣经的训语指示人修德行的道路（第十一章）。（三）天主是赏报的执行者，有罪者受罚，有功者受赏。（仝上，页二六五）

他又说：

若是把《天主实录》的第一版本和拉丁原文比较一下，便立时可以看出它的内容，是和他们所计划的大有出入的。中文原文并不是由拉丁文译成，而是一种极任意的采取。编辑员是一位生于福建的司书，可是这位司书比着在一五八二年编写"天主十诫"译本那位司书较为老练。写的时候是先将拉丁文译成中语，讲给这位司书听，然后他按照所领略的程度，而写成中文。

他又说：

罗明坚及利玛窦，对于司书的恶劣工作，时常加以反对，但是他总是拒绝修改。因此我们可以承认，《天主实录》这部书是冗长的、散乱的、牵强的、辞废的，其中尽是些中国所绝对没有的事情及意念……纵然它是与原文大相径庭的。照大体说来，拉丁文原文和中文译本在组织上是相同的，段落的分配差不多完全一样，但是在拉丁文中所有的美妙的清高的意趣，在中文内则渺然无存。在拉丁文内有天主三位一体道理的简括的叙述，中文则一字未提。为七件圣事，除了领洗之外，别的都没有提及，许是因为缺乏适当的名词。书中对于天主教的统序及教皇的事，一点痕迹都没有，大概这是罗明坚为避免被人怀疑是列强的侦探的原故。总之，在这第一部教理书籍中，他单单对于降生及受难的事情尽情发表，对于一总的推测，难言之事则完全避去。（仝上，页二六五—二六六）

此外这本书里，不只有了不少攻击佛教的词句，而且有了暗反儒教的论调。在刊行的时候，罗明坚与利玛窦也怕会立遭人们的反对，然而，据说出版之后，在一年内共分送了差不多一千本，而且有了好多对于这本书很感兴趣，而成为天主教的著作中的出版较早与销流较广的书籍。

除了宗教的著作之外，利玛窦所译的欧几里得所著的《几何原本》也是开始于在广东的时候。后来，利氏到了京师之后，把这本书译完，在其序里说：

夫儒者之学，亟致其知，致其知当由明达物理耳。物理渺隐，人才顽昏，不因既明累推其未明，吾知奚至哉！吾西国陬国虽褊小，而其庠序所业，格物穷理之，法视诸列邦，为独备焉，故审究物理之书，极繁富也。

其实罗明坚、利玛窦及其徒众，在表面上虽似对于儒家是恭维，在内心里却并不是这样，他们反对儒家并不下于反对佛家，这是读了利玛窦的著作，而尤其是他的《天主实义》的，所能容易明白的。不过，他们知道儒者是中国的统治阶级，他们不得不敷衍儒者，这是他们的苦衷。

除了几何的翻译之外，他在广东时已绘画世界地图，而自鸣钟以及好多的西洋物品，也由他们介绍入来。

从他们来中国的目的方面来说，他们是为传教的，然而要达到传教的目的，他们在国人反对洋教，以至反对洋人的空气之下，他们又不得不用西洋的科学与西洋的器具以为传教的工具，同时又不得不在表面上尊崇孔孟，而免引起中国士大夫的反感。然而，虽然是这样苦心的去作，反对天主教的并不乏人。

我们已经说过，在沙勿略的时候，中国已有了天主教徒，这些教徒也许是南方人或广东人。自罗明坚、利玛窦到了肇庆之后，信教的人日来日多，这一点我们在别的地方已经说过。我们在这里所要特别加以注意的是，不只是所谓下流的人物信仰这个宗教，就是所谓政府人员与士大夫阶级，也有信仰的。在广东，在当时，像制军刘节斋也相信天主教，后来他们能在韶州设立天主教堂，也是得了刘节斋之力。此外，又如瞿太素对于利玛窦所帮忙的地方也很多。又如琼州定安的王忠铭，对于利玛窦之北上京师也多所帮忙。故总而言之，西洋天主教士之所以能在广东、江西各处传教，不单是靠了他们自己的努力，而是靠了不少的地方人士的力量呵！

第二章　南方与西化的宗教（二）

自海道沟通以后，天主教固是由南方输入，而最先传播与浸染于南方，所谓西洋的新教也是这样。

我们知道，新教的发生是在宗教改革以后，马丁·路得因罗马教会过于腐败，起而反对，因而引起好多的人们的同情，而成为新教。新教这个名词，在德文、英文是Protestant，意义是从抗议而来。这就是说，不满意于罗马教会或旧教的人们，对于这个旧教提出抗议，抗议的人们的势力既日来日大，中世纪所传下来的至尊一统的基督教教会，遂分裂为两：一为继承中世纪的罗马教会的余绪，一为反抗中世纪的罗马教会的传统。前者又名为天主教（Catholic），而后者叫做新教。

欧洲自宗教改革之后，基督教分为这两大派，不只信徒有了这两派，就是从国家方面来看，大致上也可以宗教的派别而分为两种，这就是天主教的国家，与新教或改正教的国家。意大利、西班牙与法国等国属于前者，德意志（其南部有不少天主教教徒）、英吉利与荷兰属于后者。其实，西洋国家主义与民族主义的发展，是与了宗教改革有了密切的关系。关于这一点，我们在他处已经说及，这里不必再述。

很巧凑的，中国与西洋的海道直接沟通，是与马丁·路得所领导的宗教改革差不多是同在一个时间。葡人之最先从海道而直到中国的，是在一五一五年，而宗教改革则在其后二年，这就是一五一七年。

新教虽在这个时候产生，但是新教既以不同民族或国家为单位，内部的纠纷也很多。统治欧洲一千多年的旧教，虽然大受打击，然这个基础究竟不能完全毁灭，而且因为新教的发展，旧教的一般信徒也有不少起而设法重振旗鼓，希望恢复其固有的力量，因而好多的新的宗教团体也随之而产生，所谓多明我会、耶稣会就是一些例子。我们在上章所说的好多的天主教教士之来华传教的，为耶稣会会士，利玛窦就是这个会的会士。这种宗教的团体在宗教改革后不久，不只很快的成立，而且派其会员分赴世界各处，宣传天主教。

至于新教既因以民族或国家为单位，而内部又有不少的纠纷，同时又没有久传下来的基础，所以新教自宗教改革以后，不只不易于向外发展，就是在欧洲各国里，要想巩固其地位，也须相当的时间。

新教教徒之到中国传教，之所以比天主教的教徒之来中国布道较晚得多，是并非没有原因的。

第一个西洋新教教徒之来华传教的，是马礼逊（Robert Morrison）。他到中国的时间是在一八〇七年，而初到中国的地方是广州。其实，马礼逊不只是先到广州，而且他的一生的事业，差不多完全是在广州所造成。所以，新教也可以说是策源于南方。

马礼逊是在一七八二年的一月五日，生于英伦北部的摩尔培斯（Morpeth）的地方。他的祖先本来是在苏格兰，父亲本来是一个农人，后来因为身体的衰弱，不宜于耕种，在马礼逊三岁的时候，就迁到新卡斯提尔（Newcastle），改换其职业而成为作鞋坯的工人。

马礼逊在少年的时候，已很努力于读书，到了二十一岁的时候，他又进了荷克斯吞（Hoxton）神学院。在这个时候，他已想将来作传教的工作。所以，当他的父亲和家人写信劝他回家，去帮忙父亲去管理其店务的时候，他就极力反对。

到了一八〇四那一年，他到伦敦布道会（London Missionary Society），报名请求该会派送他到国外作传教师。他的这种请求立蒙接受，所以，不久他又进了哥斯波特（Gosport）的传教学院，受了十四个月的训练。在这个时候，英国已有许多的教士注意到中国的传教的事业，所以马礼逊就被派为传播新教到中国的第一人。

马礼逊在未离英国之前，就研究天文、医药与中文，这种预备大约是受了天主教在中国传教的多少影响。天主教之所以在中国能够立足，是由于其教徒的天文智识对于中国的历书大有帮忙，而学习中文又为天主教徒在华传教的一个条件，至于医药方面，天主教所介绍于中国的，虽不若后来的新教，然在明末清初也有不少天主教徒，是用医法而博人们的信仰的。

在未离开英国之前，马礼逊要想研究天文、医药是很为容易，但是要学习中文，则比较困难。因为人们不只是以为中文是世界上的最难的文字，而且在英国在那个时候，是不易找到中文教师的。

不过也很巧凑，在伦敦，在当时却有了一位中国人，名字叫作杨三德。他是广东人，是来伦敦学英文的，马礼逊是要学中文的，因而后者乃找前者，到其住处互相交换教授。后者教前者英文，前者授后者中文，后者对于中文完全不懂，前者对于英文也只懂得一些，两者互相交换教授，是一件至为巧凑的事情。

马礼逊除了同杨三德学中文之外，他又因得了友人的帮忙，而在不列颠博物馆中找出一本中文本的《福音使徒传与书信》，把来再抄一遍，并细心的去念。此外，他又抄了从皇家学会借来一本拉丁与中文辞典的稿本，这种工作对于他以后在华工作，都有很大的裨益。

预备工作完了之后，马礼逊于一八〇七年的年头，乃决定由英国起程而来中国。马礼逊虽然是决定而来中国，可是他想来中国是有了好多困难的。麦沾因牧师在其《梁发传》一书里，有下面一段话：

  他（马礼逊）于一八〇七年九月七日抵广州。他来的时候，那些英国船舶都不愿载他,因恐介绍传道者来华,将于他们的商业上发生阻碍。于是,他不得不到纽约去搭乘美国船。当时中国政府严禁基督教之传入,他既为他本国人所弃,又为中国人所反对与怀疑,更为澳门的天主教的葡萄牙人所窘迫,但他仍坚信,他是上帝遣来传道的人。他在纽约的时候,有一个船主以讥讽之言,问他道:"马礼逊先生,你真以为你能感动那些拜偶像的中国人么?"他回答道:"不,先生,我以为上帝能够感动他们。"他抱了这种信仰,而开始他的工作。

我们知道,在那个时候,英国在远东的商业已很发达,东印度公司不只在印度已有了很好的基础,就是在中国的南方,也有其支店。所以,从英国到中国的船舶是很多的,所以从英国至中国,是比从别的地方到中国较为方便,这就是从英伦绕过好望角,而经印度,以至中国的南方。

但是,商人来远东的目的是交换货物,是赢利,凡是与这个目的不相符的事情,他们是不愿意去干的。照他们看起来,传教士到中国,对于他们,既没有用处,却反而有害。因为中国在这个时候,正是反对西洋的宗教的传入。天主教在中国已有二百多年的历史,又有澳门以为传教的进入与退出内地的根据地,尚时时因为中国的士大夫的反抗,而不易发展,而引起反感,再加了新教进入,岂不是增了中国人的仇恨吗?其实,反对基督教的运动,直到民国的时代,还没有完全消灭。虽这种反教的运动,并非继续不断的,不过在一百数十年前,信教是一种反经背道的事情。所以,就如马礼逊到了广州之后,因为反对基督教的原因而离开广州的,不知多少次。据说,在他去传教的时候,身上往往带了毒药,假使被人捕拿,他就服药自尽。这都是证明反教的情绪的利害,使传教成为一件很为困难的事情。

中国人既反教以至排外得很厉害,英国的商人为了保存他们的通商的利益,绝不欲运载教士而增加其麻烦。在这种情形之下,要想来中国传教的,不是意志很为坚强的人,是不容易去作的。

而况,天主教之于新教,不能相容。天主教在中国既有了二百余年的历史,从他们看起来,中国是他们传播天主教的市场,他们要把中国变为一个天主教的国家,那肯给反叛他们的新教来中国去占他们的地盘。

在中国的天主教徒之不喜欣新教的教徒之来华传教,是一件很为显明的事。至于澳门的天主教的教士,以至葡人之不愿他们在这里居留,也是可想而知。比方,马礼逊到了广州不久,因为身体不好,跑到澳门住了一些日子。据说在澳门的时候,他白天是不大敢出来的,他要散步,往往是在月夜里,以避免天主教的教士所注意。又如,后来从英国来中国帮忙他的传教工作的米怜(William Milne)与其夫人到澳门时,在澳门的葡萄牙总督,虽经马礼逊的极力请求,也不过准其在这个地方住了不够十天。

其实，在马礼逊未到中国之前，他已经明白了在中国的天主教的教徒是新教的教徒的对敌，在马礼逊的书信中，他曾这样的说过：

> 这桩事业是艰难的……中国人中间，有许多人非常的文雅，见闻非常的广阔，他们不会不及我们，只会胜过我们。天主教的宣教士将为我们猛烈的敌人，倘若上主不特别在他们心中做一番工夫的话……倘若天主教的宣教士真做了我们的敌人，他们将为远胜于我们的敌人。因为他们都是年长、可敬、博学的人，且不管学习中文的困难和别种可以提起的困难，便是这些难处，在我看来已是非常重大，我们若去，我们必定自己先有决死之心，不信靠自己，只信靠永生的上帝。｛清洁理 Katharine R. Green《马礼逊小传》 *Robert Morrison（1782—1834）*，中译费佩德、杨荫浏｝

马礼逊因为了上面所说的困难，不得不搭船先赴美国，然后从美国再到中国。他从伦敦到纽约，因为所乘的船有了毛病，化了一百零九天才抵纽约。

在美国的时候，马礼逊因得友人的帮忙，他得了美国的国务卿马提松（James Madison）的一封介绍信，介绍他与美国在广州的领事加林吞（Carrington）。加林吞是美国的商人而兼领事的，因为马提松的介绍信，他初到广州时，就在加林吞的洋行里住，所以有些人还以为他是美国人。

因为我国人反对洋人宣传基督教，马礼逊到了中国不久，感觉到工作的进行不易，因而遂就了东印度公司的译员的职位，藉以为托身之所，而使能够达其传教的目的。

他在广州的时候，除了为东印度公司作译员之外，他又翻译《圣经》与编纂《华英字典》。在星期日，他用整天的时间宣传宗教或讲说《圣经》。据说在最初的时候，参加他的礼拜的人，往往只有三二人，至多也不过十人。

到了一八一三年，米怜及其夫人从英国来到中国，对于马礼逊宣传宗教上有了很大的帮忙。而此后，在南方的新教的推进上，比较积极得多。因为我们知道，马礼逊之到广州，目的虽传教，但是为解决好多困难，他不得不就东印度公司的翻译之职，然而因此他却也费了不少的时间于传教以外的事情。米怜之来，是弥补这种缺点，而增加了传教力量。

而且我们知道，马礼逊在米怜夫妇未到广东之前，已在这里结了婚。他的太太虽然是在中国居住的，可是结婚之后，未免感觉得西洋妇女之在这里的，实在太少。米怜夫妇之来华，不只使马礼逊在宗教宣传上得到有力的帮助，就是从其太太方面来看，也有了伴侣，而使其家庭上增加其快乐，间接上对于其工作也能够安定。

米怜这一次到了澳门，既为天主教的教士与葡人的反感而不能久留，他到了广州之后，不只是我国人不喜，就是西洋人亦加以反对。因为他既不像马礼逊是在东印度公司当职员而以商人名义居住，而乃是完全为宣传宗教而来，那么外商也怕因此而引起我国因反教而排外愈甚，使在通商上有了防碍。

米怜这一次在广州只住了四个月，学习中文稍有成绩，他乃离开广州而到南洋宣传宗教。他虽然不在广州，然他在南洋的传教工作，还是在华侨的社会里推动。华侨既差不多完全来自广东与福建，他的信徒与群众也是南方的民众。

马礼逊自一八〇七年到了广州之后，直到一八三四年他死的时候，他的工作主要的可以说是在广州宣传宗教。在二十七年中，有了好多次是为了我国人反对基督教，而使他离开广州，有了数次是因他为了接洽传教或探视家人而回英国，还有一次是当了英国所派来中国的代表翁培斯特（Ambrost）的译员，而到过北京。

翁培斯特是一八一六年到澳门，他到了澳门之后，因要找一位中英文通晓的人为翻译，马礼逊就充当了这个职务。他们从海道而到天津，再由天津而到北京，目的是去见中国的皇帝。可是因为朝见皇帝的时间与礼节，两方有所争执，结果是始终没有看过皇帝而南回。他们的回程是由运河南下，再经长江与鄱阳湖、与江西的南部、广东的曲江，而回广州。

马礼逊既是翁培斯特的译员，他不只在往程中得看了中国沿海的风光，而且在回程中经过中国的内地，对于中国内地的情况，有了不少的认识。他既看到中国的地博人众，他对于他的工作，更觉其责任的重大。可是在他回到广州之后，排教排外的政策愈来愈厉害，他虽然是感觉到压力是日来日重，但是他始终并不因此而灰心，而且还继续不断的去努力工作，直到他死为止。

马礼逊与米怜除了用中国话（广州话）去宣传宗教之外，他们最注重的是文字上的宣传。他明白中国的方言很多，可是文字是统一，所以若用文字去宣传，则其影响必然更大。马礼逊除了编纂《华英字典》之外，他初到中国的时候，就着手翻译《新约》。一八〇八年，他已译好《使徒行传》，印了一千本，同时又写了一篇文章，叫做《神圣教义》。不久之后，他又印行《路加福音》与《教会问答》。

米怜在未去南洋之前，也在广州印了二千本的《新约》与几千份的宗教论文，后来全部《圣经》译好之后，由圣书公会捐了一万英镑去作印刷费。而马礼逊所完成的《华英字典》，亦由东印度公司捐了一笔款去印刷。

此外，马礼逊又编了一本《圣经注释》，以及著了好多论文，他还编了一本《广州土话字典》。我们知道，《广州记录》（The Canton Register）是在中国首创的英文报，马礼逊又是这个英文报的副编辑。此外，又如他的《世界之游》，是一本介绍世界各种智识于我国人的书。

没有问题的，马礼逊在著作方面的最大的贡献，在宗教上是《圣经》的翻译，在语言上是《华英字典》的编纂。直到现在，关于这两方面的工作，他所作的还是为人所参考，因为他在这方面是先锋的人物，是有了很大的贡献。

除了米怜对于他的宗教方面的出版物，给予很多的帮忙之外，他又得了不少的中国人的帮忙，而这些帮忙他的人，通通都是南方人。在伦敦授他中文的杨三德，后来也回广州，在广州的时候，这位杨先生还是他的中文先生。有时因为他被迫或因事而离开广州，杨三德还代他保管图书。至于他所印刷的各种书籍，其得力于好多国人之为助手的也很多，比方蔡卢兴、蔡亚高、梁亚兴、梁亚发，不只是对于他的印刷书籍上有了很大的帮忙，而且变为他的信徒，成为中国的基督教的中国新教教徒的先驱。

我们上面已经说过，跟着马礼逊作礼拜的国人是寥寥无几，然而马礼逊在宗教方面的宣传，除了文字上有了很大的影响，在他所领洗的信徒或因他而信仰基督教的人们，对于后来中国的新教的发展上，却占了很重要的地位。

据近人的考证，第一个信仰的新教的中国人是蔡亚高。蔡亚高因为帮助他的哥哥蔡卢兴雕印《新约》的工作，遂与马礼逊认识，此后常相过从。在一八一四年——这就是马礼逊到中国后的第七年，这位雕印的工人，遂在澳门受了洗礼。在他受洗礼之前，据说他曾这样的告马礼逊道：

> 我现在相信，耶稣靠托他的功德，得到罪恶的赦免。我有罪过和缺欠，不是皈依耶稣以求免罪，我便是永的不幸了……当我返躬自问，我看出我从孩童时代直到如今，向来没有力量，没有好处，没有学问。上帝使我生世为人，直到如今已经是二十七岁，而我却从来没有作什么报答上帝的好意，我也从来没有报答过朋友父母亲戚们的善意，我还是不平抱怨吗？我还是希望自己作善事吗？我完全呼求上帝为父，靠上帝免除我的罪孽，我也呼求上帝赐给我圣灵。（《马礼逊小传》，页一五七—一五八）

关于蔡亚高，马礼逊曾有了下面两段话：

> 当他（亚高）二十一岁的时候，他到我家里来听我讲耶稣的事，但是他说我的意思他不能十分懂，那是我在中国的第一年。三年之后，我能够讲得好一些，写得好一些，他也便多懂一些。后来他哥哥雇用他监察印刷《新约》之事，他乃说他开始看见耶稣的功德，是在能拯救各时代各国中间的万人。因此，他听他的话，相信了他。（仝上，页一五六）

> 他的天性是不很好，他时常和他的哥哥，和别人家意见不合，我想还是把他辞掉的好。虽然，当他的住处是在几英里以内的时候，每逢安息日，他却仍旧来做礼拜，早上晚上他勤恳的祷告，并且读《教会问答》中间的十诫。他说他从十诫和朋友的规劝，看出他极大的显然的过失，他向来是不公平的，他对于朋友或兄弟或别人，都没有能尽职，他的智识当然是有限的……但是我希望他对于耶稣的信仰，是真纯的。（仝上，页一五七）

除了蔡亚高在一八一四年信仰基督教，之后的三年（一八一七），他的哥哥蔡卢兴也信了教。不久，他有一位弟也信了教。这可以说是一个中国的新教的家庭了。

然而，信教较早对于宣传宗教上有了很大的贡献的，要算梁亚发或梁发了。

关于梁发的生活，麦沾因牧师曾写了一本《梁发传》，里面说得比较详细。在《马礼逊小传》的末章中，也有简略的叙述。据说，他是一位贫苦的村童，小时家境很穷，在家帮忙父母工作，到了十一岁始有机会去入学塾。读了四年书便离家到广州，在一家毛笔店当学徒，后来又改作印刷的工作。一八一〇年，马礼逊为要印刷《使徒行传》，找了他的东家去印刷，由东家命梁发去作。因此之故，他不只认识了马礼逊，而且有机会去看《圣经》。到了一八一五年，米怜到马剌呷创办华人福音堂，预备在那里印刷关于宗教的著作，乃找了几个工人同去，梁发也是其中一位。因此之故，他又认识米怜，同时又有较多的机会去看基督教的书籍。

是一八一六年的十一月三日，梁发遂由米怜领洗而变为基督教徒。一八一九年，梁发回国娶妻成家，他因为在乡下看见各种迷信，而引起反感，遂写了一本小书说明基督教的道理。这本书由马礼逊帮忙而印了二百本。因为发行这本书而被告发，梁发被了政府捕去，打了三十大板，同时还罚了一笔大款，并且禁止他在广州居住。梁发不得已再赴马剌呷，又与米怜作工作。不久，他又回来他的乡下，同时他自己领洗了他的妻子。可是在家不久，他又倦了，所以又再到马剌呷，从米怜研究《圣经》，到了米怜死后，他乃回国作传教工作。

他的儿子进德，在一八二三年在广州由马礼逊领洗。后来马礼逊因事回国，宣传宗教的工作，主要的是由梁发去推动。据说，在他劝解之后，而变为基督教徒的人们很不少。一八二八年，还有一位青年教徒办了一个基督教学校，这是新教教徒在中国所办的第一个学校。

从此以后，信仰新教的人愈多，屈亚昂、李新也是其中之二。后来，这些教徒对于梁发的工作，帮忙很多。梁发既有了好多助手，对于印行书籍、派送《圣经》的工作愈为积极。一八三四年，广州举行乡试的时候，梁发乃大量的去分送关于基督教的小册子，可是结果又为政府所干涉而要捕他，他设了好多办法才能离广州而到南洋。在他逃跑之后，他曾写了一封信给与其他的教徒。这是一封很长的信，然而很可表示当时工作的概略，与传教人的困难与苦衷，同时很能表示这个传教士的百折不回的精神。所以，我愿意把它抄在下面：

> 书达一切信爱耶稣之人，愿彼等皆得快乐与幸福之生活。我因得救主耶稣之帮助，曾多年继续坚持从事宣传福音之工作，且将福音真理提示国人，教彼等将彼等之偶像丢弃，而服事唯一真主宰、创造天地万物之神。救主大施恩典，赐圣灵以感动人心，因而信道者前后共有十人以上。此十余人，皆已受洗礼而信耶稣，可救免彼等之罪恶，且彼此一心奉事上帝，凡事皆按福音真理而行。三四年以来，我在广州城附近乡村及其他各地，派送《圣经日

课》，人人皆欣喜接收，拒绝不受者人数却少也。今年（一八三四）适为三年一次之乡试，各乡秀才皆齐集省城应试，于是我想从速将布道小书派送于彼等。因此，八月十日，我约同吴亚清（以下之名皆译音）、周亚生及梁亚新，将书籍携去派送。是日共派去《圣经日课》千份（共五千本），而所有士子皆欣喜接受，并无任何滋扰，我侪皆甚为快慰。翌日又同样派送一千份，亦并无事情发生。到第三日，当我侪派完数百份之时，有巡卒前来，将吴亚清及书籍一份拿去，将吴亚清押到南海县知事之前。该知县将书籍阅过之后，随嘱巡卒等，以后不必干涉此等闲事，因此巡卒遂停止干涉彼等，而吴亚清就被释回矣。第四日，我见知县已表示不干涉派送《圣经日课》及小书之事，遂继续进行我等之工作。谁知我等派完数百之后，突有数人带领巡卒数名前来，将我及《圣经》十份抓去。我幸而半途从彼等之掌握中脱逃回家……八月廿五日，我闻巡逻官曾将此书及此事呈报广州知府，我猜彼或将令差役前来拘捕我等，遂将所余之书籍放入箱内，并将其运往他处。翌日，我离省回乡。三十一日，广州知府差人到我省城之寓所，将周亚生及其同伴捕至彼面前审讯。当审问继纶（按：即亚生之同伴）时，彼答并不知关于书籍之事，知府命人将他拿出打四十板嘴巴。此四十板嘴巴打得厉害异常，致使继纶不能说话。周亚生于被审之时，将一切事情供出。第二日，知府遂派多人来缉捕我，但捕我不着。九月二日，由周亚生带彼等重来，将印刷人吴英泰捕去。四日，周亚生又带彼等到邻村中捕去别一印刷人亚集，同时又搜去《圣经日课》四百本，木板一大束。六日，彼等又捕雕板人亚清。八日，我听见以上所发生之事，遂立将吾妻女逃至江门。翌日，知府果然遣一百人分乘二船到我乡里，欲将我全家男女捕去。到乡后，不见我等，遂把我三个亲属拿去，而将我家中什物抢掠一空，且用封条将我之屋门封住。彼等尽将我亲属所养之家畜捉去宰食，且继续向乡村各处搜捕我等，但终无法搜获。至十六日，彼等始回省。回省后，将我之亲属黄兴爱一人捕去。我有一个亲属，他秘密前来，将以上经过情形告诉我，我就立刻带我的妻女逃往赤坎。最后，我身边所有之银钱告罄，致不能在他乡生活，然又不敢逃回广州，恐自投罗网。于是，我就遣我妻潜往省城，将此事告知裨治文先生，求彼助以资斧，使我可以买粮食，而在必要之时，可以逃往别处。谁知彼已往澳门，于是我妻遂不得已空手而回。我带我之家人再回江门，此时我自己身上不名一文，而又借贷无门，遂恳切祈上帝施恩，帮助保护我往澳门一见裨治文先生。感谢上帝之仁慈，我果安抵澳门。当我见治文牧师之时，我之心悲痛异常，竟忍不住大哭起来。裨治文牧师见我如此悲苦，遂劝我不必伤心，说亚昂与马礼逊先生之长公子，已托人向知府询问，谓只要纳赎金八百元，便可释放在押诸人出狱，而对我及我家人之缉捕文书，亦可取消，不再追究矣。我闻此消息后,悲痛稍杀,但裨治文牧师言,此事尚未完全商妥,须待省城再有信来时始知真相。彼授我银二十四元,嘱我将此款给我之家人,而我自己立刻再回澳门。我向彼道谢后,即起程回家。当告我妻以此事已办妥之时,伊仍半信半疑,不以我所说之言为确。我将此银交与伊,是日即返澳门,在裨治文家中等候。十日之后,便接得马儒翰来函,说经磋商多次,最后决定只要纳款八百金,在押之人便可完全释放,但巡抚却一定要将我逮捕云。裨治文知此事后,立即带我及我子进德到一只快船上,着水手将我侨送至伶仃岛船主巴利之船中。巴利听见我侨所遇之灾祸,甚愿将我藏匿于彼之船中。此种情形,使我想《罗马人书》八章三十一至三十九节,《雅各书》五章十一节,《彼得前书》五章十节之意义,我虽不能如救主耶稣、保罗及约伯之坚忍不拔,但我仍愿模仿古代之圣者,永保我心之安宁。又我虽曾忍受许多迫害,但我心仍觉安乐与快慰。我现在惟一之恐惧,是怕中国政府将我之妻女加害而已。所以,我每晨每夕皆求上帝垂怜保护及拯救彼等,同时,我亦求一切牧者先生与所有热心爱主之人,为彼等祈祷。(《梁发传》)

梁发逃跑出国之后,在外边住了四年,他仍继续在马刺呷与新加坡宣传宗教。到了一八三九年底,他又回国。此后,他被了广州博济医院聘为传教师。他的儿曾在美国宣教师布立治曼家里住了八年,后来回国在广州在林则徐幕府做译员。梁发死了之后很久,他的墓坟被人迁到岭南大学的怀士堂前面,他的墓坟所在地是岭南大学所预备盖了一个大礼堂的地方。

梁发除了在国内——在南方传教之外,曾在马来半岛,而尤其是马刺呷与新加坡传教。其实,南洋各处除了马来半岛之外,在暹罗以及好多地方,西洋人而尤其是西洋的新教教徒之来这些地方传教的,多从中国的海外侨胞入手。一方面固由于这些土人有了自己的宗教,如暹罗人之信佛教,马来人之信回教,先入为主,所以不易向这些人去传教。然而,一方面也由于他们觉得中国是宣传基督教的最好的园地,而国内既有了闭关自守的政策,传教很多困难,他们又不得不先从华侨入手。然而,华侨既差不多完全都是广东、福建两省人,对着华侨传教也可以说是对着南方人传教了。

总而言之,新教的传入是以南方为目的,而推动这个宗教的人们是来自南方,同时也是以南方为起点。我所以说南方是新教的策源地,就是这个意思。

第三章　南方与西化的政治（一）①

因东西航道的直接沟通，而引起欧人之东来中国，及中国人之向外发展；而这种东西的接触，又引起中国的经济生活和宗教信仰及文化的其他方面的变动；这种经济生活和宗教信仰，及文化的其他方面，又影响于政治上的变动。自十九世纪以来，中国的政治运动之最能令人注意者，要算太平天国的政治运动，戊戌的维新运动，以及革命运动。这三种运动，虽各有其特殊之点，然也有其共同处，这就是三者都是受过西洋文化的影响，而且通通是策源于南方。

但是三十年来的革命运动的重要，人人都能见得到。而三十年前的戊戌维新，以及七十年前的太平天国，好像很少人加以相当的注意。太平天国之在满清简直是被人目为叛逆，乌合之众。正史既鲜有记载，传记也是寥寥无几。直到近数年来，才有些人重新把来估量，可是这种工作，还是在萌芽时代。至于戊戌维新运动，在那个时候，虽是气象万千，天下耳目，为之一新，而为世人所注意，然三十年来，人们对之好像逐渐遗忘。这些态度，大约是由于人们每以成败为估评历史的价值的标准。

我们且先从太平天国说起。

太平天国的崛起的原因，说起来自然很多，然而西洋文化而尤其是宗教方面的影响，可以说是这些原因中最显明之一。麦沾恩牧师在《梁发传》里曾有下面一段记载：

> 现在让我们来看梁发先生派送小书所生的效果。梁发和他的同事们在学院分送小书的时候，曾经把书籍一分派给一个青年童生，这个童生的名字叫做洪秀全。洪秀全考试落榜，带了那分基督教书籍回到他的家里去，这件微小的事情，后来竟造成中国历史上惊天动地的一个大变局。洪秀全落榜回家的时候，年纪只有二十岁，他起初对于梁发所派给他的书，并不注意，只将它放在书架上面，搁了九年之久。一八三七年，他再赴府试，仍旧名落孙山。考试完毕回家，不久就发起病来。他在病中看见许多异现象，他恍惚之中，看见一个令人起敬的老人，授给他一把斩魔剑，又看见一个自称"长兄"的中年男子教他如何使他用那剑。一八四三年某日，他坐在书房看书，忽有友人前来拜访他，那个友人在书架上发现梁发的书，而对洪秀全说着，

---

① 校按：本章录自己发表的《南北文化观》第七章，原标题为"南方对于西化的贡献"，见《岭南学报》第3卷第3期，第108～123页。错漏衍字、个别标点酌改。

这才引起他对于这书的注意。当下他从书架上把那书拿出来阅读，他读了这书以后，就相信他已寻得解释他所见异象的钥匙了。他知道那令人起敬的老人，就是上帝，而那所谓长兄者，就是耶稣基督，他悟到他所见的异象，是神的启示，因此他就拔剑而起，从事他的革命运动，这就是太平天国之乱的来由。洪秀全同一个名叫冯云山的友人，受了梁发的书的感动，兴起打倒偶像的战争，组织了一个上帝会。可是他们虽有热诚，却少知识，而他们所用的破坏手段，更难博得人们的同情。洪秀全久有意思要加入基督教会，到了一八四七年，他第三次府试落榜以后，他就定意想加入教会。他跑去拜访美国浸信会宣教士罗孝全（Roberts）牧师，他与那牧师同住了几个月，沉潜于基督教的教训之中。洪秀全请求那牧师为他施洗，可是那牧师因为洪秀全的神学观念，有些怪诞不经，不愿为他施洗。洪秀全失望之余，就回去创立他自己的团体；集合一些有志反抗清朝和反抗崇拜偶像的人，在他的旗帜之下。可惜后来他因战事上的胜利，而变坏了他的性格，他的心理发生了不平衡的状态，他竟欲求与神天并列，可谓亵渎神明已极。他曾经采取梁发先生用文字布道的方法，著作宣道小书，他初期所作的小书，极合于基督教的教义，其中一种叫做《宗教戒律》，麦都恩牧师曾说，此书可说是太平天国诸人所著作的一些书中的最好的一本。其理由正当，其祷文亦佳，而其关于人类之邪恶，耶稣以血救赎人罪，及圣灵感动人心等教义之叙述，皆能引导一切有志求道之人，共行天国。洪秀全所组织的团体，除了分送他们自己所著作的传道小书外，又印送《新约经圣》。

这段话是一位教士说出的，而且是为要明梁发的影响的力量之大，而出这段话。他对于梁发的尊崇，及对于洪秀全的指摘和赞扬，也许有人发生疑问。然太平天国之藉基督教以号召群众，却是很显明的。比方《湘军志》中对于这点，也很显明的表白出来。

……洪秀全者，广东花县人也。少饮博无赖，敢为大言，粗知书，卖卜为生。闻妖人朱九畴创上帝会，与同邑冯云山往师之。……秀全常诈死七日复苏，谬众云，上帝召我有大劫，拜天则免，遂托泰西人所称为耶稣教者，造《真言宝诰》，谓天曰耶和华，耶稣为长子，秀全为次子。

太平天国不但是藉西洋教以号召天下，而且很诚恳的去实行基督教。这一点在英人林利（Lindley）所著《太平天国外纪》（孟宪承译）一书说得很详细。比方里面有一段记载：

每二十五家设一教堂，各家儿童每日须到教堂去读圣书。礼拜日则人民均须祈祷，男女分坐不相混乱，官长应入礼拜堂宣讲，奉牺牲祭祀，违者黜其官。

他又记载上至官僚，下至人民，无论是日常的生活，重大典礼，闲常谈话，或是严重演说，没有不遵守宗教上的仪式的。此外书籍之关于这种记载的也很多。比方《太平天国野史》有了下面二段记载：

> 太平军于城市村庄分踞民房，屯于原野则盖板屋，以为营垒，率皆宏敞，以备礼拜之用。……佳时令节，寿诞生子弥月，与夫攻克城池，在军中所为喜庆事，则不拘常格，别备盛馔，善敬天父；其有疾病修灶等事，悉如天条中所载，奏章格式，缮写读讫焚化之，敬天父以祈福。

> 太平军所据之地，动辄鸣锣传集兵众，或百姓，于何日何时，齐集何处听讲道理，盖皆有所为也。凡刑人必讲道理，募兵必讲道理，仓卒行军，临时授令，必讲道理。骗使群卒为苦役，必讲道理，逃者日多必讲道理，将欲搜掳，必讲道理，劝人贡献，必讲道理；总之，所谓讲道理者，乃劝谕兵众将借宗教以行之。

太平天国既以宗教为政治运动的中心，而这个宗教不但是在理论方面从西洋的教义输入过来，以号召群众，就在实力方面，他们也想借当时正在南方增加的外国基督教势力来帮助他们的政治运动。这一点我们可从《太平天国野史》所载一段话见之：

> 秀全……试毕果落第，睹清政之溷乱，官吏之贪残，民生之困瘁，遂隐蓄革命之志。时朱九畴倡上帝会，誓以恢复明室为志，秀全与同邑冯云山往师之。九畴死，秀全被推为教主，官捕之急，闻入耶教可藉以抗官，乃往香港受教于英牧师郭笠士门。

这个时候正是鸦片战争败后，中国政府以皇朝之尊，而败于洋人，香港割让，五口开放，《圣经》既可继战舰以宣传，那么能够得到西洋教士的保护，当然可以抵抗中国的政府。同时他们之所以要反抗政府，就是因为政治的腐败，这一点秀全在其建国时的檄文里说得很清楚：

> 奉天承运太平天国总理军机天下大元帅万岁洪，为恺切晓谕，伐暴救民事：照得天下贪官，甚于强盗，衙门酷吏，无异虎狼；皆由君人之不德，远君子而亲小人，卖官鬻爵，压抑贤才，以致世风日下，上下交征，富贵者谄恶不究，贫贱者衔冤莫伸，言之痛心，殊堪指发！即以钱粮一事而论，近加数倍，三十年前之粮，今日复征，民之财尽矣，民之苦极矣！我等仁人义士，触目伤心，故将各州府县之贼官狼吏，尽行诛灭，以救民于水火之中。

原来欧洲十六七世纪间，君主专制，人民涂炭，所谓耶稣会的教士，每藉天主上帝救民于水火的口号，以反抗君主。利玛窦既免不去了这种背景，而他到中国以后，虽见得在中国的政治势力太大，不得不从事曲就。然天主教义明明白白说明上帝比人君天子为高为大，所以天子或人君之不德者，人民可以承天主之意而反抗之。我们试阅太平天国各种宣传著作，如《三字经》，如《原道醒世训》，通通以上帝为至尊无上的。人民固要服从，君主也要服从。所以他们之反抗政府檄文里，劈头就说是"奉天承运"。我们于此可以明白太平天国的宗教气味的浓厚。

有些人说太平天国之崛起，主要原因是覆清复明，和有了种族革命的思想。但是所谓覆清复明，《清稗类抄》述有秀全一段话：

> 洪秀全常语人曰：三合会之目的，在覆清复明，其创在康熙时，主义虽正，当然必至二百年后如今日始可为覆清之举。至于复明则又似是而非，既还复我固有之山河，必当建立新朝廷，今乃以复明为言，焉可得人心？就吾真教言之，全赖上帝会之威力为援助耳，其得助多已，以吾等数人敌彼百万可也，吾是以不知有孙膑、吴起、孔明各名将，三合会果有何价值哉！

使此言真由秀全所出，则世人所谓太平天国之崛起乃在覆清复明之说，不攻而自破。至于种族革命的思想，在各檄文里虽处处流露，然照我看起来，也不外是藉以引起汉人反对满清政府的一种手段，似不能算作主要原因。原来秀全在满清统治之下的考试制度，竟连试到三次之多，其希望名登榜籍，而效忠于清廷的思想，可以概见。若说是种族革命的观念深入了他的头脑，好像不大妥当。此外我们试看杨秀清、韦昌辉们致汉人充清官吏的檄文，还能找出其浓厚的宗教色彩：

> 夫天下者，中国之天下，非满洲之天下也。宝位者，中国之宝位，非满洲之宝位也。子女玉帛者，中国之子女玉帛，非满洲之子女玉帛也。慨自明季凌夷，满房肆逆，乘衅窃入中国，盗窃神器，而当时官兵人民，未能共愤义勇，驱逐出境，扫清膻秽，反致低首下心，为其臣仆，迄今二百余年。浊乱中国，钳制兵民，刑禁法维，无所不至，而一切英雄豪杰，莫不为之判，而甘为之用；是则令人言之痛心，恨之刺骨者矣！然从前尔等官兵为满所用，本系被其胁迫，且前时未逢圣主首出，无所依归。……兹者三七之运告终，九五之人已出，恭维天父天兄，大开天恩，命我真圣主天王降凡御世，用夏变夷，斩邪留正，誓扫胡尘，拓开疆土，此诚千古难逢之际，正宜建万世不朽之勋。

可知种族之兴起与灭亡，依赖于天主的意旨，这又是以宗教为种族革命的中心的明证了。

不但如此，欧洲的反抗专制君主的运动，既像上面所说，得力不少于耶稣教的政治思想，而欧洲的民族主义的发展，又得力不少于宗教改革。宗教改革的目的是欲推翻教皇的垄断个人信仰，而使个人直接认识上帝，然其背景和结果，则是民族主义的勃兴。这种民族主义和新教运动的密切关系，是随处可见的。新教之最初传入中国而受信仰旧教的拉丁民族的排斥，虽可以说是有了经济的背景，然民族的背景，似也不能蔑视。太平天国的崛起，假使果以民族主义来号召民众，则这种民族主义而受过西方民族主义的多少影响，也非绝对没有可能性的。何况在南方的中国，因为和外国的接触较密，而受西洋民族的侵略较甚，民族主义之由此而发生，也是很自然的。总而言之，我们本不把民族革命来做太平天国的崛起的主因，假使民族革命而在太平天国的政治运动上，占了相当的位置，那么这种民族的革命，仍然和西方的文化输入上，有了连带的关系。

所以从文化的观点来看，太平天国之和当时的政府相对抗，可以说是已从南方输入，而且在南方发展的西洋文化和中国的因袭固有的文化相对抗。这一点，我们可以把曾国藩咸丰四年所颁布的《讨粤匪檄文》来解释：

> 自唐虞三代以来，历世圣人，扶持名教，敦叙人伦，君臣父子，上下尊卑，秩序如冠履之不可倒置。粤匪窃外夷之绪，崇天主之教，自其伪君伪相，上隶兵卒贼役，皆以兄弟称之。谓惟天可称父，此外凡民之父，皆兄弟也，凡民之母，皆姊妹也。农不能自耕，已纳赋，谓田皆天主之田也。商不能自贾，以取息，谓货皆天主之货也。士不能诵孔子之经，而别有所谓耶稣之说，《新约》之书，举中国数千年礼义人伦诗书典则一旦扫地荡尽，此岂独我大清之变，乃开辟以来，名教之奇变！我孔子孟子之所痛哭于九泉！凡读书识字者，又焉能袖手坐观，不思一为之所也？

以先世为有名的孔孟学者一个少年登科第的曾国藩为中国的固有的文化辩护，是很自然而然的。其实曾氏也可以说是中国文化的缩影；反之三次考试不录，而愤恨的去崇奉西教的洪秀全之极力诋毁孔孟，极力抗反中国固有文化，极力去提倡西洋文化，也是很自然而然的。可是最巧妙的就是国藩以一位纯正的中国文化的代表者，而结果却成为人所目为中国近代的西化运动的先驱。而秀全以一位提倡西化最力的人，结果也会反去提倡科举，劝读孔孟之书。我们以为假使国藩仍是真实的不"窃外夷之绪"，秀全而始终反对孔孟之言，那么太平天国和湘军的成败，恰成相反，也未可知？原来国藩之所以能够得到最后胜利，并非像他檄文中所说的极力提倡孔孟之道而博取国人之心，他之所以胜利，不外是得力于"外夷之绪"如新式兵炮，如戈登将军，和西洋人其他一切的帮助，反之秀全之终归于失败，与其说是由于崇奉洋教，采纳西法，不如说是对于洋教和西法的不能彻底的施行应用。他们一到武昌，往日之所谓西化的精神，已逐渐颓靡，再到南京，则消灭殆尽。开科崇孔，贪功耽乐，均是复返中国传统的文化的路，就使没有国藩，自己也许逐渐腐化而致灭亡。

太平天国的失败，固是由于自身的腐败，然而他之对于新政策施行上，却有很多地方，值得我们的注意。

在经济方面，他们所欲实现者，是基督教的共产主义。从一八五三年的土地法令里，我们找到下面一段话：

> 凡天下树墙下以桑，凡妇蚕绩缝衣裳，凡天下每家五母鸡，二母彘，无失其时，凡当收成时，两司马督伍长，除足其二十五家，每人所食，可接新谷外，余则归国库，凡麦豆苎麻布棉鸡犬各物，及银钱亦然。盖天下皆是天父上主皇上帝一大家，天下人人不受私物，物归上主，则有所运用。天下大家处处平均，人人饱暖矣。此乃天父上主皇上帝特命太平真主救世旨意也。但两司马存其钱谷数于簿上，其数于典钱谷及典出入。凡二十五家中设国库一，礼拜堂一，两司马居之。凡二十五家中所有婚娶弥月事，俱用国库。但有限制，不得多用一钱。如一家有婚娶弥月事，给钱一千，谷一百斤，通天下皆一式，总要用之有节，以备兵荒。凡天下婚姻不论财。凡二十五家中陶冶木石等匠，俱用伍长，及伍卒为之，农隙治事。凡两司马办其二十五家婚娶吉喜等事，总是祭告天父上主皇上帝，一切旧时歪例尽除。其二十五家中童子俱日至礼拜堂，两司马教读旧遗诏圣书，新遗圣书及真诏旨书焉。

其次他们对于妇女方面的解放，不但在中国历史上放一异彩，就是在世界的妇女运动史上，也可以说是时代的先驱。在铲除恶习上，他们禁止妇女缠足，禁止妇女当娼，禁止纳妾，在教育和职业上，他们给与妇女和男人同等的机会，在考试上，女也有女科，他们拔取参加女科考试的傅善祥为第一，是因为她力辟"惟女子与小人为难养也"的经训。此外在政治军事上妇女也有同样的利权，女丞相和女军职有设备，据说当时有女官六千五百八十四人，而女兵也有三十万人。

此外对于奴隶的禁止，刑法的改善，白话文的提倡等，均是新政中之最可注意的。

又如在外交上他们因为在香港各处与外人接触较多，而且因为以宗教为政治运动的中心，故国际间的平等对待条约上的遵守，以及战时的公法与中立法的应用，据林利的《太平天国外纪》，比之西洋各国较为公道。

我们现在再来谈谈戊戌维新运动。

要是太平天国的政治运动是鸦片战争的一种影响，那么戊戌维新运动，可以说是甲午中日之战的反响。梁启超在《戊戌政变记》里说道（卷七页一）：

> 唤起支那四千年之大梦，实自甲午一役始也。支那之大患由国家视其民为奴隶，积之既久，民之自视亦如奴隶焉。彼奴隶者，苟抗颜而干预主人之家事，主人必艴然而怒，非摈斥则谴责耳。故奴隶于主人之事，罕有关心者，非其性然，势使之然也。支那之人视国事若于己无与焉，虽经国耻历国难，而漠然不以动其心者，非其性然也，势使然也。且其地太辽阔，而道路

不通，彼此隔绝，异省之民罕有交通之事，其相视若异国焉，各不相知，各不相关，诚有如小说家所记巨鲸之体，广袤数里，渔人斵其背而穴焉，寝处于是，炊爨于是，而巨鲸渺然不之知也，故非受巨创负深痛，固不足以震动之。昔日本当安政间，受浦贺舰一言之挫辱，而国民蜂起，遂成维新。支那则一经庚申圆明园之变，再经甲申马江之变，而十八行省之民，犹不知痛痒，未尝稍改其顽固嚣张之习，直待台湾既割，二百兆之偿款既输，而鼾睡之声，乃渐惊起，此亦事之无如何者也。

戊戌维新运动的起因，既是由于受挫于方事努力于西洋化的日本，而这次运动的中坚人物，却是广东的康有为。康氏之所以从事于维新运动的背景，据梁启超的《康有为传》里有下面一段话：

其时（康氏三十岁左右）西学初入中国，学国学者，莫或过问，先生僻处乡邑，亦未获从事也。及道经香港上海，见西人殖民政治之完整属地如此，本国之进步更可知。因思所以致此者，必有道德学问以为之本原。乃悉购江南制造局及西教会所译各书画读之，彼时所译者皆初级普通学及工艺兵法医学之书，否则耶稣经典论疏耳，于政治哲学毫无所及，而先生则别有会悟，能举一反三，因小以知大，自是于其学力中，别开一境界。

这是康有为后来在政治舞台上活动的背景，他的上书请求变法，也是从这种激励而来。我们相信康氏所受这种激励，必定很为厉害，否则决不会以一介书生，布衣平民，伏阙上书，请求变法。所谓变法，据康氏的意见，不外是取法西洋，其所以要取法西洋，是一方面见得俄人蚕食东方的阴谋，一方面见得日本效法西化的效果。无奈那个时候的臣僚，不但以人微言轻，而且康氏为狂夫，而且所谓变法，已为他们闻所未闻而反对。直到乙未战败以后，康氏始再有赴京师，重张旗鼓的机会，这时恰为会试之年，各省举人集于北京者以万数千计，康氏及其弟子梁启超，趁了这个机会，创议由各省举人署名上书请求变法，结果先由广东湖南的举人们署名，然后各省影响，从此开近代学者参加政治的先河，这就是后人所说的"公车上书"。公车上书是在光绪二十一年三月间，至四月五月，有为一再上书，然终因大臣的妒嫉，而未得达。康氏不得已南行回粤，直到光绪二十三年十二月德人占据胶州湾，康氏乃再由粤到北京再上书陈请变法，这一次的上书，始得光绪览阅，而康氏此后也逐渐见用。他所著述的《日本变政考》《俄彼得变政考》均为光绪命令进呈，于是光绪始决定变法。这一次的维新运动，因守旧派的势力太大，而致有政变的发生。故若照其政策的实施方面来说，无大可纪，然若照其在历史上的重要方面来看，当然不能忽视。我们以为设使没有这次的维新运动，那么此后的革命运动的"成功"，也许没有这么快。设使这次的维新运动而能成功，那么革命运动也许不会发展，至少也不会成功这么快。不但这样,此后八国联军之入京,也和维新运动有很密切的关系。所以维新运动之有否,以及其成败,在中国的历书上,的确是一件极重要的事情。

事实上我们有时也会相信以家传理学,世尊孔孟,而同时又未出国门一步,未懂外国语言的康有为来提倡西法,也许会因"来源浅觳易竭",而不能提倡澈底的西化,所以就使康氏能够成功,于中国前途也许不会大有裨益,大有补救。试看他之尊崇孔教,以及出国以后,日趋于守旧复古,就能相信我们这些意料,也许是对的。然像康氏这样的人,而能大声疾呼提倡西化,委实是不容易找出来的。我们可以说十九世纪的最后十年的维新中坚人物,恐怕除了曾经直接受过西化的淘冶像容纯甫、严又陵外,要算康有为了。

康氏的维新计画,大都可以从他的著作,而尤其是他的奏稿中见之。然他的意见,中国若想自存,一定要变法,而所谓变法,就是变中国的旧法,而仿效西洋的新法。他见到中国和西洋的政治是很差异的。中国之所以失败所以积弱,是由于中法的不合时宜,欧美之所以强胜,是由于西法的善良。且看他说:

> 窃自东事败后,近者胶旅继割,国势凌夷,瓜分日闻,几不国矣。所以至于此者,一统闭关之治,与列强竞争之治,若冬夏冰炭之相反,水陆舟车之异宜也。今吾国处竞争之新世而行闭关之旧法,安能不危败乎?夫秋扇必捐,堂蓑无用;五月之裘难披,岸上之船不住,物之公理也。……逆天不祥,违时必败。若当变不变,必有代变之者矣,与其人为变之,何如自己变之为安适夫?印度者人代变者也,日本者自己变者也,得失之故,可以鉴矣。(《请告天祖誓群臣以变法定国是折》)

变法是应该的,而且是必然的,但是具体的变法,要从何处着手呢?康氏在《请废八股折》里说:

> 变法之道万千,而莫急于得人才;得人才之道多端,而莫先于改科举。今学校未成,科举之法未能骤废,则莫先于废弃八股矣。

康氏极陈八股的弊病,以为中国之割地败兵,皆是八股有以致之。故此折上去后,不久,光绪乃下诏废除八股,八股既废,他又请求开设学校。在他的《请开学校折》里,他说:

> 窃臣以狂愚请废八股,荷蒙圣明嘉纳,立下明诏施行,薄海回风,洗濯固陋,咸更新厉学以赞休明。夫以千年之弊俗,而一旦扫除之,非皇上之神武英断,何能致此。……虽然,譬诸治病,既以吐下而去其宿病,即宜急补养以培其中气,则今者广开学校,为最要矣。

这书上后,光绪也下诏谕各省府州县,设立学校,此外他又上疏请停弓刀石武试,改设兵校;请广译日本书,派遣游学。在后者里说:

> 学者所事，学八股试帖，读四书五经而外，无他学矣。其号称博学方闻之士，则有义理，考据，掌故，词章，舆地，金石诸学，通之者郡县寡得其人，然问以新世五洲之舆地，国土，政教，艺俗，盖皆茫然无睹，瞠目挢舌，若罔闻知。猝以投之大地，交通万国之世，以当各国之新法新学新器，安有不败者哉？盖人才之盲瞽，不足用也。数千年闭关自足使然也，吾永永闭关，以为今之世，犹古之世也。……吾今自救之图，岂有异术哉，亦亟变法，亟派游学欧美之政治工艺，文学，知识，大译其书，以善其治，则以吾国之大，人民之多，其易致治强，可倍速于日本也。

然而所谓效法欧美者，大都是间接的效法，所谓间接，就是主张派留学生赴日本，而其理由是：

> 译欧美之书，其途至难，成书至少。臣愚颛颛思之，以为日本我同文也，其变法至今三十年，凡欧美政治，文学，武备，新识之佳书咸译矣，但工艺少阙，不如欧美耳，译日本之书为我文字者，十之八，其费事至少，其费日无多也。

他又说：

> 大抵欧美以三百年而造成治体，日本效欧美以三十年而摹成治体；若以中国之广土众民，近采日本三年而宏规成，五年而条理备，八年而成效举，十年而霸图定矣。

本来这种不澈底的西化，就使当时能够实行，未必能得良果，何况庚子以后，张之洞、刘坤一等大臣，对于这些条陈，多能使其实现，而其结果，不但没有多大效益，而且养成三十年来的徒学皮毛的弊病。然而以康氏这样没有西学根底的人，而能够极力提倡西化，也是不容易找出来的；而且在当时的人们看去，委实是超过时代的见解呵。

上面所说者，是教育的维新，因为康氏觉得教育特别重要，所以也可以说这是变法的张本。至于政体方面，他所主张的是君主立宪，在《请定立宪开国会折》里说：

> 臣窃闻东西各国之强，皆以立宪开国会之故；国会者，君与国民共议一国之政法也。盖自三权鼎立之说出，以国会立法，以法官司法，以政府行政，而人主总之，立定宪法，同受治焉。人主尊为神圣，不受责任，而政府代之；东西各国，皆行此政体，故人君与千百万之国民，合为一体，国安得不强。吾国行专制政体，一君与大臣数人共治其国，国安得不弱，盖千百万之人胜于数人者，自然之数也。

此外他又组织戒缠足会，并上疏请求禁妇女裹足，而其理由是：

古今中外，未有恶俗苦体，非关功令，乃能淹被天下，流传千年，若斯之甚也；其可骇，莫甚焉。以国之政治论，则滥无辜之非刑；以家之慈恩论，则伤父母之仁爱；以人之卫生论，则折骨无用之致疾；以兵之竞强论，则弱种展转之谬传；以俗之美观论，则野蛮贻诮于邻国。是可忍也，孰不可忍。

其尤其激烈的条陈，是主张断发易服，其看他说长发之害：

且今物质修明，尤尚机器，辫发长垂，行动摇舞，误缠机器，可以立死。今为机器之世，多机器则强，少机器则弱，辫发与机器不相容者也。且兵争之世，执戈跨马，辫尤不便，其势不能不去之。

他又举出欧美人百数十年前，皆是辫发，因为机器的发达，故通通剪除。并且辫发于卫生殊为不合，而中国人之在外国者，又为外人目为豚尾，于国体面子，均不好看。所以日本、俄罗斯之变法，皆以断发为急务。其原因也不外是"改民观德，导民尚武，与欧美同俗，而习忘之"。至于易服的理由，可于下面一段话中见之。

今则万国交通，一切趋于尚同，而吾以一国衣服独异，则情意不亲，邦交不结矣。……以数千年一统儒缓之中国，褒衣博带，长裾雅步，而施万国竞争之世，亦犹佩玉鸣琚，以走趋救火也，诚非所宜矣。

他又以为赵武灵王之所以能胜胡人，是由于变服而骑，齐桓公之所以能称霸，是由于更易短衣；因此他极力主张采用西服。总之，我们详细的考研康氏的著作言论，无一不以欧美为鹄的。连他之主张尊孔教为国教，也是想以西洋人之崇奉其教之方法以崇奉孔子。所以他说：

夫小民智者少而愚者多，势必巫觋为政，妄立淫祀，崇拜神怪，乃自然之数矣。积世既久，方将敬奉之不暇，孰敢与争；于是淫祠遍地，余波普荡，妖庙繁立于海外，重为欧美所怪笑，以为无教之国民，岂不耻哉。然旋观欧美之民，祈祷必于天神，庙祀只于教主；七日斋洁膜拜，诵其教经，称于神名，起立恭默，雅琴合奏，一唱三叹，警其天良，起其斋肃，此真得神教之意，而又不失尊敬之心。

上面所说的各种计画或见解，大都是康氏所欲立即实现者；而且事实上，也有多少已经实现。至于康氏的理想世界之解释最详者，要算他的《大同书》。据梁任公的话，康氏著此书时，乃自出心裁，一无依傍，一无剿袭。然事实上细心阅过此书的人，恐怕不会相信梁先生的话罢。

第四章 南方与西化的政治（二）①

要是戊戌维新运动，而是甲午战败的反响，那么革命运动也是甲午战败的反响。革命运动的中坚人物是孙中山先生，关于孙先生之对于采纳西洋文化的主张，我们当在下面再述。我们在这里所要注意者，是在甲午以前的孙先生对于革命运动，还是没有坚决的意志。所以在那个时候，他在上李鸿章的书里，还希望能以政府的力量，来逐渐的改造中国。然而自从李氏拒绝，不见他，以及《马关条约》签字以后，孙氏的革命进行，始逐渐成为具体化。理论上的革命运动，虽像中山先生八年前的遗嘱所说，已有了四十年的历史，然而具体化的革命运动，却是甲午以后的事。这种的具体化的革命运动的先声，又要算乙未（一八九五）年的广州之役了。

乙未广州之役的目的，是想谋取广州以为革命根据地，其理由不外是因为南方民智较为开通；而且经济上和人才上均乃仰给于南方。可是这次的事机，因为被人告发，党人陆皓东们被捕，就地斩首。这一次的革命运动虽失败，然陆皓东们之视死如归的精神，实为后来推倒满清的种子。

陆氏对于南海县令李征庸提讯时，不但不愿跪，且索笔作书以代供辞，里面有段很为慷慨激昂。今摘录之于下：

> 吾姓陆名中柱号皓东，香山翠微乡人。……与同乡孙文同愤异族政府之腐败专制，官吏之贪污庸懦，外人之阴谋窥伺，凭吊中原，荆榛满目，每一念及，真不知涕泪之何从也。……要之，今日非废灭满清，决不足以光复汉族，非诛除汉奸，又不足以废灭满清。故吾等犹欲诛一二狗官，以为吾汉人当首一棒。今事虽不成，此心甚慰，但一我可杀，而继我而起者，不可尽杀。公羊既殁，九世含冤，异人归楚，我说自验。吾言尽矣，请速行刑。

其实革命之所以能够成功，全赖在"一我可杀，而继我而起者，不可尽杀"，而革命之所以失败，也是由于这种精神的缺乏。皓东因为措辞激烈，又不肯说出同谋的人名，李征庸曾加以最残忍的酷刑，然而他却说道：

> 汝虽以严刑加我，但我肉痛心不痛，汝其奈我何！

乙未广州之役后五年，中国又罹庚子之祸。庚子之祸的反响，又要算庚子惠

---

① 校按：本章录自已发表的《南北文化观》第八章之前半部分内容，原标题为"南方对于西化的贡献"，见《岭南学报》第3卷第3期，第124～130页。错漏衍字、个别标点酌改。

州之役。这一次的革命运动的中坚人物，要算郑士良。郑氏以惠州的归善县属之三洲、田稔山等处为根据地。最初起事时，仅有六百人，后来随者日众，声势颇大。然后来终以众寡悬殊，接济来源的缺乏，而致于失败。

惠州之役后二年，又有洪全福广州之役。洪本为洪秀全之侄，太平天国败后，逃迹香港，因和素持种族革命思想的谢日昌、谢缵泰父子相识，而得识港中富商李某。李某见得惠州之败，心殊不甘，乃出了好多的资助，以图在广州举事。经过数月后的筹备，拟于一九〇二年晚起事，不意又因事泄，而归于失败。这一役被捕而判死刑者七人，其他监禁者尚多，全福与谢缵泰乔装逃避，始得出险。

到了一九〇三年，在云南方面又有周云祥临安之役。周氏因愤清廷与法国立云南不让于他人之约，遂有保滇会的设立。其目的是为驱逐满人，以保土地主权。适蒙自县令孙某拟捕云祥勒赎，云祥乃乘机起事，先后占据临安、屏州等处，弄到当道要发二十万兵，也没办法，但是后来终因孤立无援，以致失败。

云南临安之役既失败，次年（一九〇四）长沙之役又发生。这一次的中坚人物，要算黄兴。此外刘揆一、杨笃生们也为此役的重要份子。他们联络了哥老会的首领马福益预定在长沙、岳州、衡州、宝庆、常德各处起事，可是事前事机不密，黄刘马诸人仅以身免。

长沙之役既失败，马福益逃广西，后潜返湖南（一九〇五），事泄，为端方捕杀。其党徒闻之大愤，同时又有留日学生多人，返国鼓吹革命，并决定于一九〇六年十二月起事，后因事泄，不得已遂于十月十九日发难，不数日间占据了好多地方，弄到湘、鄂、赣、苏各省督抚，大为震动。可是这些军人没有一点训练，结果也是失败。这一次的革命运动，有了一篇很可注意的檄文，今摘录于后。

黄帝纪元四千六百零四年，岁次丙午十月吉日，中华国民南军革命先锋队都督龚（春台）奉中华民国政府命，照得鞑虏原系东胡异族，游牧贱种，自汉隋唐宋以来，久为我中华汉族之寇仇。有明末造，鞑虏逞其凶残悍恶之性，屠杀我汉族二百余万，据我中华，窃我神器，奴沦我同胞，我黄帝神明之胄，四百兆之众，隶于奴界二百六十年于兹。汉族为亡国之民，中华隶犬羊之宇，凡我叔伯昆仲诸姑姊妹，曷任伤心。太平天国起义师于广西，誓必逐鞑虏，恢复中华，以雪灭国之耻，乃曾国藩胡林翼等不明大义，罔识种界，认贼为父，呼贼作君，竭湘军全力，自戕同种。致使汉族得恢而复湮，胡氛将灭而又振，湘人之罪，涸洞庭之水，不能洗其污，拟衡岳之崇，不能比其恶；凡吾湘人，实无以对于天下。今者划清种界，特兴讨罪之师，率三湘子弟，为天下先，冀雪前耻，用效先驱。……当知本督师只为同胞谋幸福起见，毫无帝王思想存于其间，非中国历朝来之草昧英雄，以国家为一己之私产者所比，本督师于将来之建设，不但驱逐鞑虏不使少数之异族专其权利，且必破除数千年之专制政体，不使君主一人犹享特权于上。必建立共和民国，与四万万同胞享平等之利益，获自由之幸福；而社会问题，尤当研究新法，使地权与民平均，不致富者愈富，成不平等之社会。此等幸福，不但在鞑虏宇下者所未梦见，即欧美现在人民，亦未曾完全享受。凡我同胞，急宜竭力，以扫除腥膻，建立乐国。

从此段的檄文里，我们知道这次的革命运动，不但是反抗满族的统治，而且反抗专制的政体，而建立一个共和的国家。这种思想显明是受过一九〇五年在日本成立的同盟会军政府的宣言的影响。

到了一九〇七年又有潮惠钦廉之役。这些地方的政治运动均由同盟会主动，然通通因太过涣散而接济来源缺乏，以致失败。同年在安庆方面先后又有徐锡麟和熊成基之役。徐氏本和浙江的秋瑾们预备在安徽、浙江等处做大规模的起义，后以事泄，决计速发。徐氏仅于其所办巡警学校学生毕业之期击毙皖抚恩铭，他自己旋也被擒。同时浙方也派兵捕秋瑾杀之，熊成基于徐氏起事后数月，又在安庆率其马炮营队发难，然皖抚朱家宝因先知有变，闭城严守，至城内内应者不能联络，而政府外面驻防军队又被召以救朱氏，马炮营队不能敌，熊氏仅以身免。

一九〇七年在钦廉的革命军既失败，后一年又转变方针，改由安南进攻广西，并先拟以镇南关为根据地。然不久又失败，黄兴乃再入钦廉，横行于钦廉、上思一带，因子弹缺乏，以致失败。同时黄明堂也联络清军攻河口，清兵投降者五千人，后以指挥缺人，清兵云集，也不得已而退入安南。

从一九〇七年至一九〇八年间，革命军在云南、两广各处失败，凡五六次，革命党人精锐既受损失，前途颇为悲观，然他们还是努力，所以一九〇九年黄克强与赵伯先运动广州之新军，拟于一九一〇年正月发难。适十二月卅夜，新军兵士以细故与巡警互殴，提早发难，子弹既缺，仓卒之间，没有整个计画，支持三四日间，终归于全军覆灭。

新军之役，是在一九一〇年头，到了年晚，又有再在广州起事的筹备，这一次的规模较大，而计画较为周密，而且参加者均革命党里的优秀分子。初本拟于一九一一年三月十五日起事，后以军械款项尚未到齐，且事前十数日温生才行刺孚琦，清吏大为戒备，故尔迟至三月廿九日，这就是后来所谓黄花岗之役。这次发难虽未成功，然其损失之巨，影响之大，为革命运动以来之最甚者。孙中山先生在《〈黄花冈烈士事略〉序》里说：

> 满清末造，革命党人历艰难险巇，以坚毅不挠之精神与民贼相搏，踬踣者屡，死事之惨，以辛亥三月二十九日围攻两广督署之役最苦。吾党菁华，付之一炬，其损失可谓大矣。然是役也，碧血横飞，浩气四塞，草木为之含悲，风云因而变色；全国久蛰之人心，乃大兴奋，怨愤所积，如怒涛排壑，

不可遏抑，不半载而武昌之大革命以成。则斯役之价值，直可惊天地，泣鬼神，与武昌革命之役并寿。

黄花冈之役之最足以感动人者，乃是诸烈士的慷慨赴死的精神，下面所抄录数段，就是这种精神的表示：

> 夫男儿在世，不能建功立业，以强祖国，使同胞享幸福，虽奋斗而死，亦大乐也。且为祖国而死，亦义所应尔也。儿刻已念有六岁矣，对于家庭本有应尽之责任，只以国家不能保，则身家亦不能保，即为身家计，亦不得不于死中求生也。儿今日极力驱满尽国家之责任者，亦即所以保卫身家也。他日革命成功，我家之人，皆为中华新国民，而子孙万世亦可以长保无虞，则儿虽死，亦瞑目于地下矣。(方声洞《禀父书》)

> 吾至爱汝，即此爱汝一念，使吾勇于就死也。吾自遇汝以来，常愿天下有情人，都成眷属；然遍地腥云，满街狼犬，称心快意，几家能够，司马春衫，吾不能学太上之忘情也。语云，"仁者老吾老以及人之老，幼吾幼以及人之幼"，吾充我爱汝之心，助天下人爱其所爱，所以敢先汝而死，不顾汝也。汝体我此心，于啼泣之余，亦以天下人为念，当亦乐牺牲吾身与汝身之福利，为天下人谋永福也，汝其勿悲。……吾辈处今日之中国，国中无地无时，不可以死，到那时使吾眼睁睁看汝死，或使汝眼睁睁看我死，吾能之乎？抑汝能之乎？(林觉民《与妻书》)

事实上武昌之役，要是能说是成功，则其基础完全筑在过去十五年来的革命运动。而过去十余次除了徐锡麟、熊成基在安庆之役外，没有一次不是以两广、云南为中心，连了满清之推倒，还是以南方为中心。我们试一读清帝退位的诏文里，所谓"今全国人民心理，多倾向共和，南中各省，既倡义于前，北方诸将，亦主张于后"。便能知道这次的革命成功，是以南方为主体。

到了民国以后的革命运动，也以南方为根据地。北方袁世凯于民国二年间暗杀宋教仁，违背宪法，下令免去三省都督（江西李烈钧，广东胡汉民，安徽柏文蔚）本职，最先宣布独立者，是江西的李烈钧，继续而策应李氏的是江苏、安徽、福建、广东、湖南诸省。这一次的革命，就是所谓第二次革命。第二次革命因为举事太迟，而致失败，然护国军在云南起义，却是置袁氏于死的主动力。

云南护国军的起义，是反抗袁氏之帝制运动，原来袁氏久蓄帝制之心，后来遂有所谓筹安会之发起，研究中国是否适宜于君主的问题。其后又改为宪政协进会，继而又有所谓参政院以代行立法院的筹备。其目的均是促进帝政的实现。最后乃由参政院召集所谓国民代表大会，投票改决国体，结果于民国四年十二月十一日所谓民国代表全体投票，赞成君主立宪。袁氏应允，遂下令承认为帝（十二月二十日），并决定五年为洪宪元年。

袁氏帝制的运动既实现，蔡锷及其师梁启超由北方潜逃至云南同谋抵抗，并于十二月二十日用将军唐继尧，巡按使任可澄名义，致电袁氏请取消帝制，诛除祸首，并于迟二日，分道出师讨伐袁氏。袁氏闻讯，先免唐、任等官职，后乃以武力压服。可是贵州、广西、广东、四川、湖南各省，均先后响应，并在南方组织军务院。人心所向，势如破竹，而袁氏竟因羞愤迫，于五年六月六日毙于北京之新华宫，而所谓帝制运动，遂告一段落。

袁氏帝制运动，虽未实现，然继他而起者，又有复辟运动，其主谋人物为张勋。张氏于民国六年夏入京，七月一日入清宫，奏请复辟。可是消息一传出，浙江、江西、湖北、湖南首先反对，其后段祺瑞由津率兵平定复辟。

段氏虽是平定复辟，但是对于已经中断的立法机关，却不愿加以恢复，于是滇督唐继尧首发通电，表示不满意。时同广东省长朱庆澜表示愿与民党提携，而海军司令程璧光第一舰队林葆怿均通电主张拥护约法，恢复国会。于是南方护法之役，遂而产生。此后南北相持对峙者数年，直到民国十七年北伐成功，中国始暂呈统一之状。

在南北对抗的时期中，孙中山先生所发表的《北伐宣言》及《三帅令》，是值得我们注意的，兹抄录于后。①

《北伐宣言》说：

> 国民革命之目的，在造成独立自由之国家，以拥护国家及民众之利益。辛亥之役，推倒君主专制政体暨满洲征服阶级，本已得所藉手，以从事于目的之贯徹。假使吾党当时能根据于国家及民众之利益，以肃清反革命势力，则十三年来政治根本当已确定，国民经济、教育荦荦诸端当已积极进行。革命之目的纵未能完全达到，然不失正鹄，以日跻于光明，则有断然者。
>
> 原夫反革命之发生，实继承专制时代之思想，对内牺牲民众利益，对外牺牲国家利益，以保持其过去时代之地位。观于袁世凯之称帝，张勋之复辟，冯国璋、徐世昌之毁法，曹锟、吴佩孚之窃位盗国，十三年来连属不绝，可知其分子虽有新陈代谢，而其传统思想则始终如一。此等反革命之恶势力，以北京为巢窟，而流毒被于各省。间有号称为革命分子，而其根本思想初非根据于国家及民众之利益者，则往往志操不定，受其吸引，与之同腐，以酿成今日分崩离析之局。此其可为太息痛恨者矣！
>
> 反革命之恶势力所以存在，实由帝国主义卵翼之使然。证之民国二年之际，袁世凯将欲摧残革命党以遂其帝制自为之欲，则有五国银行团大借款于

---

① 校按：自此段至本章倒数第二段，非已发表的《南北文化观》中的内容，亦不见陈序经自抄稿（凡录自己发表的《南北文化观》中内容，陈序经只在目录中标示出处的页码，并未手抄）。但见于南开大学图书馆馆藏之代抄稿，此处依南开大学图书馆馆藏录之。

此时成立,以二万万五千万元供其战费。自是厥后,历冯国璋、徐世昌诸人,凡一度用兵于国内以摧残异己,则必有一度之大借款资其挥霍。及乎最近曹锟、吴佩孚加兵于东南,则久悬不决之金佛郎案即决定成立。由此种种,可知十三年来之战祸,直接受自军阀,间接受自帝国主义,明明白白,无可疑者。

今者,浙江友军为反抗曹锟、吴佩孚而战,奉天亦将出于同样之决心与行动,革命政府已下明令出师北伐,与天下共讨曹锟、吴佩孚诸贼。于此有当郑重为国民告且为友军告者:此战之目的不在覆灭曹吴,尤在曹吴覆灭之后永无同样继起之人,以继续反革命之恶势力;换言之,此战之目的不仅在推倒军阀,尤在推倒军阀所赖以生存之帝国主义。盖必如是,然后反革命之根株乃得永绝,中国乃能脱离次殖民地之地位,以造成自由独立之国家也。

中国国民党之最终目的在于三民主义,本党之职任即为实行主义而奋斗。故敢谨告于国民及友军曰:吾人颠覆北洋军阀之后,必将要求现时必需之各种具体条件之实现,以为实行最终目的三民主义之初步。此次爆发之国内战争,本党因反对军阀而参加之,其职任首在战胜之后,以革命政府之权力扫荡反革命之恶势力,使人民得解放而谋自治;尤在对外代表国家利益,要求从新审订一切不平等之条约——即取消此等条约中所定之一切特权,而重订双方平等互尊主权之条约,以消灭帝国主义在中国之势力。盖必先令中国出不平等之国际地位,然后下列之具体目的方有实现之可能也。

(一)中国跻于国际平等地位以后,国民经济及一切生产力方得充分发展。

(二)实业之发展,使农村经济得以改良,而劳动农民之生计有改善之可能。

(三)生产力之充分发展,使工人阶级之生活状况,得因其团结力之增长而有改善之机会。

(四)农工业之发展,使人民之购买力增高,商业始有繁盛之新机。

(五)文化及教育等问题,至此方不落于空谈。以经济之发展使智识能力之需要日增,而国家富力之增殖,可使文化事业及教育之经费易于筹措;一切智识阶级之失业问题,失学问题,方有解决之端绪。

(六)中国新法律,更因不平等条约之废除,而能普及于全国领土,实行于一切租界,然后阴谋破坏之反革命势力无所凭借。

凡此一切,当能造成巩固之经济基础,以统一全国,实现真正之民权制度,以谋平民群众之幸福。故国民处此战争之时,尤当亟起而反抗军阀,求此最少限度之政纲实现,以为实行三民主义之第一步。

中华民国十三年九月十八日

此外，北伐进行中之《三帅令》中说：

> 去岁曹锟斁法行贿，渎乱选举，僭窃名器，自知倒行逆施，为大义所不容，乃与吴佩孚同恶相济，以卖国所得为穷兵黩武之用，藉以摧残正类，销除异己，流毒川、闽，四海同愤。近复嗾其鹰犬，驐突浙江，东南富庶，横罹锋镝，似此穷凶极戾，诚邦家之大蠹，国民之公仇。比年以来，分崩离析之祸烈矣，探其乱本，皆由此等狐鼠藉城社，遂使神州鼎沸，生民丘墟。本大元帅夙以讨贼戡乱为职志，十年之秋，视师桂林，十一年之夏，出师江右，所欲为国民剪此蟊贼，不图宵小窃发，师行顿挫，遂不得不从事扫除内孽，绥缉乱余。今者烽烟虽未靖于东江，而大战之机，已发于东南，渐及东北，不能不权其缓急轻重。古人有言曰："豺狼当道，安问狐狸？"故遂克日移师北指，与天下共讨曹、吴诸贼。此战酝酿于去岁之秋，而爆发于今日，各方并举，无所谓南北之分，只有顺逆之辨。凡卖国殃民，多行不义者，悉不期而附于曹、吴诸贼。反之抱持正义，以澄清天下自任者，亦必不期而趋集于义师旗帜之下。民国存亡，决于此战，其间绝无中立之地，亦绝无可以旁观之人。愿我各省将帅，平时薄物细故，悉当弃置，集其精力，从事破贼，露布一到，即当克期会师。凡我全国人民，应破除苟安姑息之见，激励勇气，为国牺牲，军民同心，以当大敌，务使曹、吴诸贼，次第伏法，尽摧军阀，实现民治。十三年来丧乱之局，于兹救平，百年治安大计，从此开始。永奠和平，力致富强，有厚望焉。布告天下，咸使闻知。九月五日

又说：

> 本大元帅于去岁之春，重莅广州，北望中原，国本未宁，危机四布，而肘腋之地，伏莽纵横，乘隙思逞，始欲动之以大义，结之以忠信，故倡和平统一之议，以期销弭战祸，扶植民本。不图北方跋扈武人——曹锟、吴佩孚等，方欲穷兵黩武，摧锄异己，以遂其僭窃之谋，乃勾结我叛兵，调唆我新附，资以饷械，嗾其变乱，遂使百粤悉罹兵燹，北江群寇，蜂拥而至，东江叛兵，乘时蠢动。西江南路，跳梁亦并进。当此之时，以一隅之地，撄四面之敌，赖诸将士之戮力，人民之同心，兵锋所指，群贼崩溃，广州根本之地，危而复安。在将士劳于征战，喘息不遑，在人民疲于负担，筋力易敝。然革命军不屈不挠之精神，已渐为海内所认识矣。曹、吴诸贼，既不获逞于粤，日暮途远，始窃名器以自娱，于是有斁法行贿，渎乱选举之事。反对之声，偏于全国，正义公理，本足以褫奸宄之魄，然天讨未申，元凶稽戮，转足以坚其盗憎主人之念。湖南讨贼军入定湘中，四川讨贼军规复重庆，形势甫展，而大功未就。曹、吴诸贼，乃益无忌惮，既吮血于福建，遂磨牙于浙江，因以有东南之战事。逆料此战事，且将由东南而渐及于东北。去岁贿

选时代所酝酿之大战,至此已一发而不可遏。以全国言,一切变乱之原动力,在于曹、吴,其他小丑,不过依附以求生存,苟能锄去曹、吴,则乱源自息。以广东言,浙江、上海实为广东之藩篱,假使曹、吴得逞于浙江、上海,则广东将有噬脐之祸。故救浙江、上海,亦即以存粤。职此之故,本大元帅已明令诸将,一致北响讨贼,并克日移大本营于韶州,以资统率。当与诸军会师长江,饮马黄河,以定中原。其后方留守之事,责诸有司。去岁以来,百粤人民,供亿军费,负担綦重,用兵之际,吏治财政,动受牵掣,所以苦吾父老兄弟者甚至。然存正统于将绝,树革命之模型,吾父老子弟所有造于国者亦甚大,当此全国鼎沸之日,吾父老子弟,尤当蹈厉奋发,为民前驱,扫除军阀,实现民治,在此一举,其各勉旃!毋忽。九月五日

又说:

最近数十年来,中国受列强帝国主义之侵略,渐沦于次殖民地,而满洲政府仍牢守其民族之特权阶级,与君主之专制政治,中国人民虽欲自救,其道无由,文乃率导同志,致力革命,以肇建中华民国,尔来十有三年矣。原革命之目的,在实现"民有""民治""民享"之国家,以独立自由于大地之上,此与帝国主义,如水火之不相容。故帝国主义,遂与军阀互相勾结,以为反动。军阀既有帝国主义为之后援,乃悍然蔑视国民,破坏民国,而无所忌惮。革命党人与之为殊死战,而大多数人民,仍守其不问国事之习,坐视不为之所,于是革命党人,往往势孤而至于蹉跌。十三年来,革命所以未能成功,其端实系于此。广东与革命关系最深,其革命担负亦最重,元年以来,国事未宁,广东人民亦不能得一日之安。九年之冬,粤军返旆,宜若得所藉手,以完革命之志事。而曾不须臾,典兵者已为北洋军阀所勾引,遂以有十一年六月之叛乱。至十二年正月,藉滇、桂诸军之力,仅得讨平,然除孽犹蜂聚于东江,新附复反侧于肘腋。曹锟、吴佩孚遂乘间抵隙,豫赣军入北江一带,西江南路亦同时啸起,广州一隅,几成坐困。文率诸军,四围冲击,虽所向摧破,莫能为患。然转输供亿,苦我广东父老昆弟至矣。军事既殷,军需自繁,罗掘多方,犹不能给,于是病民之诸捐杂税,繁然并起。其结果人民生活,受其牵掣,物价日腾,生事日艰。夫革命为全国人民之责任,而广东人民所负担为独多,此已足致广东人民之不平矣。而间有骄兵悍将,不修军纪,为暴于民,贪官污吏,托名筹饷,因缘为利,驯致人民生命自由财产,无以保障,交通为之断绝,廛市为之雕败,此尤足令广东人民叹息痛恨,而革命政府所由彷徨夙夜,莫知所措者也。广东人民身受痛苦,对于革命政府,渐形失望,而在商民为尤然。殊不知革命主义为一事,革命进行方法又为一事。革命主义,革命政府始终尽力,以求贯彻,革命进行方法,则革命政府,不惮因应环境以求适宜。广东今日此等现状,乃革命进行

方法未善，有以使然，于革命主义无与。若以现状之未善，而谤及于主义之本身，以反对革命政府之存在，则革命政府，为拥护其主义计，不得不谋压此等反对企图，而使之销灭。三十余年来，文与诸同志实行革命主义，不恤与举世为敌，微特满洲政府之淫威，不足撄吾怀抱，即举世之讪笑咒诅，以大逆无道等等恶名相加，亦夷然不以为意，此广东人民所尤稔知者也。故为广东人民计，为商民计，莫若拥护革命政府，实行革命主义，同时与革命政府，协商改善革命之进行方法。盖前此大病，在人民守其不问国事之习，不与革命政府合作，而革命政府为存在计，不得不以强力取资于人民，政府与人民之间，遂生隔膜。今者革命政府不恤改弦更张，以求与人民合作，特郑重明白宣布如下：（一）在最短时期内，悉调各军，实行北伐。（二）以广东付之广东人民，实行自治。广州市政厅克日改组，市长付之民选，以为全省自治之先导。（三）现在一切苛捐杂税，悉数蠲除，由民选官吏另订税则。以上三者，革命政府已决心实行，广东人民，当知关于革命之进行方法，革命政府不难徇人民之意向，从事改组。惟我广东人民，对于革命之主义，当以热诚扶助革命政府，使之早日实现，庶几政府人民，同心同德，以当大敌。十三年来未就之绪，于以告成。中华民国实嘉赖之。九月十日〔一九二四・九・十八〕

一部革命运动史中的事实，若是叙述起来，要成一本很伟大的作物，这里所记述的只不外是一个大概，可是我们所得到的认识，乃是差不多每一次的革命运动，都是策源于南方。

第二编

第五章　南方与西化的都市（一）①

新式城市的发展的历史，在中国并不算久，然而新的市政的设立之最早的，可以说是在南方，广州、汕头是这种新的市政的嚆矢。广州的市政厅的组织，是以民国十年二月十五日，由广东省长所公布的《广州市暂行条例》为根据，而广州的新式市政厅，严格的说，也始于这个日子。汕头市的筹办，则始于民国十年二月，而成立于同年五月。

汕头市的制度与广州市的制度，大致上是相同而略为变通。其实，前者也可以说仿效后者而来。而且除了汕头市之外，我国的其他各处的新式市政的制度的施行，大致上也是仿效或参考广州的而来，所以，广州实为我国新式市政的策源地。

广州的新式市政的制度，虽正式成立于民国十年二月十五日，然广州在这个日子之前，对于新式市政的推进的历史早已注意。

我们知道，广州是广东省的省会，同时在历史上又是中西交通的要冲，近代吾国的新式事业的发展，又多策源于这个地方。但是，从前一切关于市政的设施，如公安与街道等项，乃由人民或各处街坊自行办理，政府对于这些事情根本就少过问。到了清代的下半叶，在广州曾设立巡警道，这可以说是政府对于市政的注意的开始。清朝末年，岑春煊督粤的时候，曾开始填平珠江北岸的江旁，建筑一条长堤，这就是现在的长堤马路的开始，这也可以说是我国都市的新式马路的先河。那时候所建筑的长堤，若用现在的眼光来看，狭隘得很，但是在那个时候，不只是新马路，而且是大马路。其实，就是现在已经改造的长堤，还是狭隘得很。珠江的河道既因长堤马路的建筑而变为狭小，除了此后店铺退后，长堤是不容易去扩大的。

辛亥革命之后，民国元年的时候，孙中山先生曾写一封信给与康德黎夫人，他说："我不久将有广州之行，届时拟将老城改建为新式的、近代的。"（参看陆达节编《孙中山先生外集》页五六）我们知道，民国初年，胡汉民为广东都督

---

① 校按：本章依陈序经自抄稿，原稿无标点。

的时候，在政治上多有革新，而对于市政，而尤其是对于修筑街道方面，先为注意。他当时曾采用程天斗的拆城筑路的建议，同时又设立工务司专管其事。后来，陈炯明对于此事也很注意，然而癸丑之役，胡汉民与陈炯明先后所兴办的新政，既被推翻，而拆城筑路的计画也因之而中辍。

直到民国七年，广东当局又复根据前议，设立市政公所，置督办与坐办，但其职权也只限于拆城筑路。这种计画本分为数个时期举办，但是人们对于此事〈反对得〉① 很为厉害。人们而尤其商家虽反对得很为厉害，可是作督办的是督军与省长，而作坐办的是财政厅长与警察厅长，他们既不因人们反对而中辍，拆城筑路的工作乃得次第实现起来。

民国九年九月间，陈炯明由福建漳州率粤军返粤，以总司令而兼省长，对于地方自治极力提倡。又以广东为革命策源地，广州为全省首市，对于市政不能不积极兴办。于是，乃交法制编纂会起草广州市条例。在这个法制编纂会里，孙科乃编纂委员之一。这个市政条例是由他负责起草，起草之后，又经该会覆加研究，呈由省长核定公布。这个市政条例，就是民国十年二月十五日所公布的条例。

这次所公布的广州市条例，是叫作《广州市暂行条例》，虽是名为暂时，实为广州市政厅的组织根本法律。我们知道，自民国十年以至现在的二十多年中，广州市制变迁很多，有时为市长制，有时为委员制，有时为两者的折衷办法，时而直隶省府，时而属于政治分会，后又直隶中央。至于市参事会与市政委员会的更替，以至市各局的增裁，以至各种市政的设施上，若详加叙述，就是写了好几本书也未必能尽其所欲言。但是，我们在这里所要特别加以注意的，乃指明广州市政的实施，乃是中国新式都市的嚆矢。所以，我们在这里所说的，是其在初年草创的时候的概略，至于后来或最近的发展，只能从略。

大致上，民国十年二月十五日，由广东省长所公布的《广州市暂行条例》，在组织上是分为三个部分：一为市行政委员会，二为市参事会，三为审计处。市行政委员会的职权为议决执行市事务的机关，市参政会虽规定为代表市民辅助市行政之代议机关，然其实只能称为一个议决咨询的机关。因其职权只规定为：（一）议决市民请愿案，（二）议决市行政委员会送交案件，（三）审查市行政各局办事成绩。而对于市行政各项，照第六条的规定，为办理第四条之各项行政，得征求市参政会之同意，并无必经议决的权。至于审计处，可以说是一个监督财政的机关。

这个条例公布之后，广东省议会曾指出这种作法是不合于民治的原理，而且同时指出这个条例应由省议会去议决，因为这是属于立法机关的范围，咨请省长

---

① 校按：依下文，此处自抄稿漏"反对得"三字。

暂缓实行。陈炯明接到这种咨请之后，曾找了起草《广州市暂行条例》的人们及其他有关的人物，商量应付的方法。商定之后，乃由他用省长名义咨覆省议会。这篇咨覆文字，不只对于实行市政的职权方面有所说明，而对于广州市政的制度上也有所解释。在我国新式市政开始的时候，这两方面的意见是值得我们注意的。所以，我们愿抄录这篇咨覆的文字于下面：

现准咨开本月二十三日，开议法律、庶政两股审查报告。《广州市暂行条例》一案，以原案条例偏重官治，未能与民治潮流适合，且条例为一种单行法，应由省议会议决等语。讨论终局佥谓该报告书所指条例各缺点，极有理由，多主张由本会将条例依法另订，并指定特别审查起草十人，限日报告。大会应请先咨省长，将《广州市暂行条例》暂缓实行，即付表决，多数通过相应备文，连同钞录该报告书咨请查照等由，附钞法律、庶政股审查报告一。扣准此查市政机关，专以经理市事业，纯为一种事务机关，其组织之良否，全视乎事务上能否获最良之效果为准。各国市制互有异同，大概可别为市会制、委员制，及市经理制，其中以市会制施行较早，仍本立法行政分权之义，将议决权与委行权分掌于两机关。二十世纪以前，欧美都市大抵不出此制之支配。世界繁盛都会，如美国之纽约城，亦曾采用此制。然其结果则全市事业为无赖政客所包揽，以致市政日趋腐败，公款滥用，市债积欠，几绝改良之希望。纽约市所谓"但蒙尼"党与"四十强盗"之名，至今言市政者，犹为之谈虎色变。降及晚年，则渐趋于委员制。近年，纽约市政史上最少年之米查尔市长就任，更从根本改革于纽约，市政始渐脱离恶势力之操纵，市事业亦日见改善。其余各都市之向采市会制者，于是相继易以委员制。可见官治民治不在形式，而在实际。市会制徒有形式上之市民代议机关，似趋重于民治，乃事实适得其反，此制无采用之价值已可见概见。《广州市暂行条例》既采用委员制，关于市政之议决权与执行权，一并归属于市行政委员会，此为市制上当然之系统。贵议会认为违反民治本旨，并谓偏于官治，似于市制统系与市政性质有所未喻。只持市会制之眼光，为委员制之批评，根本上发生误会。近年市政进步一日千里，美国都市犹以委员制为事权不专，更有进而采用经理制者，将全市事业委一市经理为之专管。诚以市政纯属事务性质，非统一事权难得最好之效果。准此以谈，市会制为过去不良之制，既绝无采用之余地；市经理制则事权专于一人，惟委员制实折衷于二者之间。是以几经考虑，始行决定采用。我国自改革以来，无论中央行省，凡选举事务，均受恶势力之操纵，选举机关亦鲜不为势力所利用，事实昭著无可为讳。兹内审本国情形，外参欧美经验，于市政创始时期，为图多数市民真正福利计，殊不能不暂循保育主义。市长、局长暂由本省长委任，原有前例可援，实非创举。美国格尔威斯顿为委员制之产生地，当施行此制之初，凡委员五人，由省长委任者三，此不过十年前事耳。以美国十年前之人民程度，比诸我国今日之人民程度为何如？而彼于开始时期，尚由省长委任，则我于试行时期内，更有不得不然者矣。且现定条例于市政委员会之外，更增市参事会为行政之辅助。其参事员之一部分由本省长委任者，诚以市长、局长既属委任，对于省长负责，而省长则对市民负责，所以不能不委派一部分之参事，以代表省长为市行政之监督。其余参事员仍由各界及市民选举，且每年选举一次。一则实行职业代表制，一则令全体市民养成选举之习惯，务期五年，以后实行市长民选，不致有紊乱之虞，实为促进民治之深意，用意至审。他如预算、决算与市债募集，特专设审计处为之审核，市参事会从而监督之，督责綦严，非漫无限制可比，亦可不必过虑。至市区域之广狭，于市政前途，关系匪轻，所以，特设市区测量委员会，专司测绘事务。广州市全部区域依暂行条例第一条之规定，以市区测量委员会所测绘之图为准，此属当然之事。盖地域界线非由专门技士精密测绘，绘画图式，无以为标准。其市政区域则有第二条之规定，得应时势之要求，由省政府特许扩张之，此亦为省政府原有之权，毫无疑义者。查广州市之行政区域向未规定，省会警察厅每因居民之绵延，即为之增加警察区署。其事实上，即为市区行政区域之扩张，惟似此漫无系统，不足为策画市政之标准。兹于市条例特别以规定，由省政府审察时势之要求，扩张市行政区域，实有一种有政策、有系统之规画，无可非议者。若以省会警察厅得于事实上扩张市行政区域，而省政府反无此权，恐无是理。至谓《广州市暂行条例》为单行法之一，应由贵议会议决等语。此条例只适用于广州市市行政区域之内，不能比于单行法。此项单行条例，除由本省长颁行外，已经军政府政务会议议决，令准在案，于法理事实均不容变更，准咨前由，相应咨复贵会，希为查照此咨。

这篇咨文里，为辩护省长的职权而提出各种理由是否有当，我们不愿在这里讨论。但是，在当时的情形之下，若非有了直往不回的决心，若非有了不怕非议的精神，要想实行新式市政是很不容易的。因为除了议会的不满意之外，省政府各厅各局，与番禺、南海两县之在广州有管理职权或有其他利益的，以至一般商家市民以及好多人士之守旧的，皆不见得对于这种设施能够赞同。

我们知道，广东既为富庶省份，而广州市又为广东财源荟萃之区，广州之各种税收，各种事业，有的由省政府之财厅或其他厅所管理者，有的是由两厅所共同管理的，有的是一县所管理的，有的是由两县所共同管理的。现在有了独立的市政府要把这些税收或事业都接收起来，使其在市政府管理之下，其为各厅各局各县所不愿意，是可以想见。至于市区域之划定，从番禺、南海两县看起来，不只县地要在归市府所有，就是县府所在地也在市区之内，结果后来还要迁移县府于他处，其对于他们不便不利之处，又可以概见。

至于商家市民以及好多人士之守旧的，之不赞成这种设施的，也是不少。商家市民之有铺店住宅的，因扩大街道而使其房舍须退后，或完全拆毁的，其不愿意这样的作，更为显明。而好多人士以为广州城垣乃伟大古物之一，破坏古物而为他们所反对，亦意中事。至于一些迷信者流，以为拆毁城垣于风水大为不利，使广州市民必受其殃，更不待说。还有些人以为双门底的铜盆滴泄，是中国古代发明之一，因拆毁城垣而拆毁此物，而表示反对。总而言之，在民智未开与旧思想旧习惯的势力很大的环境之下，无论那种不关重要的新设施，都必有人反对，而况要想把整个广州加以改造，其所影响之大是用不着说。

我们若想及后来中央政府决定成立南京市政府之后，江宁县因争地区的问题而发出宣言，以为非收复失地不干休，就能明白这种新式市政之不易办。而况，除了地界的争持之外，还有那么多的其他的利益的争持呢？又况守旧头脑、迷信心理的国人还是很多呢。

然而，广州新式市政却不因此而中辍，而且实行之后，商家市民以至一般的人士，逐渐却能看出其好处。因为比方街道放大了，阳光充足，不只对于市民卫生大有裨益，而且对于地价可以增加，对于火警易于扑灭。所以，在最初放大街道的时候，政府酌量赔偿其房舍的损失，还有人反对，然而后来一些民众，见得街道扩大之后有了这些利益，因而愿意自己去出钱扩大街道的。广州，比方西关好多地方，因为街道太小，火警一来无法制止，损失太大，所以有了一二街坊愿意自己出钱，而由政府去派人改大街道，就是一个很好的例子。

广东是革命策源地，广州在近代史上又因常常与外间接触而得风气之先，要想施行新式市政，还有很多困难，那么别的地方之欲兴办这种事业的，必遇着较多的困难，是自然而然的。但是，自广州革新之后，其他各处的大都会也相继而实行新式市政，不能不说是没有得力于广州的领导的功绩的。

广州的新式市政的实施，虽经过相当的时间与不少的困难，然而广州市政厅终于民国十年二月十五日成立，从此以后内部的变更虽然很多，但是大体上是日趋发达，而成为国人自建的新式都市中的先驱。二十余年来，国内新式市政日日发展，所谓都市主义（Urbanism）成为我国现代的维新运动的一种最为显明的运动。

其实，所谓都市文明是近代文明的特征之一，我国要现代化，对于这种文明不能不特别加以注意。广州在我国既为新式市政的先驱，那么广州的新式市政的概略，是值得我们在这里加以叙述，使我们对于所谓南方为新文化的策源地的意义，有了充分的了解。

大体的说，广州市政府在成立的时候，是包括了市行政组织、市参议会与审计处三方面，而其最重要的是市行政组织。在这一方面，除了市政厅的总办公处之外，还有各局去管理各种事务，这可以说是一个中央或政府的缩影。关于各局的职权与功用，我们当在下章再说。我们在这里愿意先将市行政组织、市参议会以及审计处的概略，加以说明。

广州市政厅在最初成立的时候，除了市政厅的总办公处之外，其他各局有各局的独立办公处。自市政府迁到中山公园之新房舍后，才合署办公。所以，在尚未合署办公之前，所谓市政厅实为市长办公的机关。市长是综理全市的行政事务，同时为市行政委员会主席。他对外代表市政府，他可以荐请省长委任局长，他自己有权去任免各局副局长、课长、技正、专员、技士，及其他支领月薪百四十元以上的职员。他执行市行政委员会所议决各事项，监督各局办理事务，裁决及执行不及提交市行政委员会议决之临时紧急事项，但须于下次市行政委员会会议时，交会追认。此外，对于编造市行政全部预算、决算，编造每年市行政报告书，呈报省长，也由他主持。

在最初的时候，在市政厅之下，除设财政、工务、公安、卫生、公用、教育六局之外，在厅内设秘书二人，总务一科。这一科内有四股，这就是文牍、庶务、编辑、稽查。稽查股后改为稽查所。

第一任市长是孙科，财政局长初为蔡增基，不久改为李思辕，工务局长为程天固，公安局长为魏邦平，他是以全省警务处长而兼任此职的，卫生局长为胡宣明，旋改为李奉藻，公用局长为黄桓，教育局长为许崇清，审计处长为刘兆铭。

广州市的新式市政是一种新式的事业，一种新运动，也可以说是西化的运动。因此之故，主管这个机关的主要人物，完全是西洋或日本留学生。孙科自己是在美国加利福尼州的州立大学与纽约的哥林比亚大学念过书，蔡增基也在哥林比亚大学毕业，李思辕也在美国留学，程天固是在加利福尼州州立大学毕业，胡宣明在美国约翰霍金斯及哈佛大学，李奉藻是留在美国的学医生的，黄桓是在法国留过学，而魏邦平与许崇清皆为留日学生。这些主管人物，除孙科是专学市政之外，其余诸位大致上其所主管的事务，就是其在学校时所专攻的科目，这可以说是用其所学或学有所用了。而且，就是在当时的市政厅与各局的，大多数的职员也为外国留学生。

其实，不只是广州市政厅成立之初，好多主要的职员乃是外国留学的学生，就是历年以来的市长、局长与重要职员，也很多为国外留学生。在任较久的林云阶，施行委员制时代的任朝枢，也都是留学生。至于技术人才方面，如工务，如卫生等等之多为留洋学生，更不待说。

市长与各局局长组成市行政委员会，而以市长为主席，这是根据民国十年二月十五日所公布的《广州市暂行条例》第七条而组织的。这个委员会的职权，是议决与执行市行政事务，可分为下列十六项：（一）关于市行政政策及计画事项。（二）关于市政单行条例事项。（三）关于各局内部组织及其组织之变更事项。（四）关于各局预算、决算及临时款需事项。（五）关于市政各种统计事项。（六）关于各局职务范围之疑点及不明统属事项。（七）关于各局间争执事项。（八）关于各局利弊之指陈及条议事项。（九）关于各局员司之作弊及不职事项。（十）关于各局长请假事项。（十一）关于各局拟订之契约及超过五千元之购置事项。（十二）关于各局员薪额及办事公费事项。（十三）关于各局建议事项。（十四）关于市参事会建议事项。（十五）关于各局办理章程细则之修订事项。（十六）关于其他未经规定事项。

至于各局局长的职权，有了下列十一项：（一）承市长命执行市行政委员会议决之各事项。（二）掌理局内一切事务。（三）关于局内员司办事成绩应对市长负责。（四）除副局长、课长、专员、技正、技士及其他支领月薪百四十元以上之职员，应呈请市长任免外，得黜陟其他员司。（五）核定关于局内员司请假事项。（六）关于市政兴革事项得陈议于市行政委员会，但有应须急行兴革事项，得陈请市长裁决执行之。（七）草定局内办事章程细则，提交市行政委员会议决之。（八）划行本局一切公文契约，但有专章规定者，均照章办理。（九）支配经市行政委员会准拨各该局需用之款项。（十）编造本局每年报告书送呈市长。（十一）编造每年预算、决算书送呈市长，核交市行政委员会议决之。

由市长及局长所组成之市行政委员会，在最初每星期举行会议两次，市长认为必要时，也可召集临时会议。会议时至少要有会员五人出席，始能开议，同时须得委员会之许可，会员始能连续缺席四次，或派代表出席，或是列席旁听。

上面是说明市政厅及市行政委员会以及市长、局长的职权，我们现在且来谈谈市参事会。

根据《广州市暂行条例》，市参事会是为代表市民，辅助市行政之代议机关，其职权在上面也已经说过，其会员分为下列三种：（一）由省长指派市民十人；（二）由全市市民直接选代表十人；（三）由商、工两界各选代表三人，教育、医生、律师、工程师各界各选出代表一人，总共为三十人。这是兼采委任制与选举制，而选举制又兼采普通选举制与职业代表制。广东省省长于民国十年二月十五日委任孙科为市长，而先一日已公布市选举条例及市选举委员会组织章程。同年四月，又由省署委杜之梂、钟荣光、黄焕庭、廖冰筠、罗雪甫为市选举委员会委员，筹备第二与第三两种选举。第一次选举是在六月一日，据委员会报告，全市选民投票者，不过一万一千九百七十三人，占全市民百分之一。这一次的选举，因有好多人舞弊，邓蕙芳、叶惠宜等女子多人自行组织选举监视团，分到各选举区监视，因而揭破舞弊事情，因而有九月一日的第二次的重行选举，首次被选的大半落选。在后一次选举中，邓蕙芳曾被选为参事，这是开了女子参政的先河，同时省署为尊重女子与劳工起见，又委任女子联合会会长伍汉持与广东总工会理事黄焕庭为参事。

参事会固然成立，可是因为会员的意见不同，竞争很烈，使参事长在好几个月内不易选出，而且因为参事会本身尚有好多缺点，到了民国十四年的八月十八日，又有了所谓市政委员会的设立，以代替所谓市参事会。市政委员会有委员十八人，完全由省政府委任，而以伍朝枢为委员长，邹鲁、金曾澄等为委员。可是后来又有人提倡恢复市参事会，然而直到现在，所谓民选市长固未实现，而正式的市民代表机关也始终没有实现。

市政委员会，据其暂行条例所规定，为一立法的机关，其委员是由省政府从下列的六个团体中各委任三人而组织的：一为现代职业团体，二为农会，三为工会，四为商会，五为教育会，六为自由职业者。第四条规定分别指定各委员组织五委员会，对于财政、工务、公安、卫生、教育五局，监查其职员有否渎职、违法或舞弊行政。

我们知道，这个时候市公用局曾被撤消，所以在市政委员会里，没有公用委员会。从一方面看起来，这个委员会的职权，比之以前的参事会的职权大很多。又据第十条规定，市政委员会议决案由主席咨请市行政会议执行之，市行政会议与市政委员会发生异议时，由省政府裁决之，市行政会议与市政委员长及财政、工务、公安、卫生、教育各局局长组织之。

最后，我们可以略谈市审计处。这是一个独立的机关，是一个监督财政的机关。审计处有处长一人，由省长委任，分为两科，科有科长，又有审计员四人及其他的职员。审计处的职权，是审查市行政范围内预、决算书，及各种收支单据，以至市行政委员会所订立有财政上关系之各种契约合同。此外，又如关于市财政会计上的方式，也得献议改良。

照《广州市审计处暂定执行规程》第七条规定，该处应行审查事项分为事前及事后两种。其属于事前审查者有下列五项：（一）广州市行政范围内每月预算书及独占营业特别预算书；（二）由市政厅发给补助费或贷借费之各团体之每月预算书；（三）由市债项下开支各局之发款命令并领款凭单；（四）关于会计上法律命令之草案及各种簿记之格式；（五）其他法令特定应经审计处审查事件。其属于事后审查者有下列四项：（一）总决算并各局每月决算报告书、市债决算书、特别会计决算书并证明单据；（二）广州市岁入征收官每年度征收额决算书并证明单据，及支付命令官每月支出决算书并证明单据；（三）由市公债项下开支各局之决算书并证明单据；（四）其他法令特定应经审计处审查事件。

这个审计处的设立，不只是广州新式市政上的一种特色，也可以说是中国政治上的新猷。我国一般的政府机关，对于款项方面往往浮报滥用，贪污舞弊层出不穷，要想在财政上能上轨道，不能不有健全的监督机关。广州市之设立这个审计处，目的可以说是要想杜绝这种贪污与舞弊的发生。

我们承认，有了良好的制度，未必能够完全除去这种毛病，然而假使连了这种制度也没有了，那么贪污舞弊则更易产生。所以，有法是胜于无法，而有了这种制度是胜于没有这种制度。

广州市的审计处，可以说是我国政府的审计机关的先河。后来在监察院里所设立的审计部，其范围虽较大，然其意义却是一样。而且自中央监察院的审计部成立之后，市审计处即行裁撤，因为有了前者，前者可以派员审查市的财政。

我们在上面不过是略将广州市的市政会议及其主管人物，市参政会以至后来的市政委员会，与审计处三部分加以说明。在下面一章里，我们要把市政府所统辖的各局，以及其功用加以简略的解释。

第六章　南方与西化的都市（二）①

《广州市暂行条例》第十三条规定设立六局，这就是财政局，工务局，公安局，卫生局，公用局与教育局。民国十四年间曾撤消公用局，十五年增设土地局，十六年又恢复公用局，同年增设公益局，可是不久公益局撤消，民国十八年又增设社会局，合共为八个局。

在最初的时候，每局除有局长一人外，还有副局长一位，但是在民国十年七月间，因为市政厅的用费浩大，入不敷出，除了公安局的副局长外，其他各局的副局长均在裁撤之列。

每局俱设有秘书处，均分为文书、会计两股，并置若干课。课有课长一人，课之下又分为股，股设主任一人。财政局有三课：一为征收课，二为会计课，三为出纳课。工务局也有三课：一为工程设计课，二为工程建筑课，三为工程取缔课。公安局设有四课：一为警务课，二为司法课，三为侦缉课，四为消防课。卫生局也分为四课：一为卫生教育课，二为洁净课，三为防疫课，四为统计课。公用局有三课：一为商办事业取缔课，二为交通课，三为电话所。教育局也分为三课：一为学校教育课，二为社会教育课，三为慈善事业课。这是民国十年市政厅成立之后的各局中所分的各课。

后来因为局有增加，各局中的各课也有所变迁。比方有了社会局之后，教育局的慈善事业课裁撤，然教育局后来又分为四课及督学处，而社会局别设三课，土地局亦分为三课，又如工务局后来也分为四课。

我们所要特别加以注意的是各局的功用，因为这是与市民的生活上有了密切的关系，同时也是新市政上的新设施。

我们且先从财政方面说起。我们在上面一章里，已经指出广州没有市政厅之前，自广州市内的财政是由好多的省县的机关去管理，就是民国十年到十四年间，财政局尚不能完全去管理好多税收，比方屠捐、猪捐、牛皮捐、横水渡捐等，仍由财政厅去征收，而公产公地又由公路局管理。然自民国十四年市政府改组之后，广州市的财政局始完全管理市内各种税收，而对于市政的发达上有了密切的关系。

我们知道广州市的财政的收入，在民国十年为一百九十六万余，而其支出共二百八十八万余元，出入相抵，不敷九十一万余元，因为有了该年的裁员减薪的

---

① 校按：本章依陈序经自抄稿，原稿无标点。

办法。但是到了民国十六年，岁入增至六百余万元，然而收入固是增加，不少行政费却比建设为多，这也是市政发展上的一种遗恨。

我们在上面一章里，曾说及审计之于财政的整顿的关系，至于会计之于财政的清理之于财政的关系，尤为密切。广州市的财政局，在其最初的时候，既分为征收、出纳、会计三课，在中国的情形之下，会计制度的树立尤为首急之务。财政局开办三月之后，就有会计课报告书，这篇报告书实为我国政府会计上的一种重要文件，所以我愿把它抄在下面。

窃维我国会计方法，向来不讲求簿记格式，日趋简陋，以致财务行政之积弊，莫可究诘，官吏账目之糊涂，动起纠纷。迨会计制度颁布后，亦属条文徒具，绝鲜奉行，进而考其内容，仍不过能令实际收支情形眉目较为清晰，施诸出纳较简之机关，尚无扞格之虞，苟欲使财政状况明晰美备，官场弊混摧陷廓清，自非采用复式簿记，并对会计手续特别注意，实无以展其远谟，偿兹宏愿也。至于采用新式会计制度，以视采用旧式会计制度，其间优劣短长，亦可缕数：

（一）新式会计制度于各项账目区分明晰，日必清结，故资产负债状况一目了然。在旧式会计虽记载甚详，而其账目实况仍非细加审核，未易洞悉。

（二）新会计制出纳会计各有专司，相制相维，不易舞弊。盖会计账目，既甚清晰，即出纳存款，每日亦有清表报告，只须查核其现金及银行存款是否与报告相符，并察其所存贮之银行是否殷实，便知其有否隐漏矣。而旧式会计制，则不能会计，收支混而为一，其账目既非按日清算，款项亦无按日清点，弊窦丛生，势所必致，故管账必须亲信之人，几成官场惯例。然实际上司其事者，虽平日行谊纯洁，任事不苟，亦每因制度不良，于不知不觉中自陷违法，地位良堪叹息。

（三）新会计制物品出纳与金钱出纳，同一注意资产价值，遞减则归折旧科目处理，且资本支出界限分明，而旧式会计于此种种，漫无措置，是亦一缺点也。以上数端，仅就事实上，略显其利弊，以资比较，至其学理上之优劣，中外学者论之綦详，毋俟赘述。若进而论及近日官场之通病，则并详细之旧式账簿，亦鲜有具备者。每当交替之时，辄将经年累月之账目，临得抄列，有同臆造，以致因交案不清而遭严谴者，时有所闻，是皆旧式会计制度不良所生之结果也。兹将（甲）职课办理经过情形，（乙）本市之会计制度，（丙）本市之会计组织，（丁）各局向市库领款规则，及（戊）报告要件与今后进行方法，分别具陈如次：

（甲）职课办理经过情形　此次采用新式会计制度，其困难问题有二：一则事前无相当期间以资筹备，二则临时事未定相当人员以资办理，故组织簿记颇费周章。课长虽曾于银行、铁路登记各机关，筹备历有年所，惟形格势禁，殊惧弗胜，然市长、局长以大公无我之心，树人才主义之帜，得附骥尾，希致千里，窃思筹画进行，第一，须设立簿记实习所，以养成各局会计人员；第二，须先于三两月筹备，俾得妥定簿记式，以交付印刷。但局已开办，上二事已不可复举矣，势不得不于处理日常公事之余，旁及筹备新式簿记之役。惟开办之始，仅得二等课员一人，继乃添委三等课员一人，兼旬复调用三等课员一人，处理日常收支及来往公文，尚形竭蹶，且账目积压，核计倍形困难，收支最易乖误，况新旧交替，旧任交代未完，动辄调查案卷，则事倍功半，莫此为甚。四月初旬，乃发考试取会计课员之议，选取三等课员二人，于是簿记及预、决算事务，方克分配办理，而是时已届五月初旬矣！但各该职员尚皆黾勉从公，循规措置，日暮不足继之以夜，故此三阅月中，已将市库及各局簿记式组织就绪。但财计之事甚繁，一人之心思有限，所拟各种格式，恐难悉臻妥洽。查新式簿记，各国官厅推行已久，而其研究改良曾不稍懈，况本市采用此制，系属创举，尤宜随时订正，用期周全。此办理经过情形之大较也。

（乙）本市会计之制度　（一）本局分设三课，征收课而外，则有会计、出纳两课，故其组织，根本上使账目与款项分途并进、不相混淆。以会计课专管账目事宜，即簿记与预、决算是也；以出纳课专管款项事宜，即财库收支是也。此种制度，界限既明，运用亦便，与各国银行之组织，大致相同。（二）本局处理会计划分为二：一曰市库会计，二曰本局会计。市库会计处理全厅之度支，亦即市政之总会计。本局会计处理本局自身之度支，与他局同立于分会计之地位，此与银行之总、分行制相同，故特揭其统系，表列于下：

财政局处理市库之会计
财政局本身之会计
工务局会计
公安局会计
卫生局会计
公用局会计
教育局会计
市政厅总务科会计
其他特别机关会计

（三）凡一收支须由会计课核数无误，登记传票，送交出纳课，查明办理，如收付款项系属收解捐税，更须由征收课主管人员，查案相符，出具准收通知书，发送会计、出纳两课，以凭分别记账及交收款项。（四）会计、出纳两课账簿每日结算一次，结算后由出纳课就库存金及银行存款数目填写存款表，送由会计课对数。(五) 出纳存款除酌留少数现金以应零星开支外，余悉交存银行，支出之时掣给支票，支票须由局长盖章方生效力。

(丙) 本市之簿记组织　(一) 本市之簿记组织，根据会计制度大别为二类：一曰市库会计，二曰本局自身簿计。市库簿记之记入方法采用复式，本局自身之记入方法采用单式，各局之簿记式与本局自身簿记式相同，统由本局编订发用。(二) 市库簿记设日记簿，以总记一切收支；设分类簿，以分录各种账目；设编造收入计算书底簿，以明各种捐税之额收与实收之差数；设编造支出计算书底簿，以为编制决算之准备。以上五种，总称为主要簿。又设现金出纳簿及银行往来分户簿，以为出纳课处理现金，及银行存借款项之用；设各币兑换盈亏部，以为出纳课兑换银毫以外，他种货币所生盈亏之用；设预付金记入簿，以记入预付或估付款项；设征收各种补助簿，以详细登记各种捐税之收入情形。以上各种总称为补助簿。另设收入、付出、转账各传票，以为记账凭证；设试验表以考验每月结算之有否错误；设精算表，资产负债表，盈亏表附入，以明财产之状况；并设各种预算、决算书式，俾与全省预算、决算能相一致。凡此种种，即市库簿记组织之大较也。(三) 各局及本局自身之簿记式，与现行法规所定簿记式大致相同，惟悉采用横式记入，数目当较明晰。设立主要簿三种：一曰现金出纳簿，二曰支出分类簿，三曰编造决算底簿。设必须之补助簿六种：一曰薪俸公费簿，二曰工饷簿，三曰存贮物品编号簿，四曰存贮物品供用簿，五曰消耗物品购入簿，六曰消耗物品支给簿。以上主要补助各簿，各局一律通用。另设预付金记入簿一种，以备有预付金之局用之；各项开支分户簿一种，以备各局中之开支繁多者用之；征收补助簿二种，以备代理征收事务之局用之；另设存储物品现计表，消耗物品现计表，物品分类收支表，及领款各种物品单，以明每日或每月各种物品收支之情形；设收入、支出、转账各种传票以为记账之凭证；设收支对照表，以明每月实收实支之状况，并设预算、决算各种书式，俾与全省预、决算一致，凡此皆各局及本局自身簿记组织之大较也。

(丁) 各局向市库领款之规则　市政初立，财用未裕，自宜分别用途之缓急，以定支出之先后，特设领款规则，以资办理，并设各种领款书据，以期划一。故各局领款应依照规则，先行通知本局，俾市库得有准备。如举办一事，应用事务或契约通知书以通知之；届付款项时，应分别填用各种领款通知书以通知之；领支薪饷，应将员名及薪饷实支数详列薪饷表，以通知之；领支款项时，应填相当领款收据，以为之据，务使财库统一，款不滥支，此领款规则之大较也。

(戊) 报告要件与今后进行方法　簿记格式既经编就，循是办理，自有依据。本局各种账簿，再越旬日，便可登记完妥，三数月后，便可编成较精确之市资产负债表及盈亏表，各市财产状况一目了然。兹谨将二三月份试算表各一张，职课办事细则草案一分，职课各员事务分配表一张，簿记格式全份，随文附送至市库，收支凭证均夹付每日传票之上，各种预算及各种文书统为档案。四五月账项，目前虽未记载完毕，只查传票便并报告。惟念市政会计制度之良否，关系于市政进行甚大，如整顿旧有捐税，推行新增捐税，及发行市公债等等，苟无较明确之市财产状况宣示市民，断难得其乐输，此则课长所断断致意者也。现在会计制度，苟本市试行有效，后自可举其方式，施诸其他之市政机关。尤宜设立簿记实习所，由各县考选二人，送所实习，以宏造就而应需求，务使新式会计制度普及全省、全国，则国家财政可望整理，官厅积弊亦可期消弭也。

我们抄录这一篇报告，因为不只是由于这里所施行的新式会计制度是对于财政局本身上有了密切的关系，而且与整个市政府以及各局的财务都有了密切的关系；不只是由于这里所施行的新式会计制度是对于广州市财政上有了密切的关系，而且对于其他各市以至全省与全国的财政的整理上都有了密切的联系。广州市这种新式会计制度，不只是我国市会计的先河，而且是我国政府会计的先河，所以这里所提倡的考选会计人才，以及设立簿记实习所，目的不只是为广州市财政局一局，而是为整个市政府以至广东全省与中国全国的整理财政上打算的。

此外，又如财政局中的出纳课，后来为统一市财政收支起见，又改为市金库，管理全市一切收支事项，设金库长一人，以综理其事，另有课员、事务员以协助。到了民国十六年八月间，广州市财政局为谋发展全市金融，辅助本市财政进行，与市民缴纳税租之便利，乃设立市立银行，除经营普通银行业务外，并由市政府授粤代理市库出纳，及募集公债发行辅币兑换之特权。

广州市的工务局所作的事情很多。该局分为设计、建筑、取缔三课。设计课所管的是：（一）关于规画新辟街道、公园、市场、沟渠、桥梁、楼宇、水道等工程事项，（二）关于测量、制图、印刷及保管仪器、图箱事项，（三）关于绘图工程事项。建筑课所管的是：（一）关于街道、公园、市场、沟渠、桥梁、楼宇、水道等之建筑工程事项，（二）关于修理及保养已建各种工程事项，（三）关于工程估价及开投事项，（四）关于一切危险建筑之拆毁事项，（五）关于本局所用机器、物料等项。取缔课所管的是：（一）关于查勘、取缔各项建筑工程事项，（二）关于发给建筑凭照事项，（三）关于监督公有建筑工程事项，（四）关于其他工程取缔事项。

我们在这里不能详细的去叙述工务局的工作，只能把几件比较重要的来谈。第一件值得我们注意的是马路的建筑。市工务局未成立之前，广州已拆城筑路，该局成立之后，更有计画的在这方面发展。民国十年间，除已筑成马路长约三万英尺外，又有已兴筑而未成的约一万五千英尺。我们上面已经指出，在拆城建路的初期，有好多人加以反对，可是后来却有好多店户，却自愿出钱而修筑道路的，同时，有了好多修筑的道路，其所用的款项乃由商会保管支用，而工务局却不外是负了督促建筑工程的责任。这虽是表示人民对于政府未能完全信任，可以官商合作，对于都市道路得以改造，也是新式市政的初期发展上一件值得注意的事情。

修筑了好道路，若没有良善的沟渠，则不只水泄不通，一经淫雨，道路为水浸淹而有所损害，而且不合于卫生。广州市的工务局与卫生局成立之后，对于这点就已注意，乃由卫生局根据广州市原有之六脉渠，草成修理办法与预算书，由市行政会议决定归这两个局协商办理。据报告，自民国十年四月至七月间，经修理改造者，计长约五万五千英尺。

新式马路与新式桥梁是有了密切的关系。在民国十年间，工务局就修好三座桥梁，此后又加修理或兴筑，然其工程最大要算海珠桥。海珠桥是从河北而接河南的大桥，跨过珠江，为我国都市桥梁的最大而最早的工程。桥之中间且可展开，以备轮船之通过，直到现在，这个桥还是我国城市中的最大的桥梁。

此外，工务局又计画在市区里设了好几个公园，其较大的为中央公园。这个公园也叫做第一公园，原为抚署的故址，于民国九年九月市政厅尚未成立之前，已经建设，后来市政厅的工务局又重加修理，并购置了好多花木并一些古物与动物等等。这个公园的里头，后来又建筑市政府的联合办公署。

大致上这个公园是位在市区的中心。在市区的北边的观音山也辟为公园，名为越秀公园，又名为秀山公园。这个地方在民国初年，本为军事要地，后来孙中山先生作总统时，曾住在这个地，山上有五层楼，登楼下望，可以瞭视市区及白云山与珠江流域，这个公园的建筑的经费，是由广州市各界开游艺会去筹备，并由工务局帮忙。

在广州的东区，有了一个东山公园，最初也是由市民自己设法筹款去建筑，惟因政变的影响，后来乃由工务局接收兴办。在广州的南区又有海珠公园，本为珠江中的小岛，小岛为石所造成而且是圆形，所以叫做海珠。在民国初年也为军事要地，后来因市民请求而改为公园，地方虽是很小，然而风景很好。所可惜的，后来市政府填筑长堤，把这个小岛包括在内成为长堤一部分，而左近又盖了不少铺店，一个风景雅致的公园遂变为商业繁盛的区域。至于在广州的西区，本来有一个名胜叫做荔枝湾，这是一个城郊的地方，有了乡间的风味，而且地方很大，除了园林花草之外，还有曲折小溪与珠江相通，经过其间，小艇游戈其中。后来市政府的工务局修了一条马路直通这个地方，所以游人更多，假使能加以修理，可以成为一个很为完备的公园。

公园之外，工务局又计画了公共运动场，地点在观音山脚。后在广州城与东山之间，又设一较大之体育场，经费多由热心体育的人们所筹备。

工务局于公共坟场、营业场或所谓菜市或市场，也很为注意，而对于模范住宅区也极力提倡。公共坟场多设于东北郊，菜市最初兴办的为西关洪圣庙市场，后来各处市场相继兴办。

模范住宅区最初多在东郊一带，后来各处市民自动建筑，如河南的怡乐村、西郊的西村新住宅区，而东郊的梅花村，却为主要军政人员的住宅。

公安局的先身为巡警道，始于光绪二十九年。民国初年改为警察厅，隶于省政府。民国十年改为公安局，隶于市政厅。在警察厅的时代，所管的事务很多，其内部组织除分总务、行政、司法、卫生各科外，且有交涉专员一人，督察长一人，督察员十二人，驻港澳提犯专员一人，房捐稽察委员十人，雇员百人。从其组织上看，不只差不多等于一个市政府所作的各种事务，而且有了外交上的职权。改为公安局之后，其卫生科归并于卫生局，建筑课归于工务局，房捐等由财政局去管理，重要犯罪案件移交司法机关，外交事项又由外交部的交涉员去办理。公安局乃分为警务、司法、侦缉、消防四课，但是在社会局未成立之前，公安局对于贫民救济等工作也加以管理，而调查户口也以工会登记，完全由该局办理，故其所管理的事项仍然很多。就是社会局成立之后，公安局在市政上，不只地位很为重要，而且在治安本身上的工作，仍然很多。

卫生局成立之后，乃将全市分为六个卫生区。有一个时候，因为经费的困难而撤消卫生区，但仍照三十六的警区，而每区设助理员一人，去管理各区的清洁事宜，同时又设立广州市海港检疫所，分设于南石头与黄浦两个地方，对于轮船搭客加以检查，目的是避免外间的传染病侵入市区。

此外，该局又办理医生注册，规定中西医生均须在卫生局注册，领有证书始能行医。这种注册章程里又规定，中医生须经该局试验及格始准注册，而西医须在政府认可的医学专门学校毕业，而经该局认为合格的方准注册。同时又规定医生开药方须署名于药方之上，这个规条在颁布之初，市里的中西医都大起而反对，然而后来除了好多西医注册之外，中医注册的人数尤多。

此外，该局又改省立医院为第一市立医院，不久又建立第二医院，接管普济三院，增设神经医院与传染医院，筹办保婴留产院。广州的公立、私立医院本来就很多，而且乃中国的新式医院的策源地，市卫生局若能于自立的医院之外，再与其他各医院取了联络而合作，那么在医药上必有很好的成绩。

至于该局所主办的各种卫生演讲，对于市民的卫生的智识的增进上，也有不少的帮忙。

公用局所管理的，是市里的各种公用性质的事业，电灯、电话、自来水以至各种交通的工具，如自动车、人力车、马车、肩舆以至省河船户、横水渡，都属于这方面。

广州从前曾有这样的俗谣："电灯不明，电话不灵，马路不平，自来水不清。"自市政厅成立之后，对于这些公用事业都逐渐的改良。电力公司本设于宣统元年，然不只电力不足，而且管理不周，后来由公用局协同公司极力整顿，在抗战以前，电灯已相当的明，而在河南的岭南各处，亦可安置电灯。同时，在西村一带的好多工厂，也可利用电力以发动机器。至于电话，自市政府与美国公司合办自动电话之后，也灵得多，而粤港长途电话的安置，对粤港的交通上更为方便。至于播音台与放音台的设备，也是公用的一些新政的实施。

自来水公司曾于光绪二十一年，在公用事业上建设较早，地点在增步。在自来水公司未设立之前，广州市民完全用井水或江水，江水污秽之物，而尤其其潮上的时候，满江可见，很不合于卫生。自来水公司成立之后，虽较好得多，然办理不善，缺点很多，自公用局对于规定检验水质，洗涤水塔，划沙清池的办法之后，比前较好，而对于增设水塔、水池，以接济贫民用水，也极力推行。至于马路，既有工务局去改善，公用局的主要工作是取缔各种交通工具，这些工作多属于消极方面的工作。

照《广州市暂行条例》，教育局所掌理的事务是：（一）管理市立各学校及感化院，（二）监督市内开设之私立学校，（三）取缔各种戏院及公共娱乐场，（四）经营市立慈善事业并监督各社立慈善机关。后来，因为市政府增设了社会局，在教育局所掌理的好多事情，由社会局去管理。教育局主要的工作，乃在教育方面。

广州市的教育局，除对于取缔市内的私立学校之外，曾设立好多市立小学，后来又创办市立中学、市立师范学校、职业学校、商业学校、美术学校、保姆学校、职工学校，以至贫民子女学校与水上学校。

此外，在民国十年的时候，曾创办了市民大学。其宗旨是以讲习日新之学术，并留意人格之陶冶，以期市民德智兼进，无所偏废，其科目分为哲学、自然科学、史学、文艺、教育、政治、经济、工业、农科等学科。

这是一种创举，不过我们也得指出，这是一个间歇短期的高等教育机关，而非正式的大学。第一期举办时，地点是借用省教育会的议事堂，时间不过七星期，虽则报名入学的学生有了八百余人，后来教育当局虽计画找一适宜地方建筑永久校舍，以作成为一种经常正式的高等教育机关，可是因为了经费以及其他的种种困难，不只是永久的计画未能实现，就是短期的办法后来也停止。

此外，该局对于所谓社会教育也极力推动，比方展览会。在民国十年六月间，曾在该局举行一次通俗演讲，分为固定与巡回两种，后者是在市内的繁盛区域举行，而前者在通俗讲演所举办，又有幻灯讲演，并音乐队去助兴，同时又设立通俗图书馆与巡回文库，而后者乃用箱与用车运到马路或街道，以供人民览阅。

市教育局除了上面的工作之外，对于儿童游乐园，对于儿童运动场都先后建设，这些工作都是积极方面的工作。至于消极方面，比方教育局对于私塾的取缔的方法也很不错，后来其他各省之取缔私塾办法，据说多效仿广州市教育局所施行的方法。

民国十三年间，孙中山先生在粤时，为要实行民生主义中的土地政策起见，曾请了在胶州创行增行税制有过成效的德人维廉氏到广东，并请其草拟广东都市土地登记及征税条例，同时就有意先从广州做起。到了民国十五年，广州市政府又派蔡增基到菲律宾、上海、香港各处，详细考察报告，然后订立税制，并于民国十五年八月公布实行，而广州的土地局，亦于这个时候成立，并委蔡增基为局长。土地局后来又改为地政局，分为三课：第一课分登记、审查、掌册、税契四股，第二课分地价、征税两股，第三课分测量、制图两股。

土地登记在最初办理的时候，市民多反对，而西堤、西濠两处好多公司铺店且联名向总商会请愿，分呈国民政府、省政府表示反对，但是土地局并不因此而收回成命。计自该局成立之后到十六年，已登记者有一万四千三百余户，约占当时全市店户十分之一。此外，对于土地测量、土地征税均逐渐实行，而对于平均地价也设法推行。

社会局是在民国十八年九月间成立，该局分为三课：第一课分社团、劳动、实业、注册、统计五股，第二课分为救济、恤贫、民生、妇孺四股，第三课分出版、娱乐、编纂、宣传四股。社会行政是一种新兴的事业。广州市的社会局的设立，又可以说是这方面的工作的推动机关的先驱。近年以来，不只各处的城市有了社会局，就是中央政府也有社会部的设立，而每省又有了所谓社会处的设立。

社会局所掌理事务，在社会局尚未成立之前，则隶属于其他的好多局里，比方关于各种社团的登记是由公安局去管，而慈善事业是由教育局去管。自社会局成立之后，这些事务都由社会局来管。我们只要看这个局里所分的各课的各股之多，就能明白其工作的范围之广。广州市的工会发展很早，在民国十年的时候已有了一百三十多个，初归公安局掌理，后由社会局掌理，这已是一件很重要的工作，至于社会救济方面的种种工作之繁，更不待说了。

上面不过是略将各局的组织与功用，加以叙述。市政厅或市政府的一切设备，都与市民的日常生活有了密切的关系。都市的发展，不只是在外国日进千里，就是在中国也日见发达。在西洋的好多国家，都市人口比之乡村人口还要多，在中国的现在情形之下，都市人口虽还不若乡村之多，然而，目前的趋势是日趋日多，而且都市在近代文化上，以至我国的文化上，所占的地位的重要更为显明。比方广东是中国近代革命运动的策源地，而广州又是这种运动的主脑，广州的新式市政的实行，不只成为全国各处的新式市政的先驱，就是在中国近代的中央或省的新政上也是先驱，我们已经指出，比方市政府的审计处的设立，以至社会局的成立都可以说后来中央与省的审计部与社会部的先驱。在事务的范围上，中央与省之于市所作的虽有不同，在工作的性质上却有了根本相同之处。总而言之，正像我们已经说过，广州市政府可以说是中央或省的政府的缩影，同时又是我国新政设施的先驱。

直到现在，广州市还是国人自建的都市中之最新式的。而所谓新式的，不只是市容方面，如房舍、街道等等是新式，就是在市政的工作上也是新式。我们上面所举出八个局所兴办的各种事业，在现在看起来，甚至在好多的内地的市区，如昆明、贵阳等处，也可以随处可见，然而，在二十多年前，却是一些破天荒的事情呵！

第七章　南方与西化的经济①

从经济方面来看，南方自有史以来，而尤其是自与海外交通之后，就占了很重要的地位。《史记·货殖列传》里已经告诉我们道：

> 番禺亦一都会也，珠玑犀玳瑁果布之凑。

《汉书·地理志》卷二八下"粤地条"复云：

> 自日南障塞、徐闻、合浦船行可五月，有都元国；又船行可四月，有邑卢没国；又船行可二日余，有谌离国；步行可十余日，有夫甘都卢国；船行可二月余，有黄支国。民俗略与珠厓相类，其州广大，户口多，多异物。自武帝（前一〇四至前八七年）以来皆献见，有译长，属黄门，与应募者俱入海，市明珠、璧流离、奇石异物，赍黄金，杂缯而往。所至国皆禀食为耦，蛮夷贾船，转送致之。亦利交易，剽杀人。又苦逢风波溺死，不者，数年来还。大珠至围二寸以下。平帝元始（一至五年）中，王莽辅政，欲耀威德，厚遗黄支王，令遣使献生犀牛。自黄支船行可八月，到皮宗；船行可二月，到日南、象林界云。黄支之南，有已程不国，汉之译使自此还矣。

我国与南海各处的交通的起点，是在雷州半岛的徐闻、合浦，无可疑义；但是这一段话里所说的其他各国的名字，虽有好多东西学者加以考证，然而直到现在，尚没有正确的解释。我们在这里也不必去讨论这个问题，我们所要特别加以注意的，是南方很早就与海外诸国互相通商，我们所载去的货物是黄金、杂缯，而我们所载回的是明珠、流离、奇石异物等。

因为中外海道沟通而交换物品，南方在经济上占了一个特殊的地位，因为除了自己的物产之外，还有外边的物品输入。货物的种类既繁，交易既多，那么经济也易于充裕，所以，《汉书·地理志》里又说：

> 番禺近海，多犀、象、玳瑁、珠玑、银、铜、果布之凑，中国往商贾

---

① 校按：本章依陈序经自抄稿。本章内容曾以《南方与西化经济的发展》为标题，发表于广州《南方杂志》第1卷第3、4期合刊（1946年11月1日）。自抄稿有标点及似为杂志社方面的格式要求标记、个别字的删改。在抄稿上可以看出，陈序经最初的标题为"南方与（后改为'在'）西化经济上的位置"，后删改为今题。在抄稿第一页，陈序经还写有"保留原稿，勿加损污"字样，显然是对杂志社方面的交代，以使原稿退回后，还能与其他自抄稿一起成为一个完整自抄本。经与代抄稿比对发现，陈序经自抄完后，又看过一遍，稍有改动，即请人抄录。后在发表时，陈序经又在自抄稿上标点并略有改动。故南开大学图书馆馆藏抄稿无标点，且未体现自抄稿上的再次修改。

者，多取富焉。

这里所说的商贾，若非完全为粤人，那么也必是久住在粤的国人。番禺、徐闻、合浦各处，既为海上通商的要冲，那么因在这些地方作生意而取富的人们，也必很多了。

又在《后汉书》的《贾琮传》里，也有一段关于南方的财富的记载，今录之于下：

> 旧交趾土多珍产，明玑、翠羽、犀象、玳瑁、异乡美木之属，莫不出此，前后刺史率多无清行，上承权贵，下积私赂，财计盈给，辄复求见迁代。

从《史记》《汉书》与《后汉书》的记载，我们不只看出外来的物品愈来愈多，而且明白财富也愈趋愈多，因为财富是愈趋愈多，而其结果是一般之在这些地方作官的人们，也免不了为利心所驱，而至于贪污。

《晋书·吴隐之传》里说：

> 广州包带山海，珍异所出，一箧之宝，可资数世。

这可见得富有的情形，所以同书《南蛮传》里说：

> 初，徼外诸国尝赍宝物，自海路来贸货，贿而交州刺史、日南太守多贪利侵侮，十折二三，至刺吏姜壮时，使韩戬领日南太守，戬估较大半。

最显明的是如《南齐书·王琨传》里说：

> 南土沃实，在任者尝致巨富，世云广州刺吏，但经城门一过，便得三千万也。

这是从官吏之在广州致富的来说。所以谓凡是到了这个地方或是到南海其他各处的，也莫不致富。《旧唐书·卢钧传》里也说：

> 南海有蛮舶之利，珍货辐凑，旧帅作法兴利以致富，凡为南海者，无不梱载而还。

《唐书·黄巢传》也说：

> 巢陷广州，右仆射琮子曰，南海市舶利不赀，贼得之益富，而国用屈。

因为黄巢陷了广州，不只使黄巢愈富，而且使了国家的财用困难，那么，广州在那个时候，在中国的经济上所占的地位的重要，又可以概见了。所以，韩愈在其《送郑尚书序》里也说：

> 岭南人舶交海中，奇物溢中国，不可胜用。

所谓"奇物溢中国,不可胜用",无非就是说岭南的财富足以影响全国。

至于宋朝,中外海道交通,更为频繁。据梁廷枏《粤海关志》所说,在宋初,广州进口的货物,只就乳香一项来说,已年达三十四万八千余斤。在这个时候,这就是宋太祖开宝四年(九七一),广州已设立市舶司以管理对外通商事务。到了宋真宗咸平三年(一〇〇〇年),杭州、宁波又开放。哲宗元祐二年(一〇八七),泉州也开放,有了一个时期,泉州的贸易,差不多要在广州之上。然而这些地方都是东南的沿海一带。

自宋室南迁以后,因为经济困难,对于海外贸易,很为鼓励,以资弥补。所以《广东通志》说:

> 宋南渡后,经费困乏,一切倚办海舶,岁入固不少。

《宋会要》绍兴七年(一一四六①)上谕:

> 市舶之利最厚,若措置合宜,所得动以百万计,岂不胜取之于民?

绍兴十六年(一一四六)上谕又说:

> 市舶之利,颇助国用,宜循旧法,以招揽远人,阜通货贿。

《宋史·食货志》里说:

> 大食蕃客啰辛,贩乳香共三十万缗,纲首蔡景芳招诱舶货,收息钱九十八万缗,各补承信郎。闽广舶务监官抽买乳香,每及一百万两转一官。

据南宋李心传的《建炎以来朝野杂记》、王应麟的《玉海》及《文献通考》诸书所载,自皇祐中岁至徽宗崇宁间五十余年,此种收入从五十三万缗增至一千万缗以上。

至于元代南方海上贸易的繁荣,并不因西北的陆道的交通便利而减色。《马可·波罗游记》中已指出泉州港与印度间的贸易的繁盛,他并且指,泉州在那个时候是世界上二个最大的贸易港口之一,其所输入的物品是宝石珍珠珍贵物品,而亚剌伯人之在这个地方的,有了万人之多。

《明史·食货志》里说:

> 太祖洪武初,设市舶司于太仓黄渡,寻罢之,设市舶司于宁波、泉州、广州。宁波通日本,泉州通琉球,广州通占城、暹罗、西洋诸国。

可知,政府在这个时候,已不能忽视海外诸国之来华贸易,而其最大原因,也许是由于利之所在,不能等闲以视。到了永乐的时代,遣三保太监郑和下西南洋,其动机虽是扬威耀武,然其结果不只使国人之赴南洋的日趋日多,而逐渐在

---

① 校按:应为一一三七年。

南洋占了经济上的重要的地位，而且使中国的南方之于南洋的贸易愈趋于发达，在直接上，或间接上，对于南方的财富都增加很多。

因为南方在历史上继续不断的与海外各国交通，外货不只源源的输入，而且因为海道的交通的范围愈大，外间货物的种类之输入于中国的，也愈来愈多。大致的说，中外交通最初不过是在南洋以至印度洋各处，后来又发展到红海口岸。唐代亚剌伯人之在广州的很多，就是因为海上交通的便利。

在欧洲与东亚的海道尚未直接沟通之前，亚剌伯人已成为东亚与欧洲物品的交换的媒介，虽则在那个时候，欧洲的商品之输入中国是困难得多。

然而无论如何，因为中国的南方是中外接触的首冲，而广州与泉州各处又为海外的各处商人所常到或久住的地方，不只这些港口的商业很为发达，而且经商的方法也必与国内其他各处有了不同之处。各种不同的外来物品与各种不同的经商方法，既都输入于中国的南方，那么中国的南方不只在中国的经济上占了很重要的地位，不只使南方成为商业繁盛的区域，而且使南方成为新式经济的策源地，成为新式商业的策源地。

我们知道，中国是以农立国的，士、农、工、商，工固在农之下，商更在工之下。在春秋战国的时代，不只是传统思想的孔孟主张重农，就是思想稍能解放的法家也偏重于农工，而尤其商是大家所最看不起的。"奸商""生意贼"，是一般人给与商人的名字。所以，从中国固有的思想来看，重商主义是反乎这种思想。中国的固有文化是策源于北方，而这种思想在北方人的脑子里尤为深刻。五胡乱华以后，中国固有的文化的重心虽然逐渐的趋于南方，但是在固有的重农思想尚未深入南方的人们之前，南方早已与海外的民族贸易互市。这就是说，从南方的经济立场来看，在国人尚视南方为蛮荒的区域的时候，商在南方，而尤其是广东的沿海一带，已占了很重要的地位。直到唐代，广东还是一般人所视为被贬之地。广东的对外交易，在中国的经济上更为重要。韩愈所说"奇物溢中国"，就是这个意思。至于宋朝，而尤其是南宋之靠着海外贸易，以帮助国家的用途，其地位之重要，更不待说了。

南方的商业在经济上既占了很重要的地位，这与中国的传统的"轻商"主义已处于相反的地位。换句话来说，南方之所以"重商"，并非固有的文化的结果，而乃因为与了外间接触而引起的经济力量。我们之所以说南方是新式的经济的策源地，也就是为了这个原故。

因为中外的贸易，而使商业在南方的经济上占了重要的地位，而且这种地位有了悠久的历史。所以到了后来，欧亚海道直接沟通之后，又变为一个新局面。不只是新式商业又先在南方发展，就是新式工业也先在这里发展。

我们知道，西洋与中国在海道上的直接沟通，是在十六世纪的初年。

到中国最早的是葡萄牙人安德拉德（Fernao Perez de Andrade）。安德拉德于一五一七年率船数艘，泊于澳门西南的上川岛，后来葡人又据澳门以为己有，此后，西班牙人、荷兰人、英国人、美国人，以至西洋各国的商人，接踵而来，这一点我们在上面已经说过。我们现在所要指出的是，西洋商人到了中国之后，其所经商的口岸差不多完全是在南方，而尤其是在广东。

从西洋商人到中国之后，中国南方在经济的生活上又逐渐的受了西洋的影响，因而中国经济的西化，也是策源于南方。

因为清政府在一个长期中只准外洋商人在广东一隅贸易互市，广东在中外通商上又成为独占的地方。而在这种情形之下，所谓广东的十三行以至广东的公行与外国的商馆的贸易，又是中外贸易史上最值得我们注意的一件事。

公行制度的成立，从前有不少学者以为是与十三行的创立是同在一时。梁嘉彬在其《广东十三行考》一书里，对于此事有所申辩，兹录其数段话于下，以说明其史略。

> 东西学者每误以公行成立之年为十三行创立之年，如英人摩斯（Morse）、美人罕忒（Hunter）、瑞典人龙特斯特（Andrew Ljundstedt）、法人科提挨（Cordier）等，于行商之起源，只追溯至康熙五十九年（一七二〇年），公行成立时为止。前此中国对外贸易制度若何，非所过问，更有谓康熙四十一年（一七〇二年）闽粤两地之皇商（Emperor's Merchant）制度，为公行之滥觞者。窃窥其意，似以为公行为十三行之别称。其实所谓公行（Co-hong）者，不过十三行行商在康熙五十九年之一种公共组织，其前广东固已有十三行之名称及制度，不容混淆也。而日人稻叶岩吉、根岸佶、松本忠雄等，更疑十三行当出于公行之后，谓据摩斯（Morse）书所载，公行成立时，已有洋行十六家，当无称为十三行之理，尔后洋行渐减至十三家，乾隆二十五年（一七六〇年）以后，积习相沿，定为洋行，额数或始有十三行及十三"行"街之称云云。此种怀疑精神，诚足钦美，惟其不疑十三行成立于公行以前，而疑于其后，则似对于十三行之起源问题，尚未加以深长之考虑也。（页三六以下）

又说：

> 至国内多数学者，对于十三行成立年代，咸奉摩斯（Morse）等之说为其圭臬，是亦惑矣。蒋廷黻独以为十三行起始之真实年月，尚有待于详细考证，因告余谓，曾在向达著《明清之际中国美术所受西洋之影响》文中，就其所引清初人屈大均《广州竹枝词》"洋船争出是官商，十字门开向二洋（东西二洋）。五丝八丝广缎好，银钱堆满十三行"一诗，间接得到十三行当起于公行成立以前之暗示，并嘱余详考焉。

> 考屈大均番禺人，明末诸生，卒于清康熙三十五年（一六九六年），

《广州竹枝词》见其所著《广东新语》中,此书康熙二十六年(一六八七年)以前已行于世,故其所述广东之事,当属其中年之所见闻。

又说:

复考外舶之来,原为分国分舶贸易。明代外舶航广东者,凡十三四国,岁不下十余艘,意者十三行之得名,盖与外舶航广东之国别、艘数有所关涉欤——确否待证。

又说:

复考行商承商,类以殷实者任之,朝廷思所以控制之法,更设总商,使外洋贸易不得他越。先大父(讳庆桂)曩亦语曰:"行商承商,约如盐商故事。"按中国自唐以后,举凡盐铁市舶诸大利,政府多采独揽制。明清两代,盐商牙商(十三行之初本为牙行)同为粤东两大资本集团,盐课提举,亦尝兼摄市舶事,十三行行商承商制度,固早萌于盐商承商制度。

在别一处又说:

十三行之滥觞,原有牙行。溯行之始,远在隋时,唐韦述《两京新记》云:"隋大业六年(六一〇年),诸夷来朝,请入市交易,炀帝许之。于是修饰诸行,葺理邸店,皆使门市齐正,高低如一,环货充积,人物甚盛。时诸行铺竞崇侈丽,至卖菜者亦以龙须席籍之。夷人有就店饮啖,皆令不取直,胡夷惊视,浸以为常。"唐代牙行势力甚大,对于公司贸易俱操纵之。《旧唐书》卷一三五《卢杞传》:"天下公司,给与贸易,率一贯旧算二十,益加算为五十,给与物或两换者,约钱为率算之。市主人及牙子各给印纸,人有卖买,随自署记,翌日合算之。有自贸易不用市牙子者,验其私簿投状。……法既行,主人市牙,得专其柄,率多隐匿,公家所入,百不得半。"宋元明三代牙行对于贸易上之关系,尤为密切。(同书,页三五八—三五九)

公行十三行的滥觞,虽可溯源于隋唐,然而,所谓十三行与公行,是在西洋与中国的海道直接沟通以后,所产生的制度,关于这种制度的概略,武堉干在其所编的《中国国际贸易史》中,曾根据摩斯(Morse)的著作,而作下面的两段简短的叙述:

溯公行制度之由来,系起于康熙四十一年(一七〇二年)之官商(Emperor's Merchant),其性质系由官厅指定一人为对外贸易经手人,此人因曾纳银四万二千两入官,故有包揽对外贸易之全权。凡外人之购买茶绢等货,皆由其经手,又其时外货销入内地者,亦由彼购买少数以限制之(惟华商亦有与之私行贸易者)。此项官商,初不仅广州有之,当时与外人通商较盛之厦门、舟山,亦皆有官商操纵对外贸易。一七〇三年,厦门官商合组一公会，会员人数限定为八人至十人，以垄断进口货，此即广州公行之前驱者也。惟广州当时仅有官商，而无公行，然其专卖办法与公行亦初无二致。因之外商颇觉不便，后三年广东当局乃分此专卖权于他人，为取偿计，就各船征收五千两之特别通商税，外人亦莫可如何也。官商之专卖权，既已分开，遂启后来公行行商之基。惟当时仍无公行之组织，中外贸易，乃须经由上述官商之手焉。（《中国国际贸易史》，页六三）

又说：

当时行商之取得对外贸易专利权也，须缴银二十万两方能得之。行商人数约为十人至十三人（乾隆三十年至四十二年有十人；乾隆五十八年至嘉庆十二年有十二人；道光九年有十二人，十三年亦十二人，十八年有十一人）。普通均称为十三洋行（The Thirteen Merchants），其中十分之九为福建籍。盖以外人曾在厦门、福州等处贸易，自后因清廷不许闽浙沿岸对外通商，即渐归于广东、厦门等处之华商，因亦随之而来，故公行中，以闽商为特多也。政府之所以任"十三洋行"综揽对外贸易特权，除上述语言隔阂之一原因外，其主旨尚为限制外人起见。考当时限制最甚者，厥有二项：（一）外人只许居住于城外西南河岸之小区域内；（二）外人交易仅许与特许商人团——即公行——行之，以外无论何地何人，皆所严禁。因此广州外人仅能开设商馆（Factory）于城外西南河岸，一百二十亩（21 acre）之小区域，其房屋均属公行所有，外商须年纳租金若干，方能居住营业于其中，且须时受中国政府之管理监督。外人所设商馆，因系分租于十三行商，故其数亦为十三家，惟各家商馆中之外商多少不等，统计十三商馆中之外人商店（Firm），据摩斯所称共五十六家，除美国有一家在澳门外，余皆聚居商馆中，计美国九家，波斯教徒所设者十一家，葡荷瑞德各一家，英国则三十有一家，于此足征英国当时在华商业之特盛也。"（仝书，页六三—六四）

梁嘉彬《广东十三行考》也说：

盖乾隆以前，外人颇有自赁民房，或就已倒闭之洋行加以改造，纳租居住者。其后定制愈严，除赁居行商所建夷馆外，不许私赁民房，而一切行动，遂完全受行商约束矣。乾隆末年，始准外人每月三次往游隔海之陈家花园，及海幢寺，以资舒展。其后陈家花园废圮，至嘉庆二十一年，始改令往花隶及海幢寺两处。又外人在夷馆内不许私自多添一房宇，一柱一石，在夷馆外，不许私添一马头，违者动辄受政府及行商干涉。但其后往往不遵约束，且有在馆内开设旅馆者。其初外人谒见行商，晤谈之时间甚短，面递货单后，即便告退，其后行商且有与外商同居止者。又外人往谒行商，初亦只可徒步，行商至夷馆则必循例乘轿。道光十年，东裕行司事谢五为外人雇轿，竟被"革去职衔，照交结外国，诓骗财物，发边远充军例从重，改发伊犁"。未及发遣而已瘐死狱中矣。

又说：

> 夷馆结构，备极华丽，墙垣亦甚高，清沈复《浮生六记》卷四云："十三行在幽兰门（按：幽兰门或即靖海门，待考。）之西，结构与洋画同。"

因为政府对于外人的住处与行动均严加约束，自清初以至鸦片战争的时代，中国的文化的经济方面，受了西洋的影响究竟多少，是不易说明，然而，照上面两段话中看起来，夷馆是偏于洋式，而行商之于外商，既也有同居止的，那么中国的文化的经济方面，总免不了受了外洋的影响，是无可疑的。而况在鸦片战前，西洋人之不断在广州通商与居住的，并非一个短期，而乃有了二百多年。

不但这样，广州的洋人的住处与行动，虽严受政府的约束，澳门却为洋人所自由出入的区域。其实澳门可以说是西洋的一个缩影，据说在十九世纪的初年，西洋人之寄居澳门的，除教士、军人之外，尚有四五千之多。在广州既时有洋商，在澳门又为洋人所聚居之地，这些洋人主要目的，既为通商，那么国人而尤其南方的人们之与其来往的，不只在商业上必受其影响，就是在经济的其他方面，以至日常生活，也免不了必受其影响。

又况南方而尤其是广东，既早已与外国通商，所以不只在新式商业方面是策源地，就是在新式工业方面，以至在新式经济的其他好多方面，也是策源地。①

我们若从各种现代化②或西洋化的工商业之规模较大者来看，也多数策源于南方，或是在南方人的指导之下。以新式缫丝而言，光绪初年，广东陈启源因经商安南，见法人在安南的缫丝工场里所用的新式缫丝机器，乃创造足踏机，以人力代火力，其后又改用蒸气原动力，为华人创设新式丝厂之始。棉纱纺织厂的设立，虽发轫于光绪十六年李鸿章所创办的恒丰纺织新局，然现在最大的棉织业之一，要算广东人所创办的永安纱厂，永安纱厂乃永安公司于民国九年将其营业盈余的一部分来创设，而永安公司又为在澳洲的广东华侨三十余年前所创立。

烟业制造公司之较大者，始于香港的南洋烟草公司，和天津的北洋烟草公司。北洋未几停闭，南洋则惨淡经营，继续维持。及简氏兄弟接办以后，营业遂蒸蒸日上，而为国人所设立的最大企业之一。现在，南洋兄弟烟草公司的营业，虽已衰落，然其在烟业上的位置，却不能忽视。新式酒业之最大者要算烟台张裕酿酒公司，这间公司是开办于光绪二十一年，而其创设人是广东潮州的张振勋。

---

① 校按：自抄稿至此结束，发表于《南方杂志》上的《南方与西化经济的发展》一文亦至此结束。自抄稿接着指明下接《南北文化观》第95~97页，即《岭南学报》第3卷第3期之第95~97页。

② 南开大学图书馆馆藏代抄稿即接着抄录，这里首句衔接的"我们若从各种现代化"依代抄稿（已刊原文为"若再从各种现代化"），其他依《岭南学报》。

张氏乃南洋华侨，因为愤慨中国实业的不发达，屡想有所振作，后来有一次因事被法国领事请谦会，席间饮葡萄酒，因学其葡萄出产处及制造法，并聘请西洋技士赞助，三十多年来惨淡经营，逐渐改良，不但是在国内成为最大的酿酒的公司，就是在远东也为不可多得的企业。

此外，又如糖果罐头饼干业上的已经失败的马玉山，以及营业正盛的安乐园，泰丰公司，冠生园，通通都是创自粤人之手。装饰品方面的广生行，香亚化妆公司，已为国内不可多得的企业。至于百货公司如永安、先施、大新以及已经失败的真光，也通通是粤人所经营。至于航行中外的船公司如中国邮船公司，虽已失败，然而这是国人之有邮船的第一声，而且又是在粤人管理之下，至于行南方及南洋一带的中国人的轮船公司，无一不为闽粤人所经营。

上面不过是将私人方面所设立的工商企业来说，至于政府方面所设立者，其所在地虽不少是在中部和北方，然很多也是由南人创办或管理。

同治元年（一八六二）李鸿章在上海所创办的制炮局，虽可以说是近代我国机器厂之开山，然而江南制造总局的成立是湖南曾国藩和广东的容闳的功劳最大。招商局的计画，容闳老早拟请政府设立，后来虽非由他手办，然主其事者大都是南方人。铁路计画，容氏也早上书恳请开筑，后来湖南的郭嵩焘提倡不遗余力，而第一次由国人自己计画建筑的京绥铁路，却是南方的詹天佑。孔天增在《寰球中国学生杂志》（*The World's Chinese Student Journal*，1907，Vol.Ⅱ，No.1）发表过一篇关于《关于比较著名的中国留学生》一文里，告诉我们当詹氏被命为计画及建筑京绥铁路时，国人而特别是外国人，更疑惑其不能成功，然经过不少的努力，终底于成。

又如开矿，丁文江先生在申报《最近五十年的五十年来之中国矿业》一文里说：

> 开平矿务局，为近代矿业之嚆矢，……然当日李文忠奏请设局之时，其资本二百二十万两，实多广东人唐廷枢所召集。

此外张之洞在广州所筹设的缫丝局，也为政府设立缫丝局之始。又他所设立的汉阳铁厂，其机器本是他做两广总督时所购买的，预备在粤设立织布局及铁厂者；后来因他调任两湖，李瀚章任两广，不以办厂为然，张氏乃将运粤的机器转运湖北而成立汉阳铁厂，及兴办大冶铁矿。

至于新式的窑业，差不多通通都在南方，江西瓷器公司初为官督商办公司，萍乡瓷业公司，醴陵瓷业公司，福建的宝华公司，均为新式的窑业之稍能差强人意的。

上面所说之注重于国内的，至于国外的闽粤华侨的经济势力之大，尤为厉害。比方在马来半岛，树胶为最大宗的出产品，而且能够左右马来的其他的经济情况。十年前有人统计马来的植胶面积，为二百万英亩左右，中国人占了四分之一。至于经营胶厂者，可以说完全是在中国人之手。陈嘉庚公司以及好多富有的华侨，均以此业著名。至于采掘锡矿，华侨也占了一百分之七十几。其他甘蜜、咖啡，华侨占很重要的地位。又如荷属南洋群岛的糖业，暹罗的米业、木料业，安南的米业、胡椒等等，华侨均占很重要的位置。总之华侨在南洋的经济地位，不但是南洋的土人望尘莫及，就是比之欧美人亦有过之而无不及。

华侨的产业，虽在国外，但是他们的财富之影响于国内，尤其是南方各省，很为显明。比方上面已经说过，琼州东北三四县之在南洋的华侨之每年兑款返国者，据一般普通的调查，已有三四千万。这数县的华侨之在南洋的经济势力，比之各处的华侨很为薄弱，然其兑返的款项的数目，已若是之多，则华侨的经济之影响于南方的经济，可以想见。

其实南方尤其是广东的现代化的建设，很多是出自华侨之手。年来国人一谈到实业工业，无不希望或是依赖于华侨的投资。又如在广东的东山、台山的模范村等的新式住宅区域的发展之速，均是华侨的经济势力之影响于国内的明证。

第八章 南方与其他的西化①

经济、宗教及政治方面的西化——现代化——固是策源于南方，文化的其他方面的西化，也可以说是策源于南方。我们现在且先从语言方面来说：

话体文的运动的成功，虽是最近的事，但是这个运动的开始，却在有了四十年左右的历史。而这个运动的先锋，好像是福建的卢戆章氏。卢氏少住厦门，长往新嘉坡习英文。后来回厦门帮助教士翻译《英华字典》，并利用当时在福建南边的传教士，以罗马字所创造的"话音字"，以拼切的土音土语，来写成"中国第一快切音新字"。他不久（一八九二）又写了一篇《切音新字序》，其中有一段话，摘录于后：

> 窃谓国之富强，基于格致，格致之兴，基于男妇老幼，皆好学识理，其所以好学识理者，基于切音为字，则字母与切法习完，凡字无师，能自读。基于话字一律，则读于口，遂即达于心。又基于字画简易，则易于习认，亦即易于习笔。省费十余载之光阴，将此光阴，专攻于算术，格致，化学，以及种种之实学，何患国不富强也哉。……又当以一腔为主脑，十九省之中，除广福台外，其余十六省大概属官话，而官话之最通行者，莫如南腔。若以京南话为通行之正字，为各省之正音，则十九省语言文字既从一律，文话皆相通，中国虽大，犹如一家，非如向者之各守疆界，各操土音之对面无言也。

对于卢氏及此种新的创作加以极力宣扬者，要算福建林辂存。他在其呈请督察院代奏请采用这种新法切音里说：

> 查创新法切音者，福建卢戆章之外，更有福建举人力捷三，江苏上海沈学，广东香港王炳耀，已故前署汉海关道蔡锡勇各有简明字学，刊行于世。其法均遵定《康熙字典》切音，参以西法，而善其变通。或以字形胜，或以音义胜，或以拼合胜，大旨以音求字，字即成文，文即为言，无烦讲解，人人皆能。而尤以卢戆章苦心孤诣，研究二十余年，且其生长外洋，壮年回籍，故其所为切音《新字捷诀》，深得中西音义之正。……敢请我皇上饬下

---

① 校按：本章前半部分内容录自已发表的《南北文化观》，见《岭南学报》第3卷第3期，但内中新插入一段梁启超的引文，后半部分系陈序经重新撰写。在自抄稿的首页，陈序经标明："接南北文化观页一三六（中间并插入《饮冰室文集》页五〇—五一中一段，梁启超《新民说》第十一节'论进步'）。"故本章前半部分依《岭南学报》，后半部分依自抄稿，自抄稿无标点。

各该省督抚学政传令卢戆章等并其所著字书，咨送来京，由管学大臣，选派精于字学者数员，及编译局询问考验之，校其短长，定为切音新字，进呈御览，察夺颁行。

其实一八九六年的《时务报》梁启超已经说道：

> 稽古今之所由变，识离合之所由兴，当中外之异，知强弱之原，于是通人志士，汲汲焉以谐声增文，为世界一大事。……吾师南海长素先生，以小儿初学语之声为天下所同，取其十六音以为母，自发凡例，属其女公子编纂之，启超未获闻也。去岁从《万国公报》中获见厦门卢戆章所自述凡数千言，又从达县吴君铁樵见蔡毅若之《快字》凡四十六母，二十六韵，一母一韵，相属成字，声方分向，画分组细，盖西国报馆，用以记听议院之言者，即此物也。启超窃私喜，此后吾中土文字于文质两统，可不偏废，文与言合，而读书识字之智民，可以日多矣。

梁氏所说的蔡毅若，就是林辂存所说的蔡锡勇的别字。他曾随公使到美日秘各国，因见各国言文一致，而且简便易学，乃著《传音快字》一册。王炳耀著《拼音字》，力捷三著《闽腔快字》及《无师自通切音官话》，沈学著《盛世元音》。这些语体运动者，通通都是南方人，而且他们通通都受过外国语言的影响。所以这个运动之于东西文化的接触上，有了很大的意义。

然而在近代文学革命史上，梁启超是特别值得我们注意的。他在三十年前所办的《新民丛报》里，介绍严复译《原富》一文中，已主张文学革命。他说：

> 严氏于西学中学，皆为我国第一流人物。此书复既经数年之心力，屡易其稿，然后出世，其精善更何待言。但吾辈所犹有憾者，其文章太务渊雅，刻意摹仿先秦文体，非多读古书之人，一翻殆难索解，夫文界之宜革命久矣，欧美日本诸国，文体之变化，常与其文明程度成比例，况此等学理邃颐之书，非以流畅锐达之笔行之，安能使学僮受其益乎？著译之业，将以播文明思想于国民也，非为藏不朽之名誉也，文人结习，吾不能为贤者讳矣。（《新民丛报》第一号）

他不但是主张文学革命，而且见到欧美、日本诸国文体之变化，常与其文明程度成比例，换句话来说，新时代式的文化，是要新时代的文字。文字是文化的很多方面的一方面，而且是文化各方面中的很重要方面。所以文化之能够进步，其得力于文字者很多，何况事实上近代美欧、日本各国的文字的变迁，是和现代文化的发展，有了很密切的关系呢？

在《新民说》"论进步"一节中，梁启超又说：①

> 文字为发明道器第一要件，其繁简难易，常与民族文明程度之高下为比例差。列国文字，皆起于衍形，及其进也，则变而衍声。夫人类之言语，递相差异，经千数百年后，而必大远于其朔者，势使然也。故衍声之国，言文常可以相合；衍形之国，言文必日以相离。社会之变迁日繁，其新现象、新名词必日出，或从积累而得，或从变换而来。故数千年前一乡一国之文字，必不能举数千年后万流汇沓、群族纷挐时代之名物意境，而尽载之，尽描之，此无何如者也。

> 言文合，则言增而文与俱增，一新名物新意境出，而即有一新文字以应之，新新相引，而日进焉。言文分，则言日增而文不增，或受其新者而不能解，或解矣而不能达。故虽有方新之机，亦不得不窒，其为害一也。言文合，则但能通今文者，已可得普通之智识，其古文之学（如泰西之希腊罗马文字），待诸专门名家者之讨求而已。故能操语言者即能读书，而人生必需之常识，可以普及。言文分，则非多读古书，通古义，不足以语于学问。故近数百年来学者，往往瘁毕生精力于说文、尔雅之学，无余裕以从事于实用，夫亦有不得不然者也，其为害二也。且言文合而主衍声者，识其二三十之字母，通其连缀之法，则望文而可得其音，闻音而可解其义。言文分而主衍形者，则《仓颉篇》三千字，斯为字母者三千，《说文》九千字，斯为字母者九千，《康熙字典》四万字，斯为字母者四万。夫学二三十之字母，与学三千、九千、四万之字母，其难易相去何如？故泰西、日本，妇孺可以操笔札，车夫可以读新闻，而吾中国或有就学十年，而冬烘之头脑如故也，其为害三也。

> 夫群治之进，非一人所能为也。相摩而迁善，相引而弥长，得一二之特识者，不如得百千万亿之常识者，其力逾大而效逾彰也。我国民既不得不疲精力以学难学之文字，学成者固不及什一，即成矣，而犹于当世应用之新事物、新学理，多所隔阂，此性灵之浚发所以不锐，而思想之传播所以独迟也。（看《饮冰室文集》，页五十）

启超不但是一位文字革命的理论家，而且是文字革命的实行者，我们且看他说：

> 启超夙不喜桐城派古文，幼年为文，学晚汉、魏、晋，颇尚矜炼。至是（《新民丛报》时代）自解放，务为平易畅达，时杂以俚语，韵语及外国语法，纵笔所至不检束，学者竞效之，号新文体；老辈则痛恨，诋为野狐。然

---

① 校按：此行及以下数段所引梁启超"论进步"的文字，系新增。但自抄稿中并未抄写，亦未说明插入什么位置，这里依南开大学图书馆藏代抄稿。

其文理明晰，笔锋常带情感，对于读者，别有一种魔力焉。

这个新文体，虽然不是近来所说的白话文，然他对于近来的白话文的运动上，却有了不少的功劳。

而且在启超一九〇二年所编辑的《新小说》杂志所登的长短篇小说，是用白话文来写的。这些小说在文字上既已经解放，在思想和结构上，又受过西洋的小说的影响。我们若以三十年前的环境的眼光来看梁氏的新小说，那么这个《新小说》杂志，可以说是名实相符的《新小说》杂志呵。

此外，又如黄遵宪在新诗的贡献的劳绩，钱基博先生在其《中国现代文学史》里说：

> 中国与欧美诸洲交通以后，持英簜与敦槃者不断于道，而能以诗鸣者，惟黄遵宪。毅然有改革诗体之志，模山范水，关于外邦，名迹之作，颇为夥颐；其成就虽未能副其所期，然规模既大，波澜亦宏，世称硬黄，一时钜手矣。

黄氏之所以志于改革诗体，一方面是由他受过他本乡的歌谣的影响，一方面又因为他受过外国而特别是日本的诗歌的影响。他的解放诗体的主张，在与朗山论诗的书（《岭南学报》二卷二期）里说得很透澈。

> 遵宪窃谓诗之兴，自古至今，而其变极尽矣。虽有奇才异能英伟之士，率意远思，无由能出其范围者。虽然，诗固无古今也，苟出天地日月星辰风云雷雨草木禽鱼之目，出其态以尝（当）我者不穷也。悲欢忧喜欣戚思念无聊不平之出于人心者，无尽也。治乱兴亡聚散离合生死贫贱富贵之出于（？）我者，不同也。苟能即身之所遇，目之所见，耳之所闻，而笔之于诗，何必古人，我自有我之诗者在矣。夫声成文谓之诗，无有声皆有诗也，即市井之谩骂，儿女之嬉戏，妇姑之勃溪，皆有真意以行其间者，皆天地之至文也。不能率其真而舍我以从人，而曰吾汉，吾魏，吾六朝，吾唐，吾宋，无论其非也，即刻画求似，而得其形，有则肖矣，而我则亡也。我已忘我，而吾心声，皆他人之声，又乌有所谓诗者在耶。汉不必三百篇，魏不必汉，六朝不必魏，唐不必六朝，宋不必唐，惟各不相师，而后能成一家言。必执一先生之说，而媛媛姝姝，则删诗至三百篇止矣，有是理哉？是故论诗而依傍古人，剿说雷同者非夫也。吾今日所遇之境，所思之人，所发之思，不先不后，而我在焉。前望古人，后望来者，无得与我争之者，而我顾其情，舍而从人，何其无志也。虽然，我身之所遇，吾目之所见，吾耳之所闻，吾愿笔之于诗，而或者其力有未能，则不得不藉古人，而扶助之，而张大之，则今宪之所为，皆宪之诗也。

所谓"市井之谩骂，儿女之嬉戏，妇姑之勃溪，皆有真意以行其间者，皆天地之至文也",就是极端的主张诗文体裁的解放。这种的主张,我以为不但是二十年前主张"作诗必使老妪听解固不可然,必使士大夫读而不能解,亦何故耶?"的胡适之先生望尘莫及,就是十五年前《文学改良刍议》里所主张的八事以至《尝试集》的胡先生,也不出这个范围。

白话文的运动是受外国语言的影响,这无论是谁都要承认的。然而这种影响,还不过是用治西洋语言的方法,应用到中国的语言上。自中西交通以后,在南方好多地方,因为外人之来者日多,同时由南方而赴外洋的国人之归国者也日繁,结果是在言语上有了一种新现象,这就是将西洋语变为国语,关于这一点,邬庆时在其《南村草堂笔记》里曾说:

> 通商之后,英人到粤者日多,粤人通英语者亦日益众,而英国语遂有流行于市井者矣。称商人曰孖毡,呼挑夫曰苦力,许人第一曰林伯温,自谓老耄曰欧路文,此类甚多,皆由英语而变为俗语者。

英语之变为俗语者,正像邬氏所说,其类甚多,比方保险叫做"燕梳",邮票叫做"士担",不但是言之于口,而且随处可见笔之于字,这是将来的研究南方语言的人,所不能不注意的事实,然而所以致此者,就是因为南方和西洋文化的接触的历史较久,和关系较密的缘故。

不久以前,钱玄同先生有废除汉字采用西洋语言之说,闻者以为怪论,我们以为在广东的通都大邑,对于借用英语的习惯,已成为一种事实。虽则这种事实在一般普通人的心目里,尚未十分明瞭,这样看起来,汉字虽未废除,然而西洋语言,在南方固已采用了不少,这样的采用,固有不少人会发生疑问,然而这种事实却是人人所不能不承认的。①

上面是语言方面来说,至于文化的其他方面,如教育,如科学,如医术,如报纸,如妇女运动,如劳工运动等等,都可以说是策源于南方。在教育方面,新教未输入中国之前,天主教在华的教育事业少有记载。据清洁理氏(Katharine R. Green)的《马礼逊小传》{Robert Morrison (1782—1834), *The First Protestant Missionary to the Chinese*}里说,在一八二八年,在广州曾有了一位因受了梁发的传教的影响而信教的一位青年,曾开设了一个基督教的新教学校,这也许是新式学校的第一个。据说这个学校是专收男童的,不过这个学校里的组织与课程如何,我们没有法子去知道。

新式学校的组织较为完密与课程又是西化之成立最早的,恐怕要算一八三四年英国女教士古特拉富夫人(Mrs Gutzlaff)在澳门所设立的学校。这个学校本为女校,但是为要预备纪念马礼逊的,学校因乃兼收男生。这个学校与后来所设立

---

① 校按:以上见《岭南学报》第3卷第3期,第130～136页,以下内容为陈序经新撰,依陈序经自抄稿。

的马礼逊学校，在中国新式教育史占了一个很重要的地位。因为是从这两个学校，而培育了我国近代的最先的留学西洋的学生，这些学生就是容闳、黄宽、黄胜。前者曾在这两个学校读过书，而后两者都在马礼逊纪念学校读过书。容闳回国之后，又提倡派送大批学生留美，这不只是中国政府的破天荒的事情，也是中国教育上的创举。

在科学方面，自利玛窦在广东的时候，已翻译了欧几里得（Euclid）的《几何学》。利玛窦是一位宣教师，也是一位科学家，他在广东住了十外年，结交不少文士，对于天文而尤其是地理学的介绍上，有了很大的贡献。他在广东肇庆的时候，就改绘世界舆图。至于后来的天主教徒之对于天文学与地理学上的贡献之大，是用不着说。

其与科学有关的机器，如望远镜，如自鸣钟，以及军器，如铣炮，也是最先输入或制造于南方。罗明坚初来广东时，就把望远镜与自鸣钟送给广东的当局，这两件东西，据说当时的官吏士人都很注意。不过全为好奇心理而喜欣，并没有想去仿效制作的欲望。所以，望远镜既只以为看风景，自鸣钟也只用以听其到时自鸣的声音，结果是望远镜在我们的手里，并不应用去观察天体，使天文学上有所发现，至于自鸣钟，也并不用以为守时间，而只当为玩具。

铣炮在明末清初已在澳门制造，明朝末年用以抵抗满人，而清朝初年又用以平定天下。可惜后来也少有人注意到西洋枪炮，直到林则徐在鸦片战争的时候，对于这种军器才复加注意。

又如铸造铜元，也是始于广东。光绪二十六年（一九〇〇），两广总督李鸿章看了英国的一仙铜钱，以为质轻而值昂，因乃奏请仿制，并在广东设厂铸造，这是中国自造铜元之始。

在医术方面，南方也是新式医术的策源地。关于这一点，张星烺在其《欧化东渐史》里，曾有一段简短的叙述，兹录之于后：

> 明末清初，天主教耶稣会士曾否努力输入西洋医学，无记载可考。路德新教徒入中国后，西洋医术始传入中国。最早者为种痘法。有谓为西班牙人于一千八百零三年（清嘉庆八年）传入中国者。据确实记载，则英国东印度公司医官皮尔孙（Alexander Pearson）于一千八百零五年（嘉庆十年）传种痘法于中国。皮尔孙在广州行医，曾著一小书，说明种痘法，斯当顿（George Staunton）代译为中文。氏又传其法于中国生徒。最要者为海官（Hequa）。海官以后成为名医，三十年间为人种痘，达一百万口。海官传此法于其子，在他处设立医院，专为人种痘。一千八百二十年时（嘉庆二十五年），东印度公司外科医生立温斯敦（Livingston）与玛礼逊在澳门立一小医院，医治贫苦中国人。有中国生徒襄助其事。一千八百二十七年（道光七年），东印度公司医生郭雷枢（T. R. Colledge）在澳门立一眼科医院。翌年，

又立一养病院，可容四十人。五年间，入院受医者达四千余人。捐款维持者，东印度公司职员外，中国大行商人，亦皆踊跃输将。此为第一西国医院，立于中国境内也。再次年，郭雷枢在广州，又立一小医院，中外人皆可受治。延白拉福（J. A. Bradford）及柯克司（Cox）两医士襄理其事。郭雷枢著一论文，题曰《任用医士在中国传教榷书》（*Suggestions With Regard To Employing Medical Practitioners As Missionaries To China*）。此文在美国颇引起一般人之注意。一千八百三十四年（道光十四年），美国人派克（Peter Parker）先在新嘉坡设立一医院，专医中国侨民。翌年，移医院于广州，专理眼科。一千八百三十八年（道光十八年）与美国公理会士裨治文（Rev. E. C. Bridgman）及郭雷枢，共组广州医科传教会（Canton Medical Missionary Society）。派克于一千八百四十四年（道光二十四年）充美国使馆参赞，代理公使，后为正式全权公使。一千八百五十七年（咸丰七年）离中国，回美国。一千八百六十九年（同治八年），在美国充驻华医科传教会会长。一千八百八十八年（光绪十四年）卒于美国。氏为在中国教士兼医生之第一人。次于氏者为英国人罗克哈忒（William Lockhart）。一千八百三十八年（道光十八年）抵广州。翌年，充派克在澳门所立之医院医长。一千八百四十三年（道光二十三年）抵上海，立英租界山东医院。一千八百六十一年（咸丰十一年）在北京立一医院，即以后协和医院之基础也。一千八百三十九年（道光十九年），英人霍布孙（Benjamin Hobson）抵广州，充澳门医院院长。后往香港，充伦敦传教会医院院长。

海官的真正中国名字是什么，未得而知，他不只是中国的第一个西医，而且行医很久，治人很多。但是，中国的正式西医之在西洋学习而回国，而且医术很精的，要算黄宽。关于黄宽，我们已在他处说过，这里不必再述。我们所要指出的是，自西法医术在十九世纪的初年传入广州之后，以至十九世纪的下半叶，广州、澳门成为中国西洋医术的大本营，那么，中国新式医术之策源于南方，也是很显明的。

关于报纸或杂志，张星烺在其《欧化东渐史》，也有一段简略的叙述，今录在下面：

> 唐时有《开元杂报》，记载政府命令，〈官场消息〉，可为世界上最早之报章。然此与近代报章意义不同。至于登载普通消息，发表民意之报纸，则仅于鸦片战争后，香港割让，五港通商以后，在外人势力保护之下，始有真正近代式之报章也。在中国最早之英文报为《广东记录》（*The Canton Register*），每星期出一册，始于一千八百二十七年（道光七年）十一月八日。直至香港割让于英国后，该报移至香港，更名《香港周报》（*The Hongkong Register*），至一千八百五十九年（咸丰九年）始停刊。次有《香港日报》（*Hongkong*

Daily Press）及《每日报》（Daily Mail）两报，皆在香港发行。时期俱在道光末年。时伍廷芳尝命人将《香港日报》译成汉文，流行粤地。纯粹汉文报章，当推上海字林洋行之《上海新报》，及粤人在申所设立之《雁报》《汇报》《益报》等。但不久即闭歇。……周报之最早者，为《兴华报》（Advocate），发行于福州，创办人为美国美以美会派克博士（Dr. A. P. Parker），流行于中国各地，及海峡殖民地甚广。虽为教会所发行，而新闻不限于宗教，关于科学有用智识，亦广为登载，为当时有用之周刊也。《通闻报》创始于一千九百零二年（光绪二十八年），为英、美长老会所设，性质与《兴华报》相同，销行亦甚广，第一年在全国中销行七千余份。以上皆教会人在中国所办之初期日刊、周刊、月刊物也。中国人自己所办之旬刊最早者，为光绪二十四年（一八九八年）之《时务报》，后改《昌言报》，主笔初为梁启超，后为汪康年。此报为此时维新党人最要之机关报，而实亦初谈政治改革之杂志也。《昌言报》不久随戊戌政变而消灭。梁氏亡命日本后，举办《清议报》，仍鼓吹政治改革。不久又改办《新民丛报》，灌输各种学识，每期销行十余万份，人人争读，影响中国社会舆论之钜，直至于今，无他杂志可与匹敌也。梁氏文学优胜，为原因。而当时适值拳匪乱后，旧文化、旧制度，不满人望。士大夫求新智识之欲甚炽。梁氏亡命日本，得彼邦之普通智识，以畅达流利之文，尽量灌输于国中，所谓因时乘势者也。待以后梁氏又主办《国风报》《庸言报》，流行远不如《新民丛报》矣。盖国民知识程度已高，肤浅议论，无裨益于专门科学矣。然梁氏一时之功，固不可泯也。

此外，赵君豪在其《中国近代之报业》一书，也有关于中国近代报纸杂志的来源一段话，颇足以补充上面所抄那段话。所以，我们也录在下面：

> 至于具有近代雏形之报纸发现，不过近百余年间事。华文报纸以一八一五年伦敦传教会发行之《察世俗每月统计传》为最早，发行地在马六甲。至在中国境内发刊者，以马礼逊之《东西洋每月统计传》，麦都思之《特选撮要》发行为最先。同在嘉庆季年，惜不久俱废。咸丰三年，《遐迩贯珍》刊于香港，七年《六合丛谈》刊于上海，《中外新报》刊于宁波……日报之刊，自咸丰八年（一八五八）之香港《中外新报》始。未几，上海有《字林新报》，广州有《七日录》，香港有《华字日报》《循环日报》。至同治十一年（一八七八年），而《申报》诞生。光绪十九年（一八九三年），《新闻报》始发行。（页九—十）

我们知道，妇女运动是现代文化中的一种特点。在欧美，妇女运动虽是发达于十九世纪的下半叶，但是在中国，这种运动却不过是三十年左右的事。同时，这种运动的策源地，差不多也可以说是在南方。民国二年的时候，在广东的临时省议会中，已经有了好几位女子议员，这可以说是中国女子的政治权的获得的第一次。到了民国十年三月二十九日，广东的省宪起草时，广东省的女界曾作过大规模的示威运动，要求女子的参政权。这个示威运动，曾震动一时，引起社会人士与政府方面的注意。她们所要求的参政权虽未能完全达到目的，但是在同年中的市参事会选举市民代表时，也有了女参事员。其实，在选举的时候，有了不少的舞弊，这种舞弊，是由于女界自动的组织监察队，分到各选举区调查而揭出的。也是为了这个原故，遂有了第二次的重行选举。这不只表示女子不只是争参政的权利，而且负了参政的责任。又在同年的湖南省宪成立时，女子也有数位被选为议员。

到了民国十五年，国民党第二次全国代表大会举行于广州，议决女子应有财产继承权。不久，广州的最高法院也判决，无论已嫁或未嫁的女子，应与男子同等的有财产继承权。此外，又如在教育方面，男女同学之最先的，要算广州的岭南大学。至于各种妇女的团体，在其发展的初期，也以广东为最多。

同样，劳工运动的策源地，也可以说是在南方。在民国十年的时候，广州工会之已立案者或未立案者，共有了一百三十余所。在民国十七年间，又增到差不多二百所。其成立最早的，是打包工业联合会。据说，这个联合会在清朝咸丰时间已经成立。次为广东机器总工会，这是成立于清代的光绪三十一年，这是在当时国内有最有势力的工会。该会除了好多工作之外，还设立了几个工人补习学校，以增进工人的智识，这也是一种创举。

我们知道，在民国十年以前，广州已有了工会十余所。自陈炯明班师回粤之后，又提倡工人结合，会社一时风起云涌，工会大为发达。在民国十七与十八年间，在差不多两百所工会中，共约有会员三十三万，占全市人口约三分之一。在当时，会员最多的为广东轮渡船务总工会，约有四万五千人。最少数的为画扇同乐会，有会员五十多人。据说，能看日报的，约占会员总数三分之一，这就是十一万左右。

工会的种类之多，不可枚举。凡机器、盐行、革履、报界以至牙擦等等，都有工会。我们可以说，工会之多，差不多等于各种职业的数目。除了各种不同职业的工会之外，又有总会，这就是广东总工会。而工人合助社，又可以说是各种不同的工会的一种联系的机会。

各种工会在初立的时期，对于工人薪金及工作时间，均各自规定。据说，最低工金有每月五毛钱至五元的，最高者自一百元到五百元。至于工作时间，有的规定为每日六小时，有的规定为八小时，有的规定为十多小时的。

工人既有了工会，对于东家遂往往有了以罢工为要求增加工薪，或改良食宿，或减少时间为工具。罢工之最早的为机器工人，这是民国十年五月二十六日的事。后来如建筑、茶居、棚业、油业、理发等三十余个工会的工人，也相继罢工。结果往往是由政府当局找了两方面互相磋商，以求解决的方法。

我们知道，在民国十三年间，因为广东政府收回海关权，引起英日美意的军舰的监视，广东的各种团体，而尤其是工会，曾举行大示威运动，并发表宣言给与各国的劳动界。到了民国十四年，广东省港的罢工事件的发生，又是中国劳工运动史上的很重要的事件。

各种工会对于工人的智识及各种生活，往往设法改进。除了像机器工会之设立工人补习学校之外，对于其工艺上、娱乐上、像运动会、音乐会等等也注意。政府方面对于他们的各种活动，也很鼓励，比方孙中山先生在广州就职总统时，曾到总工会里演讲，说"余愿为你们工人的总统"，这是看重了劳工运动，也是广东工会的发达的一个原因。

第三册

第一编

第一章　容纯甫的中国西化观[①]

七十年前的中国虽然差不多可以说是一个整的没有西化的中国，但是七十年前的中国却已有了一个整的受过而积极主张澈底西化的中国人；这位中国人并非别人，就是本章所要介绍的容闳（纯甫）先生。

二十年前当这位容先生逝世时，上海的人士，曾为他开过追悼会；诔词挽联之歌颂赞美他的，虽是应有尽有，可是二十年来——也许是七十年来的中国人，好像是没有给他相当的位置，而对他没有相当的认识。我们谈到近代革命运动，我们总会记起孙中山以至洪秀全；我们说到维新运动，我们总会记起康有为以及梁任公；我们讲及洋务，我们总会记起曾国藩、李鸿章以至薛福成、郭嵩焘；我们想及教育，我们总会记起张之洞、张百熙。然而这位无论在革命运动，维新运动，而犹其是在洋务在教育上占了很重要的位置的容纯甫先生，好像是没有相当的被认识，而且逐渐的被忘记了。

他之所以被人忘记，他之所以少人认识，照我看起来，大约是由于他的行为和思想太过超越了他自己的时代；质言之，就是因为他太过西化了。在举国若梦而不知西化为何物的时代，当然是没有人去理会和记忆他。但是在像现在一样的西化逐渐为人们所认识而积极被人提倡的时代，这位最先受过而积极的主张澈底西化的容先生，是格外值得我们的介绍和认识的，而且应该为我们所介绍和认识的。

事实上我以为七十年前，也许是三十年前，只有这位容先生是真能知道中国的根本病源和根本的需要的人。同时只有这位容先生是认真努力于扫除这个根本病源和提倡这个根本需要的人。但是要想明白他之所以能够有了这种认识，这种努力，我们应当明白他个人的环境特性，以及他的教育的机会的情况。

读过历史的人，总能觉到自十九世纪而犹其是十九世纪之下半叶到二十世纪，是世界史上最重要的一段；而这个时期也是中国五千余年的历史上最为重要之一章。容氏生于十九世纪之初叶（一八二八），而死于二十世纪之初叶（一九

[①] 校按：本章录自《岭南学报》第3卷第3期，第139～154页。

一二)。他既亲眼和澈底的观察过半世纪多的中国的变化,他又亲眼和澈底的观察过半世纪多的世界的变化,他赴美国求学以至奉命赴欧美购办机器的时候,还是乘着赖风行驶的帆船,但是他在临终之前,已有了凌空行驶的飞船。他在出世的时候,还是国人享着乾隆皇帝的盛世的余泽,但是他在临终的时候,中国已经过鸦片战争,英法入京,中日战争,八国联军,而至满清推倒的中国。简单来说,他是近代中西文化接触所产生出的人物,他不但是一个最先受过西洋文化的洗礼的人,而且是一个最先主张中国应该澈底西化的人。

  容氏生于澳门附近的南屏镇,在他少年的时候,香港还未割让,广州虽时时有洋人来往,然西洋人在中国的大本营还是澳门半岛。澳门之为葡人占据,是在容氏生前二百七十年,从时间上看去,二百七十年虽是很长,然而洋人之在澳门的目的,大要不外是交易互市。交易互市固引起宗教上的天主教之传入而生出科学上的介绍,但是利玛窦们的主要目的,是专为传教而来,而且他们一方面为要利用政治的势力去宣传宗教,其结果是宗教的宣传有时受了政治的打击;一方面因为在一个历史最久,守旧最深的中国统治之下的环境里,来求中国人的西洋宗教化,结果是只有浅薄皮毛而没有澈底的同化。总而言之,中国人这二百余年来——十六世纪到十九世纪的初叶——之效法西洋的宗教,或是科学,大约是由于一时权宜的被动的地位,而非主动的地位。

  自玛礼逊来华宣传新教以后,中国人之信仰基督教,逐渐成为主动的地位。其原因是由于传教的教士寄宣传宗教于教育之中,于是教育不但成为宣传宗教的工具,而且逐渐成为改革政治社会的利器,容先生就是这种教育所产生出的人物。据他的自传(中译《西学东渐记》)里说:他方七岁(一八三五),他的父亲就送他入了伦敦妇女会在澳门初设立的学校念书。澳门既在西洋人统治之下,则西洋文化之影响于这位头脑清白,意志未定的少年,已是一种有可能性的事;何况他又曾在西洋人统治澳门之下的西洋人所设立的学校里肄业。

  从七岁到十七(一八四五)岁,除了一个很短的时间,因为学校停办而家居外,他日常所受教的都是西洋人物,所接触的是西洋环境。鸦片战后,香港割让于英(一八四二),容氏在澳门所肄业的学校,也于一八四五年迁移香港。澳门属葡,香港属英,而学校之主持教育者却为美人。所以这位年纪十七岁的容氏,老早已溶化于英、美、葡诸国的文化设施和统治之下。

  到了一八四六年(十八岁),他因了校长之助,得以赴美留学,同行者虽有数人(黄胜、黄宽),然此时中国人之留美求学者,仅此三人。他所处之环境,所受之教育,乃是纯粹的西洋环境和教育,而且这次留美,有了八年之久(一八四六——一八五四),那么美国文化之影响于他的深切,可想而知了。

  就是返国以后,他无论是在政府或是在商界所与共事的人们和环境,还是直接或间接和西洋文化有密切的关系。九年以后(一八六三)因得曾国藩的认识,初而赴欧赴美购办机器，后来带领留美学生（一八七二）重旅美国。事实上他此后在美的时日，还比他在中国为多，而且因为他的夫人是美国人，家庭妻儿均在美国，所以他一生所处的环境，差不多可以说是西洋文化之下的环境。

他既有了这种环境，他又具了一种独立不拔的特性。他本来是一个家境困难的农家子，所以贫困是他所尝过的，贫困决不能变换他的志向。他虽然是得了教士教会的帮助，而始能在澳门在香港在美国求学，然他却不因此而俯首贴耳的受着教会的指挥和引诱。他在《自传》里告诉我们，在美国中学毕业之后，本来可以得教会的津贴而升入大学，然因为教会要他毕业以后，充当教士，从事传道，所以他宁愿自甘贫苦，而求他个人的出路。他之所以能够在大学里毕业，正是由他这种坚忍不拔的意志而来，而他之所以成为后来的他，也是由他这种坚忍不拔的意志而来。

返国之后，东奔西走，忽南忽北，一再失业，虽有好的薪俸而不愿俯就，始而在粤当美国公使的书记，再而就香港律师的聘，再而在沪当海关翻译，又再而为英商公司书记及丝商茶商买办。这些事业既非他个人的素愿，转就转弃，他总视做等闲，太平天国的当道曾给他以官爵，然而无功之赏，是他所不愿受的。直到他见用于曾国藩，他的事业始见固定，而他在现代化的中国的位置上的重要，也就开始。

总而言之，容氏是最富于独立坚忍性的人，他《自传》里说：

> 数日后，诸校董忽召予往，面议资遣入学事……校董之言正与勃朗海门同，谓毕业后归国传教则可，第具一志愿书存查耳。此在校董一方面固对予极抱热情，而予之对于此等条件，则不能轻诺。予虽贫，自由所固有。他日竟学，无论何业，将择其最有益于中国者为之。纵政府不录用，不必遂大有为，要亦不难造一新时势，以竟吾素志。若限于一业，则范围甚狭，有用之身，必致无用。况志愿书一经签字，即动受拘束，将来虽有良好机会，可为中国谋福利者，亦必形格势禁，坐视失之乎？

又如他说：

> 总税务司告予曰：凡中国人为翻译者，无论何人，绝不能有此希望（升总税务司）。予闻言退出，立作一辞职书投之。书谓予与彼受同等教育，且予以中国人而为中国服务，奈何独不能与彼英人享同等之权，而终不可以为总税务司耶？予书入后，总税务司来君初不允予请，面加慰留，令勿去职，且误会予之此举，为嫌俸薄，故以辞职相要挟，因许月增予俸至二百两。噫！彼固以为中国人，殆无一不以金钱为生命者，宁知众人皆醉之中，犹有能以廉隅自守，视道德为重，金钱为轻者耶？且予之为此，别有高尚志趣，并不以得升总税务司为目的。予意凡欲见重于人者，必其人先能自重，今海

关中通事及其余司一职者,几无一不受贿赂,以予独处此浊流中,决不能实行予志,此辞职之本意也。

因为他个人有了这些特性,教育和环境,所以他后来对于中国改造上,都有了特别和超越的抱负和努力。我们现在且来谈谈他对于改造中国的计画和成就。

容氏回国后之第六年(一八六〇),曾和美国教士及一位中国朋友作金陵之游。这次游历的动机,本为探知太平天国的组织和政策的内容。可是事有巧凑,到了南京却遇着数年以前,曾在香港认识而当时已居高位的干王。干王因为他是故人而且知他游学外国,见闻较广,故询他对于太平天国的建设问题。据他《自传》说,他曾条陈七事,今且列之于下。

(一)依正当之军事制度,组织一良好军队。
(二)设立武备学校,以养成多数有学识的军官。
(三)建设海军学校。
(四)建设善良政府,聘请富有经验之人才为各部行政顾问。
(五)创立银行制度及厘订度量衡标准。
(六)颁定各级学校教育制度,以耶稣教《圣经》为主课。
(七)设立各种实业学校。

这七件条陈,本来是针对太平天国当时的需要而说,他《自传》里说,这是这次从苏州至金陵途次有所感触的结果,并非预先有过详细考虑而出此。然而事实上,此后七十年的中国所急急以图者,还不出此范围,而他此后五十年所努力以求实现者,也没有多大的变更。第一条所谓依正当之军事制度,组织一良好军队,是由他当日见到太平天国的军队,是由乌合之众而成的,纪律既乏,组织制度更谈不到。第六条下半段以耶稣教《圣经》为主课,明明是因太平天国之揭竿起事,是以基督教来号召;除了这条以外,所谓武备学校,海军学校,聘请顾问,建设良善政府,创立银行,订度量衡,各级学校教育制度,以及实业学校种种,到了四十年后,还有很多未见实现。比方同文馆之设立是在一八六七年,广方言馆及译书局是始于一八六七年,制造局始于一八六五年,派留学生赴德习陆军、赴英习驾驶制造是在一八七六年,创设海军设北师学堂是在一八八〇年,武备学校是一八八四年才有。此外又如教育制度的改革,是更四十年后的事。所以平情来说,太平天国灭后的曾国藩、李鸿章、薛福成、郭嵩焘、张之洞、张百熙等,老实不过努力于容氏的计画的部份罢了。

容氏上面所条陈于干王的七事,干王虽特别注意,然干王并非太平天国之主脑,并且他见得太平天国之领袖人物,多为无识者流,所以干王所给予的爵位,他也不受。然他《自传》中说他曾告干王曰:无论何时,太平军领袖诸君,苟决计实行这种计画,则予必效力奔走。他所以不受爵位之原因,正像上面所说,不愿徒享无功之赏。我们于此,可以明白容氏乃一位实事求是,不重虚名的人,并且他乃自有自己的主张和见解,而非投机得利,阿媚求荣的人。后来有些人见得容氏在《自传》中于曾国藩则尊崇备至,于他人则鄙视无余,遂以为容氏之所以出此,乃由于国藩之对他力加提拔,殊不知容氏个人之特性,并非由于他人之提拔而誉人,我们试一看他之不受干王的爵位,以至他之鄙视总税务司之为己加俸,以及不受孟松中学校董之传道志愿,就能知他的独立不倚的特性。

他既舍去干王的盛意,他后来也不像薛福成们之因曾国藩之传书求贤而入其幕府;反之一八六三年之见用于曾国藩,是从曾国藩之请求,并非由他的请求;我们可以说他之所以入曾氏幕府,并非曾氏之名重位尊,而乃求自己平生怀抱的实现。他《自传》里说:

> 予当修业期内(指在美国),中国之腐败情形,时触予怀,迨末年而犹甚,每一念及,辄为之怏怏不乐;转愿不受此良好之教育为愈,盖既受教育,则予心中之理想既高,而道德之范围亦广,遂觉此身负荷极重,若在毫无知识时代,转不之觉也。更念中国国民身受无限痛苦,无限压制,此痛苦与压制,在彼未受教育之人,亦转毫无感觉,初不知其为痛苦与压制也。故予尝谓智识愈高者痛苦益多,而快乐益少;反之愈无智识则痛苦愈少,而快乐乃愈多,快乐与智识,殆天然成一反比例乎?虽然,持此观念,以论人生之苦乐,则其所见亦甚卑,惟怯懦者为之耳;此其人必不足以成伟大之事业,而趋于高尚之境域也。在予个人而论,尤不应存此悲观。何也?予既远涉重洋,身受文明之教育,且以辛勤刻苦,幸遂予求学之志,虽未能事事如愿以偿,然律以普通教育之资格,予固大可自命为已受教育之人矣。既自命为已受教育之人,则当旦夕图强,以冀平生所学,得以见诸实用。此种观念,予无时不耿耿于心。盖当第四学年中,尚未毕业时,已预计将来应行之事,规画大略于胸中矣。予意以为予之一身,既受此文明之教育,则当使后予之人,亦享此同等之利益,以西方之学术灌输于中国,使中国日趋于文明富强之境。予后来之事业,盖皆以此为标准,专心致志以为之。溯自一八五四年,予毕业之时,以至一八七二年,中国有第一批留学生之派遣,则此志愿之成熟时也。

从这段话里,我们明白他觉得中国根本的需要是教育,而他所谓教育,又是西洋的教育。原来容氏自小到大,所受的教育都是西洋的教育,而且因为他自在澳门入校以后,他的环境是西洋文化之下的环境。他看看中国之所以腐败到这个田地,完全是由于中国人的智识的低下。智识的低下,从个人的观点看去,虽似减了不少的痛苦,然从国家的观念看去,却是国家衰落灭亡的预兆。所以为国家的前途计,他所亟亟然希望于心者,是"使后予之人,亦能享此同等的利益,以西方之学术灌输于中国,使中国日趋于富强文明之境"。

然而要想达到这种境地，则中国人要认认真真的澈底西化，而这种澈底西化的实现的初步，是派送中国有志之士到西洋直接受西洋教育，像他《自传》所说："藉西方文明之学术以改良东方之文化，必可使此老大帝国，一变而为少年新中国。"他不提倡在中国设一间中学或大学而请洋人来做教授，他也不提倡张之洞式的留欧不如留东的论调（这时的日本还是醉梦未醒，纵是醒了，容氏也不会做此论调），因为这种的西化是间接的，是皮毛的。他相信一个人的观念和人格的澈底变化，不但只靠着学校里的书本和教师，而是大部分靠着他的环境。所以要澈底西化中国，则不能不先求澈底的西化的中国的国民，能够有了一部分的澈底的西化的国民，则他们返国之后，自然而然会提倡新教育，新政治，新社会，以至新生活。所以派送学生到西洋留学，照他看起来，是澈底西化中国的首先条件。这种一刀见血的远见，并非一般足迹未出国民一步的人所能想到，这样的洞悉中国的根本需要，在当时除了远涉重洋久住外邦的容氏，简直是再找不到的。

这种的见解，本来是发生于一八五四年以前。在一八六〇年，他对干王所条陈七事，而不明言及此者，大约是包含于第六条颁定各级学校教育制度之中；或者见得太平天国之命运尚在狂风暴雨之中，须候所陈各条实行之后，而后再谈。过了三年之后（一八六三），他被文正召见，据他《自传》说：文正问他，"若以为今日欲为中国谋，最有益最重要之事业，当从何着手？"他心里本想以教育计画为答，但是事前友人已告诉他，文正此次之相招，乃欲建立机器厂。他既明白文正所见不过如此，同时又以自己之于文正本无旧交，提倡其所想像不及的计画，似嫌冒昧，原来文正之欲建立机器厂，是鉴于西洋各国机器之精；而且太平天国之荡平之赖于外国机器与人士之力者更非浅鲜，所以文正心目中之西洋优点，就是机器。文正未出国门一步，未谙西洋文字，其所认识的西洋文化的浅薄，是很当然的。然文正既有了振作的愿望，那么将来能够帮助他的教育计画的实现，乃意中事。

文正既属意于机器厂，江南制造局遂于一八六五年成立。然制造局的规模的计画，以及机器之在外洋订办购运，又赖于容氏的力。后来他从外国回来，文正很为嘉许，且奏请特授以候补同知。一八六七年，因文正到沪参观制造局之便，他又借机进言，于厂旁立了一所兵工学校，招选有志青年学子，授以机器工程上的理论和实验，以期中国将来不必需用外国机械和外国工程师，这种计画据他自己说，是他向来所怀的教育计画的小试其锋。

兵工学校既得文正的赞许，他又进而条陈四事；不辞繁琐，我且把来抄录于下：

（一）中国宜组织一合资汽船公司。公司须为纯粹之华股，不许外人为股东，即公司中经理职员，亦概用中国人。欲巩固公司之地位，并谋其营业之发达，拟请政府每年拨款若干以津贴之。其款可由上海镇江及其他各处运往北京之漕米项下，略抽拨数成充之。漕运旧例，皆运米而不解银，每年以平底船装运，由运河驶赴北京，故运河中专为漕而设之船，下不数千艘。运河两岸之居民，大半皆藉运漕为生，但因运法不善，遂至弊端百出，水程迢迢，舟行纡缓，沿途侵蚀，不知凡几。值天气炎热，且有生蛀之患，以故漕米抵京，不独量数不足，米亦朽败不可食。官厅旋亦知其弊，后乃有改用宁波船，由海运到天津，更由天津易平底船以运京。然宁波船之行驶亦甚缓，损失之数与用平底船等。愚意若汽船公司成立，则平底船及宁波船皆可不用，将来漕米即径以汽船装运，不独可免沿途之损失，即北方数百数万人民仰漕米以为炊者，亦不致常食朽粮也。

（二）政府宜选派颖秀青年送之出洋留学以为国家储蓄人材。派遣之法，初次可先定一百二十名学额以试行之；此百二十人中，又分为四批，按年递派，每年派送三十人。留学年限定为十五年，学生年龄，得以十二岁至十四岁为度。视第一第二批学生出洋留学，着有成效，则以后永定为例，每年派出此数。派出时并须以汉文教习同往，庶幼年学生在美仍可兼习汉文，至学生在外国膳宿入学等事，当别设留学监督二人以管理之。此项留学经费，可于上海关税项下提拨数成以充之。

（三）政府宜设法开采矿产以尽地利。矿产既经开采，则必兼谋运输之便利，凡由内地各处以达通商口埠，不可不筑铁路以利交通，故直接以提倡开采矿产，即间接以提倡铁路事业也。

（四）宜禁止教会干涉人民词讼以防外力之侵入。盖今日外人势力之放恣，已渐有入中国越俎代谋之象，苟留心一察天主教情形，即可知予言之非谬。彼天主教士在中国势力已不仅限于宗教范围，其对于奉教之中国人，几有管辖全权。教徒遇有民刑诉讼事件，竟由教会自由裁判，不经中国法庭讯理；是我自有之主权已于法律上夺去一部分也；是实不正当手段，若不急谋防范，则涓涓不塞，将成江河。故政府当设法禁止，以后无论何国教会，除关于宗教者外，皆不得有权以管理奉教之中国人。

照他的意见，这条陈之第一三及四项，是假来作陪衬的。从我们现在的眼光来看，这些条陈是很平常的事，然在当时除了第四项外，其余三项从中国人的眼光看去，无一不是闻所未闻，见所未见。容氏的注目点虽是第二项，然后来四五十年间，李鸿章、张之洞之所谓洋务革新，均不外是铁路采矿，而招商局之设立，却在同治十一年（一八七二）间。

容氏平生所怀抱的教育计画，既为这次条陈中的要旨，他从此以后，没有一天不致力于此条陈的上奏；是一八六七年由江苏巡抚丁日昌代奏。然当时因相国文祥的丁忧，且不久自己逝世，这种计画，迁延至一八七〇年天津仇教事起，始

有机会,使之实现。容氏《自传》中说:

> 自一八六八年至一八七〇年,此三年中无日不悬悬然不得要领。偶因公事谒丁抚,必强聒不已,并恳其常向曾督言此,以免日久淡忘。办事必俟机会,机会苟至,中流自在,否则枉费推移;余非不知此,然时机者,要亦人力所造也。已而天津人民,忽有仇教举动,惨杀多数法国男女僧侣,其结果使中国国家蒙极大之不幸,予乃因此不幸之结果,而引为实行教育计画之机会,洵非予所思,然使予之教育计画,果得实行,藉西方文明之学术,以改良东方之文化,必可使此老大帝国,一变而为少年新中国,是因仇教之恶果,而转得维新之善因,在中国国家未始非塞翁失马,因祸得福也。

仇教案发生后,政府因派曾文正、丁日昌、毛昶熙及刘姓一位为调停大臣,容氏也得丁氏之招为译员;于是容乃乘间进言于丁,结果是四位调停大臣,联衔入奏,而一八七〇年冬,奉硃批着照所请,而成为他所认为中国数千年历史中的新纪元。他二十年来的怀抱,和十年来的奔走疾呼,终于一八七二年实现,而百余留美学生,也从此以后一批一批的由容氏护送留美!

文正死后,文忠(李鸿章)用事,不久陈兰彬被委为驻美公使,有吴子登者得兰彬的推荐,被任为留学监督。这两位都是守旧人物,对于留学之举,没有同情,弄到后来所有留美百余学生,被召返国。关于陈吴的观察,容氏有下面数段话:

> 吴子登本为反对党之一派,其视中国学生之留学外洋,素目为离经叛道之举。又因前与曾文正、丁日昌二人不睦,故于曾、丁二公所创之事业,尤思破坏,不遗余力。……然则陈之荐吴继区(岳良)可知陈亦极顽固之旧学派,其心中殆早不以遣派留学为然矣。陈之此举,不啻表示其自居反对党地位,揎拳掳袖,准备破坏新政,以阻中国前途之进步,甚矣,知人之难也。陈既挟此成见,故当任监督时(一八七二至一八七五),与予共事,时有龃龉。每遇极正当之事,大可著为定律,以期永久遵行者,陈辄故为反对以阻挠之。例如学生在校中或假期中之正杂各费,又如寄居美人寓中,随美人而同为祈祷之事,或星期日至教堂瞻礼,以及平日之游戏运动,改装问题,凡此琐琐细事,随时发生。每值解决此等问题时,陈与学生常生冲突,予恒居间为调停人,但遇学生为正当之请求,而陈故靳不允,则予每代学生略为辩护,以是陈疑予为偏袒学生,不无怏怏,虽未至形于词色,而芥蒂之见,固所不免。盖陈之为人,当未至美国以前,足迹不出国门一步,故于揣度物情,评衡事理,其心中所依据为标准者,仍完全为中国人之见解;即其毕生所见所闻,亦以之处专制压力之下,习于服从性质,故绝无自由之精神,与活泼之思想。而此多数青年之学生,既到新英国省,日受新英国教育

之淘镕，而习与美人交际，故其学识乃随年龄而俱长，其一切言行举止，受美人之同化，而渐改其故态，固有不期然而然者；……但在陈兰彬辈眼光观之，则又目为不正当矣。……推彼意想，必以为一己所受纯洁无瑕之中国教育，自经来美与外国教育接触，亦几为其所污染，盖陈对于外国教育之观念，实存一极端鄙夷之思也。

这种守旧和顽固人物，是百余留美学生之被召返国的主动人。除此以外，尚有一种副因，为容氏所初料不及者，就是留学事务所的建筑。建筑的目的，本为永久办公的地方，但是学生教员（汉文）和监督大家同在这里居住，结果是好像一个中国城（China Town），而失了赴外国要留心于外国人的生活风俗习惯的宗旨；而且这般头脑顽固的汉文教员及学生，大家朝夕相晤，冲突愈多。这一点的错误，容氏自己传里也承认。

全数学生的召回，是一八八一年，本来他们第一批赴美是一八七二年，算起来也有十年左右，但是大多数赴美时，可以说完全没有什么预备。结果是到美数年，未必多见效益，然若说对于中国完全没有用处，却也不是正确之言。容氏曾说：

学生既被召回国，以中国官场之待遇，代在美时学校生活，脑中骤感变迁，不堪回头可知。以故人人心中咸谓东西文化判若天渊，而于中国根本上之改革，认为不容稍缓之事。此种观念深入脑筋，无论身经若何变迁，皆不能或忘也。今此百十名学生，强半列身显要，名重一时，而今日政府似亦稍稍醒悟，悔昔日解散留学事务所之非计，此则余所用以自慰者。自中日、日俄两次战争，中国学生陆续至美留学者，已达数百人，是一八七○年，曾文正所植桃李，虽经蹂躏，不啻阅二十五年而枯株复生也。

事实上我们再一看一九○二年以后，政府之派留学生赴欧美，以及清华学校之设立，就能知道容先生的见识的深远。此外一九○一年之改书院为学堂，一九○二年之废八股，一九○五年之废科举，民国元年之成立教育部，改学制的教育上的种种设施，也不外是实现容氏一八六○年前的理想罢。

凡是相信教育是改造社会与变换文化的工具的人，总当敬服这位努力提倡的先锋；凡是相信中国是要西洋化而且是要澈底的西洋化的人，总不要忘记这位努力提倡的先锋，其实他自己就是这种信仰与这种努力的先锋。我们现在乘着舒服美丽的头等船位赴欧美，还说是远涉重洋，我们想起要乘一百五十日的一叶帆船而赴美求学的容先生，要作何种感想！

在教育的西洋化上，容先生的功劳固如上面所说，在机器厂、兵工学校的成立上，容先生又是唯一的负责创办人。此外招商局的成立，上面也已说过，是依仿他一八六七年所条陈四事之第一项。到了中日战后，容氏因见中国之惨败，曾对着张之洞条陈过一个很新鲜和激烈的计画,这个计画就是政府须聘请外人四人以上,以为外交财政海军陆军四部的顾问;并且和他们订十年合同,若有成效,则继续聘请。此外又派青年有学的国人,处于各顾问之下,以资练习,使中国的行政机关,逐渐西化。张之洞对于这种计画,默无一言,结果是昙花一现。然我们觉得后来政府之请外人顾问者,指不胜屈,可见容氏之所谓在当时为激烈新奇的政策,终有施行之一日。

此外又像一八九六年,他所条陈的中央国立银行,得了张荫桓、翁同龢的代奏,几经就绪,他且被户部的委任,将赴美国,和美国财政部商酌此事。然而后来又为贪官污吏所破坏,而成画饼。银行计画既失败,他又拟向政府请求一筑造铁路的特权,后来也因别种阻碍而难成。然而这些计画,总有后来者为之筹画实现,那么容氏的计画,并非空中的楼阁可比呵。

到了戊戌变政(一八九八),容氏希望政府努力改革,曾留京师以观其究竟,而且他既同情于维新事业,据他说,他的寓所,一时几变为新党领袖的会议场。到了捕索党人的事件发了,他也徒逃上海。而当时在上海的有志之士所创设的强学会,他是被选为第一任会长。他晚年再回美国,然他对于革命事业的赞助,也很不少。所以一九一二年他死时,在上海为他而开追悼会,人们叫他做革命的先进者。

容氏生平久留外国,中文虽未臻深造,然返国时,克苦用功,亦能运用自如。一八六五年,他从美国购办机器返后,任事于丁日昌幕府,公余之暇,曾从事翻译,Colton 的《地理学》(*Geography*)是他译的。他又有志介绍些法律书籍于国人,惟因当时友人的劝阻,以及他种的阻碍,终于未成。但是我们对于他这种的怀抱志向,是不能不佩服的。

总而言之,容氏不但在教育的澈底西化上是一个先锋,他在西化的其他方面,也是一个先锋。六十年前人们所给与曾国藩的机器文化的提倡的盛誉,是由他历途万程,为时经年,备历艰辛,不负委托(文正奏语)而成立的;五十年前的招商汽船公司,水师学堂,武备学校,是他七十年前所提倡的;四十年前的所谓李鸿章的铁路矿务,是他六十年前所提倡的;三十年前的康梁维新运动,二十年前的革命运动,是他所赞助的。这些的运动的计画和见解,是八十年前的容氏所已见到的,可惜八十年来的变化改革,还做不到他八十年前所画的圈子。

我想七十年以来能够主张澈底西化的人是很不容易找出来的;要找一位像容氏一样的自始至终的主张澈底西化,恐怕简直是没有的了。

第二章　梁启超的中国西化观（一）[①]

三十年前严几道因梁任公指摘其翻译的文字过于古奥，他特地的写一封信去和梁氏辩驳；但是二十年前在严氏寄其友人的书里，他曾这样的说：

> 任公笔端有魔力，足以动人，自甲午以后，一纸风行，海内观听，为之一耸。

在民国十八年二月号的《小说月报》里，郑振铎先生的《梁任公先生》一文中，我们找出下面一段话：

> 梁先生在文坛上活动了三十余年，从不曾有一天间断过。他所亲炙的子弟，当然不在少数，而由他而始"粗识文字"，粗知世界大势，以及一般学问上的常识的人，当然更不少。……他在文艺上鼓荡了一支像生力军似的散文作家，将所谓恹恹无生气的桐城文坛，打得个粉碎；他在政治上也造成一种风气，引导了一大群的人同走；他在学问上也有很大的劳迹，他的劳迹未必由于深湛的研究，却是因为他将学问通俗化了，普遍化了；他在新闻界上也创造了不少的模式，至少他还是中国近代最伟大的一位新闻记者。许多学问者们其影响都是很短促的，廖平过去了，康有为过去了，章太炎过去了，然而梁任公先生的影响，我们则相信他尚未十分的过去——虽然绵延了三十余年；许多学者们文艺家们，其影响与势力，往往是狭窄的，限于一部分的，一方面的社会，或某一个地方的，然而梁任公先生的影响与势力，却是普遍的，无远不届的，无地不深入的，无人不受到的——虽然有人未免要诽言之。

我们以为这位笔端有魔力而影响无远不届，无地不深入，无人不受到的梁先生，不但是在他生时的三十余年里找不出一位像他一样的人，就是三十余年前的中国的历史上，以及他死以后，我们想找一位像他一样的人，也不容易。

然而所谓笔端有魔力，足以动人，不过是梁先生的伟大的工具；所谓其影响无远不届，无地不深入，无人不受到，乃是梁氏的伟大的结果。梁氏之伟大的本身，和他的最大的贡献，照我看起来，乃是他的西化的主张。

本篇的目的，是要将梁氏的西化主张，加以介绍。但是在未说明他的西化的主张以前，我们且先把他个人的传略，略为介绍。

[①] 校按：本章录自《岭南学报》第3卷第3期，第172～187页。

梁氏于三十岁时，曾写过一篇《三十自述》。到了民国九年，他写了一本《清代学术概论》，里面的二十五及二十六节，是说他个人的学术及传略，这可以说是他的四十六自述。梁氏享年五十六，他在五十六年内所见闻和所做的事情很多，然大略来说，可以分为四个时期。第一个时期是由小至识康有为（一八七三至一八九一）。第二个时期是从识康有为至逃避日本（一八九一至一八九八）。第三个时期是从逃避日本至民国元年（一八九八至一九一一）。第四个时期是从民国元年至他寿终为止。

关于他第一时期的事迹，在他《三十自述》里，他说：

> 余生同治癸酉正月二十六日，……生一月而王母黎卒，逮事王父者十九年，王父及见之孙八人，而爱余尤甚。……五岁就王父及母膝下授四子书，《诗经》，夜则就睡王父榻，日与言古豪杰哲人，嘉言懿行，而尤喜举亡宋亡明国难之事，津津道之。六岁后就父读，受中国略史、五经，卒业。八岁学为文，九岁能缀千言，十二岁应试学院，补博士弟子员，日治帖括，虽心不慊之，然不知天地间于帖括外，更有所谓学也。辄埋头钻研，顾颇喜词章，王父父母时授以唐人诗，嗜之过于八股，家贫无书可读，惟有《史记》一，《纲鉴易知录》一，王父父日以课之，故至今《史记》之文能成诵者八九。父执友爱其慧者，赠以《汉书》一，姚氏《古文辞类纂》一，则大喜，读之卒业焉。……十五岁时，肄业于省会之学海堂。堂为嘉庆间前总督阮元所立，以训诂词章课粤人者也。至此乃决舍帖括，以从事于此，不知天地间于训诂词章之外，更有所谓学也。己丑年十七举于乡，主考为李尚书端棻，王镇江仁堪。年十八计偕入京师，父以其稚也，挈与偕行；李公以其妹许字焉。下第归，道上海，从坊间购得《瀛环志略》读之，始知有五大洲各国，且见上海制造局译出西书若干种，心好之，以无力不能购也。"

关于第二个时期，他的《自述》说：

> 其年秋（时年十八）始交陈通甫，通甫时亦肄业学海堂，以高材生闻。既而通甫相语曰，吾闻南海康先生上书请变法不达，新从京师归，吾往谒焉；其学乃为我子所未梦及，吾与子今得师矣。乃因通甫修弟子礼，事南海先生，时余以少年科第，且于时流所推重之训诂词章学，颇有所知，辄沾沾自喜。先生乃以大海潮音作狮子吼，取其所挟持之数百年无用旧学，更端驳诘，悉举而摧陷廓清之。自辰入见，及戌始退，冷水浇背，当头一棒，一旦尽失其故垒，惘惘然不知所从事；且惊且喜，且怨且艾，且疑且惧，与通甫联床，竟夕不能寐。明日再谒，请为学方针，先生乃教以陆王心学，而并及史学西学之梗概。自是决然全去旧学，自退出学海堂，而间日请业南海之门，生平知有学自兹始。

辛卯余年十九，南海先生……为请中国数千年来学术源流，历史政治沿革，取万国以比例推断之，余与诸同学日札记其讲义，一生学问之得力，皆在此年。……甲午年二十二，客京师，于京国所谓名士者，多所往还。六月日本战争起，惋愤时局，时有所吐露，人微言轻，莫之闻也。顾益读译书，治算术地理历史等。明年乙未，和议成，代表广东公车百九十人，上书陈时局。既而南海先生，联公车三千人上书，请变法，余亦从其后奔走焉。其年七月，京师强学会发起之者为南海先生，……余被委为会中书记员，不三月，为言官所劾，会封禁。而余居会所数月，会中于译出西书，购置颇备，得以余日尽浏览之，尔后益斐然有述作之志。

梁氏本以述作而著名，然而述作的重要动机，是由于他之浏览译出西书而来，其实这种动机，是一步一步的发展而来的。他曾说过，他十八岁由京师道过上海，读《瀛环志略》，始知世界五大洲各国，以及喜阅译出书籍，后来他又从康有为而旁听到世界各国的学术，政治，历史，然而这个时候，还没有述作之志。是甲午战后，他始特别注意到译出西书，他既因为浏览西书而有述作之志，他于次年（丙申）又应黄公度之招，到上海办报，这就是他所主撰的《时务报》；《时务报》的发现，可以说是梁氏述作之志的实现的开始，他在《时务报》上发表《变法通议》《西学书目》等。他"批评秕政，而救敝之法，归于废科举兴学校；亦时时发民权论，但微引其绪，未敢昌言"。

到了次年，他被请到湖南讲学，他在《清代学术概论》里说：

已而嗣同与黄遵宪、熊希龄等设时务学堂于长沙，聘启超主讲席，唐才常等为助教。启超至，以《公羊》《孟子》教，课以札记；学生仅四十人，而李炳寰、林圭、蔡锷称高才生焉。启超每日在讲堂四小时，夜则批答诸生札记，每条或至千言，往往彻夜不寐；所言皆当时一派之民权论，又多言清代故实，胪举失政，盛倡革命；其论学术则自荀卿以下，汉唐宋明清学者，掊击无完肤。

到了戊戌年，他因康有为之得用于光绪，而也被召见参预新政。后来政变，六君子被杀，启超也于八月亡命到日本，而入上面所说他的传略的第三时期。

他到日本后两个月，和横滨的华侨商界们，筹办《清议报》及设大同学校于横滨。他这一次在日本有了一件最可记的事，就是习读日文。他既能阅日文，他对于西洋各国的学术书籍之为日人所介绍和翻译者，均能大概了解。因此智识上既有无限的进步，思想上遂生出很大的变化。他在《三十自述》里说：

居日本东京者一年，稍能读东文，思想为之一变。

从己亥（一八九九）至辛丑（一九〇一）两年里，也曾到檀香山、南洋群岛，及澳洲等处，他在《三十自述》里说：

其年（一八九九）在美洲商界同志，始有中国维新会之设，由南海先生所鼓舞也。冬间美洲人招往游，应之，以十一月首途，道出夏威夷岛，其地华商二万余人，相絷留焉，因暂住焉，创夏威夷维新会。适以治疫故，航道不通，遂居夏威夷半年。至庚子六月，方欲入美而义和团变已大起，内地消息，风声鹤唳，一日百变。已而屡得内地函电，促返国，遂回马首而西，比及日本，已闻北京失守之报。七月急归沪，方思有所效，抵沪之翌日，而汉口难作，唐、林、李、蔡、黎、傅诸烈，先后就义，公私皆不获有所救。留沪十日，遂去。适香港。既而渡南洋，谒南海，遂道印度，游澳洲应彼中维新会之招也，居澳半年，由西而东，环洲历一周而还，辛丑四月，复至日本。

他在日本时，既因能读日文而使其思想变化，他这两三年来，又因到了海外各处游历，得了不少的经验。这些经验，有些像西洋人之对于殖民地之经营和设施，使他对于西洋人的毅力，和西洋人的文化，生了不少的羡慕；有些像华侨之到处受人苛待，使他生了不少的悲痛；有些像华侨之对于救国的热枕，使他生了不少的兴奋。这些兴奋，悲痛，羡慕，对于他后来的思想和著作上，有了不少的影响。

实际上的政治活动已成泡影，以感情丰富，思想发展的梁氏，遂矢志于文字上的鼓吹。梁氏的文字，正像严复所说，原自畅达有魔力，能动人，现在又因能读日文而增广其智识范围。因失败游历而冲涌其情感，于是梁氏的著作的数量的方面，因之而增；著作的影响，因之而大；著作的精华，也因之而成。他在《清代学术概论》里说：

> 自是启超复以宣传为业，为《新民丛报》《新小说》等诸杂志，畅其旨义，国人竞喜读之；清廷虽严禁，不能遏，每一册出，内地翻刻本，辄十数；二十年来学子之思想，颇蒙其影响。

我们一翻阅《新民丛报》，每期至少有十万言，月出一册，里面文章，十九乃由梁氏自写，平均每日至少要写五六千言；怪不得人们都说梁氏乃一位多量的著作家。为梁氏编《饮冰室文集》的何天柱氏在《饮冰室文集·序》里告诉我们道：

> 今年夏（光绪二十八年）入江户，一省视先生，每日所撰述，日必五六千言，乃至万言，而宾客之应酬，函牍之往来，其杂沓繁剧，已复非二三人之力所克任，而先生处之，绰绰若有余裕焉。犹复读书有定课，日必尽数卷，盖其精力殆有非寻常人所能拟议者；毋亦其热诚驱迫之，而自忘其瘁也。

这种的魄力，正像何氏所说，"虽欲从之，而末由也矣"。

我们曾说过，这个时期的梁启超，不但是一位多量的著作者，而且他的著作的精华，也可以从这个时期里找出来。因为这不但是梁氏一生的思想最发达的时期，就是把整个中国的思想界来看起来，梁氏还是居于最高峰的地位，所以何天柱又说道：

> 今日中国学界之进化，一视乎先生识想之进化，先生数年来之文，即中国数年来文明程度之表记也。

至于梁氏的著作之影响于国人的深切，除了上面已说明外，我们现在且举出一个例子来证明：

> 溟年十四五以讫十八九间，留心时事，向志事功，读新会梁氏所为《新民说》《德育鉴》辄为日记，以自勉励。……公（按：指梁漱溟氏的父亲）固关怀国家，溟亦好论时事，于是所语者，什九在大局政治，新旧风俗之间。始在光宣间，父子并嗜读新会梁氏书。溟日手《新民丛报》，若《国风报》一本，肆为议论，顾皆能得公旨。（梁漱溟《卅后文录思亲记》）

其实梁氏，在这个时期的著作的影响于学者及青年之像梁漱溟者，指何胜屈。我们回想三十年来所谓学者名士之对于梁氏的主张，固未必尽与同者；然而若说没有受过梁氏的影响，恐怕是找不出来罢。

梁氏居留日本有了十余年，中间除了一九〇六和一九〇九两年中，少有著作外，其余的十年左右，著作都很丰富。我们现在翻阅中华书局刊行乙丑重编八十本的《饮冰室文集》，以及其他的著作，大多数都是在这个时期写作的。所以这个时期，可以说是梁氏一生的最重要的时期。

从民国元年至民国十八年，梁氏曾在政治舞场上活动过好多次。他最初（一九一三年）做过袁世凯任内的司法总长，在段祺瑞当政时（一九一七年）又做过财政总长。梁氏在湖南当时务学校教席时，曾提倡革命，初到日本时，也有这种思想。但是因和康有为的关系，故在第三个时期中，始终是一位保皇党的健将。民国以后，他不但对于所谓帝制复辟不加赞同，还且激烈反对。在袁氏要称帝的时候，他曾备尝辛苦，去参加护国军之役。又在张勋复辟的时候，他也极力反对。所以从政治的意见方面来看，在民国时代的梁氏，比之在日本时代的梁氏，已进一步。但是在思想的整个方面来看，在民国时代的梁氏已不若在日本时代的梁氏之积极和澈底。他在民国四年七月的《大中华》杂志里所发表的《复古思潮平议》，及战后游欧所做的《欧游心影录》，都可以说是他的思想之不积极和不澈底的表征。

原来梁氏正像他自己所说，"太无成见，务广喜新"，他到日本后，由读日文而觉得西洋学问之深博，文化之优高，故极力主张西化。可是不懂西文而讲西化，正像他自己所说，来源浅薄，汲而易竭。同时又因欧洲战争蔓延数年，免不得令他生出一种反响的思想，而怀疑西洋文化。所以在他的思想的整部来看，梁氏在第四个时期里，可以说是没有第三个时期里那样积极和澈底。

但是我们也不能因此而抹煞梁氏在这个时期里在学问方面的贡献。他的《历史研究法》《先秦政治思想史》《清代学术概论》《中国佛学史》等名著，都是在这个时期里成就的。所以在思想上，梁氏也许是趋于支绌灭烈，然而在学问上，他始终是一座高峰，一个柱石。

梁氏晚年，因为外界的激刺和内部的浅觳，而致思想上起了多少变化，然在志望上他始终是想做一位思想界的先锋。他在《清代学术概论》里曾这样的告诉我们：

> 启超平素主张，谓须将世界学说为无制限的尽量输入，斯固然矣；然必所输入者确为该思想之本来面目，又必具其条理本末，始能供国人切实研究之资；此其事非多数人专门分担不能。启超务广而荒，每一学稍涉其樊，便加论列；故其所述著，多模糊影响笼统之谈，甚者纯然错误，及其自发现而自谋矫正，则已前后矛盾矣。平心论之，以二十年前思想界之闭塞萎靡，非用此种卤莽疏阔手段，不能烈山泽以辟新局；就此点论，梁启超可谓新思想界之陈涉。虽然，国人所责望于启超者不止此，以其人本身之魄力，及其三十年历史上所积之资格，实应为我新思想界力图缔造一开国规模，若此人而长此以自终，则在中国文化史上，不能不谓为一大损失也。

我们在这里所要特别注意的，是在新思想界的陈涉的梁启超和在新思想界力图缔造一开国规模的梁启超，但是要在新思想界辟出一个田地，不能不先对于旧思想界施以攻击；这种消极的破坏的工作，我们可以从梁氏下面数段话见之。

> 我国学界之光明，人物之伟大，莫盛于战国，盖思想自由之明效也。及秦始皇焚百家之语，而思想一室，汉武帝表章六艺，罢黜百家，而思想又一室。自汉以来，号称行孔教二千余年于兹矣，而皆持所谓表章某某罢黜某某者为一贯之精神。故正学异端有争，今学古学有争，言考据则争师法，言性理则争道统；各自以为孔教而排斥他人以为非孔教。……浸假而孔子变为董江都、何邵公矣，浸假而孔子变为马季长、郑康成矣，浸假而孔子变为韩退之、欧阳永叔矣，浸假而孔子变为程伊川、朱晦庵矣，浸假而孔子变为陆象山、王阳明矣，浸假而孔子变为顾亭林、戴东原矣，皆由思想束缚于一点，不能自开生面。如群猿得一果，跳掷以相攫，如群妪得一钱，诟詈以相夺，情状抑何可怜，……此二千年来保教党所生之结果也。

> 今之言保教者，取近世新学新理而缘附之，曰：某某孔子所已知也，某某孔子所曾言也；……然则非以此新学新理厘然有当于吾心而从之也，不过以其暗合于我孔子而从之耳。是所爱者仍在孔子，非在真理也；万一遍索诸

四书六经而终无可比附者，则将明知为真理，而亦不敢从矣；万一吾所比附者，有人别之，曰：孔子不如是，斯亦不敢不弃之矣；若是者真理之终不能饷我国民也。故吾所恶乎舞文贱儒，动以西学缘附中学者，以其名为开新，实则保守，煽思想界之奴性，而滋益之也。

这是从梁氏在壬寅年（一九〇二）《新民丛报》所发表的《保教非所以尊孔论》抄出来，梁氏曾在《清代学术概论》里重述，且加以下面的解释：

此诸论者，虽专为一问题而发，然启超对于我国旧思想之总批判，及其所认为今后新思想发展应遵之涂径，皆略见焉。

中国的思想之缺点既如此，中国的文化的其他方面之缺点，又如他在丙申年（一八九六）的《时务报》，所发表的《变法通议》里所说：

地利不辟，人满为患，河北诸省，岁虽中收，犹道殣相望，京师一冬，死者千计。一有水旱，道路不通，运赈无术，任其填委，十室九空；滨海小民，无所得食，逃至南洋，美洲诸地，鬻身为奴，犹被驱迫，丧斧以归，驯者转于沟壑，黠者流为盗贼；教匪会匪，蔓延九州，伺隙以动；工艺不兴，商务不讲，土货日见减色，而他人投我所好，制造百物，畅销内地，漏卮日甚，脂膏将枯。学校不立，学子于帖括外，一物不知，其上者考据词章，破碎相尚，语以瀛海，瞠目不信；又得官甚难，治生无术，习于无耻，憯不知怪；兵学不讲，绿营防勇，老弱瘠烟，凶悍骚扰，无所可用。……官制不善，习非所用，委权胥吏，百弊猬起，一官数人，一人数官，牵制推诿，一事不举；保奖矇混，鬻爵充塞，朝为市侩，夕登显秩，宦途壅滞，候补窘悴，非钻营奔竞，不能疗饥；俸廉微薄，供亿繁浩，非贪污恶鄙，无以自给，限年绳格，虽有奇才，不能特达，必候其筋力既衰，暮气将深，始任以事，故肉食盈庭，而乏才为患。法敝如此，虽敌国外患，晏然无闻，君子犹或忧之，况于以一羊处群虎之间，抱火厝之积薪之下，而寝其上者乎。

中国的思想之固塞，地利之不辟，工艺之不兴，商务之不讲，学校之不立，兵学之不识，官制之不善，政治之腐败，既若此之甚，则除旧布新，乃是刻不容缓的急务；而所谓除旧布新，就是他所说的变法。所以他说：

法者，天下之公器也，变者，天下之公理也；大地既通，万国蒸蒸，日趋于上，大势相迫，非可闷制，变亦变，不变亦变，变而变者，变之权操诸己，可以保国，可以保种，可以保教，不变而变者，变之权让诸人，束缚之，驰骤之。呜呼！则非吾所敢言矣。（《变法通议》）

所谓新法，乃是西法，且看他说：

泰西治国之道，富强之原，非振古如兹也。……盖自法皇拿破仑倡祸以后，欧洲忽生动力，因以更新。至其前此之旧俗，则视今日之中国无以远过，惟其幡然而变，不百年间，乃浡然而兴矣，然则我所谓新法者，皆非西人所固有，而实为西人所改造，改而施之西方，与改而施之东方，其情形不殊，盖无疑矣。况蒸蒸焉，起于东土者，尚明有因变致强之日本乎？（仝上）

然而变法要全部和澈底的变，始能有效；这一点他在戊戌《政变原因答客难》一文，说得很透澈。

中国之当改革三十年于兹矣，然而不见改革之效，而徒增其弊者，何也？凡改革之事，必除旧与布新，两者之用力相等，然后可有效也。苟不务除旧而布新，其势必将旧政之积弊悉移而纳于新政之中，而新政反增其害也。……我中国自同治后所谓变法者，若练兵也，开矿也，通商也，交涉之有总署使馆也，教育之有同文方言馆，及各中西学堂也，……夫此诸事，则三十年来名臣曾国藩、文祥、沈葆桢、李鸿章、张之洞之徒，所竭力而始成之者也，然其效乃若此；然则不变其本，不易其俗，不定其规模，不筹其全局，而依然若前此之支支节节以变之，则虽使各省得许多督抚皆若李鸿章、张之洞之才之识，又假以十年无事，听之使若李鸿章、张之洞之所为，于中国之弱之亡，能稍有救乎？吾知其必不能也。何也？盖国家之所赖以成立者，其质甚繁，故政治之体段亦甚复杂，枝节之中，有根干焉，根干之中，又有总根干焉；互为原因，互为结果。故言变法者，将欲变甲必先变乙，及其变乙，又当先变丙，如是相引，以至无穷，而要非全体并举，合力齐作，则必不能有功，徒增其弊。譬之有千岁老屋，瓦墁毁坏，榱栋崩折，将就倾圮，而室中之人，乃或酣嬉鼾卧，漠然无所闻见；或则补苴罅漏，弥逢蚁穴，以冀支持；斯二者用心虽不同，要之风雨一至，则屋必倾，而人必同归死亡一也。夫酣嬉鼾卧者，则满洲党人是也，补苴弥逢者，则李鸿章、张之洞之流是也。谚所谓室漏而补之，愈补则愈漏，衣敝而结之，愈结则愈破，其势固非别构新厦，别纫新制，乌乎可哉。……故康先生之上皇帝书，曰：守旧不可，必当变法，缓变不可，必当速变，小变不可，必当全变。

总而言之，梁氏不但是反对满洲党人的顽固闭塞，沿旧蹈常，而且反对李鸿章、张之洞之温和改革，所谓沿旧蹈常是复古，所谓温和改革是折衷。复古固是徒增其弊，折衷也不外是学"人皮毛之皮毛"，结果也只有害而没有益。这两条路既通通跑不去，唯一的办法，是澈底和整个的西化。所谓变甲要先变乙，变乙又要先变丙，所谓速变全变，就是这个意想。

梁氏不但是反对李鸿章、张之洞之徒事于效法西洋的皮毛的物质文化，他还进一层而主张采纳西洋精神文化为首先急务。在壬寅年（一九〇二）的《新民丛报》所发表的《国民十大元气论》一文里，我们找出下面一段话：

> 今所称识时务之俊杰，孰不曰：泰西者，文明之国也，欲进吾国使与泰西各国相等，必先求进我国之文化，使与泰西文明相等，此言诚当矣。虽然，文明者，有形质焉，有精神焉，求形质之文明易，求精神之文明难；精神既具，则形质自生，精神不存，则形质无附；然则真文明者，只有精神而已。故以先知先觉自任者，于此二者之先后缓急，不可不留意也。

他又说：

> 游于上海、香港之间，见有目悬金圈之镜，昼乘四轮之马车，夕啖长桌之华宴，如此者可谓之文明乎？决不可。陆有石室，川有铁桥，海有轮舟，竭国力以购军舰，朘民财以效洋操，如此者可谓之文明乎？决不可。何也？皆其形质也，非其精神也。求文明而从形质入，如行死港，处处遇窒碍而更无他路可以别通，其势必不能达其目的，至尽弃其前功而后已。求文明而从精神入，如导大川一清其源，则千里直泻，沛然莫之能御也。

平情来说，这种议论，到了现在能言之者还是不易找出。二十年前的鼓吹中学为体西学为用的人们，固不待说，二十年来所谓中国的物质文明，固比不上西洋，而其精神文明，却优过西洋的人们，看了梁氏这种见解，恐怕也要退避三舍。然而最可惜者，就是梁氏自己二十年来，对于三十年前的主张，也因了欧战的原故，而大起怀疑，大声疾呼，要我们一般青年立正，开步走，去提倡中国的精神文化；这也许是由于梁氏太无成见，太易变化；也许是由他像他所说固有之旧思想，既根深蒂固，而外来之新思想又来源浅觳，汲而易竭。因为这个原故，我们在本章所解释的梁氏，大概是二十年前的梁氏，虽则民国以后的梁氏，像我们上面所说，也有他的伟大处。

梁氏既相信精神文明是本源，物质文明是枝叶，他又相信理论比事实犹为重要，所以他说：

> 天下必先有理论，然后有实事，理论者，实事之母也。……理论亦有二种：曰理论之理论，曰实事之理论。理论之理论者，又实事理论之母也。……两者亦有优劣乎？曰，无也。理论之理论，其范围广远，其目的高尚，然非有实事之理论，则无以施诸用；实事之理论，其范围繁密，其目的切实，然非有理论之理论，则无以衡其真。二者相依以成，缺一不可。欲以理论易天下者，不可不于此二者焉并进之。（《新民议·叙论》）

《新民丛报》之刊行，《新民说》《新民议》之著作，都是本着理论乃事实之母的意旨，且看他说：

> 余为《新民说》，欲以探求我国民腐败堕落之根原，而以他国所以发达进步者比较之，使国民知受病所在以自警厉自策进，实理论之理论中，最粗

浅且空衍者也，抑以我国民今日未足以语于实事界也。虽然，为理论者，终不可不求其果于事实，而无实事之理论，则实事终不可得见。今徒痛恨于我国之腐败堕落，而所以求而治之者，其道何由？徒艳美他国之发达进步，而所以蹑而齐之者，其道何由？此正吾国民今日最切要之问题也。

一方面要明白自己的病症所在，一方面要努力效法西洋蹑而齐之，是中国的切要的问题；所谓新民，不外是新中国之民，而使其齐立于发达进步的西洋文化。我们试一翻阅梁氏在他的第三时期的著作，而特别是庚子以后的著作，介绍西洋文化的理论，可以说是他的最大的职志。他的新民的新德性，如独立、自由、自治、自尊、自立、冒险、进步、尚武、爱国等论，通通都是西洋民族的德性。他的《罗兰夫人传》《意大利建国三杰传》《匈加利爱国者噶苏士传》《新英国巨人克林威尔传》，可以说是新民的模范。他的《日本并吞朝鲜记》《越南亡国史》，是新民的殷鉴。他的《近世文明初祖二大家学说》《天演论学初祖达尔文之学说及其传略》《法理学大家孟德司鸠之学说》《卢梭学案》《乐利主义泰斗边沁之学说》等等，都是西洋文化的精神方面的表征，和西洋文化的事实之母。他自署为中国之新民，他——简单来说——是要个个中国人都要达到西洋文化的水平线的新民。

不但这样，他对于中国学术的整理的贡献的功绩，无论是谁都要承认的。他的《中国学术思想变迁之大势》《中国法理学发达史论》等著作，现在看起来，也许很为平常，然在三十年前的中国的学术界看起来，却是开山之作，首创之举。他的《中国历史研究法》《先秦政治思想史》《清代学术概论》等，还是最好的著作。然而这些的贡献，完全是由于运用西洋的治学的方法来整理我们的旧东西。"于是乎昔人绝未注意之资料，映吾眼而忽莹，昔人认为不可理之系统，经我手而忽整，乃至昔人不甚了解之语句，旋吾脑而忽畅。"总而言之，他以为我们的国故之在最近数十年来之所以能逐渐复活，是依赖于这些洋货以为研究的利器和工具。

可知梁氏之所以为梁氏，不但是由于他能觉到西法之不可不效，而且由于他能明白中国的国故之能够整理，也不能不依赖于西法。

第三章　梁启超的中国西化观（二）①

上面已经指出，梁启超对于李鸿章与张之洞等的主张皮毛西化是不赞成的，因为他以为要想西化，应当注重于西洋文化的精神。照他看起来，要想得到西洋文化的精神，一方面，我们要有了自由、自治、自尊、进取、冒险、进步、公德、合群、爱国等等新德性，这就是他的新民说的要义；一方面，我们要参考近代西洋各种新科学与新学说。他之所以极力去介绍西洋各种新思想，就是这个原故。

我们现在且先从他对于介绍西洋各种新思想的方面来说。

梁启超以为近代西洋文明的先驱是倍根与笛卡儿，因而乃著《近世文明初祖二大家之学说》，他在这篇文章的"绪言"里说：

> 泰西史家，分数千年之历史，为上世、中世、近世三期。所谓近世史者，大率自十五世纪下半（西历以耶稣生后一百年为一世纪）以至今日也。近世史与上世中世特异者不一端，而学术之革新其最著也。有新学术，然后有新道德、新政治、新技艺、新器物。有是数者，然后有新国新世界。若是乎新学术之不可以已如是其急也。近世史之新学术亦多矣，日出日精，愈讲愈密，其进化之速，不可思议。前贤畏后世。吁其然哉！虽然，前此数千年之进化，何以如此其迟？后此数百年之进化，何以如此其速？其间必有一关键焉。友人侯官严几道常言："马丁·路得、倍根、笛卡儿诸贤，乃近世之圣人也。不过后人思想薄弱，以为圣人为古代所专有之物，故不敢奉以此名耳。"吾深佩其言。盖为数百年来宗教界，开一新国土者，实惟马丁·路得；为数百年来学术界，开一新国土者，实惟倍根与笛卡儿。顾宗教今已属末法之期，而学术则如旭日升天，方兴未艾。然则倍氏笛氏之功之在世界者，正未始有极也。我国屹立泰东，闭关一统，故前此于世界推移之大势，莫或知之，莫或究之。今则天涯若比邻矣，我国民置身于全地球激湍盘涡最剧最烈之场，物竞天择，优胜劣败，苟不自新，何以获存！新之有道，必自学始。彼夫十六世纪，泰西学术界转捩之一大原，虽以施之今日之中国，吾犹见其适吾用也。故最录其学说之精华，以供考鉴焉，若其全豹，有原书在。

关于倍根，他说：

---

① 校按：本章依陈序经自抄稿，无标点。所引梁启超言论，均自《饮冰室全集》中相应原文剪贴而成。

倍根，英国人，生于一千五百六十一年（明嘉靖四十年），卒于一千六百二十六年（明天启六年）。其时正承十五世纪古学复兴（Renascency），及新教（Protestant）确立之后，学界风潮渐变。虽然，学者犹泥于希腊阿里士多德（Aristotle）、柏拉图（Plato）之科白，未能自辟涂径，其究也。不免涉于诡辩，陷于空想。及倍根兴，然后学问始归于实际。英人数百年来汲其流，迄今不衰，故英学先实验而后理论。倍根者，实英国学界之先驱，又英国学界之代表人也。

倍根以为人欲求学，只能就造化自然之迹而按验之，不能凭空自有所创造。若恃其智慧以臆度事理，则智慧即为迷谬之根原。譬如戴青眼镜者，所见物一切皆青；戴黄眼镜者，所见物一切皆黄。一切物果青乎哉，果黄乎哉？常人妄思以谓五官所感触之外物，一与其物之原形相吻合，不知其相吻合者，吾之精神耳，非物之本质也。此种妄想，为人性所固有，百般误谬，由此生焉。

所谓实验之法何？曰：就凡事物诸现象中，分别其常现之象及偶现之象，而求所以然之故，是为第一著手。是故人欲求得一真理，当先即一物而频频观察，反覆试验，作一所谓有无级度之表以记之。如初则有是事，次则无是事，初则达于甲之级度，次则达于乙之级度，凡是者皆一一考验，记载无所遗。积之既久，而一定理出焉矣。

凡一现象之定理，既一旦求而得之，因推之以偏，按其同类之现象，必无差谬。其有差谬者，非定理也。何也？事物之理，经万古而无变者也。此等观察实验之功，非特可以研究外物之现象而已，即讲求吾人心灵之现象，亦不外是矣。

关于笛卡儿，他说：

笛卡儿以前，宗教之焰极张。凡宗教皆以起信为基者也。路得之创新教，大破旧教积习功德之说，以为惟以信获救，于是斯义益深入人心。古学复兴以来，学者视希腊先贤言论，如金科玉律，莫敢出其范围，此皆束缚思想自由之原因也。笛卡儿起，谓凡学当以怀疑为首，以一扫前者之旧论，然后别出其所见，谓于疑中求信，其信乃真。此实为千年学界当头棒喝，而放一大光明，以待来哲者也。

笛卡儿以为古今人人之所见，其相殊如此其甚也；五官之所感受，智慧之所观察，其失真如此其频数也。我侪人类之生，常昏昏茫茫，如在醉梦，得无其精神中有一种妄想之原因，不能自拔者耶？抑世界中有一二妖魔，魅吾人之所见，障其慧眼耶？于是乎以人之智慧为不可恃，而必须别求可恃之道以自鉴。笛卡儿以为断事理者，意识之事也，见事理者，智识之事也。意无涯而智有涯。智识之为物，犹镜也。镜之受物象也，苟明现于其前者，固能受之，固能照之，但其未现来者，或现而不甚分明者，则镜之用穷矣。然则智识之区域本甚狭而有所限制，其致迷谬也亦寡。若夫意识，则区域甚博，且甚自由而无限者也。于是有智镜所未照，或照而未分明者，而我之意识乃躁进而辄下判断，是其所是，非其所非。若此者，是谓意识之权溢出于智识之域外，而一切迷谬，缘之以起。于是乎所以救之者有一术，曰不自恃智识，不滥用意识而已。当一事物触照于吾之智镜也，常自审曰：吾智识之所受，果能合于外物之真相乎？吾自以为不谬误者，保无更有谬误之点，存于其间乎？笛卡儿以为，学者苟能常以此自疑，则于此疑团之中，自含有可以破疑之种子。盖人但能知吾智慧之易生迷妄，则此自知之功，正为对治迷想之第一良药。何也？既自知之，既自疑之，则凡遇事物，自不敢辄下判断，而大谬乃可以不生。

他对于倍根与笛卡儿两者的学说的结论是这样：

倍氏笛氏之学派虽殊，至其所以有大功于世界者，则惟一而已，曰破学界之奴性是也。学者之大患，莫甚于不自有其耳目，而以古人之耳目为耳目；不自有其心思，而以古人之心思为心思。审如是也，则吾之在世界不成赘疣乎？审如是也，则天但生古人可矣，而复生此百千万亿无耳目无心思之人，以蠕缘蠹蚀此世界，将安取之？故倍氏之意，以为无论大圣鸿哲谁某之所说，苟非验诸实物而有征者，吾弗屑从也。笛氏之意，以为无论大圣鸿哲谁某之所说，苟非返之本心而悉安者，吾不敢信也。其气魄之沈雄也如彼，其主义之切实也如此，此所以能撼陷千古之迷梦，卓然为一世宗也。虽谓近世文明为二贤之精神所贯注所创造，非过言也。我中国数千年来，学术莫甚于战国，无他，学界之奴性未成也。及至汉武罢黜百家，思想自由之大义，渐以窒蔽；宋元以来，正学异端之辨益严，而学风之衰益甚；若本朝考据家之疲舌战于字句之异同，钩心角于年月之比较，更卑卑不足道矣。尔来士大夫，亦知此学之无用，而思所以易之，不知中国学风之坏，不徒在其形式，而在其精神。使有其精神也，则今日之西人，何尝不好古金石古文字，何尝不谈心性谈有无，而其与吾之所谓汉学宋学者，自殊科矣。使无其精神也，则虽日日手西书口西语，其奴性自若也。所谓精神者何也？即常有一种自由独立，不傍门户，不拾唾余之气概而已。今士大夫莫不震慑西人政治学术进步之速，而不知其所以进步者，有一大原在。彼其奔轶绝尘，亦不过此二百余年事耳，我苟得其大原而善用之，何多让焉？苟不尔，则日日临渊而羡之，终无济也。呜呼！有闻倍根笛卡儿之风而兴者乎！第一勿为中国旧学之奴隶，第二勿为西人新学之奴隶。我有耳目，我物我格；我有心思，我理我穷。车驱之，车驱之，何渠不若汉。

梁启超又以为我国最缺乏的是格致学,这就是现在我们所说的自然科学。因此之故,他又写了一篇《格致学学说沿革小史》,他说:

>……所最缺者,则格致学也。夫虚理非不可贵,然必藉实验而后得其真。我国学术,迟滞不进之由,未始不坐是矣。近年以来,新学输入,于是学界颇谈格致,又若舍是即无所谓西学者。然至于格致学之范围,及其与他学之关系,乃至此学进步发达之情状,则瞠乎未有闻也。故不揣梼昧,刺取群书,草为是篇。自愧少而失学,于兹学理例未窥一二。本论胪列,若干人名书名年代,犹如说食,已不能饱。且其漏略纰缪之处,亦知不免。虽然,亦可省学者搜罗钞录之劳也。故不辞干燥无味之诮,著而存之云尔。

在生物学方面,他曾介绍达尔文的进化论,在其《天演学初祖达尔文之学说及其略传》里,他指出,达尔文的《物种由来》一书的出版,是思想界的一个新纪元。他说:

>此书之未出也,世人皆以种为一成不变者,物物皆由上帝特别创造之,自受造以来,以迄今日,未尝或变。今日之犬,即太古之犬也;今日之猴,即太古之猴也;今日之苔之松,即太古之苔之松也。以为秉生以来,既厘然而不可易。若夫下等动植物之次第进化,以至变成今日高等人类,此等怪诞之说,更无有人敢著想者,可无论矣。达尔文以前,虽有一二博物学者,稍有见于物类蕃变之现象,如拉麦氏,于千八百一年所著书,曾微发其端倪;而达氏祖父埃拉士玛士所著 Zoon Omia 一书,亦尝大倡其说。虽然,彼等虽知其变迁进化之迹,而不知其变迁进化之所以然。及《种源论》出,积多年之实验,而以一大学网罗贯通之,然后人物生生之理,乃显于世界。今述其要略如下:

>达尔文以为生物变迁之原因,皆由生存竞争优胜劣败之公例而来。而胜败之机,有由于自然者,有由于人为者。由于自然者,谓之自然陶汰;由于人为者,谓之人事陶汰。陶汰不已,而种乃日进焉。何谓人事陶汰?凡动物之养饲者,植物之树艺者,因其荟之培之境遇不同,而无量数之变种起焉。譬之家兔,常饲以某物,而其毛可以变色,常荟以某法,而其耳可以加长,如是者使之变百数十种不难焉,其实则皆自同种之野兔来耳。以是例之,乃至养鸠者(达尔文最留心查鸠之变种。当时英国养鸠之风甚盛,达尔氏为养鸠会会员,细心查之,有数百种之变法云)。养金鱼者、栽菊者、栽兰者,其理莫不如是。皆本由一单简同类之种,而人工能使之变至数十数百,而未有已也。

关于经济学方面,他著《生计学学说沿革》。他以为严复所译亚当·斯密氏的《原富》,理文深奥,因乃著这篇。这里所用"计学"这个名词,也是采纳严复的译法。这篇文的发端一大段，值得我们注意。

英国鸿哲斯宾塞曰："凡人群不外两种：一曰尚武之群，二曰殖产之群。此两者皆所以为群之具。无论何群中，皆同时并存，不可偏废者也。虽然，其力有消长焉。其在前古野蛮时代，以战争为常，以和平为偶。其生产机关，不过为武备机关而设（古者之农工商，皆所以给兵士之粮，养武门之欲而已。读希腊史可见其概），故可命为尚武之群。其在晚近开明时代，以平和为常，以战争为偶，其武备机关，不过为生产机关而设（今世之养兵，皆以保卫农工商而已），故可命为殖产之群。"今日则全世界赴于开明之时也，故凡立国于天地者，无不以增殖国富为第一要务。而日演无形之竞争，以斗于市场，岂好事哉，势使然矣。有子曰："百姓足，君孰与不足？百姓不足，君孰与足？"《大学》曰："有人此有土，有土此有财，有财此有用。"我中国土非不广，人非不众，而百姓愁苦，财用不兴。彼蚩蚩者习而安之，莫知其所由然；或以为是天运循环，莫之为而为，莫之致而至，任其自然，而剥极将有必复之时也。及一读生计学之书，循其公例，而对照于世界之大势，有使人瞿然失惊，汗流浃背者。吾欲详言之，则累十数万言不能尽也，今姑语其荦荦大者。夫国之所恃以富者，不出三物：一曰土地，二曰人力，三曰资财。合三成物而析其所得，曰租曰佣曰赢（土地所获曰租，人力所获曰佣，资财所获曰赢）。三者之盈朒消长，各有正反比例，而常为一国之荣瘁所关。斯密·亚丹云："一群之盛，与进为期，既止斯忧，退则为病。而验群治之进退，莫著于庸率之高下。治日退则母财（即资本）少而不足以养力役，于是佣工厮养之受雇者岁希。上工失业，降为中工，中工失业，降为下工。下工之为生既蹙矣，而上中者又降而夺其业，则竞于得业，减庸为售。其事势之流，不成至苦极薄之佣不止。如是而犹不可，则弱者行丐，强者为盗。阓阛行旅，始骚然矣。饥寒之所夭，刑罚之所加，暴君豪子之所侵夺，死丧疾疫之所耘锄，始之下民，驰及中户。草薙禽猕，转徙流离，驯至孑遗之民，与孑遗之财相给。今印度各部其明验矣。彼皆沃壤，其地著户口，亦前耗而非甚稠，夫以少民而居腴土，然而饿莩之数，岁告数十万人者，则母财之日绌，不足以振穷黎，赡功役使然也。"（严译《原富》部甲·上"释庸篇"）今中国之敝，虽或未至此极乎，然进也若登，退也若崩。不进必退，事之常也。中国群治不进千余年矣。（斯密书中又云："当元代时，有意大利人玛可·波罗游支那，归而著书，述其国情，以较今人游记，殆无少异。"）昔犹无外来者以挽夺之，故虽日涸于内，尚可以弥缝持续，而不即暴露。今则全地球生计竞争之风潮，皆集中于此一隅，而推其始因，亦此生计学公例，迫之使不得不然也。（生计学公例：庸厚则赢薄，庸薄则赢厚。故拥资本者常以懋迁庸薄之地为利。西人之务开殖民地，皆以其本国地力已尽，庸困病羸故也。严译《原富》"部甲"案语云："以一国之计论之，过庸固患，过富亦忧。今日西国之患，恒坐过富。母财岁进而业场不增，故其谋国者以推广业场为第一要义。德意志并力于山左，法兰西注意于南陲，而吴楚之间则为英人之禁脔。凡皆为之一事而已。其所以为争之情，与战国诸雄与前代若中国之戎虏有异处。今日之谋人家国者，所以不可不知计学也。"）夫吾之不进，而其自退固已不能免矣。况吾日退，而有他人之进焉者，抵其隙而入之。而彼之相进相迫者，又出于其自保之势，所不得不然。进也无穷，迫也无穷，则其过此以往，日蹙之率，又岂待巧算而决耶？夫蹙之云者，不徒在生计而已。所以资生者日蹙，则其生自不得不蹙。斯密·亚丹又云："功力之食报日优，斯小民孳生之界域日扩。盖佣厚而家计充，所以抚育男女者周，而夭殇之数寡也。贫乏之生，虽无害于孕毓，然最不利于长成。人种初生至为柔脆，譬诸弱草柔萌，茁于气寒壤瘠之区，其萎黄可立待也。苏格兰山部妇人，饥羸困苦，并日而食，连生二十余子为常。而二十余子中，望存活者，不过两雏。未至十四五，殇过半矣；或不及四周而殒，或七龄而殒，而过十龄者，则尤少也。可见贫民胼合，其孳乳虽较富者为易而多，而茁壮长成，则较富者远不逮。"（严氏《原富·释庸篇》）由此观之，人种之繁，又岂可恃耶？哥伦布之初到美洲也，其地红夷，林林总总，今则仅为博物院之陈设品而已。（美国某报尝论当设法保存红夷，勿使绝种，留以当博物院考证之用。）吾尝至夏威夷岛（即檀香山），稽其户籍，当英人仅顿廓初航彼地时（千七百七十八年），土人二十余万。至一千九百年，仅余二万而已。百年之间，存者仅十分之一，恐自今以往，不数十年，种全绝矣。此全地球中野蛮民族之现象，莫不皆然者也。夫岂有人焉，日操刃以屠之刈之也，而优胜劣败之机，自趋于此。我中国人传种之术，最称发达。嘉庆末年，统计号三万万人有奇。据西哲考定生理公例：每二十五年，进率当倍。自道光迄今，凡七十余年，用递乘级数推算法，当得户口二千余兆。而今乃不过以四百兆闻，视前数仅增三之一，而以公例之正率求之，所损者一千六百余兆。率此以往，更越百年，其退率，与夏威夷土蛮成比例，又岂奇也。夫京师所称首善之区也，试行郭中，道殣之数，日必过十，一冬之葬雪中，一春之死硫毒者（北方乞丐入冬间寒不能忍，辄市矿黄啖之，以耐一时，春暖则发毒死者，相望于道），动以万计。嫁娶无节，而好孕恶育，例不举儿，都会弃孩，每夕多有。或以溺杀如豚犬然，其夭殇或弱冠而夭者，又十而九也。岂有他哉！憔悴于生计则然耳。然则居今日而论国危，夫岂待朦艟之迫于海疆，版图之改隶他族，然后谓之亡，然后谓之灭。即此一事，而天下至危极险之现象，岂复有过是者乎？儒者动曰："何必曰利，亦有仁义而已矣。"又曰："正其谊不谋其利，明其道不计其功。"

庸讵知义之与利，道之与功，本一物而二名，去其甲而乙亦无所附耶！庸讵知一人之不利，驯至为一国之不利。一种之不利，并四万万人而将索诸枯鱼之肆耶！抑吾中国人以嗜利闻天下，心计之工，自营之巧若此，初未尝以正谊明道之教而易其俗也，宜其富力甲天下，财竞雄五洲，而其结果乃若此，毋亦由不明学理，不知利字之界说。其所谓利者非利，而常为害之尤。见顷刻锱铢之小利，乃不惜捐弃此后应享无穷之大利以易之。一人如是，人人如是。呜呼，中国国力之销沈，皆坐是而已！搢绅之子弟，佗其冠，种穉其辞，既讳利而不敢道，而惟以孔言跖行率天下。其明目张胆以从事于利者，则固已见摈于九流之外久矣。以如此国，以如此民，而浑浑焉当物竞天择优胜劣败之冲，吾又安知其所终极也。西国之兴，不过近数百年。其所以兴者，种因虽多，而生计学理之发明，亦其最要之一端也。自今以往，兹学左右世界之力，将日益大。国之兴亡，种之存灭，胥视此焉。呜呼，是岂畸处岩穴，高语仁义之迂儒所能识也。兹学始盛于欧洲，仅一百五十年以来，今则磅礴烨烁，如日中天。支流纵横，若水演派。而我中国人，非惟不知研究此学理，且并不知有此学科。则其丁兹奇险而漠然安之也，又何怪焉？故今略述梗概，著为是编，学者就其学说之进步，与国计之进步，比较而参观焉，则夫吾中国今后所以自处者，其可不悚耶？其可不勖耶？嘻，慎勿以孳孳为利之言目之也！

关于政治学方面，他除了介绍法国的卢梭的《民约论》之外，他又介绍德〈国的〉伯伦知理的国家有机体学说。他个人可以说是偏于后者的理论，所以在《政治学大家伯伦知理之学说》一文，不只对于后者的学说加以介绍，而且对于前者有所批评。发端里说：

> 日日而言政治学，人人而言政治学，则国其遂有救乎？曰：嘻，仅矣！言而不能行，犹无价值之言也。虽然，理想者实事之母。而言论又理想之所表著者也。则取前哲学之密切于真理，而适应于时势者，一一介绍之，亦安得已。

> 卢梭学说，于百年前政界变动最有力者也。而伯伦知理学说，则卢梭学说之反对也。二者孰切真理？曰：卢氏之言，药也，伯氏之言，粟也。痼疾既深，固非持粟之所得瘳。然药能止病，亦能生病，且使药证相反，则旧病不得豁，而新病且滋生，故用药不可不慎也。五年以来，卢氏学说稍输入我祖国，彼达识之士，其孳孳尽瘁以期输入之者，非不知其说在欧洲已成陈言也，以为是我足以起今日中国之废疾，而欲假之以作过渡也。顾其说之大受欢迎于我社会之一部分者，亦既有年，而所谓达识之士，其希望目的，未睹其因此而得达于万一，而因缘相生之病，则已渐萌芽，渐弥漫一国中。现在、未来不可思议之险象，已隐现出没，致识微者慨焉忧之。噫，岂此药果

不适于此病耶？抑徒药不足以善其后耶？

伯伦知理之驳卢梭也，以为从卢氏民约之说，则为国民者必须具有三种性质，反是则国不可得立。三种者何？一曰：其国民皆可各自离析，随其所欲，以进退生息于其国中也。不尔，则是强之使入，非合意之契约，不得谓为民约也。虽然，人之思想与其恶欲，万有不同者也。若使人人各知其意，乃入此约，则断无全国人皆同一意之理。以此之故，亦断无全国人皆同一约之理。若是乎，则国终不可得立。故从卢氏之说，仅足以立一会社（即中国所谓公司也，与社会不同）。其会社亦不过一时之结集，变更无常，不能持久。以此而欲建一永世嗣续之国家，同心合德之国民，无有是处。二曰：其国民必悉立于平等之地位也。不尔，则是有命令者，有受命者，不得为民约也。然孰察诸国之所以建设，必赖有一二人威德巍巍，超越侪类，众皆服从，而国础始立。即至今日，文明极进，犹未有改。若使举国无智、无愚、无贤、无不肖，皆以同等之地位，决议立国，无有是处。三曰：其国民必须全数画诺也。若有一人不画诺，则终不能冒全国国民之意，不得谓之民约也。然一国之法制，势固不能有全数画诺之理，岂待问也？卢氏亦知之，乃支离其说，谓多数之意见，即不啻全数之意见。夫服从多数，虽为政治家神圣不可侵犯之科律，而其理论独不适于诸民约主义之国家。盖盟约云者，人各以其意而有愿与此约与否之自由权者也。彼不愿与此约之少数者，而强干涉之，谓其有服从多数之约之义务，无有是处。此三义者，伯氏于国家起原论，取卢氏之立脚点而摧陷之者也。

伯氏又言曰：民约论之徒，不知国民与社会之别，故直认国民为社会。其弊也使法国国础不固，变动无常，祸乱亘百数十年而未有已。德国反是，故国一立而基大定焉。夫国民与社会，非一物也。国民者，一定不动之全体，社会则变动不居之集合体而已。国民为法律上之一人格，社会则无有也。故号之曰国民，则始终与国相待而不可须臾离；号之曰社会，则不过多数私人之结集，其必要国家与否，在论外也。此伯氏推论民约说之结果而穷极其流弊也。

中国号称有国，而国之形体不具，则与无国同。爱国之士，晻晻然忧之，其研究学说也，实欲乞灵前哲，而求所以立国之道也。法国革命，开百年来欧洲政治之新幕，而其种子实卢梭播之。卢氏之药，足以已病，无疑义矣。近则病既去而药已为筌蹄，其缺点率是见正于后人。谬想与真理所判，亦昭昭不足为讳也。独吾党今日欲救吾国，其必经谬想而后入真理。以卢氏学说为过渡时代必不可避之一阶级乎？抑无须尔尔，径向于国家之正鹄而进行乎？此一大问题也。卢氏之说，其有功于天下者固多，其误天下者抑亦不少。今吾中国采之，将利余于弊乎？抑弊余于利乎？能以药已病，而为立国之过渡乎？抑且以药生病，而反失立国之目的乎？此又一大问题也。深察祖国之大患，莫痛乎有部民资格，而无国民资格。以视欧洲各国，承希腊、罗马政治之团结，经中古、近古政家之干涉者，其受病根源，大有所异。故我中国今日所最缺点而最急需者，在有机之统一与有力之秩序，而自由平等直其次耳。何也？必先铸部民使成国民，然后国民之幸福乃可得言也。如伯氏言，则民约论者适于社会而不适于国家，苟弗善用之，则将散国民复为部民，而非能铸部民使成国民也。故以此论，药欧洲当时干涉过渡之积病，固见其效，而移植之于散无友纪之中国，未知其利害之足以相偿否也。夫醉生梦死之旧学辈，吾无望矣。他日建国之大业，其责任不可不属于青年之有新思想者。今新思想方始萌芽耳，顾已往往滥用自由平等之语。思想过渡，而能力不足以副之。芸芸志士，曾不能组织一巩固之团体，或偶成矣，而旋集旋散。诚有如近人所谓"无三人以上之法团，无能支一年之党派"者，以此资格，而欲创造一国家，以立于此物竞最剧之世界，能耶？否耶？此其恶因，虽种之薰之在数千年，不能以为一二人之咎，尤不能以为一学说之罪。顾所最可惧者，既受彼遗传之恶因，而复有不健全之思想，以盾其后而傅之翼也。故人人各以己意进退，而无复法权之统属，无复公众之制裁，乃至并所谓服从多数之义务而亦弁髦之。凡伯氏所指卢氏学说之缺点，令我新思想界之人人，皆具备之矣。夫以今日之中国，固未有所谓统属，未有所谓制裁，未有所谓多数，则吾国民之踯躅焉凌乱焉而靡所于从，夫亦安可深责！顾所贵乎新思想者，欲藉其感化力以造出一新世界，使之自无而之有云尔。若徒恃此不健全之新思想，果能达此目的否耶？是不可以不深思之也！吾非敢袒伯氏而薄卢氏，顾以为此有力反对之一大学说，为有志建国者所宜三复也。

此外，他又介绍孟德司鸠的学说，而特别是对于其三权鼎立的学说，加以解释。他又介绍边沁的乐利主义，以为这种主义为近代欧美开一新天地，而为中国所当效法。他说：

> 汉宋以后，学者讳言乐，讳言利。乐利果为道德之累乎？其讳之也，毋亦以人人谋独乐，人人谋私利，而群治将混乱而不成立也。虽然，因噎固不可以废食，惩羹固不可以吹齑。谓人道以苦为目的，世界以害为究竟，虽愚悖者，犹知其不可也。人既生而有求乐求利之性质，则虽极力克之窒之，终不可得避。而贤智者既吐弃不屑道，则愚不肖者益自弃焉自放焉，而流弊益以无穷。则何如因而利导之，发明乐利之真相，使人毋狃小乐而陷大苦，毋见小利而致大害，则其于世运之进化，岂浅鲜也。于是乎乐利主义（Utilitarianism）遂为近世欧美开一新天地。

他又介绍康德的哲学,以为康德是近世第一大哲学家,因为康德是集近世哲学的大成。所以在《近代第一大哲学家康德之学说》一文中里,他告诉我们道:

> 自近世史之初,学界光明,始放一线。其时屹然并起于欧洲者,厥有二派。一曰英国派,倍根倡之,专主实验,以科学法谈哲理。其继之者,为霍布士,为洛克,而谦谟集其大成。二曰大陆派,笛卡儿倡之,专主推理,以发心物二元论。其继之者,为斯宾挪莎,为黎菩尼士,而倭儿弗为其后劲。此两界者,中分欧洲之思想界,各自发达,而常不能调和。当十八世纪之初,实全欧学界最纠纷最剧竞之时代也。于是康德出,集其大成。

此外,又如《罗兰夫人传》《意大利建国三杰传》《斯巴达小志》《雅典小志》等等,都是对于西洋文化的精神的介绍。

我们应当指出,梁启超之介绍上面各种学说,皆是由日文的著作而来,而非直接的从西文而得来的智识,而且他对于自然科学的根底既没有,他对于社会学科的训练也很浅薄,然而他所介绍的西洋思想,对于国人的影响,比之懂得西文而直接介绍西洋思想的严复较大得多,固是由于这些思想在当时在国内是很为新颖的思想,也是由于他用了流畅的文字去解释西洋的名家,而使人易于领会罢。

第四章　梁启超的中国西化观（三）[①]

梁启超的《新民丛报》是刊行于一九〇二年，《新民丛报》刊行之后，风行一时。《新民说》是说明"新民"的意义，也是他之所以刊行《新民丛报》的意旨。"新民"的意义很广，新民所应作之事很多，然而上章所提及的自由、自治、自尊、冒险、进步、尚武、公德、爱国等等新德性，就是成为新民的主要条件。梁启超对于这些新德性极力加以提倡，我们愿意把他对于这些概念的解释略为叙述。

在"自由"一节里，梁启超以为"不自由，毋宁死"这句话是十八与十九世纪中欧美各国的国民所以立国的本原，他说：

> 自由之义，适用于今日之中国乎？曰：自由者，天下之公理，人生之要具，无往而不适用者也。

他又指出，欧美的自由发展史上，欧美人之所争的有四种自由：一为政治的自由，二为宗教的自由，三为民族的自由，四为经济的自由。他说：

> 政治上之自由者，人民对于政府，而保其自由也；宗教上之自由者，教徒对于教会，而保其自由也；民族上之自由者，本国对于外国，而保其自由也；生计上之自由者，资本家与劳力者，相互而保其自由也。而政治上之自由，复分为三：（一）曰平民对于贵族，而保其自由。（二）曰国民全体对于政府，而保其自由。（三）曰殖民地对于母国，而保其自由是也。自由之征诸实行者，不外是矣。

> 以此精神，其所造出之结果，厥有六端：（一）四民平等问题。凡一国之中，无论何人，不许有特权（特别之权利，与齐民异者），是平民对于贵族所争得之自由也。（二）参政权问题。凡生息于一国中者，苟及岁而即有公民之资格，可以参与一国政事，是国民全体对于政府所争得之自由也。（三）属地自治问题。凡人民自殖于他土者，得任意自建政府，与其在本国所享之权利相等，是殖民地对于母国所争得之自由也。（四）信仰问题。人民欲信何教，悉自由择，政府不得以国教束缚干涉之，是教徒对于教会所争得之自由也。（五）民族建国问题。一国之人，聚族而居，自立自治，不许他国。若他族握其主权，并不许干涉其毫末之内治，侵夺其尺寸之土地，是

[①] 校按：依陈序经自抄稿，无标点。所引梁启超言论，除本页第三段两行引文系手抄外，均自《饮冰室全集》中相应原文剪贴而成。

本国人对于外国所争得之自由也。(六) 工群问题（日本谓之劳动问题或社会问题）。凡劳力者自食其力，地主与资本家不得以奴隶畜之，是贫民对于素封者，所争得之自由也。试通览近世三四百年之史记，其智者敝口舌于朝堂，其勇者涂肝脑于原野，前者仆，后者兴，屡败而不悔，弗获而不措者，其所争岂不以此数端耶？其所得岂不在此数端耶？

自由是奴隶的对待，要想自由，就不要做奴隶。梁启超对于这一点，说得很痛快透切，今且录他几段话于后：

一曰勿为古人之奴隶也。古圣贤也，古豪杰也，皆尝有大功德于一群，我辈爱而敬之宜也。虽然，古人自古人，我自我，彼古人之所以能为圣贤为豪杰者，岂不以其能自有我乎哉？使不尔者，则有先圣无后圣，有一杰无再杰矣。譬诸孔子诵法尧舜，我辈诵法孔子，曾亦思孔子所以能为孔子，彼盖有立于尧舜之外者也。使孔子而为尧舜之奴隶，则百世后必无复有孔子者存也。闻者骇吾言乎？盍思乎世运者进而愈上，人智者浚而愈莹，虽有大哲，亦不过说法以匡一时之弊，规当世之利，而决不足以范围千百万年以后之人也。泰西之有景教也，其在中古，曷尝不为一世文明之中心点？逮夫末流，束缚驰骤，不胜其敝矣。非有路得、倍根、笛卡儿、康德、达尔文、弥勒、赫胥黎诸贤起而附益之、匡救之，夫彼中安得有今日也？中国不然，于古人之言论行事，非惟辨难之辞不敢出于口，抑且怀疑之念不敢萌于心。夫心固我有也，听一言，受一义，而曰我思之，我思之，若者我信之，若者我疑之，夫岂有刑戮之在其后也？然而举世之人，莫敢出此。吾无以譬之，譬之义和团。义和团法师之披发仗剑踽步，念念有词也，听者苟一用其思索焉，则其中自必有可疑者存。而信之者竟遍数省，是必其有所慑焉，而不敢涉他想者矣；否则有所假焉，自欺欺人以逞其狐威者矣。要之为奴隶于义和团一也。吾为此譬，非敢以古人比义和团也。要之，四书六经之义理，其非一一可以适于今日之用，则虽临我以刀锯鼎镬，吾犹敢断言而不惮也。而世之委身以嫁古人，为之荐枕席而奉箕帚者，吾不知其与彼义和团之信徒果何择也。我有耳目，我物我格；我有心思，我理我穷。高高山顶立，深深海底行。其于古人也，吾时而师之，时而友之，时而敌之，无容心焉，以公理为衡而已，自由何如也！

二曰勿为世俗之奴隶也。甚矣，人性之弱也！"城中好高髻，四方高一尺；城中好广袖，四方全幅帛。"古人夫既谣之矣。然曰乡愚无知，犹可言也，至所谓士君子者，殆又甚焉！当晚明时，举国言心学，全学界皆野狐矣；当乾嘉间，举国言考证，全学界皆蠹鱼矣。然曰岁月渐迁，犹可言也，至如近数年来，丁戊之间，举国慕西学若膻，己庚之间，举国避西学若厉，今则厉又为膻矣。夫同一人也，同一学也，而数年间可以变异若此，无他，俯仰随人，不自由耳。吾见有为猴戏者，跳焉则群猴跳，掷焉则群猴掷，舞焉则群猴舞，笑焉则群猴笑，哄焉则群猴阅，怒焉则群猴骂。谚曰："一犬吠影，百犬吠声。"悲哉！人秉天地清淑之气以生，所以异于群动者安在乎？故自污蔑以与猴犬为伦也！夫能铸造新时代者上也，即不能而不为旧时代所吞噬所汨沈，抑其次也。狂澜滔滔，一柱屹立，醉乡梦梦，灵台昭然，丈夫之事也，自由何如也！

三曰勿为境遇之奴隶也。人以一身立于物竞界，凡境遇之围绕吾旁者，皆日夜与吾相为斗而未尝息者也。故战境遇而胜之者则立，不战而为境遇所压者则亡。若是者，亦名曰天行之奴隶。天行之虐，逞于一群者有然，逞于一人者亦有然。谋国者而安于境遇也，则美利坚可无独立之战，匈加利可无自治之师，日耳曼、意大利可以长此华离破碎为虎狼奥之附庸也。使谋身者而安于境遇也，则贱族之的士礼立（英前宰相，与格兰斯顿齐名者，本犹太人。犹太人在英视为最贱之族），何敢望挫俄之伟勋；蛋儿之林肯（前美国大统领，渔人子也，少极贫），何敢企放奴之大业；而西乡隆盛当以患难易节，玛志尼当以窜谪灰心也。吾见今日所谓识时之彦者，开口辄曰："阳九之厄，劫火之运，天亡中国，无可如何！"其所以自处者，非贫贱而移，则富贵而淫，其最上者遇威武而亦屈也。一事之挫跌，一时之潦倒，而前此权奇磊落不可一世之概，销磨尽矣。咄！此区区者果何物，而顾使之操纵我心如转蓬哉？善夫，《墨子·非命》之言也，曰："执有命者，是覆天下之义，而说百姓之谇也。"天下善言命者，莫中国人若，而一国之人，奄奄待死矣。有力不庸，而惟命是从，然则人也者，亦天行之刍狗而已，自动之机器而己，曾无一毫自主之权，可以达己之所志，则人之生也，奚为哉？奚乐哉？英儒赫胥黎曰："今者欲治道之有功，非与天争胜焉不可也。固将沈毅用壮，见大丈夫之锋颖，强立不反，可争可取而不可降。所遇善，固将宝而维之；所遇不善，亦无憜焉。"陆象山曰："利害毁誉，称讥苦乐，名曰八风。八风不动，入三摩地。"邵尧夫之诗曰："卷舒一代兴亡手，出入千重云水身。"眇兹境遇，曾不足以损豪杰之一脚指，而岂将入其笠也，自由何如也！

四曰勿为情欲之奴隶也。人之丧其心也，岂由他人哉？孟子曰："向为身死而不受，今为宫室之美妻妾之奉所识穷乏者得我而为之，是亦不可以已乎？"夫诚可以已，而能已者百无一焉。甚矣，情欲之毒人深也！古人有言："心为形役，形而为役，犹可愈也；心而为役，将奈之何？心役于他，犹可拔也；心役于形，将奈之何？"形无一日而不与心为缘，则将终其生趑趄瑟缩于六根六尘之下，而自由权之萌蘖俱断矣。吾常见有少年岳岳荦荦之士，志愿才气，皆可以开拓千古，推倒一时，乃阅数年而馁焉，更阅数年而益馁焉。无他，凡有过人之才者，必有过人之欲；有过人之才，有过人之欲，而无过人之道德心以自主之，则其才正为其欲之奴隶，曾几何时，而销磨尽矣。故夫泰西近数百年，其演出惊天动地之大事业者，往往在有宗教思想之人。夫迷信于宗教而为之奴隶，固非足贵，然其借此以克制情欲，使吾心不为顽躯浊壳之所囿，然后有以独往独来，其得力固不可诬也。日本维新之役，其倡之成之者，非有得于王学，即有得于禅宗。其在中国近世，勋名赫赫在人耳目者，莫如曾文正。试一读其全集，观其困知勉行、厉志克己之功何如？天下固未有无所养而能定大艰成大业者。不然，日日恣言曰："吾自由，吾自由。"而实为五贼（佛典亦以五贼名五官）所驱遣，劳苦奔走以藉之兵而齎其粮耳，吾不知所谓自由者何在也？孔子曰："克己复礼为仁。"己者，对于众生称为己，亦即对于本心而称为物者也。所克者己，而克之者又一己。以己克己，谓之自胜，自胜之谓强。自胜焉，强焉，其自由何如也！

关于自治，梁启超分为两种，一为一身之自治，一为一群之自治。所以他说：

> 一曰求一身之自治，凡古来能成大事者，必其自胜之力甚强也。……泰西通例，凡来复日必休息，每日八点钟始治事，十二点钟而小憩，一点复治事，四五点而毕憩，举国上自君相官吏，下至贩夫屠卒，莫不皆然。作则举国皆作，息则举国皆息，是岂所谓如军队如机器者耶？于文经纬整列曰理，条段错综曰乱。诚以中西人之日用起居相比较，其一理一乱，相去何如矣。毋曰薄物细故，夫岂知今日之泰西，其能整然秩然，举立宪之美政者，皆自此来也。孟德斯鸠云："法律者，无终食之间而可离者也。凡人类文野之别，以其有法律无法律为差，于一国亦然，于一身亦然。"今吾中国四万万人，皆无法律之人也，群四万万无法律之人而能立国，吾未之前闻。然则岂待与西人相遇于硝云弹雨之中，而后知其胜败之数也。
>
> 二曰求一群之自治。国有宪法，国民之自治也。州郡乡市有议会，地方之自治也。凡善良之政体，未有不从自治来也。一人之自治其身，数人或十数人之自治其家，数百数千人之自治其乡其市，数万乃至数十万数百万数千万数万万人之自治其国，虽其自治之范围广狭不同，其精神则一也。一者何？一于法律而已。《管子》曰："乡与朝争治。"又曰："朝不合众，乡分治也。"西人言政者，谓莫要于国内小国。国内小国者，一省、一府、一州、一县、一乡、一市、一公司、一学校，莫不俨然具有一国之形。省、府、州、县、乡、市、公司、学校者，不过国家之缩图，而国家者，不过省、府、州、县、乡、市、公司、学校之放大影片也。故于其小焉者能自治，则其大焉者举而措之矣。不然者，则不得不仰治于人。仰治于人，则人之抚我也听之，人之虐我也亦听之；同族之豪强者据而专也听之，异族之横暴者

而夺也亦听之。如是，则人之所以为人之具，其涂地矣。抑彼西人之所以得此者何也？曰有制裁，有秩序，有法律，以为自治之精神也。真能自治者，他人欲干涉焉而不可得；不能自治者，他人欲无干涉焉而亦不可得也。此其事固有丝毫不容假借者，我国民仰治于人，数千年矣，几以此为天赋之义务，而莫敢萌他想，曾亦思本身之乐利，岂旁观者所能代谋？而当今之时局，又岂散漫者可以收拾也。

抑今士大夫言民权、言自由、言平等、言立宪、言议会、言分治者，亦渐有其人矣。而吾民将来能享民权自由平等之福与否，能行立宪议会分治之制与否，一视其自治力之大小强弱定不定以为差。吾民乎，吾民乎，勿以此为细碎，勿以此为迂腐，勿徒以之责望诸团体，而先以之责望诸个人。吾试先举吾身自治焉，试合身与身为一小群而自治焉，则更合群与群为一大群而自治焉，更合大群与大群为一更大之群而自治焉，则一完全高尚之自由国、平等国、独立国、自主国出焉矣。而不然者，则自乱而已矣。自治与自乱，事不两存，势不中立，二者必居一于是，惟我国民自讼之！惟我国民自择之！

关于自尊，他以为自尊是自贼、自暴、自弃的反面，自尊是尊重国民，自尊是尊重人道，自尊就是西哲所谓"人各自立于所欲立之地"。他指出，西洋人能自尊，而中国人不能自尊。所以他说：

悲哉，吾中国人无自尊性质也！簪缨何物？以一钩金塞其帽顶，则脚靴手版，磕头请安，戢戢然矣。阿堵何物？以一贯铜，晃其腰缠，则色肆指动，围绕奔走，喁喁然矣。夫沐冠而喜者，戏猴之态也；投骨而啮者，畜犬之情也；人之所以为人者，其资格安在耶？顾乃自侪于猴犬，而恬不为怪也，故夫自尊与不自尊，实天民奴隶之绝大关头也。

且吾见夫今世所谓识时俊杰者矣！天下之危急，彼非无所闻也，国民之义务，彼非无所知也，顾口中有万言之沸腾，肩上无半铢之负荷。叩其故，则曰："天下大矣，贤智多矣，某自顾何人，其敢语于此？"推彼辈之意，以为一国四百兆人，其三百九十九兆九亿九万九千九百九十九人中，其德慧术知，无一不优于我，其聪明才力，无一不强于我，我之一人，岂足轻重云耳。率斯道也以往，其必四百兆人，人人皆除出自己，而以国事望诸其余之三百九十九兆九亿九万九千九百九十九人，统计而互消之，则是四百兆人卒至实无一人也。夫一二人之自贼自暴自弃而不自尊，宜若与天下大局无与焉矣，然穷其弊乃至若此。不宁惟是，为国民者，而不自尊其一人之资格，则断未有能自尊其一国之资格焉者也。一国不自尊，而国未有能立焉者也。吾闻英国人自尊之言曰："太阳曾无不照我英国国旗之时。"（英人属地遍于五大洲，此地日方没，彼地日已出，故曰太阳常照英国旗也。）曰："无论何地,凡我英人,有一个足迹踏于其土者,则与土必为吾英之势力范围也。"吾闻俄国人自尊之言曰:"俄罗斯者,东罗马之相续人也。"(相续者,继袭之义。)曰:"我俄人,必成先帝彼得之志,为东方之主人翁也。"吾闻法国人自尊之言曰:"法兰西者,欧洲文明之中心点也,全世界进步之原动力者。"吾闻德国人自尊之言曰:"自由主义者,日耳曼森林中之产物也;日耳曼人者,条顿民族之宗子,欧洲中原之主帅也。"吾闻美国人自尊之言曰:"旧世界者,腐败陈积之世界也,其有清新和淑之气者,惟我新世界。(旧世界指东半球,新世界指西半球。)今日之天下,由政治界之争竞,而移于生计界之争竞,他日战胜于生计界者,舍我美人莫属也。"吾闻日本人自尊之言曰:"日本者,东方之英国也,万世一系,天下无双也,亚洲之先进国也,东西两文明之总汇流也。"自余各国,苟其能保一国之名誉于世界上者,则皆莫不各有其所以自尊之具。苟不尔者,则其国必萎缩而无以自存也。其远焉者,吾不能遍举,请征诸其近者。吾尝见印度人辄曰:"英国之政治,高美完满,盛德巍巍,胜于吾印往昔远甚。"乃至英人之一颦一笑一饮一啄,皆视为加己数十等也。吾尝见朝鲜人辄曰:"吾韩今日更无可望,惟望日本及世界文明各大国,扶而掖之也。"浅见者徒见夫英俄德美日之强盛也如彼,而以为其所以敢于自尊者有由,徒见夫印度朝鲜之积弱也如此,而以为其所以自贬者出于不得已,此误果为因,误因为果之言也,而乌知夫自尊者,即彼六国致强之原,而自贬者,乃此二国取灭之道也。呜呼!吾观于此,而不能不重为中国恫矣!畴昔尚有一二侈然自大之客气,乃挫败不数度,至今日而消磨尽矣。闻他人之议瓜分我也,则嗷然以啼;闻吾人之议保全我也,则輙然以笑。君相官吏,伺外国人之颜色,先意承志,如孝子之事父母;士农工商,仰外国人之鼻息,趋承奔走,如游妓媚情人。政府之意曰:"中国不足恃矣,吾但求结纳一大邦之奥援,为附庸下邑之陪臣,以保富贵终余年焉。"民间之意曰:"中国无可为矣,吾但求托庇一强国之宇下,为食毛践土之蚁民,以逃丧乱长子孙焉。"即号称有志之士者,亦曰:"今日之中国非可以自力自救,庶几有仁义和亲之国,恤我怜我扶助我乎!"嗟呼恫哉!我国家今日之资格,其如斯而已乎?我国家将来之前途,竟如斯而已乎?嗟呼恫哉!畴昔侈然自大之客气,自居上国,而藐人为夷狄者,先觉之士,窃窃然忧之,以为排外之谬想,不徒伤外交,而更阻文明输入之途云耳。夫孰知数十年来,得延一线之残喘者,尚倚赖此若明若昧、无规则无意识之排外自尊思想以维持之,并此而斩丧焉。而立国之具,乃真绝矣。夫孰知夫以真守旧误国,而国尚有可为,以伪维新误国,而国乃无可救也。孟子曰:"未闻以千里畏人者也,谁谓为之,而至于此。"

关于进取与冒险,他说:

天下无中立之事，不猛进，斯倒退矣；人生与忧患俱来，苟畏难，斯落险矣。吾见夫今日天下万国中，其退步之速，与险象之剧者，莫吾中国若也，吾为此惧。

欧洲民族所以优强于中国者，原因非一，而其富于进取冒险之精神，殆其尤要者也。今勿征诸远，请言其近者。当罗马解纽以后，欧洲人满为忧，纷竞不可终日。时则有一褰人子，子身万里，四渡航海，舟人失望，睊怒之极，欲杀之而饮其血，而顾勇挠不屈，有进无退，卒觅得亚美利加，为生灵开出新世界者，则西班牙之哥伦布士（Columbus）其人也。当罗马教皇威力达于极点，各国君主，俯伏肘下。时则有一介僧侣（天主教之教士不娶妻，故日本假佛教僧字以名之，今从其号），悍然揭九十六条檄文于大府，鸣旧教之罪恶，倡新说以号召天下。教皇率百数十王侯，开法会拘而讯之，使更前说，而愿从容对簿，侃侃抗言，不屈不挠，卒能开信教自由之端绪，为人类进幸福者，则日耳曼之马丁·路得（Martin Luther）其人也。扁舟绕地球一周，凌重涛，冒万死，三年乃还，卒开通太平洋航路，为两半球凿交通之孔道者，则葡萄牙之麦志伦（Magellan）其人也。只身探险于亚非利加内地，越万里之撒哈拉沙漠，与瘴气战，与土蛮战，与猛兽战，数十年如一日，卒使全非开通，为白人殖民地者，则英之立温斯敦（Livingstone）其人也。十六七世纪间，新旧教之争正烈，日耳曼剿灭新教徒，殆无遗类，时则有波罗的海岸一蕞尔国，奋其螳臂，为人类请命，为上帝复仇，卒以万六千之精兵，横行欧陆，拯民涂炭，牺牲一身而不悔者，则瑞典王亚多法士（Adolphus）其人也。俄罗斯经蒙古蹂躏之后，元气新复，积弱蛮陋，无足比数，时则有以万乘之尊，微服外游，杂伍佣作，学其文明技术，传与其民，使其国为今日世界第一雄国，駸駸乎有括囊宇内之观者，则俄皇大彼得（Peter the Great）其人也。英国自额里查白（英女皇名）以后，积胜而骄，立宪美政，渐以坠地，时则有一穷壤牧夫，攘臂以举义旗，兴国会军，血战八年，卒俘独夫，重兴民教，使北海三岛，为文明政体之祖国，国旗辉于大地者，则英吉利之克林威尔（Cromwell）其人也。美受英轭，租税烦重，人权蹂躏，民不聊生，时则有一穷谷侠农，叩自由之钟，揭独立之旗，毫无凭藉，以抗大敌，卒能建雄邦于新世界，今日纪为二十世纪地球之主人翁者，则美总统华盛顿（Washington）其人也。法国大革命后，风潮迅激，大陆震慑，举国不宁，时则有一小军队中一小将校，奋其功名心，征埃及，征意大利，席卷全欧，建大帝国；犹率四十万貔貅临强俄，逐北千里，虽败而其气不挫，则法皇拿破仑（Napoleon）其人也。荷为班属，宗教压制，虐政悴憔，缇骑遍国，时则有一忘命志士，集劲旅于日耳曼，归图恢复，血战三十七年，卒复国权，身毙于锄魔之手而不悔者，则荷兰之维廉额们（William

Egmont）其人也。美国当数十年前，奴政盛行，人道灭绝，南北异趣，国几分裂，时则有一身人之子，以正理为甲冑，以民义为戈矛，断然排俗情，兴义战，牺牲少数以活多数，草芥一身以献国民，卒能实行平等博爱之理想，定国宪以为天下法，则美总统林肯（Lincoln）其人也。罗马云亡，遗烈久沫，寄息他族，奴畜禽视，时则有弱冠翩翩一少年，投秘密结社，倾伪政府，不能得志，遁窜异域，专务青年教育，唤起国魂，卒能使其国成独立统一之功，列于世界第一等国者，则意大利之玛志尼（Mazzini）其人也。

若此者，不过聊举数贤以为例耳，其他豪杰之类此者，比肩接踵于历史，胪其事实，则五车不能容，即算其姓名，亦更仆不能尽。于戏！何其盛哉！后世读史者，挹其芬，汲其流，崇拜而歌舞之，而不知其当时，道天下所不敢道，为天下所不敢为。其精神有江河学海不到不止之形，其气魄有破釜沈舟一瞑不视之概；其徇其主义也，有天上地下惟我独尊之观；其向其前途也，有鞠躬尽瘁死而后已之志；其成也，涸脑精以买历史之光荣；其败也，迸鲜血以赎国民之沈孽。呜呼！曷克有此？曰惟进取故，曰惟冒险故。

关于进步，他说：

泰西某说部，载有西人初航中国者，闻罗盘针之术之传自中国也，又闻中国二千年前即有之也，默忖此物入泰西，不过数纪，而改良如彼其屡，效用如彼其广，则夫母国数千年之所增长，更当何若。登岸彼不遑他事，先入市购一具，乃问其所谓最新式者，则与历史读本中所载十二世纪〈阿〉刺伯人所传来之罗盘图，无累黍之异，其人乃废然而返云。此虽讽刺之寓言，实则描写中国群治濡滞之状，谈言微中矣。吾昔读黄公度《日本国志》，好之，以为据此可以尽知东瀛新国之情状矣。入都见日使矢野龙溪，偶论及之，龙溪曰："是无异据《明史》以言今日中国之时局也。"余怫然，叩其说。龙溪曰："黄书成于明治十四年，我国自维新以来，每十年间之进步，虽前此百年不如也，然则二十年前之书，非《明史》之类如何？"吾当时犹疑其言，东游以来，证以所见，良信。斯密·亚丹《原富》称，元代时有意大利人玛可·波罗，游支那归而著书，述其国情，以较今人游记，殆无少异。吾以为岂惟玛氏之作，即《史记》《汉书》二千年旧籍，其所记载，与今日相去能几何哉！夫同在东亚之地，同为黄族之民，而何以一进一不进，霄壤若此。

中国人动言郅治之世在古昔，而近世则为浇末，为叔季。此其义与泰西哲学家进化之论最相反。虽然，非谰言也，中国之现状实然也。试观战国时代，学术蜂起，或明哲理，或阐技术，而后此则无有也；两汉时代，治具粲然，宰相有责任，地方有乡官，而后此则无有也。自余百端，类此者不可枚举。夫进化者，天地之公例也，譬之流水，性必就下，譬之抛物，势必向心，苟非有他人焉从而搏之，有他物焉从而吸之，则未有易其故常者。然则吾中国之反于彼进化之大例，而演出此凝滞之现象者，殆必有故。求得其故而讨论焉，发明焉，则知病而药，于是乎在矣。

他举出中国不能进步的各种原因：一是中国历代成为大一统而没有竞争，二是环蛮族而交通难，三是言文分而人智局，四是专制久而民性漓，五是学说隘而思想窒。这都是阻止中国进步的原因。

关于公德，他说：

> 我国民所最缺者，公德其一端也。公德者何？人群之所以为群，国家之所以为国，赖此德焉以成立者也。人也者，善群之动物也（此西儒亚里士多德之言）。人而不群，禽兽奚择？而非徒空言高论曰群之群之，而遂能有功者也，必有一物焉，贯注而联络之，然后群之实乃举。若此者谓之公德。

> 道德之本体一而已，但其发表于外，则公私之名立焉。人人独善其身者谓之私德，人人相善其群者谓之公德，二者皆人生所不可缺之具也。无私德则不能立，合无量数卑污虚伪残忍愚懦之人，无以为国也；无公德则不能团，虽有无量数束身自好廉谨良愿之人，仍无以为国也。吾中国道德之发达，不可谓不早。虽然，偏于私德，而公德殆阙如。试观《论语》《孟子》诸书，吾国民之木铎，而道德所从出者也。其中所教，私德居十之九，而公德不及其一焉。如《皋陶谟》之九德；《洪范》之三德；《论语》所谓"温良恭俭让"，所谓"克己复礼"，所谓"忠信笃敬"，所谓"寡尤寡悔"，所谓"刚毅木讷"，所谓"知命知言"；《大学》所谓"知止慎独"，"戒欺求慊"；《中庸》所谓"好学力行知耻"，所谓"戒慎戒惧"，所谓"致曲"；《孟子》所谓"存心养性"，所谓"反身强恕"……凡此之类，关于私德者，发挥几无余蕴，于养成私人（私人者对于公人而言，谓一个人不与他人交涉之时也）之资格，庶乎备矣。虽然，仅有私人之资格，遂足为完全人格乎？是固不能。

> 今试以中国旧伦理与泰西新伦理相比较：旧伦理之分类，曰君臣，曰父子，曰兄弟，曰夫妇，曰朋友；新伦理之分类，曰家族伦理，曰社会（即人群）伦理，曰国家伦理。旧伦理所重者，则一私人对于一私人之事也。（一私人之独善其身，固属于私德之范围，即一私人与他私人交涉之道义，仍属于私德之范围也。此可以法律上公法、私法之范围证之。）新伦理所重者，则一私人对于一团体之事也。（以新伦理之分类，归纳旧伦理，则关于家族伦理者三，父子也，兄弟也，夫妇也；关于社会伦理者一，朋友也；关于国家伦理者一，君臣也。然朋友一伦决不足以尽社会伦理，君臣一伦尤不足以尽国家伦理，何也？凡人对于社会之义务，决不徒在相知之朋友而已，即绝迹不与人交者仍于社会上有不可不尽之责任。至国家者，尤非君臣所能专

有，若仅言君臣之义，则使以礼事以忠，全属两个私人感恩效力之事耳，于大体无关也。将所谓"逸民不事王侯"者，岂不在此伦范围之外乎？夫人必备此三伦理之义务，然后人格乃成。若中国之五伦，则惟于家族伦理稍为完整，至社会、国家伦理，不备滋多。此缺憾之必当补者也，皆由重私德轻公德所生之结果也。）夫一私人之所以自处，与一私人之对于他私人，其间必贵有道德者存，此奚待言！虽然，此道德之一部分，而非其全体也。全体者，合公私而兼善之者也。

私德公德，本并行不悖者也。然提倡之者既有所偏，其末流或遂至相妨。若微生亩讥孔子以为佞，公孙丑疑孟子以好辨，此外道浅学之徒，其不知公德，不待言矣，而大圣达哲，亦往往不免。吾今固不欲撷拾古人片言只语有为而发者，挞之以相诟病。要之，吾中国数千年来，束身寡过主义，实为德育之中心点。范围既日缩日小，其间有言论行事，出此范围外，欲为本群本国之公利公益有所尽力者，彼曲士贱儒，动辄援"不在其位，不谋其政"等偏义，以非笑之挤排之。谬种流传，习非胜是，而国民益不复知公德为何物。今夫人之生息于一群也，安享其本群之权利，即有当尽于其本群之义务。苟不尔者，则直为群之蠹而已。

他又指出，我国人缺乏合群的精神，"非惟国民全体之大群不能，即一部分之小群亦不能也；非惟顽固愚陋者不能，即号贤达有志者亦不能也"。而其所以致此的原因，一是由于公共观念的缺乏，二是对外之界说不分明，三是没有规则，四是有了忌嫉。他指出，世界上的民族、国家的优胜与劣败，是由于能合群与不合群。西洋之所以强盛，是由于合群；中国之所以衰弱，是由于不能合群。

此外，他又指出国人缺乏了国家的观念，只知有一身一家，只知有天下而不知有国家。所以，他大声疾呼道：

耗矣哀哉！吾中国人之无国家思想也，其下焉者，惟一身一家之荣瘁是问；其上焉者，则高谈哲理以乖实用也。其不肖者，且以他族为虎，而自为其伥；其贤者，亦仅以尧跖为主，而自为其狗也。以言乎第一义，则今日四万万人中，其眼光能及于一身以上者几人？攘而往，熙而来，苟有可以谋目前锱铢之私利者，虽卖尽全国之同胞以图之，所弗辞也。其所谓第一等人者，则独善其身，乡党自好者流也，是即吾所谓逋群负而不偿者也。（见第五节）夫独善之与私恶，其所以自立者虽不同，要其足以召国家之衰亡一也。以言乎第二义，则吾中国相传天经地义，曰忠曰孝，尚矣。虽然，言忠国则其义完，言忠君则其义偏，何也？忠孝二德，人格最要之件也，二者缺一，时曰非人。使忠而仅以施诸君也，则天下之为君主者，岂不绝其尽忠之路，生而抱不具人格之缺憾耶？则如今日美法等国之民，无君可忠者，岂不永见屏于此德之外，而不复得列于人类耶？顾吾见夫为君主者，与为民主国之国民者，其应尽之忠德，更有甚焉者也。人非父母无自生，非国家无自存，孝于亲，忠于国，皆报恩之大义，而非为一姓之家奴走狗者所能冒也。而吾中国人以忠之一字，为主仆交涉之专名，何其慎也。（君之当忠更甚于民，何也？民之忠也，仅在报国之一义务耳，君之忠也，又兼有不负付托之义务，安在其忠德之可以已耶。夫孝者，子所对于父母之责任也，然为人父者何尝可以缺孝德，父不可不孝，而君顾可以不忠乎？仅言此忠君者，吾见其不能自完其说也。）以言乎第三义，则吾国历史，弥天之大辱，而非复吾所忍言矣。计自汉末以迄今日，至一千七百余年间，我中国全土，为他族所占领者三百五十八年，其黄河以北，乃至七百五十九年。……呜呼！以黄帝神明华胄，所世袭之公产业，而为人纷而夺之者，屡见不一见，而所谓黄帝子孙者，迎壶浆若崩厥角，纡青紫臣妾骄人，其自啮同类以为之尽力者，又不知几何人也！陈白沙《崖山吊古诗》有云："镌功奇石张宏范，不是胡儿是汉儿。"嗟夫！嗟夫！晋宋以来之汉儿，其丰功伟烈，与张宏范后先辉映者，何啻千百，白沙先生无乃所见不广乎？国家思想之销亡，至是而极。以言乎第四义。则中国儒者，动曰"平天下""治天下"，其尤高尚者，如江都《繁露》之篇，横渠《西铭》之作，视国家为渺小之一物，而不屑屑意。究其极也，所谓国家以上之一大团体，岂尝因此等微妙之空言而有所补益，而国家则滋益衰矣。若是乎，吾中国人之果无国家思想也。危乎痛哉！吾中国人之无国家思想，竟如是其甚也。

反之，西洋因为有了民族主义、国家思想，所以西洋的文化才能发达。所以，他说"自十六世纪以来，欧洲所以发达，世界所以进步，皆由民族主义（或国家主义）（Nationalism）所磅礴冲激而成"。

总而言之，梁启超在上面所说的各种新德性或新民说，皆可以说是西洋文化之所以进步的主要原素。反过来看，中国的文化之所以落后，是因为缺乏了这些东西。

然而，照梁启超的意见，所谓新民，并非全盘去西化。我们且看梁氏在《新民说》的第三节"释新民之义"一段中说：

新民云者，非欲吾民尽弃其旧以从人也。新之义有二：一曰淬厉其所本有而新之，二曰采补其所本无而新之。二者缺一，时乃无功。先哲之立教也，不外因材而笃，与变化气质之两途，斯即吾淬厉所固有，采补所本无之说也。一人如是，众民亦然。

凡一国之能立于世界，必有其国民独具之特质，上自道德法律，下至风俗习惯文学美术，皆有一种独立之精神，祖父传之，子孙继之，然后群乃结，国乃成。斯实民族主义之根柢源泉也。我同胞能数千年立国于亚洲大陆，必其所具特质，有宏大高尚完美，厘然异于群族者，吾人所当保存之，而勿失坠也。虽然，保之云者，非任其自生自长，而漫曰"我保之，我保之"云尔。譬诸木然，非岁岁有新芽之苗，则其枯可立待；譬诸井然，非息息有新泉之涌，则其涸不移时。夫新芽新泉，岂自外来者耶？旧也，而不得不谓之新，惟其日新，正所以全其旧也。濯之拭之，发其光晶；锻之炼之，成其体段；培之浚之，厚其本原；继长增高，日征月迈，国民之精神，于是乎保存，于是乎发达。世或以"守旧"二字为一极可厌之名词，其然岂其然哉？吾所患不在守旧，而患无真能守旧者。真能守旧者何？即吾所谓淬厉其固有而已。

仅淬厉固有而遂足乎？曰不然。今之世非昔之世，今之人非昔之人。昔者吾中国有部民而无国民，非不能为国民也，势使然也。吾国巍巍然屹立于大东，环列皆小蛮夷，与他方大国，未一交通，故我民常视其国为天下。耳目所接触，脑筋所濡染，圣哲所训示，祖宗所遗传，皆使之有可以为一个人之资格，有可以为一家人之资格，有可以为一乡一族人之资格，有可以为天下人之资格，而独无可以为一国国民之资格。夫国民之资格，虽未必有以远优于此数者，而以今日列国并立、弱肉强食、优胜劣败之时代，苟缺此资格，则决无以自立于天壤。故今日不欲强吾国则已，欲强吾国，则不可不博考各国民族所以自立之道，汇择其长者而取之，以补我之所未及。今论者于政治学术技艺，皆莫不知取人长以补我短矣，而不知民德民智民力，实为政治学术技艺之大原。不取于此而取于彼，弃其本而摹其末，是何异见他树之蓊郁，而欲移其枝以接我槁干；见他井之汩涌，而欲汲其流以实我眢源也。故采补所本无以新我民之道，不可不深长思也。

世界上万事之现象，不外两大主义：一曰保守，二曰进取。人之运用此两主义者，或偏取甲，或偏取乙，或两者并起而相冲突，或两者并存而相调和。偏取其一，未有能立者也。有冲突则必有调和，冲突者调和之先驱也。善调和者，斯为伟大国民，盎格鲁撒逊人种是也。譬之跬步，以一足立，以一足行；譬之拾物，以一手握，以一手取。故吾所谓新民者，必非如心醉西风者流，蔑弃吾数千年之道德学术风俗，以求伍于他人；亦非如墨守故纸者流，谓仅抱此数千年之道德学术风俗，遂足以立于大地也。

此外又如在《泰西学术思想变迁之大势》一文中，他又指出孔教无可亡之理，而主张去采群教之所长，以光大孔教。至于第一次欧战以后，他的《欧游心影记》不只觉得中国有了好多东西应该保留，而且觉到西洋文化有了很多短处，所以他要我国青年开步走，向东转，这是趋于复古的方向了。

然而，我们不能不指出，梁启超在满清末年之所以能够影响中国的思想界那么大的，并非他的守旧的主张，而乃他的维新的思想，而所谓维新的思想，又不外是西化的主张罢。

第二编

第五章　严几道的中国西化观（一）[①]

从梁任公的《清代学术概论》里，我们找出下面两段话：

> 自明徐光启、李之藻等广译算学天文水利诸书，为欧籍入中国之始；前清学术，颇蒙其影响，而范围亦限于天算。鸦片战役以后，渐怵于外患；洪杨之役，借外力平内难，益震于西人之船坚炮利；于是上海有制造局之设，附以广方言馆，京师亦设同文馆，又有派学生留美之举。而目的专在养成通译人才，其学生之志量亦莫或逾此，故数十年中思想界，无丝毫变化。……甲午丧师，举国震动，年少气盛之士，疾首扼腕，言维新变法，而疆吏若李鸿章、张之洞辈亦稍稍和之。而其流行语则有所谓中学为体西学为用者；张之洞最乐道之，而举国以为至言。盖当时之人，绝不承认欧美人除能制造能测量能驾驶能操练之外，更有其他学问，而在译出西书中求之，亦确无他种学问可见。
>
> 戊戌变政，继以庚子拳祸，清室衰微益暴露。青年学子相率求学海外，而日本以接境故，赴者尤众。壬寅癸卯间，译述之业特盛；定期出版之杂志，不下数十种；日本每一新书出，译者动数家。新思想之输入，如火如荼矣。然皆所谓梁启超式的输入，无组织，无选择，本末不具，派别不明，惟以多为贵。而社会亦欢迎之，盖如久处灾区之民，草根木皮，冻雀腐鼠，罔不甘之，朵颐大嚼，其能消化与否不问，能无召病与否更不问也。而亦实无卫生良品以为代。时独有侯官严复先后译赫胥黎《天演论》，斯密·亚丹《原富》，穆勒·约翰《名学》《群己权界论》，孟德司鸠《法意》，斯宾塞尔《群学肄言》等数种，皆名著也，虽半属旧籍，去时势颇远；然西洋留学生与本国思想界发生关系者，复其首也。

梁先生这两段话，可以说是介绍严复的引言。原来东西的文化的接触，虽然有了三百余年的历史，而且在这个时期里中国之受挫于西洋诸国者，接踵而来，可是西洋思想之直接和中国人发生关系，是始于严复。三百余年来，而始出了一

[①] 校按：录自《岭南学报》第3卷第3期，第155～171页。

个介绍西洋思想的人物，我们详细思量，不能不为四千余年的历史和四万万民众的中国叹惜。然而严复能够做了三百余年的人们所未做或是所不能做的事情，我们却不能不特别的钦佩这位开山的人物。

严复自己好像也感觉到这一点，他在光绪二十八年《与梁任公书》（看《新民丛报》第七号）里说道：

> 仆为西学特为于众人不为之时，而以是窃一日之长耳。

这不但是他的长处，而且是他对于中国的贡献。所以他又说：

> 不佞生于震旦，当十九二十世纪之交会，目击同种阽危，剥新换故，若巨蛇之蜕蚹，而未由一藉手；其所以报答四恩，对扬三世，以自了国民之天责，区区在此。

我想举国人都把中学为体西学为用，来做金科玉律的时代，他能够独立不倚，不为流俗所染，已是一件很不容易的事；何况他自幼至壮，又是一位从事于海军的训练和研究的，而能够轻其所专，而注重其所应当注重的思想的介绍方面，这确是一件平常人所不能做得到和想得到的事情。又何况他无论在中文上，或是英文上，都曾做过很深刻的研究；而同时在中国的文化和西洋的文化上，均有深刻的认识。怪不得梁启超说严氏于西学中学皆为我国第一流人物（《新民丛报》一号"书评"类）。陈宝琛在他的墓志（《学衡》二十期）里也说：

> 君于学无所不窥，举中外治术学理，靡不究极原委，抉其得失，证明而会通之；六十年来，治西学者，无其比也。……虽小诗短札，皆精美为世宝贵，而其战术，炮台，建筑诸学，则反为文字所掩矣。

因为他于中外治术学理，靡不究极原委，抉其得失，所以他能够在消极方面，指摘出中国的文化的病源所在，而在积极方面介绍西洋的文化的菁华所寄；严复之值得我们的钦佩，就在这里，严复之值得我们的研究，也在这里。但是在未说明他的中西文化的意见以前，我们可以把他的传略及其译著，先为介绍。

严复是福建人，生于清咸丰三年（一八五三）。他少年师事同里黄宗彝治经，且旁及宋、元、明的学者的著作，及言行。十四岁时（一八六六）清廷派沈宝桢为福建船政大臣，招考子弟入马江学堂练习海军，严复被录第一名，过了一年，他遂入校肄业。一八七一年，他在海军学校毕业，被派为上海"建威"帆船练习生，不久转服于"扬武"军舰，巡游黄海及日本各港岸。到了一八七五年，他又被派赴英，入海军大学肄业。他在英时正郭嵩焘出使英国，故他和郭氏来往颇密。一八七九年他毕业返国，初在船政学堂当教习，沈宝桢死后，李鸿章颇见重他；可是因为他对国家的前途上，每作沈痛的评论，且后来又因法越事件发生，李鸿章和他有点误会，而致招李氏的疑忌。此后鸿章大兴北洋海军，他虽被派为水师学堂总教习，然二人的感情毕竟疏远。

甲午以后，清廷颇想罗致人才，复也被荐召对。光绪问他对于改造中国的著作，他以拟上皇帝万言书对，未及进而戊戌政变，他乃避居津门。后来拳匪乱作，他又移住沪滨，凡七年之久。宣统元年，海军部成立，特授协都统，三年又当海军一等参谋官。袁世凯督直时，很想用他，可是他辞而不赴。民国元年，袁氏为总统，聘为北京大学校长，然也未久而呈请辞职。袁氏想做皇帝时，曾有所谓"筹安会"者，复也有名在内；然据他个人的信札及知友说，这乃人家窜用他的名，他始终没有参加，而且他也不赞成袁氏称帝。可是他却很推重袁氏的才干，在他和友人的信札中，他曾说："袁氏妄干非分以死，则真中国之不幸耳。"严复晚年的思想，变化不少，然我们决不能因此而抹煞他已往的贡献。民国十年九月，他因患肺病殁于福建省垣，年六十九岁。

严氏所译的重要西籍，共有八种。赫胥黎（Huxley）的《天演论》（*Evolution and Ethics*）的本论。《天演论·下》是一八九三年写的，一八九四年又写了一篇导言。《天演论》由严氏译成中文，是在一八九六年，这是严氏的最先翻译。此后他继续译斯宾塞（Spencer）于一八七三年所刊行的《群学肄言》（*The Study of Sociology*），亚丹·斯密（Adam Smith）于一七七六年所刊行的《原富》（*An Enquiry into the Nature and Causes of the Wealth of Nations*），穆勒·约翰（John Stuart Mill）的《群己权界》（*On Liberty*, 1859）及其《名学》（*A System of Logic*, 1843）之一部分，甄克思（E. Jenks）的《社会通诠》（1900），孟德斯鸠（Montesquieu）的《法意》（*De l'Esprit des Lois*, 1748）。其最后所译之书，乃耶方思（W. S. Jevons）的《名学浅说》（*Logic*）；这本书是一九〇八年译成的。此外他于一八九二年又译密克的《支那教案论》，及一九一四年所译卫西琴的《中国教育议》。

严氏以翻译西籍而著名，可是他的翻译之为后人所指摘的点，也不算少。第一，是量的方面太少；第二，是文字方面太过古奥；第三，于原著者的词句意想方面，太不忠实。我们以为关于第一点的指摘，未免太过，原来严氏是学海军的人，而且他一生的大半时间，都服务于海军方面，以这种偏于实际工作的人，而能对于中西思想的本源支派，以及其利弊得失，有了相当的认识，然后再加选择其思想的菁华，以介绍于国人，老实说这是一件很不易得的事。关于他的文字方面的指摘，严氏于光绪廿八年曾在《新民丛报》第七号里《致梁启超》的书里，做了下面的自辩：

> 不佞之所从事者，学理邃颐之书也，非以饷学童而望受其益也。吾译正以待多读古书之人，使其目未睹中国之古书，而欲稗贩吾译者，此其过在读者，而译者不任受责也。夫著译之业，何一非以播文明思想于国民，第其为之也，功候有深浅，境地有等差，不可混而一之也。

平心而论，使严氏在当时而不以文见道，那么他的翻译也许被人置之高阁，而不能生出什么影响。我们苟能明白他的时代和环境，当然不会过于苛求严氏。关于第三点的指摘，严氏在所译耶芳斯的《名学浅说》的"译者序言"里说：

> 戊申孟秋，浪迹津沽，有女学生旌德吕氏请求授以此学（名学）；因取耶芳斯《名学浅说》，排日译示讲解，经两月成书。中间义旨承用原书，而所引喻设譬，则多用己意更易，盖我之为书，取足喻人而已，谨合原文与否，所不论也。

严氏在《天演论》的"译例言"里所说，"题曰达旨，不云笔译，取便发挥，实非正法"，就是这里所说"取足喻人而已，谨合原文与否，所不论也"。原来严氏之意，以为著译的目的，是在于传播文明和思想，他每译一书，都以这种目的为使命。使所译之书，而能于文明思想发生影响，就算做达了译者的目的。至于译者是否对于原著者负有完全雷同和准确的责任，那是不关重要的。比方严氏自己乃斯宾塞氏的忠实信徒，他对于赫胥黎氏的《天演论》里所说，非议之处甚多，然他不把斯宾塞的书翻译，而介绍赫胥黎的《天演论》的原因，固由于斯氏的著作太繁，不易翻译，然他的目的乃在乎介绍他所谓本五十年来西人新得之学的《天演论》的主要原理；这种主要原理，能够明白，就能达到翻译的目的。至于赫胥黎之和斯宾塞的不同之点，乃其余事。这种的为着大道而不拘小节的严复，凡是读他的译著的人，所不能不注意的。

其实严氏的翻译，是含了不少的著作的成分，我们读过他的译文，好像是读他自己所做的文章；至于他的案语，完全可以说是他个人的思想的结晶。总而言之，他自己有他自己的主张和见解，他的翻译不外是借西洋人的著作，来表示他自己的主张和见解，正像一般的中国人之托古以见志，没有什么分别。

因为他寄著作于翻译，所以他一生没有用过自己的名字来做过一本书。关于这一点，他说：

> 朋友或訾不佞不自为书，而独拾人牙后慧为译，非卓然能自树者所为，不佞笑领之而已。（耶芳斯《名学浅说》"译序"）

不自辩护朋友之訾其不自为书，而以笑领之，真是耐人寻味的呵。

严氏自己虽没有做过专书，然片断文章之发表者，多行于世。宣统元年，国学扶轮社所印行之《林琴南严几道合钞》，其中二卷为严氏论文，共二十余篇。然其中大半为严氏译书之序言，例言，及案语。此外胡君复所编《当代八家文钞》，也有严氏论文二卷，然大致和国学扶轮社所印行者，不大出入。（此外尚有蒋贞金等编之《严几道诗文钞》六册。）其重要之文章，如《原强》《救亡决论》《辟韩》，及《论世变之亟》诸篇（？），乃他译《天演论》后而发表于天津《直报》的。《有如三保》《保种余义》，及《保教余义》诸篇，乃他和朋友们创办《国闻报》于天津（一八九七）时所写的。此外《上皇帝万言书》，乃在一八九八年间写的。这数篇文章，共约四万余言，他如译书中之案语，序言等重要言论，也数万言。严氏平生于中国古书，最喜《老子》《庄子》；以为二者之言，合乎天演之说。他所评点之老子《道德经》于光绪三十一年由弟子朋友刊行，至于《庄子》却未刊布。

我们现在可以谈谈严氏的中西文化的意见。

中西文化的不同，严复见得很透澈。两种文化之差异，其原因有由于人事者，有由于地势者；严氏说：

> 欧洲国土，当我殷周之间，希腊最盛，文物政治，皆彬彬矣。希腊中衰，乃有罗马；罗马者，汉之所称大秦者也。庶几一统矣，继而政理放纷，民俗抵冒，上下征利，背公营私。当此之时，峨特、日耳曼诸种起而乘之，盖自是欧洲散为十余国焉。各立君长，种族相矜，互相砥砺，以胜为荣，以负为辱；盖其所争，不仅军旅疆场之间而止，自农工商贾至于文词学问，一名一艺之微，莫不如此。此所以始于相忌，终于相成，日就月将，至于近今百年，其富强之效遂有非余洲所可及者，虽曰人事，抑亦其地势之乖离破碎使之然也。至我中国则北起龙庭天山，西缘葱岭轮台之限，而东南界海，中间数万里之地，带山砺河，浑整绵亘，其地势利为合而不利为分，故当先秦魏晋六朝五代之秋，虽暂为据乱，而其治终归于一统。统既一矣，于此之时有王者起为之内修纲维，而齐以法制，外收藩属，而抚以羁縻，则所以御四夷而抚百姓，求所以长治久安者，事以具矣。夫圣人之治理不同，而求其措天下于至安，而不复危者，心一而已。圣人之意以谓天下已治已安矣，吾为之弥纶至纤悉焉，俾后世子孙谨守吾法，而有以相生养相保持，永永乐利，不可复乱，则治道至于如是，是亦足矣，吾安所用富强为哉。（《上皇帝万言书》）

因为地势和人事的差异，所以文化的各方面都有其差异之点，比方从财政方面来说中国人：

> 其言理财也，则崇本而抑末，务节流而不急开原，戒进取，敦止足，要在民无冻饿而有以剂丰歉，供租税而已。（仝上）

在武备方面，中国人之所讲者不外是：

> 取诘研究，备非常，示安不忘危之义。外之无以为絜长度大之勍敌，则无事于日讲攻守之方，使之益精益密也。内之与民休息，去养兵转饷之烦苛，则无由蓄大支之劲旅也。（仝上）

其实中国人除了以贡谄导谀的文辞，以博人主之欢外，所谓卫国护民的武备，像西洋各国者，是完全没有的。所以严氏很慨叹的说：

> 所谓文学侍从，所谓报国文章，极其所为，不外如孟德斯鸠所言，以文学贡谄导谀为人主弄臣而已；其犹非高尚之物，断断如也。然而世争贵之，父兄以此期其子弟，一若既跻其林，于人道即为造极者也，何其谬矣。若夫武人军官，能执干戈以卫社稷，同仇敌忾，视死如归，此非所谓杀身成仁，舍生取义，男子最贵之业也耶？然而举国耻之，以其耻之，故吾国惟无赖恶少而复当兵，而当兵之业，遂若真可耻者，犹向者以其尚之，若吾国俊秀，必期词林，而词林之曹，遂若真可尚者，是不谓之耻尚失所得乎。以耻尚之失所，其国乃沦于至弱。又况农工商贾，贤者不居，美术九流，才士所鄙，则其国不特不强也，且以不富，不特不强不富也，且百为简陋，野邑湫秽，其气象乃日趋于野蛮，其学术技能无足道者，噫！（《法意》"案语"十六）

中国的武备固是和西洋不同，治制也是这样：

> 夫西方之君民，真君民也，君与民皆有权者也。东方之君民，世隆则为父子，世污则为主奴，君有权而民无权者也。皆有权故其势相拟而可争，方为诏令，其君方自恤之不暇，何能为其抗己者计乎。至于东方则其君处至尊无对不诤之地，民之苦乐杀生由之，使之不恤，其势不能自恤也，故有蠲除之诏令焉，此东西治制之至异也。（《法意》"案语"第五）

从道德宗教方面看去，中西也有差异：

> 西之言伦理也，先义而后仁，各有其所应得也。东之言伦理也，先仁而后义，一于之而后一得也。（《法意》"案语"第五）

> 今微论西洋宗教如何，然而七日来复，必有人焉，聚其民而耳提面命之，而其所以为教之术，则临之以帝天之严，重之以永生之福；人无论王侯君公，降以至于穷民无告，自教而观之，则各天之赤子，而平等之义以明。平等义明，故其民知自重，而有所劝于为善。今夫上帝临汝，勿贰尔心，相在尔室，尚不愧于屋漏者，大人之事，而君子之所难也。而西洋小民，但使信教诚深，则夕惕朝乾，与吾之大人君子也无异。内省不疚，无恶于志，不为威惕，不为利疚，此诚教中常义，而非甚瑰琦绝特之行者也。民之心有所主，而其为教有常，故其效能如此。至于吾民，则姑亦无论学校之废久矣，即使尚存如初，亦不过择凡民之俊秀者而教之，至于穷檐之子，编户之民，则自襁褓以至成人，未尝闻有孰教之者也。孟子曰："饱食暖衣，逸居而无教，则近于禽兽。"夫饱食暖衣之民，无教尚如此，则彼饥寒逼躯，救死不赡者，当何如乎？后义先利，诈为奸欺，固其所耳。曩甲午之办海防也，水底碰雷与开花弹子，有以铁滓泥代火药者。洋报议论，谓吾民以数金锱铢之

利,虽使其国破军杀,将辱地伤师不顾,则中国今日之败衄,他日之危亡,不可谓为不幸矣。(《原强》)

宗教为物,其关于陶铸风俗者,常致深远。观东西二土之民,其于怨尤,可以见矣。西之宗教重改过宥罪,曰此教徒之天职也,虽有至深之衅,使犯者声言歉衷,以自谢于受者,则旧怨可以立捐;乃至张脉偾兴,往往拔刀相向,或有为之解纷,则杯酒片辞,化寇仇而为石交者,事恒有之。其受谢者,不为弱懦,而度量恢廓,为人所称。衅既解矣,而犹以旧怨相绳,则其人必为国人所不数,此西国之俗也。至于吾俗,乃大不然;衅之既生衔者,次于骨髓,迁怒及其亲戚,寻仇延乎子孙,即有居间排难之家,以势相临,若不得已,虽曰解仇,察其隐微,固未尝释也。其居心如是,其揣人亦如是,蕴火常伏其发也,特待时而已。故其民之相遇也,刻戾感愤之情多,而豁达岂〔恺〕弟之风少也。呜呼!此固宗教使之然耳。(《法意》"案语"二十一)

关于中西民族性格之不同,他又说:

彼其民好然诺,贵信果,重少轻老,喜壮健无所屈服之风,与震旦之民大有异。(《天演论》下论十四"案语")

若从学术方面来看,中西也有各异之点,且看他说:

夫西洋之于学,自明以前与中土亦相埒耳;至于晚近,言学则先物理而后文词,重达用而薄藻饰。且其教子弟也,尤必使自竭其耳目,自致其心思,贵自得而贱因,善喜疑而慎信。故其名数诸学,则藉以教致思穷理之术,其力质诸学,则皆以导观物察变之方,而其本事则筌蹄之于鱼兔而已矣。故赫胥黎曰:"读书得智,是第二手事,唯能以宇宙为我简编,名物为我文字者,斯真学耳。"此西洋教民要术也。而回观中国,则何如,夫朱子以"即物穷理"释"格物致知"是也;至以读书穷理言之,风斯在下矣。且中土之学,必求古训,古人之非,既不能明,即古人之是,亦不知其所以是。记诵词章既已误,训诂注疏又甚拘。江河日下,以至于今日之经义八股,则适足以破坏人才,复何民智之开之与有耶?(《原强》)

此外无论在物质生活,在教养方面以及文化的其他方面,西洋没有一件不和中国有了很大的差异。所以他说:

吾游欧美之间,无论一沟一塍,一廛一市,莫不极治缮葺完,一言蔽之,无往非精神之所贯注而已。反观吾国,虽通衢大邑,广殿高衙,莫不呈丛脞抛荒之实象,此真黄白二种优劣,显然可见者也。虽然,是二种者,非生而有此异也。(《法意》"案语"六)

把欧美的发祥地的文化,来和中国比较,固有此种显明的差别,就是把欧美人之殖民地租界来和中国人之旅居外方的社会来比较,也有很大的不同。

> 吾每于租界察外人之所制立者,而叹其种民之能为不可及也。即可以天津、上海间,其所租有之地,往往不敌一乡镇,而居留之众,至多亦不过数百千人;顾中制度厘然,自议制行政司法至于巡警之备,教育之资,纲纪目张,靡所不具,则隐然一敌国矣。且其形常有以坐大,多多益办,归斯受之,此其所为,可畏者也。回观吾国之众,其旅于南洋、美洲者,亦不少也;顾所立者,除一二庙宇,所以为祀神饮福之地,无可言者矣。是何二民之相异耶?盖彼国常有地方自治之规,故虽商贩小民,皆知所以合群而立治。而我国自三代至今,所以与其民者,不过乡射傩赛之事而已;至于政法非所得立者也。孔子谓:"观乡而知王道之易行",使此老而生于今,所言当稍异耳。(《法意》"案语"十五)

事实上上面所说的东西文化之差异,并非相等的差异,而乃优劣的差异。这种的差异,从文化的横的方面的分析来说,固有如上面所说的优劣之分,就是从文化的纵的方面的发展来说,西洋也是进步过中国。关于这一点,严氏在《社会通诠》的"译者序"里说得很明白:

> 异哉,吾中国之社会也。夫天下之群众矣,夷考进化之阶级莫不始于图腾,继以宗法,而成于国家。方其为图腾也,其民渔猎,至于宗法,其民耕稼,而二者之间,其相受而蜕化者,以封建。方其封建,民业大抵犹耕稼也,独至国家而后兵农工商四者之民备具,而其群相生相养之事乃极盛而大和强立蕃衍,而不可以克灭,此其为序之信,若天之四时,若人身之童少壮老,期有迟速,而不可或少紊者也。吾尝考欧洲之世变,希腊罗马之时尚矣,至其他民族所于今号极盛者,其趾封建略当中国唐宋间,及其去之也,若法若英皆仅仅前今一二百年而已,何进之锐耶。乃还观我中国之历史,本诸可信之载籍,由唐虞以讫于周中间二千余年,皆封建之时代,而所谓宗法,亦于此时最备。其圣人,宗法社会之圣人也,其制度典籍,宗法社会之制度典籍也。物穷则必变,商君、始皇帝、李斯起而郡县封域,阡陌土田,燔诗书,坑儒士,其为法欲国主而外,无咫尺之势,此虽霸朝之事,侵夺民权,而迹其所为,非将转宗法之故,以为军国社会者欤。乃由秦以至于今,又二千余岁矣,君此土者,不一家,其中之一治一乱常自若,独至于今籀其政法,审其风俗,与其秀桀之民,所言议思惟者,则犹然一宗法之民而已矣。然则此一期之天演其延缘不去存于此土者,盖四千数百载而有余也。嗟呼?欧亚之地虽异名,其实一洲而已,殊类异化,并生其中,苟溯之邈古之初,又同种也,乃世变之迁流,在彼则始迟而终骤,在此则始骤而终迟。固

知天演之事，以万期为须臾，然而二者相差之致，又不能为无因之果，而又不能不为吾群今日之利害，亦已明矣。

照严氏的意见，中国其实还是未开化的国家（看《保种余义》），所以无论从文化的各方面来看，都比不上西洋。西洋之强盛于中国不止一端，有鸷悍长大之强，有德慧术智之强，有以质胜者，有以文胜者。总而言之，中国没有一事及外洋者，这种优劣之分，乃由于中国人之好古而忽今，西人之力今以胜古。所以他说：

> 尝谓中西事理其最不同而断乎不可合者，莫大于中人之好古而忽今，西人之力今以胜古；中之人以一治一乱，一盛一衰为天行人事之自然，西之人以日进无疆，既成不可复衰，既治不可复乱为学术致化之极则。（《论世变之亟》）

中国既因好古而不能进化，则好古不能不反对。所谓闭关自守，所谓排斥西洋，所谓保存孔教，无一不是好古的表征。"呜呼！不自用其思想，而徒则古称先，而以同于古人者为是非，抑异于古人者为是非，则不幸往往而妄，即有时偶合而不妄亦不足贵也。"（《法意》"案语"第八）于是可知好古之没有益处，何况事实上好古不但不能进化，而且愈形退化。所以他说：

> 顾他国之变也，降而益通，而吾国之变也，进而愈锢。（《法意》"案语"第十）

他又说：

> 退之不已，可以自灭，况加以白人之逼迫哉。（《保种余义》）

总而言之，使中西文化尚未沟通，中国而长此以往，尚恐自灭，何况今日之世变，盖自秦以来，未有若此之亟也。所谓世变之亟，就是西洋文化之东渐，这种东渐的西洋文化，比之中国文化既像上面所说，没有一件不优胜，那么中国唯一的出路，不外是要诚心静气的研究西洋。所以他说："欲救中国之亡，则虽尧、舜、周、孔生今，舍班孟坚所谓通知外国事者，其道莫由。"（《救亡决论》）所谓明白西洋，乃是效法西洋的基础，但是要想效法西洋，则不能不先变革中国固有之文化，而所谓变革又要澈底。所以他说：

> 故今日审势相时，而思有所变革，则一行变甲，当先变乙，及变乙，又宜变丙。由是以往，胶葛纷纶；设但支节为之，则不但特徒劳无功，且所变不能久立。（《上皇帝万言书》）

严氏主张澈底的变革，随处可指，其原因不外是因为他感觉到中国事事都不如人；所以反过来说，他是一位主张澈底的西化的人。他讥笑当时一般之徒然主张拾西洋文化的皮毛的人，他谩骂当时一般之不懂西洋文化而高谈效法西化的人，这种的见地，不但是百倍超越过以中学为体西学为用的张之洞们（关于严氏反对中学为体西学为用之说，参看《严几道诗文钞》卷四一九页），就是到了现在还不容易找出这种的见解。

他既主张澈底变革，澈底西化，他最痛恨的是一般主张复返中国固有的文化，而排斥西洋化的人们。排斥西洋文化，不但没有得益，还且受害，其原因是：

> 惟其遏之愈深，故其祸之发也愈烈。……三十年来，祸患频仍，何莫非欲遏其机者，阶之厉也。且其祸不止此，究吾党之所为，盖不致于灭四千年之文物，而驯致于瓦解土崩，一涣而不可复收不止也。（《论世变之亟》）

中西沟通之机既发而不可遏，则不能不随机之所变而变之，何况变化乃天演的公例。严氏之所以介绍《天演论》的目的，就是要打破中国人的固守不变的观念，同时使中国人明白天地万物，以至社会文化，无一而且无时不在变化之中。《天演论》"导言一·察变"篇，对于这个道理说得很明白：

> 故事有决无可疑者，则天道变化，不主故常是已。特自皇古迄今，为变盖渐，浅人不察，遂有天地不变之言。实则今兹所见，乃自不可穷诘之变动而来，京垓年岁之中，每每员舆正不知几换，而成此最后之奇，且继今以往，陵谷变迁，又属可知之事，此地学不刊之说也。

天地固无时不变，生物也无时不在变化之中，天地生物固是变，人类社会文化也无时不在变化之中。严氏所介绍赫胥黎的《天演论》主要是从生物学的立场而言，他所介绍斯宾塞的《群学肄言》和甄克斯的《社会通诠》主要是说明社会文化的变化的原理。总而言之，变化之种类固多，变化之原理则一。

> 虽然，天运变矣，而有不变者行乎其中，不变惟何？是名天演，以天演为体，而其用有二：曰物竞，曰天择。此万物莫不然，而于有生之类，为尤著。物竞者，物争自存也，以一物以与物物争，或存或亡，而其效则归于天择。天择者，物争焉而独存，则其存也，必有其所以存，必其所得于天之分，自致一己之能，与其遭值之时与地，及凡周身以外之物力，有其相谋相剂者焉，夫而后独免于亡，而足以自立也。而自其效观之，若是物特为天之所厚而择焉以存也者，夫是之谓天择。天择者，择于自然，虽择而莫之择，犹物竞之无所争，而实天下之至争也。斯宾塞尔曰："天择者存其最宜者也。"夫物既争存矣，而天又从其争之后而择之，一争一择，而变化之事出矣。（《天演论》）

从这一段和上面那段话来看，严氏虽说是从赫胥黎的《天演论》翻译而来，然把原文和译文相对照过的人,总能感觉这好像是严氏自己的《天演论》。天演是由于变化,而变化又出于物竞与天择,这种议论,不但打破中国人的好古忽今,闭关排外,为我独尊的观念,而且打破了他们为而不争、知足知止的信条。怪不得他的翻译出版以后,能使中国的思想界,开了一个新纪元。

消极方面,严氏既用《天演论》来打破所谓中国固有的不变的文化,积极方面,他又用《自由论》以为建设中国新文化而达到澈底西化的张本。他对我们说:

> 士生今日,不睹西洋富强之效者,无目者也;谓不讲富强中国自可以安,不用西洋之术,而富强自可致,……皆非狂易失心之人不为此。(《论世变之亟》)

但是效法西洋,讲求富强,怎样始能达得到呢?且看他说:

> 夫所谓富强者,质而言之,不外利民云尔。然政欲利民,必自民各能自利始,民各能自利,又必皆得自由始。(《原强》)

原来一个人若不能自由,则个性不能发展,个性不能发展,则没有自由竞争,没有自由竞争,则对于文化上的换故创新,必无从以生。旧的文化既不能改换,新的文化既无从发生,则结果是沿旧蹈常。这种文化不但不能进步,抑且背乎天演的原理。这样看起来,天演与自由乃二件关系最密切而不可分离的东西。严氏说:

> 以自由为体,以民主为用,一洲之中,散为七八,争驰并进,以相磨礲,始于相忌,终于相成,各殚知虑,此既日异,彼亦日新。(《原强》)

自由和天演其实是一件东西的两方面观了。自由是空间的观念,天演是时间的观念。上面已经说过,天演由于变化,而变化出自一争一择;然而一争一择,又必基于自由。严氏之译穆勒·约翰的《自由论》,斯宾塞尔的《群学肄言》,亚当·斯密的《原富》,以及孟德司鸠的《法意》,就是想介绍自由的真谛于中国人。

自由和天演的关系既到这么密切,那么能够自由者不但足以自存,而且足以胜人。反之没有自由的,不但无以胜人,而且恐将无以自存。所以他说:

> 且我所谓无以自存,无以遗种者,岂必死者国量,平泽若蕉,而后为尔耶?第使彼常为君,而我常为臣,彼常为雄,而我常为雌,我耕而彼食其实,我劳而彼享其休,以战则我常居先,出令则我常居后,彼且以我谓天之僇民,谓是种也固不足以自由而自治也。于是加束缚驰骤,奴使而虏用之,俾吾之民智无由以增,吾力无由以奋,是蠢蠢者长此困苦,无聊之众而已矣。夫如是则去不自存而无遗种也,其间几何?不然,夫岂不知其无噍类

也，彼黑与赭且常存于两间矣，矧兹四百兆之黄种也哉？民固有其生也不如死，其存也不如亡，亦荣辱贵贱，自由不自由之间异耳。(《原强》)

东西文化所以差异，是由于自由与不自由的差异。中国过去的文化之所以固滞而没有变化，是由于不自由，中国将来的文化之能否发展进步，是要看看将来中国的人民有没有自由。

第六章　严几道的中国西化观（二）[①]

上面是解释严复的西化的主张。在这一章里，我们要略将他对于西洋学说的介绍，以及他后来对于西洋文化的怀疑，加以说明。

我们上面已经指出，他是中国近代直接翻译西洋名著的先锋。他所翻译的书籍，上面也已提及。他所介绍的西洋名著的范围，是包括了论理、生物、社会、经济、政治等学问，然而严复自己对于达尔文、斯宾塞尔，以至赫胥黎等所提倡的进化学说尤为服膺，因此之故，他对于这个学说的介绍，也特别的努力。赫胥黎（Huxley）的《天演论》（*Evolution and Ethics*）是他翻译西籍的最先的，继了这本之后，他又翻译斯宾塞的《群学肄言》（*The Study of Sociology*），就是这个原故。

进化学说在西洋的来源虽是很久，然而这个学说的理论确定而影响广大，是由于达尔文的《物种由来》（*Origin of Species*）。这本书是刊行于一八五九年，严复在英国留学时，不只是这种学说正在流行，就是这一些主张进化学说的领袖，像达尔文、斯宾塞与赫胥黎还正存在。严复留英时，虽是学习海军，然对于这些人的著作却很注意。《天演论》的原本虽是赫胥黎所著，但是严复在译本的译语中，对于达尔文与斯宾塞尔以至其他的有关于这种学说的先驱，也加以介绍，在《天演论》"察变"篇里，严复说：

"物竞"（Struggle for Existence）、"天择"（National Selection）二义，发于英人达尔文。达著《物种由来》一书，以考论世间动植物类所以繁殖之故。先是言生理者，皆主异物分造之说。近今百年格物诸家，稍疑古说之不可通。如法人兰麻克（De Lamarck）、爵弗来（Geoffroy），德人方拨（Von Buck）、万俾尔（Karl Ernst Von Beer），英人威理士（Wallace）、格兰特（Grand）、斯宾塞尔（Spencer）、倭恩（Sir Richard）、赫胥黎（Huxley），皆生学名家，先后间出，目治手营，穷探审论，知有生之物，始于同，终于异。造物立其一本，以大力运之，而万类之所以底于如是者，咸其自己而已，无所谓创造者也。然其说未大行也。至咸丰九年（一八五九年），达氏书出，众论翕然。自兹厥后，欧、美二洲治生学者，大抵崇达氏。而矿事日辟，掘地开山，多得古禽兽遗蜕，其种已灭，为今所无。于虫鱼禽兽人之间，衔接迤演之物，日以渐密，而达氏之言乃愈有征。故赫胥黎谓古者以大

[①] 校按：依陈序经自抄稿，原稿无标点。

地为静居天中,而日月星辰,拱绕周流,以地为主。自歌白尼(Nikolans Copernicus)出,乃知地本行星,系日而运。古者以人类为首出庶物,肖天而生,与万物绝异。自达尔文出,乃知人为天演中一境,且演且进,来者方将,而教宗抟土之说,必不可信。盖自有歌白尼而后天学明,亦自有达尔文而后生理确也。

在这一段话里,严复已把所谓"天演论"的先驱介绍我们知道。达尔文除了受了生物学者像兰麻克(Lamarck)的影响之外,他也深受了其他的学者的影响,而经济学者马尔萨斯(Thomas Robert Malthus)的《人口论》对他也有很大的影响。严复在《天演论》的"趋异"篇里也介绍了马尔萨斯,他说:

英国计学家马尔达(即马尔萨斯)有言:万类生生,各用几何级数(原注:几何级数者,级级皆用定数相乘是也。谓设父生五子,则每子亦生五孙)。使灭亡之数,不远过于所存,则瞬息之间,地球乃无隙地。人类孳乳较迟,然使衣食裁足,则二十五年其数自倍,不及千年,一男女所生,当遍大陆也。

达尔文的竞争生存的理论,乃根据于马尔萨斯的人口增加的理论。因为人口的增加既很速,那么竞争以求生存乃势所不能免之事。严复在《天演论》的"趋异"篇里对于这一点也有一段解释:

生子最稀,莫逾于象。往者达尔文尝计其数矣,法以牝牡一双,三十岁而生子,至九十而止,中间经数(即平均数),各生六子,寿各百年,如是以往,至七百四十年许,当得见一千九百万也。又赫胥黎云:大地出水之陆,约为方迷卢(即英里)者五十一兆。今设其寒温相若,肥硗又相若,而草木所资之地浆、日热、炭养、亚摩尼亚莫不相同。如是而设有一树,及年长成,年出五十子,此为植物出子甚少之数,但群子随风而飚,枚枚得活,各占地皮一方英尺,亦为不疏,如是计之,得九年之后,遍地皆此种树,而尚不足五百三十一万三千二百六十六垓英尺。此非臆造之言,有名数可稽,综如下式者也①(按:表列第一年为五〇,第二年为五〇的自乘而得二五〇〇,第三年为二五〇〇自乘而得六二五〇〇〇〇,如此类推)。夫草木之蕃滋,以数计之则如此,而地上各种植物,以实事考之又如彼。则此所谓五十子者,至多不过百一二存而已。且其独存众亡之故,虽有圣者莫能知也。然必有其所以然之理,此达氏所谓物竞者也。竞而独存,其故虽不可知,然可微拟而论之也。设当数子同入一区之时,其中有一焉,其抽乙独早,虽半日数时之顷,已足尽收膏液,令余子不复长成,而此抽乙独早之

---

① 校按:这里陈序经将列表省略。

故，或辞枝较先，或苞膜较薄，皆足致然。设以膜薄而早抽，则他日其子，又有膜薄者，因以竞胜，如此则历久之余，此膜薄者传为种矣，此达氏所谓天择者也。

在他所翻译的《天演论》里，他除了介绍达尔文的物竞天择的理论之外，他又介绍斯宾塞尔的学说。其实严复所受斯宾塞尔的影响最大，在《天演论》的"察变"篇里，他说：

> 斯宾塞尔者，与达尔文同时，亦本天演论著《天人会通论》（Synthetic Philosophy），举天、地、人、形气、心性、动植之事而一贯之，其说尤为精辟宏富。其第一书 First Principles 开宗明义，集格致之大成，以发明天演之旨。第二书以天演言生学（The Principles of Biology）。第三书以天演言性灵（The Principles of Psychology）。第四书以天演言群学（The Principles of Sociology）。最后第五书 The Principles of Ethics 乃考道德之本源，明政教之条贯，而以保种进化之公例要术终焉。呜呼！欧洲自有生民以来，无此作也。

这可见得严复对于斯宾塞尔的尊崇，而他之所以深受后者的影响，从此也可以看出来了。

严复又因之而解释斯宾塞尔的进化学说：

> 斯宾塞尔之天演界说曰："天演者，翕以聚质，辟以散力。方其用事也，物由纯而之杂，由流而之凝，由浑而之划，质力杂糅，相剂为变者也。"又为论数十万言，以释此界之例。其文繁衍奥博，不可猝译，今就所忆者杂取而粗明之，不能细也。

因而又说：

> 其所谓翕以聚质者，即如日局太始，乃为星气，名涅菩剌斯（Nebulas），布濩六合，其质点本热至大，其抵力亦多，过于吸力。继乃由通吸力收摄成珠，太阳居中，八纬外绕，各各聚质，如今是也。所谓辟以散力者，质聚而为热、为光、为声、为动，未有不耗本力者，此所以今日不如古日之热。地球则日缩，彗星则渐迟，八纬之周天皆日缓，久将进入而与太阳合体。又地入流星轨中，则见陨石。然则居今之时，日局不徒散力，即合质之事，亦方未艾也。余如动植之长，国种之成，虽为悬殊，皆循此例也。

又说：

> 由纯之杂者，万化皆始于简易，终于错综。日局始乃一气，地球本为流质，动植类胚胎萌芽，分官最简；国种之始，无尊卑上下君子小人之分，亦无通力合作之事。其演弥浅，其质点弥纯。至于深演之秋，官物大备，则事

莫有同，而互相为用焉。所谓由流之凝者，盖流者非他（原注：此流字兼飞质而言），由质点内力甚多，未散故耳。动植始皆柔滑，终乃坚强。草昧之民，类多游牧；城邑土著，文治乃兴，胥此理也。所谓由浑之划者，浑者芜而不精之谓，划则有定体而界域分明。盖纯而流者未尝不浑，而杂而凝者，又未必皆划者也。且专言由纯之杂，由流之凝，而不言由浑之划，则凡物之病且乱者，如刘、柳元气败为痈痔之说，将亦可名天演。此所以二者之外，必益以由浑之划而后义完也。物至于划，则由壮入老，进极而将退矣。人老则难以学新，治老则笃于守旧，皆此理也。

又说：

所谓质力杂糅，相剂为变者，亦天演最要之义，不可忽而漏之也。前言辟以散力矣。虽然，力不可以尽散，散尽则物死，而天演不可见矣。是故方其演也，必有内涵之力，以与其质相剂。力既定质，而质亦范力，质日异而力亦从而不同焉。故物之少也，多质点之力。何谓质点之力？如化学所谓爱力是已。及其壮也，则多物体之力。凡可见之动，皆此力为之也。更取日局为喻，方为涅菩星气之时，全局所有，几皆点力。至于今则诸体之周天四游，绕轴自转，皆所谓体力之著者矣。人身之血，经肺而合养气；食物入胃成浆，经肺成血，皆点力之事也。官与物尘相接，由涅伏（Nerve）以达脑成觉，即觉成思，因思起欲，由欲命动，自欲以前，亦皆点力之事。独至肺张心激，胃回胞转，以及拜舞歌呼手足之事，则体力焉。点体二力，互为其根，而有隐见之异，此所谓相剂为变也。

又说：

天演之义，所苞如此，斯宾塞尔氏至推之农商工兵、语言文学之间，皆可以天演明其消息所以然之故。苟善悟者深思而自得之，亦一乐也。

这是斯宾塞尔的天演或进化的定义的注解，从此也可以见得斯宾塞尔的天演论，不只像达尔文之应用于生物界，而且可以应用于天体、物理、心理、社会，换句话来说，就是应用于一切事物。

这种理论，比之中国的传统思想，以为天道不变，事物沿旧，本不相容。严氏介绍这种学说，也无非想打破国人的这种传统观点。然而事实上，他的这种言论在当时并不发生很大的影响，一则由于国人的思想的固塞，二则由于严氏所用的文字过于古奥，其结果反不若梁启超之用浅白的笔调，去间接的从日本翻译过来的西洋思想影响于国人之大。

然而我们也得指出，国人用了好多新名词是来自严复。一些流行语句，如："物竞""天择"，在三四十年前几成为一般作时论的人们所常用的成语，虽则应用这些名词，对其意义，固未必尽皆明了。

严复不只介绍斯宾塞尔的进化论，而且介绍后者的社会学。我们知道，社会学虽创始于孔德，但是在十九世纪的下半叶才逐渐发展起来。斯宾塞尔的《社会学原理》可以说是奠定了社会学的基础的著作，然而要使一般人对于社会学有了初步的认识，斯宾塞尔在一八七二年曾发行了一本《社会学的研究》（*The Study of Sociology*）以为引论。这本书对于社会学的宣传上有了很大的作用，然而我们也得指出，直到十九世纪的末年，社会学还不能算得十分流行。然而在这个时候，严复已把这书译为中文，叫做《群学肄言》，这是中文的社会学的最早的书籍。所可惜的是，这本书出版之后，国人并不大注意，直到三十年后，国人之从欧美学社会学而回国教授这门科目日趋日多，于是，不只社会学因之而逐渐发达，就是严复的《群学肄言》也逐渐的为人注意起来。

至于他所翻译亚当·斯密（Adam Smith）的《原富》（*The Wealth of Nations*），在当〈时〉注意的人很多。梁启超对于这本书尤极力宣传，其实也是因为梁氏的介绍，而愈得国人的注意罢。

在政治学方面，严复曾翻译了甄克思（E. Jenks）的《政治历史》（*History of Politics*），严复叫做《社会通诠》。甄克思之所以写这本书的一个原因，是见得波罗克（F. Pollock）所著的《政治科学的历史》（*History of the Science of Politics*）是偏重于理论的叙述，因而遂写一本关于政治事实或制度的历史，他采用了当时的人类学者与社会学者所发见关于所谓原始社会的很多材料，严复之所以用"社会通诠"这个名词而不用政治历史，就是这个原因。

此外，他又翻译约翰·穆勒（John S. Mill）的《自由论》（*On Liberty*），严复不用"自由"两个字，而用"群己权界"。

他又翻译孟德司鸠的《法意》。这是一本政法的书，这里有了影响很大的三权鼎立的学说；然而同时也是一本主义〔张〕自由主义的著作，与穆勒的《自由论》是可以互相为用的。

至于他所翻译的耶芳斯的《名学浅说》以及穆勒的《名学》，乃是西洋各种科学的一种基本学问。穆勒的《名学》，严复始终没有译完。在《名学浅说》"序"里，他曾说：

> 不佞于辛丑、壬寅（一九〇一——一九〇二年）间，曾译穆勒《名学》半部，〈经金粟斋刻于金陵〉。思欲赓续其后半，乃人事卒卒，又老来精神荼短，〈惮用脑力〉，而穆勒书精深博大，非澄心渺虑，无以将事。所以尚未逮也。

上面不过只是举出严复所翻译的主要的西籍。我们知道，这些西籍是西洋十八世纪到二十世纪中的重要的著作，而特别是社会学科方面的重要的著作，也可以代表近代西洋的思想的要点。严复是直接去从西文介绍于国人，而在其译本里又往往加了很多的按语，或叙其思想的来源，或发表自己的意见，所以他的翻译是兼了著作的意义,这是国人译述西洋学术的先锋。然而我们也已指出,严复这些工作,其影响于国人的,在当时远不若梁启超的间接从日文而介绍于国人的西洋的思想的力量之大。一方面固是由于国人的思想的固塞,一方面又未尝不是由于严复所用的文字过于深奥,所以直到现在,愿意去读严复的译本的人,可以说没有几个。

在上面一章里,我们已经指出,严复是主张西化的,而且是极力主张西化的。同时,他所翻译的西籍是代表了近代西洋的主要思想,而与我国的传统思想有了根本不同之处,如进化论,如自由论,如三权鼎立的学说,如自由贸易的政策,就是一些例子。以常理来说,严复应该是一位始终主张西化的人物,然而事实上却不是这样。因为严复的极力主张西化,主要的可以说是在维新运动以前的事情;自维新运动失败以后,他的思想已逐渐的趋于复古的途径;到了民国以后,他几乎变成一位极端的主张复古的人物;而其最奇怪的是,他往往借了翻译西洋的著作,以发挥其保守主义以及复古的观念。

我们知道,严复的《天演论》是译于一八九六年,这是维新运动以前的事情。严复在维新运动中也是一个中坚人物,而在维新派在上海所设立的强学会,他还当过副会长。自维新运动失败以后,他特别用力于翻译西书,然而在翻译西书最多的时期,也就是他的思想逐渐趋于复古的时期,这是一件很值得我们注意的事情。

在翻译《群学肄言》这本书的"序"里,严复对于主张急进与竞言维新已有了不满意的表示。在这里,严复说:

> 二十年以往,不佞尝得其书而读之,见其中所以饬戒学者以正心诚意之不易,既已深切著明矣。而于操枋者一建白措注之间,辄为之穷事变,极末流,使功名之徒,失步变色,俯焉知格物致知之不容已。乃窃念近者吾国,以世变之殷,凡吾民前者所造因,皆将于此食其报。而浅谫剽疾之士,不悟其所从来如是之大且久也,辄攘臂疾走,谓以旦暮之更张,将可以起衰,而以与胜我抗也。不能得,又搪撞号呼,欲率一世之人,与盲进以为破坏之事。顾破坏宜矣,而所建设者,又未必其果有合也。则何如稍审重,而先咨于学之为愈乎!

这当然是指着当时的维新运动,到了后来,严复对于维新运动的领袖人物,而尤其是康有为与梁启超,极力攻击。比方后来在《学衡》杂志上所发表他给熊纯如的书札中,最能代表他的复古的主张,在《学衡》八期第十八里,严复说:

> 嗟嗟!我国自甲午、戊戌以来,变故为不少矣。而海内所奉为导师,以为趋向标准者,首屈康、梁师弟。顾众人视之以为福首,而自仆视之则以为

祸魁。何则？政治变革之事，蓄变至多，往往见其是，而其效或非；群谓善矣，而收果转恶，是故深识远览之士，愀然恒以为难，不敢轻心掉之，而无予智之习。而彼康、梁则何如？……于道徒见其一偏，而出言甚易。南海年高，已成固性。至于任公，妙才下笔不能自休。自《时务报》发生以来，前后所主任杂志，几十余种，而所持宗旨，则前后所易观者甚众，然此犹有良知进行之说，为之护符。顾而至于主暗杀、主破坏，其笔端又有魔力，足以动人。主暗杀，则人因之而侗然暗杀；主破坏，则人又群然争为破坏矣。敢为非常可喜之论，而不知其种祸无穷，往者唐伯虎诗云："闲来写得青山卖，不使人间造孽钱。"以仆观之，梁任公所得于杂志者，大抵皆造孽钱耳。

又说：

今夫亡有清二百六十年社稷者，非他，康、梁也。何以言之？德宗固有意向之人君，向使无康、梁，其母子固未必生衅，西太后天年易尽，俟其百年，政权独揽，徐起更张，此不独其祖宗之所式凭，而亦四百兆人民之洪福。而康乃踵商君之故智，辛然得君，不察其所处之地位为何如，所当之阻力为何等，卤莽灭裂，轻易猖狂，驯至于幽其君而杀其友，己则逍遥海外，立名目以敛人财，恬然不以为耻。夫曰"保皇"，试问其所保者今安在耶？欲谓其有意误君，固为太过，而狂谬妄发，自许太过，祸人家国而不自知非，则虽百仪、秦不能为南海作辩护也。

至于任公，则自窜海外以来，常以摧剥征伐政府为唯一之能事。《清议》《新民》《国风》，进而弥厉，至于其极，诋之为穷凶极恶，意若不共戴天。以一己之新学，略有所知，遂若旧制，一无可恕，其辞具在，我岂诳哉！一夫作难，九庙遂堕，而天下汹汹，莫谁适主。盖至辛亥、壬子之交，天良未昧，任公悔心稍萌见矣。由是薰穴求君，恩及朱明之恪孙，及曲阜之圣裔，乃语人曰："吾往日议论，只攻政府，不诋皇室。"夫任公不识中国之制与西洋殊，皇室政府，必不可分而二者，亦可谓枉读一世之中西书矣。其友徐佛苏曰："革命则必共和，共和则必亡国。"此其妖言，殆不可忏。而追原祸始，谁实为之。今夫中国立基四千余年，含育四五百兆，是故天下重器，不可妄动，动则积尸成山，流血为渠。古圣贤所以严分义而威乱贼者以此，伊尹之三就桀者以此，周发之初会孟津，而复散归者以此，操、懿之久而后篡者亦以此。英人摩理有言："政治为物，尝择于两过之间。"（原注：文集第五卷）法哲韦陀虎哥有言："革命时代最险恶物，莫如直线。"任公理想中人，欲以无过律一切之政治，而一往不回，常行于最险直线者也。故其立言多可悔，迨悔而天下之灾已不可救矣。今夫投鼠忌器，常智犹能与之，彼有清多罪，至于末造之亲贵用事，其用人行政，尤背法理，谁不知之？然使任公为文痛詈之时，稍存忠厚，少敛笔锋，不至天下偾兴，流氓

> 童骏,尽可与之为难,则留一姓之传,以内阁责任汉人,为立宪君主之政府,何尝不可做到。然则统其全而观之,吾国所全,顾不大耶,而无如其一毁而无余何也。
>
> 至于今日,事已往矣,师弟翩然返国,复睹乡枌,强健长存,仍享大名,〈而为海内之巨子〉,一辞一令,依然左右群伦,而有清之社,则已屋矣,中国已革命而共和矣。徐佛苏之妖言,大虑终无可忏。黄台瓜辞曰:"种瓜黄台下,瓜熟子离离,一摘使瓜好,再摘使瓜稀,三摘犹自可,四摘抱蔓归。"康、梁之于中国,已再摘而三摘矣。耿耿隐忧,窃愿其慎勿四摘耳。

这不只是不满意于维新运动,而且不满意于共和,而有了复辟的趋向。其实,他就有了不赞成汉人排满的举动。蔡元培先生在《五十年来之中国哲学》一文里说,严复又为表示他不赞成汉人排满的主张,译了一部《社会通诠》。这又可见得他是借翻译西书而发表其趋于复古的主张了。

他在《学衡》十二期二十六里,又说:

> 康、梁生长粤东,为中国沾染欧风最早之地,粤人赴美者多,赴欧者少,其所捆载而归者,大抵皆十七八世纪革命独立之旧义,其中如洛克、米勒登、卢梭诸公学说,骤焉观之,而不细勘以东西历史、人群结合开化之事实,则未有不薰醉颠冥,以其说为人道惟一共遵之途径,仿而行之,有百利而无一害者也。而孰意大谬不然乎!

康、梁是否全受了十七八世纪的革命独立之旧义,以至康、梁是否始终主张极端的维新,这都可以说是疑问。其实,我们已经说过,不只是后来的梁启超也有趋于复古的主张,就是主办《新民丛报》的时代的梁启超,也非极端的主张西化。至于康有为,在维新运动的时候,虽是主张西化的先锋,然而后来之趋于守旧以至复古,不只比之梁启超为甚,就是比之严复也不相上下。严复以后来的严复而批评过去的康、梁,事实上也等于严复以后来的自己去批评过去的自己罢!

然而,严复与其说是批评康、梁,不如说是反对维新,反对西化,他不过只藉康、梁以表白其守旧与复古的主张。而在这里所觉得洛克、米勒登与卢梭的学说是西洋的旧义,一方面固是站在十九世纪的斯宾塞尔的社会有机体的学说,与梅恩(Henry Maine)的历史学派,去批评民约论,主要的却是利用这些学说去说明其守旧与复古的主张。他在民国三年在《庸言报》第二十五、六两期所发表的《〈民约〉平议》一文,除了《民约论》中所主张的国家的来源的理论之外,又怀疑了他从前所提倡的自由主义。

在《〈民约〉平议》一文里,他说:

> 自由平等者，法律之所据以为施，而非云民质之本如此也。……夫言自由而日趋于放恣，言平等而在在反于事实之发生，此真无益，而智者之所不事也。……卢梭之《民约论》出，以自由平等为天下号，适会时世，民乐畔古，而卢梭文辞，又偏悍发扬，语辨而意泽，能使听者入其玄而不自知。……顾所谓民居之而常自由平等者，卢梭亦自言其为历史之所无矣。夫指一社会，考诸前而无有，求诸后而不能，则安用此华胥、乌托邦之政论，而毒天下乎！……况今吾国人之所急者，非自由也，而在人人减损自由，而以利国善群为职志。至于平等，本法律而言之，诚为平国要素，而见于出占投票之时。然须知国有疑问，以多数定其从违，要亦出于法之不得已。福利与否，必视公民之程度为何如。往往一众之专横，其危险压制，更甚于独夫，而亦未必为专者之利。……是以其书名为救世，于穷詹编户，姁煦燠咻，而其实则惨刻少恩，恣睢暴戾。①

因为他后来趋于反对自由，他所译穆勒的《自由论》不叫做《自由论》，而叫做《群己权界》，他在这本书的"译者序"里说：

> 十稔之间，吾国考西政者日益众，于是自由之说，常闻于士大夫。顾竺旧者既惊怖其言，目为洪水猛兽之邪说；喜新者又恣肆泛滥，荡然不得其义之所归。以二者之皆讹，则取旧译英人穆勒氏书，颜曰《群己权界》，畀手民印版以行于世。……学者必明乎己与群之权界，而后自由之说乃可用耳。

这种言论应用起来，不只反对政治上的自由，就是像在婚姻上的自由，也在反对之列。在《学衡》十六期第五十里，他说：

> 今日一知半解之年少，莫不以迟婚为主义，看似于旧法有所改良，顾细察情形，乃不尽尔。盖少年得此，可以抵抗父母，夺其旧有之权，一也；心醉欧风，于配偶求先接洽，既察姿容之美恶，复测性情之浅深，以为自由结婚之地，二也；……不知中国数千年，敬重女贞，男子娶妻，于旧法有至重之名义，乃所以承祭祀、事二亲，而延嗣续。而用今人之义，则舍爱情肉欲而外，羌无目的之存，今试问二者之中，何法为近于禽兽，则将悚然而知古礼之不可轻议矣。

其实不只古礼不可废，就是古经也不可不提倡。他赞成在小学、中学里读经，在《学衡》六期第四里，他答熊纯如道：

> 吾弟在赣支持教育，所论以师范为重，诚为知本之谈。读经自应别立一科，而所占之时间，不宜过多，宁可少读，不宜删节，亦不必悉求领悟。

---

① 校按：与严复原文对照，陈序经将引文先后顺序打乱，并添加了个别字词。

在二十期"补录二"里,他又说:

> 比者欲将经、文两科合并为一,以为完全讲治旧学之区,用以保持吾国四五千载圣圣相传之纲纪彝伦、道德文章于不坠。

同时,他又尊崇孔孟,在《学衡》十八期第五十九里,他说:

> 不佞垂老,亲见支那七年之民国与欧罗巴四年贯古未有之血战,觉彼族三百年之进化,只做到"利己杀人,寡廉鲜耻"八个字。回观孔孟之道,真是量同天地,泽被寰区。此不独吾言为然,即泰西有思想人亦渐觉其为如此矣。

不但这样,他又反对五四运动时所提倡白话文,在《学衡》二十期第六十四里,他说:

> 北京大学陈、胡诸教授,主张言文合一,在京久已闻之。彼之为此,意谓西国然也,不知西国为此,乃以语言合之文字,而彼则反是,以文字合之语言。今夫文字、语言之所以为优美者,以其名辞富有,著之手口,有以导达奥妙精深之理想,状写奇异美丽之物态耳。如刘勰云:"情在词外曰隐,状溢目前曰秀。"梅圣俞曰:"含不尽之意,见于言外;状难写之景,如在目前。"又沈隐侯云:"相如工为形似之言,二班长于情理之说。"今试问欲为此者,将于文言求之乎?抑于白话求之乎?诗之善述情者,无若杜子美之《北征》;能状物者,无若韩吏部之《南山》;用白话则高者不过《水浒》《红楼》,下者将同戏曲中簧皮之脚本,就令以此教育易于普及,而遗弃周鼎,宝此康瓠,正无如退化何耳!须知此事全属天演,革命时代,学说万千,然而施之人间,优者自存,劣者自败,虽千陈独秀,万胡适、钱玄同,岂能劫持其柄?则亦如春鸟秋虫,听其自鸣自止可耳。林琴南辈与之较论,亦可笑也。

总而言,严复的年岁愈晚,守旧愈甚,复古愈显。然而我们也得指,严复之在中国近代的地位的重要,并非他主张守旧复古,并非他趋于尊孔读经,而乃他主张积极西化,而乃他直接翻译西书呵!

第七章　孙中山的中国西化观（一）[①]

大约是三十年前，章士钊先生因为了邹容的鼓励，写了一本小册，名曰《孙逸仙》，在其"自序"里说：

> 孙逸仙近今谈革命之初祖，实行革命者之北辰，此有耳目者之所同认。吾今录此书，标之曰《孙逸仙》，岂不尚哉。孙逸仙者，非一氏之新私号，乃新中国新发露之名词也。有孙逸仙而中国始可为，则孙逸仙者，实中国过渡虚悬无薄之隐针。天将相中国，则孙逸仙之一怪物不可以不出世，即无今之孙逸仙，吾知今之孙逸仙之景与罔两，亦必照此幽幽之鬼域也。

这本小册出版时，孙先生的名字，还未大著，有人说有不少的人们，是从读这本书然后认识孙先生的。到了民国十四年，孙先生在北京逝世后，林语堂先生曾在《猛进》第五期，有孙中山非中国人论。据林先生在《语丝》第二十三期给钱玄同的信里说：

> 弟近有孙中山非中国人之论，其见地主张完全与先生所持一致。弟本来以为民国有一个伟人，近日细思此一伟人，乃三分中国人，七分洋鬼子。然则欲再造将来的伟人，亦惟在再造七成或十成的洋鬼子而已，此理之最明者也。

林先生这封信里所说，其见地和玄同先生相同，是指着后者所著的《中山先生是国民之敌》一文（《语丝》二十二期）而言。钱先生之所说中山先生是国民之敌的原因，是这样的：

> 国民要大清皇帝或真命天子坐在金銮殿上，孙先生偏要排满而且还要废除皇帝；国民要爬在青天大老爷底公案下面，退下裤子等着打屁股，孙先生要叫人民去管理政事；国民以富人享福而穷人受罪为天经地义，孙先生偏要来主张平均地权，节制资本；国民安于晴天踏香炉，雨天踹酱缸，飓风时闻"七香散"，粪便四溅，泔水激扬，这种精神文明，孙先生偏要来鼓吹物质文明；国民最爱吐痰留长指甲，不洗牙齿，孙先生偏要劝大家把修身的工夫，做得有条有理；国民甘做驮，不识不知，顺帝之则，和"民可使由之，不可使知之"这两块大石碑的赑屃，孙先生偏要叫他们"知"；国民愿意苟安旦夕，喜欣维持现状，孙先生偏要提倡奋斗，主张革命。其他国民要如

[①] 校按：录自《岭南学报》第3卷第3期，第188～202页。

彼，孙先生偏要如此，说起来真是更仆难终。……国民要静坐，或倒退，而孙先生要抖擞精神的跑，而且要向着寥廓无尽的前途不息地跑。

所谓怪物，所谓非中国人，所谓国民之敌，这些名词从一般的人们骤看起来，也许未免近于怪异；然而这些名词却有了精确不磨的真理存在里面。原来孙先生之所以为怪物，非中国人，和国民之敌，不外是因为他的主张和行为是反乎由中国的传统和固有的文化所产生出的中国人的主张和行为。换句话来说，他的主张和行为，是完全受过西洋文化的洗礼的结果，这个结果就是西洋化的孙先生。以中国化的中国人的眼光来看西洋化的孙先生，当然是会成为怪物，非中国人，国民之敌了。

然而孙先生之所以成为孙先生，正是因为他是怪物，是非中国人，是国民之敌。反过来说，要是他不是怪物，而是常物，不是非中国人，而是中国人，不是国民之敌，而是国民之友，那么这种的物，这种的人，和这种的友，不但是在他那个时代，已有了四万万之多，就是把四千五百年的历史来看，也不知有了几多万万。质言之，设使他而是四万万或是数不出的万万中的中国人之一，那么他是不值得人们的敬仰的，而且人们也无从来认识他。因为这样的他，太繁多了，太平常了，同时他也决不能成为像章士钊先生所说的"新中国新发露之名词，而为中国过渡虚悬无薄之隐针"，也不能成为像林语堂先生所说的民国的伟人，他更不会像钱玄同先生所说，是我们这疲癃老朽的民族，起死回生的唯一圣药。

在中国的现代史上，也许在世界的现代史上，孙先生占了一个重要的位置，用不着我们在这里解释。我们所要特别注意的，是说明这个西洋化的孙先生。

要想明白这个西洋化的孙先生，我们又不能不先明白他个人所处的环境和时代；时代环境之影响于个人的主张和行为，无论是谁都要承认。我常常说设使孙先生而生长在北京或是在中国的北方任何一处，那么孙先生之所以为孙先生，未必就是我们今日所认识的孙先生。我们承认意志坚强的人，有时不为时代环境所推移，而能独立不群，但是新事业的创造和旧制度的推翻，总免不得要依赖于适宜的时代环境。换句话来说，孙先生之所以为孙先生和中国的南方而尤其是广东这个环境，是有了很密切关系的。事实上我们上面所说的容纯甫、严又陵和梁任公通通都是和这个中国的南方的环境时代，有了很密切的关系。孙先生也不过是这个环境时代所铸成的罢。

关于环境时代之影响于孙先生，美人林白克氏（Paul Linebarger）所著的《孙逸仙传》里，说得很透澈。我们现在且摘录数段于后（据中译《孙逸仙传》）。

广东是中国十八省中最南的一省，幅员广大，物产富饶，人口约有三千多万。他的省城是广州，是个有名的大城，居民的总数在百万以上。

广州是中国最有进步的一个城，不但是因为他是在香港、澳门的中间（按：此非尽是），而最显著的却是因为有多数的广东华侨，在美国居住很久。所以当他们回国的时候,已经美国化了。前面讲过美国招工开金矿的事,当那个时候,美国人因为从广东招去的工人,工资比别处便宜,而且香港是海道的中心点,运送这般华工是很经济,又很迅速,所以都到广东来招工,这就是华侨大都是广东人的大原因。

广东人是勇敢自恃耐苦的种族,他们虽然离本国的中心和北方很远,但很忠爱国家,中国本部有广东做南方屏障,好像北方有万里长城保护一样,他们中间已产生了不少卓荦超群的学者。

他又说:

中山在他努力建设中华民国的三十年工作中,广东人给了他不少的帮助,因为是他们的同乡,所以在海外的广东侨民,差不多没有一个人不曾替他尽过力的。

因为他们有团结和互助的精神,结果便使广东人的足迹,遍布全球,而且都是非常发达。

中山生在广东是很有幸的,因为他在政治上活动所得的助力大半是从广东得来的。广东人很富有,又很进步,并且他们侨居美洲的很多,已经受了政治上的冲动,所以只要他一领导,便能实行。敢死的志士大半也是从广东来的,虽是这或者是中山本身的领袖资格使然,也是地灵人杰,才能这样呢。

广东的环境既如上面所说,孙先生自己的乡村——翠亨又正是在澳门和金星港的附近。林白克在《孙逸仙传记》里说:

翠亨村确是一个对于中山极有利益的生长地,因为当他那个时候,许多广州(?)澳门的富翁因为翠亨有很好的风景,可以赏玩,并且离城又近,交通便利,所以都在这里建筑了别墅来住着。这样却使村中乡人常常与城中市民接近,于是他们的意识和心智,都灵敏得多了。

我们以为在岐关公路尚未筑成以前的翠亨乡,也许未必会像传记著者所说的交通上这样便利,同时凡是到过翠亨乡及其附近的人,也未必会感觉到这个地方像传记著者所描写的风景那样好,然而因为她和澳门相近,容易受过澳门的影响,这无论是谁也要承认的。我们知道孙先生的父亲,曾到过澳门做过裁缝学徒,而且因此积了些钱以应家用,可知澳门之影响于翠亨乡的人,是没有疑义的。至于金星港之影响于这个乡村,传记里也有一段话说明:

那个时候,满清是不准外国船舶随意停泊的。他们特地把金星港给外国人停船,此港的三面都是商业和人口繁盛的地方,广州、香港、澳门,于是此港也变成了一个重要的地方。因为此港和翠亨相离很近,所以差不多港上的事情，翠亨的质朴而渐有醒觉的人民，都可知道。

我们若进一步来考究孙先生的家庭，那么这个家庭之受过西洋文化的深刻的影响，更是显明。上面已经说过，他的父亲曾在澳门操过缝业，他有了两位叔叔，都赴美国，虽则他们两人一去不返，然而金山的美国的印象，却永远的留着在他的家人的心里。然而家庭里的人之对于孙先生的前途影响最大的，要算他的哥哥了。

孙先生的哥哥在孙先生很小的时候，就到檀香山去，檀香山在那个时候，虽尚未变成美国的属土，然却已成为美国的势力范围之地。所以他的哥哥自然而然的受过多少美国的文化的淘铸。传记里告诉我们道：

> 大哥出去的时候，是一位穷苦的农家子，归来的时候，已富了；不但富于金钱，并且富于做事的经验。他有了这种经验，所以已知道西方作事的方法了。大哥很想和人合股接管一只航海的大船，居然达了目的，他在这只船里把中国的侨民，带到火奴鲁鲁去。

上面是解释孙先生所处的环境——家庭乡村和广东。现在且让我们来略谈他从这些环境中所发生的个人的经验。据传记里孙先生曾这样的说过：

> 我所记忆最早的是住在吾家一位老叔母所讲给我听的一桩故事。那时我是一个小孩，伊以为这金星港的事，很可以使我听了快活。虽然这金星港相离很近，但是那时我年纪很小，总以为是很远的。叔母从前住的地方，可以望见那金星港的全景。伊是善于讲故事的，伊说这些外国船停在那儿，实在不妥当，因为常有可怕的事情在他们船上发现出来。这些外国人金钱都很富足，他们所穿的衣服很是奇怪，最异样的便是他们头上没有辫子，有几个竟一丝儿头发也没有。但是却有不少的胡须，他们的胡须，有时会有火一样的红，伊听人说那些外国人是用尖利的刀子来吃东西的，伊并且说伊曾经亲眼看见有烟从他们常用的枪里出来，因此他见了那些洋人，心里实在害怕。伊教好的中国小孩子，应该远远的离开他们，因为那些洋人，十分暴躁。

这是孙先生第一次知道在中国的洋人的大概，关于西洋人自己国里的情形，他又从一位回国的侨民的亲口的告诉他。孙先生说：

> 我很小的时候，曾经遇到一个侨商，他讲他游历的故事的时候，我站在一家茶馆门前，他讲他在海洋中经过了许多日子，于是到了一块地方，有山有水，同中国一样，不过那边有很多的金子，又有一种人叫做红人，还有截路的强盗，为了抢劫金子，杀死人命。有一件这个侨民讲的故事，使我终身不会忘掉。他说他总把自己的金子分做两起，一起放在容易看见的地方，待强盗看见了，就让他抢去；还有一起藏得很秘密，强盗去后，依旧可以保存

着。因为翠亨也有海贼，所以我们听了引起一种兴趣，最使我们有深刻的印像的，是他把金子分成两起，因为他又说有几个同伴，把全部的都隐藏起来，因此就遭杀害。我那时候觉得这个侨民在这取与的世界里，得到了一种实际有益的特殊哲理了。

上面所举两种经验，虽可使到我们知道他对于洋人之在中国及华侨之在外国的最先印像，可是这种印像，未必一定是能够使他羡慕西洋的文化。大概是由他的哥哥从檀香山所寄的书信里，和他的哥哥第一次从那边回来中国后所告诉他那边的情况而激动起他的羡慕的心理，同时鼓荡起他的远渡彼邦的志愿。这个志愿的实现，是一八七九年，这就是他十四岁的时候。

据说他之赴檀香山是从澳门起程，而他所搭的船却是他的哥哥和他的同事们所雇定，以为载运到檀香山的侨民的英国的铁汽船。一个十四岁的青年，到了西洋人所管理和聚集的澳门，当然起了不少的印象，现在又搭着尚不多见的汽船，当然又必生了很多的触感。这些触感之最深刻的，据孙先生的话是这样的：

> 我上了船的触感很是利害，但是使我比较机器和汽锅的奇异，更加重视的，乃是船上一个铁梁，这是贯连着船的两边，使他更加坚固。我看起来是一桩很重大的事情。我记得那时吾想这么重的一个梁，要多少人才可以把他装配好，忽然想到那已发明这个大铁梁的天才，又发明了一个机械的用法，外国人所做的东西，我们中国人不能做，我立刻觉得中国总有不对的地方了。外国人既能制造这些坚实金属的大梁，并又能把他装配好，这岂不是他们在别方面优于中国人的证据么？

这是孙先生羡慕西洋文化的开始，这可以说是他主张西洋文化的动机，这可以说是他之所以被视为西洋人的前因，这可以说是他后来奔走革命的工作的根基。总而言之，这可以说是孙先生之所以为孙先生的由来。

从一八七九年至一九一一年的三十余年中，孙先生差不多时时刻刻都处于西洋文化的社会里，他既有了受过西化的影响的广东翠亨和家庭的环境，他在这么久的时间里，无论是在檀香山、美利坚、英吉利，或是日本、香港、南洋、广州，他所来往的人物社会都是西洋的人物和社会，或是和这些人物和社会有了多少的关系。那么他之主张和行为是受过西洋文化的洗礼，乃是一件自然而然的事罢。

但是除了他的环境和他的经验之外，影响于他的主张和行为的最利害的东西，恐怕还是他的教育了。

关于孙先生的教育，他少年虽受过中国的旧式的教育，然这种教育之对他，没有什么影响；而且自他到檀香山后，以至他脱离学校的生活，他通通是受了西洋式的教育。同时这种教育之于他后来的事业上，都有很密切的关系。现在且把林白克氏的《孙逸仙传记》之关于这方面的叙述，摘录数段于后：

  大哥的气量很大，在中山未到（檀香山）以前，他已收受了一个同村的少年，并且已把他送入火奴鲁鲁的学校里读书了。当大哥决意把中山送入学校的时候，这同村的少年，进了教会学校已二年了。他以为外国教育，既然没有伤害这个同村的少年，当然也无害于中山的。

  所以中山就进了火奴鲁鲁的美国教会学校，他的教师们使他坐着观看了十天，因为他不懂英语，他们和他交谈，不得不做手势；在这十天里，他静坐在书桌边，但是他对着四周所见的很为注意，他的心里起了种种的反省，好像波涛汹涌一样；那时他觉得学习的方法真难呢。他静默了十天以后，就觉得英文与中文的异点，英文每一个字可以分成几个字母，字母又可用来拼别的字，又觉得学习英文很是容易，非常高兴。

  他在这学校里三年，身心上受了很大的变化，使他渴望中国的觉醒，校中纪律他竭诚的遵守着，对于各种学科，没有不勤力学着，所以成绩很好。

孙先生在校三年，他的哥哥以为他所受的外国教育，已经够了，所以要他回国。他是为这件事情，很为忧虑，然他又不能不尊哥哥的命，所以终于回国了。传记里说：

  中山从火奴鲁鲁到中国的时候，带来的书，有一本耶稣教的《圣经》；他当耶教是文化的法则，他把中国文化同耶教国文化比较，看出中国没有一种进步的宗教的害处，他看见耶教是与近代文化一同往前进的，而孔教佛教道教都持中国于二千年前的状态。

受了好多年的外国教育，持了这一种的新观念，自然他会对于中国的固有文化，起了怀疑和反抗的心理，这种心理实现起来，就使他把他乡村的神像来打倒，以及做出种种中国人所目为反常的行为来。而这些行为就是孙先生之被父老人们逐出他的乡村的原因。

他既被逐，不得不跑，但是正是为了不得不跑，他在广州美人所办的博济医院和香港英人所办的学校里读书的机会才能实现。关于他在香港受教育，传记里说：

  在香港他见着比较在火奴鲁鲁更大的盎格鲁撒克逊文明的证明，火奴鲁鲁比较起香港来，不过是一个美丽的花园。在香港的轮船航行海面，带了全世界各国国旗和消息，在各国轮船中，并没有中国轮船，贫苦的中国所有的，就是在海面上摇荡不定的沙船，在航海的观众中受人嘲笑。

  他常遇到文明的英国人，他们是他的教师，他觉得他们在教育上占优胜的地位，他起首知道了一些英国海陆军的力量。他惊心地看英国兵练操，不倦地看灰色军舰可怕的样子，预备服从大英帝国的命令而动作。

中山此次同家庭分离，心中处之淡然，这个对他是弃旧就新的行为，他觉得"中国世界"已经反对他了，结果他转向现在对他开放着的别一个世界去。他用新的速率于学校内求学，（同时）香港皇家学校造成他希望无穷的新生命的中心点。

孙先生的教育和他的政治主张与革命运动的关系的密切，在他民国元年在岭南大学欢迎会的演辞里，曾有一段简短而却很明白的叙述：

忆我幼年从学村塾，仅识之无，不数年得到檀香山，就转西校，见其教法之善，远胜吾乡，故每课暇辄与同国同学诸人相谈衷曲，而改良祖国拯救同群之愿，于是乎生，当时所怀，一若必使我国人人皆免苦难，皆享福乐，而后快者，又数年即回祖国就学于本城之博济医院，与贵校廖德山同学，仅一年又转香港雅利士医院，凡五年，以医亦救人之术也，然继思医术救人，所救有限，其他慈善事业亦然。若具有最大权力者，莫如政治，政治之势力，可为大善，亦能为大恶，吾因人民之艰苦，皆不良之政府为之，若欲救国救人，非锄去此恶劣政府不可，革命思潮遂时时涌现于心中。（胡汉民编《总理全集》二集，页一四一）

于是可知西洋教育之影响于他后来的事业的利害，同时也知道中国教育之影响于他的甚微。他后来对于中国的旧式教育，且批评道：

就教育而言，士惟以科第为荣，姓名一登榜上，即有做官之望。士人束发受书后，所诵习者不外四书五经，及其笺注之文字。然其中有不合于奉令承教一味服从之义者，则任意删节，或曲为解说，以养成其盲从之性，学者如此，平民可知。（《伦敦被难记》）

有了广东翠亨和他的家庭的背景，再加上他的经验而特别是他的教育，以及他个人的坚忍不拔、胆干奋斗的特性，怪不得会形成一位西洋化的孙先生。

以西洋化像孙先生的人来看中国的社会政治，是怎么样呢？我们且看他在兴中会的宣言里说：

中国积弱至今极矣；上则因循苟且，粉饰虚张，下则蒙昧无知，鲜能远虑。堂堂华国，不齿于列强，济济衣裳，被轻于异族，有志之士，能不痛心。夫以四百兆人民之众，数万里土地之饶，本可发愤为雄，无敌于天下；乃以政治不修，纲维败坏，朝庭则鬻爵卖官，公行贿赂，官府则剥民刮地，暴过虎狼；盗贼横行，饥馑交集，哀鸿遍野，民不聊生，呜呼！惨矣！（参看《伦敦被难记》里所描写为"中国政治之腐败"）

孙先生的革命动机，据他自传及在《申报五十年》中的《中国之革命》一文，是始于乙酉（一八八五）中法战争之年，但是革命的运动的具体化，是始于乙未（一八九五）的兴中会。兴中会会员入会的誓词，是"驱除鞑虏，恢复中国，创立合众政府，倘存二心，神明鉴察"。而其宗旨是：

专为联络中外有志华人讲求富强之学，以振兴中华，维持团体起见。

我们从兴中会的会员誓词里，虽可以找出所谓民族主义这件东西，然在兴中会的宣言和章程里，却找不出这个原则来。至于民权主义和民生主义，却没有什么痕迹显露，虽则在誓词中有创立合众政府，可是合众政府，未必就是民主民权的政府。又在章程第三条有说兴大利以厚民生，然这里所说的民生，也不能说是民生主义。总而言之，从兴中会的宣言及章程来看，她不过是一个维新会，她的目的是讲求富强之学，以振兴中华。关于三民主义的主张，据孙先生的自传里说，是成于伦敦脱险（一八九六年十月）以后。

伦敦脱险后，则暂留欧洲以实行考察其政治风俗，并结交其朝野贤豪。两年之中，所见所闻，殊多心得，始知徒致国家富强，民权发达，如欧洲列强者，犹未能登斯民于极乐之乡也。是以欧洲志士，犹有社会革命之运动也。予欲为一劳永逸之计，乃采取民生主义，以与民族民权问题同时解决，此三民主义之主张，所由完成也。

三民主义之具体化，是见于一九〇五年的同盟会政府的宣言里，今摘录于后：

（一）驱除鞑虏：今日之满洲本塞外东胡，昔在明朝，屡为边患。后中国多事，长驱入关，灭我中国迫我汉人为奴隶，有不从者，杀戮亿万；我汉人为亡国之民者，二百六十年于此。满洲政府穷凶极恶，今已贯盈，义师所指，覆彼政府，还我主权。其满洲有汉军人等，如悔悟降者，免其罪，敢有抵抗，杀无赦。汉人为满奴作汉奸，亦如之。

（二）恢复中华：中国者，中国人之中国，中国之政治，中国人任之。驱除鞑虏之后，光复我民族之国家，敢为石敬瑭、吴三桂者，天下共击之。

（三）建立民国：今者由平等革命，以建立民国政府，凡为国民皆平等，皆有参加权。大总统由国民共举，议会以公举之议员组成之。制定中华民国宪法，人人共守，敢有帝制自为者，天下共击之。

（四）平均地权：文明之福祉，国民平等以享之，当改良社会经济组织，核定天下地价，其现有之地价，仍属原主，所有其革命后社会改良进步之增价，则归国家，为国民所共享。肇造社会国家，俾家给人足，四海之内，无一夫不获其所，敢为垄断以制国民之生命者，与众弃之。

上四纲其措施之序，则分三期：第一期为军法之治，……第二期为约法之治，……第三期为宪政之治。……第一期为军政府督率国民扫除旧污之时代，第二期为军政府归地方自治权于人民，而自总揽国事之时代，第三期为军政府解除权柄，宪法上国家机关分掌国事之时代。

我们以为自从一九○五年以至一九二三年的二十年中，孙先生在政治上的主张的实质上虽有不少的改变，然大体上这种大纲和序则，没有什么差异。我们所要知道的是这种政治的主张，根本上是由于西洋的环境和思想而发生的。（参看《民报》"发刊词"）

政治上的西化的主张既如上面所说，他方面的西化的主张，在他一八九四年所《上李鸿章书》里又说得很明白。他说：

> 我中国仿效西法于今已三十年，育人才则有同文、方言各馆，水师、武备诸学堂；裕财源则辟煤、金之矿，立纺织、制造之局；兴商务则招商轮船、开平铁路，已后先辉映矣。而犹不能与欧洲颉颃者，其故何哉？"以不能举此四大纲而举国并行之也。"

所谓四大纲就是：

> 人能尽其才，地能尽其利，物能尽其用，货能畅其流。所谓人能尽其才者，在教养有道，鼓励以方，任使得法也。所谓地能尽其利者，在农政有官，农政有学，耕耨有器也。所谓物能尽其用者，在穷理日精，机器日巧，不作无益，以害有益也。所谓货能畅其流者，在关卡之无阻难，保商之有善法，多轮船、铁道之载运也。

他很明白的指出中国的农工商学之缺点，而实行之法，又必同时并举，始克成功。他又很明白的指摘当时一般专以为国家之富强，乃尽由于船坚炮利，垒固兵强；因为西洋各国之所以富强，并非尽由于这些东西，这些东西乃西洋富强的表面，而非根本，根本是在于他所举出的四大纲。

孙先生《上李鸿章书》，是一八九四年中日战役发生的时候，兴中会的宣言和章程，是在《上李鸿章书》后数月始做的。我们从此可以知道在兴中会尚未成立以前，他虽然有志于政治上的改造，然政治改造所应用的方法，是维新或是革命，他好像没有坚决的主张。从《上李鸿章书》里他很显明的想借清廷政府的力量，来使农工商学等趋于西化。照他的意见，设使我们能对于这四大纲能够澈底的实行，则国家自然会富强，国家富强就是达到政治上的改造。孙先生之上书李鸿章本来由于看见中国之事事不如西洋，而自己又没有力量来改造，故想借权势赫张的李鸿章来实行其怀抱。那料李鸿章却拒绝见他，使他的郁抑之气，无由以伸。因此之故，他感觉到希望政府以缓和的手段来使中国效法西洋，是行不通的路。于是他不得不趋于革命的路上，同盟会之成立，就是革命主张的具体化的初步。

我们以为从孙先生的政治事业方面来看，李鸿章之拒绝见他，是一件很重要的事。设使李鸿章而见重了他，给他一个相当的位置，那么此后三十年的政治历史，也许别有一个花样。但是从他的西化的主张方面来看，一八九四以至差不多晚年的他，却没有什么变更；质言之，孙先生从十四岁搭汽船赴檀香山到他死前几年，都是一位根本上主张西化的人。他在上李鸿章书时，是希望以当时的政治的势力来实行这种主张，这个志愿既因拒见而失望，他乃应用革命的方略；他以为政治上的腐败和窒碍，苟能废除，则西洋化的中国，也可实现。可是这个办法，他在临终的时候，还是觉得工作未完，所以他说："革命尚未成功。"人们认识孙先生是一个革命家，但是他们忘记革命不过是达到文化改造的一种工具，而政治革命又不过是文化革命的一方面。他们忘记了孙先生的目的乃是在乎中国的西化罢。①

---

① 校按：原刊此章还引有孙中山 1923 年在广州岭南学生欢迎会上演讲辞中的一段话，此处省略，置于下一章，作为结尾。

第八章　孙中山的中国西化观（二）[①]

从上面一章的最末一段话里，我们知道孙中山先生的目的是要中国西化起来。关于孙中山先生的西化态度究竟是怎么样，我们以为最好是把他的三民主义的演讲来解释。现在所流传的《三民主义》的本子，是根据民国十三年孙中山先生在广州中山大学所演讲的稿子，而加以修改的。关于这一点，孙中山先生在其《三民主义》的"自序"里，曾加以说明，今录之于后：

> 自《建国方略》之《心理建设》《物质建设》《社会建设》三书出版之后，予乃从事于草作《国家建设》，以完成此帙。《国家建设》一书，较前三书为独大，内涵有《民族主义》《民权主义》《民生主义》《五权宪法》《地方政府》《中央政府》《外交政策》《国防计画》八册。而《民族主义》一册已经脱稿，《民权主义》《民生主义》二册亦草就大部。其他各册，于思想之线索、研究之门径亦大略规画就绪，俟有余暇，便可执笔直书，无待思索。方期全书告竣，乃出而问世。不期十一年六月十六陈炯明叛变，炮击观音山，竟将数年心血所成之各种草稿，并备参考之西籍数百种，悉被毁去，殊可痛恨！兹值国民党改组，同志决心从事攻心之奋斗，亟需三民主义之奥义、五权宪法之要旨为宣传之资，故于每星期演讲一次，由黄昌谷君笔记之，由邹鲁君读校之。今民族主义适已讲完，特先印单行本，以饷同志。惟此次演讲既无暇晷以预备，又无书籍为参考，只于登坛之后随意发言，较之前稿，遗忘实多。虽于付梓之先，复加删补，然于本题之精义与叙论之条理及印证之事实，都觉远不如前。尚望同志读者，本此基础，触类引伸，匡补阙遗，更正条理，使成为一完善之书，以作宣传之课本，则其造福于我民族国家，诚未可限量也。

三民主义的演讲始终没讲完，因为民生主义的演讲还未完了，民生主义只讲到第四讲，这就是衣的问题，下面还有住的问题，以及其他的问题。所以，现在流行的三民主义在最后的一讲里，这就是民生主义的第四讲的末了，有了"未完"两个字。

我们应当指出，从西化的态度的立场来看，三民主义虽然参了不少的中国的旧东西，然而其所主张的是根本的西化。

从名词上看，"三民"这个名词在明人所著的好多史论中，已有过"三民

[①] 校按：依陈序经自抄稿，原稿无标点。

论"的题目，虽则这里所说的"三民"并非民族、民权与民生的"三民"，而乃指着农、工、商的"三民"。此外，又有所谓四民的说法，这就是中国的人民的传统分类为士、农、工、商。又除了"民权"这个名词是受了西洋的政治思想而才有的外，"民族""民生"都为中国所已有的名词。而且我们知道，在明代的杨锵曾写过一篇《民生论》，他劈头且指出，"民生"所讨论的问题是衣、食、住、丧等问题，孙中山先生在其《民生主义》里的第三章，是讨论食的问题，第四章是讨论衣的问题，第五章虽没有讲，大概是住的问题。我以为，大概上孙中山先生曾读了这些史论，因而不只用了这些名词，而且把其所讨论的一些主要问题，加以解释。

除了用了好多中国固有的名词，以至注意到国人已经讨论的一些问题之外，从思想的本身来看，三民主义也含有不少的中国思想，这一点在《民族主义》的演讲里，尤为显明。《民族主义》"第六讲"里有了下面好几段，是提倡中国固有的道德与智能的，今录之于后（《民族主义》"第六讲"，页一〇〇——一〇八)①：

中国从前能够达到很强盛的地位，不是一个原因做成的。大凡一个国家所以能够强盛的原故，起初的时候都是由于武力发展，继之以种种文化的发扬，便能成功。但是要维持民族和国家的长久地位，还有道德问题，有了很好的道德，国家才能长治久安。亚洲古时最强盛的民族，莫过于元朝的蒙古人，蒙古人在东边灭了中国，在西边又征服欧洲。中国历代最强盛的时代，国力都不能够过里海的西岸，只能够到里海之东，故中国最强盛的时候，国力都不能达到欧洲。元朝的时候，全欧洲几乎被蒙古人吞并，比起中国最强盛的时候还要强盛得多，但是元朝的地位没有维持很久。从前中国各代的国力虽然比不上元朝，但是国家的地位各代都能够长久，推究当中的原因，就是元朝的道德不及中国其余各代的道德那样高尚。从前中国民族的道德因为比外国民族的道德高尚得多，所以在宋朝，一次亡国到外来的蒙古人，后来蒙古人还是被中国人所同化；在明朝，二次亡国到外来的满洲人，后来满洲人也是被中国人同化。因为我们民族的道德高尚，故国家虽亡，民族还能够存在；不但是自己的民族能够存在，并且有力量能够同化外来的民族。所以穷本极源，我们现在要恢复民族的地位，除了大家联合起来做成一个国族团体以外，就要把固有的旧道德先恢复起来。有了固有的道德，然后固有的民族地位才可以图恢复。

讲到中国固有的道德，中国人至今不能忘记的，首是忠孝，次是仁爱，其次是信义，其次是和平。这些旧道德，中国人至今还是常讲的。但是现在

---

① 校按：引文自抄稿略，今依南开大学图书馆馆藏代抄稿补之。

受外来民族的压迫，侵入了新文化，那些新文化的势力此刻横行中国。一般醉心新文化的人，便排斥旧道德，以为有了新文化，便可以不要旧道德。不知道我们固有的东西，如果是好的，当然是要保存，不好的才可以放弃。

此刻中国正是新旧潮流相冲突的时候，一般国民都无所适从。前几天我到乡下进了一所祠堂，走到最后进的一间厅堂去休息，看见右边有一个"孝"字，左便一无所有，我想从前一定有个"忠"字。像这些景象，我看见了的不止一次，有许多祠堂或家庙都是一样的。不过我前天所看见的"孝"字是特别的大，左边所拆去的痕迹还是很新鲜。推究那个拆去的行为，不知道是乡下人自己做的，或者是我们所驻的兵士做的，但是我从前看到许多祠堂庙宇没有驻过兵，都把"忠"字拆去了。由此便可见现在一般人民的思想，以为到了民国，便可以不讲"忠"字；以为从前讲"忠"字是对于君的，所谓忠君；现在民国没有君主，"忠"字便可以不用，所以便把他拆去。这种理论，实在是误解。因为在国家之内，君主可以不要，"忠"字是不能不要的。如果说"忠"字可以不要，试问我们有没有国呢？我们的"忠"字可不可以用之于国呢？我们到现在说忠于君固然是不可以，说忠于民是可不可呢？忠于事又是可不可呢？我们做一件事，总要始终不渝，做到成功，如果做不成功，就是把性命去牺牲亦所不惜，这便是忠，所以古人讲"忠"字，推到极点便是一死。古时所讲的"忠"，是忠于皇帝，现在没有皇帝便不讲"忠"字，以为甚么事都可以做出来，那便是大错。现在人人都说，到了民国甚么道德都破坏了，根本原因就是在此。我们在民国之内，照道理上说，还是要尽忠，不忠于君，要忠于国，要忠于民，要为四万万人去效忠。为四万万人效忠，比较为一人效忠，自然是高尚得多。故"忠"字的好道德还是要保存。讲到"孝"字，我们中国尤为特长，尤其比各国进步得多。

《孝经》所讲"孝"字，几乎无所不包，无所不至。现在世界中最文明的国家讲到"孝"字，还没有像中国讲到这么完全。所以"孝"字更是不能不要的。

国民在民国之内，要能够把"忠""孝"二字讲到极点，国家便自然可以强盛。

仁爱也是中国的好道德。古时最讲"爱"字的莫过于墨子。墨子所讲的"兼爱"，与耶稣所讲的"博爱"是一样的。古时在政治一方面所讲爱的道理，有所谓"爱民如子"，有所谓"仁民爱物"，无论对于甚么事，都是用"爱"字去包括。所以古人对于仁爱究竟是怎么样实行，便可以知道。中外交通之后，一般人便以为中国人所讲的"仁爱"不及外国人，因为外国人在中国设立学校，开办医院，来教育中国人，救济中国人，都是为实行仁爱的，照这样实行，一方面讲起来，仁爱的好道德，中国现在似乎远不如外国。中国所以不如的原故，不过是中国人对于仁爱没有外国人那样实行，但是仁爱还是中国的旧道德。我们要学外国，只要学他们那样实行，把仁爱恢复起来，再去发扬光大，便是中国固有的精神。

讲到信义。中国古时对于邻国和对于朋友，都是讲信的。依我看来，就"信"字一方面的道德，中国人实在比外国人好得多。在甚么地方可以看得出来呢？在商业的交易上便可以看得出。中国人交易，没有甚么契约，只要彼此口头说一句话，便有很大的信用。比方外国人和中国人订一批货，彼此不必立合同，只要记入帐簿便算了事。但是中国人和外国人订一批货，彼此便要立很详细的合同。如果在没有律师和没有外交官的地方，外国人也有学中国人一样只记入帐簿便算了事的，不过这种例子很少，普通都是要立合同。逢着没有立合同的时，彼此定了货，到交货的时候，如果货物的价格太贱，还要去买那一批货，自然要亏本。譬如定货的时候那批货价订明是一万元，在交货的时候只值五千元，若是收受那批货，便要损失五千元。推到当初订货的时候没有合同，中国人本来把所定的货可以辞却不要，但是中国人为履行信用起见，宁可自己损失五千元，不情愿辞去那批货。所以外国在中国内地做生意很久的人，常常赞美中国人，说中国人讲一句话比外国人立了合同的，还要守信用得多。但是外国人在日本做生意的，和日本人订货，纵然立了合同，日本也常不履行。譬如定货的时候那批货订明一万元，在交货的时候价格跌到五千元，就是原来有合同，日本人也不要那批货去履行合同，所以外国人常常和日本人打官司。在东亚住过很久的外国人，和中国人与日本人都做过了生意的，都赞美中国人，不赞美日本人。至于讲到"义"字，中国在很强盛的时代，也没有完全去灭人国家。比方从前的高丽，名义上是中国的藩属，实在是一个独立国家；就是在二十年以前，高丽还是独立。到了近来一二十年，高丽才失去自由。从前有一天，我和一位日本朋友谈论世界问题，当时适欧战正剧，日本方参加协商国去打德国。那位日本朋友说，他本不赞成日本去打德国，主张日本要守中立，或者参加德国来打协商国，但是因为日本和英国是同盟的，订过了国际条约的，日本因为要讲信义，履行国际条约，故不得不牺牲国家的权利，去参加协商国，和英国共同去打德国。我就问那位日本人说："日本和中国不是立过了《马关条约》吗？该条约中最要之条件不是要求高丽独立吗？为甚么日本对于英国能够牺牲国家权利去履行条约，对于中国就不讲信义，不履行《马关条约》呢？对于高丽独立是日本所发起，所要求，且以兵力胁迫而成的，今竟食言而肥，何信义之有呢？简直的说，日本对于英国主张履行条约，对于中国便不主张履行条约，因为英国是很强的，中国是很弱的，日本加入欧战，是怕强权,不是讲信义吧!"中国强了几千年而高丽犹在,日本强了不过二十年便把高丽灭了,由此便可见日本的信义不如中国,中国所讲的"信义",比外国要进步得多。

中国更有了一种极好的道德,是爱和平。现在世界上的国家民族,止有中国是讲和平;外国都是讲战争,主张帝国主义,去灭人的国家。近年因为经过许多大战,残杀太大,才主张免去战争,开了好几次和平会议,像从前的海牙会议,欧战之后的华赛尔会议,金那瓦会议,华盛顿会议,最近的洛桑会议。但是这些会议,各国人公同去讲和平,是因为怕战争,出于勉强而然的,不是出于一般国民的天性。中国人几千年酷爱和平,都是出于天性。论到个人便重谦让,论到政治便说"不嗜杀人者能一之",和外国人便有大大的不同。所以中国从前的忠孝仁爱信义种种的旧道德,固然是驾乎外国人,说到和平的道德,更是驾乎外国人。这种特别的好道德,便是我们民族的精神。我们以后对于这种精神不但是要保存,并且要发扬光大,然后我们民族的地位才可以恢复。

我特地的抄了这几段话,因为一来这是孙中山先生的三民主义中对于保存固有文化的最显明的主张,二来今日一些趋于复古的人们,之所以把孙中山当作他们的复古主张的护身符,主要的也无非是由于这里所抄的几段话。

此外,又如在《民权主义》演讲里,孙中山先生也说过下面一段话:

两千年前的孔子、孟子便主张民权。孔子说:"大道之行也,天下为公。"便是主张民权的大同世界。又"言必称尧舜",就是因为尧舜不是家天下。尧舜的政治名义上虽是用君权,实际上是行民权。所以,孔子总是宗仰他们。孟子说:"民为贵,社稷次之,君为轻。"又说:"天视自我民视,天听自我民听。"又说:"闻诛一夫纣矣,未闻弑君也。"他在那个时代,已经知道君主不必是一定要的,已经知道君主一定是不能长久的,所以便判定那些为民造福的,就称为"圣君";那些暴虐无道的,就称为"独夫",大家应该去反抗他。由此可见,中国人对于民权的见解,二千多年以前已经早想到了。不过那个时候,还以为不能做到,好像外国人说乌托邦是理想上的事,不是就时可以做得到的。

又如在《民生主义》的"第一讲"里,孙中山先生曾告诉我们道:

诸君:今天来讲民生主义。甚么叫做民生主义呢?"民生"两个字,是中国向来用惯了一个名词。我们常说甚么"国计民生",不过我们所用的这句话怕多是信口而出,不求甚解,来见得含有多少意义的。但是今日科学大明,在科学范围之内拿这个名词来用于社会经济上,就觉得意义无穷了。我今天就拿这个名词来下个定义,可以说民生就是人民的生活——社会的生存、国民的生计、群众的生命。

从上面所抄录的各段话看起来，无论是在民族主义或是民权主义，以至民生主义，都有了多少中国的色彩。而且我们可以说，从这三种主义来看，民族主义里所包含中国的固有的东西最多，而民权主义所包含的中国的固有的东西次之，至于民生主义所包含中国的固有的东西最少。

然而同时我们也得指出，孙中山先生固然是提倡中国的旧道德，同时他也提倡现代的新道德。他于民国十三年在岭南大学黄花岗纪念会的演讲词里，曾说：

> 现代文化进步的人类，觉悟起来，发生一种新道德。这种新道德，就是有聪明能力的人，应该要替众人来服务。这种替众人来服务的新道德，就是世界上道德的新潮流。七十二烈士有许多是有本领学问的人，他们舍身救国，视死如归，为人类来服务的那种道德观念，就是感觉了这种新道德的潮流。诸君今晚来纪念七十二烈士，要知道不是空空的来纪念，要学他们的志气，尤其是学他们的道德观念。（胡汉民编《总理全集》）

就是关于中国的固有的智能方面，孙中山先生一方面虽是说正心修身齐家治国平天下，是我们政治哲学的智识中独有的宝贝，然而他也告诉我们道：

> 这种正心修身齐家的道理，本属于道德的范围，今天要把他放在智识范围内来讲，才是适当。我们祖宗对于这些道德上的工夫，从前虽然做过了的，但是自失了民族精神之后，这些智识的精神，当然也失了去。所以普通人读书，虽然常用那一段话做口头禅，但是多是习而不察，不求甚解，莫名其妙的。正心诚意的学问是内治的工夫，是很难讲的。从前宋儒是最讲究这些工夫的，恐怕我们现在还没有做到。专就外表来说，所谓修身、齐家、治国，中国人近几百年以来都做不到，所以对于本国都不能自治。外国人看见中国人不能治国，便要求共管。我们为什么不能治中国呢？外国人从甚么地方可以看出来呢？依我个人的眼光看，外国人从齐家一方面或者把中国家庭看不清楚，但从修身一方面来看，我们中国人对于这些工夫是很缺乏的。中国人一举一动都欠检点，只要和中国人来往一次，便看得很清楚。……我有一次在船上和一个美国船主谈话，他说："有一位中国公使有一次也坐这个船，在船上到处咳涕吐痰，就在这个贵重的地毡上吐痰，真是可厌。"我便问他："你当时有甚么办法呢？"他说："我想到无法，只好当他的面，用我自己的丝巾把地毡上的痰擦干净便了。当我擦痰的时候，他还是不经意的样子。"像那位公使在那样贵重的地毡上都吐痰，普通中国人大都如此，由此一端，便见中国人举动是缺乏自修的工夫。……此外中国人每爱留长指甲，长到一寸多长都不剪去，常以为要这样便是很为文雅。……再者中国人牙齿是常常很黄墨的，总不去洗刷干净，也是自修上的一个大缺点。……假如大

家把修身的工夫做得很有条理，诚中形外，虽至一举一动之微亦能注意，遇到外国人，不以鄙陋行为而侵犯人家的自由，外国人一定是很尊重的。所以今天讲到"修身"，诸位新青年便应该学外国人的新文化。只要先能够修身，便可来讲齐家治国。

不但这样，民族主义中所说的道德与智能，中国既不一定是比之西洋为好，就是民族主义的本身，就是中国所缺乏的。孙中山先生在《民族主义》"第一讲"里说：

> 甚么是民族主义呢？按中国历史上社会习惯诸情形讲，我可以用一句简单话说，民族主义就是国族主义。中国人最崇拜的是家族主义和宗族主义，所以中国只有家族主义和宗族主义，没有国族主义。外国旁观的人说中国人是一片散沙，这个原因是在什么地方呢？就是因为一般人民只有家族主义与宗族主义，没有国族主义。中国人对于家族和宗族的团结力非常强大，往往因为保护宗族起见，宁肯牺牲身家性命。像广东两姓械斗，两族的人无论牺牲多少生命财产，总是不肯休罢，这都是因为宗族观念太深的缘故。因为这种主义深入人心，所以便能替他牺牲。至于说到对于国家，从没有一次具极大精神去牺牲的。所以中国人的团结力，只能及于宗族而止，还没有扩张到国族。

民族主义固是这样，民权主义又怎么样呢？从我们上面所抄录孙中山先生的话来说，孙中山先生虽然指出中国在二千年前已经想到民权的见解，然而他也指出中国只有这种见解，而没有把这种见解去实现起来。中国在二千年前究竟有没有民权的见解，或是二千年前中国人所说的民本思想，是不是现代人所说的民权理论，我们不必在这里讨论。我们所要指出的是，从孙中山先生看起来，中国至多也不过只有了民权的见解，而没有民权的制度或民权的事实。在《民权主义》"第一讲"里，孙中山先生说：

> 民权就是人民的政治力量，甚么是叫做政治的力量呢？我们要明白这个道理，便先要明白什么是政治，好多人以为政治是很奥妙、很艰深的东西，是通常人不易明白的。所以中国的军人常说：我们是军人，不懂得政治。为什么不懂得政治呢？就是因为他们把政治看作是很奥妙、很艰深的，殊不知道政治是很浅白、很明瞭的。如果军人说不干涉政治，还可以讲得通，但是说不懂得政治，便讲不通了。因为政治的原动力便在军人，所以军人当然要懂得政治，要明白甚么是政治。"政治"两字的意思，浅而言之，"政"就是众人的事，"治"就是管理。管理众人的事，便是政治。有管理众人之事的力量，便是政权。今以人民管理政事，便叫作民权。

假使民权是人民管理政事，那么中国从来就没有过民权。所谓"民可使由之,不可使知之",所谓"不在其位,不谋其政"的言论,是反乎民权主义固不待说,就是我国自有历史以来,也没有实行过民权的政治。孙中山先生在《民权主义》"第一讲"里,也说道:

> 中国自有历史以来,没有实行过民权,就是中国十三年来,也没有实行过民权。但是我们的历史经过四千多年,其中有治有乱,都是用君权。到底君权对于中国是有利或有害呢?中国所受君权的影响,可以说是利害参半。但是根据中国人的聪明才智来讲,如果应用民权,比较上还是适宜得多。

他又说:

> 当我提倡革命之初,来赞成革命的人,十人之中,差不多有六七人,是有一种帝王思想的。但是我们宣传革命主义,不但是要推翻满清,并且要建设共和,所以那十分之六七的人,都逐渐被我们把帝王思想化除,但是其中还有一二人,就是到了民国十三年,那种做皇帝的旧思想,还没有化除,所以跟我来做革命党的人,常有自相残杀的,就是这个原故。我们革命党在宣传之始,便揭出民权主义来建设共和国家,就是想要免去争皇帝的战争,可惜到今还有冥顽不化的人,这真是实在无可如何!

反过来看,孙中山先生又告诉我们道,中国的民权制度固是由欧美介绍过来,就是中国的民权思想也是由欧美介绍过来。他在《民权主义》"第四讲"里说:

> 我们知道,欧美人民争民权已经有了二三百年……民权思想已经传到中国来了,中国人知道民权的意思,是从书本和报纸中得来的。

至于事实上的民权在欧洲,照孙中山先生的意见是:"民权之萌芽虽在二千年以前的希腊罗马的时代,但是确立不摇,只有一百五十年。"(《民权主义》"第一讲")他告诉我们道:

> 近代事实上的民权,头一次发生是在英国。英国在那个时候发生民权革命,正当中国的明末清初。当时革命党的首领叫做格林威尔,把英国皇帝查理士第一杀了。此事发生以后,便惊动欧美一般人,以为这是自有历史以来所没有的,应该当做谋反叛逆看待。暗中弑君,各国是常有的,但是格林威尔杀查理士第一,不是暗杀,是把他拿到法庭公开裁判,宣布他不忠于国家和人民的罪状,所以便把他杀了。当时欧洲以为英国人民应该赞成民权,从此民权便可以发达。谁知英国人民还是欢迎君权,不欢迎民权,查理士第一虽然是死了,人民还是思慕君主。不够十年,英国便发生复辟……一百年之后,便有美国的革命,脱离英国而独立,成立美国联邦政府,到现在有一百五十年。这是现在世界上头一个实行民权的国家。美国建立共和以后,不到

十年，便引出法国革命。……法国人民的民权思想，从此更极发达。

我们应当指出，英国三百余年来以至于今，虽然还有君主，然而不只其民权思想继续不断的发展，就是民权的事实也继续不断的实现。而且不只是英、美、法三国实行民权，就是欧洲其他各国自十九世纪以后，也逐渐的实行民权。中国的民权思想固是受了西洋的民权思想的影响，中国的革命运动也是受了西洋的革命运动的影响。

至于"民生"这个名词，虽像上面所说，是中国本有的名词，然而民生主义的内容，更可以说是西化的结果。孙中山先生在《民生主义》"第一讲"里说：

> 我现在就是用"民生"这两个字，来讲外国近百几十年来所发生一个最大问题，这个问题就是社会问题，故民生主义就是社会主义，又名共产主义，即是大同主义。

又说：

> 民生问题，今日成了世界各国的潮流。推到这个问题的来历，发生不过一百几十年。为甚么近代发生这个问题呢？简单言之，就是因为这几十年来，各国的物质文明极进步，工商业很发达，人类的生产力忽然增加。着实言之，就是由于发明了机器，世界文明先进的人类便逐渐不用人力来做工，而用天然力来做工，就是用天然的汽力、火力、水力及电力来代替人的气力，用金属的铜铁来替代人的筋骨……所以从机器发明了之后，便有好多人一时失业，没有工做，没有饭吃。这种大变动，外国叫做"实业革命"。工人便受很大的痛苦。因为要解决这种痛苦，所以近几十年来便发生社会问题。这个社会问题，就是今天所讲的民生主义。

可见得民生主义的发生，是由于机器的发明或是实业或工业革命。然而机器的发明或是实业或工业革命，都是西洋近代的产物，不但这样，就是民生主义的两个办法，这就是平均地权与节制资本，也可以说是孙中山先生受了西洋的社会政策的影响而提倡的。

假使我们把三民主义去说明文化的各方面，如物质、社会与精神几方面，那么比方民族主义中所说的道德与智能，可以说是文化的精神方面的表示；民权主义中所说的民主制度，可以说是文化的社会方面的表示；而民生主义中所说的经济生活，可以说是文化的物质方面的表示。照孙中山先生的意见，旧道德固要保存，新道德也要提倡，所谓正心修身齐家治国平天下的政治哲学，虽有其思想而却没有实行，同样民权也只有其思想而没有制度，所以不若西洋之早已实行。至于民生主义，除了"民生"这个名词是中国所固有之外，其内容也是来自西洋。

这样看起来，三民主义尽管染了多少的中国色彩，根本上可是说是西化的东西，所以在《民报》的"发刊词"里，孙中山先生也说：

> 予维欧美之进化，凡以三大主义：曰民族，曰民权，曰民生。罗马之亡，民族主义兴，而欧洲各国以独立。洎自帝其国，行专制，在下者不堪其苦，则民权主义起。十八世纪末十九世纪之初，专制仆而立宪政体殖焉。世界开化，人智益蒸，物质发舒，百年锐于千载，经济问题继政治问题之后，则民生主义跃跃然动。

三民主义的发展既是西洋历史的演变的事实，那么三民主义的渊源，可以说是来自西洋了。而况，据《三民主义》的"自序"里说，三民主义的参考书籍乃西洋书籍，所以三民主义在根本上是西化的产物，同时孙中山先生是主张根本西化的，是无可疑的。假使有人怀疑我们这种看法，我们愿意把孙中山先生于民国十二年在广州岭南学生欢迎会中的演讲词里一段话，抄录于下：

> 欧美文明，近二百多年来，非常发达，美国近几十年来尤其进步。他们国内的情形，不但是教育办得好，就是工业、商业和一切社会事业，都比中国进步的多。中国一切事业，到了今日，可说是腐败到了极点。腐败的原因，在人民过于堕落，……中国青年应该有的志愿，是要把中华民国重新建设起来，让将来民国的文明和各国并驾齐驱。我们现在的文明都是从外国输入进来的，全靠外国人提倡，这是几千年以来从古没有的大耻辱。如果我们立志改良国家，万众一心，协力奋斗做去，还是可以追踪欧美。……我们要达这个目的，就要诸君立国家的大志，学美国从前革命时候的人一样。大家同心协力去奋斗，……必须利用美国的学问，把中国化成美国。

中国西化观

目　　录

第一部

第一编　宗教的输入 ··· 259
　　第一章　景教的输入 ······································· 259
　　第二章　旧教的输入 ······································· 269
　　第三章　新教的输入 ······································· 279

第二编　政治的改革 ··· 289
　　第四章　述太平天国 ······································· 289
　　第五章　述维新运动 ······································· 299
　　第六章　述革命运动 ······································· 309

第三编　经济的发展 ··· 319
　　第七章　商业的发展 ······································· 319
　　第八章　工业的发展 ······································· 329
　　第九章　农业的发展 ······································· 339

第二部

绪　言 ·· 351

第一编 ··· 352
　　第一章　教育与留学 ······································· 352
　　第二章　科学与哲学 ······································· 362
　　第三章　文学与艺术 ······································· 372

第二编 ··· 382
　　第四章　家庭与婚姻 ······································· 382
　　第五章　乡村与城市 ······································· 391
　　第六章　礼俗与法律 ······································· 400

第三编 ……………………………………………………………………… 409
　第七章　卫生与娱乐 ……………………………………………… 409
　第八章　装饰与器具 ……………………………………………… 418
　第九章　衣食与居住 ……………………………………………… 428

第一部

第一编　宗教的输入

第一章　景教的输入①

中西文化的沟通究竟始于何时？这是一个不易回答的问题。顾实先生编《穆天子传西征讲疏》以为，周穆王在穆王十三年至十四年（西历纪元前九八九—九八八），曾西征到西洋的波兰华沙（Warsaw）附近的地方，然后乃经俄国莫斯科北的拉独加湖（Lake Ladoga）而东回。我们以为，穆王的西征既在十三年至十四年之间，从时间上看起来，古代交通不便，道路未辟，穆王能在一年或年余之间往来于这么远的地方，这实为事实所难能的事，所以，穆王西到波兰华沙之说也难于置信。而且就使穆王而真是到了这些地方，在那个时候还是一个没有开辟的地方，《穆天子传》里也说，"天子三月舍于旷原"，而这个旷原，据《穆天子传》所记载，还是一个"山薮水浑"的地方，还是一个"陵衍平陆"的地方，恐怕不但没有高度的文化，就是人烟也许绝迹。据说，穆天子之所以到这地方，对于中西文化的沟通上，决不会生出什么东西来，而况波兰华沙之在西洋文化史上，是一个文化发展较晚的区域。在这个时候，中国文化对于西洋的影响既找不出什么痕迹，西洋文化对于中国的影响更找不出什么证据。

又有些人以为，古代的希腊已与中国交通，因为丝来司（Seres）这个名词的意义就是蚕国，而所谓蚕国，就是中国。司来司（Seres）是从希腊文司来（Ser）②而来，司来（Ser）就是蚕。在古代希腊的时候，中国的蚕丝已经传入希腊，所以，希腊人就叫中国为蚕国。假使这种解释是对的，那么中国文化之输到欧洲，是在春秋战国与秦朝的时代。可是，古代希腊与西洋的文化对于中国有过什么影响，却没有正确的记载。在理论上，中国的蚕丝既可以传入西洋，西洋的文化也可以输到中国，然而在事实上，我们既找不出西洋文化在古代希腊的时候已传播到中国来的可靠的证据，我们却不能因蚕丝的西传而说西洋文化也东来。

又有些人以为，中国有了许多名词是来自西洋的希腊、波斯以至希伯来（Hebrew）。比方葡萄，据司马迁的《史记》里所说，是来自大宛（Ferghana），然而这个名词不外是希腊语Βότρυς的变音。又如葡萄这个名词，也是希腊语ράφι

---

① 校按：在陈序经家藏抄稿中，在此章首页，陈穗仙女士标注"中山大学教务处罗振新先生抄写"。
② 编注：Ser源于希腊文 Σηρ。

的变音，这一点，齐尔思（H. A. Giles）教授在其《中国与中国人》（*China and the Chinese*）一书也举了很多例子。因而人们遂以为古代希腊文化曾传到中国。我们以为这些东西也许来自希腊，可是这些东西既没有确实的证据去证明，是直接来自古代希腊，那么所谓古代希腊文化对于中国的影响，真是微乎其微了。

冯承钧先生在《大秦考》（《景教碑考》附录）里以为大秦确为罗马帝国无疑，《后汉书》卷一一八《安息传》曾有甘英奉命使大秦的记载，惟据《安息传》里说：

> 英使大秦，抵条支。临大海欲渡，而安息西界船人谓英曰："海水广大，往来者逢善风，三月乃得渡；若遇迟风，亦有二岁者，故入海人皆赍三岁粮。海中善使人思土恋慕，数有死亡者。"英闻之乃止。

可知甘英并没有到过罗马。虽则冯先生以为，条支、安息西界是在属于罗马的安息的安谷城与在叙利亚的海岸，然而甘英对于中西文化的沟通上有否贡献，实为疑问。此外，据《后汉书》及《晋书》而指出大秦曾派使臣于汉延熹九年（西历一六六年）与晋太康五年（西历二八四年）来过中国。冯承钧先生以为：

> 此二使之派遣，皆在罗马用兵安息之后。一六五年，罗马帝安敦尼（Marcus Aurelius Antoninus）取安息都城，二八三年，罗马帝卡喜苏（Carus）取安息都城，与遣使事似不无关系，西人之研究罗马使臣者，不承认为贡使而臆断为商人。顾桓帝之时与汉武、隋炀之时不同，无所用其招徕外国粉饰升平之举也。予以为其使确为安敦尼及卡喜苏之使。

就使冯先生所说大秦就是罗马，而罗马使者于汉、晋的时候到过中国，可是这些使者对于中国文化上有过什么影响也是疑问。

就我们现在所知道的西洋文化之影响于中国的，要以景教为最先。景教是在唐贞观九年（西历六三五年）传入中国，中国史籍，如王溥《唐会要》（卷四十九）、唐韦述《两京新记》、宋敏求《长安志》，均有记载。惟自唐代至明季末叶，国人很少注意。直至明天启五年（西历一六二五年）的三月间，始有人在陕西长安掘出一个景教碑，从此以后，中西人士对于景教传入中国的事迹始加以注意，而景教在中国的传教的历史，以及对于中国文化的影响，也较为明瞭。景教碑是一个大石碑，碑文不但很长，而且有中国及叙利亚两种文字，碑的建立是在唐德宗建中两年（西历七八一年），这是景教会在七八〇至七八一年的冬季，在长安集会时所刻的石碑。现在关于景教传入中国的史料，既还以此碑为主，我们且把碑文的全部抄之于下：

> 粤若常然真寂，先先而无元。窅然灵虚，后后而妙有。总玄枢而造化，妙象圣以元尊者，其为我三一妙身无元真主阿罗诃欤！判十字以定四方，鼓元风而生二气。暗空易而天地开，日月运而昼夜作。匠成万物，然立初人；

别赐良和，令镇化海；浑元之性，虚而不盈；素荡之心，本无希嗜。洎乎娑殚施妄，细饰统精，间平大于此是之中，隙冥同于彼非之内。是以三百六十五种，肩随结辙，竞织法罗。或指物以托宗，或空有以沦二，或祷祀以邀福，或代善以矫人。智虑营营，恩情役役；茫然无得，煎迫转烧；称昧亡途，久迷休复。于是我三一分身景尊弥施诃，戢隐真威，同人出代。神天宣庆，室女诞圣于大秦；景宿告祥，波斯睹耀以来贡。图廿四圣有说之旧法，理国家于大猷；设三一净风无言之新教，陶良用于正信。制八境之度，炼尘成真；启三常之门，开生灭死。悬景日以破暗府，魔妄于是悉摧；掉慈航以登明宫，含灵于是乎既济。能事斯毕，亭午升真。经留廿七部，张元化以发灵关。法浴水风，涤浮华而洁虚白。印持十字，融四照以合无拘。击木震仁惠之音，东礼趣生荣之路。存须所以有外行，削顶所以无内情。不畜臧获，均贵贱于人；不聚货财，示罄遗于我。斋以伏识而成，戒以静慎为固。七时礼赞，大庇存亡。七日一荐，洗心反素。真常之道，妙而难名。功用照彰，强称景教。惟道非圣不弘，圣非道不大，道圣符契，天下文明。

太宗文皇帝光华启运，明圣临人。大秦国于上圣〔有上德〕曰阿罗本，占青云而载真经，望风律以驰难险。贞观九祀至于长安，帝使宰臣房公玄龄总杖西郊宾迎入内。翻经书殿，问道禁闱，深知正真，特令传授。贞观十有二年秋七月，诏曰："道无常名，圣无常礼。随方设教，密济群生。大秦国大德阿罗本，远将经像来献上京。详其教旨，玄妙无为；观其元宗，生成立要；词无繁说，理有忘筌；济物利人，宜行天下。"所司即于京义宁坊造大秦寺一所，度僧二十一人。宗周德丧，青驾西升；巨唐道光，景风东扇。旋令有司将帝写真转模寺壁。天姿泛彩，英朗景门；圣迹腾祥，永辉法界。案西域图记及汉魏史乘，大秦国南统珊瑚之海，北极众宝之山，西望仙境花林，东接长风弱水。其土出火浣布，返魂香，明月珠，夜光璧。俗无寇盗，人有乐康。法非景不行，主非德不立。土宇广阔，文物昌明。高宗大帝，克恭缵祖，润色真宗，而于诸州各置景寺，仍崇阿罗本为镇国大法主。法流十道，国富元休。寺满百城，家殷景福。圣历年，释子用壮，腾口于东周；先天末，下士大笑，讪谤于西镐。有若僧首罗含，大德及烈，并金方贵绪，物外高僧，共振玄纲，俱维绝纽。

玄宗皇帝令宁国等五王亲临福宇建立坛场。法栋暂桡而更崇，道石时倾而复正。天宝初，令大将军高力士送五圣写真寺内安置，赐绢百匹，奉庆睿图。龙髯虽远，弓剑可攀，日角舒光，天颜咫尺。三载大秦国有僧佶和，瞻星向化，望日朝尊。诏僧罗含僧普论等一十七人，与大德佶和，于兴庆宫修功德。于是天题寺榜，额载龙书，宝装璀翠，灼烁丹霞。睿札宏空，腾凌激日。宠赉比南山峻极，沛泽与东海齐深。道无不可，所可可名。圣无不作，所作可述。

肃宗文明皇帝,于灵武等五郡,重立景寺。元善资而福祚开,大厦临而皇业建。

代宗文武皇帝,恢张圣运,从事无为。每于降诞之辰,赐天香以告成功,颁御馔以光景象。且光以美利,故能广生。圣以体元,故能亭毒。

我建中圣神文武皇帝,披八政以黜陟幽明,阐九畴以惟新景命。化通玄理,祝无愧心。至于方大而虚,专静而恕。广慈救众苦,善贷被群生者,我修行之大猷,汲引之阶渐也。若使风雨时,天下静,人能理,物能清,存能昌,殁能乐,念生响应,情发自诚者,我景力能事之功用也。大施主金紫光禄大夫,同朔方节度副使,试殿中监,赐紫袈裟僧伊斯,和而好惠,闻道勤行。远自王舍之城,聿来中夏,术高三代,艺博十全。始效节于丹庭,乃策名于王帐。中书令汾阳郡王郭公子仪,初总戎于朔方也,肃宗俾之从迈。虽见亲于卧内,不自异于行间。为公爪牙,作军耳目,能散禄赐,不积于家。献临恩之颇黎,布辞憩之金罽。或仍其旧寺,或重广法堂。崇饰廊宇,如翚斯飞。更效景门,依仁施利。每岁集四寺僧徒,虔事精供,备诸五旬。馁者来而饭之,寒者来而衣之,病者疗而起之,死者葬而安之。清节达娑,未闻斯美。白衣景士,今见其人。愿刻洪碑,以扬休烈。

景教碑出土之后,曾有人疑其为耶稣教会教士所伪造。比方法国的福特尔(Voltaire)在其《中国书札》(*Letters Chinoises*)里就有这种的表示。可是,唐代景教传入中国,中国史籍既有记载,外国的著名东方学者如沙畹(Chavanne),也根据中外史料加以证明。沙畹在其《西突厥史料》(*Documents sur les Tou-Kiue*)(冯承钧译),曾根据 Theophylacte Simocatta 而指出,纪元后五八八年至五八九年,波斯将军巴尔兰(Bahram)攻破突厥大军之后,曾收容了不少突厥兵士,到了五九一年,巴尔兰因被谗而反叛波斯王库萨和,库萨和乃乞援东罗马而击败巴尔兰,其俘虏中有许多突厥人。据说:

突厥兵中又有数人额上刺有十字符号,库萨和将俘虏尽以象蹄毙,而留刺十字之俘虏以遣罗马帝。罗马帝询以十字之所从来,据云,昔日东粟特(Scythe)瘟疫厉行之时,曾有基督教徒命其刺十字于额上,遂不为疾所染。观此文,具见景教在五九一年前卅年,已传布于康居(Sogdiane)一地突厥人之中,盖诸人于童年刺此十字也。突厥人中既有基督教徒,则六三五年西安《景教流行中国碑》所载阿罗本传教中国之事,亦无足异矣。

沙畹这种看法可以说是不错的,所以,景教在唐初传入中国也可以说是没有问题的。

景教是基督教的支派,西文名为 Nestorianism,纪元后四三一年六月二十二日被厄菲苏斯（Ephesus）公会斥为异端，后逐渐由近东而传播到远东。我们若就西安所掘出景教碑文来研究，就知道这个碑文首一段所叙述的理论与事实是基督教的理论与事实。明末李之藻的《读碑书后》对于这一点已经解释得很清楚，他告诉我们道：

> 庐居灵竺间，岐阳同志张赓虞，惠寄唐碑一幅，曰：迩者长安中掘地所得，名曰《景教流行中国碑颂》，此教未之前闻，其即利氏西泰（利玛窦字西泰）所传圣教乎？余读之良然。所元先先无元，后后妙有；开天地，匠万物，立初人，众圣元，尊真主，非皇皇天主，畴能当此？其云三一妙身，即三位一体也。其云三一分身，即费略降诞也。其云同人出代，云室女诞圣于大秦，即以天主性接人性，胎于如德亚（Judée）国室女玛利亚（Maria）而生也。景宿告祥，异星见也；睹耀来贡，三君朝也；神天宣庆，天神降也；亭午升真，则救世传教功行完，而日中上升也。至于法浴之水，十字之持，七时礼赞，七日一荐，悉与利氏西来传述规程吻合。而今云陡斯（Deus），碑云阿罗诃（Arhart）；今云大傲魔魁，碑云娑殚（Satan），则皆如德亚国古经语。不曰如德亚而曰大秦，考《唐书·拂林传》，一名大秦，西去中国四万里。又考《西洋图志》，如德亚畿东一道，其名曰秦，道里约略相同。阿罗本辈，殆从此邦来者，故以大秦称云。

又据碑文所说，阿罗本到长安时，唐太宗遣了宰相房玄龄到郊外欣迎，这可见得朝廷于景教的重视。此后，高宗又崇阿罗本为镇国大法主，玄宗令宁国等五王亲临福宇，建立坛场，天宝初，令大将军高力士送五圣写真寺内安置，而肃宗、代宗、建宗，以至名臣如郭子仪，对于景教都加以维护，那么，景教在那个时候的发达可以概见。

而且，据碑文说，政府于景教初来时，曾令所司在长安义宁坊〈造〉大秦寺一所，度僧二十一人；在高宗的时代，且令诸州各置景寺，所谓法流十道，寺满百城。据德礼贤神父（Paschal M. D'Elia）在其《中国天主教传教史》里，在将近纪元后七百年的时候，在四川成都也建立一座景教寺，这又可见得景教在那个时候的盛况。

此外，碑文又提及，景教传入中国后曾翻译经典。在清代光绪年间，在甘肃敦煌石室，曾发现景教翻译的经典好几种，据说这是唐初六三五—七〇〇年间，在长安附近地方所翻译的。又据有些人说，景教教士来中国时所带来的经典共有五百三十部，而当时翻译为中文的共有三十五部，然其留存至今的只有两部，一为《宣天至本》，一为《至玄安乐经》。

德礼贤神父以为，关于景教教义的中文书籍，其最古的恐怕要算《移鼠迷诗诃经》（一名《序听迷诗所经》）（*Book of Jesus Messiah*）。这本书大约是六三五年到六三八年间的作品，晚近才发现并且已译为西文，天主在这部书里是称为天尊，叙述贞女产子，天主降孕，以及耶稣的行为，以及其受难的事迹。

此外，又如《一神论》是一部手抄本，是在六四二年写的，里面讲到娑殚或亚当以及肉身复活的故事。德礼贤神父在同书里又举《三威蒙度赞》一本书，这也是一本手抄本，这是一本对于上帝的颂赞。

这不过是就我们现在所知的几本比较重要的景教书籍加以说明，说不定将来还有这种的著作发现。

上面是说景教寺院与经典，至于信仰景教的人在唐代景教繁盛的时候究竟是那一种人，与究竟有了多少人，也是值得我们研究的问题。碑文里告诉我们，唐代的许多君主与皇室人物对于景教的提倡虽很努力，可是君主与皇室人物是否曾有信教的，却是问题。照我们的观察，大致唐代的帝皇，而特别是太宗，对于各种宗教都可以说是任其自由发展，任其自由输入，而且能以平等去待遇各种宗教。所以，太宗虽是因姓李而特别尊崇老子，然而对于佛教、景教的输入也能欢迎。阿罗本到西安时，太宗遣宰相到郊外欢迎；玄奘从印度返国时，他也遣使奉迎。君主对于各种宗教既能一视同仁，那么，君主对于景教未必加以特别的宠爱，更说不上给以专诚的信仰罢。

有些人以为房玄龄与郭子仪曾为景教徒，这似乎是没有根据的。玄龄是因为地位的关系，君主命令他去接阿罗本，他也许对于景教有了相当的同情，然这不一定使他变为景教教徒；至于郭子仪，对于景教寺院的建造虽有很多的帮忙，此外，肃宗时子仪总戎朔方，虽命景教士伊斯从行，这也不能证明子仪就变为景教徒。总之，据我们所知道的，史籍既无明文说及房、郭曾为景教徒，而一般推测之词又没有充分的证据去使我们相信他们入教。

然而，景教的输入既得了君主的宠爱，宰相的郊迎，名臣的提倡，景教在当时之对于一般人的影响必定很大，而况寺院的建造与经书的译著既若是之多，则景教的势力之在当时必定很大，是无可疑的。

据唐武宗会昌五年（八四五年），武宗曾下令勒大秦穆互被三千余人还俗。自然的，这三千人中不单只是景教，而是包括回教、祆教等，但是景教在这个数目中所占的人数必定是不少，而一些景教徒之未为政府所知道而未被勒还俗的，也必定不少。

有些人以为自八四五年以后景教已被禁断，然事实上，宣宗就位以后，对于景教的禁令已经开放。又在八七八年黄巢之乱，据说在广州的十二万回回、犹太、波斯人，以及信奉景教的人们，都被歼灭，但是据莫利（Moule）在一九三一年《国际教业评论》（*The International Review of Missions*）所发表《中国基督教的最初失败》（*The Primitive Failure of Christianity in China*）一文里曾指出，直到九〇八年，一个景教主教曾派人回欧洲报告道："中国的景教至今才毁灭了，奉告的本国人先后的消毁，他们的教堂都已拆毁，中国境内，只剩了一个景教徒。"

这里所说的本国人，概是指着中国人而言，剩下这个信徒，无疑的是这位主教。于此又可见得中国人之信仰景教而变为教徒的必定不少。

又据民国八年（西历一九一九），在北平西南四十里的地方的十字寺里，发现两块刻花的石碑，一块是九六〇年所建立的，别一块是一三六五年所建立的。又在新疆及蒙古的中部与东部，有几处义冢里有十字形的墓碑，上刻着的年月大约也是在一二〇〇年至一三六〇年之间，这大概也是景教所留的遗物罢。这样看起来，所谓八四五年以后中国景教全被消灭之说，亦不可靠。

其实，自十二世纪蒙古入主中国以后，景教教徒却又源源而来，而其势力又逐渐增大。据说在元成宗的时候（一二二九至一二四〇年），景教徒众竟可以不纳税捐，所以马可·波罗（Marco Polo）在一二七五至一二七九年间，在蒙古、甘肃、山西、云南、河北，以至江苏、浙江、福建各处，发见了许多的景教教堂。景教在元代是称为也里可温，陈垣先生的《元也里可温考》是研究元代的中文方面的史料最为丰富的著作。裴化行神父（H. Bernard）在其《天主教十六世纪在华传教志》（*Aux Portes de la Chine: Les Missionnaires du XVIe Siècle*，中译萧濬华）一书里，且以为在十五世纪以至十七世纪还有景教的教徒。他说：

> 景教直至一四〇五年在外蒙古一带还有他们的踪迹，按书上说（指 Clavijo, *Embassy to Tamerlane*, 1403-1406），那时有人在萨玛康德（Samarkand）见过他们穿着剪短了的羊毛的长袍，一个被绳子牵着的小帽子，很不稳当的戴在头上，那条绳子是悬在他们胸间。又有一个亲眼看过他们的人记载说，那些内斯多略教人仿佛是从作坊里走出来的铁匠一样，他们所带着的礼物是作皮衣用的貂鼠皮同白狐皮，还有一只很希奇的鹰……他们是为请求金国可汗的太子道可达米石（Toktamish）去作他们的亲王……在一六〇五年，利码窦又给我们述说过一些在陕西、河南等处变转了信德的人们的可怜的情形，大概这还许是古时信奉景教的那些人的后裔呢。

上面是叙述景教在中国的史略。至于景教对于中国文化各方面的影响的程度如何，也很值得我们的研究。照我们上面所说，中国君主与臣僚对于景教极力提倡，那么，信仰景教的人必定不少。此外，景教对于佛教也有影响。景教之于佛教的这种关系，最先指出的是日人高南顺次郎（Takakusu），他在一八九六年十二月份的《通报》（*Tung Po*）上曾发表一篇短文说明这种关系。从《宋高僧传》里，我们可以找出下面一段话：

> 般剌若此云智慧，姓乔答摩氏，北印度迦毕试国人，七岁出家，专习小乘，后诣中印度那烂陀寺，禀学大乘，复游双林，经八塔，往来瞻礼十有八年。尝闻东方大国文殊在中，锡指东方，誓传佛教，泛海东迈，垂至广州，风飘却返，抵执师子国。又集资粮，重修巨舶，遍历南海诸国。建中元年

（七八〇）载所赍经论，至于广州。贞元二年（七八六）始届京师，见乡亲神策军正将罗好心，即慧舅氏之子也。将至其家延留共养。贞元八年（七九二）上表举慧翻传，有敕令京城诸寺大德名业殊众同译，得罽宾三藏般若开释梵本，译《大乘理趣六波罗蜜多经》十卷。乃与大秦寺波斯僧景净依胡本《六波罗蜜经》译成七卷，时为般若不闲胡语，复未解唐言，景净不识梵文，复未明释教。虽称传译，未获半珠。图窃虚名，匪为福利。录表闻奏，意望流行。圣上浚哲文明，允恭释典，察其所释，理昧词疏，且夫释氏伽蓝、大秦僧寺，居止既别，行法全乖；景净应传弥尸诃（Messiah）教，沙门释子弘阐佛经，欲使教法区分，人无滥涉，正邪异类，泾渭殊流。

景净是述景教碑文的景教教父，他不但对于景教的传播有了贡献，而且帮助般剌若翻译佛经，这可见得他对于佛教必有不少的影响。虽则他所翻译的东西有了不少的错误，然而当时翻译佛经的人缺乏可以概见。冯承钧先生曾指出：

今本六波罗蜜十卷共为十品，若不退转布施、净戒、安忍、静虑，波罗七品，不难附会，尚不成问题。陀罗尼（Dharani）发菩提心二品，为景教所无，必曾省略。所谓词疏者，必推此也。至第一品之依归三宝品，景净或以三一妙身之三位（Trinitas）代三宝（Triratna），或以基督上帝代佛，以旧约代法，以景众代僧，所谓理昧者，必指此也。虽以极疏略的帝王审察，开卷不难见其殊异，延基督教徒为佛经译手，为中国译传中空前绝后的事。

景净的翻译无论怎样词疏理昧，然而他与佛教的关系，以及对于佛教的宣传上作过不少的工夫，是不能否认的。佛教对于中国文化有了不少的影响，佛教的初期传入既与景教有关系，而佛经的翻译又有景教教徒去帮忙，那么至少在间接上，我们可以说景教对于中国的文化也有过影响。

日本早稻田教授 P. Y. Saeki 在一九一六年曾出版一本《中国景教碑》（The Nestorian Monument in China, 2nd Edition 1928），这是一本研究中国景教碑与中国景教的专著。冯承钧先生写《景教碑考》的时候，好像没有见过这本书。照×××[①]教授的意见，不但中国的佛教是与景教有了关系，就是中国的回教也与景教有了关系。他以为，自唐武宗禁止大秦寺以后，景教教徒曾与回教混合，又在回教在未来中国之前，已受了西洋文化的影响，然而西洋文化之影响于回教的媒介，是叙利亚与景教，所以，在回教的文化里也可以找出不少景教的成分。

然而，景教对于中国宗教影响最大的，是道教中的金丹教。他以为，写景教流行中国碑文的吕秀岩，就是吕岩或吕洞宾。他举出，在中国历史上，有许多人名，三个字往往去了中间一字而留姓与最末一字，如遽伯玉亦名蘧玉，苏子瞻又

---

① 校按：此处抄稿空三格，以隐讳号（×）代之，以下类似情况，不另说明。

名苏瞻，董其昌又名董昌之类，所以吕秀岩亦名吕岩。既与撰景教流行中国碑文的景净相友善而书碑文，吕岩之受景教的影响是自然而然的。吕岩是金丹教的鼻祖，据说他能作了各种法术，如变水为酒，使其门徒能饮好酒，用手摸死鱼可以使其复活，用手摸盲者可以使其复明，此外病者、伤者又可以得他的医治而立愈。照×××教授的意见，这些故事都可以说是从景教而来。此外，他又举出金丹教的教堂的灵牌及其××均与叙利亚的教堂里的××及其×××相似，所以，他的结论是，金丹教不只是受了景教的深刻的影响，而且可以说是景教的后身。

此外，×××教授又指出，中国佛教徒之崇拜祖宗，以至日本道士之结婚，都可以说是受了景教的影响。

总而言之，照×××教授的意见，唐代或是长安文化之所以具有欧洲文化的成分，是由于景教的传播。

其实，×××教授这种意见，洪德保（Alexander von Humboldt）在一百年前，在其所著的《宇宙论》（*Cosmos*）第二卷里已很显明的表示出来。洪德保以为，亚剌伯人与回教徒之所以受了西洋文化的影响，主要是由于叙利亚人的传播，而叙利亚人之传播这种文化到近东，主要是由于景教徒不只是宗教家，而且是科学家，所以，他们在近东不只在建筑了教堂，而且建立了医校。洪德保又指出，他们在第七世纪的时候，从近东慢慢的发展到远东而至中国，传播他们的教义与知识。洪德保对于他们在医药知识的传播上很为注意。景教在近东除了宣传宗教之外，对于研究医药既很有成绩，那么景教之来中国，对于西方医药是否也介绍来中国，这是很值我们研究的。

景教在中国，照我们上面所说，既有了千年的历史，在理论上对于中国的文化的影响，应当很大，然而事实上，不但景教对于中国的文化的影响少有史籍记载，就是景教传入中国的整个历史，也少有史籍的记载，久为人们所忘记。假使景教碑至今不为人所发现的话，那么景教传入中国的历史，恐怕至今还为人们所忘记，这并非没有原因的。第一，在唐的时代，中西交通很不方便。中西海道既尚未直接通航，中西陆路不只因为道途辽远，山川阻隔，而且因为民族的妒忌、盗匪的猖獗，要从西洋来中国，或从中国到西洋，都是一件很为困难的事，景教之传入是一件很不容易的事。第二，中国人对于汉族以外的民族，从来皆以野蛮民族看待，以为他们的文化是低于中国。这种看不起外族及其文化的心理，使中国人对于外来的民族及其文化，往往存了蔑视的态度，不但不愿加以研究而求充分的了解，连了各民族以及其文化的区别也没有加以注意。景教之不为人们重视，也是自然而然的。冯承钧先生在《景教碑考》的"绪言"曾说：

> 景教流行中国碑出土迄今三百余年……清儒考据之学固能超迈前贤，然其所专者本国之典籍，偶一涉及外国之事，则极疏陋，或陈陈相因，或穿凿附会，无一可取。百年前，钱、杭诸家并此景教之名，亦不知之，近数十年

来，虽有智者，亦不甚审。

景教碑出土以后，国人对于景教既少有认识，景教碑未出土之前，国人对于景教的忘记是很自然的。其实，在唐代景教初入中国的时候，国人就不明景教与祆教的区别，所以总称之为波斯寺或波斯胡寺，直至百余年后（天宝四年，西历七四五年）始改为大秦寺。然而所谓大秦，在那个时候也不过是一个很含糊而没有正确的意义的名词。

其实，我们应当承认，在第七世纪的时候，中国文化在许多方面不但不低于西洋文化，而且比之西洋文化较为优越，而况在唐代初叶，声誉振动于海外。直到现在，国人之在海外的还是称中国为唐山，称国人为唐人。其实，就是到了十二、十三世纪的时，西洋民族还是处在黑暗的时代，所以元朝西征不但在武力、政治方面影响到西洋，就是在文化的其他方面，如火药，如指南针，如印刷术，无一不比西洋为优，无一不为西洋效法。西洋的文化在实质上既并不见得比中国的为高，景教虽然输入，然除了在宗教方面对于中国人有了不少的影响之外，对于文化的其他方面，当然难有深刻的影响，反之，中国的景教过了相当的时候，却为中国文化所影响，这是稍能注意到中国景教的历史的人所能容易明白的。

第二章　旧教的输入[①]

本章所谓旧教，是指着天主教而说，景教虽也可以说是天主教的支流，但是在纪元后的第六世纪的时候，景教被了所谓正统的教会斥为异端，遂脱离后者而自成一派，所以，我们对于两者应当分开来加以说明。

天主教是在什么时候传入中国呢？这是意见纷纭的问题。传说基督教的十二个门徒中的圣托马斯（St. Thomas）曾把基督教传来中国，加斯巴克卢斯（Gaspar da Cruz）的《中国志》（*Tractado da China*）（1569）、古维亚（De Gouveia）的《东方史》（*Histoire Orientale*）（1609）与特利高卢特（Trigault）的《基督教的远征》（*De Christian a Expedition*）（1615），都可以说是倾向于这种传说的。又有些人以为，在东汉的时代，曾有两个叙利亚教士到过中国，他们来中国的目的，在表面上，他们虽说是为着学习养蚕，然事实上却是宣传宗教（参看李文彬《中国史略》，1914）。阿诺俾亚斯（Arnobius）在纪元后三○三至三○五年间所写的《反抗异教的讨论》（*Disputationum Adversus Gentes*）一书中，也以为蚕国（Seres，中国）也是基督教的福音所传播的一个国家。

上面所说的数种传说，都没有确实的历史的证据。据我们现在所知的，天主教士之到中国最早的要算××××××××（Giovanni da Pianô di Carpine，1182—1252）。这位教士之来中国，主要目的并非传教，而是探察元朝的实力与设法与元朝媾和。原来，蒙古在十二世纪的中叶，兵威所至，远到欧洲的俄罗斯与波兰，教皇因诺孙特第四（Innocent Ⅳ）在一二四五年的里昂会议中感觉到这种的威胁，故特派这位教士东来。他乃于一二四五年四月十六日离开里昂，到了次年七月二十二日，始到卡拉库伦（Karakorum）觐见定宗，并参加其登极典礼。他于同年十一月十三日起程回欧洲。关于他来中国的经过，现存有一本游记 *The Journey of Fair Joho de Piano Carpine*（彼阿诺·卡尔彼尼）。

到了一二四九年，教皇又派了安德累·得·隆朱摩（Andre de Long☐）与法国皇帝所派的卡卡松的若因（Jean de Carcass☐）与威廉（Guillaume）两位教士来中国，目的与其说是为着传教，不如说是为着讨好于元朝君主。这三位教士到中国时定宗已逝世，他们朝见了定宗的皇后俄古·魁姆尼（Ogul Quimis）。据说〈皇后〉接受他们的礼物，还给一封〈信〉，交他们带回教皇与法王，命令他们年年朝贡。后来教皇与法王看了这个信都很懊悔，因为元朝的君主并不以平等的

[①] 校按：在陈序经家藏抄稿中，此章为代抄稿，且与上一章非同一抄者。

地位去看待他们。教皇与皇帝固然懊悔，然他们慑于元朝的兵威，也只好忍耐下去。到了一二五三年，威廉·德·卢布卢克（Guillaume de Rubruc）与巴托罗美俄·得·克利摩那（Bartolomeo da Cremona）两位教士自动要到东方的时候，教皇照样的写信托这两位教士带给元朝的君主。据说这两位传教士在中国时，曾劝了五个人入天主教，同时，他们在卡拉库伦的时候遇着三个欧洲人，一为法国人威廉·部舍尔（Guillaume Boudsur），一为威廉·部舍尔的妻子，一为英国人巴齐尔（Basil），他们都是被掳而来的。

这些东来的教士，主要目的既不是为着传教，而住在中国的时间又很短，教皇与法国皇帝所遣派的使者固是这样，就是自动来华的两个教士也可以说是这样，所以严格来说，主要是为着传教的教士，最先来中国的恐怕要算佐凡尼·蒙泰科维诺（Giovanni da Montecorvino）了。这位传教士是意国人，他是方济会会士，他最初在近东传教，到了一二九四年，以教皇钦使的名义到了北平。据说，元世祖忽必烈的孙儿成宗帖木儿对待他很好，所以，他对于宣传宗教的工作上很有成就。据《元史》卷一一八，这位教士在初到中国一年内，曾劝化了高唐王阔里吉思（Prince George of Tenduc）信奉天主教。阔里吉思在一二九六年生了一个儿子，他不但把他受了天主教的洗礼变为天主教徒，他且以这位教士的名字去名这位小孩，以纪念这位热情的传教士。

佐凡尼·蒙泰科维诺自己一个人在中国传教有了九年之久，到了一三〇三年，才有一位德国的教士，叫做阿诺尔德（Arnold Cologne）来帮忙他。后来佐凡尼又写信回欧洲方济会的会士，劝他们来传教。据说一三〇七年，有了六位传教士由欧洲启程来中国，但是有了三位在印度死了，只有三位到达中国。此后陆续而来的还有好几位。佐凡尼在一二九八年至一二九九年间，曾在北平建筑了一座教堂，这就是天主教的第一座教堂。从一三〇五年至一三一八年间，又加建了两座。而且在一三一三年，又在福建泉州建了一座大教堂，同时又在浙江的杭州、江苏的扬州各处宣传宗教。

据说在一三〇五年至一三一八年间，佐凡尼曾办了一个学校，收容了约四十位男童。他们的年纪是从七岁至十一岁，目的是要培养出一些宣传宗教的人才，这些小孩除受了洗礼变为天主教徒外，又学习唱诗与拉丁文。同时，他又把《圣经》的一部分译为蒙古文。佐凡尼是死于一三二八年，他在中国传教有了三十四年之久。他死了之后，天主教在中国也逐渐的衰落，到了元朝灭亡，天主教也随之而绝迹。据天主教会方面的记载，在元朝，中国人之入教的约有了三万人。不过在这个数目，差不多完全为蒙古人及亚兰人，而非汉人。

十三世纪至十四世纪的天主教之所以能够流行到中国来，主要是得力于成吉思汗的远征。因为元朝的版图扩充而使欧亚的陆道交通没有阻隔，欧洲的教皇因慑于兵威，始而遣使讲和，继而派人传教。元代君主对于各种宗教既任其自由输入，天主教也不能当为例外。但自十四世纪的末叶以后，欧亚的交通大道被了帖木儿在亚洲的西部截断，交通既发生问题，教士的东来亦成为问题。此外，元室又因明代的崛起而灭亡，明代的崛起是汉族复兴的表现，天主教在元代的教徒既差不多完全为非汉族，那么，天主教要在汉族里滋育发展，比较困难，加以明太祖洪武崇尚古制，外来宗教的传播更不容易。

不但这样，天主教的教士对于传教中国的热情也逐渐冷淡。一三三八年，教皇所派往中国的专使马里诺利·的·佐凡尼（Giovanni de Marignolli）到了一三四二年始来中国，可是他在中国住了约有三年，就因明朝的崛起而逃回欧洲。此后，教皇在一三六二所委任的托马斯多（Thomasso），一三七〇年所任命的古利摩·得·普拉托（Guglielmo de Prato），与一四二六年所遣派的查科摩·得·卡彪阿（Giacomo da Capua），没有一位来到中国。这虽然是因为交通不便以及他种困难，然而缺乏热情也是主因之一，怪不得方济各会的年鉴 Analecta Franciscana 会这样的告诉我们：

  因为后来负有促进这种事业的责任的人们处处缺乏热情，以致传教事业少有进步。

直至中西海道沟通以后，天主教始卷土重来，直接由海道而来中国，最先的是葡萄牙人伯斯特罗（Perestrello），他于一五一六年抵中国，从此以后，中西的海道交通可以说是从没有间断。第一个天主教教士要到中国传教的是沙勿略（Xavier）。他在一五四二年到了印度的卧亚（Goa），一五四九年又到日本传教，一五五一年离开日本到上川岛，他出了好多方法想从上川岛到中国内地传教，可是直至一五五二年十二月二日他死在上川岛一块大石上，他始终没蹈进中国内地。

沙勿略自己虽没有机会到中国内地传教，但他预料天主教将来必在中国发展，而且因他的死，却鼓励了不少教士去实现他的志愿。据说，海道沟通以后，第一个教士到了中国内地的是美赛俄·嫩耶斯·巴罗杜（Melchior Nunēs Barreto）。他在一五五一年曾两次到过广州，一五五六年又与斯提文·得·古斯（Stephan de Goes）到过一次，可是每次住在广州的时间都不久，而后者又因染病而离开。一六五六年据说还有一位教士到过广州，住了一个月。此后有了好多教士请求到广州居住的，然多被政府拒绝，直到一五七八年，范礼安（A. Valignano）到了澳门之后，始积极设法在中国传教。

范礼安自己对于中国传教的工作并没有直接的参加，可是由于他的积极提倡与鼓励，始使罗明坚（P. Ruggieri）介绍天主教来中国，而且有了罗明坚的热情与努力，始使利玛窦（M. Ricci）建立中国天主教的基础。关于这一点，范礼安自己曾说过（萧译，参看裴化行《天主教十六世纪在华传教志》）：

> 这是我所喜爱的一个人——指罗明坚。因为他用谦逊坚忍，把中国关得很紧的大门打开；因为他是第一个主张用中国的语言、文字，将降生救世的道理在中国传布；因为是经他的手，在中国造成第一座圣母无染原罪小堂，里面供奉着从西洋带来的与围绕着奇花的圣母像；最后也是由他把智慧的利玛窦领入中国。

罗明坚是一五七九年来澳门。他在澳门先习中国语言，他觉得中国语言虽难学，可是他却努力的学下去。从一五八〇至一八八一年间，他曾两次到了广州，后来，他请求范礼安派利玛窦来同他宣传宗教。利玛窦是在一五八二年到澳门，从此以后，他们两位对于宣传宗教的工作愈趋积极。他们既努力学习中国语言，同时又努力去和中国政府人员接近，经过了不少的困难，结果于一五八三年得了政府的允准在肇庆居住。

罗明坚为要达到在中国传教的目的，他不但主张先要学习中国语言，还且主张教士不应该与当时东来的西洋商人太接近而引起中国政府的疑惑。

由于罗明坚与利玛窦与别一位教士——叫做巴范济（×××）的努力，于一五八四年，第一座的天主教堂遂在肇庆建立起来。同年，又有了两位中国人入了天主教。据澳门的传教长×××（P. François Cabral）对于这件事曾有下面一段记载：

> 当余住居肇庆期内，尽量游览本地各名胜，在圣母献堂瞻礼。余为最初两名中国内地的教友领洗礼，一个是高贵的博学士，正在预备进北京领受职位……他曾协助教士们编译教理书籍，四五个月的工夫，……在我去的时候，他已受过利玛窦的训练，能背诵各种经文，因此在他向余请求领洗礼时，各司铎皆表示同意此人洗名保禄。第二人圣名若望，本城人民，他是当着司铎们初次来到时，第一个把他们请到家里去的人。……他对于教理懂得很清楚。我给他们两人洗时，用极庄严的典礼，是在三位司铎举行大降福之后。正在这个时候，有一个在城内住的外教人也来参观典礼，他愿意领洗入教，……但是他没有学会要理与经文，我极力安慰他说，是众司铎都要教给他经文，并预备给他领洗（裴化行 H. Bernard 著《天主教十六世纪在华传教志》Aux Portex de la Chine: Les Missionnaries du XVIᵉ Siècle，萧濬华译，页二九三）。

这位澳门天主教的教长又告诉我们，当时中国的政府人员对于中国人民之入教的，不但没有反抗，而且表示满意，并且希望将来能有多人入教。究竟这位教长所说的话是否完全真确，我们可以不必加以讨论，不过中国政府人员对于这些西来的教士，既准其传教，那么中国人民之入教的不为他们所反对，也是可以相信的。

据说到了一五八五年的下半年，共有了十二个天主教徒，到了一五八六年的上半年，天主教徒增加至四十名，而在会所以内的人尚不在内。据说这些人都是自动入天主教的，并不是从劝化而来的。范礼安告诉我们，这些自动入教的教徒，比别的国内的二〇〇〇〇，或日本的四〇〇〇〇的教徒，有同等的价值。到了一五九一年，范礼安又为二个著名的中国人施行洗礼，一为钟鸣仁，一为黄明沙。前者的西文名是 Fernandes，后者的西文名是 Martines。

在肇庆的西洋教士们，除了建筑礼堂、施洗教徒之外，还印行教义。罗明坚除了一五八二年翻译《天主十戒》之外，在一五八四年曾发刊了一本《天主实录》(*Vera et Brevis divinarum Rerum Expositio*)，他先用拉丁文写好，然后用中文译意。据说这部书在当时很为流行，但是，自利玛窦在一五九三至一五九六所著作的《天主实义》那本书出版之后，罗明坚的著作却因之而湮没无闻。

罗明坚除了在肇庆与广州宣传宗教之外，他在一五八五年与一五八六年间，曾与别一位教士到过韶州、南昌、杭州、绍兴各处，而且在绍兴的时候，曾劝化两个人入主天主教。他本来想到北京，惟因在绍兴时被人控告，不得不折回肇庆。到了一五八八年，罗明坚离开中国，回去欧洲，希望与那里的教会当作有计画的中国传教事业。可是欧洲在这个时候，政治上既呈了紊乱的状态，罗明坚的怀抱始终没有实现，从此以后，他过了好多年的暗淡的生活，到了一六〇七年，死于欧洲。

自罗明坚离开中国之后，中国天主教的宣传的责任，差不多完全放在利玛窦的肩膀上。

假使没有利玛窦，明末清初的中国天主教不会那么样的发达。利玛窦之所以能有很大的成就，就是由于他的优美的特点，这就是处事谨慎，待人和蔼，感觉敏锐，学术精深。他不但只学习语言，而且用中国文字写了好多关于宗教的书籍；他不但只宣传天主教义，而且介绍了西洋的各种科学；他不但实现了罗明坚北上北京的素志，而且得了皇帝的赏识；他不但劝化了好多平民入教，而且感动了好多士大夫。瞿太素、冯应京、徐光启、李之藻、杨廷筠，都是当时的名士、朝廷的名臣，不但对于天主教给了不少的同情，而且受过洗礼，成为忠实的教徒。

关于利玛窦在中国传教的概略，我们当在别处加以叙述。我们在这里所要指出的是，自从他建立了中国天主教的基础之后，天主教在中国的发展从无间断，而且从他以后，天主教士之来中国的，不但在宗教宣传有了同样的热情，就是对于科学的贡献上，也有很大的功劳。龙华民（Longobardi）、熊三拔（de Ursis）、庞迪我（Pantoja）、郭居静（Cattaneo）、金尼各（Trigault）、艾儒略（Aleni）、邓玉函（Terrenz）、毕方济（Sambiasi）、鲁德照（Semedo）、罗雅各（Giacomo Rho）、汤若望（Adam Schall von Bell）、南怀仁（F. Verbiest）、罗广祥（N. Raux）、李拱良（J. Riberio）与高守谦（Verissimo Monterio de Serra）都是有名的算术家、天文学家、地理学家与语言学者。

自利玛窦来中国后八十年，据耶稣会教士的报告，耶稣会教士在中国各省所建立的教堂有一百五十九座，私立的小教堂尚不在内。而教士所住的寺院也有四十二处。据说在一六三六年，明皇室男女二百六十余人曾受过洗礼；而在一六四八年，永历太后、马太后、王皇后、皇太子也受过洗礼；其他教徒共有二十四万八千一百八十人。此外，其他各会，如多敏我和方济各会，所建立的教堂与所劝化的教徒尚不在内。又在一六六四年的时候，就是利玛窦来中国后八十年，耶稣会的教士们所出版的书籍之关于宗教的约有一百五十种，其关于算术、天文、地理，以及其他的自然科学与伦理等书籍，也有一百五十种，而其他教会所出版的也不在内。

自一六六四年以后，直到十九世纪的上半叶，天主教在中国虽没有很大的发展，然尚能保持其原有的地位，这是由于皇帝的冷视与群僚的反对。比方康熙的禁令，杨光先的排斥，都是天主教不能发达的重要原因。直至十九世纪鸦片战争以后，天主教借了武力的庇护与条约的权利而在中国积极宣传。在一八四二年的《南京条约》成立之后，连了天主教的各种女修道会，也陆续派女教士来中国传教。到了现在，不但各处的大都市有了天主教徒的踪迹，连了各处的小乡镇，以至好多所谓野蛮偏僻的地方，苗、黎、夷、瑶的部落，也有天主教徒的教堂。据天主教教士的统计，在中国，一九〇〇年有了七十四万一千五百六十二位天主教徒，一九〇七年增到一百万，一九一〇年又增至一百二十九万二千二百八十七，到了一九二一年，超过二百万，一九三二年又增至二百五十六万二千七百四十二人。据最近的估计，有人以为已超过三百万。据天主教教士的统计，天主教教会先后所出版的书报刊物有了数十万种，而各种定期刊物，如日报、周刊、月刊、季刊之类，也有三十多种，除了中文之外，还有拉丁文、英文、法文，以至意大利、西班牙、葡萄牙各种文字，而各种天主教会所经营的印刷所也有二十余处。

这不过是随便把些数目字拿来说明天主教在中国的发展，然而数十年来，这种宗教的发展之速也可以概见。

天主教的教堂、教徒与刊物的增加，是表示天主教对于中国文化的影响的力量的增加，这可以说是一种相成的影响。此外，还有一种相反的影响，这就是中国人受了天主教的影响之后，而要建立别一种宗教。王启元在明天启三年（西历一六二三）所刊行的《清署经谈》，就是一个例子。这本书从来没有人注意，到了最近，陈受颐先生在《国立中央研究院历史语言研究所集刊》第六本第二分所发表的《三百年前的建立孔教论》始加以介绍。我们知道，当王启元刊行这部书时，距利玛窦之来中国恰好四十年。利玛窦是在一六〇〇年到北京，他虽死于一六一〇年，可是正像我们上面所说，他对于北京及中国各处的人士之影响很大。王启元是广西马平人,而自一五八五至一六二二年又常住京师,所以,利玛窦在肇庆与在北京的宣教工作当必为他所熟知。他的《清署经谈》可以说是要建立一种新的儒家的宗教,以代替与反抗正在发展很快的天主教。所以,在消极方面,他是极力的反对天主教的,在《清署经谈》卷十六《昭告上帝》篇,我们找出下面一段话①:

> 兹有人焉从大西之国来,以为上帝降生于民间,别号曰天主,所传有经,所立有教。兹其人欲以天主之教行于中国,尽辟旧时三教之说而驾其上。其称号甚尊,其理论甚实,且谓天主,即中国所称上帝,信如其言,即天子犹将让尊焉,彼三教之说,固有不待攻之而不敢并立者矣。

照他的意见,上帝是中国固有的,并非外来的,他用上帝两字往往提②头,这是表示他对于固有的上帝的崇敬,也是证明他相信固有上帝的存在。他这篇《昭告上帝》是一篇祷告词,控告天主教冒用上帝之名于上帝,同时他对上帝又自称为臣,所以他又说:

> 臣不胜愤,又不胜惧,乃盟心自誓,专取十三经一意深研,盖数年而后得其大概。窃谓孔子之功有不可忘,考之于经,一一皆有其实据,又皆人所易知,非驾空以夸其说者。臣非感孔氏之私恩,亦将以明万世之公论耳。兹请为上帝诵之。伏望。
>
> 天慈俯垂鉴焉。

这可以说是把孔子来当作耶稣了。此外,他又说:

> 倘合天之全局,以按孔子之全局,真见其一一符合而无所遗,且无所异也,则虽世世帝王之祀天,以其中奉上帝,左以奉孔子为师,右以奉祖宗为君,是谓陟降在上帝左右,岂不愈为郊社之光也哉。

这种儒教的三位一体的解释,又可以说是与基督教的三位一体的说法,有了暗合之处了。他又说:

> 天地有上下之定位、中外之位象,而握天地之大权者,则惟上帝。据经所言:"郊祀后稷以配天,宗祀文王以配上帝",则天与上帝似当有微异。以理推之,则无名无为者宜属天,有主有权者宜属上帝,然实一体而二名。
>
> (卷二页五)

这不只是说明天与上帝的体一而二名,而且是说明上帝是万有与万能,其与

---

① 编注:抄稿在以下所引王启元《清署经谈》文中,凡遇"天""上帝"等,为表敬重,前皆空一格,现照整理惯例,不再空格。

② 校按:南开大学图书馆馆藏抄本为"提"字,在陈序经家藏的代抄稿中,此字只有一个提手旁。

《旧约》所说的上帝，天主教所说的天主，又有了暗合之处。上帝既是万有万能的，那么一切的万物、人类，以至君师圣人，都是上帝所创造的，所以他说：

> 后儒但以草木万物属天，至于作君作师则专属之圣人，不知君师之位，圣人能自尽其道，岂能自生其身哉？且天之所为大德曰生，岂仅止于生物而不及生人？又，不能于人之中生君师，于君师之中生圣人，于圣人之中生至圣，则亦无为贵天矣。此论天之自生者，不可不兼鬼神；而论天之生物者，不可不先君师也。

这与《旧约》中《创世纪》里所谓上帝创造万物、人类，又有了暗合之处。在中世纪的时候，一般教父们均以为政府法律是罪恶的结果，又是上帝创造以救治罪恶的药方。王启元的君师由于上帝创造的理论的渊源，也可以推逐到基督教教父的理论了。儒教的孔子既等于基督教的耶稣，那么，孔子的诞生也是上帝的意旨，而好像耶稣的降生一样。且看王启元说：

> 孔子所以称为万世帝皇之师，则有数义焉。一元之数，自开辟以来，从寅入巳，几至午矣，中天之运，此其正盛之时，天将纵一人焉，以为宇宙斯文之主，孔子应期而生，一也。群盛迭兴，有以君道显者，有以相道显者……独师道未有著焉，亦宇宙一缺点也，孔子承前而起，二也。

这是耶稣降生以救世的故事的变象。此外，王启元又以为，孔子不为天子，终于下位，是上帝的意旨。这与耶稣不为天子而为平民，乃上帝的意旨的说法，又有了暗合之处。孔子既是天生的，那么，孔子所删订或所著作的书籍，就是圣经。所以，王启元常说："孔子原自至圣，圣经原自大备。"又说："经至孔子而后全，道至孔子而后神，教至孔子而后定，殆若天实有意于其间，非人之所能为也。呜呼！盛哉！"孔子是人又是神，圣经是完全的，儒教是天定的，这与基督教所说关于耶稣的故事，又有其暗合之处了。

上面不过随便举些例子，以说明王启元的新儒教是受了天主教的影响而产生的。其实，此后一般人，像康有为、陈焕章们的主张尊崇孔教，都是受了基督教的影响。孔教既当作正教，别的宗教都是邪教，所以，天主教固要排斥，别的宗教也要排斥，不可混杂。王启元曾说：

> ［系］《系辞》又曰："河出图，洛出书，圣人则之。"自古立教，未有天人亲相授者，则此图此书者，非天所亲授于圣人之秘密乎？夫二氏、百家大抵兴于古古之后耳，而肇于开辟之初，则为儒者独也，故叙道统者，彼推极于天地，而又实指天地之所亲授，而后儒者之本原始定，此统一定。岂惟二氏、百家不能混，即天地再辟，千圣复起，亦不可得而易矣。

这与天主教教士之以为天主教是正统的宗教，其他的宗派是异端，实没有什么差异。总而言之，王启元虽是反对天主教以至别的宗教，然而他自己所要建立的儒教论，却是深受了天主教的影响而产生的。

上面是注重于天主教在中国对于宗教本身上的影响。其实，除了宗教以外，天主教对于中国文化的好多方面，都有很大的影响。

利玛窦在肇庆与在韶州的时候，已翻译欧几里得（Euclid）的《几何原本》（*Elements of Geometry*），这可以说是西洋算术传入中国的开始。此后不但西洋的传教士介绍了好多关于算术的书籍，如艾儒略的《几何要法》，就是中国的士大夫对于研究算术的兴趣，也逐渐的浓厚起来。正如阮元在《畴人传》里所说"吴江王氏（任臣）、宣城梅式（文鼎），皆精于数学，实能得西法之长"，这都是受了天主教士的影响。

在天文方面，利玛窦所著的《乾坤体义》、熊三拔的《简平仪说》、阳玛诺的《天问略》，都是介绍当时西洋人对于天文学上的最新的发见。至于汤若望、南怀仁对于中国历法上的贡献，这是天文学上的实际的影响。我们知道，当一六一六年，沈㴶对于西历已经极力反对，到了清初，顺治用汤若望，用西洋方法去改良中国历法的时候，拥护回回历的吴明煊，而特别是杨光先，曾一再指斥汤若望及其徒众的西洋历法的十谬。康熙就位的初年，曾一度驱逐教士，信任吴、杨。可是，回回历法既没有西洋历法那样精确，清廷又不得不再用天主教士南怀仁及其徒众，从此以后，中国历法的治理完全于天主教徒的手里。直到现在，天主教徒所建立的上海徐家汇天文台，还是国内一个最好的天文台。

在地理方面，利玛窦的《万国舆图》在一八八四年在肇庆刊布的时候，已引起国人的注意。据说利玛窦最初所编的《万国舆图》，中国是被放在全图的一边角，并且看起来并不很大，所以有了好些人看了之后不大高兴。"因为中国学者不能忍受他们的国家被西洋的绘图家抛在世界东部的边角上，但是他们又不能立刻明白数学上的道理，于是，利玛窦不得已，把地图上的第一条子午线，这就是经过加拿利群岛的子午线的投影的位置转移，把中国放在正中。"（参看裴化行《天主教十六世纪在华传教志》下编第六章）

直到现在，我们的地图还是照着明末清初一些天主教士在各省所测量而绘成的地图。后来政府设立测量局，慢慢地始由国人自己去作这种工作。

我们知道，明末清初的天主教教士之来中国，目的虽为传教，然在未来中国之前，对于科学的研究都做过不少的工夫，而来了中国之后，对于中国的学问也有不少的成就。比方瑞士人邓玉函是很著名的物理学家加利里（Galileo）的好朋友，而艾儒略有了西来孔子的称呼，这些人对于中国的学者都有很大的影响。徐光启、李之藻固不待说，就是顾炎武、黄梨洲，也受了他们的影响。顾炎武在《日知录》里对于西洋的钟表曾有过叙述，黄梨洲起兵反清败走，在太湖的船上，还与尚书吴钟峦研究西洋的历法。我尝以为，清人治学比较上是稍合于科学的方法，然而这种成就是在西洋科学输入之后，究竟清代学者在这一方面受了天主教的教士的多少影响，是很值得我们研究的。

　　各种科学固由天主教的教士输入，与科学有关系的物质文化也多由这些教士传入。自鸣钟的修理、铣炮的制造，都是中国朝野所重视的东西。肇庆的天主教堂是模仿西洋的建筑的式样，教堂里所唱的圣诗及乐器，是西洋音乐输入的开始。此外，西洋图画与西洋印刷，这些教士都介绍到中国来，虽则他们所介绍的，多是与宗教有关的东西。

　　又如医术的介绍，医院的建立，天主教教徒很早就注意。至于孤儿院、老人院、盲瞽学校、小学、中学，以至专门学校，如天津工商学院、震旦大学，博物院如天津北疆博物院，都是天主教教徒所做的事业的表现，而他们对于农村的合作运动与近来的救国运动，也都能加以注意。

　　天主教传入中国之后，对于中国的思想方面究竟有过多少影响，这也是值得我们研究的。中国的释道思想，既为天主教士如利玛窦所极力反对，而中国的儒家的思想，也为他们所不取。上面所说的王启元要创立一种新儒教，可以说以毒攻毒的方法，而他之受了天主教的思想的影响，也很为显明。近来有些天主教教士，如裴化行神父（Père H. Bernard），以为明末的复社人士曾深受了天主教的思想的影响，至于黄梨洲的学案是否受过西洋科学的方法的洗礼，与他的《明夷待访录》的反君思想是否受当时天主教的反君的思想的影响，也是值得我们研究的。我们上面已经说过，黄梨洲对于西洋历法很喜欢研究，那么，他对于当时的天主教教士的著作必翻阅不少，《明儒学案》的编纂方法不只是近于科学的方法，而且是中国前人所未曾有的成就，黄梨洲既喜研究西洋的科学，那么，他受了西洋的科学的方法的影响是有可能的。又，天主教在某时期中虽极力拥护专制，然在那个时候，不但反对君主，而且对于近代民主运动，也有不少的贡献。比方法国的政治派（Politique）的人士就是反对君主的人物，而在十五世纪的议会运动（Councilor Movement），可以说是近代民主政治的一种渊源，而且从天主教的立场来看，天主既高过天子，那么天子要受天主的限制是无可疑的。在天主面前，人民与天子或君主是平等的，这一点，利玛窦在《天主实义》里说得很清楚，到中国来的天主教教士，既免不了染了这些思想的色彩，那么他们对于这位《明夷待访录》作者的影响，也是有可能的。我要声明，在这里只是提出这种影响的可能，或其他学者的考究。

第三章 新教的输入①

新教在西洋虽是发生于十六世纪的初年，这就是马丁·路德（Martin Luther）的宗教改革以后，可是，这种宗教之输入中国，是在十九世纪的初年，而其输入的先锋，是马礼逊（Robert Morrison）。马礼逊是在一八〇七年，被伦敦传教会（London）② 派来中国传教。但是，当〈时〉一般的英国人，而尤是英国的商人们，对于遣派传教士来中国传教极力反对，因为他们恐怕传教士来中国传教，必引起中国人的排外情感，使他们在中国做生意有了影响。马礼逊不得已乃绕道美国，乘美国船来中国。未到中国之前，马礼逊又怕到中国时为住在中国的英国人所非难，所以在美国的时候，他请求美国的国务卿麦逊生（James Madison）写了一封介绍信给他带来中国，去见美国住广州领事卡林顿氏（Carrington）。麦逊生在其信里曾告诉卡林顿，在不违背美国的利益的范围之内，可以尽力帮忙这位热心的传教士。所以，他在一八〇七年到了广州之后，他最初不只是住在这位美国的领事的家中，不只是常常与美国人为友，而且自认为美国人而不认为英国人。直到一八〇九年，他始在英国人所设立的东印度公司里兼任翻译的职务。

据说，马礼逊在未来中国之前，已在伦敦博物院里得了一位中国人的指导，学习院中所收藏的中文《圣经》抄本，所以他对于中国文字不但早已有了研究的兴趣，而且早已有了学习的机会。到了中国之后，他又得了信仰天主教的中国教徒授他中国方言与文字，所以他住了中国只有两年，就能从事于翻译的工作。马礼逊与罗明坚、利玛窦一样的相信，要在中国传教，必需先懂中国语言，所以，他不但同早年的西洋天主教徒之来中国的一样的用中国文字去发表基督教与翻译西洋典籍，而且编译《华英字典》及《中文文法》，使来中国的西洋人对于学习中文上有了很大的帮忙。

到了一八一三年，伦敦传教会又派了米怜（Milen）来中国，帮忙马礼逊宣传宗教。米怜刚到了澳门的时候，不但一般天主教徒不高兴，就是葡萄牙的驻澳的政府人员亦很为反对，而迫他立刻离澳门，他不得已乃随一般外国商人赴广州。可是，广州的当局在这个时候也很反对外国教士来华传教。米怜没有办法，只好随着商船而赴爪哇，不久他又到麻喇呷。麻喇呷的华侨很多，他遂在那里学习中国文字与方言，并在那里宣传基督教义。

到了一八一七年，伦敦宣〔传〕教会又派美德赫斯特（Medhuist××）来远

---

① 校按：在陈序经家藏抄稿中，此章亦为代抄稿，且有两种以上的笔迹，抄者与前二章均不同。
② 校按：译名不全，抄稿如此。

东传教。美德赫斯特初到麻喇呷，后又赴槟榔屿以及南洋其他各处，专为华侨传教。此后，伦敦传教会仍继续的派教士到远东各处传教，而其主要目的，可以说是为着感化中国人。

美国新教徒之最初来华传教的是布利治曼（Elijah C. Bridgman），他是一八二九年离开美国。到了一八三四年，又有伯驾（Peter Parker）来广州。伯驾不只是一个传教士，而且是个医士，他在广州开设一个眼科医院。一八三五年，美国圣公会又派了两位传教士来中国。他们虽不久回国，可是一八三七年，该会又派了文惠廉（W. Boone）先抵加硫巴，到了一八四〇年，始到中国，这是美国圣公会在中国传教的第一位教士。从此以后，美国以及西洋其他各国的新教教士之来华传教的，也继续不断。

新教教士之初来中国传教的，一方面固受中国政府与士大夫的反对，一方面又受了天主教徒的嫉忌，所以他们初来东方的时候，不但不能在中国内地传教，不但是在中外通商口岸的广州不易居住，就是在外国人所聚集的澳门，也不易居住。因为澳门不只是葡萄牙人在东方的商业根据地，同时也是天主教徒在东方传教的大本营。新教的教士既不易蹈进中国的门户，又不易寓居澳门，因而不得不先在南洋建立传教的基础，而且华侨之在南洋的，在这个时候已很不少。他们一方面从华侨方面学习中国文字方言，一方面希望能够感化华侨，使彼们于回国之后能为宣传新教的先锋。

西洋新教的传入虽始于一八〇七年，可是直至一八一四年，始有一位国人名叫作蔡亚高的信仰基督新教。蔡亚高因为帮助其兄卢助雕印《新约》的工作，因与马礼逊认识，受了马礼逊的影响，遂于一八一四年在澳门受洗礼。到了一八三二年，又有一位印刷工人，名叫做梁亚发的，受了马礼逊与米怜的影响，也受了洗礼。梁亚发或梁发受了洗礼之后，对于新教的宣传不遗余力，为中国新教牧师的第一人。而基督新教后来在中国之所以能够发展得很快，梁发的贡献实在很大。梁发的坟墓后来被移到岭南大学的校园的中央，这可以说是梁发死后的最大的荣幸。

然而，也许是因为国人的排外思想与天主教徒的嫉忌，基督新教在中国的初期的发展很为迟慢。据说，从一八〇七年至一八三二年的二十五年中，中国人之信仰基督新教的，不出十个人，而蔡高与梁发均在内。到了一八四〇年始有一百人，同时，西洋基督新教教会之设分会于中国的，也不过四个。

鸦片战争中国失败，依据一八四二年的《南京条约》，中国被迫开放五口以为通商地方，同时又有条文规定，西洋教士能在这些通商地方宣传宗教。西洋基督教会遂尽量利用这个机会遣派教士来华传教。据说在一八五九年中，西洋教会之来华传教者共有二十四个，而西洋教士之来华传教的，共有二百一十四位。到了一八六〇年《天津条约》签订之后，西洋教士在华传教的范围愈为扩大，除了五口之外，天津、北京、长江流域，以至满洲、蒙古、西藏与其他各处，都有西洋教士的足迹。一八六五，英人戴德生（Hudson Taylor）乃发起组织内地会，对于内地宣传宗教工作愈为积极。据说，一八六五年该会遣派来华之教士仅有三人，而次年第二批来华的，一船就有二十多人。该会目的是联合各国的各宗教会，而使传教的工作普及于整个中国。此外，其他各宗派，如侵礼会、长老会、偕我会、贵格会等，各皆积极遣教士来华。据说在一九〇〇年，在华的教会数目增至六十四个，工作中心有了五千零二个，西洋教士之在华传教的共有三千四百四十五人，同时有了八千九百零四位中国教友帮忙推进这种工作，教徒数目共有十七万八千二百六十一人。

义和团事件发生的时候，教堂之被毁与教士、教徒之被害的，为数不少。然八国联军入京以后，中国所受条约上的束缚更多，而基督教在华传教的地位更因之而比前稳固。民国以后，虽有反基督教的运动，然基督教在华的发展并不停止。据抗战开始的时候的统计，在中国有组织的新教教堂，共有五千九百六十七所，其他有正常宗教集会的地方，共有七千二百八十九处，教会的数目共有百余，西洋教士共有五千九百七十二，教徒共有五十三万六千零八十九。

新教对于文字的宣传上极为重视。马礼逊来华以后就从事翻译《新约》《旧约》为中文这种翻译工作，直到一八一九始告成功。此外，又译西洋各种关于宗教方面的著作，同时还用中文发表基督教的道理。米怜所著的《两友》，据说在当时的影响很大。教士与教徒们每每借着中国人节期的集会或考试的时候，尽力派送《圣经》与各种出版物，以宣传基督教的道理。一八三四年，梁发曾在考场附近派送这种书籍而引起政府搜查教会与逮捕教徒，这也可以见得中国政府对于基督教的仇视。

有定期的中文刊物之出版，最早的是马礼逊与米怜在一八一五年在马喇呷所刊行的某种杂志。从一八一五年至一八二八年，还有四种中文杂志出版，一在麻喇呷，一在爪哇的巴城，一在新加坡，一在广州。在广州的名为《广知报》，这是在中国内地的第一种的中文的基督教期刊。此外，美国传教士布利治曼，在一八三二年又发刊了一种英文月刊，名为《中国×××》（Chinese Repository）也在广州出版。这个月刊出版了二十年之久，始行停刊。此后，又有《教会纪录》（Missionary Recorder）与《中国纪录》（Chinese Recorder）等期刊。《中国纪录》出版有七十年的历史。据教会方面的统计，在一八九〇年，新教教会共有十五种期刊，到了一九二一年，有了五十七种，到了一九三三年，增至二百一十一种。

据一九三六年的调查，在一百六十种的重要期刊中，一百一十六种是专为宣传宗教及记载教会消息的，其余为讨论一些普通的问题；以中文发表的有一百三十三种，以外国文字发表的有十六种，其余十一种，是用中西两种文字发表。期刊出版的地点分布于四十个城，上海一处就有四十余种，广州约有二十种，北平有十四种。销路最广的期刊据说为《时兆》（*Signs of the Time*），每期销路七万份。又，在一九三四年所刊行的《田家》，每期销路约三万份。

据一九三三年广学会的统计，新教教会所出版的书籍有了五千种。教会的印刷机关所出版的书籍，主要是宣传宗教，然而对于自然科学、社会科学及一般普通智识的书籍，也出版不少。出版机关之著名的，要算广学会。广学会自一八九一年李提摩太（Timothy Richard）任总干事之后，极力发展出版事业，而对于编译西洋书册、介绍现代思想尤为注意，所以当时一般士大夫多乐与李氏交游。康、梁的维新运动与近代的西化运动都受了不少的影响。

一九三六年，上海基督教会且有广播电台的设立，虽非完全为宣传宗教而设，然而宣传宗教实为主要动机。

总而言之，新教在中国的历史虽不若天主教那么久长，然而对于宣传宗教的工作至为积极，对于宣传宗教的工具至为新颖。

新教的初期发展的根据地是在通商口岸，然而，现在正与天主教一样的深入内地，甚至穷乡陋邑也有教堂的设立与教士的踪迹。连了在两广的河道上，也有传教的福音船。特杜（Drew）女士在二十世纪的初年就注意到两广的水上传教的工作，在一般并不很大而却很清洁的艇上，她住了二十多年，结果不但引起好多美国的传教士的注意，就是英国的传教士以及他国的传教士，也来从事这种工作。在抗战以前，凡是游过珠江流域的人，无论是在广州，在三水，在肇庆，在清远，在曲江，在梧州，以至沿江各处，常常有了福音船的踪迹。福音船的数目不多，然而这是流动的教会。凡是水上居民，而特别是蛋民所聚集的地方，福音船每年必到那个地方，好几次派送小册宣传教义，慰问老弱，以至救济穷苦。在广州，有一个时候，福音船还设立了水上学校，以教育一般水上孩童；开办水上医院，以诊治一般水上居民。我在上面所以说新教对于宣传宗教的工作至为积极，对于宣传宗教的工具至为新颖，水上传教的事业就是一个例子。

新教来华的时代虽与天主教的来华的时代不同，然而对于宣传宗教的热诚，以至宣传宗教的方法，却有其相同之处。人们也许反对基督教，然而，基督教士的传教的热诚，是值得人们的佩服。与中国文化处于相反的地位的基督教，所以能在中国继续不断的发展，可以说是由于这种热忱与方法而来。

中国的新教与天主教在一百年来的发展所以特别的快，一样的是由于条约上的特殊的权利，而条约上的特殊的权利的背后，又是武力。一般人所以常常说西洋宗教的《圣经》是随着西洋各国的战舰而来，就是这个原故。平心而论，不但是天主教的先驱罗明坚、利玛窦并没有想及要借武力去宣传宗教，就是新教的先驱，如马礼逊与米怜，也并没有这样的想。反之，他们的来华是出于传教的热忱，而在初期来华，不但只有中国人反对，就是他们自己的国人，而尤其是西洋的商人，也极力排斥。但是，自鸦片战争以后，西洋教士甚至中国教徒，往往利用条约以至武力去宣传宗教，是无可疑的。这虽然也是由于中国人的守旧观念而极端排斥西洋宗教的输入所引起的反感的结果，然而，西洋教士既同西洋的政府与商人一样的去借条约与武力来扩张自己的势量，结果也是愈引起中国人的反感。义和团与民国以来的反基督运动，都可以说是这种反感心理的表现。

从基督教本身来看，在中国一百年来的新教的发展，并不见得比天主教的发展为快，反之，照数目字上说，信仰天主教的人比之信仰新教的人多得多，直到现在，天主教徒比之新教徒还多了六倍。但是，一百年来，而特别五十年来，国人之反对基督教的，却往往是偏重于新教方面。主要的，这可以说是新教对于中国近代的文化的影响，较之天主教对于中国近代的文化的影响，特别的大。至少我们可以说，天主教的影响是潜伏的，而新教的影响是显著的。

不但这样，天主教的崇拜圣母、耶稣的偶像以及其宗教的仪式，在表面多少有了与中国崇拜偶像及其宗教的仪式，好像有了类似之处。反之，新教就不是这样，不拜偶像与简单的仪式，是中国宗教所少有的现象。此外，天主教徒之在中国的，不但往往说中国话，而且往往穿中国衣裳，往往吃中国饭，以至往往自认为中国人。当你问了一个西洋天主教士，你是何处人，他往往会告诉，我是湖南人或江西人。事实上，这就是说他的工作是在湖南或江西。自然，我们不能说他这个是虚伪，事实上，他是一个世界主义者。离开自己的家乡与祖国，往往固是一种永远的离开，寓居中国或他处，往往也是一种永远的寓居。反之，新教教士之能操中国话的既比较的少，而穿中国衣服与吃中国饭的，更是比较的少。新教是与西洋近代的民族主义、国家主义有了密切的关系，新教徒也可以说是民族主义者，是国家主义者，所以，当你问了一位西洋新教教士，你是何处人，他往往会告诉你，我是英国人或美国人。

又如，天主教士的俭约与简单的生活，不但较近于中国的生活，而且较合中国的口胃，反之，新教教士那种比较奢侈与复杂的生活，与中国人的生活不但差异太大，而且相反太多。

总而言之，天主教所代表的西洋文化是较旧的文化，新教所代表的西洋文化是较新的文化。较旧的西洋文化虽非与中国的固有的文化有了根本相同，然在表面上，好像是近于中国文化，加以天主教在中国的历史比较新教的为长，所以中国人对于天主教信仰的人数〈为多〉。信仰天主教的人数虽多，然而中国人对于天主教的反感，既不若对于代表新的西洋文化的新教的那么厉害，同时实际上，天主教对于中国文化的影响，却没有新教对于中国文化的影响那么深刻。

新教对于中国文化的影响比较最深刻的，要算教育方面。

新教的教士马礼逊、米怜等初来中国时，既被中国政府与士大夫的排斥，遂不得不在南洋各处之有华侨聚居的地方宣传宗教，但是，除了宣传宗教之外，他们对于教育事业很为注意。据说，当米怜在马喇呷的时候，已经开设学校，教育华侨子弟。至在国内方面，新教教士之创设学校，最先的要算伦敦妇女会所遣派的古特兹拉富夫人（Mrs. Gutzlaff）在一八三四年在澳门所设立的学校。她最初的目的是专设女学校，但是后来觉得有收男生的必要，因而男女兼收，不过在这个学校里的男女学生，都是年纪很小的小孩。

马礼逊是死于一八三四年，古特兹拉富夫人一方面固感觉到男童需有入校的机会而兼收男生，但一方面也是为着纪念马礼逊，而为将来设立马礼逊学校的一种预备，其实，这恐怕是她兼收男童的主要目的。除了古特兹拉富夫人之外，其侄女派克斯女士（Miss Parkes）姊妹二人也来这个学校里帮忙管理与授课。可惜这间学校开设不久就告停办。据说，古特兹拉富夫人曾携了三位中国盲女赴美。这三位盲女后来在美的情形如何，我们无从考究，不过在这个学校里有了一位男学生，名叫做容闳（纯甫）的，却在中国的近代史上占了一个很重要的地位，虽则这个名字到今，尚未为国人所熟认。

马礼逊学校是发起于一八三五年，到了一八三九年始正式成立。在未成立之前，男生皆在古特兹拉富夫人所设立的学校里，同时由筹备马礼逊学校的负责人设法补助该校经费。

负责管理马礼逊学校的是美国的勃朗氏（Brown）。勃朗是在一八三九年二月十九日偕其夫人从美国抵澳门。他在一八三二年已在美国耶路大学毕业，后来曾得该校名誉博士学位。这位传教士不但只把西洋的新智识来灌输在中国的青年，而且是推进中国的留学政策的先锋，使中国的学生有直接到西洋受新知识的机会。

据说马礼逊学校初开学的时候只有学生五人。容闳所著的《我在美国及中国的生活》（*My Life in America and in China*）（中译为《西学东渐记》），这五位学生是李刚、周文、唐杰、黄胜、黄宽，容闳自己是在一八四一年入该校，该校课程为国文、英文、算术、地理。

依《南京条约》，香港于一八四二年割让于英。马礼逊学校乃于这一年从澳门迁到香港的山巅，后来这个山也叫做马礼逊山。一八四五年，别一位耶鲁大学毕业生叫做麦斯（W. Macy）的，也来该校帮忙授课，该校学生增至四十余人，遂分为三班教授。这个学校到了一八五〇年，因为好多原因而解散。在十一年中，不只是教育了不少的中国青年，而且是中国新教育的先驱。

然而最值得我们注意的，是在一八四六年，勃朗携了几位学生到美国升学这件事。勃朗在这一年因身体羸弱，拟回美国暂事休养。在未动身之前，他曾对着他的学生宣布，他甚愿携几位学生去美国求学，并云一切费用均由他设法筹备，结果是有了三位同他赴美，这就是黄胜、黄宽、容闳。黄胜到美未久，因病回国，黄宽在美读完中学，赴英爱丁堡大学学医，后来成为东方的有名医生，容闳在美八年，毕业于耶鲁大学，后来回国提倡留学。自一八七二至一八八二的十年中，所派的百余留学生可以说是完全由他所促成，他自己是中国近代留学生的先锋，又是近代中国留学生的推进者。中国的新教，也可以说是因此而发展，然而追源溯本，不能不说是得力于勃朗氏。

古特兹拉富所设立的女学校与勃朗所主持的马礼逊学校，都可以说是初等教育的开始。据一九三六年的统计，一百年来，中国新教教会所设立的小学共有二千七百九十五所，学生总数为十七万三千二百二十八人，学生中男生约占百分之六十，女生约占百分之四十，差不多半数学生为商人子女，政界与学界子女约占百分之二十，教员外国人不过占百分之二，教徒占百分之八十七。

新教教会所设立的中学，据一九三六年的调查，共有二百五十五间，学生人数共有五万三千六百三十七人，教员共有五千零一十一，学校所在地多在通商口岸与沿海一带。

大学之设立较早的，在华南有岭南大学，在华中有圣约翰大学，在华北有山西大学。此外，广州的协和大学，福州的协和大学，杭州的之江大学，南京的金陵大学及金陵女子大学，苏州的东吴大学，上海的沪江大学，武昌的华中大学，成都的华西大学，济南的齐鲁大学，北平的燕京大学，皆为新教教会所设立。据一九三六年的统计，学生总数共有七千零八十九人，男子占百分之七十三，女子占百分之二十七，这是包括了三百余位的研究学生。

十余年来，国立及国人自立的大学，无论在量的方面，或在质的方面，都有很快的进步，然而同时，教会大学在这个时期里，在质的方面固也有不少的进步，在量的方面也有不少的扩充。就以学生人数来看，在一九二八年，全国教会大学学生总数不过三千一百六十二，而在一九三六年却增至七千零八十九人，在八年之内增加了一倍有余。大学各学院，包括文、理、法、商、工、医、农、教育、宗教等，教员共有八百五十二人，中国教员占百分之八十二，外国教员占百分之十八。

我说十余年来国立或国人自立的大学，无论在量的方面，或在质的方面，都有很快的进步，事实上，有了好几间国立或国人自立的大学，在学术上的地位，比之教会所设立的大学已超越得多。然而，这不过是最近十余年来，而特别是最近数年来的事情。在二十年前，不但国内最好的大学多是教会所设立大学，就是中学以至小学，最好的也多是教会所开办的中学与小学。中国近代新教育的推进，新教教会的贡献是不可忽视的。

教育是推动与改变文化的一种最有效力的工具。中国近代新教育的推动与变化，既很得力于新教教会，中国近代新文化的发展与进步，也很得力于新教教会。所以，二十年前，在文化上的各方面的新人物，大多数是出身于新教的教会学校，这是研究中国近代新文化的人所要特别注意的。

除了教育之外，新教对于中国近代的新文化的贡献较大的，要算医药方面。

自伯驾（P. Parker）于一八三四年来广州开设医院之后，介绍西洋医药成为新教教会在华的最重要的工作之一种。医治病痛是基督救世的遗训，然而同时，这也是宣传宗教一种最有效力的方法。当一个人染了疾病，而特别是处在苦痛与危险的情形之下，假使有人为之医治而得恢复康健，不但有了再生之恩的感铭，而且最能引起宗教的信仰。我们虽没有正确的统计去说明为了这种原因而信仰基督教的人数，然而我们相信，为了这种原因而入教的人数必定不少。新教教士对于这一点最能明瞭，所以有了教会的地方，往往也有医院的建设，而医院的候诊室往往也是一个传教堂。在好多正在候诊室等着医治，或是病危与临终在病床上的时候，传教士就利用机会去宣传教义，这是凡到过或住过教会所设立的医院里的人，所最能容易看出来的。

新教教会所设立的医院遍于各省，连了广州的河面也曾有过水上医院。专以抗战以来在各处教会医院之受损失的，就有三十多个。据一九○○年的统计，国人之到教会医院看病的有了一百多万人，据一九三七年的统计，国人之到教会医院看病的有了四百多万人。同年的统计告诉我们，教会医院共有二百七十一所，中国医生有了五百六十一人，西洋医生有了二百九十七人，而中西看护的人数有了五千多位。

医学院最有名的要算北平协和医学院。这不只是在中国是首屈一指的医学院，就是在远东也是最完备的医院。这个医学院现在虽由洛氏基金会的中国医学委员会主持，但是原来是由新教教会设立的。此外，如长沙的湘雅，以及圣约翰、齐鲁、华西、岭南各大学的医学院，在中国的医学及医学的训练上都有很大的贡献。

中国第一位著名的西医是上面所说的黄宽。黄宽所以成为东方的有名的医生，是得力于教会的教育与帮忙。其实，数十年从教会医院与医校所培养出的西医人才，占了中国医界人才最重要的地位。直到现在，协和医学院的学生在中国的医界所占的地位用不着说，其他教会大学的医学院的学生，也布满了全国。在一八八七年，教会的医学界就有了中国教会医学会的组织，这个医学会是后来中国医学会的前身。

其实，关于卫生以至体育的提倡，新教的贡献最大。教会学校从来注重体育，这是一般人所共知的；教会医院及医校对于个人与公共卫生的提倡不遗余力，这也是一般人所共知的；此外，又如青年会对于体育的提倡，以及清洁运动的工作，都占中国新文化史上的重要地位。近二十年来，除了教会机关以外，提倡卫生、体育的机关已逐渐发达，然而二十年前，这种工作差不多完全为教会团体所垄断。

教育、宗教是淘染内心的，卫生、体育是发展体格的，新教对于这两方面都很注意，所以，新教对于国人在这两方面的影响也很大。而这两方面，无论在直接上或间接上，对于中国的新文化的发展，都有很大的影响。

此外，又如青年会对于各种社会工作的提倡，如演讲，如娱乐，如宿舍，如餐室，对于个人身心固有重大的作用，对于整个文化也有密切的关系。直到现在，在像长沙，像保定，青年会在这些地方还是食住的最清洁、最便宜的地方，还是共和集会与演讲的较舒适的地方。

又如济南教会所设立的博物馆，成都华西大学的边疆文化馆，无论在文化的传播上，或在文化的研究上，都有了重要的意义。

至于中国近代妇女的解放与妇女的运动，新教的影响也很大。直到现在，在社会上一些比较活动的妇女，多数还是由教会出身，或与教会有关的女性。

至于一般的社会的救济工作，新教教会所占的地位也很为重要，孤儿院、育婴堂、养老院、济良所，好多是由教会所设立，各种灾害的赈济机关，以至红十字会与各种组织，都与新教教会有了多少的关系。

新教与中国的新政治运动有没有关系呢？假使我们可以说，太平天国的崛起是与天主教有了密切的关系，那么我们也可以说，孙中山先生所领导的革命运动之于新教也有不少的关系。孙中山先生自己是一个基督教徒，他在檀香山时受了新教的淘染固不待说；他在广州博济学医时也与新教有了关系；他在伦敦蒙难时，固得了教士的帮忙；他在北平逝世时，也行宗教的丧礼；他做革命的百折不回的精神，是具有教士的精神；他对于宣传三民主义的方法，也像教士宣传宗教的方法。同样，蒋介石先生以至宋家、孔家，不但与基督教有了关系，而且都是基督教徒。孔祥熙先生自有了政治地位以后，虽极力提倡孔教，然而平心而论，孔祥熙先生之所以有了今日的地位，与其说是孔子托福，不如说是基督之赐。至于所谓"基督将军"的冯玉祥先生，那更不待说，他不但只自己信教，还要部下与兵士们信教。

同样，数十年来的外交人才多是出身于教会学校，或与教会有了关系。顾维钧先生是教会学校的学生，颜惠庆先生是牧师的儿子，其他如王正廷先生，都与教会有了密切的关系。这不过只是随便举了几个例子罢，其实在数十年前，中国与西洋各国尚没有正式或完全交换使节的时候，有些西洋教士不只是代表西洋各国政府，而且有时代表中国政府。

又，在太平天国失败以后，中国政府对于好多新建设的事业，往往聘请新教教士以为顾问，以相帮忙。丁韪良、李提摩太都是国人所熟识的名字。同文馆的设立，以至海关、邮政的建设，都与教士有过关系，而从前一般善谈洋务的士大夫，对于外洋情况有了半点的认识，多由教士的直接或间接地传递。

我在上面曾指出，新教是与西洋近代的民族主义与国家主义有了密切的关系，其实，新教是始于宗教改革，而宗教改革，可以说是引起西洋近代的民族主义与国家主义的一种最重要的原动力。我所以说新教徒是民族主义者，是国家主义者，就是这个原因。西洋的新教既介绍于中国，那么，这种民族主义与国家主义，对于国人，在有意或无意中免不了有了多少的影响。不但这样，西洋天主教会与教士之来中国的，虽不是来自一个国家，然而，他们至少在形式上是受了教皇的指挥。至于新教教会与教士之来中国的，是以国家为单位。因为除了国家以外，并没有比国家较高的权威去指挥他们，所以，新教教会与教士无论到了那个地方宣传宗教，他们不但不会放弃他们的国籍，他们也不会永远离开了他们的国家。一般新教教士之来华的，住了三年或五年之后，往往回国休假一年。所谓祖国的观念，在他们的思想上以至行为上，既常常表现出来，从我们中国人看起来，不能不说是一种爱国心的提示。他们既能爱他们的国家，难道我们就不会有所感动，而爱我们自己的国家吗？

我们并不是说，我们近代的民族意识与国家思想是完全由新教所影响而发展，然而，我们不能不承认，新教在这方面是有了多少的影响。

七七事件发生以后，新教会所开办的学校，而特别是他们所开办的大学，在沦陷的区域的，有的停办，有的向内地迁移，主要目的可以说是不愿在敌人的铁蹄之下染了奴化教育的色彩，这也不能不说是新教在民族意识与国家思想上的一种表示。

上面不过是随便的举了一些例子，然而新教对于中国近代政治的关系，已可概见。

新教对于中国近代的经济有没有影响呢？我们在上面曾指出，在新教教会所设立的小学里，一半以上的学生是商人的子女，小学固是如此，新教教会所开办的中学与大学也差不多是这样。新教教会的学生之所以多为商人的子女，大概是因为商人之信仰新教的很多。照我们的观察，在中国，天主教的力量主要是潜伏在农村，而新教的力量是偏重在城市。城市是工商业的中心，新式的商业与新式的工业的发展，是依赖于一般受了新式与专门教育的人才。教会在近代，而尤其是在二十年前，对于这种人才的培养上既有了很大的贡献，那么教会对于中国新经济的发展上，也有了不少的帮忙。

第二编　政治的改革

第四章　述太平天国①

太平天国的崛起原因虽是很多，但是，西洋文化，而尤其是西洋宗教的影响，可以说是很多原因中的主因。

西洋宗教之传入中国，历史虽然很久，但是，西洋宗教之在中国能有比较坚固的基础，与能够整个介绍过来，却是在十九世纪的上半叶。景教传入中国是在唐朝初年，然而不但在中国不久就趋于衰微而至于消灭，就是在西洋的势力，也逐渐趋于衰微而要消灭。天主教传入中国始于元朝，但是元朝既亡，天主教也随之而绝迹。直至明末中西海道沟通之后，天主教又卷土重来，利玛窦及其徒众在明末清初的时候，在中国有了很大的势力。自十七世纪的末年以至十九世纪的初年，虽受中国的闭关自守的政策与排斥洋教的心理的影响，而未能充分的发展，然在中国的历史既久，根蒂渐深，故在十九世纪的上半叶，天主教在中国已有比较坚固的基础。

而且在这个时候，除了天主教之外，西洋的新教也输入中国。新教的最初输入的是马礼逊，他是一八○七年抵广州。此后来者日多，而国人梁发亦于一八一六年受洗礼为新教徒。梁发既是一位很热诚的新教徒，对于新教的宣传不遗余力。西洋基督教的主流是天主教与新教，旧教（天主教）既在中国既有了基础，新教又在这个时候传入，而添了基督教上的生力军，使整个基督教都有机会在中国发展。

太平天国的崛起是在新教、旧教都已输入中国的时候，而且是在新教、旧教在中国已有了相当的基础的时候。太平天国的起义，是在道光三十年（一八五○），这就是说，在鸦片战后十年，而在《南京条约》后八年。《南京条约》规定割让香港、开辟五口及其他条件之外，还承认西洋人可以在中国经商与传教的权利。

在未订《南京条约》以前，西洋教士欲在中国传教固不容易，就是中国人之信仰洋教者，不但为一般国人所反对，也为政府官吏所反对。《南京条约》以

---

① 校按：在陈序经家藏抄稿中，此章为自抄稿。

后，西洋教士之来中国传教的拥蜂而来。不但这样，鸦片战争以前，洋教固为国人所仇视，洋人也为国人所蔑视，鸦片战争以后，蔑视洋人的心理一变而为畏惧洋人的心理，因之洋教在中国的地位也一变而为特殊的宗教，国人之信仰洋教的，也不若从前那样的被了国人所排斥。其实，洋人与其宗教在中国既占了特殊的地位，有些国人还借入教以为护身符，因为入了洋教就有洋人保护。我们只看早年的基督教徒不只是多为没有智识的份子，而且有了不少国人所目为叛徒，就是因为他们托庇于洋教势力之下。

太平天国是以这种洋教去号召徒众的，所以，太平天国的运动是受了西洋文化，而尤其是西洋宗教的影响。我们要想明白这个运动与其西化的概况，我们应当对于领导这个运动的洪秀全略为介绍。

洪秀全是广东花县官禄埗人，他生于嘉庆十七年十二月初九日，即西历一八一三年一月十日，他的家庭是一个小农家，所以相当的穷困，可是他自七岁起就入塾读书，到了十六岁，曾到广州去应试，不幸落选回来。大约是在道光十六年（一八三六），他又到广州去应试。有一天当他在街上跑的时候，遇见两个人，这两个人是派送基督教的圣书，因而他也得到一本，这本书名是叫做《劝世良言》。《劝世良言》是取材于基督教的《圣经》，著者是上面所说的梁发。有些人说，洪秀全在街上遇见派送这本书的两个人，其中一位就是梁发。洪秀全这次在广州考试又是落选，他虽把这本书带回家去，可是他对于这本书的内容大概不大留意。过了一年，他又到广州应试，可是他又是落选。他既几次应试不上，很为失意，不久还得了一场大病。据说，在他重病的时候，他曾连续的作了好多奇梦，他梦见有人召他乘了彩舆到了一个宫殿，在宫殿里有一个宝座，座上坐了一位老人，在未见老人之前，就有人导他到清溪中洗了身上一切污秽的东西，同时还换了他的心脏。既见老人，老人乃给他一把宝刀，一个金印，叫他以这些东西去铲除魔鬼与治服邪神，并且叫他勿以这些东西去伤害兄弟姐妹。同时，他又梦见一位中年人，他叫这位中年人为长兄，这个人教他如何去铲除魔鬼与治服邪神，此外，又导他去看看所谓地狱里的一切淫乱污秽的现象。

大病之后，秀全的身体不只是逐渐恢复原状，而且比起从前较为强壮，同时在行为也比从前较慎重。自此以后，他就在他的邻近的乡村中作了塾师，直到道光二十三年，他还在这个私塾里教书。可是在这一年的五月间某日，他有一个亲戚来找他，同时在他的藏书中借去这本《劝世良言》，这位亲戚读完之后还给与秀全，并告诉他这是一本奇书，和中国的四书五经都不相同，因此，秀全乃用心去阅读这本书。他读这本书时，他很为惊讶，因为书中所讲的故事与所说的事情，很巧凑的与他数年以前在梦中所见很为符合。他以为坐在宝座之上的老人就是上帝，而那个中年人就是耶稣；他又以为在梦里他既叫这个中年人为长兄，那么他自己就是耶稣的弟弟了；耶稣既奉了上帝的命令去救世，那么，上帝之给与宝刀与金印，与耶稣之教他铲除魔鬼与治服邪神，也是要他去拯救世人。他愈想愈觉得自己的责任的重大，因而组织上帝会去宣传上帝的福音。据说最先入这个会的，就是借阅《劝世良言》那位亲戚，此后，他同县的冯云山也加入这个会。

洪秀全的奇梦究竟是真的还是空造的，我们不必加以讨论，我们所要注意的是，他之所以组织上帝会与建立太平天国，是由他受了基督教，而特别是《劝世良言》的影响而来。

洪秀全既信仰基督教，于是他不但反对崇拜偶像鬼神，连了学塾中的孔子牌位也被他摒弃。他又向着乡村中的人们宣传新的宗教，但是乡村里的人们迷信既深，对于孔子又很崇拜，同时他又受《圣经》里所说"从来未有先知受人尊敬于本乡及家中的"句子的影响，于是他决意离开他的乡里，而与冯云山到广西［赴］宣传宗教，并且选择广西浔州府桂平县的金田村为他们宣传宗教的根据地。金田村离县城北五十多里，地势险要，可攻可守，而在这里及附近所住的人们智识比较的低下，加且汉瑶杂处，民风强悍，洪秀全与冯云山在这里以教学为名，以传教为主。他们又与这个村中的富豪韦昌辉相善，因而利用韦昌辉的房子以为集会的地方，利用韦昌辉的金钱与势力去建筑营寨，以为军事上的准备。

洪秀全与冯云山是道光二十四年（一八四四）赴广西金田，他们后来虽离开过广西，然上帝会在金田及其附近的势力却日日增加。到了道光三十年（一八五〇），上帝会的信徒不只是满布桂平一县，就是贵县、平南、藤县、博白、陆川、武宣、象州各处也有很多信徒，其著名的信徒除了韦昌辉之外，如石达开、杨秀清、萧朝贵、林凤祥等等，都是在这些地方所感化的。

在道光三十年（一八五〇）的冬天，有一天因为政府人员与上帝会的信徒起了纠纷，后来政府又派兵来压迫他们，他们不得已乃在韦昌辉家里召集会议，商量对付官军的办法，最后乃决定起义。到了次年的二月，军事的组织已经有了头绪，于是乃东出大黄江，称为太平军，而洪秀全称为太平王，数月以后，大败清兵于平南，不久又占据永安。

既据永安，乃立国号为太平天国。一八五二年，他们放弃永安城，又大败清军于永安州的古苏冲，乘胜进攻桂林，围攻一个月没有法子攻进去，乃离开桂林，去攻陷全州而入湖南；在湖南，他们又围攻长沙，可是攻了两个月也没有法子攻进去，于是乃转攻岳州；岳州既攻下，乃下长江而占湖北的汉阳，不久又占武昌；在这留了不久，又沿江而下，由占据九江而占据安庆，不过只是一个星期的时间；再沿江而下而占领芜湖，到了咸丰三年（一八五三）二月十日遂占领金陵，并且在此建国都，这个国都叫作天京。

金陵占领之后，他们又东取苏州、上海，北出河南以牵制直隶，南攻江西以巩固长江的上游。从金田起义直至占领金陵，时间不过三年，而所进攻的地方有了十多省。

太平天国的崛起既以宗教去号召，太平天国的设施也处处以宗教为依归，我们可以说，太平天国是一个政教合一的运动。太平天国的文告固冠以"天父""天兄"的语句，太平天国管理之下的人民的日常生活，也是偏重于宗教的生活。李圭《金陵兵事汇略》里曾有下面一段记载，叙述太平天国遵行礼拜的情况的大略：

> 谓天父七日造成天地山海人物，每阅七日为一赞期，谓之礼拜。先一日街设大旗，写明日礼拜各宜虔敬字样，三鼓具果品糕饵，群诵赞美，各伪府全烧爆竹声不绝耳。其赞美语曰："赞美上帝为天圣父，赞美耶稣为救世主。赞美神风为神灵，赞美三位合一真神。真道岂能与世道相同，能救人灵享福无穷。知者踊跃，接之为福；愚者省悟，天堂路通。天父洪恩，广大无边，不惜太子，遣降凡间。捐命待赎吾侪罪孽，人知悔改，魂得升天。"

这可见得，他们的日常生活是偏重于基督教的礼俗，此外，他们又新编《三字经》以为一般人诵读。这篇《三字经》显然是要把来代替以往的《三字经》，他既一种普遍读物，而又是以基督教的教义为主，我们现在且把来抄在下面：

> 皇上帝，造天地，造山海，万物备。六日间，尽造成，人宰物，得光荣。七日拜，报天恩，普天下，把心虔。……中国初，帝眷顾，同番国，共条路。盘古下，至三代，敬上帝，书册载。商有汤，周有文，敬上帝，最殷勤。……至秦政，惑神仙，中魔计，二千年。……至宋徽，犹猖狂，改上帝，称玉皇。皇上帝，乃上主，普天下，大天父，号尊崇，传久载。徽何人，敢改乱？宜宋徽，被金虏，同其子，漠北枯。自宋徽，至于今，七百年，陷弥深。讲上帝，人不识，阎罗妖，作怪极。……上帝怒，遣己子，命下凡，先读史，丁酉岁，接上天，天情事，指明先。皇上帝，亲教导，授诗章，赋真道，帝赐印，并赐剑，交权能，威难犯。命同兄，是耶稣，逐妖魔，神使扶。红眼睛，即阎罗，最作怪，此蛇魔。皇上帝，手段高，教其子，制服妖，战服他，不放宽。……小孩子，拜上帝，守天条，莫放肆。要炼正，莫歪心，皇上帝，时鉴临，要炼好，莫炼歪，自作孽，祸之阶。慎厥慎，差毫厘，失千里。讲小心，慎其微，皇上帝，不可欺。

我们从这篇含有基督教义而为一般普遍读物的《三字经》里可以明白，洪秀全是自命为上帝之子、耶稣之弟，这是把他的工作与耶稣的救世连接起来。他之所以下凡，他之所以起义，以至他之所以建立太平天国，都可以说是遵着上帝的意旨。至于他以为中国古代已拜上帝，至了秦后始信鬼神，这是托古以博取中国人心。正像天主教士初期传教入中国的时候也以为中国古书中所说的上帝就是《圣经》里所说的上帝，一样的要博取中国的人心。也许洪秀全是受过初期的天主教士的影响而这样的解释中国的历史。他在最后一段里特别提出小孩要信仰上帝，这也是西洋传教士传教的一个最有效的方法。《三字经》也可以说是主要的为小孩而作的，小孩心胸清白，头脑简单，先入为主，苟能先从小孩感化起，则宗教的深入人心更为容易。

洪秀全既以基督教为号召而建设太平天国，他的建国的工作又可分为消极与积极两方面。在消极方面，他第一主张打破中国的固有的迷信与礼教，第二主张推翻统治中国的汉族的满清。关于第一种主张，太平军在其奉天诛妖檄文与谕救世人檄文里说得很明白，现在我们只把奉天诛妖檄文一篇录之于后，以示概要：

> 真天命太平天国禾乃师赎病主左辅正军师东王杨、右弼又正军师西王萧为奉天诛妖救世安民事：据《旧遗诏圣书》：天父皇上帝当初六日造成天地出□人物，皇上帝是神爷，无所不知，无所不能，无所不在，天下万国，俱有记及皇上帝之权能。溯自皇上帝造有天地以来，皇上帝大发威怒屡矣。尔世人还未知乎？皇上帝第一次大怒，连降四十日四十夜大雨，洪水横流矣。第二次大怒，皇上帝降凡，救以色列出麦西国矣。第三次大怒，皇上帝遣救世主耶稣降生犹太国，替世人赎罪受苦矣。今次又大怒，丁酉岁皇上帝遣天使接天王升天命诛妖，复差大王作主救人。戊申岁皇上帝恩怜世人之陷溺，被妖魔之迷缠，三月上主皇上帝降凡，九月救世主耶稣降凡，显出无数权能，诛尽几多魔鬼，场场大战，妖魔何能斗得天过。且问皇上帝何怒？乃怒世人拜邪神，行邪事，大犯天条者也。尔世人还未醒乎！生逢其日，得见皇上帝光荣，尔世人何其大幸！生遇其时，得见太平天日，尔世人何其大幸！好醒矣！好醒矣！顺天者存矣！逆天者亡矣！
>
> 今满妖咸丰，原属胡奴，乃我中国世仇，兼之率人类变妖类，拜邪神，逆真神，大叛逆皇上帝，天所不容，所必诛者也。嗟尔团勇，不知木本水源，情愿足上头下，瞒高天之大德，反颜事仇，受蛇魔之迷缠，亡恩背主，不思己为中国之善士，本属天朝之良民，竟轻举其足于亡灭之路，而不知爱惜也耶？况尔四民人等，原是中国人民，须知天生真主，亟宜同心同力以灭妖，孰料良心尽泯，而反北面于仇敌者也！
>
> 今各省有志者万殊之众，名儒学士不少，英雄豪杰亦多。惟愿各各起义，大振旌旗，报不共再天之仇，共立勤王之勋，本军师有所厚望焉。本军师体上帝好生之德，痌瘝在抱，行仁义之师，胞与为怀，统帅将士尽忠报国，不得不彻始彻终，实情谕尔等知悉也。独不思天既生真主以御民，自必扶天王以开国，纵妖魔百万，诡计千端，焉能同天打斗乎！但不教而诛，问心何忍，坐视不救，仁者弗为，故特剀切晓谕。尔等凡民亟早回头，拜真神，丢邪神，复人类，脱妖类，庶几常生有路，得享天福。倘仍执迷不悟，玉石俱焚，那时噬脐，悔之晚矣。切切特谕。

洪秀全在读了《劝世良言》之后，已决意反对妖魔邪神，并且摒弃孔子牌位,这是向着旧迷信与旧礼教挑战。檄文所说虽偏重于反对迷信方面,但太平军所到各处,对于一切庙宇皆加以焚烧,一般民众看见他们焚烧庙宇,而庙宇的神圣并不见得有所报复,使他们遭遇灾祸,遂以为上帝神明远胜这些庙宇的神圣,故多因此而服从太平军。"神且斫头折足,何况于人?神且不敢为祸,人何敢违?"这是那个时候的一班民众的心理。又,中国的礼教有了数千年的历史,孔子是中国礼教的代表人物,洪秀全既摒弃孔子神位,太平军又毁坏孔庙,这是打破中国的礼教,这正是曾国藩在其讨伐太平军的檄文里所说:"士不能诵孔子之经,而别有所谓耶稣之说、《新约》之书,举中国数千年礼义人伦,一旦扫地荡尽,此岂独我大清之变,乃开辟以来名教之奇变,我孔子、孟子之所痛哭于九泉,凡读书识字者,又焉能袖手坐观,不思一为之所也。"

关于第二种主张,太平军《奉天讨胡檄》里说:

真天命太平天国禾乃师赎病主左辅正军师东王杨、右弼又正军师西王萧为奉天讨胡,檄布四方,若曰:嗟尔有众,明听予言。予惟天下者,上帝之天下,非胡虏之天下也;衣食者,上帝之衣食,非胡虏之衣食也;子女民人者,上帝之子女民人,非胡虏之子女民人也。慨自满洲肆毒,混乱中国,而中国以六合之大,九州之众,一任其胡为而恬不为怪,中国尚得为有人乎?妖胡虐焰燔苍穹,淫毒秽宸极,腥风播于四海,妖气惨于五胡,而中国之人,反低首下心,甘为臣仆。甚矣哉,中国之无人也!

夫中国,首也,胡虏,足也;中国,神州也,胡虏,妖人也。中国名为神州者何?天父皇上帝,真神也,天地山海是其造成,故从前以神州名中国也。胡虏目为妖人者何?蛇魔阎罗妖邪,鬼也,鞑靼妖胡,惟此敬拜,故当今以妖人目胡虏也。奈何足反加首,妖人反盗神州,驱我中国悉变妖魔,罄南山之竹简,写不尽满地淫污;决东海之波涛,洗不净弥天罪孽。予谨按其彰著人间者,约略言之:夫中国有中国之形像,今满洲悉令削发,拖一长尾于后,是使中国之人,变为禽兽也。中国有中国之衣冠,今满洲另置顶戴,胡衣猴冠,坏先代之服冕,是使中国之人,忘其根本也。中国有中国之人伦,前伪妖康熙暗令鞑子一人管十家,淫乱中国之女子,是欲中国之人尽为胡种也。中国有中国之配偶,今满洲妖魔悉收中国之美姬,为奴为妾,三千粉黛,皆为羯狗所污;百万红颜,竟与骚狐同寝。言又恸心,谈之污舌,是尽中国之女子而玷辱之也。中国有中国之制度,今满洲造为妖魔条律,使我中国之人,无能脱其网罗,无所措其手足,是尽中国之男儿而胁制之也。中国有中国之言语,今满洲造为京腔,更中国音,是欲以胡言胡语惑中国也。凡有水旱,略不怜恤,坐视其饿莩流离,暴露如莽,是欲使中国之人稀少也。满洲又纵贪官污吏,布满天下,使剥民膏脂,士女皆哭泣道路,是欲我中国之人贫穷也。官以贿得,刑以钱免,富儿当权,豪杰绝望,是我中国之英俊抑郁而死也。凡有起义复兴中国者，动诬以谋反大逆，夷其九族，是绝我中国英雄之谋也。满洲之所以愚弄中国，欺侮中国者，无所不用其极，巧矣哉！

昔姚弋仲，胡种也，犹戒其子襄，归义中国；符融亦胡种也，每劝其兄坚，使不攻中国。今满洲乃忘其根源之丑贱，乘吴三桂之引招，霸占中国，恶极穷凶。予细查满鞑子之始末，其祖宗乃一白狐一赤狗交媾成精，遂产妖人。种类日滋，自相配合，并无人伦风化，乘中国之无人，盗据中夏。妖座之设，野狐升据，蛇窝之内，沐猴而冠。我中国不能犁其窟而锄其穴，反其诡谋，受其欺辱，听其吓诈，甚至庸恶陋劣，贪图蝇头，拜跪于狐群狗党之中。今有三尺童子，至无知也，指犬豕而使之拜，则艴然怒；今胡虏犹犬豕也，公等读书知古，毫不知羞。昔文天祥、谢枋得誓死不事元，史可法、瞿式耜誓死不事清，此皆诸公所熟闻也。予总料满洲之众，不过十万。而我中国之众，不下五千余万。以五千余万之众，受制于十万，亦孔之丑矣！

今幸天道好还，中国有复兴之理；人心思治，胡虏有必灭之征。三七之妖运告终，而九五之真人已出。胡罪贯盈，皇天震怒，命我天王肃将天威，创建义举，扫除妖孽，廓清中夏，恭行天罚。言乎远，言乎迩，孰无左袒之心；或为官，或为民，当急扬徽之志。甲胄干戈，载义声而生色；夫妇男女，摅公愤以前驱。誓屠八族，以安九有。特诏四方英俊，速拜上帝，以奖天衷。执守绪于蔡州，擒妥欢于应昌，兴复久沦之境土，顶起上帝之纲常。其有能擒狗鞑子咸丰来献者，或有能斩其首级来投者，或又有能擒斩一切满洲胡人头目者，奏封大官，决不食言。盖皇上帝当初六日造成之天下，今既蒙皇上帝开大恩命我主天王治之，岂胡虏所得而久乱哉！公等世居中国，谁非上帝子女，倘能奉天诛妖，执螫弧以先登，戒防风之后至，在世英雄无比，在天荣耀无疆。如或执迷不悟，保伪拒真，生为胡人，死为胡鬼。顺逆有大体，夏夏有定名，各宜顺天，脱鬼成人。公等苦满洲之祸久矣，至今而犹不知变计，同心戮力，扫荡胡尘，其何以对上帝于高天乎！予兴义兵，上为上帝报瞒天之仇，下为中国解下首之苦，务期肃清胡氛，同享太平之乐。顺天有厚赏，逆天有显戮。布告天下，咸使闻知。

我们现在可以明白，太平天国不但以基督教的立场去反对中国固有的迷信与礼教，而且以基督教的招牌去反对统治汉人的满洲，民族主义染了宗教的色彩，这与欧洲宗教改革以后所引起的民族主义有些相同之处，而与宋末元初或明末清初的人们所谓民族主义有了不同之处。因为宋末元初或明末清初的人们所谓民族主义，完全是一种种族上的观念，而太平天国的民族主义，除了一种种族上的观念之外，又加了宗教上的观念。所以，他们说，天下者，上帝之天下，而非胡虏之天下也，天下既是上帝的天下，胡人不得而私专。换句来说，他们是要以宗教去反对种族上的不平等,以上帝去反对君主的自私自利。又,在这种的民族主义之下,虽然露出不少的复古思想,如说中国有中国之制度人伦等等,然而这只是一种消极的说法,因为若真正要实行基督教的制度与人伦起,则其与中国固有的制度人伦的差异,比之中国与满洲的制度人伦的差异尤为显明。

上面是从太平天国的建国工作的消极方面来说,我们现在可以谈太平天国的建国工作的积极方面。

我们以为,专就太平天国这个国号来看,就可以明白其建国工作的积极方面。所谓太平,可以说真正的平等,太平天国不只主张人类平等,而且主张男女平等,不只主张在上帝面前人人平等,而且主张在经济上,在政治上,以至社会的其他方面也要平等,所以,太平天国所宣布的各种政策,或所施行的好多制度,都以平等为原则。关于这一点,我们下面当再加以解释。至于所谓天国,那就是基督教《圣经》里所说的天国。原来耶稣虽也说过我国在天(My Kingdom is in Heaven),然而耶稣降生的目的是为拯救世人。据说洪秀全在《新遗诏圣书·马太传》第四章"天国近矣"的句子下曾注释道:

> 天国是总天上地下而言,天上有天国,地下有天国,天上地下同是神父天国,勿误认单指天上天国,故天兄预诏云:天国迩来。盖天国来在凡间,今日天父天兄下凡,创开天国是也。

我们上面曾说太平天国是一个政教合一的国家,我们以为,这个政教合一的国家是以宗教为主的国家。

总而言之,太平天国的意义就是以基督教的平等原则以为建国的张本,而这种的平等原则又含有共有共享的意义。比方在社会组织的单位与日常生活的管理方面,他们的主张与办法是:

> 凡二十五家中设国库一,礼拜堂一,两司马居之。凡二十五家中所有婚娶弥月喜事,俱用国库,但有限式,不得多用一钱。如一家有婚娶弥月事,给钱一千,谷一百斤,通天下皆一式,总要用之有节,以备兵荒。凡天下婚姻不论财。凡二十五家中陶冶木石等匠,俱用伍长及伍卒为之,农隙治事。凡两司马办二十五家婚姻吉喜等事,总是祭告天父上主皇上帝,一切旧时歪例尽除。其二十五家中,童子俱日至礼拜堂,两司马教读《旧遗诏圣书》《新遗诏圣书》及《真命诏旨书》。凡礼拜日,伍长各率男妇至礼拜堂,分别男行女行,听讲道理,颂赞祭奠天父上主皇上帝焉。

这是共有共享的政策。又如:

> 凡分田照人口,不论男妇,算其家人口多寡,人多则分多,人寡则分寡,杂以九等。如一家六人,分三人好田,分三人丑田,好丑各一半。凡天下田,天下共耕,此处不足,则迁彼处,彼处不足,则迁此处。凡天下田,

丰荒相通，此处荒则移彼丰处，以赈此荒处；彼处荒则移此丰处，以赈彼处荒。务使天下共享天父上主皇上帝大福，有田同耕，有饭同食，有衣同穿，有钱同使，无处不均匀，无人不饱暖也。……盖天下皆是天父上主皇上帝一大家，天下人人不受私，物物归上主，则主有所运用，天下大家处处平均，人人饱暖矣。此乃天父上主皇上帝特命太平真旨救世旨意也。

田固是应当共有，田里的收获，以至其他各种物产、银钱，也是应当共有共享的，所以说：

> 凡当收成时，两司马督伍长，除足二十五家每人所食可接新谷外，余则归国库。凡麦、豆、苎麻、布帛、鸡、犬各物及银钱，亦然。

我们知道，洪秀全之所以组织上帝会，是受了梁发所著的《劝世良言》的影响，梁发是基督教的新教徒，所以，洪秀全在早年的宗教思想，也可以说是偏重于新教方面。不但这样，洪秀全在一八四七年曾赴广州，与新教教士罗伯德（I. J. Roberts）同住了几个月，所以，他在早年所受新教的影响必定相当深刻。然而事实上，太平天国的好多理想、政策与制度，却又深受了天主教而尤其是耶稣会的影响，上面所抄出《天朝田亩制度》中的各种共有共享的社会政策就是一些例子。比方每二十五家自成为一个集团，这与耶稣会的集团的区分颇有相同之处，至于每个集团里，除了有公共崇拜上帝的礼拜堂与作礼拜的仪式外，在财产上的共有共享制度，尤与耶稣会的办法相近。耶稣会虽是天主教而受制于罗马教皇，然而会里的主持人物是用军事的名称，从创办这个会的罗有拉（Loyola）称为将军，此后总揽全会的首领都称为将军。太平天国除了天王以外，旅帅、师帅、军帅、卒长、司马等等名义，不只是管理军事，而且管理其他各种事务，这可以说是军事化的团体。此外，又如男馆与女馆之分开男女居住，这也与耶稣会的办法相近，所不同的，耶稣会的教士与姊妹（Sister）不能结婚，而太平天国虽分开男馆与女馆，然男女可以匹配。

洪秀全本来是受新教的影响，为什么后来又深受了天主教而尤其耶稣会的影响呢？照我看起来，这大概是由于天主教而尤其是耶稣会在华的历史较长，自明末利玛窦来中国以后，耶稣会对于中国的文化的各方面都有不少的影响。耶稣会在华的历史既较久，影响既较大。反之，新教之在中国在那个时候正在萌芽，一切尚未上轨道，一切尚未具体化或制度化，就欲有所取法也无所适从。然而，无论是新教或是旧教，在教义上是根本相同的，同时，这种宗教既非固有的宗教，而对于中国的固有文化又处于反抗的地位，太平天国把来当作建国的张本，正如曾国藩所说："此岂独我大清之变，乃开辟以来名教之奇变。"

太平天国在宗教上，在政治上，在经济上，固是受了西洋文化的影响，就是在文化的其他方面，也受西洋文化的影响。中国从来是重男轻女的，太平天国既以为在上帝面前男女是平等的，对于这种男尊女卑的观念自然反对。洪秀全在《原道醒世训》里曾已说过："天下多男人，尽是兄弟之辈；天下多女子，尽是姊妹之群，何得存此疆彼界之私。"《天朝田亩制度》之分田不论男妇，也是男女平等的意义。至于提倡一夫一妻的制度，禁绝娼妓与强迫放足的政策，都可以说是妇女解放的明征。又在太平天国里，除了女子没有封王的外，其他官职皆男女兼有，如女军师、女丞相，以至女检点、女指挥、女将军、女军兵等，而当时天王的妹妹洪宣娇与东王女丞相傅善祥，皆是在政治上有权力的女子。又据《太平野史》说：

> 太平朝既开科举，复举行考试。女子之典正，主试为洪宣娇，副主试为张婉如、王自珍。婉如，皖人；自珍，鄂人。题为"惟女子与小人为难养也"全章，应试者二百余人。金陵傅槐女善祥所作，独力辟难养之说，引古来贤内助之功。卷荐后为天王所激赏，拔置第一，饰以花冠饰服，鼓吹游街三日，闾阎群呼为女状元。第二名为钟氏，第三名为林氏。

此外，又如太平新历也是阳历的变相，当时且刻有《时宪书》，同时又破除阴历中的一切的忌讳吉凶的日子。

太平天国自金田起义到天京沦陷，有了十五年的历史，其失败的原因固然很多，然而西化不够澈底也可以说是主要原因之一。太平天国的崛起本来是受西洋文化的影响，可是建都南京之后，慢慢的趋于复古的路径，这是西化不澈底的结果。其实，就是以宗教方面来说，太平天国之尊崇基督教，也是近于皮毛的。据基督教会方面的记载，洪秀全于一八四七年曾赴广州西洋教士罗伯德（Roberts）处研究基督教的道理，并拟在那里受洗礼，因为罗伯特见得他对于基督教的道理见解不甚健全，所以没有给他施行洗礼，这可见洪秀全的上帝会并不是一种纯正的基督教，而是基督教的变相。洪秀全对于基督教的认识固很浅薄，对于西洋文化的其他方面更是浅薄，结果是，在近代中国的西化运动史上的领袖人物，在一般人看起来，并不是主张以耶教去建设新的国家的洪秀全，而是辩护孔孟的礼教与固有文化的曾国藩，这是很值得我们注意的。

洪秀全所领导的革命运动虽然失败，但是，这种革命运动所种下的种子，后来却在孙中山先生所领导的革命运动中滋长起来。因为孙中山先生不只对于洪秀全的个人很为崇拜，就是对于太平天国的各种新政策，也表不少的同情，所以，太平天国的本身的寿命固是很短，可是这个运动的精神是永远的占了中国的历史上的重要篇幅。

第五章　述维新运动[①]

戊戌维新运动为时不过百日，虽如昙花一现，然在历史上所占的位置却很重要。因为，这个运动在广义上是鸦片战争以后的变法运动与文化改革的一个重要的关键，在狭义上是我国的专制政体与革命运动的一种折衷的办法，梁启超在《戊戌政变记》曾有下面一大段话，今录之于下：

> 我国迫于外侮，当变法者，盖六十余年矣。然此六十余年中，可分为四界。自道光二十年割香港，通五口，魏源著《海国图志》，倡"师夷长技以制夷"之说，林则徐乃创译西报，实为变法之萌芽。然此后二十余年，叠经大患，国中一切守旧，实无毫厘变法之说也，是为第一界。同治初年，创巨痛深，曾国藩曾借洋将，渐知西人之长，创制造局以制器译书，设方言馆，创招商局，派出洋学生；文祥亦稍知时局，用客卿美人蒲安臣为大使，遍交泰西各国，变法之事，于是筚路门山矣。当时又议选翰林、部曹入同文馆学西文，而倭仁以理学重名为宰相，以死争之，败此大举。且举国守攘夷之说，郭嵩焘以通才奉使，深明时局，归而昌言，为朝士所攻，卒罢去。至于光绪甲申，又二十年，朝士皆耻言西学，有谈者诋为汉奸，不齿士类，盖西法萌芽，而俗尚深恶，是为第二界。马江败后，识者渐知西法之不能尽拒，谈洋务者亦不以为深耻，然大臣未解，恶者尚多，议开铁路，犹多方摈斥，盖制造局译出之书，三十余年，而销售仅一万三千本，京师书肆尚无地球图，其讲求之寡可想矣。盖渐知西学，而莫肯讲求，是为第三界。然尽此六十年中，朝士即有言西法者，不过称其船坚炮利制造精奇而已，所采用者，不过炮械军兵而已，无人知有学者，更无人知有政者。自甲午东事败后，朝野乃知旧法之不足恃，于是言变法者乃纷纷，枢臣翁同和首先讲求，辅导皇上，决意变法，皇上圣明，日明外事。乙未五月，翁同和拟旨十二道，欲大行变法之事，以恭邸未协而止。然朝士纷纷言新法，渐知学堂为变法之本，而皇上频催办铁路矿务学堂之事，未几西后复收大权，皇上几被废，新政遂止。然而强学会《时务报》大呼于天下，天下人士咸知变法，风气大开矣，是为第四界。然明于下而未行于上，新旧相争，大臣多不以为然，以未定国是故也。标准未著，人心不一，趋向未定，虽云变法，仍是守旧而已。及经胶州之变，朝廷益震动，康有为于正月上书请变法，宜先定国是，下总署

[①] 校按：在陈序经家藏抄稿中，此章为自抄稿。

议，上再催而未覆，旅顺、大连之事继起，皇上圣明，盖明中外之事，知不变法不能立国，而恭亲屡谏，谓"祖宗之法不可变"，上曰："今祖宗之地不保，何有于法乎？"因使庆王告西后曰："朕不能为亡国之君，若不予我以权，宁逊位而已。"西后虽愤甚，然因别有所图，始听皇上之所为。乃使庆王复于上，曰："皇上欲办事，太后不阻也。"至是恭亲王适薨，翁同和辅政，锐志改革，御史杨深秀，侍读学士徐致靖相继上书，请定国是。上既决心，乃白西后，召军机全堂下此诏书，宣示天下，斥墨守旧章之非，著托于老成之谬，定水火门户之争，明夏葛冬裘之尚，以变法为号令之宗旨，以西学为臣民之讲求，著为国是，以定众向，然后变法之事乃决，人心乃一，趋向乃定。自是天下乡风，上自朝廷，下至人士，纷纷言变法，盖为四千年拨旧开新之大举，圣谟洋洋，一切维新基于此诏，新政之行开于此日。

我们从此可以明白，戊戌的维新运动是与中国这个运动以前的所谓新政的设施，是有了密切的关系。不但这样，这个运动失败以后，好多守旧者既愈趋于守旧，而好多维新者愈趋于维新。庚子八国联军的占据京师，可以说是守旧者所造出的结果，而此后各种新文化的运动的发展，又与这个运动有了密切的关系。梁启超自这个运动失败以后，逃去日本，努力学习日本文字，最初办《清议报》，后来又办《新民丛报》与《新小说》杂志，尽量介绍西洋智识，极力鼓吹中国西化。不但在当时影响很大，就是此后的新文化运动，而尤其是五四的新文化运动的领袖们，不论在直接上或间接上，都受其影响。我所以说这个运动在广义上是鸦片战争以后的变法运动与文化改革的一种重要的关键，就是这个原故。

为什么我说这个运动在狭义上是我国的专制政体与革命运动的一种折衷的办法呢？原来，中国自数千年来是一个专制的国家，朝代的变化虽不知有过多少次，但是大致上，政体是循环不变的。自鸦片战争以后，太平天国崛起南方，就其反抗满清的方面来看，这可以说是一种革命运动，近人每每以这个运动与孙中山先生所领导的革命运动相提并论，就是这个原故。而孙中山先生在少时之所以羡慕洪秀全的事业，也是这个原故。然而在政治上，洪秀全还是一个主张与实行专制政体的人，虽则他所主张与实行的专制政体是染了西洋的神权的色彩。反之，孙中山先生所主张与实行的政体是民主政体，这是两者在政治上的根本差异的地方。至于戊戌维新运动，是一种君主立宪的运动。这个运动的领袖既并不主张推翻君主，又并非完全主张民主，他们一方面是拥护皇帝，一方面要伸张民权，在政治的性质成为专制与民主的一种调和的政体，在政治的发展上成为一种过渡的办法，这个运动不只是我国的政体演变上的一种承上起下的阶段，而且是加紧了专制的淫威与促成了革命的成功。西太后与满清的大臣本来是守旧的，戊戌的维新运动既使了他们愈趋于守旧而有庚子之祸，国家的危机愈为显明而使革命运动易于成功。反过来说，假使戊戌的维新运动是成功了，或是没有了这个运动，那么满清虽未必不被推倒，然而革命的成功也许未必能够那么快。

维新运动的领袖是康有为。康有为是广东南海人，他本来是研究理学与孔孟的，后来到了香港、上海，见得西洋人在这些地方的建设比了我们内地各处的情形优越得多，因想西洋人在其本国的文化必定更好，同时又加以在那个时候，中国又时时受了外人的压迫，因而努力去览阅已译为中文的西书，又与当时的外国教士相往来，并著《日本变政考》与《俄彼得变政考》诸书，以为中国变法的借镜。据梁启超说，他自光绪十四年就以"布衣伏阙上书，极陈外国相逼中国危险之状，并发俄人蚕食东方之阴谋，称道日本变法致强之故事，请厘革积弊，修明内政，取法泰西，实行改革"。可是，在京师的人们都以为他是病狂，所以他的上书不能上达，他不得已乃回广东开塾讲学以教授弟子。甲午败后不久，康有为又到京师上万言书，主张变法，当时因得翁同和的帮忙，他所上的书始得光绪阅读。翁同和是光绪的师傅，自甲午以后，觉得非西法不足以图存，他不但只代达康有为的主张，而且极力劝导光绪下诏变法。乙未年六月，翁与光绪决议，拟下诏敕十二道，宣布维新的计画。但是此事还没有施行，而西太后已知道，她不许翁同和在毓庆宫，同时又把光绪所信用的汪鸣、銮长麟等褫革。翁同和等既被摈斥，康有为又不得不离京南下。直至光绪二十三年（一八九七），德人占据胶州，康有为又到北京上书，主张变法。到了光绪二十四年，又由翁同和的奔走，光绪始决计变法，开制度局以进行变法事宜，同年四月二十三日，下诏定国是，二十八日，召见康有为于颐和园的仁寿殿。据说，这次召见历时至九刻钟之久，为向来召见臣僚所未有的例。

除了翁同和以外，帮忙康有为的维新运动最力的要算梁启超了。梁启超是康有为的弟子，他十八岁时（一八九一）就教于康有为，一八九五年〈三月〉廿三在北京代表广东公车百九十人上书陈时局，同时，又帮忙康有为联公车三千人上书及创设强学会，次年到湖南长沙时务学堂讲学，到了戊戌年，又在京师参预新政。

此外，赞成或参预维新运动的，据梁启超《戊戌政变记》，还有二十多位，而陈宝箴、黄遵宪、谭嗣同对于这个运动，尤多赞助。

参加这个维新运动的人虽有不少接近皇帝或身处高位，然并非真有实力的人，至于接近西后的荣禄，以至有声望的疆吏如张之洞，不但没有赞成，而且加以反对。

维新运动之所以能够逐渐引起国人的注意，主要是得力于康有为及其他的领袖们的努力鼓吹与提倡，他们除了联合上书之外，还且创办《新报》、组织学会与设立学校，以为推动的工具。关于联合上书的概略，梁启超在《戊戌政变记》曾有下面一段记载：

> 乙未二三月间，和议将定，时适会试之年，各省举人集于北京者，以万

数千计。康有为创议上书拒之，梁启超乃日夜奔走，号召连署上书论国事。广东、湖南同日先上，各省从之，各自连署麇集于都察院者，无日不有。虽其言或通或塞，或新或旧，驳杂不一，而士气之稍申，实自此始。既而合十八省之举人，聚议于北京之松筠庵（庵者，明代烈士杨继盛氏之故宅也），为大连署以上书，与斯会者凡千三百余人。时康有为尚未通籍，实领袖之。其书大意凡三事。一曰拒和，二曰迁都，三曰变法。而其宗旨，则以变法为归。盖谓使前此而能变法，则可以无今日之祸；使今日而能变法，犹可以免将来之祸；若今犹不变，则他日之患，更有甚于今者。言甚激切，大臣恶之，不为代奏。然自是执政者渐渐引病去，公车之人散而归乡里者，亦渐知天下大局之事，各省蒙昧启辟，实起点于斯举。此事始末，上海刻有《公车上书记》以纪之。实为清朝二百余年未有之大举也。

这种上书请愿，拒绝议和，实可以说是后来五四运动的先河。联合上书，主要的是要使皇帝大臣明白变法的需要，至于创办《新报》，主要的是要使一般士民了解变法的需要。康有为自光绪二十一年联合公车上书，拒绝议和，未见效力，之后复又上书请求变法，可是这次上书又不能上达，他逐渐感觉到单靠朝廷变法是不容易的，他以为各国的改革多要依赖于一般的士民的觉悟。然欲唤起士民的觉悟，又要赖于报章的鼓吹，于是他乃独自捐款创办《万国公报》于北京。这是一种日报，由他与梁启超、麦孟华等主持笔政，撰述文章。据说，每日发刊二千份，遍送士夫贵人，在那个时候，北京还没有报章，所以这个《万国公报》可以说是一种创举。《万国公报》创办未久，被迫停版，后来他们又刊行《时务报》。《时务报》的创办，很得力于黄遵宪及其他的有识人士，而梁启超的《变法通议》就是在光绪二十二年（一八九六）的《时务报》上发表，这可以说是梁启超的较有系统的长篇政论之最先刊行的。后来戊戌变政的时候，光绪要梁启超贡献变法的意见，他就把这篇文章呈与光绪。《时务报》出版于上海，可以说是近代中国杂志的先锋，在当时是思想的明星、变法的南针。梁启超以为《时务报》大呼于天下，天下人士咸知变法，风气大开，而推进中国的西化入于一个新阶段，并非虚言。《时务报》后来改为官报，又在各省设报馆。此外，官报局的设立及其他的报馆杂志的刊行，都可以说是随着维新运动的潮流而发展的。

学会的设立，也始于光绪二十一年的强学会，该会初设于北京，也由康有为创议，梁启超被委为该会书记。当时南洋大臣张之洞听了这个消息，曾寄了五千金以为该会经费，康有为见得张之洞对于这种组织表示赞助，乃立赴南京看张之洞，并劝张之洞设强学会分会于上海。据说张之洞很为喜欢，所以上海的强学分会也得成立。但是，北京的强学会设立不够三个月，而为清廷所封禁。

强学会虽不久被封禁，然而各处与各种学会之相继设立的很多，北京的知耻会、经济学会，上海的不缠足学会、农学会、医学会、译书会、蒙学会，湖北的质学会，湖南的南学会、地图公会、明达学会，广东的粤学会、群学会，广西的圣学会，以至苏州的苏学会与陕西的味经学会，以及陕学会、闽学会、蜀学会，谭嗣同夫人李闰所发起的中国女学会，以及其他的好多学会，可以说是极盛一时。

据说强学会每十日开会一次，每次都有士大夫们数十人到会，同时又有演说，康有为曾撰《强学会序》文以资鼓吹。而湖南的南学会则七日开会一次，主其事者为谭嗣同，他不但集合湖南的人士，而且联络南方各省人士，讲爱国的道理，求救亡的方法。据说，每次集会参加的有千数百人。谭氏慷慨论天下事，闻者无不感动，使湖南风气大开。至于其他各学，或讨论国事，或介绍西书，或研究学术，而成为近代各种学会的先驱。

此外，还有保国会的组织，也为康有为与其徒众所创议，目的为保全国地、国权与圣教。拟在京师与上海设保国总会，各省各府以至各县皆设分会。会中公选总理若干人，值理若干人，常议员若干人，备议员若干人，董事若干人，以同会中人多推荐者为之，这可以说是仿效了近代的代议制度而取决于多数。又规定常议员公议会中事，总理以议员多寡决定事件推行，而董事管会中杂事，凡入会之事及文书、会计一切诸事。

保国会成立之后，又有所谓保滇会、保浙会继之而起。据梁启超说，保国会在京师开会时，曾集朝官自二品以下以至言路、词馆、部曹及公车数百人，座无虚位。康有为演说时，声气激昂，座中有为之流泪的。保国会不久虽为守旧者所反对而解散，可是风气既渐开放，人心又渐振发，而对于维新运动有莫大的影响。

新式学校的设立历史虽很久，然而以学校为政治的活动的中心，也可以说创始于维新运动的领袖。这种学校之最著名的，为湖南长沙的时务学堂。这个学堂本为黄遵宪、熊希龄等所创办，而聘梁启超主讲席。梁启超在该校所讲授及批答诸生割记，皆当时一派的民权论，同时又多述清代故实，批评政治的不良，而偏于革命的思想。据说，湖南绅士叶德辉曾把梁氏在该校的言论与批答逐条反驳，目为怪论。然而这个学堂不但是开湖南风气的机关，而且养出好几个高材生，蔡锷、林圭、李炳寰都是由该校出身的。

此外，他们还提倡建立政治学校，翻译外文书籍，开设图书馆、博物馆、仪器院等等。

其实，学校的倡办是维新运动中的主要工作。我们现在看，自光绪廿四年（一八九八）四月二十三日诏定国是，命令下了之后直到八月政变的三个月里，新政诏书之颁布差不多天天都有，而且有时一天数次，然其关于创办学校的诏书，特别的多。而其原因，可以从梁启超下面一段话看出来：

　　自甲午以前，我国士大夫言西法者，以为西人之长不过在船坚炮利，机器精奇，故学之者，亦不过炮械船舰而已，此实我国致败之由也。乙未和议成后，士大夫渐知泰西之强由于学术，颇有上书言之者。而刑部侍郎李端棻之奏，最为深切详明，得旨允行。而恭亲王、刚毅等谓可以缓办，诸臣和之，故虽奉明诏，而束高阁者，三年矣。皇上既毅然定国是，决行改革，深知现时人才未足为变法之用，故首注意学校，三令五申，诸大臣奉严旨，令速拟章程，咸仓卒不知所出，盖中国向无学校之举，无成案可稽也。当时军机大臣及总署大臣咸饬人来，属梁启超代草。梁乃略取日本学规，参以本国情形，草定规则八十余条，至是上之。皇上俞允，而学校之举乃粗定。

然而要想振兴学校，不得不废除八股。康有为、梁启超、张元济、杨深秀均以为变法的基础在于得人才，而得人才又要先改科举，要改科举又必先废八股。他们以为，八股之害甚于焚书坑儒，八股是使人不学，八股是使种族亡。所以，光绪二十四年五月初五日的上谕决废八股。这个上谕说：

> 我朝沿宋明旧制，以四书文取士，康熙年间，曾经停止八股，考试策论，未久旋复旧制。一时文运昌明，儒生稽古穷经，类能推究本原，阐明义理，制科所得，实不乏通经致用之才。乃近来风尚日漓，文体日敝，试场献艺，大都循题敷衍，于经义罕有发明，而浅陋空疏者，每获滥竽充选。若不因时通变，何以励实学而拔真才。著自下科为始，乡会试及生童岁科各试，向用四书文者，一律改试策论。其如何分场命题考试，一切详细章程，该部即妥议具奏。此次特降谕旨，实因时文积弊太深，不得不改弦更张，以破拘墟之习。至于士子为学，自当以四子六经为根柢。策论与制艺，殊流同源，仍不外通经史以达时务。总期体用兼备，人皆勉为通儒，毋得竞逞辩博，复蹈空言，致负朝廷破格求才至意。

光绪既下谕废除八股，同时又诏立京师大学以为各省倡立大学的榜样。京师大学堂既为各省倡立大学的榜样，必须规模宏远，兼用中西学术。谕旨之提及京师大学的也好多次，这都是说明学校在维新运动上所占的地位的重要。

总而言之，联合上书、创办新报的目的，是唤起朝野明瞭变法的必要，学会的组织与学校的设立，一方面固是研究学术，然而别方面是政治改革的基础。梁启超在上陈宝箴一书中以为：

> 策中国者，必曰兴民权，斯固然矣，然民权非可旦夕而成也。权者，生于智者也，有一分之智，即有一分之权；有六七分之智，即有六七分之权；有十分之智，即有十分之权。……是故权之与智，相倚者也，昔之欲抑民权，必以塞民智为第一义，今日欲伸民权，必以广民智为第一义。

怎么样的去发展民智呢？第一，要组织学会。他以为："欲兴民权，必先兴绅权，欲兴绅权，宜以学会为之起点。"第二，要广设学堂与派送学生出洋留学。

大致上说，照梁启超以及好多维新运动的领袖们的意见，学校当由政府设立，以培养人才以为国家之用，而学会是由士民组织，以训练士民以帮助新政。前者是为政府预备施行政事的人才，而后者是为士民预备论列国事的机会；前者是偏于行政方面的准备，后者是偏于立法方面的准备。梁启超谓学会兼地方议会之规模，就是这个意思。

我们已经说过，维新运动的领袖的政体的主张是君主立宪，所以，他们所谓民权，也就是在这种政体的范围之内的民权，而非革命运动的领袖所说的民权。因为他们不但不主张推翻满清，而且并不主张打倒皇帝，其实他们不但只尊君，而且希望去利用君主的力量以改革政体。可是事实上，光绪自己就没有权力，虽则他自己很愿意去效法西洋，去伸张民权。而同时真有力量的西后，不但不愿意去伸张民权，而且不愿意去效法任何西法。结果皇帝虽有其名而没有其力，到了西后排斥所谓维新的份子的时候，光绪自己也有"朕位几不能保"的表示，维新运动之所以失败，可以说是没有实力以为后盾。

康有为服膺孟德斯鸠的三权鼎立的学说，羡慕英国君主立宪的政体，在他《请定立宪开国会》的疏里，他主张以国会立法，以法官司法，以政府行政；他主张尊崇人主为神圣，不受责任，而政府代之。他以为东西各国皆是应用这种理论，实行这种政体，只有中国是一个专制政体的国家。专制政体的国家，是一君与大臣数人共治其国，立宪政体的国家，是人君与千百万的国民合为一体。千百万人去治理国家的事，是胜于数人去治理国家的事，所以，君主立宪是胜过专制政体。而且，前者可以强，而后者多是弱，前者可以兴，后者多是衰。这是康有为的理论，也是当时主张变法的一般人的理论。

此外，康有为又主张设制度局以为变法的总机关，而别设十二局以分管其事务。光绪二十四年，康氏在其《统筹全局疏》里有下列十二局的提议：

> 一曰法律局。外人来者自治其民，不与我平等之权利，实为非常之国耻。彼以我刑律太重，而法规不同故也。今宜采罗马及英、美、德、法、日本之律，重定施行。不能骤行内地，亦当先行于通商各口。其民法、民律、商法、市则、舶则、讼律、军律、国际公法，西人皆极详明，既不能闭关绝市，则通商交际，势不能不概予通行。然既无律法，吏民无所率从。二曰度支局。我国地比欧洲大，人数倍之，然患贫实甚，所入乃下等于智利、希腊小国，无理财之政故也。西人新法，纸币、银行、印税、证券、讼纸、信纸、烟酒税、矿产、山林、公债，皆致万万，多我所无，宜开新局专任之。三曰学校局。自京师立大学堂，各省立中学，各府县立小学，及专门各校若海陆、医学、律学、师范学，编译西书，分定课级，非礼部所能办，宜设局而责成焉。四曰农局。举国之农田、山林、水产、畜牧，料量其土，宜讲求其进步改良焉。五曰工局。司举国之制造机器美术，特许其新制而鼓励之。

其船舶、市场、新造之桥梁、堤岸、道路咸属焉。六曰商局。举国之商务、商学、商会、商情、商货、商律，专任讲求激厉之。七曰铁路局。举国之应修铁路、绘图、定例权限咸属焉。八曰邮政局。举国皆行邮政以通信，命各省府县乡，咸立分局，并电线属焉。九曰矿务局。举国之矿产、矿税、矿学属焉。十曰游会局。凡举国各政会、学会、教会、游历、游学各会，司其政律而鼓舞之。十一曰陆军局。选编国民为兵，而司其教练。十二曰海军局。治铁舰练军之事。

这些局及其名称，在当时虽因时间短促未能一一举办，但是戊戌政变以后所谓新政的设施，其部局的设立，与康氏所拟定的范围与职务，多有与其相合之处。当康氏主张设立这十二局的时候，他自己以为原有之部寺"率皆守旧之官，骤予改革，势难实行"，所以，照他的意见，新政可以设立新局去施行，而旧有的部寺尽可任其存在，以保存原有的臣僚而免其反对。不过，不除旧难于布新，而且有的衙门官职只有其名而无其实，靡费国库，消耗财源，若不设法裁减，则新的局政难于发展，所以好多维新志士，而特别是岑春煊，上书请求从速裁减。所以，戊戌变法七月十四曾有下面的谕旨：

> 国家设官分职，各有专司，京外大小各官，旧制相沿，不无冗滥，……现当开制百度，事务繁多，度支岁入有常，岂能徒供无用之冗费，以致碍当务之急需？如詹事府本属闲曹，无事可办。其通政司、光禄寺、鸿胪寺、太常寺、太仆寺、大理寺等衙门，事务甚简，半属有名无实，均著即行裁撤，归并内阁及礼、兵、刑等部办理。又外省如直隶、甘肃、四川等省，皆系以总督兼管巡抚事，惟湖北、广东、云南三省督抚同城，原未划一。现在东河在山东境内者，已隶山东巡抚管理。只河南河工，由河督专办。今昔情形，确有不同。所有督抚同城之湖北、广东、云南三省巡抚，并东河总督，著一并裁撤；其湖北、广东、云南三省，均著以总督兼管巡抚事，东河总督应办事宜，即著归并河南巡抚兼办。至各省漕运，多由海道，河运已属无多，应征漕粮，亦多改折。淮盐所行省分，亦各分设督销。其各省不办运务之粮道，向无盐场，仅管疏销之盐道，亦均著裁缺，归各藩司巡守道兼理。此外如各省同通佐贰等官，有但兼水利盐捕，并无地方之责者，均属闲冗，即著查明裁汰。……其余京外，尚有应裁文武各缺及一切裁减归并各事宜，著大学士、六部及各直省督抚，分别详议筹办。仍将筹议情形，迅速具奏。……并不得以无可再裁，敷衍了事。……著各督抚凛遵前旨，将现有各局所中冗员，一律裁撤净尽。并将候补分发捐纳劳绩等项人员，一律严加甄别沙汰，限一月办竣覆奏。……若竟各挟私意，非自便身图，即见好僚属，推诿因循，空言搪塞，定当予以重惩，决不宽贷。

此外，在地方行政方面，他们又提倡所谓"地方自治的制度"。梁启超在其上陈宝箴书里，曾反对以他省或他处人来治理本地的人民，他说：

> 夫以数千里外渺不相属之人，而代人理其饮食、讼狱之事，虽不世出之才，其所能及者几何矣？故三代以上，悉用乡官；两汉郡守，得以本郡人为之，而功曹掾史，皆不得用它郡人，此古法之最善者。今之西人，莫不如是。唐宋以来，防弊日密，于是悉操权于有司，而民之视地方公事，如秦越人之视肥瘠矣。今欲更新百度，必自通上下之情始；欲通上下之情，则必当复古意，采西法，重乡权矣。然亦有二虑焉：一曰虑其不能任事，二曰虑其借此舞文也。欲救前弊，则宜开绅智；欲救后弊，则宜定权限。定权限者何？西人议事与行事分而为二，议事之人，有定章之权，而无办理之权；行事之人有办理之权，而无定章之权。将办一事，则议员集而议其可否；既可，乃议其章程；章程草定，付有司行之，有司不能擅易也。若行之而有，则告于议员，议而改之。西人之法度，所以无时不改，每改一次，则其法益密，而于其民益便，盖以议事者为民间所举之人也。是故有一弊之当革，无不知也；有一利之当兴，无不闻也。……推而大之，而一县，而一省，而一国，莫不如是，西人即以此道治一国者也。

可知，他不但以本地人治本地人，而且主张所谓立法权与行政权要分开。黄遵宪在南学会里演讲，第一次讲义也主张以本地人治本地人，他说：

> 诸君多有读二十四史者，名相、良相、能吏、功臣，可谓繁夥矣，惟读到《循吏传》则不过半卷耳，数十篇耳，二三十人耳。无地无官，无时无官，汉唐宋明，每朝数百年，所谓循吏者，只有此数，岂人性殊哉？抑人才不古若欤？尝考其故，一则不相习也。本地人之不得为本地之官，自汉既有三互之法，如今之回避，至明而有南北互选之法。赴任之官动数千里，土风不谙，山川不习，一切禁俗，茫然眛然。余尝见一广东粮道，询其惯否，彼谓饮食、衣服均不相同，嗜欲不通，言语不达，出都以后，天地异色，妻奴童仆日夕怨叹，惟愿北归。以如此之人而求其治民，此不相习之弊。一则不久任之弊也。今制三年为一任，道府以下不离本省，是朝廷固知不久任之弊矣。……诸君试思之，不相习与宴会时之生客何异？不久任与逆旅中之过客何异？然皆尊之为官矣。

梁启超、黄遵宪与陈宝箴、谭嗣同等在湖南时，既极力提倡地方自治的制度，同时对于地方行政，如保卫局等，又努力进行，使湖南成为施行新政的一个策源地。

这是调整行政机构的重要建议，也是戊戌维新运动的重要改革，其重要性并不下于废除八股文章。其实，废除八股文章与裁减行政机构这两件事，可以说是维新运动的消极方面的最具体的工作,而创办学校与设立新局这两件事,又可以说是维新运动中的积极方面的最具体的工作。而且,要振兴学校,就不得不废除八股文章,要设立新局,又不得不裁减繁冗机构,所谓消极与积极的工作的区别,也可以说是一件事的两方面。同时,设立学校的目的既是在于建立政治改革的基础,那么,政治上的除旧布新,是与教育上的除旧布新又有了密切的关系。康有为在其上书里屡屡以为"不变则已,若决欲变法,势当全变",就是这个意思。

后来,西后垂帘问政,推翻新法,不但复八股取士的制度,还要罢经济特科,停止各省府州县所设立的中学校、小学校,不但复置光绪所裁汰的詹事府等衙门与各省冗员,还且废农工商总局,这也可以说是守旧者的整套,他们差不多好像说,"不守旧则已,若决欲守旧,势当全守"。然而事实上,潮流是趋于维新的,而且八股既废,学校既兴,旧衙既裁,新局既立,西后虽全反其所为,全复其旧制,可是新政已逐渐深入人心,而潮流又难盲目反抗,结果是愈反抗而愈使维新者与革命者张目,满清之所以覆灭之快,不能不说是执政者之太守旧罢。

第六章　述革命运动[①]

据孙中山先生在《申报五十年》中的《中国之革命》一文云，他从事于革命的动机是始于乙酉（一八八五）这一年，就是中法战争的一年。战争初起的时候，清廷派主战派的激烈份子张佩纶去守福州船厂，待到法国海军攻船厂的时候，张佩纶就弃兵而逃跑，创办好多年来的船厂固然是被毁，连了土地广阔的安南也被法人抢去。

中国自鸦片战败以后，凡与外国交涉或打仗，总是一败再败，吃亏而又吃亏。太平天国败后，曾国藩、李鸿章一般名臣虽励精图治，然仅能学西人的皮毛，加以朝廷腐败于上，而人民愚昧于下，连了这些皮毛的改革，也处处受人反对，时时受人非议。孙中山先生幼年既久住外国，早就感觉到非根本去改革中国的政治，中国是不会转弱为强。何况在中法战争的时候，法国进攻安南与我国沿海的兵力并不雄厚，疆吏临战就逃，这不但只表示我们的力量太差，而且证明我们疆吏太不中用。

孙中山先生的革命运动虽产生于乙酉中法战争那一年，但是革命运动具体化，却又在十年后的甲午中日战争那一年。兴中会是在这一年组织的。兴中会的会员入会誓词有"驱除鞑虏，恢复中国，创立合众政府"的词句。从这些词句里我们可以看出所谓民族主义与民权主义的萌芽。因为所谓"驱除鞑虏，恢复中国"是民族主义的暗示，而所谓"创立合众政府"，在孙中山先生的心目里，无非就是像美国的合众政府一样。美国的合众政府是民主政体，民主政体是民权主义的结果。

甲午战败以后，孙中山先生曾与陆皓东拟在广州起义，不幸事未发而陆氏被捕，孙先生不得已乃赴英伦。在英伦曾为中国使馆所诱禁，脱险之后乃在欧洲考察政治风俗，渐渐的感觉到欧洲的政治运动的发展是始于民族运动，继以民权运动，而终于民生运动，这是孙中山先生的三民主义的胚胎。戊戌政变与庚子耻辱之后，更使他感觉到中国非革命不能自存，要革命就要有革命的理论，三民主义就是孙先生的革命理论。三民主义既是胚胎于他在欧洲的时候，三民主义的雏形之见于言论的，是孙中山先生为《民报》出版时的所作的发刊词。《民报》的刊行是在庚子之祸的后一年，这就是一九〇二年。这个时，梁启超正在日本主办《新民丛报》，《新民丛报》出版以后真是风靡一时，国内之翻印的有了十版以

[①] 校按：在陈序经家藏抄稿中，此章为自抄稿。

上。《新民丛报》固为当时中国新思想的先锋，然在政治上的主张却是君主立宪。自戊戌维新运动失败以后，康、梁对于满清政府，而尤其是对于慈禧太后，虽极力攻击，可是他们对于满洲人民，而尤其是对于光绪皇帝，还是处处拥护。满洲人民既还可以统治汉族，所谓民族运动是无由产生的；光绪既还可以作皇帝，所谓民权运动是较难实现的。孙中山先生既主张民族主义，又提倡民权主义，根本上思想是与康、梁趋于异途。《民报》的刊行，在积极方面是鼓吹民族主义与民权主义，在消极方面是反对康、梁的君主立宪的主张。正像曾、李的西化，是注重于皮毛，不能救起衰弱的中国；康、梁的君主立宪，是一种不澈底的办法，不能唤起腐败的满清。所以在一般的思想上，梁启超的《新民丛报》虽然风靡一时，然而在政治的主张，《民报》却逐渐的深入人心，而三民主义也逐渐的具体表现。三民主义的具体表现，最先见于一九〇五年的同盟会政府的《宣言》，《宣言》的要旨是："驱除鞑虏，恢复中华，建立民国，平均地权。"所谓"驱除鞑虏，恢复中华"两点，不外是重述兴中会会员入会的誓词的"驱除鞑虏，恢复中国"的意思，而成为当时的民族主义的表示。我说当时的民族主义的表示，因为当时的民族意识可以说是只限于汉族的民族意识，而其反抗的对象是满族，与后来的"五族共和"的口号的民族主义，以至再后的联合世界弱小民族的政策的民族主义，都不相同。所谓"建立民国"，虽由兴中会会员入会誓词中的"创立合众政府"的意想而来，但是在表现民权主义的意义。所谓"建立民国"的词句，比起"创立合众政府"的词句明白得多，因为合众的政府，至少在字面上不一定是民众的政府。一八七一年以后的德国政府，可以叫作合众政府，然却不能谓为民众政府或民国政府。所谓"平均地权"，这一点是民生主义的端倪。我说这是民生主义的端倪，因为平均地权不能包括孙中山先生所说的整个民生主义，虽则这是民生主义的要点。

  同盟会政府的《宣言》虽表示了三民主义的要素与骨骼，可是三民主义的完成，是民国十三年孙先生在广州中山大学的大礼堂里所演讲的三民主义。自然的，严格来说，三民主义的演讲，关于民生主义这部分还没讲完，可是孙中山先生的三民主义的根本思想以及其主要原则，已可从这些演讲里找出来。所以我们要明白他的三民主义，非读这些演讲不可。

  在早期的革命运动，信仰孙中山先生革命理论与三民主义较多的，与帮忙革命运动较力的，要算留学生与华侨。《孙文学说》"有志竟成"一章里关于这一点说得很清楚，今录之于后：

    庚子失败之后，……适各省派留学生至日本之初，而赴东求学之士，类多头脑新洁，志气不凡，对于革命理想感受极速，转瞬成为风气。故其时东京留学界之思想言论，皆集中于革命问题。刘成禺在学生新年会大演说革命排满，被清公使逐出学校。而戢元成、沈虬斋、张溥泉则发起《国民报》，以鼓吹革命。留东学生提倡于先，内地学生附和于后，各省风潮从此渐作。在上海则有章太炎、吴稚辉、邹容等借《苏报》鼓吹革命，为清廷所控，太炎、邹容被拘囚租界监狱，吴亡命欧洲。此案涉及清帝个人，为朝廷与人民争讼之始，清朝以来所未有也。清廷虽胜讼，而章、邹不过仅得囚禁两年而已，于是民气为之大壮。邹容著有《革命军》一书，为排满最激烈之言论，华侨极为欢迎，其开导华侨风气，为力甚大。此则革命风潮初盛时代也。壬寅癸卯之交（一九○二—○三），……予再作环球漫游，取道日本檀香山而赴美欧。过日本时，有廖仲恺夫妇、马君武、胡毅生、黎仲实多人来会，表示赞成革命。予乃托以在东物色在东有志学生，结为团体，以任国事，后同盟会之成立多有力焉。……乙巳（一九○五）春间，予重至欧洲，则其地之留学生已多数赞成革命，盖彼辈皆新从内地或日本来欧，近一二年，已深受革命思潮之陶冶，已渐由言论而达至实行矣。予于是乃揭櫫吾生平所怀抱之三民主义、五权宪法以号召之，而组织革命团体矣。于是开第一次会于比京，加盟者三十余人；开第二次会于柏林，加盟者二十余人；开第三次会于巴黎，加盟者亦十余人；开第四次会于东京，加盟者数百人，中国十七省之人皆与焉，惟甘肃尚无留学生到日本，故缺之也。此为革命同盟会成立之始。

这是关于留学生方面，至于一般的华侨方面，《孙文学说》"有志竟成"一章里也说：

> 自同盟会成立以后，始有向外筹资之举，当时出资最勇而多者，张静江也，倾其巴黎之店所得六七万元，尽以助饷。其出资勇而挚者，安南堤岸之黄景南也，倾其一生之蓄积数千元，尽献之军用，诚难能可贵也。其他则有安南西贡之巨商李卓峰、曾锡周、马培生等三人，曾各出资数万，亦当时未易多见者。

又如《孙文学说》里举出，庚戌（一九一○），倪映典等在广州起事失败时，孙中山先生正在槟榔屿，为想再图起事起见，乃"招集当地华侨同志会，勖以大义，一夕之间，则釀资八千有奇，再令各同志担任到各埠分途劝募，数日之内已达五六万元，而远地更所不计"。至于辛亥（一九一一）三月廿九日广州一役，据胡汉民《广州三月二十九日之役报告书》，华侨捐款共达二十一万五千余元。这不过是随便举出一些例子以为解释。其实革命所以能够成功，得力于华侨之处最多。孙中山先生所以说华侨为革命之母，就是这个原故。

留学生固因深染欧风美雨，故对于革命运动热情参加，华侨之所以信仰革命理论与赞助革命工作，主要的也可以说是由于西洋环境所影响。

革命之所以成功，不只是靠着革命的理论、人才与钱财，而尤要靠着革命的精神。孙中山先生立志从事革命是一八八五年,到了十年之后(一八九五)始有兴中会的成立,从一八九五年至一九〇五年的十年中,革命理论与工作同时发展。一九〇五年同盟会成立之后,实际的革命运动尤为注意。所以,从一八九五年乙未广州之役以后,实际的革命运动愈来愈多,前仆后起,若不是具了坚忍不拔的精神,有了视死如归的决心,革命是不会成功的。所以,最先起事不成而被捕的陆皓东,在未被害之前就对着满清官吏说:"今事虽不成,此心甚慰,但一我可杀,然而继我而起者,不可尽杀。"他又说:"汝虽以严刑加我,但我肉痛心不痛,汝其奈我何?"又如,方声洞在其寄父书中云:"儿今日极力驱满清,尽国家之责任者,亦所以保卫身家也。他日革命成功,我家之人皆为中华新国民,而子孙万世亦可以长保无虞,则儿虽死,亦瞑目于地下矣。"林觉民在其寄妻书中云:"吾充吾爱汝之心,助天下人爱其所爱,所以敢先汝而死,不顾汝也,汝体我此心,于啼泣之余,亦以天下人为念,当亦乐牺牲吾身与汝身之福利,为天下谋永福也,汝其勿悲。"又如一九〇七年镇南关之役,孙中山先生曾自己亲自出马,胡汉民先生在民国十九年九月十六在南京新亚细亚学会演讲《南洋与中国革命》的演讲词里告诉我们:

> 我们一路走的,先生(指孙先生)自己、克强和我、我的堂弟毅生、卢伯琅、张翼枢(他们是在安南巴维学校读书告假从军的),还有表同情于革命党的法国炮兵大尉,和日本同志池亨吉。我们先从河内坐火车到谅山,到了村中,……就从这个村子出发,……走到了山脚下,就开始爬上去。从下午五时起,爬到十时,还没有爬到,……大家一路快爬到炮台,……镇南关要塞一共有三个炮台,为防法的要地,另外还有土炮台,为清军所占,我们上山时,当晚没有看见这个炮台,天明时才发见。他们看见有人上山顶,公然向我们开枪了。

在这个时候他们才发现,炮台上除了一门炮外,所有的枪炮都不能用,而这一门炮的方向是向安南的。大家以为没有办法,要想下山另找办法,然而孙先生却对他们说:

> 我不愿意下去,因为:一,我十多年没有踏过中国的地方,我现在踏在这个山上觉得很高兴,简直舍不得下去,我认为我们在这里总是有办法的。二,我们数十人敢占炮台,……要是我们走了,这个炮台不是马上失守了吗?

后来,他们虽被迫而退却,然而这种动作、这种胆量,与上面所举的陆皓东、方声洞、林觉民等那种决心、那种精神,不但是反乎什么父母在,不远游,不履深渊,不履薄冰那些谰言,而且是反乎中国的文化下的根本思想。

这种精神与这种决心固是反乎中国的文化下的根本思想,就是他们所用以宣传革命与推动革命的方法，也是西化的讲演，是宣传革命的一种有效方法。除了孙中山先生自己在各处演讲外，一般的革命领袖，在海外各处对于演讲很为努力。比方在南洋各城市的有些志士，一手拿着一张凳，一手拿着一瓶汽水，有侨胞聚集或往来很多的街头或公园，他们放下凳子与汽水，鼓掌而谈。假使听者愈多，他们往往跳上凳子上，愈讲得起劲，若是喉口干了，就开了汽水，一面讲一面喝；假使听者人数不多，他们还是照样的讲下去，决不灰心。这种演讲的方法，好像传教士传教一样，所以有人以为，他们是效法宣教士的宣传宗教方法去宣传革命。

刊行书报又是宣传革命的一种有效方法。香港《中国报》与东京《民报》的刊行，是宣传革命理论的明星。此外，《苏报》《国民报》，以及南洋各处好多的日报或期刊之阐明革命的理论的，犹如春花怒发。至于小册子，如邹容的《革命军》，其影响之大，孙中山先生也曾经说过。革命领袖之重视言论机关，是一件很显明的事情。据说孙中山先生有一次要离开东京，没有旅费，日人铃本赠送他多少旅费，他曾从旅费里把出一笔款来，以为维持《民报》的经费。

在满清末年以至民国初年，在南洋各处有了好多所谓书报社者，也可以说是一种宣传革命的机关。因为在殖民地政府统治之下，不能公开去作政治活动或组织政治团体，故用书报社的名义去注册或立案。书报社是一个览阅书册、杂志、报章的机关，而其目的，在表面上是灌输智识，然实际上是帮忙革命的工作。里面有干事、书记等等职员，除了陈列报章、杂志及少数的书册外，每星期日或特别情形之下，又有演讲。这种宣传革命的方法，也好像教会之作礼拜或青年会之有演讲一样。至于社员的征求、经费的筹措，在革命工作上有了很多的贡献。

至于兴中会的组织、同盟会的成立，都可以说是此后的国民党的前身，同时又是我国政党组织的嚆矢了。

除了演讲、刊行书报、设立书报社与组织兴中会或同盟会之外，还有暗杀与起义。在革命运动中，暗杀之较早要算史坚如在一九〇〇之炸两广总督德寿及其僚众，结果虽没有成功而被害，可是此后继史氏而起的越来越多。比方吴樾之击五大臣，徐锡麟之击恩铭，熊成基之击戴洵，汪精卫、黄复生之炸摄政王，温生才之炸孚琦，刘复生、陈敬岳、林冠慈之击李准，李沛基之击凤山，这都是革命运动史上的惊天动地的暗杀事件。这些暗杀事件，无论其成功或失败，但是其使满清的贪官污吏听而寒心、见而胆栗，是无可疑的。

起义的预备工作是结纳会党与联络防营。《孙文学说》"有志竟成"一章里云：

> 予卒业之后，悬壶于澳门、羊城两地以问世，而实则为革命运动之开始也。时郑士良则结纳会党，联络防营，门径既通，端倪略备。予乃与陆皓东北游京津，以窥清廷之虚实，深入武汉，以观长江之形势。……由乙未（一

八九五）初败,以至于庚子（一九〇〇）,此五年间,实为革命进行最艰难困苦之时代也。……当此之时,革命前途,黑暗无似,希望几绝,而同志尚不灰心者,盖正朝气初发时代也。随予乃命陈白沙回香港,创办《中国报》以鼓吹革命;命史坚如入长江以联络会党;命郑士良在香港设立机关,招待会党。于是乃有长江会党及两广、福建会党并合于兴中会之事也。

又如后来:

> 命廖仲恺往天津设立机关,命黎仲实与某武官调查两广,命胡毅生与某武官调查川滇,命乔宜斋与某武官往南京、武汉。时南京、武昌两处,新军皆大欢迎。在南京有赵伯先接洽,约共营长以上各官相见,秘密会议,筹画进行。而武昌则有刘家连接洽,约同志之军人,在教会之一知会堂开会,闻新军镇统张彪亦改装潜入,开会时各人演说,大倡革命。

满清时代的好多会党,多为明朝的遗民所组织,本有抗清复明的意识,不过一来因为组织涣散、团体不大而缺乏联络,二来因为民族思想虽有消极的存在,而没有积极的表示。革命运动的领袖们既设法去结纳他们,而使其团结与成为较大的团体,同时又使其民族思想能够积极的表现出,而建设新的国家。换句来说,就是利用其原有的组织与反清的心理而加以改变,使其实现孙中山先生的民族与民权主义。上面所举出长江的会党与两广、福建的会党并合于兴中会,就是一个很显明的例。

至于他们之所以努力于联络新军,主要是因为新军里的好多份子不但只受过新的学校教育,而且受过新的军事训练,所以他们比较容易接受革命的思潮。其实,假使没有新军的反正,革命是不容易成功的,至少不会成功那么快。别的不要说,专就武昌起义来说,此役首先发难的是新军的炮兵营与工程队,他们发难之后,第一步的工作是戕杀营官与掠取子弹,第二步的工作是占据要点与进攻署门,总督瑞澂闻而逃跑,瑞澂一逃跑,统制张彪也跟之而逃跑,不到一夜的功夫,就把整个武昌占据,这是一九一一年十月九日晚的事。从此以后,各处互相响应,满清也因之而覆灭。所以,新军在革命运动中的功劳是很大的。

革命运动之起义,最早要算乙未（一八九五）陆皓东与郑士良等之谋袭广州。此次事未发而被人告发,除陆皓东被害之外,还有朱贵全、丘四死于难,又被捕者有了七十余位之多,广东水师统带程奎光也被捕而死于狱里。

五年后（一九〇〇）又有惠州之役,主其事的是郑士良,在惠州与平海一带有数万人,曾占领了新安、大鹏各处,可是后来又因接济不至而失败。到了一九〇二年,又有洪福全广州之役。洪福全是洪秀全的侄子,太平天国败后逃到香港,因与谢日昌、谢缵泰父子相善,而得香港某富商的帮忙而举事,惟也因事泄而失败。

一九〇三年，在云南有周云祥临安之役。周氏曾有保滇会的设立，目的是驱逐满清，不失国权。据说，当时政府曾动二十万兵才把周氏打败。过了一年，刘揆一、杨笃生又联络了哥老会首领马福益，在长沙、岳州、衡州、宝庆、常德各处举事。到了一九〇六年，马福益的部下因福益在一九〇五年被端方所杀，愤而举事。这次举事虽没有成功，然湖北、湖南、江西、江苏各处督抚大为震动。他们曾有一篇檄文，主张驱逐满清、建设民国与平均地权，这是受了一九〇五年同盟会的宣言的影响。

一九〇七年至一九〇八年，除了在安庆有徐锡麟、熊成基之役外，据孙中山先生说，直接由他主使而举事的共有六次之多，比方镇南关之役、钦廉上思之役、云南河口之役，皆在这两年内发动。到了一九〇九年，黄克强与赵伯先又运动广州的新军，拟于一九一〇年正月起事，然其结果也是失败。

革命运动虽一败再败，然却是再接再厉。一九一〇年广州失败之后，一九一一年三月二十九，革命党人又在广州起义，这就是黄花岗之役。这一次发动虽是失败，同时革命党在人力及其他方面的损失虽很大，然而在革命运动史上是最重要的事情，因为这次起义可以说是革命运动的高峰而促成革命成功的主因。

平心而论，辛亥革命的成功与其说是由于革命党人有了浩大的武力，不如说是由于革命理论之深入人心。从一八九五年陆皓东与郑士良谋袭广州之后，用武力去对付满清的虽有十数次之多，然而每次起义人数既并不很多，枪械粮食又不充足，所以每次起义都是失败。连了辛亥武昌起义，革命党人在实力远不及清廷之大，然而清廷之所以失败，革命之所以成功，就是由于革命的理论之深入人心。因为有了革命的理论，就可以发动一些涣散而没有军事训练的会党，可以感化清廷为保卫自己而训练的新军，可以动革命志士赴死的心，可以寒满清臣僚的胆。然而这种革命的理论，而特别是三民主义，并不是凭空造说的，也不是中国固有的文化的产品，而主要的乃受了西洋的文化的影响的结果。

三民主义的革命理论固是受了西洋的文化的影响，五权宪法的政府组织也是受了西洋的文化的影响。自孟德司鸠（Montesquieu）在《法意》（*De l'esprit des lois*）提倡三权鼎力的学说之后，有些学者，像班尼（Thomas Paine），以为所谓三权中的司法权应该归并于行政权，而成为行政与立法的二权制度。又有些学者，像威罗俾（W. F. Willoughby），又以为除了立法、行政、司法三权之外，应该加选举（Electorate）与××（Administrative）而成为五权的制度。××（Executive）与××（Administrative）的区别是，前者注重于根本的政治问题，而后者是注重于日常的政治问题。

孙中山先生所说的五权宪法，是除了立法、行政、司法三权之外，别加了考试与监察二权，前三者的分开，可以说是完全受了孟德司鸠的学说与美国的政府组织的影响，后二者的倡议，是受了西洋与中国两方面的政治思想与政治制度的影响。中国原有的考试制度对于孙中山有了相当的影响，然而英国的文官考试（Civil Service）对于孙中山先生也有很大的影响。事实上，现在我们的考试的工作，与其说是较近于中国的考试制度，不如说是较近于西洋的考试制度。至于监察院，一方面固渊源于中国的御史制度，一方面也是效仿于西洋的政治组织。其实，比方监察院里的审计部，完全可以说是西洋的制度。其实，监察院的弹劾权本来也就是像美国国会中的弹劾权，而这种权应该离开国会而成为独立的权，而与立法、行政、司法三者处于分立的地位，在美国也已有人提倡。

孙中山先生的五权宪法，据他自己说，在东京同盟会庆祝《民报》周年纪念（一九〇三）的时候曾作过一次讲演，差不多二十年后，他又做过一次演讲。他说：

> 兄弟提倡革命三十年，从广东举事（一八九五）失败以后，便出亡海外，兄弟革命虽然是遭了一次失败，但是并不灰心，把革命的事情还是向前作去。在全球奔走之余，便把各国政治的得失渊源，拿来详细考究，预备日后革命成功，好作我们建设的张本。故兄弟当亡命各国的时候，便注意研究各国宪法。研究所得的结果，见得各国宪法只有三权，还是很不完备，所以创出这个五权宪法，补救从前的不完备。……世界各国宪法最先的是美国，……由兄弟研究结果觉得，美国宪法里头不完备的地方很多，而且流弊也很不少，……以后欧美学者研究美国宪法所得的感想，也有许多是和我相同的。……兄弟想起从前美国哥伦比亚大学有一位教授叫做喜斯罗（Hyslop）①，他著了一本书，叫做《自由》。他说宪法的三权是不够用的，要主张四权。那四权的意思，就是把国会中的"弹劾权"拿出来独立，"弹劾权"同"立法权""司法权""行政权"作为四权分立，……他这个用意虽然不能说是十分完善，但是他能够著这本书，发表他的意见，便可见在美国里头，已经是有了先觉悟了。

总而言之，孙中山先生的五权宪法的渊源，主要的是来自西洋，因为正如他自己所说，他的五权宪法的背景是西洋，而他的五权宪法的产生，也是当他亡命在欧美的时候。

五权宪法的理论的发生，历史虽是较久，可是五权宪法的实施，却是在民国十七年北伐成功与国民政府成立之后。在名义上，五院的设立是五权的分立的表示，这就是说，立法院、行政院、司法院、考试院、监察院是处于平行的地位，然而事实上，地位最为重要而工作最为繁多的还是行政院。不但监察院与考试院在地位上、在工作上远比不上行政院，就是立法院与司法院，在这两方面也远比

---

① 校按：在陈序经家藏自抄稿中，中文名下留空，没有写上英文名；在南开大学图书馆藏代抄稿中，附有英文名。

不上行政院。所以，理论上的五权分立是与实际上的五权分立是不相同的。质言之，我们虽有五权宪法之名，而却未达五权宪法之实。欧美各国的政府组织虽然各有其特殊之处，然而行政方面的地位的重要与工作的繁多却有其相同之处，我们的国民政府的组织虽是相当的复杂，但是大致上是近西洋的，而非近于我们固有的。

又从政治的发展来看，照孙中山先生的意见，我们可以分为三个时期：一为军政时期，一为训政时期，一为宪政时期。这种政治发展的阶段，在一九〇五年的同盟会政府的《宣言》里已经说及。《宣言》中说：

> 右四纲（按：指驱除鞑虏，恢复中华，建立民国与平均地权而言），其措施之序则分三期，第一期为军法之治。……第二期为约法之治。……第三期为宪政之治。……第一期为军政府督率国民扫除旧污之时代，第二期为军政府归地方自治权于人民而自总揽国事之时代，第三期为军政府解除权柄，宪法上国家机关分掌国事之时代。

斯宾塞尔（H. Spencer）在其《社会学原理》（*Principles of Sociology*）里曾把社会分为两种，一为军事社会，一为民治社会，前者所表现的是偏于专制的制度，而后者所依赖的是工业的制度。又，照斯宾塞尔的意见，社会的发展是从军事社会而趋于民治社会。孙中山先生所说的政府的发展的三个时期是否受过斯宾塞尔的影响，不得而知。不过，孙中山先生所谓从军法之治而趋于宪政之治，是与斯宾塞尔所谓从军事社会而趋于民治社会，是有了根本相同之处。至于孙中山先生所说的约法之治，事实上还是军法之治，因为在约法之治的时期里，还是需要军政府去总揽国事，而且这个时期，事实上也只是一个过渡的时期，在政治发展的阶段上，并不是一个重要的阶段，重要的还是第一与第三个时期。而况从政治发展的目的上看，宪政是民治政治的表现。孙中山先生所谓民治政治，根本上既是西洋的民治政治，那么，在政治上他是主张西化的是无可疑的。其实，就是他所说的约法之治以至军法之治，主要的还是西洋的约法的精神，还是西洋的军法的精神，而非中国的固有的约法或军法的精神。辛亥革命未成功以前的革命运动，若当为军法之治，那么这种革命的精神，还是西化的精神；辛亥革命成功以后的《临时约法》若当为约法之治，那么这种约法，还是西化的精神。西南军政府的政府组织，固非洪宪的军阀之治，而是西化的政府组织；所谓训政时期的国民政府组织，也非慈禧太后时代的训政政府，而是西化的政府组织。

革命运动是一种政治的运动，我们这种政治的运动的本身，固是趋于西化或以西洋文化为背景；我们这种政治的运动所引起或推进的文化的其他方面，也是趋于西化或以西洋文化为背景。孙中山先生在经济的思想上，固深受了亨利·佐治（Henry George）以及近代的西洋的社会主义的影响，他在经济的计划上，若以《建国大纲》里所拟的经济计划，也是以西洋的经济建设为榜样。其实，自从辛亥革命成功以后，在政治洪宪的产生与军阀的横行，虽可以说是假西洋的君主立宪或独裁政治的名义而施行其复古的事实，然在经济的建设上无一不趋于西化的途径。各处商埠的自辟，交通工具的改革，国家银行的发展，币制、纸币的整理，新式企业的提倡，以至会计制度的采用，商业法律的公布，都是政府在商业上积极提倡西化的表征。至于矿产的采掘，资源委员会的设立，以至中央农业试验所与农本局的设立，以及物资管理、物价统制等等计画或政策，都可以说是我国政府在工业上，在农业上，与在一般的经济上的趋于西化的表征。

在经济上，政府之积极提倡西化略如上面所说。至于在宗教上，在道德上，在教育上，以及在别的方面，从积极方面来看，政府也许未必提倡西化，政府也许反对西化；然而从消极方面来看，政府也没有法子去阻止西化的趋向。尽管政府当局提倡尊孔，命令祭孔，然而基督教徒与基督教会还是增加，并没有因之而减少；尽管革命领袖极力保存旧道德、旧礼教，然而旧道德、旧礼教还是堕落，也并没有因之而保存；尽管党国要人尽力排斥新道德、新礼教，然而新道德、新礼教还是发展，也并不因之而消灭；尽管执政诸公创办或帮忙学海书院或复性书院，然而学海书院的寿命既并不长久，复性书院的成绩也并不很好，反之，西学的学问与西化的学校却日日增加，日日发达。

第三编　经济的发展

第七章　商业的发展①

中国与西洋间接通商历史很久，惟两者直接通商，严格的说，是在明末中西海道直接沟通以后。

在中西海道直接沟通以前，传说古代希腊与罗马商人曾有到过中国的，此外，又传说唐朝在广州就有好多犹太教与基督教的商人。这些传说是否可靠尚待考证，可是比方在元朝的马可·波罗本来也是西洋的商人，到了后来才做元朝的官吏，不过这些例子究竟很少。

大致的说，明朝末叶以前，中国与西洋的商品的交换的中间人多是阿剌伯人与波斯人。据说有一位阿剌伯人叫做阿部萨特（Abu Zaid），在唐时黄巢陷黄州后曾到广州，照他个人的估计，广州城破以后中国人之被杀死的数目用不着说，单就回回教徒、波斯教徒，以及其他的外国人之死于斯役的，就有了十二万人。这个数目是否确实当然成为问题，不过在那个时候，广州的阿剌伯人、波斯人，以及其他的外国人的数目之多，可以概见。而这些人们差不多都是为做生意而来，而他们对于中国与西洋的货物的交换上，也无疑的占了最重要的地位。

西洋与中国直接通航是始于明正德十一年（一五一六），葡萄牙人培累斯德尔罗（Refael Perestrello）他最初到广东。到了次年，葡萄牙人安德拉特（Fernão Perez de Andrade）又到广东，他所带领的船先到上川岛，后来得明政府的许可，乃到广州互市。此后，葡萄牙人之陆续来中国通商者更多。据《明史·外国传·佛郎机》云：

> 佛郎机（即葡萄牙），近满剌加。正德中，据满剌加地，逐其王。十三年遣使臣甲必丹末等贡方物，请封，始知其名。诏给方物之直，遣还。其人久留不去，剽劫行旅，至掠小儿为食。已而夤缘镇守中贵，许入京。武宗南巡，其使火者亚三因江彬侍帝左右，帝时学其语以为戏。亚三侍帝骄甚，从驾入都，居会同馆，见提督主事梁焯，不屈膝，焯怒，挞之。明年，武宗崩（一五二一），亚三下吏。自言本华人，为番人所使，乃伏法，绝其朝贡。

---

① 校按：在陈序经家藏抄稿中，此章为自抄稿。

《明史》虽说武宗死后，中国政府拒绝葡萄牙人朝贡，然嘉靖的时候，葡萄牙人之到广东的还陆续不断，《明史》同处又说：

> 先是，暹罗、占城、爪哇、琉球、渤泥诸国互市，俱在广州，设市舶司领之。正德时，移于高州之电白县。嘉靖十四年，指挥黄庆纳贿，请于上官，移之壕镜，岁输课二万金，佛郎机遂得混入。高栋飞甍，栉比相望，闽、粤商人趋之若鹜。久之，其来益众。诸国人畏而避之，遂为所据。

中国之所以不能完全与西洋人断绝互市，一方面固由于官吏的受贿，一方面也由于国家的穷困。广东巡抚林富曾上疏云：

> 粤中公私诸费多资商税，番舶不至，则公私皆窘。今许佛郎机互市有四利焉：往时诸番常贡外，原有抽分之法，稍取其余，足供御用，利一；两粤比岁用兵，库藏耗竭，藉以充军饷，备不虞，利二；粤西素仰给粤东，小有征发，即措办不前，若番舶流通，则上下交济，利三；小民以懋迁为生，持一钱之费，即得展转贩易，衣食其中，利四。助国利民，两有所赖，此因民之利而利之，非开利孔为民祸也。

中国既许西洋人互市，同时又租借澳门（濠镜）与葡萄牙人，此后，澳门遂成为中西互市的枢纽。到了万历年间，荷、英、法各国又相继来中国，请求通商。惟澳门既为葡人所据，葡人又不愿西洋的其他各国在澳门经商，荷、英两国商人不得已，荷人遂据澎湖与台湾，英人也进攻虎门，因而也得与中国通商的权利。

澳门、台湾既为西洋人所盘据，广州、漳州等处遂为洋货聚集的地方，在广州城外的十七甫与海珠岛，均为洋货畅销的区域。中西的贸易既逐渐繁盛，贸易的商行也因之而发展，这些商行在中西贸易的早年历史占了最重要的地位的，要算一般人所说的十三行。

十三行的起源的正确时日，至今尚待考证，明朝周玄暐所著的《泾林续记》云：

> 广属香山为海舶出入襟喉，每一舶至，常持万金，并海外珍异诸物，多有至数万金者。先报达本县，申达藩司，令舶举同县官盘验，各有长例。……继而三十六行领银提举，悉十而取一，盖安坐而得，无簿书刑杖之劳。

梁嘉彬先生在其所著《广东十三行考》以为，三十六行代替市舶提举，盘验纳税而为十三行的权舆，这种看法是否可靠，也是一个问题。大致的说，十三行是始于明末清初，屈大均在康熙二十六年（一六八七）所刊行的《广东新语》里曾有"广州竹枝词"云："洋船争出是官商，十字门开向二洋；五丝八丝广缎好，银钱堆满十三行。"是则十三行的设立当在屈大均作词之前，这一点梁先生也曾指出。

十三行是否出自三十六行固是问题，惟十三行既起于明末清初，而其制度的流传又有了百余年之久，不但在中西贸易史上占了最重要的地位，就是在整个中国商业史上，也占了很重要的地位。

十三行既是中西互市的产物，但是十三行在经营商业上究竟受了西洋的多少影响，又是值得我们研究的。照我个人的意见，十三行虽是中西贸易的商行，然在中国商业的西化上的贡献，恐怕是微乎其微。

其实，专从十三行这个名词来看，就不能谓为西化。西洋人最避忌的数目是十三，那个时候的西洋人深染了基督教的习俗，固执于中世纪的迷信，对于十三这个数目的避忌用不着说，直到现在，这个数目还是当作一个不祥的表示。假使中国的官商而受了西洋人的影响，或多与西洋人有接触，大概不会叫作十三行罢。而况名称虽谓为十三行，事实上，据了近来人们的考证，并不一定就是十三个商行。这就是说，有时并没有十三个商行，有时却多过十三个商行，这些行商既为中国人与西洋人的中间人，照道理说，是不会去用西洋人所避忌的数目的。

其次，十三行虽是一种商行，然而，这种行商实可以谓为官商，而是政府官吏的代表。他们不但有了秉命封舱停市的行政权，而且有了负责对付外人的外交权。这种官商也可以说是一种包商，而为对外贸易的独占者，使外国商人与中国的其他商人不能直接贸易。这些商人既处了特殊的地位，又有政府作后盾，结果是他们不但不会去仿效西洋人作生意的方法，而且往往会破坏西洋人经营商业的习惯。所以，从西洋的商人看起来，这是通商上的一种障碍物，因而有些人说，鸦片战争从某方面来看，是为打击这种贸易而产生的。

不但这样，中国素来重农轻商，故对于商业不但不提倡，反而时时抑制，这种趋势在清代初年尤为厉害。康熙三十九年七月谕户部云："国家要务，莫如贵粟重农。"雍正二年谕各省督抚曰："四民以士为首，农次之，工商其下也。农民勤劳作苦，以供租赋，养妻子，其敦庞淳朴之行，岂惟工商不逮，亦非不肖士人所能及。"经商既为传统思想所不取，又为政府命令所蔑视，再加以排斥洋人与轻待洋人的心理，就是一般的商人，也不会去学西洋人作生意的方法，所谓官商的十三行的商人，更不会去学西洋人作生意的方法。

总而言之，在鸦片战争以前，西洋人虽盘据澳门以为中西贸易的中心，中国人虽有了十三行以为对外贸易的主体，可是中国人在商业上的西化的程度是很浅的。因为，十三行的发展，澳门的租借，与其说是中国的商业的西化的开始，不如说是中国的政府不愿一般人民与西洋人直接贸易的结果，不如说是中国的文化不许一般人民去染着西洋文化的色彩的表示。洪承畴曾对世祖说过："南夷之通商，不异西戎之马市。夷人贪而无亲，求而不厌，假令姑允通商海口，则数十年后,又议通商中夏矣;假令姑允通商中夏,则数十年后,又议通商朝市矣。"这是闭关政策的表白,也是轻商政策的宣言。中国人对于国内的商业尚不重视,对于对外贸易更不待言,若说效法西洋的经营商业的方法,更谈不到。

所以,严格的说,中国商业能够真正趋于西化的途径,恐怕还是鸦片战争以后。鸦片战争以后,中国的闭关自守的政策既不能不放弃,而照《南京条约》的规定,除了割让香港之外,还要开放广州、厦门、福州、宁波、上海为商埠。自五口通商以后,商埠之被迫而开放的与日俱增,比方咸丰元年的《伊犁条约》开放伊犁、塔尔巴哈台为商埠;咸丰八年(一八五八)①《天津条约》增设牛庄、登州、台湾、潮州、琼州、镇江、九江、汉口、淡水、江宁为通商口岸;咸丰十年的《北京条约》增辟天津为通商口岸;光绪二年(一八七六)②《烟台条约》添开宜昌、芜湖、温州、北海各处商埠,并准外人在大通、安庆、湖口、武穴、陆溪口、沙市各处停泊轮船。此外,嘉峪关、龙州、蒙自、重庆、苏州、杭州、梧州、江根墟、江门、甘竹滩、肇庆、凤凰城、辽阳、新民屯、铁岭、通江子、法库门、长春、哈尔滨、宁古塔、珲春、三姓、齐齐哈尔、海拉尔、瑷珲、满洲里,以及其他各处,或被迫开为商埠,或被迫作为停泊所,使中国不但在沿海、沿江各重要口岸城市成为中西通商口岸,就是在内地偏僻的好多地方也成为中西互市区域。

又,在上海、天津、苏州各处的租界的租借,以及胶州、旅顺、大连、威海卫、九龙、广州湾等处的租借,不但使西洋各国的商人可以自由在中国各处通商,而且有了畸形的政府成立于中国境内,以为其商人的后盾,以为发展商业的根据地。上海、天津的工部局,青岛、广州湾各处的政府,不但有了商业发展的特权,而且有了政治统治的功用。

商埠是商业的枢纽,西洋人所以压迫中国去开放租借以至割让那么多地方以为商埠,虽也是政治上的一种侵略,然主要是商业上的发展,这是西洋的重商主义的表示。中国既没有力量去维持闭关自守的政策,更不能忽视商业在近代国家中所占的位置的重要,所以,除了被迫开辟商埠与签订商约之外,又不得不自动的去开辟商埠,吴淞、岳州、三都澳、秦皇岛、长沙、济南、常德、湘潭、海州、通州,都可以说是随着潮流所趋而自开的。质言之,这也可以说是国人对于商业的重视的表征。

商埠既是商业的枢纽,那么商埠的发达也可以说就是商业的发达。自五口开放以至今日,一百年间,专就开辟商埠的数目之多,就能明白商业的发展之快,至于商埠本身的发展,不但是商业本身的发展的表征,而且是中国近代文化的发展的特点。上海在一百年前不过是一个小城镇,一百年来人口增加至三百余万。

---

① 校按:公元纪年自抄稿留空,代抄稿补。
② 校按:公元纪年自抄稿留空,代抄稿补。

天津在八十年前不过是一个市镇，八十年来人口增加至一百余万。青岛在五十年前不过是一片荒邱，五十年来人口增加至七八十万。此外，其他各处之辟为商埠的，人口无不增加。商埠人口的增，可以说是作生意的人的增，作生意的人的增加，不只是商业的发达的表征，而且是中国城市文化的发展的表示。城市文化的发展，也可以说是西洋近代文化的发展的特点。

商埠的发达是与交通的发展有了密切的关系。交通的发展固可以促进商埠的发达，商埠的发达也可以促进交通的发展。

西洋新式交通工具之深入中国内地，是在鸦片战争以后。胡林翼在安庆围攻太平天国军队的时候，据说曾对人言，太平天国不足怕，所可怕的是迅如奔马、疾如飘风的洋船深入我国内地，而成为膏肓之症。曾国藩在那个时候，也以为轮船胜于帆船。他在太平天国尚未灭亡之前，已设法找人仿造洋船，因了技术人才的缺乏而没有成效。容闳在同治初年曾倡办轮船公司，可惜政府没有采纳。直到同治十一年李鸿章奏办招商局，我国始有自营的新式航业。招商局有轮船三十余艘，行驶沿海与沿江各处，为我国最大之轮船公司，可惜管理不得其人，黑幕重重，数十年来营业不能发展。此外，开平矿务局所办的沿海航线，宁绍公司的轮船之行驶上海、宁波、汉口各处，以至戊通公司的轮船之行驶松花江一带，均为我国较早的新式航业。此外，南洋华侨所设立的轮船公司，行驶厦门、汕头、香港、海口与南洋各处；美洲华侨所设立的邮船公司，行驶香港、上海及美国。可惜后者航行未久，因亏本而停航，而前者又因规模较小、资本较少，没有显著的发展。至于造船厂之成立较早而规模较大的，要算江南造船厂。此外，又如政府所设立的马尾造船厂，以及私家之设立造船厂者，为数虽不少，可是能够成效的实在不容易找出来。

我国铁道之建筑最早的，据说是在同治四年英国商人杜兰德氏在北京宣武门平地上所造的小铁路。这条铁路只有一里多，因为火车行驶时一般民众很为骇怪，由步军统领命令毁坏。到了同治五年（一八六六）①，英国协和洋行建筑淞沪铁路，是为营业铁路的权舆，惟因行驶以后屡有伤杀行人，又为民众所反对，政府没办法，乃向英使严重交涉，以二十八万五千两银收买，并加以完全拆毁。直至光绪五年，建筑由唐山煤井至胥各庄的铁道，后来又展修至芦台，而成为京奉铁路的基础。此后，因为各国在中国争取铁道建筑权与建筑了很多铁路，国人逐渐感觉到铁路的重要，因而京奉、京汉、粤汉、陇海以至浙赣各线继续完成。此外，路程较短的，如潮汕、新宁等，也逐渐兴筑。至于外国人在中国经营的，如滇越、东清、胶济、安东等，所占里程也相当的长。

至于新式道路，以广州长堤为较早；而长途公路，以长沙至湘潭一段为最

---

① 校按：公元纪年自抄稿留空，代抄稿补。

先。前者建于清朝末年，而后者建于民国二年。民国六年，张家口至库伦有长途汽车公司的设立。民国七年，交通部颁布《长途汽车公司条例》十七条及《发给执照规则》十三条，为公路条例的先声。据说自民国十六年至民国廿年，公路之增加，由二万九千公里增至六万六千公里。十年以来，公路之发达是中国近代交通事业上最为显著的事情，至于西南公路之贯通西南各省而达缅甸，西北公路之贯通西北各省而达俄国，不但在抗战上有了很大的贡献，在商业上也有了很大的贡献。

航空事业是最新式的交通事业。民国十一年，北京政府曾有航空署的设立，并开办北京、济南间的定期航班，惟开办未久遂行停办。国民政府成立以后，中国航空公司、欧亚航空公司相继成立，前者是与美商合办，后者是与德商合办。此外，尚有西南航空公司飞行广龙与广琼两线，抗战以后，中国与欧亚的航线多有更改，而西南因广州与琼州相继沦陷而至停航。

此外，邮政发端于光绪四年，由总税务司英人赫德主持。在北京、天津、烟台、牛庄、上海各处设立邮局，到了光绪二十二年，始设全国邮政局。二十四年，采用邮寄包裹制度；二十八年，采用快信制度；三十二年，设立邮传部。此后，保险信、邮政储金等制度相继办理。电政方面也始于光绪五年，李鸿章招丹麦人试办天津、大沽间电报，不久，大北公司成立，各处陆线相继设置。光绪十年，大北公司又开始设置海底电线，先从广东徐关起，至海口止。三十一年，又兴办无线电报，最先安置于海圻、海容、海筹、海深各舰，及南宛、天津、保定各行营。电话在光绪七年英商已在上海租界装置，后来政府在天津装置，为国人之最先自办者，此后逐渐发达。惟最初皆限于城市以内，近年以来，则长途电话更为发达，不但全国重要都市本身有了电话，就是都市与都市之间也多有电话。至于广播电台的设立，收音机事业的发达，使中外各处消息更为灵通，这是新式交通工具之最能普遍化的。

交通是商业的血脉，交通愈发达，则商业也愈发达。正像上面所说，商埠是商业的枢纽，商埠愈发达，则商业也愈发达；同时又像上面所说，商埠与交通是有了密切的关系，交通发达可以促进商埠的发达，而商埠发达也可以促进交通的发达。商业的发达既与商埠与交通的发达成为正比例，商业的方式也往往因商埠与交通的方式的变化而变化。旧式的商业与旧式的商埠与旧式的交通有了密切的关系，而新式的商业与新式的商埠与新式的交通又有了密切的关系。我国自海禁既开以后，新式的商埠与新式的交通既逐渐发展，一切的新式的商业也因之而逐渐发展。发展的历程固可以说是从被动的而趋于自动的，然而，发展的结果却可以说是趋于同一的途径，这就是说西化的商业。商业的西化是中国近代经济变化要素，因为不但中国的新式工业的发展是与商业的西化有了密切的关系，就是中国的新式农业的发展，也是与商业的西化有了密切的关系。关于这一点，我们在下面当再加解释，我们现在先就商业的西化的本身的各方面略加叙述。

我们可以先从金融机关说起。自英商麦加利银行于咸丰七年在上海创设分行之后，英国的汇丰、有利，法国的东方、汇理，日本、德国的德华各银行，均先后于同治、光绪年间设行营业。国人方面，自容闳于太平天国灭亡以后就提倡设立银行并拟定章程，可惜这种计画终没有实现。直至光绪二十二年盛宣怀奏办中国通商银行，始开国人自办银行的先河。二十八年，天津有直隶省银行。到了光绪三十二年，户部又有户部银行，这就是大清银行，而为今日的中国银行的前身。同年，成都有濬川银行及北平有信成银行的设立。三十三年，上海又有浙江兴业银行与新嘉坡有四海通银行的设立。交通银行、四明银行均设于光绪三十四年。自此之后，除了国立银行的中央与特许的中国交通之外，各省及各大都市也先后设立银行，而商业银行、储蓄银行也逐渐发达。此外，农工矿业各种银行以及信托公司也相继成立，而邮政储金汇业局也于民国八年成立。

抗战以前，这些银行多集中在沿海及沿江的通商口岸，抗战以后，各行纷纷设立支行于内地各城市。昆明、重庆两处，在数年以来，银行数目的增加尤为显著。抗战以前，昆明除了富滇以外，只有中央一行，现在就有了数十家；重庆则抗战以后新开银行也有数十家，而原有各行之设支行的尚不在内，甚至小县城、小市镇也有各行的办事处。只要看看数年以来大学以至中学毕业生之入银行作事者之多，就能明白银行的发展得历利。

抗战以后的银行的剧烈发展，从某方面看起来，不一定是中国金融机关的好现象，然而五十年来，而尤其是廿余年来，中国的银行的发展是中国商业的西化上的最为显明而且较有成绩的事业，主要的，这是因为银行的本身的确能够澈底的西化。不但其本身的组织能够澈底西化，就是人事方面，也能以西洋人作生意的方法去作生意。从前国人之有钱的，多存钱于外国银行，近来已逐渐的信用国人自设的银行，所以，银行事业与航行事业两者的最先设立在中国的，虽是西洋人，然而，航行事业的落后与银行事业的发达拿来比一比，就可以明白后者的基础是比前者坚固得多。

不但这样，我国旧有的金融机关是票号与钱庄。票号与钱庄的起源，据说始于乾隆年间，至今已有了二百余年的历史，在外人尚未在中国设立银行与国人银行尚未发达之前，票号、钱庄在商业上是执了金融的牛耳。然自银行发展以后，票号、钱庄已逐渐衰微，最初为外人所设立的银行所压迫，近来为国人所设立的银行所影响，结果是有了完全消灭的趋向。除非钱庄也效银行作生意的办法去作，钱庄是不易长久维持的，然而这么一来，钱庄不久也必变为银行。其实钱庄之变为银行的例子并非少有的。

百货商店的发展，也可以说是商业西化上的很显明的事业。这些商店最初多是一些小资本的杂货店，后来逐渐发展为大商店。现在的先施、永安、大新等等的著名的百货商店，就是很显明的例子。这几家百货商店的创办人都是华侨，他们在外国时看见外国的百货商店因而模仿，在香港创设这些商店，一步一步的扩充成为一大公司，然后再在广州、上海各处设立分公司。现在，不只是杂货店，而且经营工厂、银行，设立保险、旅店各种事业，成为国内的最大企业之一种。这些公司不但在组织上是仿做西洋，就是人事的训练上也是仿做西法，至于商店内部的布置与货品陈列的方法，更显出西化的色彩。其实，关于商店内部的布置与货品陈列的方法，就是其他与很小的商店，也已趋于西化的路上。此外，商店建筑门、窗、镜、柜等等之效法西洋尤为显著，至于五光十色的电灯，动目移神的广告，也可以说是商业西化的例子。

又如旅行社与旅店事业之发展，对于商旅给予不少的利便。中国旅行社的办法，是师仿通济隆（Thomas Cook）的办法。最初设总社于上海，设分社于各大商埠，后来逐渐扩充到内地各处，就是有了名胜古迹的地方也设立分社。又如四川旅行社，在抗战以前对于四川、云南各处的商旅也给予不少的便利。旅店方面，如永安所设之大东、先施所设之东亚，皆为廿年前之有名旅店，而后起的新亚与中国旅行社招待所尤为显著。

银行、公司及各种商店、旅行社、旅店，不过是随便的举了一些例子，以为解释，然而，中国商业之趋于西化，可以概见。至于管理或推进商业的各种机关或制度之趋于西化，也是近代中国商业西化上的显明的现象。

光绪三年所设南洋大臣已兼管交通的事宜，到了光绪二十九年，乃设立商部。此后，或改农工商部，或改农商部，或称工商部，或设实业部、经济部，名称虽因时更改，然政府对于商业的重视并不减于工业或农业。此外，又如国际贸易局或工商访问局的设立，及其所出版的《国际贸易导报》与英文《中国经济导报》、英文《中国经济志》，以及抗战以后的贸易委员会，都可以说是政府方面管理或推进商业的机关。

商法的编订始于光绪二十九年德宗令载振、袁世凯、伍廷芳所编的《商人通例》、《公司律》及附则，以及光绪三十年的《商标注册试办章程》。又，后来所编订的《破产法》《银行则例》《度量衡制度暂行章程》，以至民国十八年立法院正副院长所订立的《民商统一法典》及同年国府颁布的《度量衡法》等等，也是管理与推进商业的法典。

新式会计制度的采纳，是中国商业西化的一种特征。银行、大公司之采用新式会计制度固无待说，就是政府机关、学术机关，以至小商店之采用这种制度的，也很普遍。只看今日之会计人才找事之易就能明白。

商会的发展又是新式商业发展的一种特征。光绪二十九年，商部奏定《商会简明章程》及附则，同年京师各大商业先设商会，三十二年又有商务总会的设立。此后，不但各省、各商埠均有商会的组织，就是各县以至各市镇，也多有这种团体。这种团体一方面是发展商人本身的利益，一方面又是商人与政府或其他会社的一种联络的机关。

光绪三十二年，商部曾订定《出洋赛会章程》，同年又订定《劝工陈列所章程》。民国十七年，又创设首都国货陈列馆，而上海、杭州、天津、汉口、长沙、福州、济南、青岛各处也相继设立这种陈列馆，同时，有些陈列馆又附设国货商场。

商业学校的提倡也在满清末季。光绪二十九年，命张之洞、张百熙、荣庆等订定各省学校章程时已有商业学堂的倡议。三十余年来，政府对于商业学校或商学院虽不甚注意，然私立商业专门学校以及私立大学之设立商学院的为数不少。国人自设之私立大学，如南开，如复旦；外人设立之教会大学，如沪江，如岭南，均有商学院；至于通商大邑之设立商业专门学校的，为数更多。

上面不过大略的举出一些管理或推进商业的各种机关或制度，这些机关与制度一方面可以说是我国西化的结果，一方面又可以说是促进商业西化的要素。除此以外，比方商店营业时间的规定，星期休业的习惯，都可以说是商业西化的举例。

中国商业西化的发展，固可以说是中国商业本身的发展，然而这种商业的发展对于文化的其他方面也有很大的影响。从经济的本身来看，商业的发展对于工业与农业都有很大的影响。所谓商品，主要就是工业品或农产品。商业发达，则工业品或农业品的需要愈多，因为需要愈多，也可以引起工业与农业的发展。在中西海道沟通的早期，西洋人运来中国的主要的是工业出产品，而由中国运去西洋的主要的是农业出产品；布疋、针线等都属于前者，蚕丝、茶叶等都属于后者。中国人用了洋货愈多，愈感觉到非自己制造这些用品不能挽利权的外溢，这是中国工业发展的动机；中国人要运农产到西洋，对于这些农产不得不加以改良，这是农业改良的动机。所以，近代中国工业的发展与农业的改良，都与近代中国商业的发达有了密切的关系。其实，一个国货陈列所固是一个商业品陈列所，也是一个工业品陈列所，同时也可以说是一个农业品陈列所。而且，工业品与农产品的推销，又是商人的任务，所以，一个工厂或一个农场把其出品在商场上出售，就变为商家。工厂的设立或农场的出品，既并非专为厂主、场主或其工人自用而设立，那么他们不能不依赖商人去推销，否则他们自己必兼作商人而把其出品出卖，所以，商品的需要与否以及其价格的高涨低降，都与工业、农业有了密切的关系。

工业或农业的发展都不能不要资本，而资本之于金融机关，又有了密切的关系。我们可以说，以前中国的工业与农业之难于发展，也是由于金融机关的不健全，有了资金雄厚的银行去帮忙工业、农业，则后者的发展比较容易。近来银行之办理工贷、农贷，无非就是这个原因。其实，政府之所以特许交通银行为实业银行，也就是这个意思，虽则近来对于工业、农业投资的银行，并不止只这一家。

商业的发达对于经济的其他方面固有很大的影响，对于政治方面也有不少的影响。从一方面来看，西洋人之强迫中国之开放通商口岸，虽是经济上的一种侵略，同时也是政治上的一种侵略的初步。所谓帝国主义，在方法上也许是经济的，然在目的却是政治的，中国的被迫通商，也可以说是政治上的一种压迫，而中国自动的开辟商埠，也可以说是政治上的一种自觉。所以，闭关自守固是政治上的一种错误，开放门户也是政治上的一种自觉。这种自觉，在太平天国的时代，无论是太平天国的领袖如洪秀全、洪仁玕，或是满清的忠臣如曾国藩、李鸿章，已经有了多少的表现。到了太平天国灭亡以后，这种自觉更能逐渐的实施，所谓曾、李的新政，在方法上虽可以说是经济上的改造，在目的上也可以说是国家的独立。

曾、李的新政虽与被迫的或自动的开放门户有了密切的关系，但是，他们虽有办新政的热情与决心，而却乏办新政的经验与资本。所谓缺乏经验，就是缺乏以经营商业的新方法去办理好多新的事业，招商局的失败，以及好多工厂的倒闭，是由官僚的习气太深，企业的精神缺乏；所谓缺乏资本，就是因为没有健全的金融机关以为后盾。反过来看，辛亥革命之成功，却可以说是得力于海外侨商的不少帮忙，而这次抗战之所以能够支持这么久，原因虽多，可是金融机关的比较健全，使我们的经济力量得到相当的办法，也是主要原因之一。

此外，西化商业的发展对于基督教的发展也有密切的关系。基督教的传入中国，历史虽久，然发展较速是在鸦片战争以后，商埠可以说是基督教的根据地，商约可以说是基督教的护身符，而基督教徒也多是所谓买办的阶级。其实，好多的教徒而尤其不少的天主教徒，就以作生意的收入以为维持与发展宗教的事业。

此外，又如教育事业的发展之于商业的发展也有了不少的关系。好多留学生固是商人的子弟，就是好多大学生以至中等学校与小学校的学生，也是商人的子弟。集美学校、厦门大学固是侨商所创办，广东各处的好多学校也是由商人去支持，至于近年来各银行或公司之设置奖学金或其他各种的补助，都可以说是推进教育的一种力量。

第八章 工业的发展①

自中外海道沟通以后,特别是自西洋工业革命以后,西洋的枪炮、机器,以至呢绒、洋布、钟表、玩具,虽不断的输入中国,同时,自鸦片战争以至太平天国的时候,虽也有些人,如林则徐、胡林翼们,感觉到西洋的武器与轮船比之中国的较优得多,但是,中国新式工业的兴起,可以说是始于太平天国灭亡之后。

大致的说,自从太平天国崩溃以后,以至现在,中国新式工业的发展,可以分为两个时期:一为被动的,一为自动的。被动的又可以分为三个时期:第一个时期可以说是从太平天国败后以至甲午之役,第二个时期可以说是从甲午败后以至前次欧战的开始,第三个时期可以说是从前次欧战的开始以至七七事件的发生,以至现在或最近的将来。第一个时期可以说是偏重军用工业的时期,第二个时期是外资工业的发达时期,第三个时期是商品工业发展时期。自动的时期,可以说是从七七事件发生以后,也可以说是工业意识的确定时期。

这种时期的划分当然有其重复与笼统的地方,然而大致上也可以指出中国的新式工业的发展的趋势。我们现在可以照上面所划分几个时期顺序加以说明。

在同治元年(一八六二)的时候,李鸿章虽从其军需的款项中拿出一些来以为制炮之用,但是他所拟设的炮厂,不但规模太狭小,机器不完备,而且名称也未确定,有时叫作机器厂,有时叫作制炮局。直到同治三年(一八六四)洪秀全自杀之后,曾国藩始决定派人赴西洋购买机器与计画设立江南制造局,而主持这件事的主要人物是容闳。容闳赴外国所购买的机器,于一八六五年始运到中国,过了一年,这个制造局就正式成立起来。这是中国新式工厂的嚆矢。据说这个工厂共分为三部分:一是轮船部,轮船部又分为船壳、锅炉与汽机三部分;二是枪炮部;三是火药与弹子部。此外,又有大船坞一个,不久又增设方言馆与翻译课,以教育人才与翻译西书。

除了江南制造局之外,左宗棠于同治五年也奏请在福州附近的马尾地方设立造船厂,这就是马尾船政局。后来因为左宗棠被派去西征,清廷乃任沈葆桢为船政大臣。据说,除了铁厂、船坞、办事处与中外匠房之外,还有外国医生寓所,可见得这个船政局在卫生方面也很注意。到了同治十一年,因为有人指摘制造轮船糜费太多,功效太少,遂至这个船政局停办差不多廿年之久。然据说事实上,这个局里所制造的轮船,如寰泰、镜清、开济、平远、钢甲等,并不很坏。在大

---

① 校按:在陈序经家藏抄稿中,此章为自抄稿。

东之役,该局所制造的轮船虽屡受巨弹,但船身并不因之而损坏。

此外,在广东亦有造船厂的设立,所以,当张之洞督粤的时候,曾奏称:"粤厂曾造浅水兵船四艘,局面虽较闽、沪各局为小,但一年之内成兵船四艘,以之防护内河,颇为合用。"

又在同治六年间,崇厚在天津所筹办的造药局也得成立,后来又由李鸿章保荐沈保靖,逐年加以扩充,增设大厂十余座,举凡火药、铜帽、水雷以及枪炮皆能制造,而成为供给军火的名厂。又据李鸿章的奏稿:"津、沪两局而外,尚有江宁机器,系剿捻匪时添设,与津、沪两局通力合作以外,尚有山东、湖南、四川等省,现既设局,所制之器,应彼此互证,以泯各师各式之偏,并联各省各军之气。"李鸿章这段奏稿是写于光绪四年(一八七八),可知从同治三年以至光绪四年的十余年间,轮船厂与机器的建设为数很多。

工厂的建设必依赖于铁与煤,因而有些臣僚人士又提倡开矿与议办铁厂。光绪三年那一年,国人就找得唐山旧煤穴开始采掘,后来又修筑马路、创机关车以利运输,此后各处之开掘煤矿的逐年增加。又,当张之洞督粤时,已购买机器筹办铁厂,后来张之洞被调为两湖总督,遂把预备在粤开办铁厂的机器运去汉口,同时又在大冶地方发现铁矿,铁矿、铁厂之外,又别设枪炮厂,这就是著名的大冶铁矿与汉阳的铁厂与兵工厂。

自鸦片战争以后,国人已有三二感觉到西洋战舰枪炮的优越,在太平天国的时候,曾国藩、李鸿章们又得了西洋的武器的帮助去荡平太平天国,所以,在同治中兴的时候,一些名臣多能在军用工业方面从事发展,上面所举出那几种新式工业的建设,都可以说是属于这方面的。我们所以说在第一个时期里,是偏重于军用工业的时期,就是这个原故。

然而这并不是说在这个时期里,除了军用工业之外,完全没有别的新式工业,反之,所谓商品工业而特别是纺织工业方面,在这个时期里已经萌芽。纺织工厂的设立,其较早的,要算左宗棠在光绪四年在甘肃兰州所开办的织呢总局。绒毛是甘肃的特产,左宗棠集资二十万元购买机器,建筑工厂,并聘外人为技师,可惜开办不够一年,又因左宗棠的他调而致停顿。到了光绪十八年,李鸿章设立机器纺织总局于上海,惟成立只有一年,又为火所焚,经过了好久的筹备始得恢复,这是华盛纺织总厂。此外,别在上海、宁波、镇江等处分设十个工厂。又如张之洞在光绪十九年,在武昌所建设的湖北织布、纺纱、制麻、缫丝四局,以及针钉厂、毡呢厂等,均可以说是商品工业的开始。不过,这些新式工厂规模既不甚大,而又因为人事上的迁移,管理上的欠善,人才上的缺乏,以及其他的原因,以致没有什么成绩。

甲午战败以后,中国与日本订立《马关条约》,据该约第六款第三项云:"日本臣民得在中国内地购买经工货件,若自生之物,或将进口商货运往内地之时,欲暂行存栈,除勿庸输纳税钞、派征一切诸费外,得暂租栈房存货。"又据同款第四项云:"日本臣民得在中国通商口岸、城邑任便从事各项工艺制造,及得将各项机器任便装运进口,只交所定进口税。日本臣民在中国制造一切货物,其于内地税、钞课、杂派,以及在中国内地沾及寄存栈房之益,即照日本人民运入中国之货物一体办理,至应享优例豁除,亦莫不相同。嗣后如有因以上加让之事应增章程规条,即载入此款所称之行船通商约内。"

《马关条约》虽是日本与中国所订立的,但是欧美其他各国也因之而与中国订立待遇相同的条约,结果是在工业,外人在中国占有特殊的权利。因为照这两项条约来实行,外人在中国内地关于一切工程的建设上所应用的货件,既可以豁免税捐,同时,外人在中国通商口岸设立的工厂所输入的机器与所制造的货物,也只需缴纳进口税而不需缴纳内地各种捐税。反过来说,中国人在本国经营工业,除了要缴纳外国人所应当缴纳的税捐之外,还要缴其他的内地税捐,结果是中国人在中国要发展工业,不但没有特殊的鼓励与适当的保障,反而受条约的束缚,不若外国所享受那么多的权利。所以,自《马关条约》之后,外国资本逐渐流入,外国工厂逐渐增加,使中国工业的发展受了大打击,受了致命伤。

然而在当时,国人除了一二名臣如张之洞外,能够感觉到这个条约是中国工业发展的障碍的,可以说是寥寥无几。这个不平等条约虽始自日本,然在那个时候,日本的资力有限,并未充分去利用条约的特殊权利,所以受这个条约利益最先与最大的,要算英国。

英国自一八四二年得了香港之后,在中国不但在商业方面占了最重要的地位,就是在工业方面也占了很重要的地位。在香港、上海、汕头,英人所设立的糖厂、纺织厂、水泥厂、烟公司,以及煤气、电车各种公司的投资,据说在一九一三年就有了美金二十兆元。此外,矿业如开滦、如福公司,以至运输业的投资,约计美金五十五兆元。

日本在华的工业,在一八九七年的时候,据说只有在上海中日合办的棉纺厂一家,资本约华币十四万元。自日俄战争以后始逐渐发展,而特别在南满方面发展很快,到了上次欧战的时候,猛进之快,差不多与英国并驾齐驱,工业投资总数差不多美金七十兆元,而在工业的种类上,举凡运输、矿业、纱厂、油厂、面粉厂、火柴厂、烟叶厂,以至其他的日常用品,几无所不有。

所以,在这个时期里,所谓中国的工业,主要是外人的工业,而所谓外人的工业,主要又是英、日的工业。

然而,这并不是说国人的新式工业完全没有发展,在机器厂方面,汉口的扬子机器公司,上海的求新制造厂;在矿务方面,湖南的矿务总局,山西的丰晋公司,滦州的矿务局与中兴煤矿公司,以至延长石油的开采,个旧锡矿的开掘,都是国人自办的。

又在纺纱厂方面，上海的裕源与三泰、苏州的苏纶、无锡的业勤、南通的大生、常熟的裕泰、杭州的通益公、宁波的通久源、萧山的通惠公，以及广东各处与长江流域的新式丝厂的成立，都是国立的商品工业的发展。

此外，面粉工厂之为国人所经营的也不少，上海的阜丰与华兴、无锡的茂新与保兴、南通的大兴与复新、杭州的利用、芜湖的益新，均先后成立。

其他各种工厂之为国人所收回或创办的也很多，华昌、龙华与汉口财政部的造纸厂的成立，以及广东官纸印刷局，武昌白沙洲印刷局，以至商务印书馆的收回与扩充，张裕酿酒公司，和丰、燮昌与丹凤火柴公司，启新水泥公司与广东、湖北的水泥厂，景德、萍乡与醴陵的瓷业，博山与耀徐等玻璃公司，以及南洋兄弟烟草公司，也皆先后成立。不过，国人在各处所创办的工厂，资本既远不若英、日人所创办的雄厚，在管理、在组织以及其他方面，也有不少的缺点。

自一九一四年欧战发生以后，欧洲各国人民政府之在中国经营工业的，多因战争而至于停顿或难于发展，加以民国四年的时候，国人因日本的压迫而抵制日货，使中国工业得有发展的机会。因为舶来的工业用品的来源既减少或没有，国人不得不自己制造，因为所制造的工业用品差不多完全是日常的必需用品，所以我们把这个时期叫做商品工业发展的时期。

就工业的种类来看，这个时期的工业之最发达的，要算棉织、面粉、电气、烟草、火柴等。据说，国人自设的纱厂，民国三年为三十一家，八年增至三十八家，十年增至五十一家，十四年增至七十九家。纱厂之最大的，要算荣宗敬的申新，次为张謇所经营的大生，此外，华新、永安均是国内著名的纺纱厂。新式面粉厂的设立，也是商品工业发展的表征。据民国九年至十年间的统计，新式面粉厂共有一百二十三家，东三省就有五十家，而河北、河南、山东、山西各省也有不少，上海一处即有二十二个厂，若把无锡、常州各处的面粉厂计算起来，江苏一省共有了四十余个厂，此外，湖北、湖南、四川、云南各处皆有这种工厂的兴起。电气业据民国十三年的统计，全国共有二百一十九家，有了好多出品如手电筒之类，且能大量的畅销在南洋各处。烟草工厂据民国十六年的统计，在上海就有了六十二家，虽则国人所创办的烟草公司之最大的还是南洋兄弟烟草公司。火柴工厂据民国十七年的调查，共有一百零一厂，十八省及东三省没有一省没有这种工厂，而以广东的火柴厂最多，据说共有三十九家。

此外，又如水泥、制糖、制油、缫丝、毛织、造纸各种工厂，无一不应时而起。至于煤铁及其他各种金属工厂，在这个时期里，虽也有多少发展，如山东的中兴煤矿、浦东的和兴钢铁厂、湖南的炼锑厂等等。可是，这些工厂，不但比之上面所说的商品工业，发展较慢，数目较少，而且欧战一完，差不多完全倒闭。

上面是很简单的叙述中国工业发展的被动时期中的三个阶段。我说我们的工业的发展，自太平天国败后以至七七事件发生，是一个被动的时期，这是因为七十余年来，我们虽有了工业发展的事实，我们没有工业发展的头脑；我们虽有了不少工业发展的客观条件，我们没有一个工业发展的主观的意识；尽管我们设立了不少工厂，然而，我们重农轻工的观念不但从没有打破，而且有了变本加厉的趋向。谁都知道曾国藩是近代中国设立新式工厂的元勋，然而，在他的头脑里既装满重农的思想，在他的家书里，在他的言论中，又表出轻工的心绪。近来所谓提倡重农的一些人物，还把曾国藩来作他们的理想人物。至如梁漱溟之徒，不但以为中国从来以农立国，所以今后也要以农立国，而且以为中国是永远不会赶上欧美、日本的工业国家，因为人家的工业已很发达，而我们的工业正在萌芽，我们进了一步，人家已进了二步，所以我们总是落后。

因为国人有了这种观念，所以不但不愿去提倡工业，而且不敢去提倡工业。其实，他们忘记了中国过去虽以农立国，然而现在却不能以农立国；他们忘记了中国过去虽轻视工业，然而现在却不能轻视工业；他们忘记了工业落后的国家愈要努力去发展工业，只要努力去发展工业，不怕没有进步，不怕赶不上人。日本从前是个工业落后的国家，它并不因德国是个工业先进的国家而安于重农的生活；德国从前也是工业落后的国家，它并不因英国是个工业先进的国家而放弃重工的政策；日或德既可以从一个农业的国家而变为一个工业的国家，难道中国就不能从一个农业的国家而变为一个工业的国家吗？

我们承认，在目前的中国要想发展新式工业，有了很多的困难，比方原料、资本、劳工与技术等等，无一不感觉缺乏，然而，这些困难并非绝对不能解决的，就是所谓工业先进的国家，从前或直到现在，还免不了有了这些困难，比方以原料方面来说，日本与德国至今尚感缺乏，然而，他们并不因为有了这些困难而不发展工业。

其实没有设法去征服这些困难，以前就不愿而且不敢去提倡工业，这是弱者的心理，这是惰性的作祟。我所以说七七事件发生以前，我国的工业的发展是被动的，就是因为我们缺乏了提倡工业的主动的意识。

七七事件发生以后情形就大大的改变了，所以，在中国的工业发展史上也开了一个新纪元。

从表面上看起来，七七事件的发生，中国工业受了一个很大的打击。我们知道，中国工业比较发展的区域是沿海及沿江各处，七七事件发生以后，沿海的通商口岸固差不多被敌人占据，沿江的都市城镇，如汉口，如南京，如广州，也为敌人所蹂躏，在这些地方的工厂，或为敌人所占据，或为敌人所统制，或为敌人所毁坏，我们差不多可以说，中国原有的工业的精华，差不多都受了重大的影响。

不但这样，有些工厂虽从沿海一带迁来内地，可是因为交通的困难以及其他的困难，发展也不容易。一个工厂要从某一个地方迁到别一个地方，总免不了有多少的损失，而况在战争的时期，这些工厂迁入内地，不但因交通的困难迁移不易，就是能够迁入内地，原料的缺乏，而特别是工人的缺乏，发展也有困难。

因此之故，有好多人一谈到中国新式工业，持了悲观的态度，以为七十余年来的工业的发展既若此之慢，而现在又受了这种打击，则将来的工业的发展，困难必然更多，所以中国欲从一个农业的国家而变为一个工业的国家，是很不容易的。

然而，这种观察是一种表面上的观察。事实上，七七事件发生以后，中国工厂固有不少的打击，但是，中国人正开始感觉到中国工业化的必要。以前好多主张以农立国的人现正逐渐减少，这种觉悟在目前虽未必有何种重大作用，然在将来的工业发展上，却含有重大的意义。

原来，七十余年来中国工业之所以不能发展的原因虽多，但是主要的是因为中国人不感觉到工业化的必要，所以，不但在太平天国败后中国工业难于发展，就是在上次欧战开始以后，中国工业也如昙花一现，未能发达。因为中国人自己并不打定主意，并不下了决心，去使中国成为一个工业的国家，反之，一些守旧者流还且以为中国应当沿着几千年来的政策去维持以农立国的状态。在这种心理状态之下，就使没有外洋货物的输入与没有不平等条约的束缚，中国也永远不会变为一个工业的国家。

所以，从目前的情形来看，我们的工业虽有不少的打击，然而事实上，我们既能从根本上觉悟到工业化的必要，从此以后不会再事犹豫而向往直前去发展工业，则工业的前途必定光明。然而，这种新觉悟可以说是始于七七事件发生以后，因为自七七事件发生以后，我们觉得工业不发展，不但抗敌的军事用品无从生产，就是人民的日常用品也无从获得。其实，这次抗战是中国有史以来的最大的变化，而这种变化对于国人心理的影响，不但在实质上至为重要，就是在地域上也至为广阔。以往打仗所受影响只是在战场或与战场左近的人，现在则后方人民也受飞机的扰乱与炸击。所以，在现代的战争，前方固受影响，后方也受影响；都市固受影响，乡村也受影响。一个工业不发达的国家，不但缺乏战舰枪炮去保护它的沿岸与边疆，而且缺乏飞机枪炮去保护它的内地与乡村，这是军事的工业方面来说。若从商品的工业方面来看，我们的国际路线既多被切断，同时我们的日常用品又极感缺乏，那么，我们非极力去发展工业，我们结果要弄到没有衣可穿，没有鞋可著，没有帽可戴。其实，在现在的工业上，所谓军事工业与商品工业就很难于分别，一个军事工业很发达的国家，如德国，固常是一个商品工业很发达的国家；一个商品工业很发达的国家，也能变为一个高度的军事工业的国家，英国就是这个例子。英国在开始与德国宣战的时候，飞机及各种军火都远不及德国，可是因为它是一个工业发达的国家，所以在很短的时期里就能赶上德国。军事工业与商品工业固是难于分别，军事用品与日常用品也很难于分别，棉花是日常用品同时也是军事用品。所以，只要我们尽力去发展工业，在平时固可以充裕我们的生活，增加我们的财富，在战时又可以增加我们的军火，抵抗我们的敌人，可知，工业的发展是与我们的民族的前途是有密切的关系的。

其实，正是因为自七七事件发生以后国人觉悟到非工业化不能生存，所以在战区的工业虽大受敌人的摧残，然而在工厂最落后的后方，不但工厂日日增加，就是工业的原料也日日增加。后方工厂的增加，这是大家所最容易看出来的，不但只在重庆，在贵阳，在昆明，就是在其他各处，工厂的增加是抗战以后一个最显明的现象。自然，有了不少工厂是从战区迁移而来的，然而也有很多是新创办的。至于原料及出品方面，据说，自民国廿六年至廿九年的三年间，在西南诸省，煤的产量从三六〇〇〇〇增加至五七〇〇〇〇吨，铁的产量从三一〇〇〇增加至一〇〇〇〇〇吨，铜从四〇〇增加至一〇〇〇吨，煤油从三四〇〇〇增加至四四〇〇〇〇加仑。从民廿七年至廿九年的两年间，酒精从一八〇〇〇〇增加至四五〇〇〇〇加仑，面粉从一七一〇〇〇〇增加至三四〇〇〇〇〇包（以五十磅为一包计算），洋枧从九九〇〇〇增加至三〇九〇〇〇箱（以百块为一箱计算），火柴从七〇〇〇增至一一七〇〇箱（每箱七千两百小包计算），纸从六〇〇增至一八〇〇吨，这不过是随便举了一些例子。然而，在工业从不发达的地方人民心理最为守旧的区域，在两三年的时间内能有这种的发展，这是国人决心去发展工业的一种表示。此外，近来内地交通已逐渐改良，湘桂铁道的完成、川滇与滇缅铁路的建筑，以及好多公路的完成，水道的浚通，航线的增加，在直接上或在间接上对于工业发展都有莫大的帮助。

总而言之，中国的工业的各方面，自太平天国亡以后以至七七事件发生以前，虽有多少萌芽，但是这些结果是被动的而非主动的，因为不是主动的，所以不但没有整个计划，而且缺乏工业意识。同治中兴时代的军事工业的失败，以及上次欧战以后的商品工业的衰落，就是因为没有这种计划，缺乏这种意识，所以，在同治中兴与上次欧战的时候，虽有很好机会去发展工业，然而我们始终不会利用这种机会，结果是使外国人而特别是英、日两国的人民利用了我们的资源、人工，在我们的国内去发展他们的工业，使我们自己在发展工业上又增加了很多困难。

七七事件发生以后，国人既能从根本上觉悟起来，有了自动的发展工业的意识，从此以后，苟能继续不断的去加强这种意识，则中国的前途是很光明的。所以，七七事件的发生虽是我们民族的大不幸，然而假使因此而扫除数千年来的蔑视工业的心理，使中国今后能真正走上工业化的路，那也可以说是因祸得福了。而况照上面所说，在国难的时期，在工业素不发展的西南，工业尚能有相当的进步，那么事实正是证明，中国的工业的发展是有办法的。中国的工业的发展有了办法，中国的西化的其他方面也能有办法，因为工业的发展固受文化的其他方面的影响，然而，工业发展也可以影响到文化的其他方面。

假使我们从文化的各方面来看，我们很容易看出，就是在新式工业很落后的中国，其文化无论在那一方面都受了工业的影响。比方在文化的物质方面，专以衣食住行的日常生活来说，我们就受了很深刻的影响。我们以前穿的是手织的布，现在已逐渐以机器织的布去代替，手织的布不只比机器织的迟慢得多，而且比不上机器织的那么精致与比不上机器织的那么便宜，因此之故，就是所谓穷乡僻壤的人们，也逐渐放弃其"自织"的衣料而购买机器织的。其实，机器织的布料比之手织的为好，这不只是指着最新式的机器工厂所出的物品而言，就是像以前顺德各丝厂所用的脚踏机与最近高阳各布厂所用的旧机器，所制造的物品也比手织的为好。顺德是中国蚕丝出产最多的地方，最初是用手去抽丝，后来经南海陈启源仿外国抽丝机器而制造出一种脚踏机以后，对于顺德的丝业的发达上有了很大的贡献，从此以后，顺德的丝不但在广东、在中国占了很重要的地位，就是在对外贸易上也是出口的大宗。高阳的各种花布比之天津、上海各大工厂所出的布，虽有很多落后之处，但是在供给内地各处的布料上，却是华北一个纺织事业的中心。我在这里特地举出这两个例子，目的也可以说是欲指明新式丝厂与布厂的发展，不但影响到我们的衣的问题，而且在我们的整个国家的经济上，也有很大的作用。

在食的方面，新式工业所产生的影响虽不若在衣的方面那么显明，然这种影响的历程正在进行，不久就能容易的看出来。罐头工厂、饼干工厂、面粉工厂，以至面包等等工厂的增加，都可以说是对于我们的食的问题有了影响。又，在工厂里的人们，因为工作的关系，吃饭的时间、次数的规定，以至吃饭的各种习惯的养成，不但与农村里的人们有了不同之处，就是与一般的中国人，也有了差异之处。而且，假使各种工厂都增加起来，则我们的整个食的问题也要受了工业化的影响。此外，又因工厂里人数太多，对于食物、食堂的卫生的问题也得设法去解决，这也可以说是因工业化而引起的影响。

工业发展对于我们的住的问题，必然有了影响。据说，中国人口百分之七十五以上是住在乡村，可以工业发达的地方往往是都市所在的地方，那么，将工业发达起来，住在城市的人口必定增加是无可疑的，这是从地域上的变动来说。至若新式砖厂、瓦厂、水泥厂的增加，以至铁厂、电厂、玻璃厂等等的增加，对于我们房屋的建筑的材料上，以至内部的布置上与外表的样式上，都有了很大的影响。总而言之，我们以前所盖的茅屋、泥屋与木屋，不但不能用以为工厂，而且就是用作住宅的人，也必定逐渐减少，至于很高的洋楼，坚固的建筑，非用水泥或钢铁不能建造，那是最显而易见的事。

再从行的方面来看，工业发展以后，不但我们的交通工具必受了影响，就是我们的交通路线也必然增加。我们的帆船必定代以轮船，我们的骡车、牛车、马车必定代以汽车、火车、飞机，因为这些轮船、汽车、火车、飞机，都可以说是新式工业的产物，而且是新式工业的很重要部分。我们承认，交通发达对于工业的发展是有影响的，然而，工业的发展也必然引起交通路线的增加。我们可以说，个旧与碧色寨的铁路的建筑，主要是由于个旧锡矿的发达，高阳至保定的公路的建筑，主要是由于高阳布厂的发达。这不过是随便的举出一二个例，然而工业对于交通的影响可以概见。

从文化的社会方面来看，家庭，而尤其是中国的家庭，可以说是整个社会的基础，然而，中国的新式工业的发展起来，中国的家庭制必定受了很大的影响。比方就以丝业中心的顺德而言，因为一般的妇女主要的能在工厂里找工作，能够独立谋生活，所以她们不只不愿意结婚，就是结了婚，也不愿意在家里与丈夫同住，一群一群的妇女们结拜为姊妹，同住同食同工作，甚至同死，这不只是中国的家族制度之下所少见的现象，而事实上，是与中国的家族制度处于相反的地位。其实，近代妇女地位的提倡，妇女运动的发展，都可以说是与工业的发展有了很密切的关系的。

工业的发展对于女子的地位的改变固有了关系而影响到家庭本身，工业的发展对于男子的职业的改变也有了关系而影响到家庭方面。在农业社会的人们，生活方面比较固定而少有迁移，子子孙孙同住同耕，所以大家庭的制度易于产生。在工业社会的人们就不是这样，工业是分工的，因为是分工的，父亲所愿意作的东西子孙未必愿意作；工业是专门的，父亲所能作的东西子孙未必能够作。而且，工业所在的地方往往是在都市里，都市里人烟既多，地方又小，就想维持大家庭制度而使父母子孙能在一处居住，也为事势环境所不许。所以，工业发达的国家都是偏于小家庭的国家，中国的工业若发展起来，中国的大家庭制度无疑的要受很大的影响。其实，就以目前几个工业比较发达的地方，如上海，如无锡，如塘沽，大家庭的制度已很显明的正在崩溃而代以小家庭的制度，至如从前的媒妁之言，父母之命的办法，在工业发达的社会必然为一般的青年男女所反对，那是显而易见的。

国家是现代社会的最重要的组织，工业发展对于国家有没有影响呢？大致上，我们可以说，世界上最富与最强的国家，都是工业最发达的国家，英、美不用说，德国与日本也岂不是工业很发达的国家吗？其实，一个国家，工业若发达起来，内部就很少有分裂或少有内乱，十九世纪初叶的英国、十九世纪下叶的德国就是很显明的例子。其实，今日世界上的国家，没有一个能够完全独立而生存，也可以说是近代工业发达的结果，而现在与将来的国际组织的发达，也可以说是近代工业发达的结果。

除了家庭与国家以外，近代各种职业团体的产生以及其他的社会组织的形成或发展，无论在直接上或间接上，都与工业的发展有了关系。

在文化的精神方面，中国人的思想无疑的要受工业的影响，宗族的观念、孔老的主张既与重农的政策有了关系，那么，重农政策既变为重工，这些思想也不能不改变。其实，从重农的主张而变为重工的意识，就是中国思想的改变。

其实，我们主张中国应该工业化，而且应该高度的工业化，我们并非反对农业的发展。其实，中国的农业若要真正振兴起来，非工业化不可。工业化了之后，中国才能利用机器去耕种；工业化了以后，中国才能大量的利用农品；工业化了以后，我们才能大量有肥料去增加农产；工业化了以后，我们才能有便捷的工具去运输农品。所以，工业之于农业并不是对峙的，而是相生相成的。

第九章 农业的发展[①]

中国素称以农立国，可是，中国农业的西化比之中国的商业与工业的西化较为迟缓。

中国农业的西化之所以较晚，也许是由于国人以为我们数千年来是以农立国，在农业方面用不着西化。但是事实上，假使商业或工业若不西化，农业也不容易西化。因为，比方新式农具或是肥料的制造，固要依赖于工业的发展，而农品的运销或是农贷的办理，又与商业的振兴有了密切的关系。其实，农业与商业或工业有了密切的关系的观念，就不是中国的固有的传统思想，而是近代西洋文化中，而尤其是近代西洋经济的组织上的一种特点。因为国人从来不但以为中国是以农立国而偏于重农的思想，而且以为农业之于商业与工业是处于对峙的地位，所以，在我们的历史上，一些主张重农的人，往往是一些反对商业与工业的人，商君那本书就是一个很显明的例子。照他的意见，作商与作工的人都是利用智巧去取利的人，智巧愈发达，则天下易于紊乱，反之，作农的人是朴实的人，朴实则国家容易于管理，所以，他不但是主张重农，而且积极的反对商业与工业。

这种重农业、反工商的思想，在中国历史上既有了很大的势力，中国的商业与工业固无从发达，就是中国的农业的本身的发展也受了很多的限制。近来有好多人相信，中国的农业的本身的发展，已经达到不能再有发展的限度，因为中国人在农业上的成就，已经达到手工所能作到的成就，手工所能作到的东西是有限度的，所以，用手工去发展农业也是有限度的。所以，国人尽管去提倡以农立国，然而农业的发展既已达到不能再有发展的限度，则所谓以农立国的政策，至多只是重演传统的以农立国的政策，而决不能在农业上创出何种新花样，或是换出何种新政策。其实，中国的固有的农业正像中国的整个固有的文化一样，中国的整个固有的文化已经发展到不能再有发展的限度，苟非有外来文化的输入，而改变其本质，则中国文化是难于发展的；同样，中国的农业已经发到不能再有发展的限度，苟非有其农业的本身以外的力量去改变其方法，则中国的农业是难于发展的。所谓其农业的本身以外的力量，就经济的范围以内的力量来看，就是商业与工业；就经济的范围以外的力量来看，就是近代的科学。近代科学的发展而引起商业与工业的发达，这是人们所容易看得到的，可是，近代商业与工业的发

[①] 校按：在陈序经家藏抄稿中，此章为自抄稿。

展而引起农业的发达,却是国人所不大注意的。其实,商业发达对于农产的畅销上固有密切的关系,而工业发达可以利用机器去耕种,在农业的发展也有莫大的影响。从这方面看起来,所谓工业革命,也就是农业革命。因而中国的农业若要改良,则不得不改革中国的商业,更不得不改革中国的工业。因为交通利便,农产可以畅运;银行发展,农贷易于办理;合作社健全,农业合作可以发展;机器发明,人工可以减少;工厂发达,肥料可以大量供给;工程学发达,农田水利可以振兴;至于科学昌明,植物病虫可以减少,农作种子可以改良。这不过只是随便的举出一些的例子,可是,农业的发达是要依赖于工商业的发达,可以概见。

西洋近代农业的发达是在商业的发达与工业的革命之后,中国近来农业的西化是在商业的西化与工业的西化之后,都可以说是由于同一的原因。

中国与西洋通商的历史既较久,而新式工业又萌芽于同治中兴的时候,曾国藩虽是提倡新式工业最早的一个主角,可是,他对于农业却并没有感觉到西化的必要。他根本是一个中国传统思想的典型,一个儒家的信徒,一个重农的人物。在他的家书里,在他的著作里,我们都可以找出重农的言论或暗示,所以,近年来的农村运动,有人还以曾国藩为其先锋。然而,曾国藩所注重的农业,是中国固有的农业,而非新式或西化的农业。他曾劝他的家人力田种菜,而其理由是因为他的祖父与父亲都是以农持家,他的祖父与父亲所从事的农业既是旧式的农业,那么他所希望于他的家人所从事的农业,也就是这种旧式的农业。

直到甲午败后维新运动的时候,康有为及其徒众曾感觉到农业西化的需要。在一八九八年,曾宗彦曾上疏力言改良农业,所以,在同年五月十六日,曾有下面的上谕:

> 上谕总理各国事务衙门奏议覆御史曾宗彦奏请振兴农学一折。农务为富国根本,亟宜振兴。各省可耕之土,未尽地力者尚多,著各督抚饬各该地方官劝谕绅民,兼采中西各法,切实兴办,不准空言搪塞。须知讲求农政,本古人劳农劝相之意,是在地方官随时维持保护,实力奉行。如果办有成效,准该督抚奏请奖叙。上海近日创设农学会,颇开风气,著刘坤一查明该学章程,咨送总理各国事务衙门查核颁行。其外洋农务诸书,并著各省学堂广为编译,以资肄习,钦此。

这是士大夫与政府注意到西洋的农业的开始。又,在同年六月二十九日的上谕云:

> 上谕总理各国事务衙门代奏工部主事康有为条陈请兴农殖民以富国本一折。训农通商,为立国大端。前迭谕各省整顿农务、工务、商务,以冀开辟利源,各处办理如何,现尚未据奏报。万宝之原,皆出于地,地利日辟,则物产日阜,即商务亦可日渐扩充,是训农又为通商惠工之本。中国向本重

农,惟向无专董其事者,非大为倡导,不足以鼓舞振兴,著即于京师设立农工商总局,派直隶霸昌道端方,直隶候补道徐建寅、吴懋鼎为督理。端方著开去霸昌道缺,同徐建寅、吴懋鼎均著赏给三品卿衔,一切事件准其随时具奏,其各省府州县,皆立农务学堂,广开农会、刊农报、购农器,由绅富之有田业者试办,以为之率。……各直省即由该督抚设立分局,选派通达时务公正廉明之绅士二三员,总司其事,所有各局开办日期及派出办理之员,并著先行电奏。此事创办之始,必须官民一气,实力实心,方可渐收实效,端方等及各该督抚等,务当仰体朝廷率作兴事之至意,考求新法,精益求精,庶几农业兴而生殖日繁,商业盛而流通益广,悉以植富强之基。朕有厚望焉。钦此。

这是后来的农商部、实业部、农林部与各省的农林局的开始。这种政府机关,在中国从前既没有设立过,那么,这种设施的榜样又完全是仿效西洋,至于谕中所举出的农校、农会、农报、农器,皆可以说是考取新法,仿效西洋。

在维新运动的时候,所谓推进农业机关或办法,除京师农工商总局与上海的农学会外,各省农工分局既尚未成立,而所谓农校、农报也未见举办,至于农具的改良,更谈不到。结果是,所谓京师农工商总局,也是作不出什么事情来。至于上海的农学会,成立虽比农工商总局为早,可是除了有农会的招牌与会章、会员之外,实际也是没有什么成绩,原因是人才缺乏,经费无着。所谓农学会的最大贡献,与其说是对于农业的本身上有所建树,不如说是唤起政府与士大夫对于新式农业的注意,同时,京师的农工商总局之所以设立,农学会的鼓吹的力量有了不少的帮忙,故在光绪上谕设立农工商总局之前的五月十六日上谕中,已注意到农学会的组织与工作。

维新运动虽不过一百日,但其西化农业的政策与办法,到了后来却逐渐的实现起来。光绪二十四年(一八九八)的农工商总局不久虽被裁撤,可是光绪二十九年(一九〇三)又有农工商部的设立。光绪三十三年(一九〇七)在京师西直门外三贝子花园里设立农事试验场,开办费六十万,占地二千余亩。民国成立,农工商部改为农商部,并由政府设立农林局,此外,又设立农政学校以培养农业人才。可惜毕业的学生对于农业的智识既很浅薄,而风俗习惯又使这些学生不愿去从事农业。到了民国四年,乃改农政学校为农林传习所;同年,农事试验场亦改为中央农事试验场,注重于农林试验的工作。与以前之成为士女游览的花园性质不同,该场分设五科,一为农科,二为园艺科,三为蚕丝科,四为农业化学科,五为昆虫科,又在中央农事试验场内设有观测所,管理天气报告、农事气象报告,及警告天气非常变灾,这个观测所虽与天文台有密切关系,然在农业上却有很大的功用。同时,政府还设了第一、第二、第三棉业试验场、茶业试验场。在民国十年,又设了植物病虫害检验场。此外,对于畜牧、渔业也逐渐的注意起来。

国民政府在南京成立以后，农业行政隶属于实业部，抗战后隶属于经济部，到了最近又改为农林部，其所属的重要机关为中央农业试验所。此外，中央森林试验所也正在成立，而民国卅年由农林部在重庆所召集的农林会议，也为讨论农业问题的集会。

除农林部及其所属的机关外，中央政府机关之关于推进农业的机关为数尚多。比方现在经济部里的农本局，以前行政院里的农村复兴委员会，以及全国经济委员会，对于水利与农业的工作均是直接与农业的改良或管理上有了密切的关系。此外，各省的建设厅也为推进农业的机关，又如广东省政府则于建设厅之内另设农林局，以专管农事。此外，县政府或市政府，像青岛市政府，以至有些乡镇，也有各种农业机关如农会或农场的设立。抗战以前有人统计，全国各种与农业有关的机关共有千余个，于此可见得国人对于农业方面的特别注意。

我们应当指出，这么多的机关多是名不符实，没有什么成绩，然而他们的目的，主要的却可以说是采取西法去发展农事。所以，无论是农业行政机关也好，无论是农业试验机关也好，无论是农业金融机关也好，无论是农业合作机关也好，这些机关都是受了西洋的文化的影响而产生的，而且这些机关在实际上虽没有作出什么成绩，然在理论上，他们鼓吹新式农业而使国人感觉到新式农业的重要，这也不能说完全没有一点的贡献。

农业的发展，一方面固赖于政府与一般人士的提倡，一方面又赖于农业教育的发展。民国初年的农政学校虽因没有成绩而停办，可是自民国四年改为农林传习所之后，在农业也有多少的贡献。入所学习的学员于卒业之后曾派在北京左近各处指导农民改进农业，他们介绍良善种子，代购新式农具，使这些地方的农民得了不少的益处。

至于从事于农业的较深的学理的研究与试验工作的高等教育机关，在民国初年要算教会所设立的岭南大学与金陵大学。前者除了设立农科之外，后来还有蚕丝学院的设立；后者民国三年设立农科，次年又设立林科，后来又分设农业经济、农艺、植物、园艺、森林、乡村教育及蚕丝等七系，这两个学校的农学院的学生之毕业而在社会服务的很多。

除了岭南大学与金陵大学的农学院外，国立大学之办农学院的成绩较著及历史较长的，要算中山大学及中央大学的农学院。此外，又如广西大学、河南大学、浙江大学、四川大学，均先后设立农学院。至于独立学院之注重于农业的，如西北农学院、贵州农工学院。此外，专门的农业学校，如湖北省立农业专科学校、云南省立农业学校，以及其他各省以至各县各市之设立农业学校的，为数更多。

大致的，大学里的农学院、独立农学院，以至各处的专门农学校，除了学理的研究之外，又设农业试验场。规模固有大有小，然其研究与试验的方法，可以说是完全采用西洋的方法。

中国虽号称以农立国，然而数十年来，国人之愿意学习农科的人数比较的并不很多。近数年来，教育当尽力提倡所谓实科而蔑视文法，可是学工科的人数固然增加不少，然而学农科的人数还是寥寥无几。一方面是由于国人囿于士农的阶级的区别，以为读书人何必从事耕种，一方面却是由于所学每非所用。十余年前，一般学农的学生既不愿而且也不必回家去种五亩之田，又没有大农场以应用其所学，盖旧式的农业的制度之下既容不住这些人物，而新式的农业事业又未发展，结果是学农的人也往往跑去作官与教书两条路。近年以来，各种种植、畜牧农场已逐渐发展，学农者既可以逐渐应用其所学，中国农业的西化的程度也必逐渐的强调起来。

近年以来，国内有一种运动叫作农村运动，在理论上，这种运动可以说是一种复古的运动，然在实际上，这种运动在好几方面还是趋于西化的途径。理论上，这个运动是继承中国的传统的重农主义，而以儒家的思想为其中心思想，梁漱溟的《中国民族运动的最后觉悟》可以说是这个运动的理论的代表著作。大致上，这个运动在其工作的实施上可以分为四方面：一为教育，二为政治，三为卫生，四为农业。在教育方面，他们创办学校，而尤其是注重于职业的教育方面，这是西化的结果而非固有的教育制度；在政治方面，他们的目的是推行地方自治，使农村人民能有参政的能力，这也是西化的政治而非固有的政治制度；在卫生方面，所谓卫生院或医院及其所用的医法，完全是西洋的方法，更非固有的东西；至于农业方面，所谓各处的乡村试验区里，如定县，如邹平，都有所谓农业试验场，主持这种农业试验场的人，多是留洋或在国内大学的农学院毕业的学生，而在其所用以改良农业的方法，固是西洋的方法，所用以改良农产的种子，也多用西洋的种子。在乡村工作讨论会所编的《乡村建设试验》第二集（民国二十三年）中的《中华平民教育促进会工作报告》里，我们可以随便的找出像下面几段话：

> 美棉有品种比较试验，五区试验，四区试验，二行株行试验，其中除五区试验以一一四号中棉为标准外，以南京脱字棉作标准。统计分析结果，以南京脱字棉为最有希望，其产量比较农家增百分之四十。

又如：

> 猪种改良，自民国十七年开始研究实验，试用波支猪种，用纯系繁殖法，尽量繁殖。将波支猪及第一代改良猪，实行饲养比较，并实行猪种五代改良研究。现在第一代波支改良猪，在同一饲养与管理之下，比本地猪多肉百分之十八，颇得农民信仰，本年度改良猪推广益众，现已于民间产生改良

猪一四七四三头，以资表证。

这岂不是用西洋的方法吗？这岂不是用西洋的种子吗？其实，像这样的报告，在这本集里是随处可以找出来。平民教育促进会的农业工作固是这样，山东乡村建设研究院以及其他的地方的农业工作，也是这样。

这种工作根本上既是西化的工作，而在理论上，所谓农村建设运动的领袖们，偏偏又以为这是复兴我们固有的工作，复回我们固有的文化，结果是理论与实际相背而驰，难于调和。所谓复古既是一个挂羊头卖狗肉的故智，所谓西化又缺乏了澈底的决心，近年农村建设运动之所以趋于失败，恐怕也是这个原因的。

中国虽号称以农立国，然而数十年来，我国农业产品不但没有余裕去畅销外国，反而需要外国农业产品输入中国以救济其不足。行政院农村复兴委员会在民国二十三年所出版的《中国农业之改进》一书中，曾有下面二段叙述：

> 乃者五十年来，农业不特未见进步，其衰落情形且日甚一日，丝茶等品在国际市场上日渐失其地位，人民衣食之所需反赖外货之输入，以补不足，诚农业国家之耻辱也。考农产品之输入数字，近十年来增加甚速，至民国二十一年，竟达五万五千余万两，此种漏卮年复一年，且有继续增加之势。
>
> ……民国二十年之入超，为十年前之两倍，二十年前之五倍，增加之剧，诚足惊人。再观入口之大宗，除棉货、棉纱外，米、麦、面粉、棉花、木材均占重要位置，综其价值，约当入超全部十分之八。又以棉花、棉纱论，每年输入达二万万两之巨，纺织业之不振，固足以影响之，而棉花原料之不足，实为主要原因。故若我国所产棉花质佳量足，则纺织业随之勃兴，棉货、棉纱之产量亦足以自给矣。又查丝、茶、豆类为我国输出大宗，赖以抵偿大量输入者。其中，丝之输出，十八年以前，虽逐年略有增加，究无长足之进步，试与日本比较，则瞠乎其后矣。二三年来，受世界经济萧条之影响，蚕丝业更一蹶不振，即民国十八年以前之原状，亦不能维持矣。至于茶之输出，则十余年以来，一落千丈，国际市场尽为英、日所夺，二十年份输出之数仅当三十年前二分之一，五十年前三分之一耳。豆类则自东北沦陷后，所余仅长江流域一小部份而已。米、麦、面粉、棉花、木材之输入既增加如彼，丝、茶、豆类之输出又衰落如此，出入之间，背道而驰，故入超之数愈形膨大，瞻念前途，不寒而栗。夫以农立国之国家，而衣食住行必需之原料反多仰给于外邦，是则吾人平日之生命，既操于外人之手，一旦有事，其危险更不堪设想，故今日中国之人民不欲图生存则已，若欲生存，则非振兴农业不可。

《中国农业之改进》一书是国内外的农业专家所起草，据他们的意见，中国农产之所以衰落的原因，大致有七：一为治安的不良，二为政治的不善，三为交通的不便，四为水利的不修，五为农民智识的浅薄，六为农业生产技术的落后，七为经济巨潮的压迫。除前三种原因为农业以外的原因外，后四种原因而特别是五、六二种原因，实为农业本身的原因，而第五种原因又可以归并于第六种原因。所以，就农业本身来说，农业生产技术的改进，实为振兴农业的要图，而所谓农业生产技术的改进，主要的又不外是采用西洋的方法。所以，在同书的第六种原因中，曾有下面的解释：

> 近数十年来，世界各国之农业技术，如栽培方法、土壤肥料之改良，品种之选育，病虫之驱除，均有惊人之进步，甚至因此而发生生产过剩之现象。而我国农业生产技术，则犹是数千百年前旧法，病虫流行，种子退化，栽培不精，另一方面则人口增多，需求日奢，即无政治及治安、水利之障碍，全国农业生产亦徒见其低落，国民经济濒于破产，亦自然之现象也。

总而言之，中国今后农业的振兴必依赖于西洋的方法，是无可疑的。其实，三十年来我们所谓农业的改良，无一不是趋于西化的途径，上面所说的农业行政机关的设立、农业学会的组织、农业教育的发展，以至农村建设的运动，也无一不是趋于西化的途径。

而且，假使我们若从农业本身的各方面的改进来看，我们更能明白，三十年来我们是趋于西化的途径。在农植上，我们现正设法去改良种子，改进森林。比方米麦是我们的主要食品，在过去的三十年中，我们也逐渐的设法改良稻种与麦种，除了中央农业实验所及其他的机关改进之外，中央、中山、岭南、金陵各大学的实验也有不少的成绩。比方中央大学在水稻方面的"帽子头"，就是经过实验后所得的优良品种。而中央农业实验所在四川、湖南、云南、广西、贵州各省所举行的育种试验，均有很多的成效；又，该所年来在湖南芷江所举行的栽培试验，与在长沙与广西沙塘应用水稻杂交温水去雄法的试验，也有良好的结果。麦的方面，小麦的试验，中央大学的"南京赤壳"，及江东门的小麦"双恩"号、九号及二十六号，而金陵大学所选得的二九零五号，一种较标准产量增高百分之五十六.八。此外，安徽南宿州的小麦六十一号，开封的小麦一二四号，以及中央农业实验所在四川成都、荣昌、遂宁各处所介绍的意大利品种，均有良好的结果。大麦照金陵大学的育种的结果，以裸麦九九号产量为高，而复富于抵抗黑穗病的能力。此外，又如金陵大学所试验的南京黄玉蜀黍，结果也好，其大豆育成的新品种三三二号，较标准产量增高百分之四十四.九。

茶叶方面，近来国人曾在安徽祁门设立红茶场，而江西修水曾由中央农业实验所联合上海、汉口商品检验局设立试验所。抗战以后，西南各省对于茶种的改良逐渐注意，而中国茶叶公司的设立，对于各种茶叶的选择、装包，以至运销方法，都力求改善，以广销路。

在蚕丝方面，比方岭南的蚕丝学院曾作过不少的试验工作，而美人考活氏对于研究广东蚕丝的病虫，曾有相当成绩。金陵大学也曾改良蚕种，据说每年曾推广无毒蚕种四万余张，同时对于蚕品种及桑品种又作比较的研究。此外，又如广东省建设厅的蚕丝局，对于这方面的改良也很努力。

棉花的试验工作在近年以来也很为踊跃，而所得结果也相当的好。在河北、河南、山东、陕西各处所移种的美棉数量虽不多，然原质很好。据说，这种棉花可纺三十二支以上之细纱，比之著名的江苏通棉，可纺的支数多了一倍。据中央大学的试验，美棉有脱字棉、爱字棉七号、爱字棉十二号、爱字棉十七号，中棉有孝感长绒、江阴白籽棉等，不但在品种方面很为优良，而其产量也很为丰富。历年以来，推广各处，颇有成效。金陵大学对于脱字与爱字的二种美棉，及中棉中百万华棉一种的试验，也很有成效。据民国二十一年调查各省所得的结果，美棉面积已有一千六百万亩，产额三百三十余万担，有些地方所种的美棉虽日趋退化，然这更足以证明今后要用科学的方法去改良。现在除上面所述的河北、河南、山东、陕西四省的美棉外，山西、江苏、浙江、安徽、江西、湖北、湖南均有栽种，而以湖北栽种面积为最多，约占美棉出产总数三分之一，而其产量也占产量总数三分之一，此后假使能再从质、量两方面加以改良增加，则中国棉业的前途是很有希望的。

上面不过是将数种主要的农产的实验工作略为叙述。此外，又如各种水果的移植或试验，也有多少的成效，四川的黄果、广柑就是一些的例子。至于其他的杂粮及花木的移种或试验，均逐渐的发展起来。

光绪末年，政府已有森林局的设立，可惜三十余年来，少有改造森林的实际工作。最近来，农林部曾有森林实验所的创办，希望此后能利用专家去振兴森林。据民国二十年的海关报告，木材进口的价值为三千四百万多两，那么，今后为自给自足计，森林之要振兴是无可疑的。近年以来，英国对于印度的森山为注意，而且请了德国林学专家颜德之（Jentsch）与黑斯基（Heske）去印度计画与指导，那么，中国森林的振兴之要依赖于科学的方法至为显明。其实，森林不只是供给木材，而对于防止水灾旱灾，保护土壤，以至国防卫生，都有很大的效能，故森林的振兴是刻不容缓的。

在畜牧方面，近年以来国人也已逐渐的注意。中国的牛、马、猪、羊、鸡、鸭等畜物，体质甚差，各处农场正多设法改良种子。比方岭南大学之畜牧组对于各种家畜的改良，颇有成效。而中央大学对于纯种荷兰乳牛、纯种盘毛猪、羊利奴羊，各种肉用鸡、卵用鸡，以及意大利蜂种，均设法大量推广于长江流域各省，及河北、河南、陕西等处小规模的农场。如上面所述的，定县平民教育促进会所试验的各种家畜，在实用上也无不少补。此外，又如中国人素来不吃牛奶，近年以来则吃牛奶为普遍现象，故牛奶厂逐渐发达，而岭南大学、中央大学所出的牛奶都很为著名，这是西化的结果。至于兽医的增加及对于牲畜防疫的工作的发展，而特别是中央防疫处的工作的发展，都是采用新法去发展畜牧。

民国初年，北平中央农事试验场曾有病虫害科的设立，后民国十一年，江苏省曾有昆虫局的成立，对于蚊蝇的驱除颇为努力，到了民国十七、十八年间，对于蝗虫的扑灭也作了不少工夫。此外，浙江省的昆虫局也成立于民国十三年，而江西、湖南、河北各省昆虫局也相继成立，对于各种害虫的研究与扑灭，均有多少成绩。中央农业实验所成立之后，又有植物病虫害系的设立，在治虫的推动上很为努力，而其自制的防治病虫的药剂与机械也颇有效用。此外，各大学中，如清华大学的农业研究所，近来对于虫害的研究工作也正积极进行。这些政府或学术机关在中国农业的发展上，必定占了重要的地位。

新式农具的介绍与制造，也是中国新兴的农业上所不可缺的东西。比方中央大学曾制造犁耙、中耕机、播种器及手用农具二十余种；金陵大学也设计制造轧花机、玉米棉花小米播种机、中耕器、耙犁及大车等，此外，又曾计画制造羊毛机、收货机、蓄力用轮齿轧花机及改良旧式轧花机等。

这些农具，有的是把旧式的加以改良，有的是为适合中国的农业的特殊情形而制造，不能算作完全新式的农具，但是，这是一种过渡时期的办法，将来中国的工业与农业发达起来，则新式的农具无疑的要代替旧式的农具。换句来说，在将来的农业上，机器农具必定代替了手用的农具。

在水利方面，近年以来，国人已逐渐感觉到新式水利工程的重要，新式的水利工程的建设也逐渐的增加起来。在西北以至西南各省的水利都能慢慢的振兴，而已前所视为草木不生的荒地旷野，现在已成为肥土良田。此外，新式抽水机的输入也逐渐的增加，在抗战以前，在上海有好多家机器厂从事制这种用具，在江苏、浙江、安徽、福建各省的农民之采用这种抽水机的已很多，而在无锡、武进各处还用电力去发动抽水机。据说，在武进一县，在一九二六年用电力去灌溉水田的有四万多亩，这可见得新法灌溉的效用，也可以证明新式水利的需要。

土壤的研究与肥料的制造，对于农业上也有密切的关系。中央农业实验所曾有土壤肥料系的设立，注重于测定全国土地肥力，研究保持地力的方法，设法增加土地生产力，与研究肥料的制造与利用。同时，该所又举办土壤肥料实验技术人员讲习会，造就这种实地工作的人才，受训人员乃由各省保送。在抗战时期里，曾在四川成都先后举办了二班，由英籍顾问利查逊采用最新颖的田间技术以资训练。其实近年以来，化学肥料的制造是市场上一种很普遍的商品，而各工厂，像久大、永利，在抗战以前对于这种东西也很为注意而用了不少时间去研究，以期制造出最经济而最适用的肥料。

上面不过很随便的举出三十年来，而尤其是二十年来我们在新式农业上一些工作的例子。然而，这些例子已足证明我们所走的路是西化的路。我们不能否认我们的新式农业的工作正在萌芽，我们不能否认我们的新式农业的成就太过微小，然而，这更足以证明我们今后愈要发展新式农业，愈要西化我们的农业。可是，我们要这样的做去，我们也得明白，专只从农业的本身上去改良，功效未必很大，因为正像我们上面所说，农业的发展不只是依赖于农业本身上的改良，而且要依赖于农业以外的力量的推动。所谓农业以外的力量，又像我们上面所说，除了商业与工业的发展之外，还要政治上以及其他的力量的帮忙，这是一般提倡新式农业的人所不可不注意的。

第二部

绪　言

我们在上面一本书里曾指出，中国的西化的重心的发展，是从宗教的西化而趋于政治的西化，再从政治的西化而趋于经济的西化，这是与东方的其他的国家，如印度，如暹罗，与如日本的西化的重心的发展，是同一途径的。而我们东方的这些国家，以至我们自己的国家的西化的重心的发展，又是与西洋的文化的重心的发展，是同一途径的。这是一种历史的事实，我们不能加以否认，所以，我们中国以至东方的一些国家，不只在文化的重心方面是受了西洋文化的影响，就是在西化的重心的发展上，也跟着西洋的文化的发展的途径。

文化的重心对于文化的其他方面固有了密切的关系而有了深刻的影响，然而，文化的重心并不包括文化的其他方面，因此之故，我们于叙述我国的西化的重心的发展之后，我们愿意再从我们中国的文化的其他方面的西化的概略，加以解释。

我们应当指出，不只我们中国的文化的其他方面都已西化，而且趋于西化，就是东方的其他的国家的文化的其他方面，也都已西化，而且趋于西化。不过，我们在这里所要特别加以注意的是我们中国的西化的事实，而且，中国的西化的事实，不只是东方的西化的事实的一个例子，而同时又可以说是东方的西化的事实的代表。所以，在叙述东方的印度、暹罗、日本与我国的西化的重心的发展的概况之后，我们在这一本书里，要把我们中国在西化的重心——宗教、政治、经济的发展之外，再把文化的其他方面的西化加以说明，而指出我们的西化的范围既日趋日广，而其程度又日趋日深。

本书分为三编：第一编注重于文化的精神方面的西化，第二编注重于文化的社会方面的西化，第三编注重于文化的物质方面的西化。这与上面一本书所叙述的宗教的西化、政治的西化与经济的西化，不只有了密切的关系，而且有了暗合的地方。我们可以说，宗教的西化是偏于精神文化的西化，政治的西化是偏于社会文化的西化，而经济的西化是偏于物质文化的西化。至于这三种文化的重心的西化之于文化其他方面的关系，我们在下面各章里也加以说明，这里只好从略罢。

第一编

第一章 教育与留学

新式学校之在我国创办得最早的,恐怕要算一八三四年英国女教士古特拉富夫人(Mrs. Gutzlaff)在澳门所设立的女校。该校设立不久,又兼收男生,以为开办马礼逊学校(Morrison School)的一种准备。马礼逊学校是为纪念新教来中国传教的第一位传教士马礼逊氏(Robert Morrison),该校创议于一八三五年春间,而正式成立于一八三九年初,在澳门开课。到了一八四二年以后,乃迁到香港上课,而主其事的为美国人勃朗氏(Dr. Brown)。

关于这两个学校的缘起以及其概况,容纯甫(闳)先生在其《我在中国与美国的生活》(My Life in China and America)一书里曾有比较详细的叙述,我在别一本书中也曾说过,这里不必再述。

鸦片战争以后不久,又继以太平天国的事件,不只国人没有想到新式教育的需要,就是西洋的传教士,对于教育方面也少有注意,直到太平天国要灭亡的时候,国人始感觉到培养新式人才的必要。

同文馆可以说是国人自办的新式学校的萌芽。同文馆是创议于咸丰十年(一八六〇),而成立于同治元年(一八六二)。关于同文馆的筹办的经过与目的,同治元年八月间,总理衙门在其所上皇帝的疏里有一段话可以参考:

> 遵议设立学习外国语言文字学馆恭折仰祈圣鉴事。窃查咸丰十年冬间,臣等于通筹善后章程内,以外国交涉事件,必先识其情性,请饬广东、上海各督抚等分派通解外国语言文字之人,携带各国书籍来京,选八旗中资质聪慧、年在十三四岁以下者,俾资学习。嗣遵筹未尽事宜,复经声明铸钱局除改作衙署外,尚有炉房修葺堪作馆舍等因,均经先后奉旨允准在案。臣等伏思欲悉各国情形,必谙其语言文字,方不受人欺蒙。各国皆以重赀聘请中国人讲解文艺,而中国迄无熟习外国语言文字之人,恐无以悉其底蕴。广东、上海既无咨送之人,不得不于外国延访。旋据英国威妥玛(按:为英国公使)言及,该国包尔胜兼通汉文,堪充此席。因于五月十五日,先令挑定之学生十人来馆试行教习,仍另请汉人徐树琳教习汉文,即以此学为同文馆。再俄、法等国语言文字,亦应一体学习,容俟觅有妥当教授,再行随时酌办。

我们知道，所谓法文馆、俄文馆，均于同治二年三月间开办，而在乾隆二十二年于内阁开设的俄罗斯文馆，也于这个时候并入同文馆，到了甲午战败之后，光绪二十二年（一八九六）又添设一个东文馆。

同治年间的同文馆，最先设立在北京，后来在上海、广州各处也有同文馆的创办。同文馆的目的是为学习外国语言文字而设立的，故对于语言文字以外的其他学科，不但不大注意，而且有意的轻视。关于这一点，我们只看京师同文馆馆规中的首、三两条便能明白。

（一）各馆翻译以汉文为本，汉文未能明顺，故翻译洋文多有不通之处。嗣后查看前馆学生有汉文未能明晰者，著令仍归后馆学习汉文，午后再学洋文。

（三）馆中功课以洋文洋语为要，洋文洋语已通，方许兼习别艺。近来有一人兼习数艺者，难免务广而荒，且有不习洋文洋语，仅习别艺，殊失当日立馆之本意。嗣后诸生务令先学洋文洋语，通后亦只准习一艺，其有不能洋文洋语者，即由提调会同总教习分别差等，以示区别。

可见得，同文馆的目的是为学习洋文洋语而造就通译的人材，然而专就这一点来看，当该馆开办的时候，国人对之也并不甚注意。上海、广东方面之通晓英文者既没有参加，而不得不请外国人之兼通汉文者主持，就可见得国人之不重视了。

直到光绪十九年（一八九三）张之洞在湖北所设立而震动一时的自强学堂，还是以学习外国语言为要务。其《招考自强学堂学生示》中说：

查京师同文馆分设英文、法文、德文、俄文等馆，规模大备，惟一馆学生，势不能应中外之求。此外，各省堂局学习洋文，多系专习一事，取法一国。查西人学业，各国虽大致相同，而专长兼长，实非一致，办理交涉，尤贵因应咸宜，此英、德、法、俄四国语言文字，必须分门指授之意也。

自强学堂最初本分为方言、算术、格致、商务四斋，后来又废除了后三斋而只设办方言斋，张之洞的理由是：

其算学一门，中国古法及新译西书书籍较多，可不假道西文，业经于上年五月改归两湖书院另行讲习。其格致、商务两门，中国既少专书，津、沪诸局西人学馆译出诸编，不过略举大概，教者学者无从深求，现将格致、商务两门停课，先行统课方言，以为一切西学之阶梯，将来格致、商务即可自行诵译探讨。

照张之洞的意见，懂得西文就可自己研究西洋学问。我们以为，西文固为寻求西洋各种学术的工具，然而要寻求高深的各种学术，并非只懂西文就可以自己寻求的，至说当时中国算术及当时所翻译的算学已经够用，那更是浅薄之见了。

自太平天国灭亡之后，以至甲午败于日本的三十年中，除了所谓外国语言文字的学校的振兴之外，又如同治六年（一八六七）所设立的江南机器学堂和福建船政学堂，光绪五年（一八七九）所设立的天津电报学堂、水师学堂、军医学堂，以及后来所创办的天津武备学堂、山西武备学堂与湖北武备学堂等等，其目的又无非以训练海陆军人材，以及其与海陆军有关的一些科学，如天算、舆地、格致等等，然而同时也以学习西文为研究这些科目的要务。李鸿章在光绪十一年五月所上的《天津创造武备学堂折》中曾说：

> 独是泰西武备之学，皆从天算、舆地、格致而来，欲造其极诣，必先通其语言文字，洞见本源。

总而言之，国人在这个时期里，除了设立学校学习外国语言文字以为通译之用外，还要利用外国语言文字以为寻求海陆军的军事知识，以及与海陆军有关的天算、舆地、格致的知识。又，除了水师、武备、军医各种学校之外，尚有两个学校的设立是值得我们注意的：一为盛宣怀在上海所设立的南洋公学，一为李鸿章在天津所设立的北洋大学堂。前者是后来的交通大学的前身，而后者就是后来的北洋大学的前身，而京师的同文馆，又可以说是后来的北京大学的前身。不过，这些学校在甲午战败以前，在新教育上所发生的效力并不很大罢。

甲午战败以后，国人更觉得新教育的重要。比方盛宣怀的天津中西学堂章程曾说：

> 伏查自强之道，以作育人才为本，求才之道，尤宜以设立学堂为先。……日本维新以来，援照西法，广开学堂书院，不特陆军、海军将，并皆取材于学堂；即今之外部出使诸员，亦皆取材于律例科矣；制造枪炮、开矿、造路诸工，亦皆取材于机器工程科、地学化学科矣。仅十余年，灿然大备。中国智能之士，何地蔑有，但选将材于俦人广众之中，拔使才于诗文帖括之内。至于制造工艺，皆取材于不通文理、不解测算之徒匠，而欲与各国絜长较短，断乎不可。职道之愚，当赶紧设立头等、二等学堂各一所，为继起者规式。惟二等学堂功课必须四年，方能升入头等学堂；头等学堂功课必须四年，方能造入专门之学。

这种分为二等、头等的办法，是新式的普通教育的端倪。此外，梁启超在光绪二十三年在湖南长沙所设立的时务学堂，据其功课详细章程第一节，也分为二级，一为普通学，一为专门学，也可以说是新式学制。又，同年南洋公学又有师范班的设立，使中国的学校的制度逐渐趋于西化的途径。

到了戊戌变政的时候，康、梁以及好多国人更主张废除八股，兴办新学。侍郎李端棻疏请设立大学堂于京师，清廷命军机大臣、总理衙门大臣迅议奏大学堂的章程，没有多久，又命孙家鼐管理大学堂事务，这是现代大学的开端，而北京大学的基础因之而奠定。

但是维新运动之后新教育又受了一大打击，直到庚子之祸以后，清廷又颁布大学、中学、小学等学校章程并改书院为学堂。八股科举既随维新运动失败而复活，然而到了一九〇五年，乃由清廷命令停止八股。科举是西化教育的障碍物，废除之后，新式的教育始能逐渐振兴。

辛亥革命以后，不但教育的制度上趋于西化的途径，就是教育的宗旨上也大为改变。民国的第一任教育总长蔡元培先生曾说：

> 满清时代，所谓钦定教育宗旨，曰忠君，曰尊孔，曰尚公，曰尚武，曰尚实。忠君与共和政体不合，尊孔与信教自由相违，可以不论；尚武则军国民主义也，尚实即实利主义也，尚公即我所谓公民道德也。

又，他在民国元年所召集的中央教育会议席上又注重于儿童本位的教育，所以他说：

> 民国教育与君主时代之教育，其不同之点何在？君主时代之教育方针，不从受教育者本体上着想，用一个人主义或用一部分的主义，利用一种方法，驱使受教者迁就他之主义。民国教育的方针，应从受教者本体着想，有如何能力，方能尽如何责任，受如何教育，始能具如何能力。从前瑞士教育家裴斯泰洛齐有言："昔之教育，使儿童受教于成人；今之教育，乃使成人受教于儿童。"何谓成人受教于儿童？谓成人不敢自存成见，立于儿童之地位而体验之，以定教育之方法。民国之教育亦然。

到了袁世凯称帝的时候，虽欲以孔教为国教，以四书五经为教本，可是这种开倒车的教育宗旨与方法，却因帝制的失败而消灭，而且本体上洪宪的产生时间既短，对于整个新式教育系统并没有什么影响。故三十余年来，无论在教育的宗旨上，在教育的制度上，以至在学校的课程上，在学生的学习上，无一不趋向于西化的途径。

到了现在，颂读四书五经的私塾差不多可以说绝迹，穷乡陋邑往往也有小学的设立，差不多每县以至好多乡镇都有中学的设立，至于通都大邑，中学、小学之设立的更为普遍。至于专门学校及大学以至研究院之设立，据最近的统计，也有百多个。学生的人数，无论是在小学、中学，或是在专科以上的学校，比之民国元年增加了不止百倍。我们虽然不能否认我国的文盲的数目比之识字的人们的数目还多了好多倍，然而，今后的进入新式学校的人数是日来日多，是没有问题的。

上面的叙述是注重于西化教育的历史上以及数量上的发展，而说明我国的教育是随着时代的推进而愈趋于西化。假使我们再从教育的质的方面来看，我们八十年来，而尤其是三十年来之趋于西化而有了不少的进步，也是很为显明的一件事。三十年前，不只是在通都大邑的好多中学校要请日本人或西洋人为教员，就是好多内地的中学校也要请日本人或西洋人为教员。现在呢？不只中学教员用不着去请外人当教员，就是大学里，以至研究院，也用不着请外国人去当教授。又，十余年前，不只好多大学之办理较好的，是一些外国教士所开办的教会大学，就是好多中学以至小学之办理较好的，也是好多外国教士所开办的教会中学以及小学。现在呢？我们已有了不少的大学以及中学、小学，比起教会所设立的学校较好得多。不但这样，在十余年来，教会所办的大学以至中学的好多教授、教员，都是西洋人。现在呢？连了这些教会学校的教师——而且其中有了很多很好的教师，却是国人担任。外人所主持的教会学校，在中国教育的现代化上帮忙了不少，可是到了中国教育西化的程度已达到相当的地位之后，外人所开办的教会的学校，却也逐渐归为国人去办理。我们回想八十年前的同文馆开办的时候，要请英国的包尔腾去主持；我们回想六十年前的同文馆，还要美人丁韪良去办理；我们回想五十年前，我们要美人李佳白来为我们创议设立京师大学；我们回想四十年前，我们要李提摩太来为我们筹办山西大学，我们不能不感觉到这三十年来，我们的西化的教育的进步了。

然而这并不是说，我们现在教育已与了欧美先进的国家的教育可以并驾齐驱，其实，我们不只在量的方面，我们远比不上欧美先进的国家，就是在质的方面，也远比不上欧美先进的国家。我们也许有了三二个的学者可以与欧美的学者相提并论，然而数目太少了。其实，假使我们所谓三二的著名专门学者究竟是否能比起欧美的著名的专门学者，还是一个疑问，所以，今后我们在教育上、在学问上之要愈加西化，是无可疑的。

其实，假使我们在教育上、在学问上而真能与西洋先进各国并驾齐驱，那么我们就用不着派送学生出洋留学了。我们知道，派送学生出洋留学的历史也有了七十年之久，然而从七十年的派送学生出洋的历史来看，照我个人的意见，正像我们八十年来的兴办西化教育的历史一样，一方面固可以说明我们的西化教育有了不少的进步，一方面也可以指出我们的西化教育还要积极的提倡。而且事实上，中国近代的新式教育的推进，是很得力于留洋的学生，而同时派送学生出洋留学，也可以说是我国近代的西化教育的要素呵！

不但这样，中国的近代的西化教育，固是中国近代西化运动的一种重要的原动力，中国近代的留洋学生，也是中国近代西化运动的一种重要的原动力。

因此之故，我们对于我国近代留学的概略，以及其对于西化的教育，以至于整个西化的运动的影响，应该给与相当的注意而加以叙述。

我国近代之到西洋留学最早的，要算容闳、黄宽、黄胜三人。关于这三位留学生的留学的概况，我们当在别一本书说明。我们这里只要指出，黄胜到了美国不久因病回国，黄宽在美国读完中学，又到英国习医，后来回国行医，很有声誉。至于容闳，在美国大学毕业之后回国，之后不久帮忙曾国藩创立江南机器厂，然其最大的贡献是创议派送幼童赴美留学，这是中国的创举。派送的人数，自一八七二至一八七五的数年间，共派了一百二十人。到了一八八一年，因为守旧者所嫉忌，这些学生乃全数召回。据李鸿章的奏疏里说，除死亡及因事早已召回的学生之外，一八八一年共有九十六位留美学生回国。这些学生有的在水师或武备学校任事，有的在电报局或海关任事，有些后来成为政治舞台上的重要人物，如唐绍仪，有些在工程上建立了不朽的工作，如詹天佑之建筑京绥铁路。所以，容闳的理想的留学计划虽未完全实现，然这一大批留学生之在中国的维新事业上，也有不少的贡献。

除了这一大批的留学生之外，李鸿章、沈葆桢以及其他的疆吏，在同治与光绪年间曾派了好多学生到欧洲各国留学。统计在这个时期里，先后派送的留学生也有数十人之多。

然而我们也要指出，在这个时期里所派送的留洋学生的目的，正像在这个时期里的国内的新式教育的振兴以至国人对于西化的态度是一样的，因为他们所希望于留学生的，是学习外国人的武备，及与武备有关的实用科学。曾国藩之派送幼童留学，其目的固是在于学习外国的"军政、船政、步算、制造"诸学，就是李鸿章以及其他的疆吏所派送留欧的学生，其目的也是考查各国的"地势险要，防守大势，以及远近里数，风俗政治，水陆炮台，制造厂局，水轮舟车，水雷炮弹，或一切测量格致之学"。

自太平天国的灭亡以至甲午中日的战争的三十年，中国人对于西洋的武备的教育既加以注意，而北洋海军、陆军的建立，又可以说是与了这种教育有了密切的关系。若从数量方面来看，我们当时的军事，而尤其是海军方面，并不减于日本，事实上，我们的战舰不只比日本的为多，而且比日本的为大。然而甲午之战，日本以蕞尔小国，竟打败了我们的堂堂大国，一些国人遂以为日本之所以胜，未必是只靠于武备方面，而中国之所以败，也未必是只由于武备方面，因此之故，有些人遂以为中国之应当效法西洋的，不一定是只在武备方面，所以派送学生出洋留学，也不一定是要进入武备学校或只与武备有关的科目。比方当时的疆吏，如张之洞，如刘坤一，就有了这种感觉，故他们在其《覆议新政第三折》中就指出，中国应派人到外国研究其政体学术。

同时，曾留学英国学习海军而回国的严复，对于西洋的社会学科的书籍，如政治方面孟德司鸠的《法意》，如经济方面的亚当·斯密的《原富》等等，又介绍给与国人，使国人对于西洋的政治社会加以注意。

所以，在甲午以后，而尤其是在庚子之祸以后，国人既感觉到非出洋留学效法西洋不足以强国，而在外洋之所要学的，又偏于政治、法律方面。据说，在一九〇二至一九〇三年间,国人之留学日本者就有了万余人,其大部分是学政治与法律。此后,留学欧洲、美洲的也逐渐增加,而其所学的科目也不像甲午以前之偏于军事方面。

留学生而尤其是在日本的留学生,对于政治的研究既感兴趣,对于政治的运动也多所参与。孙中山先生所领导的革命,固多由留日、留欧的学生参加,就是梁启超所鼓吹的维新,也有不少留学生赞同,所以,代表革命派的《民报》与代表维新派的《新民丛报》都在日本出版,而对于国外的留学生及在国内的智识界有了很大的影响。故辛亥革命之能够成功,可以说是得力于留学者最多,其实,领导革命运动的孙中山先生,也就是留学生之一罢。

至于辛亥革命的成功对于中国整个文化方面的影响是显而易见的事情,关于这一点,我们在别一书中已经说及,这里只好从略。

民国成立以后,在政治舞台上活动的人物固多为留学生,在西化其他方面上贡献较大的也多为留学生,就是五四的新文化运动的领袖人物也是留学生,连了民国十七年的北伐成功,也可以说是由于留学生的主动罢。

到了现在,留学生在教育界所占的地位的重要是无可疑的,就是在政治上,在农工商业上,以至在文化的其他方面,所占的地位也很重要。

然而这也并不是说,在我国西化的历程中留学生的任务已经达到,反之,中国今日的教育以至文化的其他方面,既远比不上欧美的先进各国,那么今后的中国不只要多多派送学生出洋留学,就是曾经留学而回国工作的人们,也要再到外国再作进一步的研究。因为国内的学术水平线既比之欧美各国的为低,不只我们的大学毕业生,就是一般回国的留学生,往往因为环境的关系,而尤其是在抗战的时期里,因为图书、仪器以及其他方面的缺乏而不能充分的去专其所学,结果是有了些人,而尤其是一些回国的留学生,对其所学不只是进步得很慢,反而有趋于退步的。我们今日的大学的各科的教授,是多依赖于留学生,那么,留学生本身的进步得慢,就是我们的学术的进步得慢的表示,留学生之趋于退步,也就是我们的学术之趋于退步的表示。

其实在抗战以前,有些大学当局已经有了这种感觉,所以,除了奖励学生出洋之外,还有规定教授之在校服务超过规定年限的,可以由校方派送赴外国再作研究工作。而最近来,政府机关预备大批派送学生以及教授到外国从事研究工作,也无非是有了这种觉悟。所以,我们若只专从这一点来看,我们就可以明白,中国今后是正走在西化的途径,而且需要加强其西化的程度。

总而言之,从我们八十年来的新式学校不断的发展,以及我们七十年的继续派送出洋的学生,就可以证明我们的教育是已经西化,而且正趋于西化。假使我们承认〈教育〉是改造一切文化的工具或是主力的话,那么教育的愈趋于西化,则文化的其他方面也必愈趋于西化,我们叙述中国西化的运动而先从教育方面说起，也就是这个原故。

我们不能否认，在中国的新式教育史上有了好多开倒车的现象。一八八一年之召回全部留美学生，戊戌政变以后的八股科举的复活，洪宪时代的尊孔与读经，以至数年以前的广东与湖南的复古的运动，都不过是几个比较显明的例子。然而我们也得指出，这只是中国的教育西化以至整个文化的西化历程中的一些波澜与倒流，从整个西化教育以至整个西化的发展史来看，西化的潮流是向东来的，是向前走的，而且这个潮流是愈来愈急。最近来国人与政府之派送学生及技术人员出洋留学，其人数之多，是有史以来所没有的，这就是证明我们这种看法是对的。

然而我们说到这里，我们不能不指出，我国八十年来的西化教育虽然有了不少的进步，却是始终不够澈底，而八十年来的西化运动之不够澈底，是与了这种不够澈底的西化教育有了密切的关系。

我们知道，自太平天国灭亡之后，我们就兴办新式教育，然而我们在当时所要效法西洋的，不外是军事的技术，以及与军事有关的实用科学，所以，我们的新式学校的开办，以至派送学生的出洋，都是偏重于这一方面，这一点我们在上面已经说明，不必再述。甲午以后，国人虽感觉到西洋各国以至日本之强盛，不只是恃其船坚炮利而已，也靠其政治、法律、学术的良善，然而在那个时候，不只有了顽固的慈禧太后与好多守旧的大臣极力反对西化，就是一些开明的疆吏，如张之洞、刘坤一以至孙家鼐，都昧于"中学为体西学为用"的信条与"留学西洋不如留学东洋"的浅见，使国人不只没有澈底的去学习西洋的各种学问，连了学日本人的东西，也只是学其皮毛。一般留日学生之醉心于一些速成学校，就是受了那种信条与那种浅见的遗毒，而况张之洞与一般的士大夫之讲求西学，还是趋重于实用的科学的学习与技术人才的训练。

直到光绪末年，重实科与重技艺的西化教育，还是政府的教育的要旨。光绪三十三年，我国政府与日本特约五校派送学生留学，也是偏重于这方面的科目，到了光绪三十四年，学部、邮传部与农工商部且会奏，凡官费出洋学生，均须学习实用科目或是实业之学。我们且看其奏疏中说：

> 臣等窃维造就人才，必因乎时势，欲救贫弱，在图富强，欲图富强，在重实业。从前臣之洞会同学务大臣奏陈《重订学堂章程折》内，即声明国民生计莫要于农工商实业，趣办实业学堂，有百利而无一弊，最宜注重等语。频年以来，农工部于京师设立高等实业学堂，邮传部于上海设立高等实业学堂，唐山设立路矿学堂，盖冀人才之日出而图实业之振兴。……自本年为始，嗣后京师及各省中学堂以上毕业之学生，择其普通学完备，外国语能直接听讲者，酌送出洋学习实业，并令此后凡官费出洋学生，概学习农、工、格致各项专科，不得改习他科。又以目前自费出洋之学生，非入高等以

上学堂学习农、工、格致三科者，不得改给官费，其认习实业已给官费之学生，亦不准中途改习他科。如此量为限制，庶几实业人才可以日出，而富强之效可睹矣。

直到民国五年，教育部公布选派留学生规程，始没有这种限制，然而十年以来政府当局对于教育上所取的方针，无疑的又偏重于实用科目的研究。西南政务会时代的邹鲁先生倡之于前，而中央委员陈果夫先生和之于后；近来教育部给与公费于所有学习工科的学生，与百分之八十公费与学习理科学生，而对于学习文法科之学生，只给与百分之四十的公费，可以说是重实用的科学而轻文法的学科的表示。此外，最近计划派送大批的留洋学生，差不多百分之百规定为学习实用的科目，更可以证明我们的教育的政策是偏重于实用的科学，而与曾国藩、李鸿章、张之洞，以至上面所举的学部、邮传部与农工商部所会奏的政策，没有什么分别。所以，大致上我们可以说，我国八十年来的教育虽然是已经西化，而且正趋于西化，然而主要的是偏于实用的西化教育。

照我们看起来，这种偏于实用科学的西化教育，是不澈底的西化教育。因为教育不只是教人懂得某种专门的实用科学而成为技术的人才，而且要教人什么样的管理社会的各种事业，与什么样的解决人类的关系问题。管理这些事业与解决这种问题，主要是属于社会与精神的学科，而不一定是实用的科学。换句话来说，要想建设一个国家，专靠实用或技术的人才是不够的。比方以交通事业为例，制造火车机器与建筑铁路桥梁的人才固是发展铁道所不可缺的人才，然而怎么样去管理铁道与怎么样的去发展其业务，这就不是实用或技术的问题，而是人事的问题了。不但这样，假使现在一般人都像七十年前的人们以为火车是妖怪、铁道伤风水的话，那么要想发展铁道，恐怕也是不行的。在这种情形之下，就是造了铁路，像七十年前的淞沪铁道，也不得不把来拆毁。所以，一般人民对于铁道的态度，以及铁道的怎么样的去管理，都是很重要的问题。其实，这些问题比之所谓技术问题还要重要。我们且把我们的招商局与日本的轮船公司以至英国的太古公司来比一比罢。招商局的设立时间并不比前两者为晚，而其创办的时候所用的资本与所购的轮船也并不比前两者为少，然而为什么前两者到了这次抗战以前，其轮船不只布满于中国的沿海内河，而且驶行于世界各处，反之，招商局的轮船却日来日坏，日来日少，结果差不多弄到不能维持下去？这个差别决不是，至少不只是技术的问题，而乃是管理与人事的问题。

因此之故，我们以为，我们的教育若只注重于实用科目的西化，而轻视——特别的轻视了其他的学科的西化，不只是不够澈底，恐怕连了在实用科学上所得到的一些成绩，也因了管理上的病弊与人事上的腐败，而不能表现出来。上面所举出招商局就是一个很好的例子。我国的政府当局与维新人物之提倡学习西洋的制造轮船方法，至少有了八十年以上的历史，曾国藩、李鸿章在太平天国尚未灭亡之前，对于制造轮船已极力提倡，江南造船厂的设立就是一个显明的例子，福建马尾造船厂的设立又是一个显明的例子。在七十年前，这些船厂已经造出轮船，而这些轮船也能使用，然而，七十年前不只轮船公司没有办理得好，连了轮船也没有制造几艘，难道现在或是三十年前以至五十年前的国人的造船的技术，比不上七十年前的国人的造船的技术吗？

我们的见解是，技术的学习在教育上固是重要，事业的管理的方法，人事的问题的调整，以至我们的人生的态度的改变，在教育上也为重要。我们在技术上固不如人，我们在事业的管理，在人事的调整上，以至在人生的态度上，又何尝及人！所以，今后我们的教育，不只在技术上要积极的西化，就是在事业的管理上，在人事的调整上，以至在人生的态度上，也要积极的西化。换句话来说，我们不只在理工的科目上要努力去学西洋，就是在文化的学科上，也要努力去学西洋。

第二章　科学与哲学

西洋科学之输入中国，是始于明朝末年。利玛窦之来中国，目的虽为宣传天主教，然而因为西洋的宗教之于中国的礼教，根本上是相背而驰，不易宣传，所以不得不借别的东西以为宣传宗教的媒介，而这个媒介就是科学。

我们知道，西洋科学之发展最早的是算学，而尤其是几何。二千年前的欧几里得（Euclid）的《几何原本》在几何上已有很大的贡献。到了十五六世纪的时候，算学的研究又逐渐的发达起来，同时，天文学上也有好多新发见，地圆之说与地球是绕着太阳而周行，已成为欧西的一种普通的智识。到了十七世纪的时候，物理学也逐渐的发达起来，至于化学，在十八世纪也有不少的成就，十九世纪的中叶，生物学上又有了很大的贡献，使所谓自然科学进到登峰造极的地位。

利玛窦未到中国之前，曾在意大利的著名的罗马学校，跟着名师克拉维亚斯（Clavius）学习数学、天文、物理等自然科学，而且有了相当的造就，所以到了中国之后，遂能利用这些学问以为宣传宗教的工具。

据说利玛窦在肇庆的时候，就找了一位中国的学者，与他翻译欧几里得的《几何原本》，后来他到北京，又得了徐光启的帮忙，加以修订，刊行于世。阮元所选的《畴人传》卷四十三"西洋一：欧几里得"条，曾述说：

> 欧几里得著《几何原本》十三卷后，有丁氏者，利玛窦师也，为之集解，又续补二卷，共十五卷。利玛窦入中国，译其书止六卷，第一卷论三角形，二卷论线，三卷论圆，四卷论圆内外切形，五卷、六卷俱论比例。卷中每题有法，有解，有论，有系，法言题用，解述题意，论则发明其所以然之理，系又有旁通者也。

阮元对于明末清初的天主教教士之对于中国科学上的贡献虽加以蔑视，然而在这里曾给与好评，他说：

> 《天学初函》诸书，当以《几何原本》为最，以其不言数而颇能言数之理也。如云："自有而分，不免为有。两无不能并为一有。"非熟精度数之理，不能作此造微之论也。

除了利玛窦所翻译的《几何原本》之外，又如艾儒略也著了《几何要法》四卷，比之利玛窦所翻译的《几何原本》较为详明。

西洋的数学输入中国之后，国人之研究这门科学的，无论直接上或间接上都受其影响。帮忙利玛窦翻译《几何原本》的徐光启固用不着说，就是其他的数学名家,也无不受其影响。比方在清朝初年的最著名的天算学家王锡阐与薛凤祚,都深受西洋的数学、天文的影响,王锡阐的《新法》六卷,薛凤祚的《天学会通》十余种,都是根据于西法的,就是后来的梅文鼎,以至戴东原的《数学》,也是受了西法的影响的。

太平天国灭亡以后,国人之讲洋务者,多提倡西洋的数学。而新式学校中,对于算术尤为注意。国文、英文与数学直到现在成为三种基本的科目,而数学又是学习自然科学,而尤其是天文、物理与工程等科的基础。

其实,在我们的学校里,在小学里,除了国文之外,数学是最重要的科目;在中学,国文、英文与数学三科虽是并重,然而国文、英文都是工具的学科,至于数学,不只是求别的学问的一种工具,而且其本身是一种科学——最纯粹的科学;至于在大学里之欲专门理工各科的学生之要注重数学,更不待言。我们从加减乘除,以至代数、几何、三角、微积分等等数学的课本教法,以至数学上的数目字与各种符号的应用,可以说是完全采纳西洋的方法。比方 1, 2, 3, 4, 5, 6, 7, 8, 9, 10 这些数目字,虽原始于亚剌伯,可是我们是由西洋人学过来的,至于代数、几何上的假设符号,如 A, B, C, D, 或是 X, Y 等等,也是取法西洋。所以总而言之,无论是从数学的种类、内容以至形式,我们都可以说是采纳西洋的。

至于天文学之传入中国,不只是历史很久,而且其效用更大。利玛窦到了北京之后,就觉得历法之于我国的政治与民生有了密切的关系,他著有《乾坤体义》三卷介绍西洋的天文学。徐光启称他作当时的义和,可见得他被人推崇备至。然而他自己却觉得在天文学方面的智识不够用而写信到欧洲的耶稣会,请其遣派精于天文学的教士来中国。著名的天文学家熊三拔(Sabatino de Ursis)于明万历三十四年(西历一六〇六)抵北京,就是因了利玛窦之招而来的。此后之精于天文学的,如邓玉函、汤若望、南怀仁,相继而来,使明末清初以至道光的时代,主管中国的历法,都多是西洋的教士。关于这一点,张星烺先生在其《欧化东渐史》一本小册里曾有一段叙述,今且录之于下:

> 明末欧洲天文家经多年之讨论与训练,其计历之法始确较中国为优。万历三十九年(一六一一年),钦天监回回历官误测日食,明廷乃下诏以西洋人管理天监,修改历法。有清一代所行之历,即参酌欧西之法而成者也。自此以后,钦天监修历为耶稣会传教师之大本营,上可交接中国政府官吏、君主,下可为传教师之总机关。万历四十四年(一六一六)至崇祯二年(一六二九),因各种理由,明廷不复用耶稣会士,但崇祯二年后,直到康熙三年(一六六四),钦天监复归耶稣会士掌理,邓玉函(Terrentius)、汤若望(Schall)皆此时期中之著名天监正也。《明史》卷三二六《意大利亚传》:崇祯时,历法益疏舛,礼部尚书徐光启请令其徒罗雅各、汤若望等,以其国

新法相参较,开局纂修。报可。久之书成,即以崇祯元年戊辰为历元,名之曰崇祯历书。虽未颁行,其法视大统历为密,识者有取焉。入清,汤若望仍得清顺治之信任为监副,康熙三年至八年,因中国官宪排挤之故,耶稣会人出钦天监。但八年时,康熙帝使比国耶稣会士南怀仁(Verbiest)与中国人杨光先、吴明煊同测验日影,以试中西法之优劣,南怀仁得胜。于是清帝复其位,钦天监复归耶稣会士,直到道光十八年(一八三八),始废西洋阙。

自明朝末年至满清的倾覆,我们虽是应用阴历,然而阴历已经西化。到了民国元年以后,我们连了阴历也废除,而采取阳历,这可以说是日历方面的完全西化了。

上面所说的日历西化,是天文学的应用方面。近年以来,各大学中对于天文学的学理方面的研究逐渐注意,而在大学中教授天文学的人们,大概都是在欧美留学回来的留学生。至于各处的天文台的设立,与各种气象的测验,都是我国近来天文学的进步的表征。

新的地理智识的输入,也是始于利玛窦。利玛窦在肇庆的时候,已绘了一个世界全图,而且为着迎合中国人的自大自尊的心理,他还把地图上的第一条子午线的投影的位置转移,以便把中国放在世界地图的中央,这么一来,乃引起国人对于世界的其他各洲加以注意,而放开其眼界。因为在以往,国人以为世界上中国不只是居于中央,而且是最大的国家,现在看了这个世界地图,始知除了中国之外,还有很多的国家与很多的地方。

然而,西洋教士之对于中国地理上的最大的贡献,是中国地势的测量。关于这一点,张星烺先生在其所著的《欧化东渐史》中也有一段叙述,今录之于后:

清康熙帝廿八年,尼布楚缔约以后,教士张诚(Gerbillon)以亚洲地图进帝,说明满洲地理智识之缺乏,以后数次征抚蒙古,游历满洲,及巡幸江南,皆命张诚随行,随地测量纬度。是时,帝已有测量全国之计划,至四十七年(一七〇八)四月十六日,乃明令测图,实行工作。由白进(Bouvet)、雷孝思(Regis)、杜德美(Tuatoux)诸神父先从长城测起。阅二月,白进病,其余二人继续工作,至一千七百零九年一月十日返北京,绘成一图。凡长城之各门、各堡以及其附近之城寨、河谷、水流,均行绘入。北直隶之测量,于一千七百零七年十二月十日开始,至一千七百零八年六月二十九日完工。一千七百零九年五月十八日,雷孝思、杜德美、费隐(Fridulli)诸人,开始测量满洲。先从辽东入手,东南至朝鲜边境图们江,东北至松花江之鱼皮鞑子区域。一千七百十年七月二十二日,进至黑龙江省,十二月十四日,图成。一千七百十一年(康熙五十年)添人工作,分为两队。雷孝思、加尔特(Gardols)二人往山东,杜德美、费隐、潘如(Bonjour)、汤尚贤(de Tartre)四人出长城至哈密,测定喀尔喀、蒙古之地,归由陕西、山西而返,一千七百十二年回北京。又命加尔特、汤尚贤同往山、陕（时甘肃未分省）〈二省〉。图成，汤尚贤讲解于帝，帝大悦。雷孝思、冯秉正（de Mailla）及德玛诺（Kenderer）三人测绘河南、江南、浙江、福建，汤尚贤、加尔特二人合测江西、广东及广西，费隐、潘如测绘四川、云南。潘如因劳死于云南，一千七百十四年十二月，费隐亦病，乃于一千七百十五年三月二十四日又派雷孝思赴滇，同测云南、贵州及湖广之图。一千七百十七年一月一日，全功告成，回京。白进汇成总图一张，各省分图一张，康熙五十七年进呈。于是，关内十五省及关外满蒙各地，皆经测量成图，为中国自古未有之大功。自康熙四十七年始功，至五十五年竣事，五十七年而全图绘毕，帝名之曰《皇舆全览图》，迄今为中国各种地图之最要根据。同治二年武昌府刊行之《皇朝中外一统舆图》，及现今坊间所售之各种图，皆不出乎此图之上也。当时所用测量方法为三角网法，中国人以前所未知也。

近数十年来，政府曾有测量局的设立，最初与主要是为着军事上的便利，此外，因为建筑铁道、开辟公路，对于地势测量更加详细。又如矿务的调查、资源的探视，以及农工商业上的发展，故对于本国地理的智识更加注意。地图的测绘也较为进步，比方丁文江、翁文灏为《申报》五十年纪念而编的《中国舆图》，比之以前的好多舆图又进步得多了。

中国地质学上的发展时间虽较晚，然而二三十年来，国人在这方面的成就很为可观。除了中国地质调查所的工作之外，天主教教士也有不少的贡献。近来国人对于地质的构造、矿产的分配，认识较为清楚，而同时对于考古上又有不少的帮忙。其实，在各种自然的科学中，我国地质学上的发见，不只在中国的科学中占了很重要的地位，就是在世界的地质学上，也占了很重要的地位。然而，这种智识与贡献也像其他的自然科学，是受了西洋的影响而始发展的。假使我们而昧于风水之说，则三十年来的地质学是不会发展的。

在物理学上，利玛窦在肇庆时所传入的自鸣钟、三棱玻璃镜，一般教士所铸造的铣炮，以至后来汤若望所著的《远镜图说》一书，与邓玉函与王徵所共译的《远西奇器图说》三卷等等，以及其他的器物或著作，虽然含有或说及物理学上的原理，然而大致是偏于制造器物的方法或是物理学的应用方面，对于物理的根本原则不很注意。

到了太平天国灭亡之后，国人始逐渐注意到西洋的物理以至化学的根本原则，这就是所谓电光声诸学的讲求。然而在那个时候，学校既未发达，而仪器与实验室又太过简陋，至于一些之出洋留学的学生中，虽也有人注意到物理、化学的，然而在国内，对于这种学问的基础既太差，而在外国研究的时间又并不很久，加以专学这些科学的人又太少，所以直到满清末年，我国的物理、化学可以说是没有什么成绩。

最近三十余年来，因为大学与专门教育的发展，而同时出洋留学的学生之研究这些科学的人数又逐渐增加，所以在这个时期里，我们对于这两门科学才能够立了基础，而国人之在这两方面才有多少的贡献。

因为我们在这两方面的科学有了多少成绩，所以我们近年来在各种工程与化学工业上也逐渐的发达起来，而对于工业的促进上有了密切的关系。

至于生物学之为国人所注意，时间较晚，我们应当指出，生物的基础的确立是在十九世纪，而尤其是达尔文的《物种由来》（The Origin of Spices）刊行（一八五九）以后。因为这门科学在西洋发展较后，所以传入中国也比较的晚。在同治年间以至光绪初年的时候，一般士大夫所注重的是西洋的机器，故对于物理的研究颇为注意，生物学以至化学在那个时候并不为国人所注意。到了甲午战败之后，严复翻译赫胥黎（Huxley）的《天演论》（Evolution and Ethics）以后，国人对于所谓竞争、生存、适者生存、天择、物竞等等名词及其在生物学上所含的意义始加注意。然而在民国以前生物学上的研究，而尤其实验工作与采集标本，可以说是没有什么成绩可言的。到了最近二十余年来，因为大学与专门教育的发展，生物成为大学中的理学院所免不了的主要科目，再加以实验与采集的工作，所以近来我们对于这门科学也有不少的贡献。

总而言之，近代各种自然科学之输入中国，有的有了三百余年的历史，然而这些科学之在中国的发展，可以说是最近二三十年的事情。就以国人自立的历史较久的北京大学来说，理学院的基础，是在五四文化运动以后才慢慢的建立起来；至于中央研究院的各种自然科学研究所，以至各大学的各种自然研究院的设立，不过是十余年来的事情。西洋数学之输入中国历史最久，然而直到现在，中央研究院的数学研究所尚未正式成立，而况自抗战以后，因为仪器、图书，以及种种的困难，好多自然科学的研究不但不易发展，反而有了落后的趋向。

可是，科学在未来的中国上所占的地位的重要，是无可疑的。二十年前，有了反对西洋的物质文化，因而也反对自然的科学，然而经过这次抗战之后，提倡中国的精神文化的人们固是很多，然而反对自然科学的却可以说是没有，就是有了，也是很少。不过很可惜的是，一般提倡自然科学的人们，而尤其是政府中之提倡这种科学的人们，太过偏重于应用的科学，如工程方面，而忽略了纯粹的科学，他们忘记了应用的科学的基础是纯粹的科学，单只提倡前者而忽略后者，这真是所谓不揣其本而揣其末。其实，这种作法是七十年前、五十年前的曾国藩、李鸿章的作法。曾、李因为只注重于应用的科学而忽略纯粹的科学，所以三十年前以至三百年前，中国虽然输入科学，而科学并不见得很发达。反之，三十年来，中国的科学之所以有了多少的成就，与其说是得力于应用的科学，不如说是得力于纯粹的科学。现在这种又趋于应用的科学的方向，可以说是跑回三十年前以至三百年前的国人的作风，这是中国的新复古论或是洋化的复古论。因为他们所要复回的古，并非尧、舜、禹、汤、文、武、周公、孔子之古，而是三十年前以至三百年前的西化的古。

上面是叙述西洋的自然科学之输入我国的概略，至于西洋社会学科之传入中国，大致上历史较短。李提摩太（Timothy Richard）所主持的广学会，曾翻译了一些社会学科的书籍，而他与蔡尔康合译的《泰西新史揽要》（Mackenzie, *History of the Nineteenth Century*）销路尤广。据说这一部书的中译本刊行之后，共销了一百万本以上，而翻印或节本的尚不在内。

然而在甲午战败之前，国人对于西洋的社会学科的智识是很少注意的。甲午战败之后，国人逐渐感觉到西洋政治制度的优良，因而对于西洋的社会学科，而尤其是政治学与法律学遂加以注意。从甲午战败以后至上次欧战爆发的二十年中，除了严复直接翻译了几本西洋的社会学科的名著之外，一般的社会学科的书册，大致是从日本方面介绍过来。

严复在庚子之乱的前后，曾译了斯宾塞尔的《群学肄言》（Spencer, *The Study of Sociology*）、亚当·斯密的《原富》（Adam Smith, *The Wealth of Nation*）、孟德司鸠的《法意》（Montesquieu, *The Spirit of Law*）、甄克斯的《社会通诠》（E. Jenks, *History of Politics*），以及穆勒的《群己权界》（J. S. Mill, *On Liberty*）等书，第一本是属于社会学方面，第二本是属于经济学方面，而下面数本是偏于政治学方面，这几本书册，可以代表西洋的社会学科的各方面的主要著作。

严复本来是学海军的，但是当他留学英国的时候，他已注意到社会学科的著作，而对于斯宾塞尔的学说尤所服膺。他所翻译那几本书，很可以代表十九世纪的西洋的社会思想。不过，因为他所用的文字是古文，使一般人既不易阅读，而他又用了中国好多固有的成语典故去翻译西文的名词与意义，结果是容易使人曲解了原来的意思，所以，实质上究竟严复所翻译的这些社会学科的名家著作对于中国思想界所发生的影响如何，不易决定。我们知道，在庚子之祸的前后介绍西洋思想而影响于国人最大的，并不是直接翻译西书的严复，而是懂了一点日本文而从日文书册中介绍西洋思想的梁启超。

其实，自维新运动以后以至五四文化运动的时候，西洋的社会学科之输入中国，主要是来自日本，而其介绍人物，大致又是日本留学生。因为自甲午战败，而尤其是庚子之祸以后，一些士大夫以至政府当局逐渐感觉到政治改革的必要，为要改革政治，于是又不得不先研究西洋各国，以及西化的日本的政治。因此之故，到日本之学习政治或是法政的人们日来日多，后来这些留学生返国之后，在各处当教师的，或是热心于研究工作的，曾著了不少关于社会学科的书册，而所谓法政讲义之刊行的尤多。这些讲义在名词上虽叫作法政，然而除了法律与政治两门社会学科之外，还有经济学与社会学的讲义。

我们应当指出，这些所谓社会学科的书籍或是法政讲义，是很为浮浅简陋，不只在质的方面是不好，就是在量的方面也不多。普通各种讲义大概不出四五万言，而且其内容大致是由著者在日本读书时所抄的笔记或是所领的讲义编译而成的。因此之故，在南北各处的不同著者所刊行的讲义，有了很多雷同之处，这是因为他们在日本时同听过一个教授的课程，返国后既多只照样编译，结果是往往相同——不只是内容往往相同，就是连了词句也有不少相同之处。我所以说这些法政讲义是很为浮浅简陋，就是这个原故。

严复所翻译的西洋的社会学科的著作，因为文字的关系而在实际上的影响既不很大，日本留学生所介绍的西洋的社会学科又很浮浅简陋，所以自甲午战败以后以至五四文化运动的时期，我们的社会学科只能算作萌芽的时期，没有什么成绩可言。

上次欧战完了之后，国人对于社会学科的研究更逐渐的增加起来，自编或自著的经济学、政治学、法律学以至社会学的书籍虽然很多，然而大体上也是参考东西洋各国的著作而成的。直到现在，我们可以说在这些社会学科中，除了参考西洋的书籍而编著成书之外，能自出心裁而有特殊的贡献的，还是很少。

其实，有了好多大学——好多国人自立的大学，在十余年前所用的社会学科的课本，还是西洋各国的学者的原著。在经济学上，比方伊利的《经济学大纲》（Ely, *Outline of Economics*）与马沙尔的《经济学原理》（Marshall, *Principles of Economics*）；在政治学上，比方加诺的《政治学绪论》（*Introduction to Political Science*）与基特尔的《政治学绪论》（Gettell, *Introduction to Political Science*）；在社会学上，比方海夷史的《社会学研究绪论》（Hayes, *Introduction to the Study of Sociology*）与布拉玛的《社会学大纲》（Blackmar, *Outline of Sociology*），都是这些大学中所常用的原文课本。

近来，有些国人喜唱"学术中国化"的口号，而对于社会学科之中国化，尤为他们所注意。然而，所谓"学术中国化"的意义，不外是以中国的材料去解释各种社会学科的原理。其实，西洋人之研究各种社会学科的，也并不一定只用西洋的材料。比方斯宾塞尔所著的《社会学原理》，与其说是只用西洋的材料，不如说是多用了西洋以外的材料，他对于中国的社会的状况也曾注意，所以，从学术上来看是不分国界的。然而，这些社会学科的分门别类而成为特殊的社会学科，以求研究上的便利与进步，是始于西洋，中国之所以有了这些学科，也是受了西洋的影响而始发展的。

因为受了西洋人的影响而始发展这些学科，所以这些学科的根本原理固是来自西洋，就是所谓中国材料的搜集的方法，也是采用西洋的。所谓实验方法、调查方法、历史方法、比较方法以至统计方法等等，无一不是应用西洋的。

我们因为应用了西洋的社会学科的原理与方法，所以近年以来，而尤其是十余年来，国人对于各种社会的材料的搜集上有了不少的成就。政府的研究机关，如中央研究院的社会科学研究所以至各部各级政府中的研究处，私立的研究机关，如南开经济研究所，以至其他的研究机关，对于比方我们人口的调查，农村生活、都市生活，以至各种经济、政治种种的调查或统计工作，都是今后研究社会学科的不可缺乏的材料。而且这些材料日来日多，使我们对于中国的社会情况的认识也比较深刻。

然而，我们也得指出，这些材料不只是太少，而且太过涣散，还不能使我们从这些材料中找出一些结论，以为改良社会的标准。而且我们不要忘记，我们要在社会学科上有了特殊的贡献，我们不只要靠我们自己的国家里所找得的材料，而且要从西洋各国以至其他各处的文化落后的社会中找出材料，以作比较的研究，才能使我们不致于犯了闭门造车的病弊。

最后，关于西洋哲学之输入中国，我们也可以说是始于明朝末年的天主教教士。罗明坚（M. Ruggieri）与利玛窦所著的《天主实录》与利玛窦在后来所著的《天主实义》，虽是偏于神学上的解释，然而已有了多少的西洋的哲学的意味。利玛窦死了（一六一〇）之后十四年（一六二四），毕方济（F. Sambiasi）与徐光启曾合著了一本《灵言蠡勺》，这一本书是照着圣奥古斯丁（St. Augustine）的观点而写的灵魂论，自然也是偏于神学的说明，然而，在这本书里也有了哲学的观点，而且哲学这个名词，也在这里应用。而最值得我们注意的，哲学（Philosophy）这个名词，是直译为"费禄苏非亚"。

同时，傅汎斋（F. Furtado）又与李之藻合编了一本《名理探》，这是说明亚里士多德（Aristotle）的论理学或是逻辑的书，这是一本属于哲学范围的著作。可惜这一本书写完之后好几百年都没有什么人加以注意，最近来曾由商务印书馆印行，以广流传。

上面所说的数本西洋神学哲学的书籍，除了罗明坚的《天主实录》在我国以及安南、菲律宾销了好多本，与利玛窦的《天主实义》在宗教上引起不少的争端之外，其他两本在中国的思想上很少发生影响。直到二百七十年后，国人对于西洋哲学才开始加以注意，而这次注意西洋的哲学较早的，要算严复与梁启超。

我们在上面已经提及严复与梁启超之对于西洋的社会学科与社会思想以及其介绍于国人的概略，我们以为，严复对于西洋的思想的认识，虽较梁启超为深刻，然而梁启超所介绍西洋的思想，对于国人的影响却较严复为广大。这两位学者所介绍的西洋的思想，在上面所说的虽是偏于社会的思想方面，然而除了这方面之外，他们对于西洋的好多哲学家的哲学也很注意。其实，社会思想也可以说是哲理的一部分。斯宾塞尔固是一个社会思想家，然而同时也是一个哲学家；穆勒固是一个社会思想家，然而同时也是一个哲学家；边沁固是一个社会思想家，然而同时也是一个哲学家；卢梭固是一个思想家，然而同时也是一个哲学家。这不过只是随便的举出一些例子，而且这些西洋的社会思想家或是哲学家，乃是严复或梁启超所介绍与国人的。

严复，而尤其是梁启超，所介绍的西洋哲学家是很多的。我们若把梁启超所主办的《新民丛报》来看，那么倍根、笛卡儿、亚里士多德以及好多的西洋的哲学家，都曾为他所介绍于国人。我们可以说，自甲午战败之后以至五四文化运动的二十年中，国人能够懂得一些西洋的思想与哲理，主要都是从严复与梁启超所介绍过来的。

到了五四文化运动的时代，因为领导这个运动的人物，而尤其是胡适之先生，深受了美国杜威的实验主义的影响，因而他不只是自己极力提倡这个主义，而且设法请了杜威先生到了中国讲演。蔡元培先生在欢迎杜威的欢迎词中，以杜威是一个比中国圣人还伟大得多的思想家，就可见得国人对于这个哲学家的尊崇。其实，近代西洋思想家之影响于国人思想最大的，恐怕是杜威罢。

除了杜威之外，罗素、杜舒里都相继而来中国讲演，这两位学者，而尤其是罗素，对于国人的影响也是很大。此外，尼采、倭铿、柏格森的哲学，在某一时期里不只为了国人所介绍，而且受了国人的热烈的欢迎。到了后来，所谓偏于唯物史观的哲学对于国人的影响也很普遍。列宁、布哈林、马克斯以至福厄巴赫（Feuerbach），都是在刊物上所常见的名字。而所谓唯心学派的黑格儿以及其徒众的著作与思想，也有不少国人加以研究。到了最近，好多西洋的古典哲学名著，如倍根的《新工具》、陆克的《人类悟性》、笛卡儿的《方法论》、康德的《纯粹理性批判》、斯宾诺沙的《伦理学》，以至亚里士多德的《论理学》《政治学》与柏拉图的《共和国》，与其他的古典著作，都译过来。

因此，我们相信，今后的中国哲学的西化的色彩是愈来愈浓厚。其实五十年来所谓中国的哲学，根本就是西洋的哲学。蔡元培先生为纪念《申报》五十年所作的《五十年来的中国哲学》一文，就已指出这一点。我们只看二十年前的所谓人生观论战，主张所谓科学的人生观的丁文江先生，说来说去固是申说西洋人所说的道理，就是染了宋明理学的色彩的张君劢先生的高谈伟论，又何尝不是来自西洋的哲人。丁文江先生在《玄学与科学的讨论的余兴》一文的第二段中举出他所参考的书籍共有三十三本，然而从第一本到第三十三本，没有一本不是西洋人所著的。至于张君劢先生所根据以为讨论的理论，主要又是倭铿、柏格森以及其他的好多西洋哲学家的言论。故总而言之，丁文江先生的科学固是西洋的东西，张君劢先生的玄学还是西洋的东西。

至于最近来一些妄人提倡的什么新儒教、新理学，名义上虽好像是不折不扣的"国货"，然而事实上，却是因为他们深受了西洋的哲理的影响之后，而始有了这种的看法。因为他们不只是用了西洋的方法去整理这些旧东西，而且这些所谓新儒教、新理学，已有了很多的西洋哲理注射进去。从他们看起来，这好像是中西合璧的哲学，然而事实却是不中不西的东西，结果是对于中国的思想不只没有什么的补助，恐怕有了很多的害处。所谓"中学为体西学为用"之阻碍近代中国文化的进步的流弊的复活，也就是指着这些妄人的主张。

第三章 文学与艺术

我们叙述中国文学的西化的概略，我们可以先从我国文字的西化的运动说起。

我们知道，在明朝万历年间，利玛窦已觉得中国文字的难懂，因而提倡中字西化。此后，西洋人之从事于这种工作的很多。黎锦熙先生在其《国语运动史纲》一书里，曾在页一五七至一五八的注解中略为叙述，今录之于下：

> 国语罗马字的远古期，如明神宗万历间利玛窦所定，远在十七世纪初，书名《太西字母》，早佚，其手迹见《程氏墨苑》，凡四篇。民十六，北平辅仁大学用王县王氏鸣晦庐藏本影印，定名《明季之欧化美术及罗马字注音》，及民十八年，北平文化学社再版之。《国语四千年来变化潮流图》也影入一页，是万历三十年（一六〇五）①利玛窦手写的。到明熹宗天启六年（一六二五），金尼阁（Nicolas Trigault）又编成《西儒耳目资》一书，中分三谱，其所定拼音法式什八与利玛窦相同。此书曾著录于《四库全书总目》的经部小学类存目二，上海东方图书馆藏有天启原刻本，稍残，今归国立北平图书馆。以上明末利氏、金氏两家所定，当时音韵学者，如方以智（密之）、刘献廷（继庄），都受了他们的影响。罗常培氏有《耶稣会士在音韵学的贡献》一文专论之，甚精，详见《国立中央研究院历史语言研究所集刊》第一本第三分。又，徐景贤氏有《明季之欧化美术及罗马字注音考释》，见《新月》一卷七期——直到清初，西洋教士用罗马字母拼汉字音的书还不断的出世，如，康熙八年（一六六九）意人殷铎泽（Prosper Intorcetta）的罗马字拼音《中庸》等四书之类，此书今藏国立北平图书馆。到了康熙四十六年（一七〇七），把罗马教皇公使送去澳门监禁，雍正元年（一七二三），把钦天监供职以外的西洋教士一律驱逐出京，送去澳门看管，以后，这国语罗马字运动的远古期才告一段落。……近古期，如清季海通以后，西洋教士又渐布满内地，他们用罗马字母拼成的汉语方言《圣经》，在东南一带印行的很不少。卢戆章等创切音新字，就是受了他们的影响。这已比远古期进了一步，因为他们是把罗马字母直拼语音，以利民众。至于仍将汉字注音的工作，则规定拼音法式，而传播最广的，当首推清道、咸间驻华英公使威妥玛（T. F. Wade），他著有《语言自迩集》。后来把好几万汉字注明官话和方音的，则以盖尔

---

① 编注：黎锦熙原文如此，实为一六〇二年。

（H. A. Gile）的《华英大辞典》为最大。至于上贯古音，旁征方俗，则以高本汉（Bernhard Karlgren）的《华文分析字典》（*Analytic Dictionary of Chinese and Sino-Japanese*）为最精。

这是外国人的中字西化的运动的概略。至于国人之从事这种工作，要以明朝末年的崇祯时代的方密之的工作为早。方氏主张改革中国文字，而同时指出，我们应该学西洋的文字一样的拼音的方法，这就是他所说的"如远西合音成字"的方法。方密之曾于崇祯十二年（一六三九）著了《通雅》一书，可惜这一本书作完了之后不够五年，明室就倾覆，方密之不愿做满清的臣民，因而遂作僧人，对于我国文字西化的主张，也就不再提倡。

方密之之所以有了这种主张，无疑的是受了明朝末年的西洋天主教的教士的影响。因为在他的时代，西洋的天主教之输入中国，已差不多有了六十年之久，西洋的天主教的教徒之在中国的既日来日多，而在天算方面既深受国人的欢迎，那么，西洋文字之为一些国人所学习，或是影响于一些国人，是没有问题。方密之认识西洋文字的程度如何，我们不必加以考究，然而他之所以主张中国文字的西化，是由于他受西洋文字的影响，是很为显明的。

方密之写《通雅》之后五十三年（一六九二），又有一位刘继庄作了一部《新韵谱》。梁启超先生在一九〇四年的《新民丛报》上所登载《论中国学术思想变迁之大势》一文，曾把刘继庄当为清初的大学者而与黄梨洲、顾亭林、王船山、颜习斋相提并列，而且指出，刘继庄"最足以豪于我学界者二端，一曰造新字，二曰倡地文学"。到了十年前（一九三三），钱玄同先生曾指出：

> 照刘继庄的思想与主张，结果一定会与方密之一样，认为中国文字应该"如远西因事乃合音，因音而成字"的办法。因为必须如此办，方能将"万有不齐之声，无不可资母以及父，随父而归宗，因宗以归祖，由祖以归元"；必须如此办，方能"随地可谱，不三四年，九州之音举矣"。质言之，必须用了音标，方能分析音素，方能标注任何地方之音也。

我们可以说，刘继庄必定是同方密之一样的，受了当时的西洋天主教的教士所传入的西洋文字的影响，而始有了这种主张的。刘继庄虽用了一生的功夫去研究音韵而创造新字，倡地文学，但是在那个时代的中国，对于他的这种提议是不易接受的，结果不只是他所提倡的新文字以至新文学为了国人所不注意，就是连了他自己，在满清一代，也没有什么人加以注意。直到近三十多年前，得了梁启超的提醒与重视，而始引起国人的注意。

文字西化的运动，自明末清初的方密之与刘继庄提倡之后，差不多经过一百五十年的时间没有什么人继续他们去提倡。到了鸦片战争以后，西洋教士之在我国传教的，感觉到中国文字之不易读而致使一般人民都不识字，因而提倡中国文字的西化的运动。这种运动之较早的，要算福建漳、泉一带的西洋教士所利用罗马字母而创造的话音字，以刊行《圣经》。

后来，福建同安县有一位名叫做卢戆章的，乃利用这种话音字加以改良而名为中国第一快切音新字。他的《切音新字》是完成于一八九二年。关于他创造新字的经过及其影响，我们当在别的地方加以叙述，我们这里只要指出，他是近代提倡中国文字的西化的第一位人。而他之所以要改革中国文字，照他的《切音新字》"序"里说，是因为中国文字不易学习，与其化了十数载的光阴去学习中国文字，不如用了一种易读的文字，而用了学习文字的时间去讲求格致（科学），而立国家富强的基础。

除了卢戆章之外，与他差不多同时提倡新字的，还有广东的王炳耀、福建的蔡锡侯与力捷三，与江苏的沈学与吴敬恒（稚晖）。王炳耀著《拼音字谱》，蔡锡侯著《传音快字》，力捷三著《闽腔快字》与《无师自通切音官话书》，沈学著《盛世元音》七篇，吴敬恒虽没有刊行书籍，但是他的豆芽字母，是他与他的太太通音信的工具。

到了一九○○年，河北王照刊行其《官话合声字母》。他完全是仿效日本的片假名而采取汉字中的某一部分作为字母，合共为六十二的字母。他后来还在北京东城裱褙胡同设立官话字母义塾，以宣传其官话合声字母。

王照的《官话合声字母》曾得严修、吴汝纶、张百熙的赞同，可是因为王照曾与维新运动的领袖有过关系，清廷对他有了恶感，故其官话字母的推行也受了影响。但是，王照的《官话合声字母》曾得了劳乃宣采纳了一部分而刊行其《简字全谱》，于一九○七年在南京出版。据黎锦熙先生的《国语运动史纲》（页二八）里说：

> 劳乃宣真是王照的同志，他的《简字全谱》……京音一谱全依王氏，于京音五十母之外加六母，十二韵之外加三韵，为宁音谱。两江总督所办的简字学堂，就是用他的宁音谱（这个简字学堂先办师范班，两年间毕业十三次，聪明的口操京音，和北京人无异，辗转传习，遍于江浙。端方继任，又令江宁四十所初等学堂都设简字一科，于是素不识字的妇女村氓，居然一旦可以看报写信了）。又加成六十三母、十八韵为吴音谱，又加八十三母、二十韵为闽广音谱，合共一百十六母、二十韵为《简字全谱》，包括全国各地方言。因为他是一位讲等韵学的专家，所以，头脑较复，规模较大，主张也就和王氏略有异同。他却把言文一致搁在国语统一之前，主张南人先就南音简字各谱学习，以便应用，学成之后，再学京音，以归统一。

到了民国元年七月十日，教育部召集临时教育会议于北京，八月七日通过采用注音字母案。不久，教育部又筹备读音统一会，于民国二年二月十五日召集各省代表八十人开会讨论，这次到会的共有四十四人。开会时，大家意见很为参差。吴稚晖先生在其民国二十年所作的《三十五年来之音符运动》一文曾指出：

> 读音统一会开会的时节，征集及调查来的音符，有西洋字母的，偏旁的，缩写的，图画的，各种花样都有；而且都具匠心，或依据经典，依据韵学，依据万国发音学，依据科学，无非个个想做仓颉，人人自算估卢，终着意在音字。几乎也无从轩轾，无从偏采那一种。

我们应当指出，读音统一会的代表所提出的方法虽然很多，然而无论是直接上或间接上，都是受了西洋的拼音文字的影响而来的。所谓西洋字母，固是效法西洋，就是后来所通过的注音字母以至民国七年十一月二十三日教育部所公布的注音字母，也不能不说是受了西洋文字的影响而来的。

我国教育当局之注意于注音字母的传播，是在民国元年，然而直到民国七年的年底，始把各方面所制定的注音字母公布出来，这是与当时的文学革命运动或是所谓五四文化的运动有了关系的。关于这一点，胡适之先生在民国七年的《新青年》（四卷五期）里所发表的《建设的文学革命论》一文中，有了几段话是值得我们注意的：

> 我的建设新文学论的唯一宗旨，只有十个大字："国语的文学，文学的国语。"我们所提倡的文学革命，只是要替中国创造一种国语的文学。有了国语的文学，方才可有文学的国语。有了文学的国语，我们的国语才可算得真正国语。

他又说：

> 我曾仔细研究：中国这二千年何以没有真有价值有生命的"文言的文学"？我自己回答道：这都是因为这二千年的文人所做的文学都是死的，都是用已经死了的语言文字做的。死文字决不能产出活文学，……为什么死文字不能产生活文学呢？这都由于文学的性质。一切语言文字的作用，在于达意表情；达意达得妙，表情表得好，便是文学。那些用死文言的人，有了意思，却须把这个意思翻成几千年前的典故；有了感情，却须把这感情译为几千年前的文言。明明是客子思家，他们须说"王粲登楼""仲宣作赋"；明明是送别，他们却须说"《阳关》三叠""一曲《渭城》"；明明是贺陈宝琛七十岁生日，他们却须说是贺伊尹、周公、傅说。更可笑的，明明是乡下老太婆说话，他们却要叫他打起唐宋八家的古文腔儿；明明是极下流的妓女说话，他们却要他打起胡天游、洪亮吉的骈文调子；……试问这样做文章，如何能达意表情呢？既不能达意，既不能表情，那里还有文学呢？

他又说：

> 我以为我们提倡新文学的人，尽可不必问今日中国有否标准国语。我们尽

可努力去做白话的文学。我们可尽量采用《水浒》《西游记》《儒林外史》《红楼梦》的白话。有不合今日的用的，便不用他；有不够用的，便用今日的白话来补助；有不得不用文言的，便用文言来补助。这样做去，决不愁语言文字不够用，也决不用愁没有标准白话。中国将来的新文学用的白话，就是将来中国的标准国语。造中国将来白话文学的人，就是制定标准国语的人。

胡适之先生又指出，他这种议论并不是向壁虚造，而是根据欧洲各国国语的发展的先例而来的，在欧洲，如英、法、德，而尤其是意大利的国语成立的历史，最可供我们中国人的研究，为什么呢？

因为欧洲西部、北部的新国，如英吉利、法兰西、德意志，他们的方言和拉丁文相差太远了，所以，他们渐渐的用国语著作文学，还不算希奇。只有意大利是当年罗马帝国的京畿近地，在拉丁文的故乡，各处的方言又和拉丁文最近。在意大利提倡用白话代拉丁文，真正和中国提倡用白话代汉文，有同样的艰难。所以英、法、德各国语，一经文学发达以后，便不知不觉的成为国语了。在意大利却不然。当时反对的人很多，所以那时新文学家，一方面努力创造国语的文学，一方面还要做文章鼓吹何以当废古文，何以不可不用白话。有了这种有意的主张（最有力的是但丁 Dante 和阿儿白狄 Alberti 两个人），又有了那些有价值的文学，才可造出意大利的"文学的国语"。

胡适之先生不只是以欧洲各国的白话发展的历史为先例，而且觉得我国的文学是不如西洋的高明，不如西洋的完备，所以，中国今后要有高明与完备的文学，从他看起来：

只有一条法子，就是赶紧多多的翻译西洋的文学名著，做我们的模范。

他之所以这样的主张，是有了两个理由：

第一，中国文学的方法实在不完备，不够作我们的模范。即以体裁而论，散文只有短篇，没有布置周密、论理精严、首尾不懈的长篇；韵文只有抒情诗，绝少纪事诗，长篇诗更不曾有过；戏本更在幼稚时代，但略能纪事掉文，全不懂结构；小说好的只不过三四部，这三四部之中，还有许多疵病；至于最精彩的"短篇小说""独幕戏"，更没有了。若从材料一方面看来，中国文学更没有做模范的价值。才子佳人、封王挂帅的小说；风花雪月、涂脂抹粉的诗；不能说理、不能言情的古文；学这个、学那个的一切文学；这些文字，简直无一毫材料可说。至于布局，一方面，除了几首实在好的诗之外，几乎没有一篇东西当得"布局"两个字。所以我说，从文学方法一方面看去，中国的文学实在不够给我们作模范。

第二，西洋的文学方法，比我们的文学，实在完备得多，〈高明得多〉，不可不取例。就是散文而论,我们的古文家,至多比得上英国的倍根(Bacon)和法国的孟太恩(Montaigne),至于像柏拉图(Plato)的主客体,赫胥黎(Huxley)等的科学文字,包士威尔(Boswell)和莫烈(Morley)等的长篇传记,弥儿(Mill)、弗林克令(Franklin)、吉朋(Gibbon)等的自传,太恩和白克儿(Buckle)等的史论,都是中国从不曾梦见过的体裁。更以戏剧而论,二千五百年前的希腊戏曲,一切结构的工夫,描写的工夫,高出元曲何止十倍。近代的萧士比亚(Shakespeare)和莫逆尔(Molière)更不用说了。最近六十年来,欧洲的散文、戏本,千变万化,远胜古代,体裁也更发达了。最重要的,如"问题戏",专门研究社会的种种重要问题;"象征戏"(Symbolic Drama),专以美术的手段作的意在言外的戏本;"心理戏",专描写种种复杂的心境,作极精密的解剖;"讽刺戏",用嬉笑怒骂的文章,达愤世救世的苦心——我写到这里,忽然想起今天梅兰芳正在唱新编的《天女散花》,上海的人还正在等着看新排的《多尔滚》呢!我也不往下数了——更以小说而说,那材料之精确,体裁之完备,命意之高超,描写之工切,心理解剖之细密,社会问题讨论之透彻,……真是美不胜收。至于近百年新创的短篇小说,真如芥子里面藏着大千世界;真如百炼的精金,曲折委婉,无所不可;真可说是开千古未有的创局,掘百世不竭的宝藏——以上所说,大旨只在约略表示西洋文法的完备。因为西洋文学真有许多可给我们作模范的好处,所以我说,我们如果真要研究文学的方法,不可不赶紧翻译西洋的文学名著,做我们的模范。

我抄了胡适之先生上面数段话,目的不外是要说明所谓五四文学革命的运动,不只是受了西洋的文学的影响而产生,而且是要以西洋的文学来做我们的模范,那么,中国的文学之趋于西化的途径,是无可疑的。

自胡适之、陈独秀、钱玄同诸先生提倡白话文之后,钱玄同先生在其给与陈独秀先生的信里(《独秀文存》卷三《通信》,页一四四)又主张,《新青年》杂志的朋友们应该就用白话文发表文章。他说:

> 我们既然绝对主张用白话体做文章,则自己在《新青年》里面做的,便应该渐渐的改用白话。我从这次通信起,以后或撰文,或通信,一概用白话,就和适之先生做《尝试集》一样的意思。并且还要请先生、胡适之先生,和刘半农先生都来尝试尝试。此外,别位在《新青年》里面撰文的先生和国中赞成做白话文章的先生们,若是大家都肯尝试,那必定成功,"自古无"的,"自今"以后一定会"有"。

我们知道,文学革命的提倡是在民国五年间。民国六年,胡适之先生的《文学改良刍议》(《新青年》二卷五号),陈独秀先生的《文学革命论》(《同志》

二卷六号），刘复的《我之文学改良观》（《同志》三卷三号），是文学革命的最早而最重要的文章，然而，这些文章都是用文言做的。经过钱玄同先生这么提醒之后，民国七年一月所出版的《新青年》，由北京大学教授陈独秀、胡适之、钱玄同、沈尹默、李大钊、刘复六人轮流编辑，这一年的《新青年》完全是用白话做文章。同时，北京大学的学生傅斯年、罗家伦等所主办的《新潮》，于这一年刊行，也是用白话做文章。从此以后，白话文遂渐的流行。

文学革命虽有人像林纾与学衡杂志社的人们的反对，然而文学革命并不因了他们的反对而夭殇，反而其势力日趋日增。其实，林纾（琴南）虽极力攻击白话文，然而他自己翻译了百多种西洋小说，对于西洋文学的介绍上，是有了不少的影响的。可惜他自己既不懂西洋文字，而所翻译的小说又不加以选择，结果是不能很好的传播西洋的文学的优点，使其影响不只少有益处，而且有了害处。

二十年来，用白话文去做的诗歌、戏剧、小说，虽不能说是有了很大的成就，然而文言一致，给与一般读书的男女青年不少的利便。从前读了十多二十年经史子集的人们，有的连了一封信都不能写出来，现在则在小学里的小学生也会写信，这是文学革命的一种很大的收获。至于有价值的白话文的文学，经过相当的时期之后，也必慢慢的发现，因为在这新旧过渡的时期，旧的东西既尚未除尽，新的东西又未学得到家，所谓有价值的创作，是不易产生的。然而，这不只是在文学方面，就是其他的一切学术以至文化的其他方面，又何尝不是这样呢？

此外，又如文字符号的西化，也是文学革命运动所推动的。比方钱玄同先生于民国六年间就提倡采用西式文字符号。他在给与陈独秀先生的回信中说：

> 文章中间所用的符号和句读，要他清楚完全，总是全用西洋的好。《科学》（指《科学》杂志，这是美国留学生所办而用西式符号最先的杂志）的符号和句读全用西式，看下去很明白。《观象丛报》仍用中式，便不醒目。……但有人说疑问号的"？"，嗟叹号的"！"可以不必用。胡适之先生道："窃谓疑问之号，非吾国文所急需也。吾国文凡疑问之语，皆有特别助词以别之。故凡'何''安''乌''孰''岂''焉''乎''欤''哉'诸字，即吾国之疑问符号也，故问号可有可无也。"刘半农先生道："'？'一种似可不用，以吾国文言中有'欤''哉''乎''耶'等，白话中有'么''呢'等问语助词，无须借助于记号也。然在必要之处，亦可用之。'！'一种，文言中可从省，白话中决不可少。"我以为这话不很大对。我国文章里面的"也"字，也有当疑问词用的。《论语》"子张问十世可知也？""井有人焉，其从之也？""岂匹夫匹妇之为谅也？"这几个"也"字，都是疑问词。《礼记·祭义》"夫人曰：此所以为君欤！"，这个"欤"字，又是决定口气。又《尚书·西伯戡黎》"我生不有命在天？"《吕刑》"何择非人？何敬非刑？何度非及？"《史记》所引的，底下都加"乎"字，这是疑问词

不用"乎"字的。又像那"焉"字，在每句头上或中间的，除训"何"的外，还有训"于是"的。又"乎""哉"这类字，疑问也用他，嗟叹也用他。像"人焉廋哉"的"哉"字，是"？"，"恶用是鶃鶃者为哉"的"哉"字是"！"。"其然岂其然乎"的"乎"字是"？"，"使乎使乎"的"乎"字是"！"。诸如此类，倘使不加符号，实在不能明白。所以我以为，这两种符号，也是必不可少的。

其实，钱玄同先生不只对于西洋符号要完全采取，而且主张废除汉字，采用西文，所以，他在文学革命的思想上最为进步。且看他在同信里说：

> 至于文学革命，先生和适之先生虽也竭力提倡新文学，但对于元、明以来的中国文学，似乎有和西洋现代文学看得平等的意思。我以为元、明以来的词曲小说，在《中国文学史》里面，必须要详细讲明，并且不可轻视，要认作当时极有价值的文学才是。为什么呢？因为在当时，他是开新的；还有先生所说的"其内容与社会实际生活日渐接近，斯为可贵"的缘故。但是到了现在，这种文学，又渐渐成了过去的陈迹。现在中国文学界，应该完全输入西洋最新文学，才是正当办法。

关于西洋艺术之传入中国，日人关卫在其所著的《西方美术东渐史》（熊得山译），曾溯源于很古的时代。可是严格的说，西洋艺术之直接传入中国，而同时继续不断的影响于国人的，可以说是始于明末。利玛窦来中国的时候，曾带了西琴及各种图像，后来他到北京（一六〇〇年），曾把这些东西呈献与皇帝。《续文献通考》卷一百一十曾有下面一段记载：

> 七十二弦琴：明万历二十八年，西洋人利玛窦来献其音乐。其琴纵三尺，横五尺，藏椟中弦七十二，以金、银或炼铁为之。弦各有柱，端通于外，鼓其端而自应。

据说，明神宗对于这个琴很为注意，他使人问利玛窦关于这个琴所奏的歌曲，利玛窦乃译曲八章。这八章曲是基督教的诗歌。到了崇祯十三年（一六四一），崇祯发现了这个琴，他又请汤若望去修理起来，因为汤若望本来是一个爱好音乐的人。明朝覆亡以后，满清的皇帝中，康熙对于音乐很为注意。南怀仁知道康熙喜欣音乐，乃招西洋教士徐日昇与闵明我，用西洋的音符去记中国的曲调，奏给康熙听。康熙听了之后至为欣喜，同时他自己也潜心去研究西乐。据说，康熙曾对人说："西洋音乐的优雅是举世无匹的，徐日昇的技术是中国无比的。"我们知道，徐日昇在西洋也是一位很著名的音乐家，所以，怪不得康熙要这样的称赞他呵。

又在康熙所命令修纂的《律吕正义续编》的"总说"里，也有下面一段话说：

> 我朝定鼎以来……远人慕化而来者渐多,波尔都哈儿国人徐日昇者,其法专以弦音清浊,二均递转,和声为本,其书大要有二:一则论管律弦度生声之由,声书相合、不相合之故;一则定审音合度之规,用刚柔二记以辨阴阳二调之异,用长短迟速等号,以节声字之分……后相继又有壹大里呀国人德礼格(Pedrini)者,亦精律学,与徐日昇所传源流无二,以其所讲声历节奏,覈之经史所载律吕宫调,实相表里,故取其条例形号……使谈理者有实据,而入用者亦有所持循云。

徐日昇除在宫廷里表现其音乐天才外,又在北京的天主教堂里设置了一架大风琴,在礼拜日或早祷时奏其优雅的歌曲,不只使好多到教堂里参加礼拜或早祷的人们得以聆听,而且使在教堂左近的住户或行人也得领略这种音乐,而逐渐的引起一般人以至士大夫对于西洋音乐发生兴趣。赵翼(瓯北)除记述教堂中的风琴的构造的巧妙外,又有一篇五言诗以赞美其奇特。我且摘录于下:

> 初从楼下听,繁音出空隙……方疑宫悬备,定有乐工百。岂知登楼观,一老坐搊擘。一音一铅管,藏机掖关膈……韵仍判宫商,器弗假匏革。虽难继韶护,亦颇谐嗷绎。奇哉创物智,乃出自蛮貊……始知天地大,到处有开辟。城中多墟拘,儒外有物格。

所谓"到处有开辟",所谓"儒外有物格",都可以说是在自大自尊的儒家思想的统治的环境之下所少见的言论罢。

基督教的势力在中国既逐渐的增大,基督教的教堂也逐渐的增加,因而教堂里的音乐也逐渐的深入于我国的一般人们的耳鼓。至于教会中的诗歌班或咏唱团,也逐渐的由国人之信仰基督教的去主持办理,而星期日作礼拜时,大家共唱圣诗,尤使国人于有意或无意的受了西洋音乐的影响。到了现在,连了一些不信基督教的人们,也能唱了几首圣诗了。

除了教会的音乐之外,军队中军乐或学校中的乐队,都可以说是完全采用西乐。而在我们的中央政府、省政府以至市政府的重大典礼,也差不多完全是奏西乐。又如各种欢迎会或其他的隆重的集会,以至婚姻丧祭,也已多用西乐。又如我们的国歌、党歌、校歌以至一般的歌曲,也已逐渐的西化起来。自抗战以后,从通商大邑以至穷乡僻壤的青年、学生、小孩、民众所唱的几种最普遍的歌儿,都是西化的音调。连了一些所谓国乐,现在也慢慢的西化起来,而采用西洋的音调或是西洋的乐器。所以,我国音乐的西化,而且愈趋于西化,是无可疑的。

其实,只要我们看看西洋各种乐器的采用之广,就能明白西洋音乐在中国的影响之大。铜鼓、喇叭是用不着说的,口琴是一种最普遍的乐器,青年学生固多会吹,三岁小孩也多喜玩,所以除了西洋输入这种乐器之外,国人已大量的制造。又如提琴也是一种所常见的乐器,而且往往在所谓国乐队中,也有用提琴去参奏的。至于风琴与钢琴，不只是一般的教堂以及所有的学校所常备的东西，而且已逐渐的为了好多家庭所常置的物品。所以，从前的作父母的以为学习音乐是一种小技，现在的好多作父母的却以为学习音乐是子女而尤其是女儿，所需要的科目。

关于图画方面，利玛窦在一六〇〇年的贡表里曾告诉我们，他把天主图像一幅、天主母图像二幅贡献与神宗，这虽不一定是西洋的美术的最初传入中国，可是从此以后，西洋美术可以说是不断的传入中国。我们知道，利玛窦及其徒众在广东肇庆所建筑的教堂与住宅，不只是外表显出西洋的美术的意味，就是内部的布置、门窗的装饰，而尤其墙壁上所悬挂的图像，都是西洋的美术。

而且因为中外通商频仍，西洋的美术品之输入中国的种类愈多，所以对于中国的美术的影响也愈为显著。在明末的时候，所谓江南画派的曾波臣所画的肖像，已受了天主教的圣像的画法的影响；又如清初的吴历，是一个有名的画家，他入了基督教并且到过欧洲，而对于西洋图画的巧妙很为赞赏。

到了清朝末年，留学外国而尤其是留学日本的，对于西洋画法之讲求的颇不乏人。所谓"岭南三杰"的高奇峰、高剑父、陈树人，都深受了西洋画的洗礼，高奇峰所画的动物尤能风行一时。而当时在上海各处的画报，也往往效法西洋的作风。此后，留学西洋专习西洋美术的日来日多。数十年来，美术学校的发展对于国画虽也讲求，然而对于西洋的美术尤为注意。其实，近来好多所谓国画已染了不少西洋的色彩，至于党国要人的肖像，以至像惠州战图与抗战图画等等，都是用西洋的画法去画，而一般家庭之悬挂西洋画，以至日常送礼之用西洋画的，更是日趋日多，这可见得西洋画在中国的影响之大与流行之广。

第二编

第四章　家庭与婚姻

中国的家庭是中国文化的特性，同时又是中国的社会的基础。我们的乡村，我们的宗族，以至我们的国家，不只是以家庭为基础，而实乃家庭的放大。所以，乡村、宗族、以至国家之于家庭，可以说只是有了范围上的差异，而非性质上的不同，因此之故，治家、治乡、治族，以至治国、治天下，在原则上可以说是一样的。所谓家齐而后国治，国治而后天下平，一方面固是表示家是国与天下的基础，一方面也是说明能治家的也能治国与天下。所以，从我们的传统思想看起来，君主就是人民的父母，天子之在国家或天下中的地位，就是等于父母在一个家庭中的地位，所以，一个人能够孝于父母的，也必能够忠于君，所谓以孝事君则忠，所谓忠臣必出于孝子之门，就是这个意思。

因为家庭在我国的文化里，在我们的社会里，以及在我们的国家，既占了很重要的地位，所以，固有的家庭制度的西化的程度如何，是与我们的政治制度、社会制度、以至整个文化的西化的程度，有了密切的关系。我们在这一编里，解释文化的社会方面的西化，而特别注意到家庭的西化，就是这个原故。

中国的旧式家庭的剧烈的受了西洋文化的影响而逐渐的西化，虽是近数十年的事情，然而中国家庭之为西洋人所攻击，却可以说是始于明朝的末年。我们知道，自明末西洋宗教传入中国之后，至少在教义是与中国的家庭观念是有了根本相反的地方：崇拜祖宗是我们中国家庭制度的要素，而崇拜上帝却是西洋的宗教的信仰的主体。照天主教的教理看起来，世间只有一个神，这就是天主或是上帝，所以，信仰上帝的人是不能再信仰别的神鬼，因而崇拜祖先也在排斥之列。利玛窦在其《天主实义》里，对于这一点已经说及。所以在那个时候，国人之反对天主教的，也往往指出，天主教徒崇信天主而不崇拜祖宗，是反乎中国的礼俗，而况天主教徒把上帝当为天父，故反对天主教的人们更视他们为无父无君。杨光先之所以说宁使中国没有好的历法，不愿中国有洋人，也是因为西洋人以天主为父而不崇拜祖宗罢。

又，天主教的教士们既皆独身而不结婚，也是与中国的圣教相背而驰。照中国的圣教看起来，无后是不孝的。所以说"不孝有三，无后为大"。独身而不结婚的人们不但不能有后，简直是不要了家庭，在我们中国人看起来，这不只是不近人情的事情，而且是一种罪恶，因为无后是最不孝的事，不婚更是不孝了。

再从基督教的教义来看，在上帝面前是男女平等的。在西洋的社会里，以往的妇女在实际上地位尽管低下，然而不只在教义上是男女一样看待，就是在教堂里，妇女是与男子同样的可以参加礼拜。西洋近代的妇女运动，虽是由于近代的政治革命与产业革命而促速，然而基督教的男女平等的教义，也有了不少的作用。因为在教义上男女既是平等，在教堂里男女既可以同样的参加礼拜，那么，在政治上，在经济上，妇女与男子也可以同样的享受同等的机会。基督教传入中国之后，其男女平等的教义及其共同参加礼拜的习惯既也在中国流行，那么，绝对的男尊女卑的礼教不能不受其影响。因为在我们的男尊女卑的礼教之下，女子是要绝对服从男子的，未嫁从父，嫁后从夫，夫死从子，这是我们所说的女子的三从。基督教既以男女平等为教义，则在上帝的面前，在宗教的行为上，女子不只不必从子，而且不必从夫，不必从父，而况上帝就是天父，顺了上帝的意旨的，可以不必管到夫或父的命令。这就是说，假使父与夫的命令是与上帝的意旨相反的话，那么女子可以违背前者而服从后者。主要的，这虽然是从宗教的立场来看，然而，宗教的事务是与其他的事务是不容易分开的。假使一个女子可以在宗教方面违背其父或夫而服从上帝，那么她在别的方面也可以违背其父或夫而服从上帝。因为上帝所管理人类的事务，不只是限于宗教方面，在宗教上，以至在其他方面，女子既可以违背其父或夫而服从上帝，那么，在家庭里，女子不一定要服从父或夫的命令也是自然而然的。这样看起来，这种教义之会影响于我们的三从的礼教以至于我们的整个的家庭制度，是很显而易见的。

因为基督教的教义是主张男女平等，西教的教徒对于女子的生命与人格是与男子的生命与人格一样的待遇。我国既重男轻女，所以生男则引为喜庆，生女则引为不幸，甚至生女而溺毙的。基督教传入中国之后，其传教的教徒见了一些女孩为国人所遗弃，因而特设育婴堂以养育之，这是一种人道的主义的实施，这是男女平等的原则的应用。本来没有可以反对的理由，然而我们读了中国近代史，我们知道，国人之因西洋教徒设立育婴堂收容女孩而极力反对，而引起历史上的仇教事件，真是举不胜举。他们往往以为育婴堂收容女孩，目的是为摄取女孩的红丸或眼睛，以为制造药物之用，因而焚毁教堂，伤杀教士。这种的诬蔑，在今日看起来是不值得一驳，然而在数十年前，却不是能够以理喻的。从中国的家庭的立场来看，女子是无用的，然而基督教的教徒偏偏对于国人所遗弃的女孩却要收而养育，这又岂不是违背了中国的家族主义之下的重男轻女的观念吗？

而且，基督教的教义是主张男女平等，所谓一夫多妻的家庭制度，也为这种教义所不容。利玛窦在其《天主实义》里已经指摘我国一夫多妻的制度。这是对于我国的家庭制度，而尤其是我国的大家庭制度，给予很大的打击。在我们的

"不孝有三，无后为大"的原则之下，多妻是预防无后的一种办法，妻子不生男孩，丈夫就可以纳妾，纳一个妾而还没有男孩，则还可再纳一个姨太太。其实，因为没有男孩而要娶十个八个姨太太是没有问题的，而且多子多福是我们的古训，为着多有男孩而多娶姨太太，这是天经，这是地义。西洋宗教既反对多妻的制度，那么，西洋宗教也可以说是反对中国的家庭制度，而尤其是中国的大家庭制度。

在消极方面，西洋教徒既反对中国多妻的制度，在积极方面，他们又设了育婴堂养育女孩，候其长大，而代为择配。同时，又往往规定这些由育婴堂所养育的女孩，长大起来只能嫁给信仰西教的教徒而实行一夫一妻的主义。这种办法既是与中国的多妻主义不合，又提高了女子的地位，无论在直接上，在间接上，对于中国的旧式家庭都有了不少的影响。

这样看起来，假使西洋的宗教而在中国盛行，则中国的家庭制度必被其破坏，是无可疑的。

不但这样，西洋宗教传入之后，不只在教义上反对崇拜祖宗，主张男女平等，而同时反对一夫多妻的制度，实行独身不婚的主义，与养育遗弃的女孩，而对于中国的旧式家庭，无论在直接上或间接上，都受其影响。而且，设立女校以教育女子。我们在上面已经指出，西洋新教徒在中国设立学校之最早的，是女子学校，这就是古特拉富夫人（Mrs. Gutzlaff）在一八三四年在澳门所设立的女子学校。从此以后，而尤其是鸦片战败以后，基督教教会之在中国所设立的女校，是日趋日多。凡是有了教会男校的地方，差不多都有女校，广州的岭南与真光、圣心与圣神，上海的圣约翰与圣玛利，这不过只是随便的举出一些例子，然而从此就可以明白，他们在教育上是持了男女平等的观念。教育上既主张男女平等，那么，女子受了平等的教育之后，对于其他的一切男女不平等的事情，必不能容忍而加以反对了，这又不只是一种打破中国的男尊女卑的一个根本的办法，而且是对于中国的"女子无才便是德"的古训相背而驰。

中国女子教育的提倡得最早的既是西洋的教会，而男女同学的实行，还是发端于教会所设立的学校。据我所知道，古特拉富夫人一八三四年在澳门所设立的女塾，在一八三五年曾兼收男生，而广州的岭南学校，又为近数十年来实行男女同学的最早的学校。

男女同学的实行对于女子地位的提高是用不着说的，而对于中国的旧式家庭的影响尤是很大。因为男女既可以同学，男女社交的障碍被打破了，所谓男女自由恋爱，或是自己作主而选择对方以结婚，都因此而产生起来，这与中国的所谓"父母之命，媒妁之言"是相背而驰了。

总而言之，西洋宗教的输入，对于女子的地位的提高既加以提倡，而尤其是在教育上给与女子与男子的同等的机会，在直接上或间接上对于中国的旧式家庭有了很大的影响。我们可以说，中国家庭的西化，在其早期的发展上，基督教的力量为最大，而同时中国家庭的西化色彩较浓的，在其早期的发展上，也以基督教徒的家庭为最甚。

除了基督教西化了中国的固有的家庭制度之外，中国的政治的改革运动，对于中国的家庭的改革也有很大的影响。太平天国提倡男女平等，还是以基督教的男女平等的教义为根据，是用不着说，维新运动的领袖之极力反对女子缠足，是妇女身体上的解放的呼声。什么三寸金莲，为了一般骚人文士所歌颂的小脚，不只是中国妇女的耻辱，实为中国男子的耻辱。康有为、梁启超，以及好多的维新人物，都把禁止缠足为实行新政的一种要务，只看当时各处所设立的反缠足会，就能明白他们对于这件事是如何注意。

然而，这还不过是女子的身体的解放的消极方面的工作，至于女子体育的提倡，使四十年来我国女子的体格逐渐的走上康健的途径，是女子身体解放的积极方面的工作。现在人们对于女子的看法，而特别是女子的美观，不只是以三寸金莲为可耻，而且不以柳腰弱质为可取，一个身体健全而充分发育的女子，是美的女子的必需条件，这是我们现代人的美的看法。女子身体的改解，在直接上是对于自身有了益处，而间接上是现代的小家庭的重要条件。在一夫一妻以及其未婚的子女的小家庭中，主妇要有强壮的身体，才能担起全家的事务，而不像在大家庭中，有了家姑，或是伯母、叔母以至婶嫂等等，可以代替其所负的任务。

维新运动以后，国人对于女子身体的解放的提倡固不遗余力，而得到很大的效果，革命运动成功以来，女子在政治上所处的地位也提高得多。革命运动的时候，女子就有不少参加，秋瑾不过只是一个显著的例子。革命成功以后，女子可以在立法机关里任事，民国初年就有女议员，而现在有女参政员，此外，还有女法官，以至利用女子去代表国家而到外国作外交上与宣传上的工作。妇女参政权逐渐发展之后，妇女在法律上又有了种种的权利，遗产权以及其他的权利在从前所没有的，现在已有了法律的规定，这对于我国的固有的家庭制度又是一种打击。

政治上的革命对于女子的地位的提高，固是影响于我国的旧式家庭的制度，而民族国家思想的发达，以家族为本的观念也逐渐的受了很大的影响。我国的传统思想是以家为本的，家族主义成为中国文化的特征，这一点我们在上面已经说过，我们既有先齐家而后治国的遗教，结果是使国人只顾其家而少顾其国，因而现代的国家的观念始终无法发展。自革命运动发展以后，舍家为国的观念逐渐的发展，使以国为本的思想能够流行，于是，所谓国亡则家亡的理论也逐渐的深入人心。一般革命志士、一般抗战军人之不顾身家，不管父母，不管妻子，而为民族争生存，而为国家牺牲，都可以说是受了这种思想的影响。

从前的人们在家族主义盛行之下，以为人类的生存是为祖宗、父母的血统的继续而生存，现在人们在民族国家主义盛行之下，却以为人民的生存是为民族国家而生存。民族国家是人民所寄托之所，而家庭之所以存在，也是为着民族国家而存在。这种重民族、重国家的主义，可以说是中国的旧式家庭的致命伤，因为民族至上，国家至上，家族变为次要的地位。换句话来说，我们可以不要家庭，不顾家庭，然而我们不能不要国家，不爱国家。我们近代的民族主义与国家主义，都是受了西洋各国的民族主义与国家主义的影响而发展的，所以，我们的旧式家庭的制度，也是因了西洋的这些主义而崩溃的。

至于近代经济的发展，而尤其是工商业的发达，对于女子的地位以至家庭制度，都有了很大的影响。从前的女子是少出阃门一步，在北方，好多女子有终身少下炕的，现在则女子可以出外自找职业以求经济上的独立。女子经济的独立，不只在积极方面对于家庭有所裨益，而且在消极上可以不婚而独身，同时可以不必服从"父母之命，媒妁之言"而"嫁鸡随鸡，嫁狗随狗"，自由婚姻的制度也可以因此而确立。因为在理论上的男女平等，固可以使数千年受了压迫的女子起而反抗旧家庭、旧礼教，可是，真正的妇女的自由，也必有其经济上的独立而始能发展。

现在各种职业的门户既差不多都开放而给予女子以参加的机会，女子之参加各种职业的已日趋日多，学校、医院、银行、商店、工厂以至政府各种机关，都有女子参加其工作。这不只是一向住在家里的好多女子现在都离开了家庭而到外边去，这些女子有些是长期离家的，有的是有了小孩在家的，她们虽然并不脱离家庭的关系，然而她们已经打破了旧式家庭的关系。因为这些妇女不只是在小家庭不能用整个精神去管理家务、管理小孩，就是在大家庭里，也不会像以前的妇女一样的去服事翁姑，孝顺父母，因为她们既没有那么多的时间去这样作，她们在经济上能够独立，也未必愿意去这样作。

不但这样，我们的旧式家庭的制度，是与我们的农业的社会有了密切的关系，而尤其是大家庭的制度，是很适合于农业的社会。耕种农田所需要的人数虽不如一个工厂所需要的人数那么多，可是农家是有了固定的住处，由一代而传到好多代，子子孙孙住在一块，因而容易成为大家庭。又，在旧式农业的技术上比较简单而无所谓分工，故家人共在一块耕田而食比较容易，反之，在新式的工商业的制度之下，不只是缺乏了上面所说的各种适合于大家庭的条件，而且因为工商业是发展于都市，而都市中的住所就不适合于大家庭。职业上的专门的分工与工商上的时时变动，不易使全家的人们同住在一个城市的同一住所，而且往往不易使全家的人们都住在同一的城市的不同的住所。所以，工商业愈发达，交通愈便利，同为一家的人们愈易于分散，五代同堂的大家庭固不能同住一处，就是一夫一妻以及未婚子女的小家庭，也往往因职业、学业的关系而未必能住在一处。

而况因为家人的职业不同，兴趣各异，其所认识的朋友既未必皆为所有家人的朋友，其所参加的会社也未必皆为所有家人所参加。兄弟以至父子可以因职业与兴趣上的不同而有了冲突，故欲强这些职业与兴趣不同的家人住在一处，亦为事实所不许，所以，大家庭的制度的崩溃是自然而然的。

我们在上面已指出，中国的旧式家庭制度因为受了西洋文化的影响，而尤其是宗教、政治与经济数方面的影响，而使中国的旧式的家庭逐渐的崩溃，同时又使中国的新式的家庭逐渐的发展。我们可以说，凡是西化发展的程度较高的地方，家庭所受西化的影响的程度也较深。沿海各处的通都大邑所受西洋文化的影响的程度较深，故其家庭所受的西化的影响的程度也深，反之，在内地而尤其是偏僻的内地，所受西洋文化的影响很少，所以，在这些地方的好多旧式家庭还能存在。然而，新式教育的逐渐普遍，新式交通的工具的发达，使内地各处与沿海的通商大邑以至世界其他各处发生了密切的关系，那么，这些内地的旧式家庭迟早也要崩溃的。

抗战以后，所谓偏僻的西南与西北各处，一方面因为变为国际交通的重心，一方面因为沿海人民的内迁，对于这些地方的风俗习惯已有很大的影响，而在这些地方的家庭生活也受了很大的波动。再加以抗战以后的好多工厂的内迁，内地工业的发展，以至商业的发达，都是对于旧式家庭的破坏的力量。

故总而言之，无论是从时间上看，或是从空间上看，我们的旧式家庭的制度是正趋于崩溃，而今后的家庭制度正是趋于西化的途径。

新式或西化的家庭的特征是家人的数目少，夫妻与未婚的子女就是组成这种的家庭的份子。所谓夫妻，也可以说就是指着一夫一妻，而非一夫多妻。照中国现行的法律来说，一夫多妻是法律所禁止的，但是，在这个新旧交替的时期里，却也有了好多特殊的现象。比方有的人在乡下或原籍已有了太太，而在城里或外间又与别的女子结婚的，在法律上，这是重婚而犯罪，可是假使这位新结婚的太太或是原来的太太都不告发的话，那么法院对于这些事情往往是不会加以干涉的，这是迁就中国旧有的习惯。不过，这种重婚的行为若是被控于法院，那么法院就不得不照法律去办理。在我们的社会里，这种事件是太多了，法院之办理这些案件的也并不算少，而提出起诉往往是被骗而结婚的新太太，而特别是受过新教育的女子。然而，我们也常常看见一个被骗而与一个已婚的男子结婚的、受过新思想的女子于结婚之后而发现丈夫别有太太的，她虽然是很不愿去做人家的姨太太或是所谓平妻，然而为了爱情或别的原因，她却忍受下去而不一定要提出离婚。至于已知其爱人有了太太而却愿意与其结婚的新女子，在今日的社会里也并不少。然而，大致上我们可以说，这些女子虽可忍受丈夫的重婚行为，少能忍受而与丈夫的前妻同在一处居住，而像以前的旧式家庭的制度之下，妻妾同居是一件很为平常的事。因此之故，在家居上或是在人数上，还是一个小家庭。

小家庭不只是限于一夫一妻，而且是限于未婚的子女。一夫一妻可以有十个或十余个小孩,然而一夫一妻之只有一个儿子的,在结婚之后,在原则是应该离开父母而独立的。若单从人数方面来看,一夫一妻而加上一个儿子及其媳妇,以至一二个孙子,也未见得比上面所说的一夫一妻有十个孩子的人数那么多。不过在原则上,所谓小家庭,只是限于一夫一妻及其未婚的子女。然而我们也得指出,现代的新式或西化的家庭的夫妇,大致上是不愿意多有子女的。多子多福是以往的国人的看法,在现代的人们,有了四个孩子就觉得多,所以,现代的人们的理想子女的数目大概是两个到四个之间,而且因为节制生育的方法既很多而又方便,有了数个小孩之后也可以设法去阻止其再生。其实,目前的趋势,至少从一般的有智识的男女来看,虽少有不喜欢有小孩的,然而多有只要一个或至多两个小孩的。这种趋势在外国很为普遍,而在我国也正在发展。所以,从生产的能力上,一夫一妻虽可以有十个或十余个小孩,然而在实际上,新式或西化的家庭之有这么多的小孩的,是很少的。

在新旧家庭的过渡的时期里,我们也常常看见好多的新夫妇结婚之后,还与其夫的父母以至其祖父祖母同在一块居住,然而这是旧式或是大家庭的遗风。可是从家庭的发展的趋势来看,受过新教育与新思想的新夫妇,是愿意分居的。也有了好些人,因为一方面不愿放弃旧的习惯而一方面又要实行新的方法的,于是只好离开了父母的家庭而远到他处作事,然而这种作法,又是新式或是小家庭的作法。大家庭与小家庭虽然在这个时代里双双并立,然而大小两种家庭要想调和起来,是很不容易的,其实是不可能的,而其趋势却乃是走上小家庭的途径。

自然的,也有不少的新夫妇,受过新的教育的新夫妇,为着便利起见,或是别的原因,而愿意与父母以至祖父祖母住在一处的,然而这是例外。所谓半新半旧的大家庭,就使大家住在一处,大家未必觉得快乐,而且往往易起冲突,这是过渡时期中所免不了的事情。然而在这个时期里,我们到处可以看出旧式的大家庭已正在崩溃而不易复兴,新式的小家庭纵未完全确立,却正是日趋日多。这不只是因为新时代的男女不愿去住在大家庭里,而也是因为新环境往往使他们不能不离开大家庭而组织小家庭。家庭是文化的一方面,文化变动了,家庭也不能不随文化的变动而变动。

不但这样,新式或西化的家庭,除了人数少的特征之外,主妇地位的提高又可以说是一个特征。我国的旧式家庭是父系的家庭,男人在家里的地位与权力是绝对的高,所以,女子不只要从父与从夫,而且要从子。可是在新式的一夫一妻的家庭里,在名义上男子固是一家之长,然而在实际上,夫妇不只是已趋于平等的地位,而且在家中,妻的地位比起夫的地位还要重要。家中事务固往往是由女子作主,就是除了家务以外之关于家庭对外的事情,也往往是由女子应付。比方在一个新式的家庭中,招待男女外宾,主妇所占的地位的重要并不下于男子,与从前妇女之不管外间事情而同时见了到家中的男宾而避开的,恰正相反。其实,在新式的家庭里，男宾之到家中找男的而不问及主妇的，有些主妇还要怪其失礼，所以，我们的男治外女治内的古训，对于这些新式的家庭是不适用的，而况有的主妇还要在外间工作，以分担或负担大部分以至全部分的家庭的用费呢。至于主妇对于子女在教育上所负的责任，也很重要。其实，近代家庭教育既很为重要，而主持家庭教育的往往却是主妇而非男子。故总而言之，女子之在新式的家庭里，地位固是提高，而责任也加重要，地位与责任是相辅而行的。

此外，新式或西化的家庭中之很值得我们注意的地方，是父母对于子女的态度的变化。在我们的旧式家庭里，父母之于子女的上下之分很为严格，父母的尊严，而尤其是父亲的尊严，往往使了父母、子女之间，而尤其是父亲与子女之间，只有命令与服从，而没有所谓"友谊"上的亲密。在新式的家庭里，父母之于子女，已逐渐的趋于这种友谊上的亲密。父母在空闲的时候可以与子女在一块而玩打皮球、踢毽子，以至于并肩以戏、携手同游，而其目的，是往往想从这种游玩里面给予儿童以很好的教育，因而对于小孩所喜玩的各种玩具，如小汽车，如小飞机，以至各种画报、各种歌谣，也很为注意。这种新式的儿童教育的发展，可以说是新式家庭中的一种很为显明的现象。假使有客人来了，或是家中有了某种交际上的集会，儿童又往往成为小主人而招待与娱乐来宾，唱歌儿、讲故事、跳舞、表演，这都是旧式家庭中所缺乏的。

至于女孩之与男孩的一切待遇是处于平等的地位，也是新式家庭中的一种特征。从衣食住以至教育、玩具，在新家庭中的作父母的，是很少有了重男轻女的分别，小哥哥买了一件男孩玩的东西，小妹妹也必买了一个女孩玩的东西，弟弟上了学，姐姐也上学。其实，在新式的家庭里，有些作父母的之见重女孩的，有比男孩的为甚的，而特别在衣服装饰方面，女孩所得到的待遇往往是比男孩较好，至于父女并肩、携手同行，这又是旧式家庭中所没有见过的事情了。

婚姻是成立家庭的先决条件，然而在旧式家庭里，婚姻往往是延长家庭的一种手续。因为在这种家庭之下，结婚只是在原有的家庭中增加了一个新份子，而非成立一个新家庭。加以结婚的男女既不是自由的去选择或恋爱而结合，而是随着父母之命，媒妁之言，那么所谓结婚，与其说是为了自己而结婚，不如说是为了传继父母的血统而结婚。

这种命令式的婚姻，现在已逐渐的打破，这可以说是西化的结果，也可以说是西化的表现。所以，近来凡是稍受过现代的教育的男女青年，对于结婚这个问题，大多数是由自己去解决，而不愿由其做父母的去决定。就是有了一些在年少的时候已由父母代为定婚，到了后来，除非青年男女两方都很愿意结婚，否则往往是由双方或一方提出解除婚约。我们只要看看近来的报章，就能随便看到因为不愿服从父母之命而双方或一方登出解除或否认婚约的广告。

不但这样，近来离婚的案件的发生，这固是表示有了好多的人们反对父母之命的婚姻，然而其实是表示我们是受了西化的影响。因为提出离婚的男女两方，大致上都是不会实行一夫多妻的制度的人们。一个人既不能或不愿去讨姨太太，那么，假使他不满他的太太或是他爱上了别的女子，他就不得不提出离婚。假使他是固守了中国固有的家庭礼教，那么他虽不要其太太，他还可以纳妾，或是用了一个怪名词，娶了一个平妻。虽然在目下的中国，法律已经禁止多妻，然而只要双方不要起诉于法庭，他们还可以借我们这个青黄不接的过渡时期的新旧兼用的烟幕弹以遮掩其罪状。然而，却有了好多人，而尤其有了好多的女子，是不愿这样的做而要求离婚，这可以说是受了西化的影响。而况所谓禁止多妻的法律，就是西化的法律呢。

在中国的固有的礼律里，娶妻没有儿子是可以出妻的，然而在今日的离婚案件中，我们很少见过男子之提出离婚的，是由于太太不能生产。反过来看，夫妻之感情溶洽的，很少因为没有儿子而使其感情破裂，这就是说，无子出妻的习惯既已打破，而"不孝有三，无后为大"的信条也已失效。

离婚本来是社会的病态，西洋的人们也并不以离婚为光荣，然而，这也必由夫妇两方的同意而始能离婚。离婚而再娶或再嫁，既是社会道德所允许，比起一夫多妻的制度还是高明得多，因为至少前者是根据于男女平等的原则，而后者根据男尊女卑的习惯；前者是当妇人处于人的地位，而后者是当妇女为玩具，为买卖的货品。

总而言之，从婚姻的制度方面来看，中国已经西化，而且是趋于西化，是一件很为显著的事实。

再从婚姻的仪式方面来看，二十年前，人们所谓文明结婚的意义，不外就是西化结婚。文明结婚实际上是对着我们的旧式结婚而言，然而在名义上，文明是野蛮的对峙名词，因而有些人觉得这个名词不甚妥当，故改为新式结婚的。然而近年以来，我们听到人家结婚，我们不只没有听见所谓文明结婚这个名词，就是新式结婚这个名词也少有听见，因为事实上，近来的结婚的仪式差不多都是新式的结婚，而少有所谓旧式的结婚，这是证明我们的结婚的西化程度已经很深。

我们当然承认，我们这里所说的，大致是指着都市中或是一般受过新式教育的人们所采用的婚礼而言，在我们的乡村里，还有不少的人们还是照着旧式的结婚的仪式。然而我们可以推想，西化的结婚仪式的应用是日趋日广的。其实，比方在我们的海南的乡下，因为交通很利便，新娘差不多都是坐着汽车，用红轿去迎接新娘差不多可以说是已经绝迹。同样，以前所用的锣鼓箫笛，现在已多代以铜鼓喇叭与钢琴提琴。至于新郎，而尤其是新娘所穿的礼服，所持的鲜花，所戴的头纱，以及戒指的交换，扶手而同行等等，无一不是仿效西洋的方法。

第五章　乡村与城市

　　乡村在中国的重要是无可疑的。因为从整个中国人口方面来看，我们有了百分之八十以上的人民是住在乡村里，只有百分之十五以至二十是住在城市，而且中国自来是以农立国，故中国的乡村大致都是农村。有些人因为见得中国的乡村或农村的人口占了绝大的多数，遂把中国的文化叫做乡村的文化或农业社会的文化，而把近代西洋的文化当为都市的文化或是工业社会的文化。这种看法的错误，我在别的地方详细的指摘出来，我在这里只要指出，中国的大多数的人口虽然是住在乡村，然而就从中国固有的文化来说，都市也是我国文化的重心与中心，俗人说"争名于朝，争利于市"，名利固是要在京都与城市去寻求，一切的优高的文化也可以说是在都市中寻求。从物质文化方面来看，堂皇的宫殿、美丽的房舍，以及合口的食品、精致的衣服，以及很多的东西，无一不要在都市中寻找；从精神文化方面来看，高深的学术，高尚的艺术，也无一不要在都市中寻求，这样看起来，中国固有的文化也不能不叫做都市的文化了。

　　其实，中外古今的都市，都可以说是文化的重心与中心。所以，现代的文化固可以叫做都市的文化，古代的文化也可以叫作都市的文化，西洋的文化固可以叫做都市的文化，中国的文化也可以叫做都市的文化。

　　反过来说，中外古今的乡村在文化的立场来看，都可以说是受了都市文化的影响，而成为都市文化的附庸。因为都市的文化总比乡村的文化为高为优，所以在我们中国，都市是叫做国，乡村是称为鄙，都市是近于朝，而乡村是偏于野。所以，就照孔子所说的"礼失而求诸野"的话来看，礼所从出的地方还是在"朝"而非在"野"，礼固是这样，文化的其他方面又何尝不是这样呢？

　　所以，若从文化方面来看，所谓都市文化与乡村文化，而尤其是在以往的都市文化与乡村文化，大致只有程度上的高低与优劣的分别，而不一定是种类与性质方面的差别。至于说都市文化是偏于工商的文化，而乡村文化是偏于农业的文化，这只是从文化的内容的分类来看，而非从文化的整个的个体来看，更不是从东西文化的差别来看。所以，假使我们而从东西文化的立场来看，则中国今日的文化，不只是都市是受了西洋文化的影响，就是中国的乡村也受了西洋文化的影响。

　　我们先从我国的乡村的西化方面说起，我们可以说，我们的乡村有了不少已经西化，而且趋于西化，这是中国近代文化发展史上一种特征。在沿海各处，而尤其是在广东的香山、台山各处的乡村，受了西化的影响的程度相当的深。新式的洋楼，西式的家具，光亮的电灯，以至阔大的马路，精美的花园，都是物质方面的西化；至于乡村的自治的推进，在过去虽没有什么成绩，在将来必积极的去实现，是无可疑的；此外，在好多乡村中的各种新式的会社之促进乡村的利益的，也逐渐的发展。

就是十余年来的乡村建设的运动，从其思想方面来看，虽有了不少的复古的意味，可是从其工作方面来看，却也是有了西化的趋向。像定县以至邹平等等的乡村实验区，其主要工作是偏于农业的改良、卫生的讲求、地方自治的促进，以及乡村教育的发展。然而，所谓农业的改良，不外是应用科学的方法去耕种农田，比方肥料的制造、土壤的试验等，大致是用西洋的方法，至于种子的改良，不只是用科学的方法，而且往往利用西洋的种子，以求推广。或是把来与中国的种子互相匹配。又如在卫生方面，所谓卫生院的设备，不只是在医术方面是采用西法，就是在组织方面也是用西法。地方自治的促进是民主政治实现，而民主政治又是西洋文化的特色。至于所谓教育的发展，也不外是多开一些新式学校而已。

其实，凡是靠近通都大邑的乡村，大多数都受了都市的影响而趋于西化。广州的东山与西村，上海的江湾与真茹，不过是几个显明的例子，至于青岛市政府所管理之下的好多乡村之高度西化，尤为显著。这些乡村，有了乡村的新鲜空气与自然景色，然而同时却有了现代城市的各种便利，这是乡村的现代都市化。而所谓现代都市化，根本就是西化，因为所谓现代都市的各种便利，大都是西洋化的东西。因为交通的便利，在城市里工作的人们可以住在乡村，日间到城市，早晚在乡间，在工作之余得吸新鲜的空气，享受自然的景色，对于自己的身体，对于家庭的妻子，都有很多的益处。而这种办法，是一般稍有现代的眼光与知识的人们所最喜欢的办法。

抗战以后，因为敌机的扰乱，这种办法更为流行，重庆的化龙桥、沙坪坝以至歌乐山，昆明的西山、马街、李园村以至龙头村，贵阳的花溪，桂林的东岸，无论是新起的乡村或是原有的乡村，都慢慢的都市化起来，使以往好多住在都市而梦不到要到乡村居住的人们，现在也要跑到乡村居住。抗战之后，也许有了很多的人们又要跑回城市居住，然而，附近城市的乡村将来还要格外的繁荣，是无可疑的。

然而，中国的城市之趋于西化，尤为近代西化的运动史上的一种最显明的特征。

假使我们撇开外国人在我国的割让地如香港，或是租借地如青岛，以至各处的租界的都市建设，而专从国人之自建的新式都市来看，则数十年来，而特别是二十年来，新式都市的剧烈的发展，不只是在沿海与沿江各处随便的可以看出来，就是偏僻的内地各处也处处可以看出来。

我们知道，在满清末年岑春煊督粤的时候，广州沿江的地方已筑了一条比较宽大的长堤，而成为我国近代新式马路的先河。到了民国七八年间，广州的市政当局又拆城筑路。在最初办理这些事情的时候，备受了一般顽固的绅士与民众的反对，然而等到宽大的城内的马路，如永汉马路、惠爱马路开辟好了，不只商业上繁荣得多，交通上方便得多，与流行的瘟疫逐渐的减少，就是有了火警也易于扑灭。到了后来，城外西关的绅士民众也明瞭了新式马路的利便，而呈请市政当局去开辟马路。据说在最初开辟的时候，政府除了自己出钱建筑马路之外，还要赔偿铺店所割让的地价，到了后来，市政当局不只是没有赔偿铺店所割让的地价，连了建筑马路所需用的经费，也由马路两旁的铺店给与。所以，不够十年，一个古香古色、街道狭小的城市，除了一些与交通要道少有关系的小街狭巷之外，新式的马路互相交错，到处方便了。

马路开辟之后，交通是格外的方便，小辆汽车、公共汽车驰骋满街，使以前的轿子逐渐的消灭。我们回想廿余年前，当广州的城内西关各处没有开辟马路的时候，轿子是唯一的交通工具。在狭小的街道，两个轿子对面而来，往往固要费了很大的力量才能两相回避，以免相撞；就是两个人相对而行，也有互相碰撞的不便。现在呢，左右两旁数部汽车相并而驶，也不见得有什么不方便之处；至于马路上的行人，两旁有左上右下的行人行道，而这些行道，单以一边来说，往往也比以前的街巷较大；而且在广州，行道是在"骑楼"之下，下雨固可以避免，炎热也有所遮盖。

不但这样，在马路尚未开辟之前，比方在广州城内的石室天主教堂左近的人们要想到城外长堤的先施公司，他往往必须向东走了好些路再向南走不少路而出南门，再向西走了好多路，而始能达其目的地；现在呢，他可以一直通过靖海门而到先施公司，其所省的路程不止三分之二。又在那个时候，假使他要从西关的尽头而到东山的东边，就是坐了轿也要一个多钟头到两个钟头的时间；现在呢，坐着公共汽车而欲这样的走一趟，用不了半个钟头，假使他自己有了汽车或租了一辆价钱很为便宜的小汽车，那么所需用的时间必定更少。而且，除了时间上的节省对于人们有了不少的益处之外，就是从经济的立场来说，在抗战以前，雇了一辆小汽车所用的金钱，比之没有马路以前雇了一辆轿子所用的金钱，还要便宜得多。

在现代的都市的交通工具中，除了小汽车或公共汽车外，电车的效用很大。西洋各国用不着说，就是在我国的割让地如香港，以及各处的租界之有电车的很多；在国人自己的都市中，北平、天津、上海数处虽也有电车，然而大体上，大多数的都市是没有电车的。广州十余年前曾有商人发起电车公司，而路轨是敷了一段，可惜后来因为政府与公司两方有了好多问题不能解决，结果是没有成效。电车在现代都市的交通工具上，不只是历史较长，效用较大，而且价值较廉，中国都市之有电车的虽不多，然而将来说不定这种交通工具能够逐渐的推广。

在我国现在的城市中，东洋车或人力车（又名黄包车或胶皮车仔等等的）还是主要的交通工具。这种东洋车本来是从日本传过来的，这种交通工具比之至少用两人抬的轿子便利得多。我们在上面已经指出，我国从前的旧城市的主要的交通工具是轿子，自东洋车传入之后，轿子遂渐被了淘汰，因为东洋车所占的地方并不比轿子为大，小街狭巷东洋车都可以进去，而且只用一人去拉，在人工上又减省了一人，同时有了两轮而特别是胶轮（按：未用胶轮之前多用铁轮），行走更便，若有了宽大与平坦的马路，则更易于行走。

东洋车虽代替了轿子，虽比轿便利得多，然而东洋车究竟是用人去拉的，所以叫作人力车，这还是东方的文化的特色。因为这种交通工具是西洋所没有的，所以名为东洋车，真可以说是名副其实。西洋人在机器尚未发明之前，虽没有汽车、电车，然而他们并不用人去拉车，而乃用马去拉车，故马车是西洋没有汽车、电车之前的城市中的主要交通工具。在我国旧式城市里，从前虽也有过多少马车，然而因为街道狭小，不易行驶，始终不算得很流行，而最流行的是人力车。

国人近年以来也有不少反对用人去拉车的，还有好几个人因为人力车是伤人道的事情而发誓不乘人力车的。然而，人力车直到现在，而尤其是在抗战时期，因为新式交通工具的缺乏，人力车又成为都市中的主要的交通工具。此外，又有一种马车是用汽车轮胎及其他的零件造成的，这本来已经是西化的表示，然而这种交通工具是用于城郊为多，至于城市里面，人力车还是很为流行。

抗战以后，在上海以及其他的沦陷城市，曾发现了一种新式的脚踏车或自行车，而且据说很为流行。这种车有了三个轮，可以叫做三轮脚踏车或是三轮自行车，有的是两轮在前一轮在后，有的是两轮在后一轮在前。两轮在后一轮在前者，则其雇客的两个坐位是在后面，而驾者则坐于前面；两轮在前一轮在后者，则其雇客的两个坐位是在前面，而驾车者坐于后面，大致上，最普通的是后者的作法。这种交通工具主要是把自行车来稍为改造，然其雇客坐位也有了一些人力车的坐位的意味。

据我所知道的，这种新式自行车的应用得最先的，是在安南的金塔。金塔是柬埔寨的首都，在民国二十年间，我到金塔时曾见过几辆这种车行走在街道上。大约制造这种车的人，当初是利用自行车的机械与轮胎，而又加上南洋式的东洋车的坐位。我说南洋式的东洋车的坐位，因为在南洋，如新嘉坡各处的东洋车的坐位，是可容两个人，我在金塔所见的新式自行车坐位很像人力车的坐位，可容两个人，而其他一切却是自行车的机构。

在民国二十年间，我在金塔所见这种新式自行车数目既很少，在南洋各处也很少见。然而到了民国二十五年我再到安南的时候，不只金塔满街有了这种车，就是安南其他各处也有了不少；而在暹罗的曼谷以至极北的清迈，也到处可见。

这种新式的自行车的发达，而使我们值得注意一件事，是逐渐淘汰了人力车。比方在民国二十年间的金塔，只有数部新式自行车，而人力车还是满街都有，到民国二十五年，而特别是民国二十九年我到金塔时，情形恰恰相反，人力车只剩了几部，而新式的自行车是满街都有了。又，民国二十年间我到暹罗曼谷时，差不多没有看见新式自行车，只有人力车，到了民国二十五年我再到曼谷时，人力车的数目已远比不上新式的自行车。

我对于这种的都市的交通工具，在这里所以叙述得比较详细的主要原因，是因为这是一种新式的交通工具，而同时可以代替用人去当作牛马而没有人道的人力车或东洋车。我把南洋几个城市来做例子去证明，假使我们能够提倡这种新式的自行车，那么东洋车可以逐渐的淘汰，又，在上海及其他各处既已应用这种新式交通工具，那么今后无疑的是可以推广的。

我们应当指出，我们并非提倡这种新式交通工具以代替汽车、电车，而是希望把来代替人力车或东洋车，因为东洋车不只是旧式的交通工具，而且是没有人道的交通工具。国人自命为礼义之邦，然而却把同胞当作牛马来使用，这是我们的无礼不义，这是我们的国耻。我们建设新都市，我们要有新式都市的设备，人力车是我们的新式都市的污点。有了新式都市，假使我们自己不会制造汽车或是购买不了汽车，我们可以用这些造作容易、价值便宜的新式自行车，打倒没有人道的人力车或是东洋车。

除了上面所说的各种交通工具之外，电话也是我国近代新式都市中的一种交通工具。其实，有了电话，交通的工具更便利了，人们不只是从一个地方与别的较远的地方可以利用电话，在一座洋楼可以楼上打电话到楼下，甚至在同一楼上可以从一个房间打电话到别的房间。十余年前，在我国的好多都市中所用的电话都是旧式的，先要通话到电话局，告诉局中人员以所要通话的号码，然后始由局中人员接线到对方。这种通话方法相当的麻烦。十余年来，好多都市用了自动电话之后，用手指去指旋号码则可直接通话，更为方便，所以，比较偏僻的城市，像昆明，抗战以后也装置自动电话，可见得这种的新式的交通工具的采用之快。

此外，无线电、收音机，在城市里的人们因为有了电力的便利，用的也日来日多。不但好多住家的人们多装置收音机，就是商店也往往用这些东西以广招徕，而市政当局也往往在一些公共地方装置收音机，使市民能够听听各种消息、各种演讲以及各种音乐。而且，在较大的城市，如重庆，如昆明，还有广播电台的设备，以便传送各种消息、演讲与音乐，以传播于本市市民以至国内国外的人们。自然的，这些的交通工具不只都市人民可以享受，就是乡村人民也能享受，不过，都市之利用这些东西的比较容易得多罢了。

又如电灯，是现代都市所不可少的公用东西。在我国的大城市，以至一些小城市，像地方偏僻的蒙自，也有了电灯，因为电灯的用处不只是方便，而且较为经济。自抗战以后，因为物资的来源不易，以前一般人所用的火油固是不易进来，就是菜油、豆油以至蜡烛的价值也增涨百倍，点用电灯可以说是最便宜的灯火。

而况电力的效用不只限于灯光方面，城市既往往有电力公司，点用电灯的人可以用同样的电力去熨衣服，煮东西，以至温房舍。电门一开，灯光自来，热气自来，比之点油火、点蜡烛，其方便不知千百万倍，而其价值又往往便宜得多。

又因为城市多有电力公司，因而有了好多工厂之利用电力以发动机器的，又往往设立于城市或城市附近。我们应当指出，大工厂之自己有发电机器，不一定要靠城市里的电力，然而一些小工厂之不能自备的，不得不利用城市里的电力。

此外，都市中的医院以至其他的事业之所以特别发达，也往往依赖于都市里的电力的便利。X光线的照视以至医牙的机器的发动，现在都要利用电力，故电力是使都市现代化的一种重要的动力。至于电影院的电影，学校中的实验室，都要利用电力，而都市电影与教育之发达，也不能不说是利用城市的电力的便利呵。

自来水的设备，又可以说是我国近代城市发展中的一种重要的公用事业。自来水的设备，在我国虽也像其他的公用事业，是始于割让地如香港与租界地如上海等处，然而我国自己的城市之有这种设备的，也有数十年的历史，广州、北平都是了有这种设备的较早的城市。从前没有自来水的设备的时候，靠江边的都市，如广州，是多用江水；而靠近湖边的城市，是多用湖水；至于没有靠近江湖的，则惟有利用井水。井水的利用之不方便固不待说，就是卫生方面来看，往往也不适合，因为不只有些井水不宜于饮食，而且都市水沟污秽不堪，靠近这些水沟之井水，必免不了为这些污秽的沟水或其他的污秽的东西所浸染。至于多用江水或湖水的，往往也因靠近城市的江湖的岸旁多为污秽物件所堆具的地方。比方以广州的珠江来说，靠近长堤的江水污浊不堪，因为不只这是拉杂所堆积的地方，而是便溺所堆积的地方，加以珠江靠岸两旁艇舶千万云集，艇舶上的污物、便溺，以及陆上所倒放的同样污物，到处浮流于江面，而饮食之水又取吸于此，有时疾病传染延及全城，其危险更不可待言。因此之故，自来水的设备不只是为着便利而已，而乃为着避免疾病。近代吾国市政当局之所以汲汲于设置自来水或是改善自来水，也无非是为了这些原因罢。

上面不过随便的举出几种都市的公用事业的发展，以说明我国的都市之趋于西化。我们不能否认我国的都市的公用事业还很落后。比方十余年前，广州市民有了一种俗谚说："马路不平，电话不灵，电灯不明，自来水不清。"然而，这只是证明我们的都市公用事业尚不够西化而必须积极的西化罢。

其实就以广州市来说，十余年来，马路逐渐的弄平，而且油以柏油，电话自采用自动电话之后已灵得多，至于电灯与自来水，经过市政当局的逐渐改良，也慢慢的明起来、清起来。广州固是如此，别的城市也是如此，二十年后，五十年后，我们的城市的公用事业，说不定就能与欧美的先进各国的城市的公用事业并驾齐驱了。

都市公用事业的发展固是我国近代都市西化的特征，都市公共卫生事业的发展，也是我国近代都市西化的表示。我们在上面已经指出，马路的开辟，使空气易于流通与太阳多所照耀，使住在都市的人民的卫生已经改进；又如自来水的设备，也是很有益于卫生；此外，水沟制度的改善使污浊的水能够远流于城之外，也是很有益于卫生；至于抽水马桶的设备，用暗沟引导便溺到适当的地方而利用以制造肥料，也是讲求卫生的一个办法。这些设备在我们的城市虽刚刚萌芽，然而此后必逐渐发展，是无可疑的。

然而，这都是公共卫生的根本方面的工作，在这些工作尚未完备之前，我国的卫生当局，近年以来在各城市中对于各种传染病的预防，可以说是有了相当的成效。自然的，这种工作也应当推广到乡村去，不过，一来乡村的交通往往不便，二来乡村分散各处，范围太大，传染病的流行比较不易。至于都市，则人口集中，传染病症易于流行，故其需要预防比之乡村尤为迫切，所以，政府当局对于城市卫生特别加以注意，并非无因。

至于城市里的新式医院的设立，对于医治病症尤为方便。除了好多私立的医院之外，近年以来市政当局往往有市立医院的设备，然而无论私立也好，公立也好，对于市民总有好处，其所不同的，公立的医院往往是为一般普通人而设，而有些私立医院，因为价值较昂，只是富裕的人们始能问津。

抗战以来，市民疏散乡间者很多，而这些迁住乡村的人们之感觉得最困难，就是有病了而不易寻找医生，因而有些医院也有在郊外设立分院的。然而，这都不过是临时的办法，盖要在穷乡陋邑去设立医院，实为事实所不能，人才、经费以至各种设备，在乡村都有困难。故我们相信，较好的医院是不容易离开城市的，所以，在以往的较好的医院固是完全设立于都市，在抗战的时候，以至抗战以后的较好医院，也只在城市里始能够维持。

至于各种救济事业的发展，也是我国近代西化都市的一种表征。养老院、孤儿院、育婴堂以及其他的救济机关，都为近代市政当局所注意的事业。以前广州市的社会局以及其他的城市的类似的机构，对于这些事业都能设法推进。

此外，近来的市政当局以及都市人民，对于新式教育的提倡尤为努力。我国近代的新式学校的设立是始于都市，北京、上海的同文馆，天津的水师学堂、武备学堂，上面已经说过，不必再述。我们可以说，都市是教育的中心，不只是在量的方面，都市教育较为发达，就是在质的方面，都市教育也较为进步。私立的好多学校用不着说，近年以来，市政当局对于小学教育很为注意，其目的无外是要使所有的市民的孩子们都有机会读书。至于较好的中学,而尤其是大学与各种专门学校,差不多通通都设立在城市里。所以,人们要想进入较好的学校与求较高深的智识,不得不跑到都市了。

再如,从娱乐、运动方面来看,影戏院的逐渐增加,西乐的逐渐普遍,都是都市的娱乐的西化的明证;至于什么跳舞会,恐怕只在都市里才有的;此外,西洋各种运动,如足球,如绒球,等等,都是先输入都市,而且直到现在,有了好多的西化的运动,只在都市中可以看得见。这些娱乐与运动,不只是日来日普遍,而且逐渐的代替了我们的固有的娱乐与运动。

不但这样,近代好多都市已逐渐注意到市民的游息的场所与公园。新辟的市区固往往预先计划这些场所与公园,如以前的上海新市区;就是在旧式城市里,市政当局也往往拆毁一些公共房舍以至私人铺店,以为这种用途。广州市的中央公园以至昆明的云瑞公园,就是一些例子。

又如菜市的设置,也可以说是仿效西洋的方法。我国旧式城市虽也有其菜市,然而往往是随人民的方便而随处设摊,近年以来,有些市政当局为求适合于卫生与观瞻,已特别设置菜市。

然而,我国近代都市的西化之最显而易见的,是建筑方面。在新式马路尚未开辟之前,各处都市已建有洋楼,自马路开辟之后,则两旁铺店、住宅,无论是旧屋改造或是新盖房舍,差不多完全都是西式的。从沿海的都市如汕头、厦门,到沿江的都市如汉口、宜昌、重庆,而至内地的都市如贵阳、昆明,其所有的房屋差不多都是趋于西化。比方在昆明新开的马路,像太和街的房屋,固多是伟大精美的洋房,就是改造的马路,如福照街,也从倭小的旧式的铺店而通通改为西式的两层楼房。其实,中国住宅之趋于西化,并不只是限于都市里面,就是在乡村里头,也有了这种趋向,这一点我们下面还要加以说明,这里只好从略。

除了上面所举出的都市西化的各方面之外,我国近代都市政府的制度也是仿效西洋。民国九年,陈炯明就任广东省长的时候,曾提倡地方自治组织,广州市政厅并派员起草市制,市制既草成之后,由法制编纂会覆加研究,并由省长核定公布于民国十年二月十五日,为实施的日子。中国市政府之成立的,要以广州为最先。

到了民国十年七月三日,我国内务部所订定之市自治制,亦由大总统教令所公布。照这次所定的,市自治制分为二种,一为特别市,一为普通市,于是我国遂有关于市政制度的法令。

二十余年来,关于市政的法令虽有不少,而各处的市政府所采纳的制度虽也有了不同之处,然而大体上都是仿自西洋。有的仿自美国的委员制,有的仿自德国的市长制。单以广州市来说,最初为委员制,后来也曾改为市长制。至于内部的组织,如各局的划分,虽各处也有不同之处,然而大致上,工务局、财政局、教育局、社会局、卫生局、公用局、公安局、土地局等等，有些市政府，如广州市政府，通通都有，有些却设立三局或四局、五局的，比方昆明市就只有工务、教育、土地、财政数局，最近来又拟加设卫生局。这是随着市的大小以及各种特殊的情形而定，然而在组织的大体上，是仿自西方的市政，而且是趋于西方的制度化的市政，是没有问题的。

最后，我们可以指出，中国近代都市的发展，不只是市区逐渐的扩大，而且市民也剧烈的增加。上海、天津，以及百年以来一些新兴的都市的人口的增加之速固不待说，就是旧有的都市，如广州，如南京，如武昌，如重庆，数十年来人口的增加也是很快。三十年来，我国都市人口之过一百万的，差不多是没有，在抗战开始的时候有了好几个，至于五十万或二十万以上的，更不胜枚举。新兴的都市既日来日多，旧有的都市也愈长愈大，有的市镇变为大都市，有的乡村变为小城市。从人口方面来看，都市的发展就是人口的增加。都市人口之所以增加，一方面固是由于乡村人口的迁徙，然而一方面都市本身的人口也随着时代而增加。都市的发展，主要固是由于工商业的发展，然而都市的工商业愈发展，对于乡村的农业的发展也有了密切的关系，因为所谓工商业的货品，有了不少的原料是农业的出品，因而都市的繁荣不只不会使乡村趋于衰落，反而往往可以引起乡村的繁荣。

不但这样，都市的发展，在都市左近的乡村固是逐渐的都市化，就是在离都市较远的乡村，也慢慢的受了都市的影响。这一点我们在上面已略为叙述，我们在别的地方还要加以详细的说明，我们在这里所要指出的是，我国近代新式都市之所以发展，主要的是由于西化，而都市的西化，又是我国近代西化运动史上的一种特征，而同时也可以说是中国今后的西化运动的一种主力、一种重心与一种中心。

第六章　礼俗与法律

在上面两章中，我们已说明了我们的家庭与婚姻、乡村与都市的西化的概略，在这一章里，我们要指出礼俗与法律的西化的事实。

国人自来称我国为礼教之邦，而视其他各国为野蛮之域，所以在礼俗方面，国人总以为我国是超越于其他各国的。数千年来，在亚洲之与我国常常接触的国家，既多习染我国的礼俗，遂使国人对于他种民族的礼俗更有了蔑视的态度。

我们可以说，在鸦片战争以前，我们对于亚洲的各种民族，固当为野蛮的民族而对待，我们对于西洋的各种民族也是当为野蛮的民族而对待。因为他们是野蛮的民族，所以只有他们来学习我们的礼俗，而我们决不会学习他们的礼俗，而且凡是各国之到我们中国而与我国办理交涉以至朝见天子，则他们非遵照我们中国的礼俗是不行的。假使外国使者之来中国而要朝见皇帝的，必须先学习中国的礼俗，然后始能朝见，这是一种惯例而不能违背的。所以，比方在乾隆五十七年（一七九三），英国遣派特使马加尼（Macartney）到中国请求通商，在朝见乾隆时，就因为朝见的礼俗问题，而尤其是拜跪的问题，而发生了好多争执。关于这个问题，马加尼在其使华日记中①，曾说得很为详细，而在国人的著作上，也有不少的记载，比方王庆云《石渠余纪》里说：

> 英吉利遣使臣马戛尔尼，航海到京修贡，……时车驾驻热河，命盐政瑞徵护送以来，督臣梁肯堂宣旨，贡使但免冠竦立，瑞徵为言连日学习跪叩，乃使钦天监副索德超、贺清等至热河带领，以皆西洋人便肄习也。八月（一七九四），贡使至山庄，上谕使臣礼节多未谙习，朕心深为不惬，前此沿途款接过优，以致妄自骄矜，将来应由内河水路，前抵江南，由长江度梅岭，再由水路至广东，供顿不可过丰，经过营泛墩台，务须完整严肃，以昭威重。寻军机大臣以训戒，夷使颇知悔惧，闻时外藩咸集山庄庆贺，上连日御万树园大幄，次及澹泊敬诚殿，马戛尔尼偕副使斯当东（G. Staunton）等，卒随缅甸诸陪臣舞蹈跪叩，宴赉成礼而退，于是许令由宁波乘船回国。

乾隆的时代是满清极盛的时代，同时，西洋各国对于中国的虚实也不明了，马加尼虽然是被迫而遵行中国的礼节，然而其心却是不甘，而况他所负的使命又完全失败。到了廿年后（一八一六），英国又派了第二个使者安麦斯特（Amherst）来中国请求通商，然而，这次竟因其不遵守中国的礼俗而连了皇帝也看不见。清洁理

---

① 校按：抄稿"中"字下空数格，当留为书写日记的英文名。

(K. R. Green)在其所著《马礼逊小传》(Robert Morrison)(费佩德、杨荫浏中译本)有了数段话是说及这件事，今且录之于后：

> 八月十二日（一八一六），安麦斯特爵士与随从人等都登了岸（按：指天津），有两位中国钦差大开筵席为他们洗尘。那时候，这两位中国钦差曾试试诱导安麦斯特爵士，在一块黄色的屏障前行跪拜之礼。这黄色的屏障，原来是中国御驾的表记，但是，这位英国的大使却很客气的避免了这次行礼，于是，这群大使官员遂溯河直上通州。通州是一个市镇，离北京是很近的。

> 大使官员们淹留在通州计有八日。这八日中，安麦斯特爵士藉了马礼逊的帮助，与中国的钦差们会商进见御座的办法，中国官员方面一定要他行跪拜礼。这跪拜礼中包含着三跪九叩首，计跪下三次，每次跪下都要俯伏叩头三次，是表示对于御驾极端服从的意思。

> 安麦斯特爵士是准备着奉行任何礼节的，只要这礼节不损及英皇的尊严好了。为要明瞭跪拜的意义起见，他说，倘若有一位与他同等阶级的中国官员，肯在英皇乔治第三的御像前行跪拜礼，那么，他也愿意在中国的御前行同样的礼。中国官员不肯行，所以，安麦斯特爵士也不肯行，结果中国的钦差含糊答应他可以不行。

> 八月二十八日下午四时，安麦斯特一行人众离了通州，经了一夜的行程，在黎明时候到了皇宫，温度表已达华氏一百度，大使人员都未曾有过相当的机会，可以洗洗澡，换换衣服。中国官员却一定要引导他们立刻去上朝廷，安麦斯特爵士当然要反对，以为满身风尘不宜进见皇家，但是反对是徒然的。皇帝正在待着，他对于延迟的原因，所听见的显然不是实情，他对于外国的来使很是愤怒，便吩咐全体使员立刻离开北京。他们不得不走，走了第二夜的全夜，乃回到了通州。

这是嘉庆二十一年的事情，嘉庆于安麦斯特离开北京而抵广州时，还接得嘉庆的谕旨，告诉英国的皇帝道：

> 乾隆五十八年，尔使臣（马加尼）行礼悉跪叩如仪，此次岂容改异，尔使臣……来使于中国，礼仪不能谙习，……嗣后毋庸遣使远来，徒烦跋涉。

我特地的把鸦片战争以前之关于中西礼俗的不同而引起两方的争执，以说明中国不只是完全没有意思去接受西方的礼俗，而且要洋人去遵行我国的礼俗，而同时也使我们知道礼俗在国际关系上的重要。

到了鸦片战败以后，我们被迫而签《江宁条约》，其中不只规定英国可以遣派公使在中国居住，而且规定中英官员有文书往来用照会字样，至于两国属员往来，必当平行照会。后来《中英续约》第五十一款且规定："嗣后各式公文，无论京内外，叙大英国官民，自不得提书夷字。"除了这些条约规定之外，西洋人也不行拜跪之礼。我们以为，从此以后在礼节上，西洋人不只是与我国人处于平等的地位，而也可以说是中国承认以至采用西洋的开始。《清会典》说及总理各国衙门里的职务道：

> 凡各国使臣入觐，先奏请觐所定期，皇帝御阁殿则导其使臣入，使臣行礼如见其国君，使臣呈递国书，代陈御案，使臣陈词，皇帝宣慰，毕则帅以退。凡使臣来贺元旦令节，于岁首约期，部院堂官咸集，接以宾礼，往贺亦如之。

这是西洋的礼俗得了中国政府的承认，而且在中国应用起来了。

西洋各国的外交人员之在我国的，固是应用其西洋的礼俗，而我国外交人员之到外国的，也逐渐的采纳了西洋的礼节。其实到了后来，我们除了外交人员之到外国，差不多都穿了西洋的礼服以及采用西洋的礼节之外，就是在国内的外交人员以至政府官员，也多穿起西洋的礼服、衣服，以及采用西洋的礼节。

又如军队方面的举手为礼或是鸣炮为礼，以至吹喇叭之礼、升降旗之礼，这都是效法西洋的。

外交与军事上的礼节固是效法西洋，政府的机关的好多礼俗也多采自西洋。自民国成立以后，从国家元首至一般的官员的就职典礼，以及国庆各种纪念日与纪念周，所行的礼节都受了西洋的礼节的不少的影响。

至于一般人民在日常生活上所受西洋的礼节的影响，也很为明显。我们知道，六十年前容闳所带赴美国留学的大批幼童在美国久住之后，曾习染了美国的礼俗，他们不只是朋友之间相见而应用西洋的礼俗，就是看了留学监督与中文教员，也不愿遵照拜跪之礼而行了握手之礼。主要的是因为他们放弃中国的礼俗而习染西洋的礼俗，所以引起一些守旧者流的反对，以为这些学生若再使其在外国求学，必至于反背中国的礼教而忘记其本原，结果是这些学生学业虽未完毕，而通通被遣回国。这可以证明六十年前国人之痛恨西洋的礼俗。

然而六十年来，无论卫道的先生们怎样的去反对西洋的礼俗，怎样的去拥护中国的礼俗，可是中国的礼俗既日趋日衰，而西洋的礼俗却愈来愈盛。青年人一见面，不行作揖之礼而行握手之礼固不待说，就是老年人之一见面而不行作揖之礼而行握手之礼，也很普遍。我们从前的礼教是男女授受不亲，现在则男女相见也行了握手之礼，至于夫妻、父女、母子、兄妹的家人，在要离别之时或是离别之后而见面的，还有效法西洋而行接吻之礼的。

不但这样，因为我国女子的地位逐渐提高，社会人士之对于女子的礼节，也有不少是效法西洋的。在上海坐电车时，一般青年的男子见了妇女上车而没有地方坐的，往往起而让位，这种让坐的礼俗，不只是在上海与其他的沿海的通都大邑，就是在内地的城市，如在重庆、如昆明的公共汽车中，也可以见到有人这样的做。妇女第一（Lady First）的礼俗不只是在电车中、在公共汽车里可以看见，就是在其他的公共场所，以至宴会的席上，也随处可以看见的。

此外，又如婚姻丧祭方面的礼俗之受西洋的礼俗的影响，也是不能否认的事实。结婚典礼，如服式以至交换戒指，上面已略为谈及，这里不必多说。至于人死而葬的礼俗之效法西洋的，也很普遍。信仰基督教的教徒在死了之后是用西洋宗教的仪式，是用不着说的，一般人之死葬而用西洋的仪式的，也逐渐的普遍。以袖带黑带以代替我们的白布，以表示家有丧事，赠送花圈而代替我们的挽联，这都是我们的死葬礼俗之趋于西化的最显明的例子。又如家中对于已死的人挂照像而不用木牌，以至其坟墓、石碑之效法西洋，也很为显明。在死人的像前，在其生死之日以至拜墓之期，不用香烛、元宝、酒菜、饭肉去供祭，而只用生花，这也是受了西洋礼俗的影响。

死的礼俗固多是效法西洋，生的礼俗也多有效法西洋。到医院里生小孩，这是西化的影响。从前的产妇的房子，男宾是不能进去的，现在则产了小孩之后，男友与女友一样的可以探视产妇。至于养育小孩的方法之效法西洋，更为显明的事实。我们以前的小孩死亡率之所以特别的高，是由于养育不得其法，现在一般受过新式教育的人们固能看到这点，就是没有受过新式教育的人们，也逐渐的觉到西洋的方法的良善而采取西法了。比方牛奶是从前国人所不吃的，然而现在却成为养育小孩的一种重要的养料，近来舶来的各种奶粉的销路之广，主要是为着小孩的食品。至于其他各种的卫生方法，如天天洗澡、多晒太阳，以至任其作短期的叫哭，使其身体能够运动，以及食睡有定时，均是受过西洋的方法的影响而产生的一种新习惯。

至于生日之庆祝，朋友之赠送鲜花、西饼，以及其他的礼俗之效法西洋，也是日趋日多。

近代我国各种节期的西化，又是我国的礼俗的西化的很好的例子。自政府命令改用阳历之后，好多的时节也随之而改变。旧历新年还有人庆祝，而且庆祝旧历的新年也许比之新历新年还为热闹，然而，政府、学校以至新式的企业、公司，则往往只过新历新年而不理会旧历新年。至于城市上的商店以及一般民众，虽是新旧两个新年日子都兼并采用，可是新的新年自政府下命令采用以后，三十年来已逐渐的为人民所重视，而况像我们上面所说，政府、学校以至新式的企业、公司，已差不多完全废止旧历新年。我们相信，以后的新历新年是日趋日普遍的。

而且近年以来，庆祝旧历新年的人们，对于发给或领取薪水，则往往是用新历的月份，因为这是比了旧历月份的三年加一闰月而变为十三个月去计算方便得多。此外，无论是报馆以至新旧商店，照法定日历是用新历，所以，新历的流行是没有问题的。其实，现在除了老太婆之外，记得旧历的日子的人是很少的，大家问起什么日子，总以新历为主。记得新历日子的人固不必去记着旧历的日子，然而，记得旧历的日子的人，而尤其是在城市里的人，也不得不记着新历的日子，因为老妈子领取工钱也是在新历的月底。所以，新历不只在理论上是比旧历为准确，而且在实际上已很为普遍。

又，我国人的工作与休息，虽不能说完全没有规定，然而所谓日出而作、日入而息，却是太过笼统，自基督教传入中国之后，教会与教会所设立的机关学校与医院等等，实行了星期休息的习惯，国人也逐渐的受其影响。

现在不只是教会与教会所设立的学校与医院等等有了星期休息的规定，就是我们所有的政府机关、学术机关，以至银行、公司、工厂，都有了星期休息的规定。

星期休息本来是基督教的礼拜，然而后来却为一般人的休息日。在我国，这种办法的采纳然而因为太普遍了，几乎使了国人忘记这是耶教的礼拜，这是西洋的方法。

除了星期休息之外，从前星期一至星期六的六天中的工作与休息时间的分配，也是趋于西化。政府机关、学术机关，以及工厂、银行与好多大商店，往往以每天七小时至八小时的工作为标准，而上午、下午的工作时间，大致也是从上午八时或九时至十二时，下午从一时或二时至五时，晚间除了特殊情形之外，是少有工作的。

因为工作的时间有了规定，因而国人一向的工作不守时间的习惯，也可以慢慢的改变，有些机关还且设了各种办法去强迫工作人员依时到办公室。我们相信，工业化的程度愈高，则遵守时间的习惯必更为普遍。

又如母亲日、妇女日、儿童日、劳动日等等节期，我国人也纪念起来，这都是从西洋输入来的。至于圣诞日、复活节，虽是信仰西教的人们所举行的纪念日，然而相染成风，好多没有信仰耶教的人们，而尤其是在大都市，如上海，各处的人们对于这种节期也热烈的参加或庆祝，赠送圣诞卡片、礼物，不一定是限于基督教徒。

然而最值得我们注意的是，孔诞的日子也西化起来。孔诞一向是在旧历八月廿七日，自民国改旧而行新历之后，政府当局也规定新历八月廿七日为孔诞，这不只是反了旧时的作法，而且对于孔子的生日的真实性完全不讲究而随便的去规定。

此外，又如各种假期的规定，如学校的暑假、寒假以至春假，都可以说是受了西洋的影响。其他的机关、医院、工厂、公司等等，虽没有像学校的假期之长久，然而在一年之中，往往也有一个月或两三个星期的例假办法，否则也有每年可以告假多少天而无影响于薪俸的规定。至于因染病，因结婚，以至妇女因生产而可以告假的办法，均是受了西洋的影响的。

我们上面虽不过是随便的举出一些例子，以说明我们的礼俗的西化的趋向，至于其他的礼俗之受西洋文化的影响的，这里只好从略罢。

上面已说明我们的礼俗的西化，我们现在且来叙述法律的西化的概略。

自鸦片战争以后，国人因为被迫而开放门户，中外交换使节与领事，使我们对于国际上的公法不得不加以注意。比方西人马丁氏所译的《国际公法》就是为着适应这种的需要。此后，因为我国与其他各国的关系日趋日密，我们不只对于国际公法不得不加以采纳，就是对于西洋的其他各种法律，也不得不加以研究，不得不加以采取。

其实，我国自有历史以来，就注重人治而不注重法治，故对于法律就不讲求，故近代法律的发展，根本可以说是受了西洋的文化的影响。关于这一点，秦瑞玠氏所著的《大清新刑律释义》里曾已说及，而且指出近代刑法的西化的史略：

> 我国自有历史以来，向崇道德、宗教、礼仪、政治，而不言法律，故一般法制几无历史沿革之可言。惟刑名则与礼制相出入，与政术同作用，又与兵事类列，较之一般法制史，其沿革起源为最早，始自唐虞，迄于前明，以至今日。就刑法上沿革论之，略可分为二大时期。第一期自虞夏至前明，此时期可分之为二：（甲）自虞夏至隋唐，（乙）自隋唐以后至前明。第二期自国初以至今日，其间又可细分为三时代：（甲）旧律时代，自国初以至光绪二十八年间为止，所奉行者为原有之《大清律例》。实悉本唐律及明律之旧，分吏户礼兵刑工等总目而为六，又分名例、职制、公式，至断狱、营造、河防等门目为三十，更分子目为四百三十有六，以律为本，例各随之。（乙）现律时代，自光绪二十九年后至宣统三年为止，所奉行者为《大清律例》已修改之现律例。盖旧律承自前明，实始有唐，历千余年，多不合于现时之应用，如流囚家属，私出外境，违禁下海，封禁矿山，朝见留难，文官不许封公侯等条，均成虚设。官制既改，又不得不废六律之名，而废凌迟、枭首、戮尸等惨酷之刑，及免缘坐、除刺字，尤为仁政所宜，暨笞仗改为罚金，徒流均免实际，改为工作，废死罪之虚，拟改并律，定之笞、仗、徒、流、死，及例定之军遣而为死、遣、流、徒、罚之五种，禁人口买卖，废关于奴婢、奴仆之条例，改减蒙古例，定满汉通行律，删除旗籍民人轻重互异之条，变通秋审之制，又另增私铸银行、窃毁铁路物件及揭损邮票等各专律，均为此数年间刑法上沿革之大略。（丙）新律时代，自豫定宣统四年实行以后，至于将来，均属之新刑律。草案由修订法律馆起草，自光绪三十三年八月告成，经各部各省签注加以修正，复经宪政编查馆核订，经资政院第一期议会议决通过总则，而分则不及议毕，于宣统二年十二月一并奉旨颁

行。虽声明仍可提议修正，而大致不甚变更。

我们知道，光绪二十八年（一九〇二）至三十三年的刑法的修改，是近代中国刑法的西化的开始。当时为要作修改原有的刑法的参考，政府曾设馆翻译西洋各国的好多刑律。关于这一点，《光绪政要》中曾载有伍廷芳与沈家本的奏疏：

> 光绪三十年，伍廷芳、沈家本奏疏，光绪二十八年四月初六日，奉上谕，现在通商交涉事益繁多，著派沈家本、伍廷芳将一切现行律例，按照交涉情形，参酌各国法律，悉心考订，妥为拟议，务期中外通行，有裨治理等因。当经臣等酌拟大概办法，并遴选谙习中西律例司员分任纂辑，延聘东西各国精通法律之博士、律师以备顾问，复调取留学外国卒业生从事翻译，请拨专款，以资办公等因在案。计自光绪三十年四月初一日开馆以来，各国法律之译成者，德意志曰《刑法》，曰《裁判法》；俄罗斯曰《刑法》；日本曰《现行刑法》，曰《改正刑法》，曰《陆军刑法》，曰《海军刑法》，曰《刑事诉讼法》，曰《监狱法》，曰《裁判所构成法》，曰《刑法义解》；校正者曰《法兰西刑法》，至于英、美各国刑法，臣廷芳从前游学英国，夙所研究该二国刑法，虽无专书，然散见他籍者不少，饬员依类辑译，不日亦可告成。复令该员等比较异同，分门列表，展卷瞭然，各国之法律已可得其大略。臣等以中国法律与各国参互考证，各国法律之精意，固不能出中律之范围，第刑制不尽相同，罪名之等差亦异。综而论之，中重而西轻者为多。盖西国从前刑法较中国尤为惨酷，近百数十年来，经律学家几经讨论，逐渐改而从轻，政治日称美善。中国之重法，西人每訾为不仁，其旅行中国者，皆藉口于此，不受中国之约束。夫西国首重法权，随一国之疆域为界限。中国之人侨寓乙国，即受乙国之裁制，乃独于中国不受裁判，转予我以不仁之名，此亟当幡然变计者也。方今改订商约，英、美、日、葡四国均允，中国修订法律，首先收回治外法权，实变法自强之枢纽。臣等奉命考订法律，恭译谕旨，原以墨守旧章授外人以口实，不如酌加甄采，可默收长驾远驭之效。现在各国法律既已得其大凡，即应分类编纂，以期赶日成书。

从这里我们可以看出来，中国刑法的西化，是由于中西交涉而引起的结果。这是因中国的刑法太过严酷，而使外人借口不愿受了中国法律的裁判，因而遂有治外法权的丧失，所以，为了收回治外法权与改善中国的刑法，我们不得不修改我们固有的刑法，以适于现代的潮流。

四十年来，我们对于我们的刑法曾不断的加以修改，到了最近，英美各国宣布取消在我国治外法权之后，我们对于我们现行的刑法还不能说是已臻于完善的地位，而要加以修订。

除了刑法之趋于西化之外，我们的民法在近代也是逐渐趋于西化。光绪三十二年，修律大臣伍廷芳、沈家本在其《奏呈刑事民事诉讼法》的疏里曾指出：

> 中国旧制，刑部专理刑名，户部专理钱债田产，微有分析刑事民事之意；若外省州县，俱系以一身兼行政司法之权。官制攸关，未能骤改。然民事、刑事，性质各异，虽同一法庭，而办法要宜有区别。臣等从事编辑，悉心比絜，考欧美之规制，款目繁多，于中国之情形未能尽合，谨就中国现时之程度，公同商定简明诉讼程序，分别刑事民事，探讨日久，始克告成。综计全编分为五章，凡二百六十条。

这篇疏里，虽说欧美的规制"款目繁多，于中国情形未能尽合"，然而所谓"谨就中国现时之程度，公同商定简明诉讼程序，分别刑事民事"，还是效法西洋的民法。而其所以不能学西洋的规制那么繁多的款目，是由于中国那个时候的程度，尚未能完全应用西洋的各种民法，而并非中国将来不需要西洋的各种民法。而且，在这篇疏里，伍廷芳及沈家本还指出，我国应该取法西洋各国的通例，有了两件事：一为设陪审员，一为应用律师。这两种制度，可以说西洋司法的重要的制度。

到了民国十年七月二十二日，修订法律馆复加修订民事诉讼法草案七百五十五条。北伐成功以后，政府又修订民法，而成为现在的通行民法。现行的民法，根本上像以前二次的民法草案，是参考西洋的民法而厘订的。而其最足使我们加以注意的，如亲属编之规定，凡男女两方，如有一方有了不治的疾病或重大的精神的疾病，对方可以提出解除婚约或是离婚。又如继承篇里，打破"宗祧承继"的旧观念，反对男子独占遗产的旧习惯，使女子也可以承继遗产，同时也规定了配偶有互相承继遗产的权利。

此外，又如在劳工法里，对于工作时间、休息休假、工作契约的终止，以及工厂安全、卫生、设备、工人福利等等，均有规定，而对于童工、女工也有保护的规定，至于工会法中，对于工人团体也有保护的规定。

民法中这些规定，一方面是打破中国的固有与传统的习惯，一方面是效法西洋的现代的作法。这不只是证明中国在民法的本身的形式上是趋于西化，而且证明中国的人民的思想与行为上的西化，是有了法律上的根据与法律上的保障了。

我国近代的刑法与民法的发展，固是受了西洋的影响，我国近代宪法的运动，也是受了西洋的影响。

甲午战败以后，国人逐渐感觉到我们的政治制度之需要改革，康有为、梁启超的维新运动就是这种改革的先声，而所谓宪政的设立，尤为当时之谈政治改革者所特别注意。康、梁的维新运动失败以后，宪政的运动虽受了打击，然而经过庚子义和团的祸乱之后，国人对于政治改革的运动的推动又加强起来。满清政府见了这种运动的势力日盛，不得已于一九〇五年，派了戴泽、戴鸿慈、端方、尚其亨、李盛铎等赴各国考察政治，希望他们回国后而宣布预备立宪。到了光绪三十二年（一九〇六）一月，考察政治大臣戴泽等奏请宣布立宪，清廷遂于七月宣布预备立宪。其谕旨里说：

> 戴泽等回国陈奏，皆以国势不振，实由于上下相蒙，内外隔阂，官不知所以保民，民不知所以卫国，而各国之所以富强者，实由于实行宪法，取决公论，军民一体，呼吸相通，博采长众，明定权限，以及筹备财用，经画政务，无不由仿行宪政，公之于黎庶。又兼各国相师，变通尽利，政通民和，有由来矣。时处今日，惟有及时详晰甄核，〈仿行宪政〉，大权统于朝廷，庶政公诸舆论，以立国家万年有道之基。但目前规制未备，民智未开，若操切从事，徒布空文，何以对国民而昭大信。故廓清积弊，明定责成，必从官制入手，亟应先将官制分别议定，次第更张，并将各项法律详慎厘订，而又广兴教育，清理财政，整顿武备，普设巡警，使绅民明悉国政，以备立宪基础。

到了宣统元年，遂设各省谘议局，又资政院，以为议院的先导，同时宪政编查馆又采取德国及日本的宪法而编制宪法大纲。然而，清廷这种做法，表面上固是预备立宪，骨子里却是只想缓和当时的政治改革的空气，所以到了后来，各省谘议局联合会请愿速开国会以及另组责任的内阁的时候，清廷又借故反驳，这么一来，不但不能缓和当时的政治改革的空气，反而增加其力量，结果是引起辛亥（一九一一）的革命，而满清遂以覆灭，而中华民国的基础遂得以成立。从法律的立场来看，中华民国的基础是以民国元年各省代表所组织的参议院所制定的五十六条约法为主。这个约法规定：（一）中华民国由中华人民组织之（第一条）。（二）中华民国之主权属于国民全体（第二条）。（三）中华民国人民一律平等，无种族、阶级、宗教之区别（第五条）。（四）人民得享下列各项之自由：（1）人民之身体，非依法律不得逮捕、拘禁、审问、处罚；（2）人民之家宅，非依法律不得侵入或搜索；（3）人民有保有财产及营业之自由；（4）人民有言论、著作、刊行及集会、结社之自由；（5）人民有书信秘密之自由；（6）人民有居住迁徙之自由；（7）人民有信教之自由（第六条）。此外，第四条又规定，中华民国以参政院、临时大总统、国务院、法院行使其统治权；而第五十三条又规定，本约法施行后，限十个月内由临时大总统召集国会，其国会之组织及选举法，由参议院定之；第五十四条又规定，中华民国之宪法由国会制定，宪法未施行以前，本约法之效力与宪法等。

到了民国三年三月，袁世凯召集约法会议，五月公布新约法，而对于民国元年约法中所束缚总统的权力的条文完全删改，因此而引起南方的讨袁运动。三十年来，多少次的宪法的制定与宪法的草案，虽始终没有见诸实行，然而宪政的运动也始终没有停断。最近来政府又有施行宪政的预备，我们希望在不久的将来，宪政能够实现起来，使中华民国成为一个名实相符的中华民国。

第三编

第七章　卫生与娱乐

据说，利玛窦在广东与后来在北京都为人医过病，此外，明末清初，有些皇帝病时也请过天主教的教士去为其诊治，还有一些国人是因为天主教的教士为其治好了病而受洗礼的。然而，关于明末清初的天主教的教士输入西洋的医药的记载，是不易找出来的，虽则在那个时候，西洋的医药也已朝着近代的新式医药的途径上跑。

西洋近代医法之传入中国，最早的要算种痘的方法。有些人说，介绍这种方法于中国，最早的是西班牙人，这是嘉庆八年（一八〇三）的事情。但是又有些人说，输入这种方法于我国，最早的是英国的东印度公司的医生皮尔松（Alexander Pearson）。据近人的考证，大概后说比较可靠。皮尔松是东印度公司的住在广州的医生，他于嘉庆十年（西历一八〇五）在广州传种痘的方法，同时又著了一本小书去说明种痘的方法。这本书由一位英国人叫做斯坦吞（George Staunton）译为中文。皮尔松除了自己传种痘的方法与著书说明之外，他又传授西洋医法于国人，而在国人之中之得了这种方法而成为名医的，要算一位名字叫做海官（Hequa）。

据说，海官在三十年间曾为过一百万人以上种痘，后来，海官的儿子又承继了他的医业，设立医所，为人种痘。

到了嘉庆二十五年（西历一八二〇），东印度公司的外科医生利文斯吞（Livingstone）曾与新教的第一个传教士玛礼逊（R. Morrison）在澳门设立一小医院，并招了中国的生徒以为助手，而医治一些贫苦的华人。

七年后（一八二七），又有一位东印度公司的医生科尔雷枢（T. R. Colledge）在澳门设立了一所眼科医院，过了一年，他又设立了一个普通医院，可容得四十人。科尔雷枢在澳门行医，在五年间到他的医院请诊的有了四千余人。因为他的这个医院对于中国人与西洋人有了很大的益处，所以不只在澳门与在广州的西洋人乐于捐款，就是中国人也有不少给与经费上的帮忙。

科尔雷枢除了在澳门设立医院外，又在广州设立一个分院。这个医院也是为了中西人士而设的，同时他又请了两位西洋医生去帮忙他医病，一为布拉德福德

(J. A. Brodford），一为科克斯（Cox）。

科尔雷枢的医院，可以说是中国的西式医院的嚆矢。然而我们也得指出，在一千八百三十五年前，西洋医药之输入中国的，全是由东印度公司的医生。这些医生本为医治在中国的东印度公司的职员而来，到了中国之后，因为看见中西人士之需要医治的逐渐增加，因而开设医院。

科尔雷枢虽是一位医生，也是一位热心的新教教徒。他到中国的时候，新教教士玛礼逊已来中国传教很久，玛礼逊在当时既感觉得在中国传教的困难，而不得不在广州的东印度公司里当职员，以便在中国久住，而从事于《圣经》的翻译与宗教的宣传。这就是说，他很明白，专以传教而来中国传教是不易的。他与利文斯吞在澳门设立医院以医治一些贫苦的中国人，是本了基督救治贫苦的信心，然而，从这种经验中，说不定使他们感觉到，以行医为传教的工具是一个很好的传教的方法。科尔雷枢来中国的时候，不只是与玛礼逊同时，而且是同事，那么，科尔雷枢之在澳门与在广州设立医院，是与玛礼逊与利文斯吞之设立医院是有关系的。而且，科尔雷枢既也是一个热心的新教教徒，那么，他之设立医院，也可以说是本了基督救治贫苦的信心。从行医中，他也觉得用行医去宣传宗教是一个很好的方法，因此之故，他遂发表一篇论文，题为《任用医士为中国的传教士的商榷书》（Suggestions with Regard to Employing Medical Practitioners as Missionaries to China）。

他的这篇论文很能引起好多西洋的教士的注意，后来在西洋而尤其是美国的好多教会人士之到中国传教的，都以设立医院或是兼作医生以为宣传宗教的方法，而第一位新教教士之以行医为宣传宗教的，要算美国的派克（Peter Parker）。派克于西历一八三四年，这就是玛礼逊死的那年，先到新嘉坡设立了一个医所，专为我国在新嘉坡的侨民治病。到了一八三五年，他乃把其医所移到广州，不过最初只诊治眼科。到了一八三八年，他又与美国的公理会的裨治文（E. C. Bridgman）以及科尔雷枢组织了一个广州医科传教会（Canton Medical Missionary Society），这是在中国的西洋教士把医业与传教合而为一的机关。

广州医科传教会成立那一年，英人罗卡特（William Lockhart）也到了中国。他到中国的时候，先在澳门担任派克所设立的医院院长；鸦片战败以后，中国五口通商，他乃于一八四三年到上海设立医院；到了一八六一年，他又到北京设立一个医院，这个医院就是后来的协和医学院的前身。差不多与罗卡特同时来中国传教而兼行医的，是英人荷布荪（B. Hobson）。他于一八三九年抵中国，除在罗卡特所任职的澳门医院与所设立的上海医院当过院长之外，又在香港当了伦敦传教会的医院院长，而与罗卡特对于西洋医药之输入中国有了很大的贡献。

至于国人之以学习西医而著名的，就有一八五七年赴美留学之黄宽。黄宽在美国中学毕业之后，乃赴英国入爱丁堡大学的医学院，他在这个大学里毕业时名列前茅；回国之后在香港行医，不只我国人之需要诊治的常找黄宽，就是西洋人之有病的也常找他。据容闳告诉我们，他在当时不只是在中国的著名西医，而且是在好望角以东的有名圣手。

在黄宽的时候，国人之信西医的不只很少，而且多持反对的态度，西洋的教士之在广州设立医院的，往往受了国人的剧烈毁谤。有些人说，西洋医生所制造的药品是以小孩的心眼以至女孩红丸而作的，所以，在外国人所开设的医院左近，假使有了小孩失踪，国人则往往指为西洋医士所为，就是死尸之已埋而失踪的，国人也有以为这是西洋医士窃偷以取其内部某部分而制药的，至于西医因开刀而病人死的，那又往往以为是西医所杀害。因而西洋教士虽以行医为传教的工具，然而他们也往往因行医而遭国人的攻击——攻击其医法而同时反对其传教。黄宽既在了这种环境之下而学习西医以行其道，于国内是很困难的，结果是他不能不在香港悬壶。因为西医既每为内地人民所反对，而他又不像西洋的传教医士之有条约的保障，以利用其医道而宣传其宗教。简单的说，黄宽在西洋医学的造就上虽然很深，然而因为他所学的是太超越了他的时代，除了对于在香港的好多中外人士之得他而病愈之外，他在中国的医学的推进上，并没有相当的贡献。

然而，西洋的教士既日来日多，而教士又多用医术以为传教的工具，因而在我国的西式医院也日立日多。在最初的时候是设立于中外通商的口岸，后来慢慢遍及于内地。广州的博济，海口的天主教医院与新教医院，汕头的英国长老会医院，上海的伦敦传教会医院、美国圣公会医院，杭州的大英医院，汉口的英国医院，济南的齐鲁医院，长沙的湘雅医院，南京的鼓楼医院，北京的协和医院，奉天的苏格兰联合自由会医院，重庆的宽仁医院，成都的华西大学的牙科医学院，以至云南昆明的惠滇医院，都不过是随便的举了一些显明的例子，然而教会医院之林立于我国，已可概见。我们知道，明末清初的西洋教士是以天文、历法、地舆以为传教的工具，而十九世纪以后的西洋教士是以行医为传教的工具，前者完全是天主教的教士，而后者最初与主要的是新教的教士。所以，我们谈起西洋天算、地理的科学的输入，我们不能不想及天主教的教士的功劳；而我们谈起西洋医药的输入，我们不能不想及新教的教士的功劳。

教会的医院以至医学校既日来日多，国人之习西医的也逐渐增加。其初，国人之习西医的多为教会医院或教会学校所出身的学生，直到现在，西医学校与西医医院之最好的，还是教会所设立的协和医学校及其医院，不只在中国是首屈一指的医学校与医院，就是在东方也是首屈一指的。

然而同时，国人在各处自设的西式医学校与医院也逐渐的增加起来，比方广州的光华医学校、中山大学的医学院，上海的上海医学院，南京的中央大学医学院，以及北京的医学专门学校与云南大学的医学院，而天津的北洋的医学院历史尤久，其前身可以追溯到李鸿章在同治、光绪年间所办的军医学校。至于国人自立的医院，除了中央医院之外，有些省有省立的医院，如云南的昆华医院；有些市政府有市立的医院，如广州的市立医院；有些县有县立医院，如定县的卫生院，这是公立的医院。此外，私人设立的医院更是举不胜举，比方广州的邝磐石医院、颐和园医院，上海的石玛丽所立的医院，天津的丁懋英所立的医院，这都不过是随便的举了一些例子罢。又如私人所开办的医所，那更是举不胜举，而各种专科医院或医所，如眼科、牙科、产科等等，不只在大都市中到处可见，就是小城市里也随处可见。

除了医学校与医院之外，各种医学会也逐渐的发展，而中华医学会又可以说是全国医学界的讨论医学的会社。此外，红十字会以及其他有关于医药的各种团体，以至西药药房的普遍，都是证明我们的医药是愈趋于西化的。

各种的西药店与医学会、各处的医学校与医院的数目的增加，固是我国的医药的西化的明征，而各种医药的研究与制造的愈趋于专门化，以及各处的医院的设备的逐渐改良，尤足以表示我们的医药的趋于澈底的西化。比方中央防疫处所作的血清以及其他的防疫的药品，中央卫生实验处所研究的各种疾病以及其药方，以至各大学中的医学院或专门的医学院的各种医药研究，都慢慢的专门起来，使病源能够逐渐的明瞭而施以特别的药方。至于医院的设备，据斯内尔（J. A. Snell）与齐鲁大学的巴姆米（Balme）的调查，从民国十九年到民国二十二年的三年间，不只医院的数目从一百八十九个增加到二百一十四个，就是在内部的设备上也进步得多。在民国十九年，医院之有高压消毒器的占总数百分之六十六，而在民国二十二年占总数百分之九十一；在民国十九年，医院之有临床实验室的占总数百分之六十九，在民国二十二年占总数百分之九十六；在民国十九年，医院之有X光设备的只占总数百分之十三，在民国二十二年占总数百分之五十以上。这不过是指出一些比较普遍的设备，至于其他各种专门的设备，也逐渐的改进。

西化的医学的智识的进步与医院设备的改善，不只是使中国的医药愈趋于西化，而且使国人对于西医西药的信用愈为增加，所以，现在除了受新智识的青年男女往往信任西医西药之外，年老与守旧的人们也往往到医院去请教西医，采用西药。

其实，有了几种普通所用的西药，如红药，如碘酒，以至医治疟疾的金鸡那，或是医治普通头痛的亚士比林（Aspirin），已很流行于我国，至于提防霍乱、伤寒或是其他的流行症的注射药品，也已很为普遍，而且更趋于普遍。

一个人病了要请医生，要吃药以去病魔，这是卫生的治标的方法；一个人平时能保养身体，使病魔不能侵入，这是卫生的治本的方法。所以，善于养身的要使其没有病，而个人平时卫生的讲究尤为重要。个人卫生的讲究是多方面的，吃要清洁而有养料，睡要安眠而有定时，此外，空气的新鲜，阳光的充足，以至身体的运动，都可以说是与卫生有了密切的关系。个人近来对于这些方面都慢慢的讲究起来，所以，近代一般的有智识的人们的身体，大致上是比起以前一般的读书的人们康健得多。然而，卫生只是由一个人或少数人去讲究是不够的，因为，比方任你自己怎么样的去讲究卫生，可是假使你日常所接触的家人与朋友不讲究卫生，或是染了某种传染疾病，对你是有了影响的。所以，卫生不只是要个人去讲求或少数人去讲求，而要大家去讲求。要大家去讲求卫生，就是叫做公共卫生。这种公共卫生的讲求，是我国近来卫生西化的一种新猷。

国人从来是持了"自家自扫门前雪，不管他家瓦上霜"的态度而对于公共卫生尤从不注意。门前街道的污秽不堪，隔壁人家的传染病症，都没有人管，这是我们的传统观念。其实，卫生所包括的范围既很大，而公共卫生所包括的事情更广。街道的污秽，传染的疾病，以至沟渠的流通，厕所的设备，空气的新鲜，阳光的充足，以及好多其他的方面，都与公共卫生有了密切的关系。然而，这些事情往往并非个人所能为力的，因而政府近年以来也能注意到这些方面，而其所以能够注意的，可以说是受了西洋的影响。

在我国，公共卫生的研究是始于医学的学校。比方协和医学校的格兰先生（J. B. Grant）是在我国很努力于公共卫生的训练上的人物，廿余年来，国内好多之讲公共卫生的，都是他的门徒。可是，公共卫生的讲求是要在实际上做工夫，不能只在学理上研究，所以，除了学理上的研究之外，我们对于实际上的工作，在近年以来也慢慢的能够注意。

现在推进我国公共卫生的机关，主要的是我国政府所设立的卫生署，以及各处地方政府所设立的卫生处、卫生局或是卫生所。卫生署的设立虽不过十余年，然其重要性已逐渐为国人所重视。现在的卫生署的前身，是民国十七年所设立的卫生部，而卫生部的前身，又是南京建都以后在内政部所设立的卫生司。卫生司既改为卫生部，乃直隶于行政院，民国二十年又改为卫生署；从民国二十年到民国二十四年，又直隶于内政部；民国二十四年七月又离开内政部而直隶于行政院。此外，在抗战前，湖南、江西、浙江、安徽、云南、陕西、宁夏、甘肃、青海各处均已有卫生处的设立；而市政府之设立卫生局的，在抗战以前曾有了南京、汉口、天津、青岛、杭州、北平、上海、广州各处。抗战以后，重庆以及最近的昆明也有卫生局的设立。至于县政府，如定县及其他的实验县，曾有卫生院的设立。

这些各级政府所设立的卫生机关，对于国内各处或是其所管辖的范围之下的公共卫生的实际工作均设法去推进，而对于传染病的防止工作尤所注意。比方民国二十年间的山西、陕西的鼠疫，民国二十四年的福建龙岩的鼠疫，以及民国二十五年福建政和与闽南各县的鼠疫，中央的卫生机关均拨款去设法扑灭，同时又在陕西榆林设立鼠疫研究防治所，与在闽南、闽北、闽西设立防疫所。

此外，政府卫生机关对于云南而尤其是滇西的疟症、广东的肝脏虫病、琼州的寄生虫病、浙江的住血虫病、江苏的黑热病，或拨款项，或给药品，或派医士，以资防止或是研究。比方云南的疟疾除了用各种方法去扑灭之外，还有抗疟研究所的设立。在抗战时期中，因为滇西地位在缅甸未陷之前为国际交通要道，除了政府特别注意其疟症之外，还请了美国的疟症专家去从事研究而设法医治。又如最近来政府卫生当局在重庆大渡口与沙坪坝的抗疟的工作，均是公共卫生上的重要的工作的表征。

又如卫生当局在民国二十年的黄河水灾区的防疫卫生的工作，淞沪战区善后委员会的防疫卫生工作，七省公路卫生防疫工作，以及滇缅铁路的卫生工作，均可以说是较大规模的公共卫生的工作。至于每年疫症易生的时候，在各城市的免费注射以抵抗各种疫症的工作，近年以来政府卫生机关均能推进施行。所以，近年以来天花的流行已见减少，而霍乱自民国二十一年为大患害之后，亦已减少。

公共卫生的工作，除了防止疫症之外，还有好多其他的工作。近来中央卫生署设立的卫生实验处，研究各种流行病症，研究各种治病药品；而各地方的卫生机关，对于保健助产各种工作，以至城市街道的清洁、公共厕所的改进，也逐渐的注意起来。至于如在夏天的各种容易引起传染病的饮食物品的取缔或者检查，这都是为着公共的卫生而设施的。

总而言之，公共卫生的推进是民族康健的基本的工作，我国近年以来对于这种工作的逐渐注意，不只在方法上是效法西洋，就是在原则上也是效法西洋。

我们的卫生的工作固是效法西洋，我们的娱乐也逐渐的趋于西化。

与卫生有关而又可以当为娱乐之一种，是运动或体育。国人从来不注重体育，盖传统的思想既以为勤有功，嬉无益，而文弱书生成为士人的特性，所谓"东方病夫"的讥笑，也无非由此而来。自甲午战败以后，国人开始提倡体育，而学校中列体操为必修科目，其目的就是要振起尚武的精神。北洋大学在满清末年曾有健身房的设立，此外，如清华学校与好多教会学校都有这种设备。而游泳池，各种竞赛，各种新式游戏，也慢慢的发展起来。

除了学校而尤其是教会学校提倡体育之外，二三十年前，各处的青年会对于体育的提倡也不遗余力。比方在二三十年前，在广州的各种球赛与游泳比赛多为青年会所发起，因为在那个时候，体育团体的组织既少，而各种体育的设备，除了青年会的外，又不多见。到了现在，则在各较大的都市中提倡体育的团体已举不胜举。沿海各大都会在抗战以前的各种提倡体育的团体之多固不待说，抗战以后的昆明，无论市政当局或社会人士，对于这方面也很注意，游泳会或其他的体育会慢慢的都组织起来，最近来因为美国军队之来昆明的日多，对于这方面的推进尤为努力。

然而，国人之关于体育的团体之组织，最早而声誉又最著的，恐怕要算香港的南华体育会。南华体育会成立的一九〇八年，最初只有一足球队。盖当时国人之在香港洋行或其他机关之做事的，看了英人常常有了足球的比赛，因而组织体育会，在工作之余练习足球。最初是由会员互相比赛，后来又与广州各校而尤其是教会学校如岭南学校的球队比赛，以及在港的外国球队互相比赛。南华的足球队在华南各处比赛多得胜利，声誉日隆，而会务也日益发达。除了足球队以外，对于一般的普通的男女各种竞技运动也很注意。然而，南华体育之闻名于世界，还是以其足球队的技术的高明。南华体育会在香港除了有广大的足球场之外，又有健身房、游泳池，还有广大的会所，成为中国南部以至全国的体育的一个中心，而同时也是在香港的侨胞的一个社交的中心，所谓兼体育与娱乐一个重要的场所。

香港除了南华体育会之外，又有一个香港华人体育协会，在广州又有广东省体育协进会，均是促进华南体育的机构。香港的体育既以南华体育会为最著名；在广州方面，自民国以来，是以岭南大学的体育为最著名；至于上海，又有华东体育联合会，以所谓东方八大学为主脑；华北也有华北体育联合会，而南开与清华两大学对于体育的提倡尤为努力。

除了各处分区的体育会之外，又有全国体育协会，以推进全国的体育的事宜。该会设在上海，而其宗旨是：（一）联合全国体育团体以促进国民体育，（二）提倡全国业余运动并增进运动员之仁侠精神，（三）主持全国及国际间之运动比赛事项，（四）订定业余运动员之资格，（五）制定各项运动规则。

我们知道，中国近代的体育的发展的初期，很得力于教会学校及西洋人士，所以在发展的初期，我国的好多关于体育的事，多由外国人帮忙或主持，中华全国体育协会成立之后，一切关于促进体育的事情乃由国人做主。

除了国内各处提倡体育之外，我们对于国际的体育也多所参与。远东运动会我们固是参与，有世界性的亚林比亚委员会、国际足球协会以及国际网球协会、国际游泳协会等等，均有我国参与。

我们对于体育既极力提倡，各种运动凡西洋所有的，差不多都输入我国，赛跑、跳高、跳远、铁饼、标枪、游泳、赛马、足球、网球、篮球、排球、棒球、高尔夫球，有些已很为普遍，有的正在发展。而且像足球，在远东固屡占胜利，在世界也有声誉。

体育运动的竞赛，固足以鼓励人们注重体育，然而注重体育的目的，主要是健强身体。所以，除了各种竞赛的各种运动之外，如郊外旅行，也是有益于身体。近来好多人喜作郊外的旅行，甚至有所谓单车游行全国或徒步游行全国，均是受了西洋的影响的；至于各种团体到各处名胜旅行，近来尤为踊跃。而中国旅行社及各种会社，如青年会之提倡各种团体旅行，往往不只费用很省，而且有了好多的便利，增了不少的智识，这是对于身体，对于心神，都有益处。

又如近来的童子军的野宿，或是其他的人士的野宿，除了锻练身体之外，还要自己去动手以处理日常的生活，使青年对于各种技能，如煮饭、搭蓬幕，以至救护等等工作，都有机会去学习，而学生军队之练习野操，那又不只是有益于身体，而且是在国防上，在抗敌上，都有了很大的意义了。

运动是有益于身体，然而也是一种游嬉，是一种娱乐。学校里的男女学生成群的作徒手体操或是跳舞，说是训练身体也好，说是游戏也好，因为有好多种的运动并不是为比赛或是分胜负而作的，而是作了以娱乐自己，以娱乐他人，所以在学校开运动会的时候，往往总有几种这样的节目，至于各种游戏会所表演的各种游戏，那是更不用说的。

运动固也可以当为娱乐，可是娱乐的方法是很多的。打麻将以至吹鸦片，有人也当为娱乐，这是我国有历史的娱乐的方法，自西洋文化输入我国之后，西洋的各种娱乐也慢慢的介绍进来，而且慢慢的流行起来。

公共的娱乐场所，如电影院，近年以来不只在沿海各大都会很为发达，就是内地的城市也很为发达。电影院的数目，像在上海、广州、天津以至重庆、昆明等等的城市的数目，固已多过我国的旧式戏院，而在所谓旧式戏院，往往也演了新式的戏剧，而且现在之看电影的人们，不只是青年的男女，就是老年的男女以及小孩，也都喜欣起来。又，电影院里所映的电影多是外国的影片，有时虽有了翻译，然往往是说外国话，懂得外国话的人固喜欣看，不懂得外国话的人也喜欣看。又自有声电影流行以后，有了好多影片配以很好的音乐，所以，喜欢音乐的人往往也到戏院去听音乐，因而近来的电影院到处都很拥挤，故电影在今后还要格外发达，是无可疑的。

除了电影院之外，新式戏剧已逐渐为社会所重视，也是近二三十年来的一种极显明的事情。虽则近来有好多人借演剧以筹款，而使一些人所讨厌，然而这种戏剧也是娱乐的一种。

又如茶馆，也是公共娱乐之所在。沿海各大都市，西式茶馆早已林立，抗战以后，内地各处也有了好多西式茶馆。喝咖啡，喝红茶，吃西点，天津的起士林还有人奏音乐，而其他各处或有留声机，或装收音机，目的也无非是使顾客在工作之余得到充分的娱乐。

跳舞场，也是公共的娱乐之所。在我国，这种娱乐场最多的，要推上海。跳舞固为一些国人所反对，而且为一些地方政府所禁止，然而跳舞的人日来日多，是不可否认的。事实像在上海的好多跳舞场，固有不少的流弊，然而高尚的跳舞场却也有可取的地方，因而高尚的跳舞场不只养成男女社交上的新礼节，而且在优美动听的音乐中，作有规则的行动，是一种适当的消遣（relaxation）。西洋的政府当局在举行庆祝的典礼的时候，往往开跳舞会，并非完全没意义的，我们在目前的情形之下，固不一定要提倡商业化式的跳舞场，然而正当的跳舞会，也并不须政府去命令禁止。

其实在我们的学校里，而尤其是幼稚园、小学以至中学，我们还且教了学生去跳舞，在学校开游戏会的时候，小朋友们跳跳舞、唱唱歌，一般守旧的父母们也很喜欣去看看与听听。为什么青年男女大起来而跳舞，就算作一种罪恶呢？而况在今日的国际往来日趋密切的时代，我们的外交人员固为时代所趋而要学习，而西洋人士之在我国的要跳舞起来，我们也无法加以禁止。一个外国公使馆开了一个跳舞会，以为庆祝其国庆的一种节目，请了我们的外交人员去参加，我们的外交人员固不易推辞，我们的其他名流之会跳舞而被请的，也何必加以反对呢？

至于近代政府当局之设置广播电台，在城市的公共地方，如公园或其他的公共场所，播送音乐，或是专设音乐台，于每星期请人送音乐一次或二次，如从前的上海工务局，也无非是市民增加其娱乐。近来中央政府所设的社会部，及其在各处的社会处，以及市政府所设立的社会局，对于人们娱乐的方面都能逐渐的加以注意。

上面所说的是偏于公共的娱乐，至于其他各种的娱乐，如家庭或私人的娱乐，也逐渐的趋于西化。家庭宴客，于饭后玩玩纸牌，玩玩西乐，以至跳舞，已是随处可见的事实。其实，近年以来的西洋纸牌之流行于我国至为普遍，青年学子在郊外"逃警报"的时候也带了一盒纸牌去消遣；在宿舍里，在饭厅里，也常常可以看见一些青年学生玩玩纸牌或是唱唱洋歌。做学生时既已染了各种西化的娱乐，将来在社会中作事当然不会放弃这些习惯，而况这些娱乐并非由学校的老师学到来的，而是由他们从家庭里，从社会里学到来的。

上面不过随便的举出一些例子，以说明我们的娱乐的西化。娱乐本来是西化的枝叶，然而因为我们别的方面都日趋日西化，娱乐也随之而来，来了之后，我们就往往没有办法去阻止了。

第八章　装饰与器具

在这一章里，我们要叙述我们的装饰与器具的西化。所谓装饰与器具，所包括的范围是很广的，我们在这里只能把关于这方面的西化的概略加以叙述。

我们且先从我们的个人方面的装饰说起。我们先要指出，关于我们个人所用的衣服、帽、鞋袜这些东西，我们当在"衣食与住所"一章里说明，我们在这里所说的，是这几件东西以外的装饰，而尤其是女子方面的装饰。

我们早上一起来，我们第一件事要做的也许是刷牙。刷牙一方面固是讲究卫生，一方面又是要使牙齿洁白而好看。而所谓好看，却是一种装饰。要使牙齿洁白而好看，我们不只用牙刷，而且要用牙膏或牙粉，牙刷、牙膏、牙粉若不是舶来的，就是仿效西洋而制造的。假使我们的牙齿长的时候有了长短凸凹、参差不齐的现象，在食物上、在卫生上并没有什么不妥的地方，然而这是不好看，所以，我们要牙科医生去把这些牙子弄得平正与整齐，这是一种装饰，而这种装饰非请西医是不行的。假使我们牙齿脱了一个或数个，或是为虫子所吃而坏了一部分或数部分，这种脱落或毁坏对于我们吃东西以至对于我们的卫生，未必有了很大的阻碍，然而我们要补起来或是装了假牙，这也是为着好看，因为装了假牙与补了小洞，也是要使牙子平正与整齐，而变为一种装饰。所以，假牙是要其颜色与真牙相似，至于用金去做假牙或包起坏牙，都是为着好看。其实，当用金镶牙的方法刚传入我国的时候，好多人而尤其是好多女子很喜欢去镶了一二金牙，使在谈话或嫣然一笑的时候以显出其金牙。因而有些男女牙子本来没有坏而也要弄了一二金牙，这完全是为了装饰，可是这种的装饰，都要请教于牙科医生去用西法才行的。

我们早上一起来不只要刷牙，而且要洗面。洗面所用的面盆、面巾，固往往是舶来的，或是用西法去制造的；洗面所用的肥皂，往往也是舶来的，或是用西法去制造的。我们用肥皂，我们除了为着洗得洁净之外，我们还要其味道芬香，所以，香枧的需要日来日多。为求香味而用香枧，又是一种装饰，因为若不是为了装饰，我们可以用不着去化了较高的价钱去购买这些香枧，而可以用较低的价钱去购买一些普通的肥皂。而且除了香枧之外，我们有时还要用舶来的香水，或是用广生行的花露水，或是其他工厂所制造的雪花膏，目的无非是要使脸上的皮肤有了香味之外，还要好看。至于妇女所用的各种脸粉以及口红，那完全是为了装饰，是用不着说的。我们近年以来虽已有了许多工厂制造了好多口红、脸粉或是其他各种香粉，然其制造的方法完全是仿效西洋的方法，而且国人所自制的这些东西，直到现在，还比不上西洋各国所作的那么好。所以，舶来的化装品还是源源而来，因为好多妇女喜用 Three Flower 或是 Cathy 的脸粉而不用国产的脸粉，喜用 Tangee 的口红而不用国产的口红，不外是因为后者比不上前者那么好。换句话来说，我们自己所制造的这些东西还不够西化，那么要想抵抗西洋的这些东西的输入而免利权的外溢，我们必需努力去积极西化这些东西了。

我们早上一起来，除了刷牙、洗面之外，还要剃须与梳头。男子剃须当然可以用我们固有的剃刀，然而事实上，现在一般人之剃须的，已多用洋刀，而尤其是所谓保险刀。保险刀买了一把，常常可以换刀片，已成为一种很普遍的剃须的刀子。至于剃须时所用的肥皂或是专为剃须用的肥皂，也是西化的东西，连了磨刀片、磨洋刀的皮带，也多为舶来的或是仿效西洋的。梳头必用梳，而洋梳的采用又至为普遍。用化学去制造的各种梳固是西化的东西，就是用骨去制造的梳，也往往是仿效洋梳的样式。我们旧式的梳或笓，现在虽还有人用，然而已不可多见。至于梳头所用的各种头油或生发油，也往往是西化的东西。

至于我们剪了长辫而成为光头或短发的装饰，也是西化的结果。现在一般人到了理发店里，坐了舒服的转动随意的椅子，用西剪去剪发或是用电剪去剪发，固是效法西洋，就是用电机去电面，用电机去吹干头发，也无一不是效法西洋。至于头发的各种样式，而尤其是女子的头发的样式，往往又是用了外国的各种模样为标准。

其实，现代女子之熨头发的方法以至洗头发的方法与夹头发的方法，以及其一切用具，没有一件不是取法西洋，连了梳头所用的镜子以至梳头的桌子，往往也是西化的东西。

又如女子的手指甲以至脚指甲的修理，以至染红所用的器具与方法，也差不多是取法西洋。近来，在理发馆中常有了一些女子专为妇女修理或染红指甲，可以说是受了西洋的影响的。其实，女子之从事这种职业，是一种西化的职业罢。

从前在大都市中的理发店，有了好多除了理发之外还有人代擦鞋，擦鞋与理发不只同时举行，而且用不着另给擦鞋费。近年以来，擦鞋业逐渐发达起来而与理发分开，所以，在行人拥挤的街道的旁边，往往有了擦鞋的小摊，我们相信，不久还要有了像美国各处的擦鞋的店子了。

我们旧式的女子以小脚为好看，所谓三寸金莲，就是这个意思。缠足的女子所穿的鞋子是布做的，足的全部是要包得密。现在女子不只是以缠足小脚为难看，而且穿起袜来，还要袜子薄得见皮才算好看，而一般女子更以不穿袜子显出脚部以为时髦的。

又，旧式的女子以手上以至脚上带起金镯为好看，现在的新式女子少有带了这些东西，一个小小的手表带在手上，是一种最普遍的装饰物。我说装饰物，因我们好多女子之带手表，与其说是为着准守时间，不如说是为了好看。除了是天冷而穿了长袖的衣裳，否则往往是穿起短袖的衣服以显出两手的全部为时髦为好看，而且在夏天，有的既穿了短袖的衣服，却同时带了手套。手套本来是御冷的，然而好多女子以至有的男子在暑天也带起手套，这可是说是当手套为装饰品了。

又如女子所拿的手皮包，有的虽是为着安放钱币或小件物件，然而有了不少也是当为一种装饰品，所以，手皮包又弄得很讲究，连了这些手皮包的颜色，也要与衣服鞋袜能相配合。同时，女子所用的雨伞不只是西化的东西，而且也成为一种装饰品，因为除了好看之外，有时这些雨伞小得不只不能遮雨，连了遮太阳也不可能。至若现在一般青年男子所用的手杖，也可以说是一种装饰品罢。

上面不过是略将个人方面的装饰的西化加以叙述，至于一个家庭或其他方面的装饰的西化，也至为显明，我们在这里也只能稍为说明。

在好多家庭里，以至于其他的好多地方，人们晚间所睡的床，不只样子是要西式，就是垫褥与被帐也是西式。其实，好多人现在不只要弹弓床，而且要西门子（Siemen）床。用了西式的床的人，往往也用西式的桌椅、沙发，沙发固是西化的东西，好多木椅、籐椅也多仿效西洋的样式。所谓八仙桌子，在家私店里已很少见，而代之而兴的是各样各式的西化的桌子——办公桌、吃饭桌、读书桌，无一不趋于西化。此外，又如柜子、茶几，也多是模仿西式。结果是我们的现代化的都市里的中等以上的人家里，差不多没有一家是完全没有一件或数件西式的家具的。中等以上的住家固是免不了有了一件或数件西化的家具，在较大的商店里，在公共的机关，以至在政府的机关里，西化的家具的普遍，那是用不着说的，就是在我们的乡村里的房舍中，也逐渐的有用西式家具的。因为从现代的好多国人看起来，西式的家具既是舒服而又好看，所以，在我们的都市中的一般的家具店所造的各种床、椅、桌、柜等等，多是西式的。其实，我们可以说，在我们的都市里，我们虽然有了好多旧式的房屋，然而在这些旧式的房屋里，却往往是用了西式的家具，北平固是这样，成都、昆明又何尝不是这样？

又如好多房子里的新式床布、桌布、椅枕以及窗帘，也都是西式的东西。其实，这些东西我们以前就很少用，现在人们之会用这些东西，可以说是受了西洋的影响的。

除了这些东西之外，有些人家不一定有人精于钢琴，然而却也有了钢琴，同时在壁上说不定挂了几张西洋画，至少总有了一些家人或朋友的照像或相片挂在壁上或是置在桌上，至于西式花瓶、西式镜子，也是一般家庭或房屋里所常见的。

此外，在新式房屋中，不只卧房、客厅的装饰是西式的，就是厕所的装饰也多是西式的。雅观的洗脸、洗澡的磁盆，以至白洁的抽水马桶，除了为着清洁之外，也有美术的意味。

至于房屋中的各种家具，各种床布、桌布、椅枕、窗布，以至墙壁上的颜色，往往是要配合的喜欣某种颜色的人。所有这些东西，以及其衣服鞋袜，往往都清一色，否则也多能用数种能够配合的颜色放在一块，又有些人在每一房间是用了某一种颜色，然而无论颜色是如何配合，这种配合的方法往往是效法西洋的。

又，这种颜色的配合是与灯光是有关系的，因而灯遮或灯泡的颜色的选择，也成为近代房屋的设计中的一件要务。至于电灯的安置，使一个房子的光线能够充足而又好看，那又不能不效法西洋了。

自我们采用电灯之后，我们对于夜景的装饰上有了很大的变化。住宅里所用的各种好看的灯遮固不用说，商店中的五光十色、忽明忽暗的电灯尤能引起人们的注意。商店之利用电光以为广告，以广招徕，已成为新式商业上的一种很显明的现象。而一个商业区域之所以能够热闹，是与电光的装饰有了密切的关系。

在喜庆的夜会里，没有电光去装饰，也是不会引起人们的美感的。所谓"张灯结彩"，主要是利用电光，假使没有电力的地方，那么往往也用煤气灯或是大光灯。至于电影院以至旧式的戏院，现在之用电光或煤气灯以装饰的，更为普遍。其实，近代戏剧的布景若缺乏了电光或是煤气灯，那就失了好多的美感。因为各种不同的灯光，而尤其是电光，可以显出布景的美丽与逼真，因而不只是新式的戏剧要讲究灯光，就是旧式的剧台也要利用电光。

电光可以使布景格外雅观，但是布景本身也得讲究才行。我们以往不只是戏台上的对于布景不很注意而太过单调，就是其他的盛典场所对于这方面也很少注意。近年以来，因为受了西洋的影响，戏台上的布景的西化固很为显明，就是结婚礼堂、庆祝会场，以至国民政府主席接受外国使者呈递国书礼堂的布置与装饰，都受了西化的影响。

至于西洋器具之输入中国与我国的器具的西化的历史既久，而其种类又甚多，我们只能在这里略为举例以说明罢。

西洋自鸣钟的传入的历史很久，而且最为国人所叹赏。罗明坚、范礼安与利玛窦到广东的时候，曾把了这种东西送给与中国的官吏与朋友，其后利玛窦到了北京，又把来贡献与明朝的皇帝。后来我国朝廷采用西法，自鸣钟可用以测时，故其流传必定更广。到了满清的初年，皇帝与宫廷里的人们更为珍视，康熙的《庭训格言》里曾说及这种器具：

> 训曰：明朝末年，西洋人始到中国，作验时之日晷。初制一二时，明朝皇帝目以为宝而珍重之。顺治十年间，世祖皇帝得一小自鸣钟以验时刻，不离左右。其后又得自鸣钟稍大者，遂效彼为之。虽仿佛其规模，而成在内之轮环，然而，上劲之法条未得其法，故不得其准也。至朕时，自西洋人得作法条之法，虽作几千百而一一可必其准。今与尔等视之，尔等托赖朕福如此。少年

皆得自鸣钟十数以为玩器，岂可轻视之，其宜永念祖父所积之福也。

从这一段话里我们可以明白，在清初的时候，宫廷对于自鸣钟的制造曾经极力模仿，而且经过顺治的仿造失败之后，康熙始见成功。然而，除了宫廷懂得制造的方法之外，民间以及一般的士大夫对于这种器用少有注意。顾炎武在其《日知录》中也有一条记及此物，可是并不加以研究，更没有仿造的思想。而况就是在康熙的《庭训格言》中，也当这个东西为玩器，可见得国人缺乏了科学的精神而没有精益求精的志向。到了乾隆的时代，宫廷制造自鸣钟的方法好像已经失传，所以在那个时候，西洋人所贡献的自鸣钟仍为珍奇的物品。

自鸣钟既不断的输入中国，到了后来，中外交涉日繁，通商日密，国人为遵守时间，有不得不用自鸣钟的，因而钟表的输入日多，现在则钟表已成为国人所不可无的物件。政府办公、学校上课、工厂工作、商店交易，以至社交定时、家居作事，无一不要用钟表以为守时的标准，因而官吏、师生、工友、商人、男的女的、老的幼的，差不多人人都有了一个表。在抗战以前，这些钟表之畅销得最多的是在沿海各处；抗战以后，这些东西在内地的销路也很普遍起来。就以昆明而论，在抗战初起的时候，钟表店不过数家，而差不多都为广东人所开设，然而这数年来增加到二三十家，此外，在贵阳，在成都，在西安，以至在兰州，也有了同样的趋势。

然而直到现在，我们所用的钟表还是来自外国，这并非国人完全不会制造，而其实是因为我们所制造的远不及外国的好，远不及外国的便宜。我们现在既到处不能不用钟表，那么，我们今后不能不设法去仿制。

除了钟表之外，又如西洋乐器的传入，历史也很久，不过关于这一点，我们于上面已经说过，不必再述。又如西洋天文输入的时候，望远镜大概也同时输入，《明史·历志》李之藻万历四十一年奏疏中说：

其（按：指西洋天主教教士）所论天文历数，有中国前贤所不及者，不徒论其度数，又能明其所以然之理，其所制窥天窥日之器，种种精绝。

这里所说的精绝的窥天窥日之器，必定是望远镜了。又同处记崇祯四年冬十月，徐光启测验日食事说：

至期，光启等率监臣预点日晷，调壶漏，用测高仪器测食甚日晷高度。又于密室中斜开一隙，置窥筩、远镜以测亏圆，画日体分数图板以定食分。

这里所说的窥筩、远镜，更无疑的是望远镜了。后来，汤若望还作了《远望镜图说》一书，可惜国人对于这种器具既没有仿制，而对于这种器物的原理又不研究，而往往也只当为玩器。而像屈大均在其《广东新语》中所说"有千里镜，见三十里外塔尖，铃索宛然，字画横斜，一一不爽，月中如一盂水"，这又可见得国人对于这种在科学上很有价值的器物并不十分注意，所以，结果是直到现在，我们对于这种仪器的原理虽已很为明白，然而对于这种仪器的制造，却还是很为落后。

又如显微镜之传入中国，历史也是很久，所以，清初屈大均在其《广东新语》中也说：

> 有显微镜，见花须之蛆背负其子，子有三四；见叽虱，毛黑色，长至寸许，若可数。

在王世祯的《池北偶谈》中也说：

> 西洋所制玻璃等器，多奇巧，曾见其所画人物，视之不辨头目手足，以镜照之，即眉目宛然姣好，镜锐而长如卓笔之形。

屈大均与王世祯自己是否看过显微镜不得而知，但是他们对于这种器物既知道这么详细，那么，显微镜在那个时候已经传入我国，是很可能的。

我们上面所说的望远镜，是观察宇宙的广大的仪器，而这里所说的显微镜，是研究宇宙的渺小的工具；前者对于近代天文学以至物理学的发展有了很大的作用，后者对于近代的生物学，而尤其细菌学以及医学的发达有很大的功用。天文学的发现，是近代自然科学发达得最早的科学；生物学的进步，是近代自然科学发达到最高峰的表示。换句话来说，前者是近代自然科学的基础，而后者是近代自然科学的顶峰。望远镜与显微镜既是为开辟这两者的钥匙，那么，这两种器具在近代自然科学上所占的地位的重要可想而知。这两种工具之传入我国既若是之早，可是经过了差不多三百年，国人不会好好的利用去发展自然科学，使我国在这方面落后了数百年，直到最近数十年来始慢慢发觉其重要，这是一件多么可惜的事情呢！

不但这样，我国号称以农立国，故农在我国历史文化上的重要是人人所公认的。三百三十年前（明万历四十年，西历一六一二），天主教教士熊三拔曾撰了一本《泰西水法》，这本书是说明取水、蓄水的方法，在农业上是有了很大的作用的，然而很可惜的是，这本书除了明末清初有些人注意之外，也很少有人注意。

熊三拔这本《泰西水法》共分六卷：一卷是龙尾车，用挈江河的水；二卷是玉衡车，附以专篇叫做恒升车，又附以双升车，用挈井泉的水；三卷是水库，说明蓄雨雪的水艺；四卷是水法附余，是解释寻找泉水与开掘井水的方法，而同时又说明疗病的水；五卷是水法或问，说明各种水性；六卷是各种器具的图式，这是西洋水利器具的著作的最初的输入。

十五年后（明天启七年，西历一六二七），天主教教士邓玉函与国人王徵合译了一本《远西奇器图说》，分为三卷，而不久王徵又作了一本《诸器图说》。前一书是说明物理学上的原理，而特别注重于重学，其图器中除取水九图、代耕一图外,有起重十一图,引重十四图,转重二图,转磨十五图,解木四图,解石、转碓、书架、日晷各一图。王徵在其所著的《诸器图说》的"序"中说:

> 客有爱余者,顾而言曰:"吾子向刻《西儒耳目资》,犹可谓文人学士所不废也,今兹所录,特工匠技艺流耳,君子不器,子何敝之于斯?"矧西儒寓我中华,我辈深交,固知其贤矣。第其人越在遐荒万里之外,不过西鄙之儒焉耳,奚为偏嗜笃好之若此。余应之曰:"学原不问精粗,总期有济于世;人亦不问中西,总期不违于天。兹所录者,虽属技艺末务,而实有益于民生日用,国家兴作,甚急也。"

他又说:

> 余不敏,窃尝仰窥制器尚象之旨,而深有味乎璇玑、玉衡之作。一器也,规天条地,七政咸在,万禩不磨。奇哉!蔑以尚已。考工指南,而后代不乏宗工哲匠,然自化人、奇肱之外,巧绝弗传,而木牛流马,遂擅千古绝响。余甚慕之爱之,间尝不揣固陋,妄制蚊吸鹤饮轮壶、代耕自转磨、自行车诸器,见之者亦颇称奇,然于余心,殊未甚快也。偶读《职方外纪》所载奇人奇事,未易更仆数,其中一二奇器,绝非此中见闻所及,如云多勒多城在山巅,取山下之水以供山上,运之甚艰,近百年内有巧者制一水器,能盘水直至山城,绝不赖人力,其器自能昼夜转运也。

可见王徵所译及所著的书中已说及取水的器具,而在灌溉上是有了很密切的关系。又如徐光启在其所著《勾股》诸义的序言中也述及勾股与水利有关,他说:

> 自余从泰西子译得《测量法义》,不揣复作《勾股》诸义,即此法底里洞然,于以通变施用,如伐材于林,挹水于泽,若思而在,当为之抚掌一快已。今历象之学,或岁月可缓,纷纶众务,或非世道所急,至如西北治河,东南治水利,皆目前救时至计。然而欲寻禹绩,恐此法终不可废也。

可见得他是以《勾股》诸义的著作是为求治河与兴水利。因此之故,徐光启除了利用泰西的科学以应用于农政方面,他又著了一部《农政全书》六十卷。这本书是荟萃各家的著作而为一书,同时对于西洋的振兴农政的方法也很为注意,所以,熊三拔的《泰西水法》六卷也采入在这部书里。

又,在明末崇祯十二年(西历一六三九),江西奉新的宋长庚曾著了一本《天工开物》,共十八卷,这也是一本讲求农艺的著作。这本书叙述关于民生各种器具之外也有图以说明,他对于西洋制器的方法也曾引述,故其受西法的影响是无可疑的。

清朝初年以至中叶之言农艺的书,虽也受了西洋多少的影响,比方戴震的文集中所论的赢族车与自转车,都是受了西法的影响,因为前者是受西洋的龙尾车的影响的，而后者是用西洋的引重法而制作的。然而我们也得指出，这些西洋的农业器具不但国人不会因之而精益求精，而且慢慢的被人忘记。因为国人既以为我国是以农立国，有了数千年的历史，用不着去效法西洋的。

直到最近二三十年，中国人又开始感觉到我国的农业的落后，而逐渐设法使我们的农业西化。关于这一点，我们在别一本书里已经叙述，我们在这里所要指出的是，农业既西化，则农业上所用的各种器具也必西化，比方用机器去耕种就是这个意思。其实在目前，我们的农器，而尤其是在各农业科的学校或农业试验的场所中所用的好多农器，已多效法西洋，而今而后，这些西化的农具必能逐渐推广，是无可疑的。

我们上面已经指出，所谓器具的种类是很多的，我们在这里所举例的，是偏重于科学上所用的仪器与农业上所用的器具。因为农业既为我国从来所重视，而科学又为我国从来所缺乏，而且，科学上的仪器可以说是各种新式仪器的基础，就是农业上的器具，也不能不用科学的方法或是科学的仪器以为改良的张本。

其实，不只农业上的器具是要用科学的方法或科学的仪器以为改良的张本，就是我们所重视的武器要求日新月异，也不能不以科学的方法或科学的仪器以为改良的张本，我们只看明末清初之为我们制造新式武器的人们，都是那些有了科学智识的天主教的教士，就能明白。

武器的种类虽然很多，然而船坚炮利是鸦片战争以来所要效法西洋的。然而事实上，西洋这些东西在明代已传入我国，而且传入最先的是西洋人之中的葡萄牙人。葡萄牙人从海道来我国最早，他们来的时候不只是依赖其船，而且依赖其炮。船是航海，而炮是防敌，没有良好的船固不能东来，可是没有良好的武器也很为危险，故两者都同时输入中国。我国学习制造洋船虽是最近数十年的事，然而洋船之大及其奇巧，王徵在其《奇器图说》的"序"中曾有谈及，他说：

> 亚而几墨者，天文师也，承国王命造一航海极大之舶，舶成，将下之海，计虽倾一国之力，用牛马、骆驼千万莫能运也，几墨得营作巧法，第令王一举手引之，舶如山岳转动，须臾下海矣！……余益爽焉自失，而私窃向往曰："嗟乎，此等奇器，何缘得当吾世而一睹之哉！"

自然的，西洋在那个时候还尚没有火轮船，然其船之大及其坚固却非我们的船所能及，是无问题的。到了十九世纪的上半叶，西洋因机器发明而有火轮船，远渡重洋，而我国的政府当局于太平天国快要灭亡的时候才开始仿造轮船。曾国藩于咸丰九年曾奉请仿造轮船，同治元、二年间，在安庆曾找人造一轮船，惟行驶极迟而不得法。《清稗类钞》中告诉我们道：

> 无锡徐寿专攻格物致知之学，曾文正檄委创机器局于安庆，同治丙寅（五年）三月，造成木质轮船一艘，长五十余尺，每小时能行二十余里，文

正锡名黄鹄。

曾国藩在其日记里也记及安庆造轮船事。不过,在安庆所造的轮船都不算成功,直到后来江南机器厂,才造出能行驶江海的轮船。七十年来,我们虽然也造作轮船,然而直到现在,我们的造船事业落后得太甚,比之西洋真无可比,这一点我们当在他处说及,这里只好从略。

至于洋炮之输入我国的历史很久,是人们所知道的。十六世纪的初叶,洋炮输入中国,故那个时候国人之论兵器的已多说及。到了明末天启年间,曾用天主教教士去制造洋炮以平患乱,而明末国人中,如徐光启、李之藻、孙元化、张焘一,而尤其是焦勖。对于西洋的炮术都有研究。《明史·徐光启传》说,他"从西洋人利玛窦学天文、历算、火器,尽其术,遂遍习兵机、屯田、盐荚、水利诸书"。至于孙元化的制炮之术,也是从天主教教士与徐光启而来,他是被称为"善于西洋大炮者也"。又,李之藻有一门生,名叫做张焘一,也在孙元化部下,也精于西洋炮法,这大概是受了李之藻与孙元化的影响罢。

焦勖于崇祯十六年(一六四三)著了一部《火攻挈要》,分上中下三卷,对于铸造铳炮、配置火药均有叙述。在其"自序"里,他曾告诉我们道:

> 中国之火攻,备矣,其书亦綦详矣。似无容后人可赞一词。然而时异势殊,有难以今昔例论深心者,更不可不审机观变,对症求药之为愈也。……至若火攻专书,称神威秘旨,大德新书,安壤秘着,其中法制虽备,然多纷杂滥溢,无论是非可否,一概刊录,种类虽多,而实效则少也。……惟赵氏藏书《海外火攻神器图说》《祝融佐理》,其中法则规制,悉皆西洋正传。然以事关军机,多有慎密,不详载、不明言者,以致不获兹技之大观,甚为折冲者之所歉也。勖性质冯陋,不谙韬钤,但以虏寇肆虐,民遭惨祸,因目击艰危,感愤积弱,日究心于将略,博访于奇人,就教于西师,更潜度彼己之情形,事机之利弊,时势之变更,朝夕讲究,再四研求,只为痴愤所激然耳。

这里所说的赵氏藏书《海外火攻神器图说》,可见得关于火器的书籍在当时已有流传,而焦勖所谓"博访奇人""就教于西师",大概是指着汤若望及其徒众,因为汤若望在崇祯九年(西历一六三六)曾奉命铸造好多炮,焦勖总免不了与他认识罢。

焦勖之所以要学习西洋炮术,不外是因为西炮比之我国固有的炮好得多,在其《火攻挈要》的"火攻总原"条说:

> 近来购来西洋大铳,其精工坚利,命中致远,猛烈无敌,更胜诸器百千万倍。若可恃为天下后世镇国之奇技矣,孰意我之奇技悉为彼有(这是指着满清而言),然则谈火攻,岂宜拘执往见,概恃为胜着哉!深心兹道者,必更翻然易虑,详察利弊灼知,近来所以不胜之故,默计将来所以致胜之方,

> 如是讲究，革改鼎新，条分缕析，以求万全，则庶几可以语火攻之微意矣。

这是一种特出的见解，可惜当时国人之能这样的去做的几乎没有。到了明朝覆亡之后，满清政府又不得不用西洋人去铸造洋炮。南怀仁曾被了清廷请去铸炮。据说，他自康熙十三年至十五年（西历一六七四——一六七六）的两年间，就铸了大小炮一百二十尊，到了康熙十九年（一六八〇），又铸了三百二十尊炮，康熙很嘉奖他。而清廷之平吴三桂三藩，是很得力于洋炮的。

雍正以后以至鸦片战争的时候，清廷闭关自守，对于西炮不事讲求，连了明末清初所传入的铸造铣炮的方法几乎湮没。到了鸦片战争的时候，又不得不购买西洋的枪炮。太平天国的时候，曾、李诸名臣虽讲究西洋利炮而设立工厂制造枪炮，然而直到现在，我人的武器比之西洋还至为落后。所以，武器之更要西化是国防的要务，而况自这次抗战以后，我们更感觉到我们的兵工厂较为简陋，而好多武器又需运自西洋，结果是若不特别努力去西化，则永无法子去赶及人家呵！

第九章　衣食与居住

我们知道，当利玛窦在明代到中国传教的时候，曾穿过中国的衣服，此后的一些教士，而尤其是天主教的教士之在我国传教的，也有采用中国的衣服的。原来在闭关的时代，我国人对于西洋人既有了排斥的心理，一般教士之来中国传教的，为避免我国人因其服装的不同而发生误会，故不得不采用中国衣服，因为衣服固是外表的东西，但同时又是最易引起人们的注意的东西。赵武灵王采用胡服，国人及臣僚以为这是奇装异服，而有碍于固有的风俗习惯，可见得服装的样式的反常，是最易引有人们的反感。我记得三十年前在我们的乡间，有了一位亲戚是从香港回家，穿了一套白色西装与一对白色皮鞋，一进大门，其父亲以为这是不孝的行为而不准其进门。因为他以为，一则他尚未死，其子不应穿起像丧服的白色东西，二则中国人而穿洋服是等于与野蛮的洋人为伍，而失了他的体面，结果是这位儿子要到一个破庙里换了中式的衣服，同时把了所有的西装用火烧了，然后始能回家。这虽是一个比较极端的例子，而西装之最易引起人们的反感，是很为显明。

因此之故，在我们的西化的历史上，西装的采纳是比较的晚得多。

然而，这并不是西洋的衣服的材料的采纳也是比较的晚得多，因为西洋的呢绒洋布的输入历史相当的久。不过，国人不把这些材料来做西装，而却把来作中装罢。郭嵩焘在给与李鸿章的一封信里，曾说"呢绒洋布之属，遍及穷荒僻壤"。这封信是六十多年前写的，在那个时候的呢绒洋布既是已遍及穷荒僻壤，那么，这些西洋的衣服的材料之输入中国的历史必定很久，是可想而知的。

西洋的衣服的材料之输入中国的历史固是很久，我们采用西洋的机器与方法去制造布料的历史也有六十多年之久。广东顺德的近代的缫丝的方法，是一位华侨在安南从法国人学习而介绍过来的。此外，左宗棠在西北所设立的纺织厂，以及李鸿章在上海所筹办的纺织厂，都是布料方面的西化的较早的事实。至于近来的各种纺织工厂，而特别是纱厂的设立，差不多完全是利用西洋的机器与方法。

所以，我们可以说，直到现在，国人之穿中装的虽是很多，然而其所穿的服装的材料，若非是由欧美输入的，那么也差不多是完全用了西洋的机器与方法而制造的。

其实，不只是我们今日所用的布料是西洋的或是西化的，就是棉花与蚕丝，也逐渐的西化起来。近年以来，政府当局与学术机关提倡改良棉花与蚕丝，其所用的新式方法完全是西法，而同时又往往利用西洋的种子以配合中国的种子，或是就用西洋的种子以移种我国而推广的。棉花本是外来的东西，可是蚕丝却是我国固有的名产，古代西洋之所以名我国为丝国，就是这个原故。至于十五、十六世纪的西洋人之所以航海东来，寻找中国的蚕丝也是主要的原因之一。以蚕丝著名于世的我国，现在也要利用西洋的方法去改良蚕丝，或是利用西洋的蚕种以推广，那么，中国的衣服的原料之西化的程度之高，可以概见。

衣服的布料以至其原料与染织的方法，固是差不多完全西化，就是衣服的样式，也是逐渐的趋于西化。

采用西洋服装较早的，当然要算一般的出洋留学的学生。容闳、黄宽、黄胜在美国留学就已穿了西装，后来，政府大批派到美国留学的幼童也曾穿了西服。可是，我们也得指出，这一大批的幼童之在美国求学，学业未完而中途被召返国，是与他们之采用洋服是有关系的，因为一些守旧者流，见了这些学生穿起西服，行了西礼，以为这好像是变为西人而忘了中国，因而他们用了各种方法去诋毁这班留学生，使其不能在美国继续求学而终于被召返国。

维新运动的时候，康有为极力提倡采用西服，然而维新运动失败之后，康氏逃到美国，据说因为听了某个西人称赞了中国衣服的方便，因而康氏后来又大唱起中服比西装为优的论调。

庚子之祸以后，留日学生人数骤增，这些留学生之改用西装的日趋日多。其实，在那个时候，一般之穿西装的，往往是被人目为革命党，因为西洋或洋化与革命是同类的名词，所以在七十二烈士在广州起义失败之后政府搜索党人，凡穿西装的都目为革命党而被捕。

然而，此后的留学生，而尤其是留欧美的学生，完全采用西装。清华学校派遣赴美读书的学生，于要出国前的时候，学校还有一笔治装费给与每个学生以购置西式服装。学生之留学外国时固是穿西装，回国以后也多穿西装。

至于吾国的出使外国的外交人员，也可以说是完全采用西服。这不只是在呈递国书或是参加其他的隆重典礼的时候是穿了西式的礼服，就是日常也是穿了西式的便服。其所谓外交人员，不只是在国外采用西服，就是在国内的，也差不多是完全穿了西服。而且大致上我们可以说，这般外交人员往往对于西服很为讲究，因为他们以为这是与国家的体面有关的。

近年以来，各级政府规定公务人员穿制服，这又是政府人员的服装的西化的表示。这种公务人员的制服是起领的而非反领的，然而反领也好起领也好，两者都是西洋的服式。近人有用所谓中山装的，这是孙中山先生在时所喜穿的服式，然而这种中山装，其实就是西装。

至于军队服装的西化，是自我们有了新式军队以后就已实行。兵士须穿制服，长官也要穿制服。我们可以说，所谓武装同志，在其执行职务时固是必须穿起西化的制服，就是在家居与日常，也往往是穿西装，因为所谓武人穿起长袍，往往会失其武人的本色。所以，武装的西化是一件公认的事实。

同样，在学校里的学生们所穿的制服，而尤其是男生所穿的制服，是西化的服装，也是我国服式的西化的一种很显明的事实。在好多学校里，而特别是在中学、小学中的学生，上学上课往往是必须穿起制服，至于体操，或参加各种重要集会以至排队游行，更不能不穿制服以壮观瞻。所谓童子军装，以至在运动场上所穿的内衣短裤，无一不是西化的东西。大学中的学生在对于服装虽比较自由，然而一般大学生之有财力作西装的，差不多个个都有多少套西装。我记得二十年前在大学里读书的时候，有好多同学平常是不穿西装的，然而要到毕业的时候，人人都要作了一套西装。举行毕业典礼固多穿西装，毕业纪念册的照片也多是西装少年，甚至有的自己没有西装而借人西装以照相的，大不乏人，现在则大学生之穿西装的更普遍了。

新式商店中的商人之穿西装的，也是一件很普遍的现象，而银行的行员之穿西装的尤为普遍，连了工厂的工人之穿起西化的"工裤"的也日见日多，至于汽车司机以至火车上的招待、大旅馆中的侍役之穿西式服装，也是常见的事情。

此外，又如最初是由外人所办的海关，税务的人员之多穿西服或制服，是更为显明。我们一看某人而知其为海关人员或是邮政人员，这是因为他们的服装久已规定。

中国服装的西化的程度是日趋日深的，因为在工业愈发达的社会，而尤其是机器愈发达的国家，不能不有一种较为便利的服装去配合这些东西。穿了长袍去驾汽车或是去驾飞机，虽非不可能的事情，然而事实上是很不方便的，因为穿起长袍去驾驶新式交通的工具或是管理各种的机器已够不方便，若是汽车坏了或飞机出事了以至机器不灵而要修理起来，那么穿了长袍的司机也非脱下长袍，就不容易去修理机器。

故总而言之，我们的留学生、外交人员、公务人员、武装同志，以至学生、商人、工人，数十年来的服装已经西化，而且是趋于西化。

上面所说的各种人物的服装的西化是为环境所迫，或是当局所命令而不得不这样的作，然而事实上，我国服装的西化却并不一定是为环境所迫或当局所命令而这样的作的。好多人见了西洋人这样的穿，他们也这样的穿，这是盲目的跟从。然而，也有好多人是觉得西服是比较便利而采用的，小孩们——无论男的或女的，穿了西式的装服，不只是便利得多，而且活泼得多。小孩固是这样，大人也何尝不是这样呢？

事实上，在我们的时代里，而特别是在城市中穿起西洋衣服的，其服装固是西化，就是穿起长袍，其服装也未必是完全中化。好多人外面盖了一件长袍，然而裤子也许是西裤，否则里面的短裤以至里面的内衣，还是西化的东西。假若天时冷了，他里面所穿那件毛织内衣、内裤固是西化的东西，就是外面所加上长袍上的大衣以至围巾，也是西化的东西。

其实在现代的时代中，我们住在城市的人们以至有好多住在乡村的人们，在身上所穿的衣服中，无论内衣、短裤、外衣或长裤，以至裤带、围巾，有时总免不了有了完全或一件两件是西化的东西。而冬天所用的毛织物以及夏天所用的白背心尤为普遍。而女子方面的旗袍虽非西洋的服式，然而女子之用西式内衣、短裤更为普遍。所以，我们衣服方面的西化是一件不能否认的事实。

除了衣服之外，鞋袜帽之趋于西化更为显明。国人从前所戴的尖顶帽，现在已几乎绝迹，代之而兴的是西式的呢帽。穿西式衣服的人们要戴帽，固不能不戴西式的帽，就是穿中装的人们，也往往戴了西式的帽。呢帽主要是冬天用的，至于夏天所用的草帽，也是趋于西洋的样式。

二十年前，国人尚有不少穿了中国旧时的布袜，现代则这种布袜也几乎绝迹。新式袜的制造比较容易，一个小小的织袜机就可织造，故织袜变为一种家庭的手工，舶来的袜虽仍销流于市面，然国产的袜已为一般人所乐用。

西式皮鞋之逐渐普遍，又是近代服装西化的一种显明的事实。三十年前，国人之穿皮鞋的并不多见，然而现在则皮鞋店却到处可见，至于女子皮鞋的发达，犹为近二十年的特殊的现象。因为在从前女子缠足的时代，女子是不会用皮鞋的，现在则不但新式的女子喜穿高跟皮鞋，就是放足的女士也喜用这些鞋子。此外，数年以来，胶底鞋或是胶套鞋的流行，使穿布鞋的人愈来愈少，穿西装的人们固少穿布鞋，穿中装的人们却多穿起西式的鞋子。从前的厚底的布鞋现在固差不多已绝迹，就是薄底的布鞋，也逐渐成为休息或夜间所用的东西。我们只看抗战以后的昆明的擦鞋业的发达，就可以明白后方的西式鞋子的应用之广。

民国成立之前，我国的男子除了和尚光头与道士束发之外，人人都有一条辫子。满清末年有些留学生之剪辫的，国人每目为怪物，然而现在若有人而尚留长辫的，却为国人所目为怪物。满清政府刚被推倒的时候，革命维新的当道还要派人拿了剪刀，到处剪了人们的辫子；现在则不只是男子都没有辫子，就是女子亦剪了发，同时不只是新式女子剪了发，就是老太婆也剪了发。以前的妇女不出闺门一步，照了中国的古礼，就是出门也要以纱蒙面。现在呢？无论老幼女子，都跑到男女共用的理发店去剪头发、熨头发。这些变化都不过是最近二三十年来的事情。年纪在四十岁左右的人们，回忆二三十年前的衣服装式，再看看今日的这些事实，真不能不有隔世之感。

不但这样，服装的颜色的采用，在这二三十年来的变化尤为厉害。二三十年来，男女之过了三十岁的很少穿了杂色的衣服，黑色、元青是最普遍的颜色，新嫁娘才穿起红衣裙，现在则四五十岁的人们，而尤其是女的，穿起五光十色的衣服，是一件很平常的事情。至于青年女子之喜欣夺目的颜色是更不用说的，一个青年女子而喜欣穿了朴实的衣服，人家会叫为老处女（old maid）。这都是时代的变化，然而这种变化，主要的却是西化的结果。

上面是叙述衣的方面的西化的概略，我们现在且来谈谈食的方面的西化。

国人常常自炫其饭菜的味道好，而且有人以为世界的最讲究吃的国家是我们中国。然而我们不要忘记，除了我们中国人外，其他的民族，包括西洋人在内，既不取法中国而吃中国饭，就是久住在中国的外国人，而尤其是西洋人，也并不改西餐而吃中餐；反过来看，国人之吃西菜的却日来日多。所以，就退一步来说，我们承认我们的饭菜的味道是最好的食品，然而同时我们也不能否认，中国的食的方面是往着西化的途上跑呵。

我们知道，自西洋人来澳门以及广州居住以后，就雇用中国人去作西餐，所以，国人之会作西菜的历史是很久的。鸦片战败以后，五口通商，因而西洋各国的商人、教士，以及外交人员接踵而来，在我国居住，不但用国人为厨子以作西餐的日日增加，就是国人之嗜吃西菜的也日日增加，我们只要看看国内各大都会以至好多的小城市的西餐馆的林立，就可以明白国人之吃西菜的人数的增加。至于私人家庭中之一日三餐皆吃西餐的，也不乏人，而一般中等以上的人家的早餐之西化的，更为普遍。因而西菜而尤其西式的早餐，不只较为便利，而且较合卫生。

而况最可值得我们注意的是，国内的旅店之最大与最高贵的固常常只有西餐，或是以西餐为主、中餐为副；就是政府所补助或设立的招待所或是宾馆，如重庆的嘉陵宾馆，却只有西餐，或是以西餐为主、中餐为副。至于我们的火车上的头等之吃西菜，以至招商局轮船的头等之吃西菜，都好像是表示西餐是较为优越了。

所以，尽管我们说中餐是怎么样好，然而事实所告诉我们的是，西餐不只是日趋日普遍，而且越来越占了上风。所谓上等的社会以至政府的招待，既往往是用了西餐或是所谓中菜西吃，那么上行下效，则中国的食的方面之愈要趋于西化，是无可疑的。

我们若再从各种食品方面来看，我们更可以看出我们的食的方面的西化。比方面包虽尚未代替我们的饭或馒头，然而面包店的数目已日来日多。五六年前在昆明，几家面包店大都是安南人所开办的，可是近数年来，冠生园、昌盛园的大量制造，差不多每条大街都有一个或数个分销处。用不着说，小规模的面包厂也不知设立了多少。昆明不过是一个例子，此外，重庆、成都、贵阳以至像独山那些小城市，也到处有了面包畅销，因为现在有了好多人家早餐是吃面包，而下午茶点以至"逃警报"与出外旅行，都觉得带了面包作粮食是很方便的。

又如各种西式点心的销路之广，也可以看出我们的食品的西化的趋势。西洋饼干与糖果之输入中国历史很久。数十年前，从广东、福建出去南洋各处的侨胞，回国的时候常常是带了一罐一罐的饼干与糖果回来送给亲戚与小孩。我记得三十年前当我们做小孩的时候，已吃了雅各公司（Jacob Co.）的饼干。后来国人之开办工厂去制造的，如马玉山、马宝山、泰康以至冠生园，皆是比较著名的西式点心糖果公司。此外，又如广州的哥伦布、汉口的美的（Hezerwood）、上海的沙利文、天津的起士林、以及其他的好多西点馆子，都是一般所谓有地位的人们的茶叙的中心场所。就以昆明一个地方来说，抗战以后，这些西式点心馆子就有了好几十家，而且大多数是供不及求，这虽然是由于从外间迁来昆明的人们惯于吃西点，可是本地人近来也逐渐的喜吃这些东西。

现在好多家庭中的主妇之能够做西点的也逐渐的增加，Doughnut、饼干、西饼多能自做以招待客人，所谓家庭做的饼（Homemade Cake），也成为客人所觉为一种特别荣幸的招待。至于各种茶会，而特别是盛大的茶会，差不多都是用了西式点心；而作寿、生日、结婚、订婚之用西饼的，更是日日增加；至于小孩之喜吃饼干，尤为普遍。所以，今后的西式点心的制造事业之愈加发达，是一种必然的趋势。

国人以前除了回教教徒外，吃牛肉的比较为少，自受西洋文化影响之后，不只是吃牛肉的逐渐增加，而且觉得牛肉是比了猪肉为较合卫生。广东人以为牛肉汤是有补于身体，而一般的家庭肉食多以牛肉为主，不只是因为牛肉是合于卫生，而且因为牛肉是比较便宜。

然而大致上，现在吃牛肉的人还是城市中的人们比较为多，因为乡间很少杀牛，加以乡间的人们还往往以为牛为人类服务功劳很大，故不忍吃其肉。可是在现代的交通日趋便利的环境之下，这种不忍吃其肉的观念既逐渐打破，而城中的牛肉也比较容易运到乡间，所以，在乡间的人们也慢慢的喜吃牛肉起来。因而外来的罐头牛肉的销路既日广，国人自制的各种牛肉食品，如牛肉干、牛肉松也随处可见，说不定在不久的将来，这些东西以至罐头牛肉，必在新式工业上占了重要的地位。

在不久以前，好多地方的人们虽然喜吃牛肉，然而对于牛肝、牛舌却少有吃的，比方昆明在抗战初起的时候就是这样。但是后来，一方面因为外间人之吃这些东西的日来日多，而一方面又因为昆明的西菜馆子日来日多，对于这些东西需要日多，所以，从前住在昆明而少吃牛肝、牛舌的，现在多也喜欣起来。

至于饮食牛奶，差不多可以说是完全受了西洋文化的影响。国人从前既少吃牛肉，而对于牛奶更不会吃。有人指出，我国与及其比邻像朝鲜、安南一些地方为不吃牛奶的文化圈围，就是这个原故。自近代西洋文化趋入之后，我们对于牛奶遂渐渐重视起来。牛奶为小孩最好的养料，现在就是乡下人也能明白，所以，做母亲的假使自己的奶不够小孩吃的，或是没有奶的，多用牛奶去代替。因此之故，新鲜牛奶、罐头牛奶以至各种奶粉，不只逐渐畅销于大都市，而且慢慢的深入于小城镇。各种奶粉在我国的畅销是较晚的事情，所以直到现在，国产奶粉还尚没有，至于饮食新鲜牛奶也是较晚的事情，因为取牛奶的方法不很讲究。一般人恐怕取时不大清洁而有碍卫生，故不敢随便吃，而尤其是不敢随便给与小孩饮。但是近来有些大学的农科中所摄取的牛奶，是用了科学的方法，所以人们都争相购买。以前广州岭南大学的牛奶以及现在重庆中央大学的牛奶，都是供不及求的。近来又有一些牛奶公司也用新式的方法去摄取牛奶，因而其牛奶也能畅销于市面的，比方重庆牛奶场所出产的牛奶就是一个例子。故总而言之，新鲜牛奶因为逐渐应用新法去摄取，已为国人所重视，今后这种牛奶的需求是日日增加，而今后养牛取奶的事业也无疑的必愈为发达。

至于罐头牛奶（condensed milk）之畅销于吾国，则历史比较为久，而所谓鹰牌、雀巢牌等等的销路尤广。其实，二三十年前的人们所吃的牛奶多是这种牛奶，因为这种牛奶里头已有了好多糖质，而同时奶中某种味道已经减少，最适宜于初吃牛奶的人们。因而从前小孩之缺乏奶的，多以这种奶代替。近来国人也已仿制这种牛奶，工业合作协会中所制造的一心牌罐头牛奶就是一个例子。这种国产的罐头牛奶，直到现在还是远比不上舶来的，因为不只是炼奶的方法不到家，而且糖质与粉质太多。在抗战时期中，虽因舶来的罐头牛奶价值太贵而使这些国产的罐头牛奶颇为畅销，然而假使不努力去大大改良，那么这种工业是不易发展的。故总而言之，我们吃牛奶的习惯虽受了西洋的影响而逐渐养成，我们摄取牛奶或制造罐头牛奶的方法尤须取法西洋而始能振兴这些事业，以与舶来的互相抗衡。

我们还要指出，我们现在不只是小孩们需要牛奶，不只成人之身体不好的需要牛奶，就是喝红茶、喝咖啡、喝咕咕、喝阿华田等等，也往往喜欣参以牛奶。牛奶的用途不只是限于补养身体，而且成为调和饮料的味道，比方在市面所畅销的 Carnation 奶，与其说是为着补养身体，不如说是为了配合红茶、咖啡等等饮料。牛奶的用途既日大，那么，牛奶事业的发达也是必然的趋势。

至于与牛奶有了关系的牛油、乳酪（cheese）之为国人所喜吃，也是受了西洋文化的影响。乳酪在我国虽不甚流行，牛油则已很普遍。抗战以后，因为舶来牛油的不易输入，在重庆的中央大学的农场以及成都各处所制造的牛油已很不错，将来这种国产食品之逐渐发达，是没有问题的。

至于咖啡、咕咕、阿华田（Ovaltine），以至汽水、橘子水等等食品，现在也很为国人所嗜饮。阿华田的输入时间较晚，咕咕与咖啡之输入历史较久，喝咖啡已成为饭后与早餐、午茶的一种相当普遍的习惯。抗战以后的昆明、贵阳、桂林等处的咖啡店之骤然增加，虽与回国华侨有了关系，然而在抗战以后，不只在上海、香港各大都市的好多人们喜欣喝咖啡，就是小城市，像海南的文昌县城以至市镇，就有了好多咖啡店的设立。海南岛在这二三十年来还且移种咖啡，而其质味还比舶来的为好，不过产量太少，故今日市场上所畅销除了少部分是来自南洋外，大部分是运自美国，而 S. W. 与 Hill Brothers 的罐头咖啡的销路尤广。

此外，又如番茄、洋薯、洋葱等等食品，以及其他的吃物，有些虽不一定出产自西洋，然而国人之习于吃这些东西的，是受了西洋的影响，是无可疑的。番茄从前人当为鬼吃的东西，现在不只当为蔬菜来吃，而且当为水果来吃了。

上面不过是随便的举出一些西洋的食品之输入我国，或为国人所效法而自己制造或移植的例子。至于吃的方法、吃的时间以至吃的器具，我们也逐渐的西化。吃西餐固用西洋的方法，近来吃中餐也有用西洋的方法，所谓中菜西食，可以说是一种已经逐渐流行的方法。有些学校之讲究卫生的，像广州的岭南学校，二三十年前就已实行中菜西吃的方法，这就是每人吃每人的菜。现在有些宴会以至政府的盛大招待会，也多用这种方法：数样中菜分开起来，每人吃完一份再来一份，这是西洋的食法。至于近来，又有些人客很多的宴会，所有的各种菜都放在一个地方，每人用了一个盘子取各种菜放在自己的盘子然后吃，吃完再拿，这有时坐下吃，然而多数是站起吃，这也是西洋的吃法。

吃饭的时间，在我国各处，每日多为两餐：早间九时左右，下午五时左右，中午有的吃点心。然而现在一般的教育界、政府机关以至新式的工厂、商店，早间八九时间是吃些比较简单的早点，到了十二时始吃午饭，而晚餐则候七时左右始吃，至于下午四五时，却为一些人吃茶点的时候。这种吃的时间的改变，也可以说是受了西洋的不少的影响的。至于刀叉的采用，虽不能说很普遍，然而茶匙、茶杯，而尤其是盘碟之采用或仿制西洋的，已很普遍。

我们现在再来谈谈我们的住的方面的西化。

关于这一方面，我们在叙述"乡村与城市"一章里曾略为说及，我们现在且从历史方面说起。

我们知道，唐代的景教教徒与元朝的天主教教徒曾在中国建筑了很多教堂与住宅，这些建筑物既为西洋人所建筑，也许是西式的。到了明代葡萄牙人占据澳门之后，他们曾在这个地方盖了好多洋楼，直到现在，从前的葡萄牙人所盖的西式建筑物还有不少遗迹可以看出来。《明史》所记载澳门的洋人的房子，是"高栋飞甍，栉比相望"，其实，澳门自葡萄牙人占据之后，其所盖的房屋都是西式的。

此外，在明末的时候，天主教士像罗明坚、范礼安与利玛窦，在广东肇庆的时候，也曾建筑了西式的教堂与住宅。据说，这个教堂与住宅是用青砖与白灰造成的，样式的设计完全是照西洋的作法，建筑完成之后，这数位教士曾于举行落成礼时招待了我国的官僚绅士，引导他们参观这些新建筑。裴化行神父（H. Bernard）在其所著的《天主教十六世纪在华传教志》（*Aux Portes de la Chine: Les Missionnaires du XVIe Siècle*）曾有一段话是记及这个招待会的概略，以及说明这些房屋的构造，今且录之于后：

走出圣堂之后，人人都觉得这所西式的房屋很是新颖的，门上有了铁轴，有锁钥，窗户上安着玻璃，箱子上有合叶，……从楼下走到楼上，正在圣堂上面的大厅里，岭西道派人在附近买来各种精制的点心，为款待这些客人，就在这里开起茶会来，谈话的时间连续着经过四五小时方止。大家在楼上的窗户中或望台上，欣赏近在咫尺的西山，一望无际的平原，风景清秀，心旷神怡，享受游览的乐趣。

此后，西洋教士之在各处所建的教堂或住宅，也多是照着西洋的样式。不过，这些教堂与在教堂旁边的住宅，多为洋人所建筑。至于国人自建的西式房屋之最早的，据我们所知，要算乾隆皇帝在圆明园里所建的西式洋楼。乾隆皇帝虽极力反对中西交换使节以至中外通商，然而他对于这座洋楼很为喜欣。

又，在阮元督粤时，广东省城的布政司街的好多酒馆，早已仿效西洋式样而建筑。据说，阮元看了这些建筑很不高兴，而以为有伤风化，因令县府把了这些房子拆毁。

然而我们知道，在广州省城的西边的十三行也多是洋式。这些房子是这些行商为适应西洋商人之在广州居住的而建筑，以租给与西洋商人的，但同时有些行商自己也染了欧风而自建洋楼以为住所的。

五口通商以后，不只西洋人在这些通商口岸建筑洋楼，就是国人之在这地方以及其他的都市以至乡村，也有洋楼的建筑。自新式马路开辟之后，各处城市的房子既多改为洋楼，而近代一般的新式住宅又多为西式，连了我们的政府机关以至要人官邸，差不多完全为西式的建筑。所以，住的西化是表面西化的一件最显明的现象，用不着我们加以详细的叙述的。